昭和天皇と立憲君主制の崩壊

睦仁・嘉仁から裕仁へ

Ito Yukio
伊藤之雄 著

名古屋大学出版会

昭和天皇と立憲君主制の崩壊

目　次

凡例

本文中の表記に関しては、読者の読みやすさを第一に考え、以下のように統一した。

一、清国・中華民国の東北地方である「満洲」は、単に満州と表記した。

一、当時混在して使用された「朝鮮」・「韓国」の表記については、朝鮮が一八九七年一〇月一二日に国号を大韓と改めて以降は、原則として韓国とし、韓国併合後は、その地域を朝鮮と表記した。

引用史料の文章表記に関しても、読者の読みやすさを第一に考え、以下のように統一した。

一、旧漢字・異体字は、原則として当用漢字に改めた。

一、一般に片仮名表記されるものを除いて、原則的に平仮名に統一した。乎（か）・𛁈（に）・之（の）・而（て）・而已（のみ）・耳（のみ）などの変体仮名や、𬻿（とき）・𪜈（とも）・ゟ（より）・𬼀（して）などの合字も、それぞれ平仮名に直した。

一、適宜、句読点等を付した。

一、史料中の、史料執筆者の注記は（ ）内に、史料集編者の注記は〈 〉内に、著者注記は〔 〕内に記した。

一、明白な誤字等については、〔ママ〕で右脇に示した。ただし、当時常用されていた表現については、あえて示さなかった場合もある。新聞記事の中の明らかな誤植については、特に注記せずに訂正した場合もある。

序論　近代日本の政治慣行と昭和天皇

――国際比較の視点から――

本書の目的は、明治維新から日本で初めて本格的な政党政治が展開した原敬内閣期までの近代日本の立憲君主制の形成過程とその特色を前史として略述した上で、その後の展開及び昭和天皇下での立憲君主制の崩壊の過程と要因を論じることである。近代日本の君主制（天皇制）を理解する観点から、政党内閣期の内閣と昭和天皇や元老・宮中側近の動向を考察する研究は、一九八九年に昭和天皇が死去した後、当時の天皇側近であった者の日記等の一次史料の公刊が急速に進み、ここ十数年の間にかなり進展した。なお、本書では、宮中側近とは、牧野伸顕内大臣（あるいは、宮内大臣時代の牧野伸顕）を中心に、一木喜徳郎宮相・鈴木貫太郎侍従長（及び前任者の珍田捨巳侍従長）・関屋貞三郎宮内次官・河井弥八侍従次長（のち皇后宮大夫が本官となる）・木戸幸一内大臣秘書官長らの、一九二一年から三〇年代半ばまでの宮中主流派と定義する（元老の西園寺公望は彼らと連携したが、後述するように異なる面も重要なので、この中に含めない）。

なかでも圧巻は、昭和天皇の摂政時代から宮内大臣と内大臣を歴任した牧野伸顕による日記が、伊藤隆・広瀬順皓編『牧野伸顕日記』（中央公論社、一九九〇年）として公刊されたことである。それに次ぐ重要なものは、内大臣秘書官長・侍従次長兼皇后宮大夫・皇后宮大夫兼侍従次長を歴任した河井弥八の日記が、高橋紘・粟屋憲太郎・小田部雄次編『昭和初期の天皇と宮中――侍従次長河井弥八日記』第一～第六巻（岩波書店、一九九三～九四年）として、また東宮武官長から侍従武官長を歴任した奈良武次（陸軍中将から大将）の日記が波多野澄雄・黒沢文貴他編

『侍従武官長奈良武次日記・回顧録』第一～第四巻（柏書房、二〇〇〇年）として刊行されたことである（以下、それぞれ『河井弥八日記』、『奈良武次日記』と略す）。この他、河井が内大臣秘書官長を辞任した後、一九二九年二月から三〇年九月までその後任を務めた岡部長景による、尚友倶楽部編『岡部長景日記』（柏書房、一九九三年）、高松宮宣仁親王による『高松宮日記』第一巻（中央公論社、一九九六年）（同史料は全八巻）や、池井優・波多野勝・黒沢文貴編『浜口雄幸日記・随感録』（みすず書房、一九九一年）の出版も、右のテーマの研究を補うものである。

　これらの史料の公刊によって、以下の史料の叙述がより理解しやすくなった。それらは、元老西園寺公望の私設秘書である原田熊雄の口述筆記である、原田熊雄述『西園寺公と政局』第一巻・第二巻（岩波書店、一九五〇年）（同史料は別巻を含め全九巻）や、枢密院議長で元帝室会計審査局長官として宮中に隠然たる勢力を有していた倉富勇三郎の未公刊の厖大な日記（「倉富勇三郎文書」国立国会図書館憲政資料室所蔵）や牧野伸顕の未公刊の関係文書（同前所蔵）、宮内次官の関屋貞三郎の未公刊の日記（「関屋貞三郎文書」同前寄託）、岡部の後任として内大臣秘書官長となった木戸幸一の公刊された日記である、木戸日記研究会校訂『木戸幸一日記』上巻（東京大学出版会、一九六六年）（同史料は上・下二巻）等である。これらを他の史料も含め対照して読み込むことによって、冒頭であげたテーマの実像に近づくことが可能になったといえよう。

　以上の史料をいくつか使った研究の主な成果は、㈠田中義一内閣が張作霖爆殺事件処理の失敗の責任をとって辞任したのは、牧野内大臣・一木喜徳郎宮相・鈴木貫太郎侍従長らと元老西園寺との間で、田中首相は陸軍の関与という事件の真相を天皇に知らせるべきとの了解があり、とりわけ牧野内大臣の強い意向が天皇に反映し、天皇が田中を強く叱責したためであること、[1]㈡ロンドン海軍軍縮条約をめぐって、牧野内大臣・一木宮相・鈴木侍従長や元老西園寺、昭和天皇は浜口雄幸内閣の条約締結の方針を支持し、条約締結はかろうじて成功したが、それに反対した軍部や国粋主義者の反発は強まり、満州事変につながったこと[2]等である。

　また、天皇の戦争責任を追及する立場から、天皇は大元帥であり、統帥権に関して法的にその意思を行使できる立場にあると見、一九三六年の二・二六事件の処理や、太平洋戦争の降伏の決定に影響力を及ぼした事例などを挙げ、満州事変や日中戦争の拡大、太平洋戦争の開戦などについて、昭和天皇の意志の反映として、その政治責任を追及する見解もある。この見解の先駆的なものは、井上清『天皇の戦争責任』（現代評論社、一九七五年、のちに、岩波同時代ライブラリーとして一九九一年に復刻）である。その後、藤原彰『昭和天皇の十五年戦争』（青木書店、一九九一年）、山田朗『昭和天皇の軍事思想と戦略』（校倉書房、二〇〇二年）など、井上氏の着想を深めた研究がなされた。ハーバート・ビックス氏による、*Hirohito and the Making of Modern Japan*, HarperCollins, 2000（のちに、『昭和天皇』上・下、講談社、二〇〇二年、として翻訳され刊行）も、右の着想の枠内で叙述されている。(3)

しかし、政党内閣期の内閣と昭和天皇や元老・宮中の動向に関する研究は、多くの史実を明らかにした反面、その視角や史料の使用、史料批判の面で少なからぬ問題を残しているように思われる。

それは第一に、右の研究はいずれも大日本帝国憲法（明治憲法）の条文解釈や天皇の政治関与の限られた事例から、日本の近代天皇が本質的に専制君主であるとの結論を導き出す傾向が強いことである。これまでの研究は、憲法を補完する他の法令の内容や、それらの運用慣行とその変化にまで立ち入って、天皇の行動が慣行の枠内の事実上の判断を伴わないものなのか、慣行の枠を超えた自覚的で積極的なものなのかについて十分な考察をしていない。日本の社会はアメリカ合衆国の社会と異なり、慣行が重視される社会であり、この問題を十分に考慮しないと、近代日本の君主制や社会を内在的に理解したことにならない。(4)

また第二に、天皇の行動をめぐる各界の評価や政治過程の考察が不十分であるため、天皇の意思がどのような過程を経て実施されたのか、あるいはされなかったのか、またそれがどのような反響を呼び起こし、天皇権力にいかなる影響を与えたのか等の解釈があいまいであることである。そのため、現実以上に天皇の意思が実行に移されたことを強調することになりがちである。

これらは、宮中方面の機密情報の宝庫である「倉富勇三郎日記」を十分に利用していないこと等、史料収集が不十分であることも影響している。とりわけ昭和天皇と立憲君主制の崩壊を研究テーマにする場合、裕仁が天皇に践祚（事実上の即位）する一九二六年一二月二五日前後から一九三二年五月の五・一五事件による政党内閣の崩壊までの「倉富勇三郎日記」を使った分析が重要であると思われる。それは、新帝となり政治に本格的に関わり始めた裕仁や裕仁を支える牧野ら宮中側近が、軍の高官や保守主義者・国粋主義者等にどのように評価されていたか、また彼らがどのような対応行動をしているのかが系統的に分かる史料であるからである。

しかし、「倉富勇三郎日記」をかなり使ったとされる研究でも、日記の膨大な分量と内容に比べれば、その使用は限定されている。たとえば、増田知子『天皇制と国家――近代日本の立憲君主制』（青木書店、一九九九年）は、浜口雄幸内閣期のロンドン海軍軍縮条約批准問題や犬養毅内閣期の政治問題、一部の時期の枢密顧問官推薦問題などを中心に、「倉富勇三郎日記」を使用している程度である。また、永井和『青年君主昭和天皇と元老西園寺』（京都大学学術出版会、二〇〇三年）は、大部な著作であるにもかかわらず、浜口内閣期以降をほとんど分析対象にしておらず、田中内閣期に関しても、「倉富勇三郎日記」を極めて限定的な箇所しか参照していない。(5)

このため、たとえば本書で述べるような、践祚当初から昭和天皇の威信は高くないにもかかわらず、天皇は、張作霖爆殺事件に関連して、田中首相を辞任させる強い政治関与を行ってしまい、天皇の権力の正当性を著しく傷つけてしまったこと等、天皇の権力基盤の弱さが理解できない。そのため、張作霖爆殺事件に関しても、天皇はもっと厳正な処分をすれば満州事変における陸軍の越権行為を抑制できたなどとの、「無い物ねだり」の歴史評価を行いがちになる。本書では、できる限り昭和天皇の権力の実態を明らかにし、その中で天皇がどの程度の選択の幅を持っており、実際の天皇の選択は妥当であったか否か等を考察したい。

また第三に、イギリスの近代君主の実態を十分理解せず、昭和天皇が政治に関与した事実を指摘することで、昭和天皇は立憲君主でなく、日本の君主制がイギリスの立憲君主制と異質であることを過度に強調する研究が少なくないことである。(6) これは十分な国際比較の上で、近代の天皇の行動や君主制を考察するという観点が弱いからである。

すでに筆者は近代日本の君主制の研究の中で、イギリスの君主制と比較して以下の四点を示した。それは、㈠ヴィクトリア女王（在位一八三七〜一九〇一年）からジョージ六世（在位一九三六〜五二年、現在の君主エリザベス二世の父）までの近代イギリスの君主は、すべて何らかの形で政治に関与している。むしろ、第二次世界大戦後の日本の象徴天皇とは異なり、立憲君主である以上、必要な場合は政治に関与することを期待されており、関与することは当然といえる、㈡ヴィクトリア女王から始まり、とりわけジョージ五世（在位一九一〇〜三六年）以降ジョージ六世に至るイギリスの立憲君主制の確立過程において、政党内閣の発達に応じ、君主はしだいに政治関与を減少させていき、主として、イギリスの政治紛争が憲法（国制）危機に発展していく場合に限って、積極的に調停者として行動した、㈢日本の場合、イギリスに比べ政党や政党政治の発達は遅れるが、明治天皇は藩閥官僚勢力（行政権力）内部やそれらと政党勢力（衆議院の立法権力）との対立を調停する形で政治に関与したのであり、調停者としての君主という点で、イギリスと類似している、㈣日本でも、第一次山本権兵衛内閣・第二次大隈重信内閣と、一九一〇年代に首相権限が強まり、さらに一九一八年には首相権限も強い、本格的な政党内閣である原敬内閣ができる。原は首相としての権力を個人の政治的力量を使って拡張し、一九二一年二月に宮中某重大事件により元老の山県有朋が大打撃を受けて以降は、陸軍や宮中の枢要人事にまで関与するようになった。このように、原首相は第二次大戦前の政党内閣の中で最も首相権力を強めた。イギリスの立憲君主制が、庶民院（下院）中心の政党内閣制と強い首相権限を前提としており、日本においても、一九二四年六月以降は比較的首相権限の強い政党内閣が連続して展開したことを考慮すると、日本にもイギリスに類似した立憲君主制が展開したといえる。(7) もっとも、君主権の制約という面では、日本はイギリスに類似していても、日本の方がイギリスに比べ行政権が強い点は異なっていた。この伝統は現在においても、イギリスは議会の権限が強く、日本はイギリスに比べ行政権（官僚の権限）が強いという両国の特徴として残っている。

ところで、第一、第二で述べたように、憲法を補完する他の法令の内容やそれらの運用慣行とその変化にまで立ち入って近代日本の君主制を考察すると、同じ明治憲法下にありながら明治・大正・昭和の三天皇の下での君主制は、かなり異なっていることがわかる。そこで本書の昭和天皇の下での立憲君主制の展開と崩壊というテーマに関しても、昭和天皇の動向を明治天皇や大正天皇の動向と比較して検討することが必要となる。しかしながら、明治天皇の時代から昭和天皇の時代まで公刊・未刊の厖大な史料を読み込むことの困難さからか、これら三代の天皇を一人の研究者で扱うという研究スタイルすらほとんど取られていない。また、それを目指したいくつかの研究も、一次史料は一部でしか使用せず、他は『明治天皇紀』などの刊行史料の範囲内で論じているだけであり、史料的限界が視角の限界にもなっている。本書では、できる限り一次史料に基づいて事実を確定した上で、一九三二年に五・一五事件で政党政治が崩壊するまでの昭和天皇の動向を、とりわけ、近代日本の君主制を形成するのに大きな役割を果たした明治天皇のそれと比較して考察したい。

また本書では、昭和天皇の動向に大きな影響を及ぼした牧野内大臣の動向を、元老西園寺と比較して考察したい。すでに述べたように、張作霖爆殺事件の処理に関し、元老西園寺と牧野内大臣の考えが違っていたことは、指摘されている。その他にも、満州事変勃発に際し、日本の朝鮮駐屯の混成旅団の独断越境への対応策など、西園寺と牧野は重大な局面でかなり異なった行動を取った。これらの結果、常時昭和天皇の近くに仕えており、年齢も西園寺より一三歳若い牧野の方が、天皇に対して影響力を持ち、西園寺の妥当な判断は生かされず、軍の暴走が促進された。その中で、元老西園寺は、信頼感を確立できない昭和天皇に代わって、「公平」な調停者であり続けようとした。この西園寺の姿勢についても、本書では牧野内大臣と比較して本格的に論じたい。

これらの論点に加え、立憲君主制は、日本の場合、衆議院の第一党（または第一党の内閣が倒れた場合には第二党）の党首が首相となり、政党を背景に組閣し政治の責任を持つ制度であることを考慮し、本書では首相権限の消長についても考察したい。首相権限の消長は、各内閣の重要政治問題での首相のリーダーシップの評価が重要な要素であることは当然である。また各内閣を同じ基準で評価するため、枢密顧問官の補充人員の天皇への推薦（首相と枢密院議長）、陸爵・授爵や勲章授与等の栄典の天皇への推薦（首相と宮内大臣ら宮中）、陸海軍大臣の選定などの陸海軍の主要人事への首相の関与（首相と陸海軍首脳）の三点についても、史料上確認される限り言及したい。とりわけ、枢密顧問官の補充問題は、倉富が枢密院議長であり、「倉富勇三郎日記」が根本史料として有用であるので、系統的に論じることができる。

以上のような、昭和天皇の行動の実態のみならず、昭和天皇や皇族がどのようなイメージで見られようとし、また見られていたかということは、天皇や皇族が国民からの支持を調達するという点で、立憲君主制を考察する上で重要である。本書の第II部では、当時の五大新聞の一つである『東京日日新聞』[8]（『大阪毎日新聞』の姉妹紙）を事例の中心とし、一九二〇年代から満州事変や五・一五事件が勃発する頃までの天皇や皇族への国民のイメージの形成と宮内省や天皇・皇族、政府によるイメージ操作についても論じたい。

その結果、天皇・皇族のイメージに関し、以下の八点を中心とする新しい論点が提示されるであろう。それは、㈠第一次世界大戦後に、デモクラシーや社会主義革命につながりかねない労働・農民運動の潮流が日本に押し寄せる中で、宮内省当局や政府は、病身の大正天皇に代わり、皇太子裕仁（後の昭和天皇）やその弟の秩父宮など皇族に「平民」的で（「平民」化）、「健康」的（スポーツ愛好）であり、科学にも理解を示す（「科学」化）イメージを形成しようとした、㈡これは皇族が国民から遊離せず、「健康」で時代をリードするイメージを国民に示すことで、体制の安定を保とうとするものであり、皇太子やその他の皇族も自らそのように振る舞い、ジャーナリズムもそれらに同調した報道をした、㈢しかし、一九二〇年代半ばにかけて、秩父宮はそうしたイメージを形成するのに成功するが、肝心の摂政（皇太子）は、宮内当局の助言のまずさもあり、「平民」化や「健康」イメージの形成に関し、中途半端に終わった、㈣裕仁は、一九二六年末に天皇に践祚した後は公式行事に大元帥の軍服で登場することが多くなるが、二八年一一月に即位の大礼が済むと、フロックコート・乗馬服・モーニングなど、摂政時代と同様に再び軍服以外の姿でも国民の前に登場するようになる、㈤このように、大礼を機に天皇の神秘化が始まるという通説[9]は、大礼前後の史料を系統的に分析していないため、大礼という儀式の意味を過大評価したものである、㈥天皇が軍関係の行事、定例の公式行事や神社参拝に大元帥の軍服を着て登場するようになるのは、浜口雄幸内閣が成立して以降であり、これは、張作霖爆殺事件の処理過程で、若い天皇や、宮中側近への不信が形成され、ロンドン海軍軍縮条約問題でそれが増大したことに対応しようとしたからであった、㈦このような天皇の神秘化がさらに進むのは、一九三一年九月に満州事変が始まった後であり、三二年四月からは天皇が白い馬に乗って登場するイメージが強調される、㈧しかし、天皇や宮中側近からの、このような神秘的イメージを形成し軍の統制を確保しようという意図は、イメージ形成の点でも、不手際のため成功しなかったこと、等である。

以上、政党内閣期の内閣と昭和天皇や元老・宮中側近の動向を、近代日本の君主制（天皇制）を理解する観点から考察することに関し、到達点と問題点および本書の課題を検討してきた。まず第Ⅰ部第一章では、明治維新から原敬内閣期までを、簡単に考察して本書の導入とする。この部分は一次史料に基づいた拙稿を圧縮したものである。次いで五・一五事件と立憲君主制の崩壊までを考察していきたい。

第Ⅰ部　天皇・皇族をめぐる政治と制度

第一章　立憲君主制の形成と展開

――明治天皇から大正天皇・皇太子裕仁へ――

はじめに

本章では、㈠明治維新以降、伊藤博文や明治天皇（睦仁）らがどのような構想をもって立憲君主制を形成していったか、㈡明治天皇はいつごろから、どのような場合に、調停的な政治関与を始め、また明治天皇を拘束するどのような慣行が形成されたのか、㈢一九一三年の明治天皇の死後、大正天皇（嘉仁）の下で、どのような段階を経て、首相の権力が強まり、君主の権限の制約や君主と首相や政党を背景とする内閣との関係において、イギリスに類似した立憲君主制が展開するようになるのか等について、原敬内閣期までの概略を述べたい(1)。

1　伊藤博文・明治天皇の立憲君主制への模索

（1）立憲国家の形成

明治維新以降の日本の近代君主制（天皇制）の直接のモデルとなったのは、幕末における長州藩の御前会議である。御前会議では、木戸孝允・高杉晋作ら「有司」（中堅武士層）が実権を握り、そこでの決定を藩主の意志として藩士に強制し、藩論を統一して明治維新の方向へリードした。このような形式は安政五年（一八五八）から始まり、文久二年（一八六二）に藩論を公武合体から尊王攘夷に転換するなど、大きな役割を果たすようになった。この制度は、形式としての藩主専制、実体としての「有司」専制であった。[2]

慶応三年一二月九日（一八六八年一月三日）の王政復古宣言の時、嘉永五年九月二二日（一八五二年一一月三日）生まれの睦仁（明治天皇）は一五歳であり、政治の実権はなく、明治維新後も、大久保利通（薩摩）・木戸孝允（長州）・西郷隆盛（薩摩）・岩倉具視（元公卿）らの維新のリーダーが実権を掌握し、彼らが権力の正当性を得るために、天皇親政という形式がとられた。[3]

維新後、明治天皇は西郷隆盛の薩摩士族風の人となりにひかれていった。[4] しかし明治政府が二分された一八七三年の征韓論政変においても、二〇歳の天皇は閣議の決定に従って、遣使派遣中止を承認したに過ぎなかった。[5] 宮内省出仕として一八七三年七月から翌年一〇月まで天皇の身近に仕えた西辻文仲によると、征韓論か台湾出兵をめぐって、「岩倉さうでない」「イイエお上、さうでございませぬ」と激しいやりとりをしていた。[6] このように、成年に達した天皇は、若さの勢いで自らの意志を示そうとするが、岩倉右大臣らがそれを抑えて指導した。その後、天皇は、西南戦争が起こる直前、一八七七年一月末から京都に滞在し、関西に行幸した。しかし天皇は表の御座所となった御学問所に出ず、毎朝、西南戦争について三条実美太政大臣から概要を聞くだけになった。これを木戸や三条は憂慮し、三条が諫奏した結果、三月二一日から一日置きに御学問所に出るようになった[7]。これは、天皇が、気にいっている西郷隆盛を追討することを裁可せざるを得なくなったこと等で、気が滅入って、御座所で形式的な政務を行う気力をなくしたからである。他方、一八七七年から七八年にかけ、木戸（病死）・西郷（自刃）・大久保（暗殺）の三人が世を去り、明治政府が動揺すると、佐々木高行（一等侍補）・元田永孚（侍講）らにより、文字通りの天皇親政を求める運動が生じた。佐々木らは、大久保暗殺後に政治を主導した伊藤博文（長州）らの西欧化政策に不満を持ち、すでに二〇歳代半ばになった「英邁」な天皇を擁して政治を主導しようとしたのであった。しかしこの動きも、一八七九年秋から八一年にかけて尻すぼみになっていった[8]。

明治維新以降、天皇親政という形式を示し、権力の正当性を得るため、正院や内閣に天皇の臨御を求める制度が作られた[9]。この制度は明治十四年政変が起きた一八八一年までは確認され、一八八一年において天皇は内閣に六六回も臨御した。しかし、一八八一年も七月から一〇月の四カ月は、明治十四年政変に関連した重要な時期であるにもかかわらず、天皇は暑中休暇・巡幸などでほとんど臨御しなかった[10]。このように、天皇の臨御は形式的なものであった。

一〇月に大隈重信（肥前）一派が政府から追放され、伊藤博文を中心とする薩長藩閥の政治指導体制が確立し、政府の権力が安定していくと、一八八二年から天皇の内閣への臨御は一月四日の政治始という従来から行われてきた形式的なものの他は、時折行われるだけになっていくようである[11]。これは天皇親政の建前を定期的に示す必要すらなくなったからである。

一方、明治十四年政変以降の政策は内政改革優先・緊縮財政（松方財政）・漸進的な政治参加の拡大（一〇年後の国会開設）であった。四〇歳を少し過ぎたばかりで、エネルギーに満ちた伊藤は、一八八二年から八三年にかけてドイツ・オーストリア等へ憲法調査に出掛けた。これは、伊藤が憲法を作成する上で、藩閥内の井上毅（一八四四年生）・在野の小野梓（一八五二年生、大隈の輩下）らの俊英に理論的に引き回されず、自ら確信を持って仕事をするための理論的土台を固めようとしたからである。伊藤に最も影響を及ぼしたのはウィーン大学教授のシュタインであった。シュタインは伊藤に、㈠行政権が優位であるべきであるが、行政権・君主権・議会の権限の三者が緊張関係にあることが望ましいこと（三権はいずれも重要で、逆に君主権といえども制限されるべきこと）、㈡憲法はその国固有の歴史を反映したものであるべきこと、㈢歴史は変化するので、憲法の運用や制度も変化すべきこと等を教え、伊藤は深い感銘を受け、伊藤のドイツ憲法をモデルとした憲法制定への枠組みは形成された[12]。

伊藤はシュタインを通して、憲法を制定し法の下に君主権を制限していくという考え方を、日本に導入したのであった。これは君主機関説といわれ、一九世紀のヨーロッパで通説になっていた考え方で、約三〇年後に美濃部達吉東京帝大法科教授が唱えた天皇機関説も、その延長上にあった。後年、一九三〇年六月、ロンドン海軍軍縮条約の批准をめぐる憲法解釈が問題となった際、倉富勇三郎枢密院議長は、国粋主義者の橋本徹馬に次のような興味深い伊藤の憲法・天皇観を語っている。倉富は、伊藤の韓国統監時代に、韓国法部次官として伊藤による韓国の司法制度改革を支えており、以下の話は、その頃に聞いたものであろう。

皇室論は実は極めて困難なることにて、故伊藤公（博文）は昔は天皇は神と云ふ観念なりしも、事実神にはあらす〔ママ〕故、人として十分の尊敬を為し、憲法を設けて、一定の限界以上は決して之を犯さゝらしむることに為したる点を話し居りたるか、神ならは理由を要せさるも、人となれは左様には行かす、皇室は国家の為必要なりと云ふ観念となれは、時に依り必要とせさることあるはあり得ることとなり、天皇機関論等を唱ふることになれは、必す必要不必要を生することを免れす[13]。

以上から、㈠伊藤は憲法作成の頃は天皇を神とは思っていなかったが、憲法で天皇を制約する一方で、憲法の中に天皇を位置づけて守った、㈡国粋主義者に近い立場の倉富は、伊藤の考え方を後の美濃部の天皇機関説と同一視してとらえている、㈢倉富は天皇を神とみない考え方や天皇機関説に批判的であるが、倉富自身も天皇を神とは信じていないことがわかる。本書で述べるように、権力中枢にいる者は、伊藤のような君主機関説（天皇機関説）の立場に立つ者も、倉富のようなそれに批判的な考え（君主主権説）を支持する者も、天皇の「神聖」性を信じていない。とりわけ、後者の場合、議会の権限を抑制するなど、天皇の「神聖」性を建前として行政権優位の国家統治の維持に利用しようという側面が強かった。

なお、政党に関しては、憲法調査で渡欧中に伊藤は、国家の大本が確立するまでは、政党や主義等と称して「党類を樹立して、人心を分裂せんとするの悪計を好ます」と、日本におけるイギリス流の議会主義を模範としようとする議論に批判的な考えを述べている。[14] このように伊藤は、当時の政党に不信を抱き、すぐにイギリス流の議会主義を導入しようとする大隈や小野梓らの議論に批判的であったが、それは政党や議会を永遠に抑圧しようと考えていたからではない。それは、伊藤が自ら中心となり原案を作った大日本帝国憲法（明治憲法）において、井上毅の主張を入れ、天皇が予算において最終的な裁決権を有する条項を撤回し、一九一〇年代以降に美濃部達吉の天皇機関説が生まれる余地を残したことからも理解できる。また、何よりも本章で述べるように、一八九〇年代に伊藤が政党に接近し、一九〇〇年に立憲政友会の総裁になり、イギリス風の立憲君主制を形成する方向で、憲法の運用を行っていったことで、そのことを確認できる。

注目すべきは、参議兼宮内卿の伊藤博文が侍従の藤波言忠を欧米に派遣し、シュタインの憲法と国家学を学ばせ、帰国後に天皇にそれを進講させたことである。藤波は牧畜が専門であるが、幼少から明治天皇に仕えて信頼されているので選ばれた。藤波は宿直の夜を利用し、一八八七年一一月頃から翌年三月頃にかけて、約一時間ずつ三三回も天皇・皇后に進講した。天皇・皇后は、「君主・政府及び国会」の三つが立憲国家の構成要素とする等の進講を熱心に聴講した。[15] 伊藤が受容したシュタインの考え方は、天皇にも共有されたのである。

なお、伊藤は、憲法制定の前提として、太政官制度の改正を考え、井上毅・金子堅太郎・伊東巳代治の助力を得て案をまとめた。[16] こうして、一八八五年に内閣制度を創設することを提案し、自ら首相兼宮相となった。伊藤は権限の強い首相を理想とし（「大宰相主義」）、勅令には首相が関係大臣と共に副署する制度を作った。しかしこの制度は、次の黒田清隆内閣で、軍に関しては否定された。[17] 伊藤のこの構想は、副署をすることで首相が君主権と軍の自立を制約することを含んでおり、政党が発達して下院（衆議院）の地位が高まり、衆議院の第一党を背景とした首相が出現すれば、イギリス流の立憲君主制に類似していくものであった。

ところで、征韓論政変や明治十四年政変にみられるように、明治前半は国家構想をめぐり藩閥政府内で激しい対立が生じ、しばしば分裂の危機が生じた。この中で、明治十四年政変の後になると、三〇歳前後になった明治天皇に対し、岩倉具視右大臣ら藩閥政府最有力者の間にすら、政治対立を調停するため「宸断」（天皇の決断）を求める動きが出てくる。[18] 明治天皇が最初に大きな政治対立を調停したのは、一八八四年の甲申事変においてであり、この結果、伊藤博文らの対清開戦回避で藩閥政府内の統一ができた。[19]

内閣制度のできる前後において、政府内の最有力者は伊藤・黒田・山県有朋・井上馨・松方正義・大山巌・西郷従道・山田顕義の八人で、このうち伊藤・黒田・山県・井上・松方がやや特別な存在で、特に伊藤・黒田・山県はさらに特別な地位にあった。中でも、伊藤は政治的力量からも、明治天皇の信頼の面でも卓越した存在であり、旭日大綬章の上級として新たに制定された旭日桐花大綬章を、大日本帝国憲法が発布された一八八九年二月一一日に唯一人与えられた（山県は一八九五年八月五日に、大山・西郷と共に、黒田はさらに少し遅れ同年八月二〇日に日清戦争の功績として、ようやく同勲章を与えられる。伊藤は同年八月五日に、さらに上級の大勲位菊花大綬章を受ける）。[20] 一八八〇年代の天皇は、府中の政治に直接関与する力量はまだ十分なものではなかったが、勲章の授与・宮中関係の問題という天皇の身の回りの事柄への影響力を持ち、それらを通し府中の政治も間接的に方向づけていったのである。[21] 伊藤が文官であるにもかかわらず、日清戦争までは軍事・非軍事両面での下問を受けた（日清戦争での大本営会議への列席も同様の脈絡[22]）のは、勲章の授与と同様に天皇の意向を反映している。

以上にみたように、一八八九年二月一一日に大日本帝国憲法が発布されるまでに、一八八〇年代半ばから後半にかけて、日本は立憲君主制にむけて、法制度のみならず天皇権力の実態も形成していった。それは、㈠明治維新に際し、薩長を中心とした維新政権が、権力の正当性を得て彼らへの批判勢力を抑える一助とするために少年天皇を擁した段階から、㈡少年天皇が成人し政務への理解を増すに従い、自らの意思を持ち、㈠の論理で天皇が潜在的な発言力を増大させていく段階、㈢その天皇に藩閥内の内部対立の調停に働いてもらおうとの考えが藩閥内に登場し、天皇も必要な場合に少しずつ政治関与することで、政治経験を積んでいく段階へと展開した。これらに際し、主流となった思想は、君主権を制約する君主機関説で、大日本帝国憲法も伊藤博文らのそのような思想を背景としていた。もちろん、穂積八束帝大法科教授（憲法）のように君主主権説を唱える者もいたが、日露戦争前の日本において帝大教授の権威はそれほど高くなく、君主主権説は実際の国家運営の思想としては当初から異端であった。大日本帝国憲法の半官的注釈書といえる『憲法義解』（一八八九年六月出版）は、伊藤博文・井上毅・伊東巳代治らが起草し、穂積陳重・富井政章帝大法科教授ら六人が審議に加わったが、穂積八束は加えられなかったことも、そのことを示している。次に、ドイツの憲法をモデルとしたため、イギリスの憲法（国制）に比べ条文上は君主権の強い憲法を制定した日本が、それをどのように運用していくかを検討したい。

（2）立憲国家の確立と伊藤博文・明治天皇

漸進的に民主主義（議会政治）を発展させたイギリスやアメリカ合衆国など一部の欧米諸国を例外とすると、発展途上国が、例外的なそれらの国を模倣して民主主義的な憲法を作成しても、その運用に失敗し、混乱（内戦）から憲法停止に至ることは、現在においてすら一般的な流れである。その意味で、ペリーの来航以来、初めて本格的に欧米文明に接した発展途上国の日本が、四〇年にも満たない内に憲法や議会を創設し、それらを停止することなく運営したのは希有のことであった（プロシアですら、憲法停止を体験）。

十分に注目されていないことであるが、初期議会から日露戦争までの間に日本では五回もの事実上の憲法（議会）停止の危機があった。それは、一八九二年二〜三月（品川弥二郎内相らの選挙干渉のあった第二回総選挙後の対立）・一八九三年二月（第四議会における第二次伊藤内閣と民党との対立）・一八九四年五〜六月（日清戦争前の第六特別議会をめぐる第二次伊藤内閣と対外硬派との対立）・一八九八年六月（憲政党の成立から第一次大隈重信内閣の成立まで）・一九〇三年五月（第一八特別議会における予算をめぐる第一次桂太郎内閣と衆議院との対立）である。日清戦争前には毎年のように生じていた憲法停止の危機が、日清戦争後は四年に一度になり、日露戦争後になくなったことで、明治憲法が次第に定着していくことが理解される。[23]

この憲法停止の危機は、山県有朋などを中心とした保守派の藩閥官僚（日清戦争後に、その中核は山県系官僚閥を形成）たちが、予算を通すため等に、議会の解散に次ぐ解散をもって対応しようとして生じたものである。日本で憲法（議会）停止に至らなかったのは、伊藤を中心に井上馨ら改革派の藩閥官僚たちが憲法を守るため、政党と妥協することを選んだからである。また、明治天皇が一八九二年二〜三月の危機においては、伊藤の枢密院議長の辞表を認めず品川内相の辞任を承認したり、一八九三年二月の危機に際しては、衆議院の解散（山県ら保守派の意向）よりも、「和協の詔勅」での藩閥内閣と民党の妥協（伊藤ら藩閥改革派の意向）を選んだりしたように、政争を調停したからである。しかも、明治天皇は、山県ら保守派の気持ちにも配慮し、その信頼をつなぎとめており、それも憲法停止を避ける要因となった。保守派の山県ですら、藩閥一丸となって憲法（議会）停止ができないと判断すると、藩閥保守派の強硬分子を抑えて、伊藤らの動きに追随し、憲法停止の危機を間接的に収めたのである。また自由党の星亨や板垣退助、政友会の原敬らのように政党側にも藩閥勢力との妥協をしながら政党の勢力を進展させるという、漸進論の有力な潮流があったことも重要である。[24]

右の憲法危機にも見られるように、一八九〇年代になると、議会が開設され、政党の政治参加への対応をめぐって、藩閥勢力内に対立が生じ、明治天皇はその解決のため政治関与の度合いを強めていく。天皇もその間に三六歳から四六歳となり、政治的にも円熟してきた。しかしそれは専制君主的な恣意的な関与でなく、調停的な関与である。したがって藩閥勢力（行政権力）の意見が一致していれば、天皇はその結論を受諾するのみであった。後継首相の人選についても、元老（元勲）や前首相らの推薦を受け入れた。第四次伊藤内閣の後継首相問題のように、元老間の思惑が異なり、選択できない場合にのみ、天皇が有力者に後継首相になることを積極的に働きかけ、元老間の合意を形成しようとした。戦争の指導や閣僚、陸・海軍の最高幹部の選定に関しても、原則的に関与しなかった。衆議院議長についても、衆議院で選んだ候補者三人中の最も得票数の多いものを任命し続けた。詔勅や勅語の起草・修正についても、首相や枢密院議長が宮相（内大臣・侍従長）などと相談して事実上決め、天皇は形式的に裁可するのが慣例であった。すなわち、当初より天皇の政治関与は専制君主としてというより、イギリスの立憲君主の調停機能に重きを置いたものに類似していた[25]。

明治天皇の専制的性格を示す例として、近年取り上げられることもある、第一次大隈重信内閣末期の天皇による尾崎行雄文相の事実上の罷免[26]も、天皇の調停機能の枠内の立憲君主に近い行動であった。すなわち、共和演説問題がおこり、藩閥内で尾崎文相批判が強まっても、板垣退助内相から尾崎弾劾の上奏があるまで、天皇は特別な行動をとらなかった。板垣退助は天皇から組閣の命を受けたという点で、大隈首相と同格であり、しかも衆議院を二分する旧自由党系を背景としていた[27]。

（3）天皇を拘束する慣例的制度・集団の形成

一八九〇年代になると元老制度と山県系官僚閥という、天皇を拘束する法令上にない二つの慣例的な制度と集団が形成された。元老は初期議会期に政党への対応をめぐって藩閥勢力が、改革派の伊藤らと保守派の山県らとに分かれ、後継首相選定が困難になる中で、日清戦争前後に形成されてきた。当初は、明治天皇が後継首相推薦への下問範囲を、伊藤・山県・黒田の三人に、ついで上の三人と井上馨・松方の五人に拡大するなど、天皇の主導で元老集団が形成された。しかし、一八九八年には、元老集団は伊藤の主導で、伊藤・黒田・山県・井上・松方・西郷従道・大山巌ら薩長出身の七人の有力者に拡大され、天皇の承認を得た。元老は藩閥内部やジャーナリズム等でも、固定した公的集団として認知された。こうして元老は、一八九八年頃には、後継首相推薦や重要国務について天皇の下問に応じる等して国家の方向を決める集団として、国家の中で慣例的制度として定着した。

すでに述べたように、天皇は元老が後継首相候補を一致して推薦すれば、自動的に組閣の命を与えた。この伊藤を中心とする元老も、一九〇〇年頃には六〇歳前後と高齢化し、一九〇一年三月の第四次伊藤内閣と貴族院の対立問題の頃から政治を主導する力に衰えを見せ始め、日露戦争前後から、しだいにその権限は後継首相推薦を中心とするものになっていった。(28)

一方、伊藤が憲法を守り立憲国家を確立するため、日清戦争後に政党に接近し（主に自由党と後身の憲政党、政友会）、またそれとの対抗で、松方など薩派と大隈―改進党（進歩党）の連携が一時的にできる中で、山県系官僚閥は形成された。その形成は、一八九五年一一月の第二次伊藤内閣と自由党との提携問題や松方と大隈の接近を萌芽とし、一八九六年四月に板垣退助（自由党前総理）が第二次伊藤内閣の内相に就任することで本格的に始まった。その後山県系官僚閥は、大隈―進歩党と提携した第二次松方内閣以降、政党内閣である第一次大隈内閣（隈板内閣）までに定着し、一九〇〇年九月に政友会を創設した伊藤が一〇月に第四次内閣を準政党内閣として組織することで、それに反発する貴族院勢力の結集を強め、一応の完成をみた。それは貴族院も含め、陸軍・内務省・宮内省など主な官庁（枢密院の山県系官僚閥化は日露戦争後）の最高幹部を通して政策や人事を主導する官僚閥であった。(29)

これらの山県系官僚閥は、山県有朋を中心に、一九〇〇年頃には山県に準ずるまでになる桂太郎（陸相、後に首相）や陸相（寺内正毅）などと合議の上で、陸相や参謀総長など陸軍の主要人事をコントロールした。また、宮内省に関しては、一九〇〇年前後になると、山県が山県系官僚の田中光顕宮相に加え、元伊藤系の渡辺千秋内蔵頭を輩下に加え、明治天皇の信任の厚い伊藤と対抗できるまでになった。一九〇一年秋には、七二万円とも九八万円ともいわれる膨大な宮中資金の使途不明疑惑が生じた（当時の皇室財政五六〇～六六〇万円の約一五%で、現在の約一五〇億円）が、疑惑は天皇や伊藤に知られることなく、闇に葬られた。この金は、山県や山県系官僚閥の政治資金等として使用された可能性がある[30]。

すでに述べたように、伊藤を中心とした元老の権威が動揺する中で、一九〇三年五月から七月以降、政治主導の実権は、内閣・山県系官僚閥では桂首相（小村寿太郎外相）に、衆議院の第一党の政友会では、原敬（西園寺公望・松田正久）らに移っていった[31]。こうして伊藤は元老山県・松方らの支持を得た桂首相の策略と天皇の命令で、七月に立憲政友会総裁を辞任した。このような元老の中で、唯一山県のみが権力を維持し続けるのは、山県系官僚閥の盟主としての権力が主であり、元老としての権力は、それを補完する存在にすぎなくなったからである[32]。

なお、伊藤は明治憲法を守り立憲国家を維持するために、詔勅など明治天皇の権威を利用する柔軟な政治姿勢を有していたが、元老のような憲法上にない慣例的な制度が長期にわたって存続することは望ましいとは見ていなかった。そこで日清戦争後になると、改造し元老も加えて強化した枢密院に後継首相推薦の下問をする案を手記として書くなど、元老制度の憲法内化構想を考え、自らが中心となって作り上げてきた憲法体制の完成を図ろうとした。伊藤は同様の考えを一九〇一年三月に伊藤系官僚の原敬逓信大臣にも述べている[33]。

山県は、一八九〇年代に藩閥官僚勢力と議会（衆議院）が激しい対抗を繰り返す一方で、政党の中にも現実的で藩閥勢力に宥和的な姿勢が強まってきても、藩閥勢力による行政権優位を理想とする姿勢を変えなかった。そしてそれを補完するものとして、「君権を張り、君主の威権を堕さゞらん事」[34]と、君主権の保持を考えた。このような山県は、元老制度の憲法内化構想に反対であったと推定され、伊藤はこの構想を公式に提示できなかった。

2　日露戦争後の立憲君主制への道

日露戦争の勝利により明治天皇の権威は著しく高まり、逆に、一九〇一年頃から衰退し始めていた元老の権威は、さらに弱まった。講和条約に調印する一九〇五年九月、天皇は日露戦争の心労で体力を消耗したとはいえ、五三歳で政治指導者として円熟味を増す年齢であった。天皇は、六〇歳代半ばにさしかかり体力的にも衰えた元老に遠慮する必要は、全くなくなった。しかし天皇は専制君主的に直接の政治指導を行う道を選ばず、政友会総裁の西園寺公望と山県系官僚閥の桂太郎が交互に政権を担当する安定した体制の下で、日露戦争前に比べ政治関与を抑制していった。これは伊藤博文が構想した立憲君主化への道につながる天皇の制度化を、天皇が自覚的に追求していたということである。

イギリスにおいても、ヴィクトリア女王ほど大物の君主でなかったエドワード七世は、その後を受け継いだ際に、政治関与を抑制せざるを得ず、次いで一九一〇年に即位したジョージ五世は自ら立憲君主化への道を選択していった。日露戦争後の日本においても、政友会の発達を中心に政党の発達は目ざましかったが、それは、イギリスの政党発達史の段階でいえば、緩やかな政党結合から自由党・保守党の統制ある二大政党が形成される一八六八年以降程度である。[35] 明治天皇が政治関与を抑制していくのは後継の皇太子（嘉仁親王、一八七九年八月三一日生）が心身ともに弱く、それを支える元老も高齢化していたため、将来の政党のさらなる台頭や日露戦争講和反対運動などの民衆運動の高揚を考慮した結果であろう。

日露戦争後の天皇の政治関与のあり方は、元老に諮詢し、意見が異なれば調停する程度のものであった。たとえば、第一次西園寺内閣の一九〇八年度予算編成をめぐり、元老の井上馨・松方正義らが閣議決定の変更を求め、関係する阪谷芳郎蔵相・山県伊三郎逓相が辞表を提出し、西園寺首相が自らの辞表も合わせて天皇に提出した際、天皇は元老の伊藤韓国統監に善後処理を諮詢し、伊藤が西園寺内閣を支持する意向を示したので、天皇は蔵相・逓相の二閣僚以外の留任を命じたことがある[36]。

しかし、伊藤が一九〇九年一〇月末に暗殺されてから、天皇が一九一二年七月末に死去するまでの三年余りの間、天皇は一九一一年八月に桂太郎に「元勲優遇」の詔勅を与えたこと（後述）の他、宮内省の人事や陞爵など、宮中関係の身近な事柄以外には積極的に関与しなくなった。すなわち、天皇が関与したのは、一九一〇年に侍従職幹事の後任として、渡辺千秋宮内次官や山県有朋らが考えていた鷹司熙通大佐を天皇が裁可しなかったこと[37]、一九一〇年八月の韓国併合の際に、西園寺が公爵に陞ることが申し出られたが、明治天皇は西園寺・徳大寺実則は後にせよと裁可せず、実施されなかったこと[38]位である。

また、天皇は、自らの身近な事柄である宮相の人事にすら、一九一〇年三月三一日に岩倉具定宮相の死去に伴う後任選定では、首相を関与させ制度化を意識した選定を実施した（山県枢密院議長・田中光顕元宮相・桂首相に奏薦を命ず）[39]。

一方、伊藤の意を受ける形で、伊東巳代治が中心となり、一九〇七年二月一日に公式令が制定された。これは副署する者を、詔勅の場合は宮相と首相（皇室の大事）・首相と国務大臣（大権の施行）、勅令の場合は首相と主務大臣と決め、副署を通して首相がすべてのことを掌握できる形式を作ろうとするものであった。しかし山県と山県系官僚閥を背景とする陸軍は強く反発し、九月一二日に軍関係のことを扱う勅令にかわる軍令が制定され（軍部大臣の副署でよい）、従来の軍の独立という法令上の慣行は維持された[40]。

なお、公式令では授爵・陞爵については宮相が副署し、勲三等功五級以上の勲記（勲章）には、副署規定がなかった。前者は遅くとも第一次山本権兵衛内閣期までに、宮相から枢密院議長（山県）と首相に相談する内規が形成され、後者については伊藤の死後は、元老筆頭となった山県枢密院議長を中心に大枠が決められ、宮相が実務を行う性格のものとなっていた(41)。

山県や山県系官僚は、天皇の大権事項である陸軍の最高首脳の人事も引き続きコントロールした。第二次桂内閣期は、桂太郎首相（天皇の内旨で現役軍人）・寺内正毅陸相・山県元帥（元帥は終身現役）の三人(42)が、次の第二次西園寺内閣期は山県元帥の主導性が強まるものの、桂太郎大将・寺内陸相の同じ三人(43)が、陸軍の主要人事を実質的に決めた。

以上のように、山県や山県系官僚は、明治天皇や伊藤らの、政党の台頭を容認し首相に全体を掌握させる、立憲君主化への方向につながる改革にブレーキをかけようとした。これに対し、山県らを脅かす二つの動きがあった。その一つは、桂太郎の台頭である。伊藤の死後、天皇が権力中枢にあって山県を抑える役として最も期待したのは桂太郎である。桂は一九一一年四月に公爵を授けられ、正二位・大勲位菊花大綬章と合わせて、これらの面で元老の山県・大山巌に次ぐ存在となり、元老の松方正義・井上を越えた。また第二次内閣の首相を辞した後、一九一一年八月三〇日に「元勲優遇」の詔勅を受けた。これは生存者では、首相を経験した山県・松方しか受けていない詔勅であり、桂は二度の首相を務め後継首相を西園寺にすることに力を振るったこととも合わせ、山県系官僚閥の盟主で、元老の筆頭である山県に名実ともに並ぶ存在になったのであった。また桂は日露戦争後の新状況に対応する山県系官僚閥を改革する新政策を考えており、政党組織も視野に入れ始めていた。大正政変は、山県がこのように台頭してきた桂を内大臣兼侍従長に押し込めたのに対し、桂がその職を辞し、首相として再び表の政治に復活することを策したという要素が含まれている(44)。

山県らを脅かす他の一つは、一時政党に失望したジャーナリズムの間に、日露戦争後から、理想の政党の形成と、それを中心とした政党内閣を求める声が高まってきたことである。例えば『東京朝日新聞』は、第二次西園寺内閣の成立を、元老が介在しない政権交代の好例として評価した。これは、国民の元老批判や政党の発達及び政党政治への期待の高まりを反映しているといえよう(45)。

ところで、一九一〇年八月の韓国併合は、日本帝国が韓帝国を包摂した事件として注目される。伊藤は山県ら山県系官僚閥と異なり、韓国併合に性急ではなかった。また、もし韓国を併合するにしても、韓国皇帝・皇族等になるべく高い待遇を与えようとしていた。これは時間をかけつつも朝鮮人の待遇を日本人に近づけ、日本人のみならず朝鮮人にも日本帝国への帰属意識を高め、他の列強に日本の植民地統治の成功を誇示しようとしたからであろう。明治天皇も伊藤の姿勢を支持していたが、伊藤の死後の韓国併合やその後の統治は、山県ら山県系官僚閥主導で行われ三・一運動を誘発した。[46] 明治天皇が山県や山県系官僚閥の主導する韓国併合を裁可したのは、伊藤亡き後、桂内閣や山県ら元老および朝鮮総督府（山県系の寺内正毅総督）・宮内省（山県系に近づいた渡辺千秋宮相）など責任部門の意見を受け入れたということであった。この天皇の姿勢は、これまで述べてきた日露戦争後の天皇の政治関与抑制の姿勢と同様であった。

3　大正デモクラシーと立憲君主制

（1）第一次護憲運動と首相権力の強化

伊藤博文が暗殺されてから約三年後、一九一二年七月に明治天皇が死去した。このことで、立憲君主制につながる君主の制度化の方向を推進してきた二人がいなくなり、原敬など政党指導者がその役割を担うようになった。しかし、その後二個師団増設問題で第二次西園寺公望内閣が倒れ、第一次護憲運動が起きると、山県有朋も含めた元老や山県系官僚閥を背景とする陸軍（「長州閥」として攻撃の対象）は著しく衰えた。第三次桂太郎内閣が護憲運動に直面して辞任すると、一九一三年二月、元老は事態を収拾するため、薩派・海軍の重鎮であった山本権兵衛大将を首相に推薦した。政友会の実力者の原敬もそれを支持し、政友会を与党とする第一次山本内閣ができた（閣僚一

○人中で首相・陸相・海相・外相の他の六人は全員政友会員）。

注目すべきは、山本首相・原敬内相らは、護憲運動による元老や山県系官僚閥への打撃を利用し、伏見宮貞愛親王（陸軍大将、一九一二年一二月二一日に五四歳で内大臣府出仕となり、一九一三年七月頃から、政治的に未熟な大正天皇の摂政のような役割を果たし始める）を摂政的存在に定着させ、山県系官僚閥や元老に対抗しようとしたことである。彼らは元老制度の廃止もしくは形骸化すら視野に入れていた。また、山本内閣組閣時で三三歳の大正天皇は、政治的資質において明治天皇に比べるべくもなく、病弱であったが、まだ心身に異常をきたしてはおらず、山本首相・原内相・伏見宮貞愛親王らと親しく交際し、謹厳で窮屈な山県を好まなかった。

もし、海軍技術将校の軍艦購入をめぐる汚職事件であるシーメンス事件が起こらなかったなら、山本ら薩派の改革派と原が実質的に率いる政友会（衆議院の第一党）と伏見宮貞愛親王との連合に山県ら元老は対抗する手段を持たず、元老制度は機能停止に追い込まれ、山本内閣の後に本格的な政党内閣として原内閣が数年早く誕生し、政友会内閣と、政友会の支持を得た薩派の改革派が交互に政権を担当する時代が訪れたであろう。次いで、その失政を批判する形で反政友会の政党内閣が形成され、少し早く政党政治の時代が到来した可能性がある。この山本内閣の動きは、広い意味で、衆議院の多数党の支援を得た首相権力の台頭としてとらえることができる(47)。

山県系官僚閥の盟主で元老の山県は形勢不利の中で、シーメンス事件が起きるまでは、慎重に反撃の機会を待った。事件のために山本内閣が辞職すると、七回の元老会議と一回の元老・大隈重信会談を経て、一九一四年四月一六日、第二次大隈内閣が、桂新党の後進である立憲同志会などを背景として成立した。

注目されるのは、第一に、元老制度に対するジャーナリズムの批判は継続しているものの、山県らはシーメンス事件を利用して元老制度の存続を当面は確保したことである。第二に、山県が、仇敵であり政党に関係の深い大隈を後継首相として天皇に推薦することを承認したように、原（政友会）・山本（薩派）・伏見宮貞愛親王連合に対抗するため、西園寺を除く元老が結集し、大隈や同志会（政友会の反対党）に政友会打破を期待せざるを得なかったことである。そこに第一次護憲運動後の政党勢力の台頭を見ることができる。第三に、山県は一九一四年四月二八日、元老の大山巌を空席であった内大臣に据え、内大臣府出仕であった伏見宮貞愛親王が摂政的役割を果たせないようにしたことである（伏見宮貞愛親王は九カ月後の一九一五年一月一三日に内大臣府出仕を免ぜられる）。しかし、山県系官僚の渡辺千秋宮相が、収賄の疑いを持たれ、一九一四年四月九日、病気を理由に突然依願免官となり、後任宮相の波多野敬直（前東宮大夫兼東宮侍従長）は山県系でなかったので、宮中を十分に掌握しなおすという山県の望みは実現しなかった。(48)

山県ら元老に擁立されたとはいえ、したたかな大隈首相は、これらの山県や山県系官僚閥・元老の弱点を見逃さなかった。大隈は、心身ともに弱く政治経験の浅い大正天皇を、「先帝は先帝なり、今上陛下（大正天皇）は其御考によらざるべからず」等とおだて、大隈に親近感を持つように仕向けた。大隈首相は、天皇の好意に加えてジャーナリズムの支持も得て、山県ら元老の内閣への介入を抑制し、政党政治とイギリス風の立憲君主制に近づけようとした。これに対し山県は、大正天皇がすべての政治判断を元老に委ねるように指導しようとした。大正天皇が心身に異常を来すようになるのは、大礼等の諸行事の負担に加え、この大隈と山県という超大物政治家による天皇の意思を奪い合う抗争、とりわけ大隈内閣末期の抗争が関係していると思われる。(49)

政友会総裁として名実ともに政友会を率いるようになった原敬や前総裁の西園寺公望は、大隈内閣末期の大隈・同志会と山県や元老の後継内閣をめぐる対立において、山県・元老の側に加担した。これは、原や西園寺が、大隈・同志会による政友会打破の動きや、二十一カ条要求のような対中国強硬外交路線に反感を有していたことのみならず、心身ともに弱い大正天皇を政治に巻き込むような大隈の手法に批判的であったからである。こうして、大隈内閣が辞任すると、山県系官僚の寺内正毅陸軍大将が、一九一六年一〇月、官僚系内閣を組織し、大正天皇が政治に関与することを避けるという方向が最終的に固まった。また、その過程で西園寺は、山県ら元老により元老の一員として正式に認められた。(50)

（2）原敬内閣と立憲君主制

大正天皇は、寺内内閣期になると精神が不安定になり始め、史料の解釈により分かれるが、一九一八年一月または同年一二月頃より状況が悪化した。この時期には、第一次山本内閣期の山本・原・伏見宮貞愛親王連合や第二次大隈内閣期の大隈首相のような山県と天皇を奪い合うような大物の政治家が中枢にいなくなった。こうして寺内が首相として中枢を占めたことや、山県に好意を持たない大正天皇の心身の状態が悪化したことも加わり、山県や山県系官僚閥の宮中支配が一時的に回復した。原は大山の死去に伴い空席になった内大臣職に西園寺を就任させることで、宮中への足掛かりを強め、山県との正面衝突を避けて次の政権を狙う方針をとった。すでに井上馨・大山が死去し、松方正義は老衰が著しく、元老中で山県の立場が強まっていた。山県は西園寺でなく松方を内大臣に就任させ、原の思惑をはずした[51]。

一九一八年九月、米騒動で寺内内閣が倒れると、山県も後継首相に原を推薦することに同意せざるを得ず、原内閣が衆議院第一党の政友会を背景とする政党内閣として成立した。原首相は組閣当初から山県や山県系官僚閥と妥協・提携する路線をとり、政情の安定と、政友会基盤の強化に努めた。こうして原内閣は、産業基盤を強める積極政策を中心に、普選への漸進論、アメリカ合衆国など列強との協調外交など、独自の政策を推進した。一方、山県系官僚閥は大正デモクラシー潮流の広がりの中で、再強化構想に失敗し、貴族院ですら第三勢力に転落するに至り、一九一九年秋から当面は原内閣に依頼する方針をとらざるを得なくなった[52]。

大正天皇の病状は一九一九年春以降さらに悪化し、同年秋に山県は内大臣府に親任待遇の出仕を置き、西園寺を就任させて「君徳補遺者」としようとするなど、宮中問題でも原内閣・政友会と連携を求め、天皇を中心とした秩序を維持しようとした。西園寺は今日の天皇の病状では効果がないと辞退したので、一〇月二三日、山県は腹心の平田東助（貴族院勅選議員、第二次桂内閣の内相）を宮内省御用掛（親任待遇）とし、自らの宮中基盤の強化を図った。また、翌二〇年六月一八日には、山県と関係のよくなかった波多野宮相を辞任に追い込み、山県系官僚の中村雄次郎（元関東都督、陸軍中将）を宮相とした。

この間、原首相は、大正天皇の病状発表や皇太子の渡欧問題、摂政設置問題など宮中に多く関わる重要事項に関しても、比較的早くから、元老でもある山県枢密院議長や宮相などから情報を得、意見を述べるなど問題に関与できるようになった。またヴェルサイユ講和会議の論功行賞は、原首相が主導権を握り、山県の承諾を得て事実上決定したように、栄典の決定も掌握し始めた。これらは伊藤博文と明治天皇の死後、山県枢密院議長（場合によっては山県を中心とする元老）が宮相を指導して事実上決定していたものであった。つまり、一〇年近く続いていた公式令運用の慣行に変化が始まったのである。もっともこの段階でも、原首相は一九二〇年六月の宮相更迭について関与できず、皇太子の婚約者である久邇宮《くにのみや》良子《ながこ》女王色覚異常遺伝因子問題について知らされたのは、発生から約半年経った一九二〇年一二月であったように、宮中の問題に全面的に関与できたわけではなかった。

久邇宮良子女王の色覚異常遺伝因子問題は、大正天皇の病状と連動して山県や山県系官僚閥を大きく動揺させた。山県は松方・西園寺らの元老や平田宮内省御用掛・中村宮相と相談して、父の久邇宮邦彦親王に婚約を辞退することを勧めた。この問題は、大正天皇が普通の状態であるなら、明治天皇の時代にあったように、大正天皇から久邇宮に内密に婚約の辞退を命じて、政治問題化させずに解決できる可能性のある問題であった。しかし、今回は大正天皇・皇后・皇太子の意志を確認せずに、山県らが辞退を勧めたのである。

久邇宮は山県らの勧告を拒否し、事件は山県らの陰謀と宣伝され、杉浦重剛など国粋主義者らの婚約続行支持の運動が大きくなり始めた。彼らは山県らよりも国民感情を敏感にとらえていた。それは大正デモクラシーの潮流が都市部を中心に盛り上がり、庶民が戦後不況に対する不満を強める中で、皇室が庶民の間でも評判の悪い婚約破棄を行うということで、一挙に皇室への不信感が高まるのを恐れる気持ちであった。

山県や原内閣は、婚約続行を唱える国粋主義者らの運動を鎮めることに失敗し、一九二一年二月一〇日、山県系の中村宮相は婚約内定遂行の通知を出し、辞任した。後任は松方内大臣の推薦で薩摩出身の牧野伸顕（大久保利通の次男、第一次山本権兵衛内閣の外相）に決まった。また松方とともに山県枢密院議長は辞表と一切の栄典を辞退する封事を提出した。

この宮中某重大事件は、山県と山県系官僚閥に大打撃を与え、彼らの宮中等への影響力を一変させた。原首相は彼らの急速な没落を防ぐ路線を取り、新任の牧野宮相と連携して、天皇が山県・松方の辞表と栄典の辞退を却下するよう主導した。こうして彼らは社会秩序の急変を避けたのである。また、皇太子の渡欧や摂政設置問題でも、原首相が牧野宮相をリードする形で、山県枢密院議長・松方・西園寺ら元老の承認を得て実現していった。この他、牧野が宮相就任を承諾するかどうかに関しても、原の影響力は小さくなかった。授爵・陞爵などの栄典の事実上の決定も、原首相が中心となり牧野宮相と相談してなされるようになった。しかも、原は田中義一陸相の後任問題や次期参謀総長の構想までも田中から相談を受ける等、田中を通して陸軍の人事にまで事実上関与できるまでになった。これは原が山県や山県系官僚の急速な没落を防ぐために尽力したことで、彼らから原個人に対する大きな信頼をかち得たからであった。

このように原は、内閣末期において、個人的なつながりと影響力を通してではあるが、宮中や陸軍の問題に関与できるほど首相権限を強め、公式令の運用の慣例を変え、政党内閣とイギリスに類似した立憲君主制の確立にむけて新しい一歩を踏み出した。一九二二年一月に生じる山県の死を考慮すると、もし原が二一年一一月に暗殺されず長生きしたなら、それを新しい慣例として定着させ、さらにその後、法令的根拠を与えることができたかも知れない。[53]

（3）皇太子裕仁への閉鎖的・観念的帝王教育

一九〇一年四月二九日、皇太子嘉仁親王（後の大正天皇）の長男として生まれた裕仁親王は、一九〇八年学習院初等科に入学し、一九一四年に卒業した。クラスは裕仁ら皇族三人を含めた一〇人で特別に編成され、のち九人で固定した。その後、一九二一年に渡欧する前まで、東京市高輪の東宮仮御所敷地内に裕仁の帝王教育のために設けられた東宮御学問所で教育を受けた。学友は五人と、さらに少なくなった。裕仁が学習院初等科を終えたら、特別に設けた御学問所で教育するという方針を提案したのは乃木希典学習院長（陸軍大将）であり、一九一二年春のことであった。乃木は小笠原長生海軍大佐に自らの案への意見を求め、小笠原の意見も入れて、明治天皇に案を示し、許可を得た。この案は、明治天皇や乃木の死去後に東宮御学問所が設置されるにあたっても職制の根元となったという[54]。

乃木大将は一九一二年九月一三日に自決するまで学習院長であり、御学問所総裁が東郷平八郎元帥、幹事が小笠原長生（海軍大佐から中将）らの国粋主義的・武断的な軍人であったことで、裕仁がそのような軍人的で権威主義的な気風を植えつけられたとし、それが日米開戦などの戦争への道に関係したことを主張する著作もある[55]。しかし、このような見解は、昭和天皇がロンドン海軍軍縮条約や天皇機関説を支持し、満州事変の拡大や日中戦争の全面化、日米開戦に否定的であった事実からも、恣意的な解釈であるといえる[56]。

裕仁への教育の最大の問題点は、それが選ばれた限られた者を学友とし、閉鎖された空間で行われたことである。一九〇二年生まれで、学習院初等科以来東宮御学問所まで裕仁の学友を続けた永積寅彦は、昭和天皇の「純真な御性格」は学問所などでの教育と関係があるが、学友が少人数であったため、たくさんの人に接する機会がなかったというマイナス面を指摘している[57]。永積は、一九二五年に東京帝大法学部を卒業、一九二七年に侍従となり、一九六八年に侍従次長で退官し、その後も掌典長となり、一九七七年まで昭和天皇に仕えた。昭和天皇の二番目の弟高松宮（一九〇五年生）も、天皇は「潔癖」で「政治性」のない性格であり、これは組織がうまく機能しているときは長所であるが、組織が本来の作用をしなくなった時はどうにもならない短所となると、一九四四年七月に木戸幸一内大臣らに述べている[58]。

裕仁は一九二〇年一〇月に陸・海軍少佐に進級するなど、一定の期間ごとに陸・海軍軍人の階級を進め、一九二六年一二月二五日、大正天皇が死去し践祚（事実上の即位）するまでに、陸・海軍大佐に任官していた。そして践祚すると同時に大元帥となった。それにもかかわらず裕仁は、陸軍士官学校や海軍兵学校など将校養成学校に入学することもなく、軍隊生活も経験していない。これは近代イギリスの王位継承予定者の青年時代と比べても、かなり異なっている。

ジョージ五世（在位一九一〇～三六年）は、一八七七年に兄とともにダートマス王立海軍兵学校に入学、グリニッジの海軍（幹部）士官学校に進級、一八八六～八八年には地中海艦隊で軍務に就いた（本来国王になるはずの兄は、「将来の国王」としての教育のためにケンブリッジ大学に移る、後にインフルエンザで急死）。エドワード八世（在位一九三六年）は、一九〇七年に海軍幼年学校に入学、一九〇九年に王立海軍兵学校に進学、一九一二年にオックスフォード大学に進学、第一次世界大戦の勃発とともに近衛歩兵第一連隊に入った（ただし王位継承者ということで前線に行けず）。エリザベス二世の父のジョージ六世（在位一九三六～五二年）は、一九〇六年に海軍幼年学校に入学、一九一一年に王立海軍兵学校に進学、第一次世界大戦勃発時には軍艦で勤務、一九一六年にはユトランド沖海戦に従軍した（兄のエドワード八世が王位を継承するということで実戦に参加）[59]。

すなわち、近代イギリスの王位継承予定者は、海軍将校養成学校からケンブリッジかオックスフォード大学のどちらかで学び、その弟たちは海軍将校養成学校から軍務に就き、戦時には実戦にすら参加している。このように、近代イギリス国王は、多数の学友と交わるという開かれた教育を受けたのみならず、海軍兵学校に学ぶという形で、軍隊生活を体験していた。

近代日本の場合でも、昭和天皇の弟である三人の直宮になると、イギリスの王位継承予定者の弟たちと類似した生活を送った。秩父宮（一九〇二年生）は、学習院初等科を経て陸軍幼年学校・士官学校を卒業し、陸軍将校に、高松宮は学習院中等科を経て海軍兵学校を卒業し海軍将校に、三笠宮（一九一五年生）は、学習院中等科を経て、陸軍士官学校を卒業し、陸軍将校になった。もっとも日本の場合、三人の直宮はいずれも実戦には参加していない。

裕仁への教育の第二の問題点は、実際に軍隊生活を体験することなく大元帥になったように、観念的なことである。博物学（生物学）では服部広太郎から科学的な思考を学び、生物学は昭和天皇のライフワークになっていくが、杉浦重剛の倫理は、「権威」によらない「仁愛」による統治を教えるなど、教育内容も観念的色彩が強かった。君主の予定者に古典にもとづく道徳軌範を教えるのは大切なことであるが、問題は教育がそこで終わってしまったことである。

裕仁は、㈠現実の社会が種々の利害や思想の対立を持ったものであるということや、㈡そこで君主としての統治の一端を担うためには、自らの公平で誠実な態度が必要であるのみならず、必ずしもそうした動機で動いていない偏りを持った老獪な権力者たちを、種々の手段を講じてコントロールしていかねばならないことを、ほとんど学ぶことができなかった。これらのことは、一般社会では、まずは同世代の青少年との交友を通して学習するものであるが、人工的に作られた同質の数少ない学友との交友を通して学ぶことは至難であった。

昭和天皇が目標とするようになる明治天皇は、一四歳で践祚し、約一年後、一五歳で小御所会議での徳川家の処遇をめぐる激論等の維新の大政治活劇を見た後、二〇年近く生の政治を観察し、政治のバランス感覚と判断力を身につけた。

その上で、本章ですでに述べたように、三〇歳代前半になった一八八〇年代半ばより、ようやく少しずつ調停者として政治関与を始めた。その間、大久保利通・西郷隆盛・木戸孝允らや岩倉具視ら維新のリーダーが政治の大枠を決め、西南戦争による西郷の死などの波乱にもかかわらず、維新の目的は達成されていった。大久保らの第一世代が死去した後は、伊藤博文・山県有朋らが天皇を輔弼し、また彼らは、互いに対立しても天皇の調停を受け入れた。

これに対して昭和天皇の場合、現実政治の中で彼を輔弼する人材が、明治天皇に比べ不十分であったことで、帝王教育の問題がより深刻になった。元老か内大臣になって裕仁を支えるのにふさわしい、最も円熟した政治家原敬は、首相在任中の一九二一年一一月四日に暗殺されてしまう。六五歳であった。そのショックで、三カ月後、老いても陸軍には睨みをきかせることのできる元老山県有朋元帥も、八三歳の生涯を閉じた。一九二六年一月には加藤高明まで、首相在任中に持病の心臓病に肺炎を併発して急死する。こうして、一九二四年七月に元老松方正義が死去した後、元老は、七〇歳代の高齢で病弱な西園寺公望一人になったにもかかわらず、人材不足で補充もままならなかった。

大正天皇の病状が悪化すると、一九二一年一一月二五日、皇太子裕仁が二〇歳で摂政となった。この裕仁に日常的に接し輔導したのは、当時六〇歳の牧野伸顕であった。牧野は大久保利通の次男に生まれ、牧野家を継ぎ、東京帝大を中退して外交官となり、文相・農商相・外相などを歴任、第一次世界大戦後のパリ講和会議にも日本全権として出席し、子爵の爵位を授けられた。一九二五年三月には、宮相より格式の高い内大臣となり、一九三五年一二月まで、宮相時代も含め一四年一〇カ月間も宮中の中枢にあって、昭和天皇（皇太子裕仁）に仕えた。

一九三五年一一月に牧野が持病を悪化させて内大臣を辞任する意向を示し、それを湯浅倉平宮相が昭和天皇に伝えたところ、天皇は大変当惑した様子で、「中々人がいないから」等の話もあった。後に宮相が拝謁した際に、天皇は、牧野が胃下垂というので「医者に聴いて見たが、バンドをすればよいとの話であった、その様のことではいけないのか」等、心配の様子であった(60)。このように、牧野は昭和天皇から絶大な信頼を得ていた。

これは牧野が誠意を持って昭和天皇を輔導したからである。しかし、残念なことに、元老の西園寺と異なり、牧野は明治天皇が国家の分裂を避けるため調停的な政治関与を行うようになった一八八〇年代半ばから日露戦争までの間の時期は、まだ若くて地位が低く、明治天皇の政治関与の実像にはほとんど接したことがなかった。そのため牧野は、後述するように、日本近世史の高名な学者である三上参次東京帝大教授の影響などを受け、明治天皇をあまりにも理想化し、その再来を期待するような輔導を裕仁に行う。こうして、昭和天皇は、明治天皇ですら行わなかった異常な政治関与を行い、田中義一首相を直接辞任に追い込んだ。その結果、陸軍・政友会・国粋主義者などが、昭和天皇の権力の正当性に対する疑問すら持つようになっていった。

おわりに

本章では、明治維新から原敬内閣期までの日本における立憲君主制の形成と展開を略述した。その主旨は以下の三点である。

第一に、近代日本に立憲国家を形成し定着させる上で、伊藤博文や明治天皇が大きな役割を果たしたことである。日本のような発展途上国に立憲国家を形成することは、ドイツやオーストリアでの混乱やロシアの失敗を考慮すると、近世までの成熟した経済や流通、幕藩体制という安定した体制が全国的に展開していたことを前提としても、かなり困難なことであった。それが数度にわたる憲法停止の危機を乗り越えて成功したのは、行政権の強い当時の国情に最も合ったドイツの憲法を参照し、日本の実情に合うようさらに修正して日本に導入した伊藤博文らの功績によるものである。伊藤は内閣制度や新しい宮中制度の形成と憲法作成のみならず、その運用にも情熱をもって取り組んだ。そして、一九世紀ヨーロッパで通説になっていた君主機関説的考え方を日本に導入し、天皇にも納得させ、しだいに政党の権限拡大を承認し、憲法停止を避けながら、一九〇〇年以降は、結果として政党政治への流れを促進する行動を取った。原敬は広い意味での伊藤の構想の延長として、一九一八年に日本で最初の本格的な政党内閣を作ったのであった。

また、明治天皇は一八八〇年代半ば頃からしだいに政治関与を行うようになり、数度の憲法停止の危機も含め、政治危機に際して、藩閥内部、あるいは藩閥と政党の対立を調停したのであった。立憲国家形成への明治天皇の役割は伊藤に勝るとも劣らないといえ、伊藤と明治天皇のコンビが日本の立憲国家の形成を主導したといえよう。この他、大枠として、立憲国家の形成を支持し、正面からそれを破壊する動きに出なかったという点で、自由党の指導者星亨・板垣退助らや、伊藤や原らと基本的に対立した立憲改進党の指導者の大隈重信らや藩閥官僚勢力の保守派の最有力者の山県有朋ですら、立憲国家の形成を促進したといえよう。

第二に、大正天皇は皇太子時代から病弱で成長や学習が遅れ、政治に不慣れであったため、君主を政治に関与させないという合意が、山県有朋ら元老の間で、第二次大隈重信内閣倒閣時にできた。それが一面で政党政治が定着する要因になったということである。大隈首相は大正天皇を誘導して、詔勅の力で政党内閣を作ろうとしたが、山県ら元老は、天皇は元老の助言に従っていればよいと、大正天皇の政治関与を封じ込めてしまった。山県は君主機関説の考えを持つ伊藤と異なり、天皇主権説の穂積八束をイデオロギー的に利用したが、山県自身の実際の行動は、君主権を制約する君主機関説的なものであったのが注目される。

第三に、一九一八年の一一月または一二月頃より大正天皇の身心の状況が悪化したことに関連して政治危機が短期的にも長期的にも生じたことである。短期的には、久邇宮良子の皇太子妃選定問題をめぐる「宮中某重大事件」が紛糾し、政党政治が十分に安定したものにならないうちに、山県や山県系官僚が没落したので、原首相の暗殺も加わって、体制が不安定になったことである。後述するように、これは、憲政会系（非政友会系）勢力を台頭させるという意味で、一面では二大政党制の政党政治を促進するものであった。しかし、昭和天皇は大正天皇を通して立憲君主制の運用慣行や手法を身につける機会を持つことができなかったのみならず、政党内閣が、原首相が行ったように、山県や山県系官僚を通して軍をコントロールすることが困難になった。加えて、皇太子裕仁の教育は、閉鎖的で観念的であり、原首相の暗殺後、皇太子の輔導を主導した牧野伸顕宮相（のち内大臣）は、手本としての明治天皇を過度に理想化した。こうして、後述するように、裕仁は天皇になると、天皇権力の正当性への疑念を、権力中枢に連なる人々の中に生じさせるような政治関与を行ってしまうのであった（第Ⅰ部第三章以下）。

第二章　政党政治の定着と立憲君主制

——摂政裕仁の登場——

はじめに

本章では、高橋是清内閣期から昭和天皇が践祚（事実上の即位）する第一次若槻礼次郎内閣期までの君主制を分析対象とする。とりわけ、病気の天皇の代理をする摂政（皇太子）裕仁、彼らを支える元老、内大臣・宮相など宮中側近者、首相・閣僚などの君主制構想や動向と、天皇（君主）や彼を代行する摂政（皇太子）等の政治機能を、幅広い文脈から考察する。(1)

1　牧野伸顕宮相の宮中改革と掌握

宮中某重大事件後に宮相に就任した牧野伸顕（薩摩出身）は、約半月後に次官となった関屋貞三郎を腹心として、一九二一年一〇月に、経費節減と新時代への対応の両者の観点から、宮内省のポストの統廃合や俸給の高い高齢官吏を更迭し若く俸給の低い者を採用するなどの宮中改革を行い、翌二二年にも継続した。また牧野宮相は原敬首相と連携して進めてきた摂政設置を、原首相の暗殺後の一一月二五日に実施し、翌二二年六月二〇日、摂政と久《く》邇宮《にのみや》良子《ながこ》女王の婚約を正式なものとし、一九二三年一一月に結婚式を行うことを決めた。摂政設置の前に、牧野宮相は閑院宮《かんいんのみや》を摂政の御輔導とし、元老西園寺公望を内大臣として摂政を支える考えを持っていたが、原首相は消極的であり、実施されなかった[2]。これは、西園寺公望が内大臣就任を辞退したからのようである。こうして、原首相の死で、牧野宮相は宮中での自らの基盤を強めることになった。一九二二年七月には、牧野宮相がその結婚式の委員長に決定し、摂政の考えを入れ、調度も日本製ばかりを用い、約二〇〇万円位で質素に行う方針を決めた。また一九二一年度皇室予算は二三三五万円であったが、二二年度は五〇〇万円削減して一八三五万円にした。また皇太子は渡欧以来（一九二一年三～九月）、従来の軍服中心からフロックコートなどの文官の服装を併用するようにイメージを変えつつあった[3]（第II部第一章参照）。

一九二二年六月一六日、牧野伸顕宮相は皇室令と宮内省令の改正を通して、皇族付職員を宮内省本省勤務の宮内官と同一の待遇とし、その体系に組み入れた。その関連で、皇太子と良子女王の婚約を右に述べたように正式なものにするに先立ち、木村英俊久邇宮家事務官を更迭した。これは、木村が良子の色覚異常遺伝子問題の際、久邇宮家側の婚約維持の活動を行う中心となったので、その責任を取らされたためであった。牧野は婚約続行への反対派からの抵抗を和らげようとしたのである。また同年六月三日付で、徳川頼倫公爵（旧和歌山藩主家当主）を皇族・華族および位階・爵位等の栄典を扱う宗秩寮総裁に任命するように策し[4]、さらに同年一二月の定期異動では、森鷗外死去後空席になっていた図書頭に、杉栄三郎帝室林野管理局事務官を栄転させて埋めた。二三年一一月には、牧野宮相は成瀬正恭第十五銀行取締役に、宮内省改革に伴う引退者を同銀行または同系統の会社・銀行の重役に採用することを依頼し[5]、本格的な改革への準備とした。これは、関東大震災の影響も加わり、一九二四年度の皇室予算を約二割減の一五〇〇万円にすることに関係していた（予算委員長関屋次官）[6]。摂政と良子女王との婚姻は関東大震災の影響で翌年一月に、婚姻に伴う大饗宴は五月末から六月初頭に延期された（第Ⅱ部第一章2・3）。

さらに、一九二三年一〇月牧野宮相は、天皇・皇后の東京駅の出発・到着に際する、高官たちの駅前までの奉送迎を、原則として廃止するという命を天皇の名で出し、供奉員の服装も、剣・勲章を着用しない簡略なものとした[7]。こうした牧野宮相―関屋次官ラインに対し、宮内省内に改革反対の動きが起きた。また牧野宮相が山本権兵衛内閣組閣に協力したことに対し、貴族院で宮中・府中の別を乱すと批判する声が高まった。このため、牧野宮相は二四年一月二六日の摂政・良子女王の結婚後に辞任する、との噂さえ流れた[8]。二三年一二月二七日には虎の門事件が起き、牧野宮相への批判には、宮相としての責任追及も加わった[9]。

しかし牧野宮相は動揺せず、予定通り摂政・良子女王の婚姻を実施した後、一九二四年三月二八日、人件費整理のための高齢者引退と関連づけて、小原駩吉《おばらせんきち》内匠頭を更迭すること等の承認を摂政から得た[10]。宮内省内に勢力を張る小原は、波多野敬直宮相時代から問題の人物となっており、山県死後は、牧野宮相の下の関屋次官を中心とした宮内省改革を妨害する中心となっていた[11]。こうして、四月九日付で、小原は更迭され、東久世秀雄が内匠頭に、入江貫一が財政を担当する内蔵頭に（従来、関屋宮内次官が事務取扱い）、杉琢磨が省の人事を担当する官房庶務課長に（二五年一二月一八日、内蔵頭に栄転）等、六名の勅任ポストへの異動が行われた。これは牧野宮相の構想通りであり[12]、牧野は宮相就任後三年で、宮内省をほぼ掌握した。このことは、二年間余り開会を見なかった帝室制度審議会（伊東巳代治総裁）が、二四年三月八日に新たな委員を任命し、活動を始めたことからも傍証される。

また、一九二五年三月五日には、李王職の高等官八名や判任官以下七、八〇名を罷めさせた。これは、一般の行政整理と連動させ、李完用侯爵派と尹澤栄子爵派の勢力争いを防ぎ、他方で財政支出を削減し、日本側の統制を強めるためであった。当時、李王家は、日本政府から一八〇万円、天皇のお手許金から六、七〇万円を受け取り、李王家財政の合計は毎年約二五〇万円になっていた[13]。さらに、後述するように牧野が内大臣になった後であるが、新年の宮中歌会始に、一九二六年一月から、李王世子と妃の方子《まさこ》《パンジャ》が台臨するようになった（ただし、李王世子は歌を詠んでいない）[14]。このように、牧野は李王職への財政、人事のコントロール強化のみならず、李王世子の日本への文化的包摂を進展させていった。牧野の宮中改革と宮中掌握の成功は、次の女官改革と同様に、渡欧により新しい空気を吸った摂政の信頼を牧野が得、大正デモクラシーの潮流の中での宮中改革や財政削減を求める世論を背景にしていたからである。

一九二二年一月二八日、皇太子は牧野宮相に女官の改革を提案した。それは高等女官を日勤制とし、世間の空気に触れさせること等であったが、牧野は皇后の考えも聞いて慎重に処理する意を示すに留まった[15]。牧野の宮相就任以来の構想は、宮中の経費節減の一環として、女官の削減（高等女官の定員一八人、判任女官三〇人、同待遇一〇人、雇一四〇人以内）に加えて、女官任免権が皇后宮職の手にあったものを、同じ宮内省の中でも宮相の意向が徹底できる宮相官房庶務課で一元的に掌握しようとするものであった。しかし皇后の反対で暗礁に乗り上げた。そこで二二年七月段階で、牧野は皇太子結婚後の東宮御所の高等女官を五、六名にとどめることから改革を始めようとしているようであった[16]（すでに述べたように関東大震災がなければ、二三年秋に婚姻の予定、東宮職の長官である東宮大夫は牧野と親しい珍田捨巳）。

一九二三年七月から一一月にかけて、皇太子の結婚を控え、牧野宮相は東宮職の女官について、皇后宮から祭事・儀式等を行う女官を割譲することや、その人選について皇后の許可を求めた。皇后は、女孺《じょじゅ》（判任女官）数名の割譲の許可を与えたが、高等女官については言及しなかった。牧野は東宮職女官の人選について、皇太子の了承も得た[17]。また、牧野宮相は、新たに設置される東宮職の改革として、同年八月末までにお局《つぼね》制度を廃止し、女官が結婚してもよい方針を固めた。こうして、八月二四日付で宮内省御用掛（奏任待遇）に任命された島津ハル（男爵夫人）に加え、一二月五日付で津軽理喜子（津軽男爵の母、未亡人）ら六名が宮内省御用掛（奏任待遇）に任命された。合計七名の高等女官の特色は、華族関係以外が四名含まれ、結婚経験者（未亡人）が五名と多数であることであった[18]。牧野は、いずれ裕仁が天皇に践祚すれば、こうした東宮職の女官の新制度が、皇后宮職になることによって、自然に宮内省の主流の女官制度になっていくことを狙ったのであった。

皇太子や牧野宮相が目指した宮中改革は大正デモクラシーの潮流に合致したものである。しかし、皇太子（将来の天皇）が第一次世界大戦後においてジャーナリズムの取材に従来以上にさらされる一方で、権威や神秘性も要求されることを考慮すると、そのプライバシーの確保に新たな方法をとることが必要であった。たとえば、謹厳で政務に精励したイメージのある明治天皇であるが、政務を行う表（おもて）と、日常の生活を楽しむ奥（おく）との区別は明確で、女官と数人の少年に囲まれた奥へは、男性は原則として宮相・侍従長・侍従などの限られた者しか入ることができず、奥で天皇はリラックスでき、そのプライバシーは十分に確保された。天皇は奥では軍服をぬぎ、和服かフロックコートに着替えることや、一八八〇年代には日課の乗馬の後に寒香亭に寄りワインをたくさん飲んで酩酊し、出仕の者が帰りに天皇が落馬しないよう馬の口を取ったこと、薩摩琵琶が好きで、その演奏を聴く際はワインをいつも飲みすぎて酔っぱらってしまうこと等[19]、人間としての親しみ易さを伴う天皇の姿は、決して表へ洩れることはなかった。以下の章で述べるように、即位して天皇となった裕仁は、軍人や保守派の政治家・国粋主義者などに十分な威信を確立できなかった。この一つの要因は、天皇としての重圧からリラックスでき、かつプライバシーを守れる新しい空間の形成がうまくいかなかったことにあると思われる。

また、牧野宮相は、皇室のイメージ、特に将来の天皇である皇太子のイメージを、軍人中心のものから市民のイメージを増加させて「平民」化し、大衆に受け入れられるようにしようとする、宮中内の新しい動きを引き続き支援した。たとえば、皇太子は一九二二年一月八日の陸軍観兵式に、陸軍少佐の正装で出るなど、大元帥の代理としてのイメージを示したが、三月に、鳥打帽にゴルフ服でゴルフを行い、背広の乗馬服に黒中山帽で乗馬をし、フロックコートにシルクハットの服装で平和博を見学したりと、軍人以外の市民（文官）イメージも積極的に提示した。この結果、二二年一月一日の『東京日日新聞』が、年頭の写真として軍服の皇太子でなく、モーニングコートの皇太子と洋装の良子女王の並んだ写真を載せる等、こうしたイメージは定着していった[20]。

それに加え、皇太子は一九二二年七月、乗馬服等の軽装を用意して行った北海道行啓でアイヌの競馬を、翌二三年四月の台湾行啓で先住民の踊りを見学したように、被差別民への接触を行った。皇后も引き続き社会事業に関係し、二二年一〇月には東京市の本所・深川などの貧民窟にも大森皇后宮大夫を視察に派遣する等、社会の底辺との接触を意識的に行った。[21] こうした方向と軌を一にして、すでに宮内省は一九二一年七月に天皇・皇太子の鹵簿《ろぼ》撮影への規制を緩和していた。[22]

もっとも、牧野宮相はすでに皇太子の求めた皇后宮職も含めた女官の改革に、皇太子ほど積極的でなかったように、宮中の改革を推進しつつも、用心深く漸進的であった。また一九二四年一〇月に、ドイツ大使が天皇はあまり世間に近づかず、歴史的尊厳をできるだけ保持し、国民の神秘的な崇敬心が衰退しないようにすることが必要と述べたのに対し、牧野は「心ある外人の感想として参考するに足る」と記した。[23] 後述するように、牧野ら宮中側近は、皇太子のイメージに関し、「平民」化と神秘性の保持をどのようにバランスを取って行うかについて、迷いや乱れがあった。これは第一次世界大戦後に初めての大衆化社会を迎え、やむを得ないことでもあった（第II部第一章）。

この時期、憲政会前衆議院議員の斎藤隆夫（兵庫県選出、当選三回）が、「君主政体の運用」と題した新聞記事で、イギリスの立憲政治を国王の政治関与がないものと理想化して、日本もその方向へ進むべきであると論じたことは注目される。その主旨は、(一)君主政体はその運用方法によっては、純然たる民主政治の実を挙げうる、(二)今日のイギリスは以前と同様に君主政治の形式をもっているが、政治の実質を見れば、純然たる民主主義を実行している、(三)イギリスの「国王は君臨すれども政治をなさず、即ち国王は一切政治に干渉せず、政治は総て民選議院に基礎を有する内閣が、全責任を負うて、これを行ふものなるは何人も知る所である」こと等である。[24] 天皇（君主）の政治関与の抑制ということは、大正天皇が心身ともに弱い状況下で、原敬が組閣して進めていった路線でもあった。

牧野宮相は、一九二四年四月二四日付で白根松介宮内書記官をイギリス皇室の諸制度を調査するため等で、渡欧させたように[25]、イギリスの皇室制度に強い関心をもっていた。しかし未来の天皇である摂政裕仁への牧野の姿勢は、イギリスの君主制の政治関与抑制の方向とは少し異なっていた。同年一月に三上参次東京帝大教授が征韓論問題の際の天皇の聖断が適切であったことが国運を進展させたと[26]、明治天皇の若い頃の実際には存在しなかったリーダーシップを美化した進講をした際も、牧野宮相は、「君徳御大成上多大の効果あるべく」と、高く評価した。このように、宮中改革の中心であった牧野は、皇太子を、ある程度神秘的で、リーダーシップがある理想の天皇に育成していこうという志向を持っており、晩年以外は明治天皇との接触がほとんどない牧野自らも、その理想化された像を信じようとしていた。この流れは、一九二七年三月三日の詔書による明治節設置（明治天皇の誕生日の一一月三日を祝日にする）となった[27]。

2　牧野宮相の政治的台頭と元老

宮中某重大事件の混乱の中で、薩派の元老である松方正義内大臣の推薦で宮内大臣となった牧野伸顕（薩摩出身）は、すでに述べたように、露骨な薩派色を出すことを抑制しながら、宮中を掌握し、皇太子の信頼を得るとともに、松方を背景に、西園寺公望とも慎重に接し、後継首相推薦への関与を深めていく。ここでは後継首相推薦問題に焦点をあて、この問題を改めて検討したい。

一九二二年六月六日、高橋是清政友会内閣が、政治改革を推進しようとする高橋首相・横田千之助らの総裁派と、それに消極的な床次竹二郎内相らの対立で倒れることになると[28]、牧野宮相は、摂政（皇太子）に対し、元老に下問するように言上し、嘉納された。これは、五月以来、牧野が清浦奎吾枢密院議長と打ち合わせて、摂政にも含めておいたことであった。[29]たまたま、六月五日に元老西園寺が発病した。[30]六日、牧野は松方と相談、後継首相は加藤友三郎海相が適当と一致し、松方が下問の際に、清浦と山本権兵衛に相談の上奉答すると摂政に伝えることになった。後継首相の人選は、九日までに松方・牧野の予想した筋書き通りに進展し、[31]一二日、加藤友三郎内閣が政友会を準与党として成立した。その際、平田東助は山県有朋から次の内大臣にと期待され、内大臣府御用掛として、良子女王の色覚異常遺伝子問題では元老と共に合議に加わるなどしていたが、[32]今回はまったく関与することができず、西園寺も平田も不満であった。[33]

その後、一九二二年八月四日、牧野宮相は西園寺に対し、二月以来、病弱の松方が辞意を表明していた内大臣の後任として、平田を提案し、同意を得た。一八日、牧野は松方が平田に就任の交渉をすることの了解を取り、松方は平田から就任の内諾を得た。平田は九月一八日に内大臣に任ぜられた。一九日、六〇歳の牧野宮相は、七三歳と年長であるが新任の平田内大臣に、「今後協力十分密接の関係を保ち第三者の離間策を弄する余地を与へざる様致度希望を語る」[34]と、対等の立場で接した。これらは、牧野が宮相として宮内省を掌握しつつあり、宮中掌握に向けてのかなりの確信を有し（内大臣は権威あるポストであるが、宮中の核となる宮内省掌握の法令的権限は特にない）、病弱な元老松方を内大臣という形式的雑事に関わらせずに長生きさせ、また、元老西園寺の牧野への感情を好転させることを期待したことを背景としている。

一九二三年八月、加藤友三郎首相の病気が悪化すると、薩派の間で山本権兵衛を後継首相にという運動が広まったが、牧野宮相は直接に関わらないよう慎重に対応した。今回は、二人の元老中で西園寺よりも松方の体調が悪かった。牧野は八月一七日に西園寺を訪れ、山本が政権を受ける意欲があることや、有力各方面で山本に対する期待が強いことを述べると、西園寺は大いに喜んだ。西園寺と牧野は、この日の相談で、今回は元老以外の者に相談せず奉答すること（松方も了解）等、摂政からの下問への対応の形式面も決めた。

なお、平田内大臣は八月一五日時点で、摂政から政変の際に自らに善後処置の下問があり、平田は元老に下問するよう奉答することを考えており、この話は松本剛吉を通し、早ければ一六日（書状）、遅くとも一八日（会見）に西園寺に伝えられた。こうして同月二五日、加藤友三郎首相が死去すると、摂政から善後処置についての下問が平田内大臣にあり、平田は元老の松方・西園寺に下問あるべきと奉答し、両元老に下問がなされ、二七日、山本が後継首相に推薦され(35)、九月二日、第二次山本内閣が発足した。このように、牧野宮相は、再び重要な役割を果たした。

なお少し後であるが、一九三二年五月の鈴木貫太郎侍従長によると、元老への天皇からの下問も、「内閣総辞職の前後処置《〔ママ〕》に就き御下問あらせられ候条参内有之度云々」が慣例であった(36)。政変の際の摂政からの内大臣への善後処置の下問は、内大臣が後継首相の推薦までも下問されたと受け取るか否かで内大臣の対応が異なる。この時点では、内大臣も元老など宮中の中枢の者も、内大臣がそこまでの権限を与えられたとは考えていなかった。

山本内閣は、普選案が閣内の薩派の反対で閣議決定できず、関東大震災の復興予算が大幅に削減されたこと等で、摂政への狙撃事件である虎の門事件の前に行き詰まっていた(37)。一九二三年一二月二九日、虎の門事件の責任を取って山本首相と閣僚が辞表を提出すると、三〇日、摂政は平田内大臣に善後処置を下問し、平田は松方・西園寺両元老に下問するよう奉答し、摂政の元老への下問を病臥中の元老に伝えた。西園寺は、山本推薦の際と同様に、一九二四年に予定されている総選挙の執行内閣の首班として、清浦奎吾枢密院議長を選んだ。松方もそれに同意し、二四年一月七日、清浦内閣が成立した(38)。

まず内大臣に善後処置を下問し、元老に下問があるとの様式は、西園寺と牧野が前内閣成立前に考案したものが踏襲されたが、今回は牧野宮相は後継首相の人選等に大きな役割を果たさなかったようである。それはすでに述べたように、虎の門事件をめぐって、牧野宮相への責任論が出ていることや、薩摩出身の牧野も山本首相と同じ薩派として受けとめられ、山本内閣推薦の責任を論じられているからであった。しかし、清浦は旧山県系官僚であるが、牧野が宮相になって以来、連携した行動を取っており、牧野にとっても望ましい人選であったといえる。

第二次護憲運動を経て、一九二四年五月一〇日の総選挙の当日に、清浦首相は牧野宮相を訪れ、選挙結果が明らかになれば相当の時期に辞任することを伝えた。今回は、元老松方が意識がはっきりしない状態にあり、元老は事実上西園寺一人であった[39]。選挙の結果は、予想通り護憲三派の勝利で（憲政会一五一名、政友会一〇五名、革新倶楽部三〇名）、与党の政友本党は一〇九名にすぎなかった。

問題は、第一党憲政会の党首加藤高明のみを後継首相として推薦するか、一八九八年の第一次大隈重信内閣（隈板内閣）成立に際し、大隈重信（旧進歩党系）と板垣退助（旧自由党系）の二人に組閣の命が下りたように、政友会総裁の高橋是清（政友会）をも合わせて推薦するかであった。西園寺は加藤一人のみの考えのようであり、牧野もそれを支持していた。六月二日、牧野と平田は政変について打ち合わせをし、加藤高明や清浦の動向等について松本剛吉（西園寺の私設秘書役）が伝えた。牧野と平田は六月六日にも政変の際の打ち合わせをした[40]。

六月七日、清浦首相が辞任を申し出、善後処置について平田内大臣に下問があり、平田は元老に下問するよう奉答し、八日、西園寺は勅使を通して加藤高明を推薦し、松方が重病のため平田内大臣へも下問するよう奉答した。松方は病気を理由に下問を断ったという。九日、平田にも下問があり、奉答した。こうして九日、加藤高明に組閣の命が摂政より下され[41]、六月一一日、第一次加藤内閣が護憲三派を与党として成立した。

以上のように、牧野宮相は元老西園寺や平田内大臣と連携して、第二次山本内閣成立以来の様式で政変に対応し、西園寺の信頼を形成した。西園寺は薩派の山本権兵衛を準元老にする動きを警戒しているが[42]、牧野がそれに関わっていたとは考えていなかった。

3　政党内閣下の牧野内大臣の就任

(1)　後継首相推薦方式の模索

平田東助内大臣は、一九二四年二月に松本剛吉に病気のため内大臣を辞職したい意向を漏らしていたが、六月下旬になると、それを西園寺公望に話すように依頼し、六月三〇日、松本は西園寺に再度、平田の辞意を伝えた。すでに五月下旬には、久保田譲枢密顧問官から、平田が辞意を有しているとの話が牧野伸顕宮相にも伝えられていた。[43] さらに七月二日、元老の松方正義が八九歳で死去した。問題は七五歳と高齢の元老西園寺が一人残され、平田も辞任すれば、西園寺が死去すると、形式面も含め摂政（裕仁）への後継首相推薦に関し助言をする者がいなくなることであった。日本には、衆議院（下院）の最大勢力の指導者が組閣するという慣例が十分に確立しておらず、二三歳の裕仁は、政治経験がほとんどなかった。

これに対して、㈠下問範囲を枢密院議長・首相経験者等有力者へ拡張する、㈡新たに元老を補充する、㈢平田の後任内大臣を補充することの三つの対応が考えられる。

牧野宮相の考えは㈠、㈡を合わせた立場であった。すでに一九二二年に加藤友三郎内閣が成立する際に、牧野宮相は元老の松方内大臣と打ち合わせ（元老西園寺は病気）、摂政の許可を得て、松方が清浦奎吾枢密院議長と元首相の山本権兵衛に相談の上で奉答するという、新しい様式を実施していた（前節）。加藤（友）内閣が成立する時点の首相経験者は、倒閣間近の高橋是清首相を除けば、山本一人であったが、牧野は彼ら二人の特定の資格から選んだというより、山本や清浦の人柄と経歴を評価していたから選んだのであった。そのことは、一九二四年六月に九鬼隆一枢密顧問官が、両院議長・枢密院議長なども加えた、後継首相推薦の常設的な諮詢機関設置を牧野宮相に提

案した際に、牧野は職でなく人に重点を置いて下問拝受者を選ぶべきとの考えを述べたことからも確認される。(44)

むしろ、松方や牧野がやろうとしていたのは、元老が健在のうちに山本や清浦を元老見習いとして後継首相推薦の協議に参加させておくという、下問範囲の拡張であった。しかし、それに対して元老の西園寺や平田内大臣が反対であり、山本（一九二三年八月）と清浦（一九二三年一二月～二四年一月）の後継首相推薦の協議には、山本と清浦は参加できなかった。また、一九二四年二月末の牧野宮相と西園寺の会談でも、下問範囲については、具体的に予定しないことに一致しただけで、むしろ牧野の意図が阻止された。(45)

事態は、松方の病気、虎の門事件による山本内閣の倒閣と牧野宮相への事件の責任問題という突発的事件に影響されながら、西園寺・平田に少し有利に展開したのである。留意すべきは、西園寺・平田とて、元老を再生産するなどの下問範囲の拡張に主義として反対していたのではなく、首相を経験し、薩派などの派閥から離れて、世論を考慮し、政党の台頭に対応して公平な立場から後継首相推薦を行う人材がいないと見たからであった。おそらく、原敬が生存していれば、また一九二〇年代後半においては加藤高明が病死せずに第二次内閣を終えていれば、いずれも元老の最有力候補者であったはずである。一九二四年八月三〇日に病床の平田内大臣が、西園寺への伝言として松本に、下問範囲の拡張は清浦や山本などでは不適当であり、「元老は西園寺公を限りとし、将来は置かぬが宜し、原が居れば別だが、種切れなり」と述べているのはその傍証となる。(46)また、西園寺も平田も内大臣を廃官とし宮内大臣がその機能を兼ねてもよいと考えていたが、西園寺は牧野宮相への信頼が十分でなく、平田ができるだけ長く内大臣に留まることを望んでいた。(47)すなわち、病気の平田は弱気になり内大臣廃止すら考えたが、西園寺は、(一)・(二)に適当な人物がいないため、平田が内大臣を続けながら、いずれ内大臣の補充をするという(三)の方向をとろうとしたのである。

すでに一九二四年三月以前に、平田内大臣は、入江貫一内大臣秘書官長に命じて、内大臣府官制を改革し、摂政の輔導体制を強化しようとした。最初入江が作成したのは明治天皇の若い時にならって、内大臣府に侍補を置く案であった。しかし、平田はこの案に満足せず、入江に内大臣そのものを廃する方向で案を再度作成することを命じたようである[48]。

入江は遅くとも一九二四年七月三日までに、内大臣府官制を廃止する案（第一案）と、改正する案（第二案）を作成し、平田内大臣に送付した。入江が第二案を作成したのは、皇室典範と公式令の関係から内大臣を全廃することはかなり困難とみたからであった[49]。

第一案は、内大臣府官制（内大臣）を廃止し、内輔官制を設け、定員五名以内の内輔（親任）が「随時近侍し輔弼規諫に任す」ことになっていた。第二案は、内大臣府官制を改正し、内大臣府に常侍輔弼する内大臣（親任）の他に、定員五人以内の内輔（親任）を設け、「随時近侍に輔翼規諫に任す」ることになっていた[50]。

九月六日、入江は病気の平田内大臣に代わり、西園寺を御殿場に訪れた。入江の目的は、西園寺に内大臣府官制の改廃に関する草案を示して、意見を求めることであった。西園寺は一通り目を通した上で、第一案については制度上中心点を欠くので適当でなく、むしろ第二案を基礎として修正を加えるのがよいだろう、なお熟考すると述べた。また西園寺は、人事については、平田が考えている人々について大体同意のように見受けられた。西園寺は、九月一四日頃興津に行き、一〇月早々には東京の新邸に入るはずなので、その節に逗子または都合によっては東京で、平田と面会したいと話した。入江は、西園寺は案の具体的事項については深く考究する必要があると明確な発言はしなかったが、概要については異存がないのみならず、「至極御同感」の模様であると判断した。また平田の病気については、とても憂慮していた[51]。右のように、入江は、西園寺は内大臣府官制を改革する二案に大体同意であるとみたが、一カ月後に平田に面会したいという対応はあまりにも悠長で、西園寺が本当に改革に賛成かすら疑われる。

平田内大臣も不安に思ったようで、入江は平田の命で九月二三日、興津に西園寺を訪れた。入江は同夜に帰京して二四日に牧野宮相に面会するつもりであったが、牧野宮相が風邪のため、二六日にようやく面会できた。西園寺との会見で、入江は、西園寺が大体同意ならば牧野宮相にも詳細の内容を示し意見を求めたいと平田の意を伝えたところ、西園寺は「全然同感」との意を示した(52)。

しかし、注目すべきは以下のように、西園寺は内大臣府官制の改廃に必ずしも積極的でないことである。西園寺は、入江に次の五点を述べた。㈠摂政の輔弼（原文は「御左右の事」）は第一に宮内大臣の職責であるので相当の時機に相談する必要があり、平田内大臣も同意であるなら、速やかに本件の経過を牧野宮相に知らせ、十分の検討を求めるように取り計らってほしい、㈡もっとも内大臣府の組織などに関しては自分（西園寺）も考慮中であるので、第一案と第二案のいずれがよいと考えるかということはしばらく明言を避けたい、㈢宮内大臣に対しては経過と内容を説明し研究を求めるに止めたい、㈣いずれ自分（西園寺）は来月（一〇月）五日前後には上京の予定であるので、その上で牧野宮相に親しく面会し相談する、㈤また、その頃には平田内大臣を逗子に訪問することもできるので、すべてその時に相談することにしたい(53)。西園寺は平田内大臣との連携のみならず、牧野宮相との連携を重んじている。これは、後に述べるように、久邇宮朝融《あさあきら》王の婚約破棄問題をめぐり、西園寺と牧野の連帯感が形成されつつあったからである。

入江は九月二六日に牧野宮相に面会し、西園寺の伝言や、従来の経過並びに案の内容について詳細に述べた。牧野は、㈠先日平田内大臣に面会した際大体の点を聞いたが、自分（牧野）においても摂政の輔弼（原文は「御左右の事」）については従来から「憂慮」しているので、西園寺公と平田内大臣が種々配慮しているのは誠にもっとものことである、㈡元来自分（牧野）は制度よりは主として人について考慮していたが、この問題はなかなか重大なことであるので可否は即断できず、十分に考究する必要がある（特にその人を得られるか否かの点について）。㈢幸い西園寺公も半月以内に入京するとのことで面会の上で相談したく、また平田内大臣をもその内に訪問して直接聞くようにしたいこと等を、入江に告げた(54)。牧野宮相も西園寺と同様に、内大臣府官制の改廃に消極的であった。

入江内大臣府書記官長は、以上の、西園寺及び牧野との会見の内容を九月二七日付の書状で平田に知らせた(55)。その後、一〇月一五日までに第二案を修正した第三案が作成され、牧野宮相にも伝えられた。第三案は、内大臣府官制を改正し、内大臣（親任）の他に常侍奉仕する侍補三人（勅任または奏任）を設け（一人は勅任の内大臣府次長となることを得）[56]、現行の秘書官長（勅任で一人）の役割を強め、内大臣の補佐機能を強化する案で、現行の内大臣府官制への修正が最も少ないものであった。その後、内大臣府官制の改廃の問題は進展しなかった。すでにみたように、元老西園寺と牧野宮相が消極的な上に、後述するように、一一月中旬になると、体調を崩した平田の内大臣辞任が問題になるなど、内大臣府官制の改廃構想は推進者を欠いたからであった。

平田内大臣の体調不良と内大臣府官制改廃問題と同時進行的に、一九二四年二月初めより久邇宮朝融王が、すでに天皇の内許を得ていた酒井菊子（旧姫路藩主酒井伯爵家の娘）との婚約を破棄しようとしたことが宮中の問題となった。これは、宮中某重大事件で婚約不履行の非を訴えた久邇宮家が、長男朝融王の婚約解消を宮内省に申し出た事件である。この事件に牧野宮相は元老の西園寺と連携して対応し、一一月一六日、婚約解消は認めるが、同時に摂政から訓戒の詞が伝えられるという、久邇宮家にもそれなりに厳しい処分で解決した（婚約解消の新聞発表は一一七日）[57]。

元老西園寺と牧野宮相は、この事件を共同で解決したことにより、信頼感が増大した。牧野宮相は一九二四年七月、松方の死去した日に、「今は西園寺、山本の公伯を除きては群を抜く公人なし」と、自らの日記で西園寺を同じ薩摩出身の山本権兵衛に並べて評価していた。また一一月一四日、久邇宮家の問題解決に関し、「老公〔西園寺〕の誠意ある心遣ひは感服の至りなり」と記した。同じ日に、西園寺は平田内大臣が辞任する場合に備え、㈠宮相が内大臣を兼ねる、㈡宮相が内大臣となり、一木喜徳郎枢密院副議長を宮相にする（現宮相の方針を継承する）、㈢一木を内大臣にする（ただしこれは人に意外に感じさせる恐れがあり、「余程考へものなり」）との話を、牧野宮相にした[58]。平田内大臣の辞任問題は、平田が七月に体調を崩して以来、宮中の問題となりつつあったが、西園寺が牧野にこのことを持ちかけたのは初めてであった。しかも、㈠、㈡ともに、宮内省をほぼ掌握している牧野の権力がさらに強化されるものであった。

しかし、平田から正式の辞意が出ている訳でなく、牧野は西園寺の提言に対し意見を陳述せず、聞き流しにしておいた。[59] 二人の間には信頼感が形成されているとはいえ、西園寺の側に牧野と薩派との関係や後継首相推薦の様式をめぐる対立などのわだかまりが消えたわけではなかった。この会見は、七五歳に近づき老獪さに磨きがかかった西園寺と、六三歳にならんとして円熟味を増した牧野との腹の探り合いでもあった。したがって一二月二五日、牧野は腹心の珍田捨巳東宮大夫が牧野に、内大臣の後任は、山本か牧野が適任と述べにきた際にも、山本の内大臣就任に「絶対に反対を断言」した。[60] これは薩派から少し距離をとって宮相の職務を遂行してきた牧野が、さらに距離をとろうとしはじめたことを意味する。

一方、西園寺にとっても、珍田東宮大夫や関屋宮内次官を軸に宮中を掌握しつつある牧野が、薩派から距離をとり、西園寺と連携する意向を有しているなら、牧野を内大臣とすることはむしろ望ましいことであった。翌二五年一月二日、西園寺は松本に「〔内大臣問題について〕牧野は如何考へ居るか分らず、又薩派の陰謀もあれば、余程慎重の注意を要する旨」を述べ、[61] 薩派の動向を警戒しつつも、牧野と薩派とを区別する姿勢を示した。

（2）牧野内大臣の誕生

一九二四年一二月一五日、平田内大臣は、病気を理由に辞任することを西園寺と牧野宮相に伝えるよう、入江貫一内大臣秘書官長に命じた。[62] こうして、平田の辞任は宮中の公式な問題となった。

一九二五年一月一日、牧野宮相は摂政に平田の辞意を伝え、前回の平田任命の際には元老も相談に関与したので、今回も西園寺に意見を求めた上、善後処置を参考に言上したいと述べ、摂政から諒承を得た。[63] この牧野の姿勢は、内大臣の推薦の処理の責任は宮内大臣にありとの原則の下で（公式令第十四条では、内大臣の親任の官記には宮相が副署）、元老にも相談するというものであった。牧野の内大臣就任も話題になっており、自らを内大臣に推薦できない以上、西園寺に相談することは、牧野にとっても望ましかった。

一月一〇日、牧野は西園寺を訪れ、内大臣問題を協議した。斎藤実朝鮮総督と東郷平八郎元帥が話題になり、牧野は斎藤を、西園寺は東郷を妥当と見、一木喜徳郎は経歴不足で困難とされたが、固執する議論にはならず、東郷に傾いた[64]。なお、西園寺は談話中に牧野が内大臣を引き受けそうな気配を見て、牧野に内大臣就任を勧めてみた。その際の後任宮相については、一木や平山成信枢密顧問官などの話が出たが、西園寺は牧野の考えと少々一致しないと思い、平田に一応相談するように話した[65]。

この三日後の新聞に、内大臣の後任者についていろいろな噂が出ているが、西園寺は内大臣の後任に牧野を、宮相の後任に一木を推すであろうとの見通しが出ている[66]。牧野は内大臣になる重みを備えているとみなされており、西園寺も牧野もそれを意識して、慎重に両者の意志を確認しているのである。

ところで、西園寺が名前を出した東郷は七七歳になろうとしており、牧野より一四歳年長で、日露戦争中に戦時中は閣僚より格上のポストである連合艦隊司令長官として日本海海戦で勝利した輝かしい経歴を有していた。それは、日露戦争後に、第一次西園寺内閣の文相として初めて入閣した牧野の経歴（後に農商相・外相を歴任）よりも上であり、牧野宮相を内大臣として牽制するに十分であった。しかも東郷は薩摩出身ながら、薩派としての政治活動に対しては超然とした姿勢をとっており、久邇宮良子女王の色覚異常遺伝子をめぐる宮中某重大事件に際しても、東宮御学問所総裁でありながら、事件には積極的に関与しなかった[67]。西園寺が東郷を内大臣として期待したのは、以上の理由からであろう。ただ、東郷には行政官としての法律等の知識や経験が不足していた。

牧野が一応推した斎藤は、六六歳で、牧野より四歳年長で、初入閣（海相）は牧野と同じ第一次西園寺内閣であるが、一八九三年三月に牧野が文部次官に就任した頃に、まだ海軍大尉にすぎず、海軍次官（大佐）になるのは五年以上後で（勅任官の文部次官に同格の海軍少将や中将になるのはさらに数年後）、経歴上で牧野の格下であり、宮内省を掌握しつつある牧野が負担に思う相手ではなかった。斎藤は水沢藩出身ながら、妻は薩摩海軍の長老仁礼《にれ》景範《かげのり》の娘であり、薩派に連なって出世した。しかし、山本権兵衛ほど薩派色は強くなかった。また斎藤は、第一次西園寺内閣から第一次山本内閣まで八年間も海相として内閣に列し、一九一九年八月からは朝鮮総督に就任しており、行政経験も豊富であった。これが西園寺との連携を強めようとする牧野が、斎藤の名を出した理由であろう。

しかし約一年後に西園寺は、松本剛吉が、斎藤の性格は頗る謹直であるが、薩派が斎藤を放っておかないと述べたのを肯定している。その際西園寺は、一九二五年三月に一木が宮相になった折も斎藤の宮相運動があり、斎藤の宮相就任には絶対反対を唱え、一木が受けることになったと松本に回想した。また西園寺は、斎藤がシーメンス事件の当時松本和中将より一〇万円を借り受け、自宅を買い取ったことが当時の裁判所の記録にあること（北一輝は斎藤が宮相になればそれを持ち出す）を承知しているようであった。[68] これが西園寺が斎藤を内大臣として望まぬ理由であった。また、数日後の新聞は、牧野が内大臣になった後任の宮相に斎藤の名前が挙がっているのに対し、加藤首相が朝鮮総督の後任に適任者がいないと反対していると報じていた。[69] このように、政党内閣との関係からも、斎藤が内大臣や宮相になることは困難であった。

牧野が内大臣となった場合の後任宮相候補の一人の平山は、宮中某重大事件で久邇宮側に立って積極的に活動しており、[70] 薩派の動向を気づかう西園寺にとって警戒すべき人物であった。一木は牧野より六歳若く、閣僚歴も牧野より八年遅く、第二次大隈重信内閣で文相・内相を務めたのみで牧野より格下であった。しかし東京帝大法科の教授であったため法律知識はあり、閣僚・枢密顧問官・同副議長としての経歴や旧山県系官僚であったことを考慮すると、万一牧野が薩派に乗せられて動こうとしても、牽制する力になり得た。内大臣として一木の名を考慮した西園寺は、一木を宮相として望んでいたに違いない。

一九二五年一月一六日、病床の平田内大臣も松本に、後任の内大臣は牧野の他はなく、宮相の後任は一木や平山などが可であると述べた。[71] 一月三一日、牧野は西園寺を訪れ、「跡戻りの感あるも段々熟考の末、内府問題に関する最後の所感を開陳す」と、西園寺に自らが内大臣に就任する意志があることを伝えた。西園寺は宮相の後任問題について心配しているようであったが、東郷の内大臣就任については「未熟であつたかも知れぬ」と漏らし、熟考することになった[72]。二月一日に西園寺は牧野への連絡役の入江為守東宮侍従長に、牧野内大臣・一木宮内大臣の線で合意することを伝えたらしい[73]。二月五日から牧野は一木に宮相就任の勧誘を行い、西園寺からの一木への勧めもあって、二月一六日までに牧野内大臣・一木宮相の方向が当事者と西園寺の間で決まり、西園寺と牧野は非常に満足した[74]。二月二〇日発行の夕刊には、牧野が内大臣に、一木が宮相に予定されていることが報じられすらした[75]。一木は華族でないので、彼が宮相になることについては「平民宮相」として[76]、デモクラシーの潮流の中で皇室の「平民」化の一環ととらえて歓迎する風潮があり（第II部第一章）、新聞は特に好意的に見た。

その後、西園寺の代理で入江東宮侍従長が内大臣の後任について奉答し、三月三日、摂政から牧野に内大臣就任を求める言葉があり、牧野は就任を受諾した。こうして三月三〇日、牧野と一木はそれぞれ内大臣と宮内大臣に任命された。牧野は、「此重任を拝し所感深く、只責任の重大なるに自から微力短所才に顧み恐懼に堪へず[77]」と非常な満足感を日記に記した。また、当時枢密顧問官で宮中の内情に詳しい倉富勇三郎（元帝室会計審査局長官）によると、牧野はこの時多額の賜金を受けた[78]。さらに牧野は四月九日に、子爵から伯爵に陞爵した。これは、裕仁の渡欧・摂政就任・結婚などに尽力した功績からであった[79]。

本官としての内大臣は、これまで三条実美・桂太郎・大山巌・松方正義・平田東助が就任した元老クラスの名誉あるポストであるが、宮内省という宮中の大きな官僚機構を統轄する宮相に比べ、「常侍輔弼し内大臣府を統轄する（内大臣府は勅任の秘書官長一人と奏任の秘書官二人に属を加えた小さな組織）以外の、具体的な権限のないポストである。しかし、牧野は珍田東宮大夫や関屋宮内次官を輩下に宮内省を掌握しており、西園寺の支持を得て内大臣になったことで、名誉と宮中側近を中軸に宮中を掌握する実権の両方を得たことになった。

4　牧野内大臣・元老西園寺の連携と立憲君主制

牧野伸顕が内大臣に就任後、一九二五年五月六日、西園寺公望は中川小十郎を通し、西南戦争の際の大久保利通（牧野の父）の伊藤博文宛の書状を牧野に恵与し、大久保の国難に対する態度を讃え、「実に国宝とも云ふ可く、何卒大切に保存被為度との伝言」をした[80]。西園寺は自らへの牧野の感情をさらによくしようとする一方で、大久保の態度を例示して、言外に牧野が薩派の策動に乗せられないように願ったのである。

さて、同年七月になると、政友会は第一次加藤高明（護憲三派）内閣を離脱して、政友本党と連携して政権を狙おうとする方針を固めた[81]。それは政友会の積極政策や北満進出を重視し、満蒙問題での日本独自の対応を重んじる、いわゆる強硬外交路線と、憲政会の緊縮財政路線や中国本土政権との交渉や米・英との協調を重視する、いわゆる協調外交路線が合わない上に、加藤内閣成立以来、憲政会が常に政友会に対して主導権を握っているので、政友会内に不満が蓄積してきたからである[82]。

この時期においても薩派は、床次竹二郎（薩摩出身、政友本党総裁）内閣か薩派の官僚系内閣（政友本党を中核とした衆議院の支持）を期待していた[83]。しかし牧野内大臣はそれらに影響されることなく、七月二二日段階で、政友会系が内閣を離脱した場合には憲政会の加藤首相が単独で閣員補充をする決心をし、元老西園寺の了解も取り付けていることを知ると、「此確報を得て大に安心せり。又加藤の政治家として此決心あるは大に気を強くするところなり」と日記に記したように、西園寺と共に加藤単独内閣を推薦する姿勢を固めていた[84]。

政友会の閣僚が浜口雄幸蔵相の税制整理案に反対したので、七月三一日、加藤首相は辞表を提出した。摂政は、牧野内大臣に善後処置について下問し、牧野は元老の意見を参照するよう奉答した。後継首相の下問を受けた西園寺は、牧野の意見を求め、八月一日、両者は加藤高明を再び推薦することに一致し、牧野は西園寺の奉答を摂政に言上した。摂政から改めて牧野の意見を下問したので、牧野は西園寺と同一の旨を答えた。こうして、加藤に組閣の命が再び降り、八月二日、憲政会単独の第二次加藤高明内閣が成立した。[85]この過程の特色は、後継首相推薦の正式な下問を摂政から受けたのは西園寺一人であるが、牧野は西園寺と摂政から意見を求められ、西園寺の判断を支持したことである。牧野は西園寺と摂政の両方から信頼されているのみならず、内大臣の地位が後継首相推薦に関係できるとのイメージが形成された。

加藤首相の死去に伴う一九二六年一月末の次の政変も、同一のパターンで後継首相が推薦され、若槻礼次郎が組閣の命を受け、一九二六年一月三〇日、加藤内閣の継続として、憲政会の第一次若槻内閣が成立した。西園寺と牧野の意見が一致していたことも同様であった。[86]このような中で、一九二六年四月、西園寺は元老の補充をせず、唯一の元老である西園寺の死後は、内大臣を中心に御下問に答えていく方法を講ずる他ないとの考えをもっていると新聞に報じられるまでになった。[87]

一九二六年七月から八月中旬にかけて、牧野内大臣の宮中（宮内省）掌握を前提とした元老西園寺と牧野の連携体制を大きく揺るがす、いわゆる宮内省怪文書事件が浮上した。それは、五月中旬に予備役陸軍少尉西田税他二名が、北海道の宮内省御料地が払い下げられるにあたり、合計八〇万円の賄賂が配られ、二〇万円が元老の松方正義と市来乙彦（加藤友三郎内閣蔵相）、二〇万円が牧野宮相（現内大臣）・関屋貞三郎宮内次官・東久世秀雄林野局事務官（現内匠頭）ら宮内省高官に流れた等とする、「宮内大官不敬事件」と題する活版刷のパンフレット三〇〇部を関係者に送付したことである。この問題は八月上旬になると、東久世内匠頭が裁判所に召喚されるなど、ジャーナリズムでも大きく取り上げられ始めた。[88]すでに六月三〇日には北一輝が電話で関屋に面会を申し込んできたが、関屋は横須賀出張を理由に断っていた。[89]国粋主義者の巨頭北一輝が背後にいることで、牧野・関屋らにとってこの事件は容易ならぬものに展開する可能性があった。宮中の内情に詳しい倉富勇三郎枢密院議長は、八月五日に宮内省の対応の情報を知り、取りざたされたような不正はなかったであろうが、「処分は確に不当にて忠実を欠き居けり[90]」と、対立する牧野内大臣らへの批判を日記に書いた。八月九日には、司法界の重鎮である平沼騏一郎枢密院副議長（元検事総長、元大審院長）は松本剛吉に、牧野は賄賂など取る人ではないが、過日、松本より平沼に話した次第や、他より種々の情報もあり、これ等を斟酌すると、牧野は辞表を出さざるを得なくなるかもしれない、と内密に述べている[91]。

八月一二日、宮内省怪文書事件を気に掛けている西園寺は松本に、次のように、牧野を助ける姿勢を明確に示した。「仮りに牧野が罷めるとしても君の知る如く永く掛るだらう、平田の時でさへ約半年も掛つたではないかと笑はれたり[92]」。そこで松本は平沼が大阪より帰京するとの情報を聞くと、八月一六日、さっそく平沼に面会して、八月一二日に西園寺と会見して以来の経過を報告した[93]。西園寺は、同年五月に平沼が田健治郎とともに宮中の事をやりたいと〔内大臣・枢密院議長・宮相になることか〕松本に述べたことや、七月末に平沼が田と共に国策の樹立を調べてみたいと述べたことに賛成するなど[94]、政界・官界のスキャンダル情報を握っている平沼へのリップサービスを行っていた。これらを考慮すると、西園寺は牧野内大臣の辞任を防ぐため、松本を介して、平沼に間接的に圧力をかけたといえる。西田他二名が拘禁されたことに憤慨した者が、八月一五日、再び「牧野内大臣・関屋宮内次官・東久世内匠頭の大逆不敬事件」と題する印刷物を撒布したが、宮内省の不正不当はないとの二一日の声明書の後、北一輝は裁判所に召喚され、事件は一応収まっていくかに見えた[95]（続いて朴烈事件がジャーナリズムの大きな話題となり、宮中ではなく若槻内閣を揺るがすようになっていく）。

関屋宮内次官も、九月中旬に小泉策太郎が中川小十郎からの言として牧野内大臣が床次政友本党総裁と関係を有していると述べた際、牧野は極めて公平で常に国家の大局より達観していると、牧野と床次（薩派）の特殊な関係を否定したように[96]、西園寺との連携をさらに意識した。

その後、九月一二日から一〇月二〇日頃にかけて、牧野内大臣、関屋宮内次官らと対立する小原駩吉《おばらせんきち》貴族院議員

（男爵議員、元宮内省内匠頭）、西園寺八郎（元老西園寺公望の養子、宮内省式部長官）らは、宮内省怪文書事件に加えて、東久邇宮稔彦王《ひがしくにのみやなるひこ》（パリ滞在中）の牧野批判の覚書を使って、牧野らを辞任に追い込もうとした。東久邇宮の覚書とは、摂政と久邇宮良子女王の結婚に関し、宮相であった牧野は「薩派」であるので、東久邇宮に相談せず勝手に遂行したと、牧野を非難するもので、六月に牧野と一木に提出されていた。枢密院議長の倉富は、この陰謀に積極的には加担しなかったが、常に小原を通して情報を得ていた。西園寺八郎は牧野らへの批判を養父の公望に伝えて公望を動かそうとするが、公望は取り合わなかった[97]。こうして牧野らは窮地を脱していった。

その少し後の一九二六年一〇月二八日、牧野が西園寺を訪れると、西園寺は政変の際の対応の方法を、先日摂政に奏上しておいたことを述べた。それは、㈠「今後政変等の場合には〔元老と〕内大臣にも〔後継首相推薦の〕御下問」がある、㈡西園寺が死去した後は内大臣に主として下問し、内大臣が他の者に参考のために相談したり、意見を求めたりしたい場合には勅許を得て、目的の人と協議することである。その際、摂政からは特に言葉はなかった。一一月三日、西園寺は右の話を一木宮相にも参考のために伝えた（牧野も同席[98]）。この西園寺の提言は、政変の際の内大臣への下問を、元老と内大臣が摂政（天皇）より後継首相の推薦に関してほぼ対等の下問を受けると元老の西園寺が認め、摂政へも上奏した点で、新しかった。これは一九二三年八月の山本権兵衛内閣成立を経て以来の、内大臣に善後処置に関する下問があり、内大臣はそれを後継首相の人選を直接に求めたものと受け止めず、元老に下問するよう奉答し、元老が後継首相を天皇に推薦するという方式（場合によれば元老の意向で、内大臣にも下問）と大きく異なるものを含んでいた。

西園寺の上奏を突然聞いた牧野は、「只今の如き御内話耳にし、唯々事の重大なると自分の其器にあらざるを思ひ、恐懼するの外なき」等と述べて、余談に移った[99]。西園寺の提言は、牧野の従来の意見である政変の際の下問範囲の拡張という方式を元老の生存中は凍結しようとするものであり[100]、引き続き、河井弥八内大臣秘書官長などが行っている、政変の際の組閣者の新しい推薦方法の検討[101]に、当面の結論を与えるものであった。

しかし、西園寺の提言は、牧野内大臣を抑制しようとしているというより、牧野に権限の委譲を認めることで、牧野を激励し、連携を強めようとするもので、西園寺の牧野への信頼の証であった。当時、いったん収まりかけた北海道の御料林の払い下げをめぐる宮内省怪文書事件は、新たな怪文書配付者の馬場園義馬（西田税らの支持者）の公判をめぐり、一九二六年一〇月から再びジャーナリズムの話題となった（馬場園は一一月二日、東京区裁判所で禁固三カ月、執行猶予四年の判決）。翌二七年一月二五日になると、北一輝の弟の北昤吉が関屋次官を訪れ、兄の件を謝罪し、保釈を願うなどの和解を求める動きをするが、宮内省では三月までその対応を迫られた。(102) この状況の中で牧野内大臣は、すでに述べた二六年一〇月二八日に西園寺を訪れた際にも、宮内省の問題を弁解している。(103) こうして宮中を掌握している牧野内大臣も、自らと関屋宮内次官や東久世内匠頭という牧野の腹心の疑惑が、北という大物国粋主義者を背景に出される中で、元老西園寺の支持を必要としたのである。なお、一九二六年一月二六日に加藤高明が突然病死してしまったことも、元老になる有力政治家の候補者がいなくなってしまったという点で、西園寺が後継首相推薦で、内大臣と協力した新しい様式を決断する背景となっていた。

さて、一九二七年四月一七日、憲政会を与党とする若槻礼次郎内閣が倒れる見込みが強くなると、牧野内大臣・一木宮相・珍田侍従長・河井侍従次長が相談し、組閣についての意見を決定した。若槻内閣の辞表が捧呈されると、践祚（事実上の即位）して五カ月の天皇裕仁は牧野内大臣を召し、「後継内閣の首班たるべき人」について下問をした。牧野は元老西園寺に下問するように奉答し、天皇は河井侍従次長を勅使として、京都の西園寺に下問した。一八日、河井は下問と牧野内大臣が田中義一政友会総裁を適当とみているとの伝言（牧野・一木・珍田・河井の合意事項）を伝えると、西園寺は直ちに同意し、一九日、元老の奉答として田中義一が推薦され、田中に組閣の命があり、(104) 四月二〇日、田中内閣が発足した。

この過程は、衆議院第一党憲政会の若槻内閣が政策に行き詰まって倒れると、同第二党政友会の党首の田中が組閣するという、「憲政常道」とよばれる、イギリスの立憲君主制に近づいたルールを示している。また、すでに述べた一九二六年一〇月二八日の西園寺の牧野への後継首相推薦についての提言が実施されたことも注目される。天皇の善後処置を求める下問は、西園寺と牧野の両方に人選を求めることと解釈されたので、牧野は前もって首相の人選について、一木・珍田・河井の三人と相談し、下問の後は、牧野の意見として西園寺に述べ、両者一致の上で、後継首相を推薦したのである。

次の浜口雄幸内閣の成立、第二次若槻礼次郎内閣の成立、犬養毅内閣の成立に際しても、㈠牧野内大臣がまず政変後の善後処置についての下問を受け、㈡元老に下問するように奉答することという、第二次山本内閣成立時以来の慣例に加え、㈢元老は奉答の前に内大臣と後継首相の人選について、打ち合わせするか、勅使を介して内大臣の意志を知って一致を確認した後、元老が奉答し、㈣その後、天皇から特に内大臣にも後継首相の人選について下問がある場合もあり、㈤西園寺と牧野内大臣の人選についての相談には、宮相・侍従長も加わることもある（犬養内閣成立）等、一九二六年一〇月二八日の西園寺の提言の枠で事態が展開した[105]（第I部第七章で述べるように、斎藤実内閣の成立に際しては、五・一五事件の衝撃で、二六年一〇月の枠は動揺し、元老西園寺が「政界重要人物」〔「重臣」〕の意見を聞き、牧野内大臣の意見も尊重して首相を推薦した。次の岡田啓介内閣の成立からは、元老・内大臣と重臣の協議に変わる）。

なお、一九二六年一〇月二八日の西園寺の提言の内容は、マスコミには公表されなかったため、マスコミは田中内閣成立に際し、牧野内大臣が重要な役割を果たしていることを感得し、報道したが、ルール変更には気づいていなかった。牧野内大臣の役割が改めて注目されるのは、一九三一年一二月の犬養内閣成立以降の政変からである[106]。このように、元老西園寺や牧野内大臣らは、ルール変更を宮中の中枢に秘し、少しずつマスコミや国民に定着させていこうという手段を取ったのであった。

5　牧野の摂政教育・政治関与と首相の権限

護憲三派内閣成立後も、牧野伸顕宮相は、摂政の宮中改革にはやる心と、貞明《ていめい》皇后（節子）を背後にした旧来の保守的な女官たちや傍流となった宮内官僚の間を調和させながら、宮中改革を着実に進めていった。一九二四年六月、摂政（皇太子）は大奥と東宮職の意見の相違と、東宮職側の責任者の弱腰の対応に不満であることを牧野宮相に述べたが、牧野は新旧者の調和を説いて摂政をなだめた。[107] また、牧野は同年六月に新任の入沢達吉侍医頭に対し、侍医寮（他の官庁の局にあたる）の刷新や皇后の希望の慈善事業を積極的に行う手段を考えることを指示した。入沢侍医頭は、天皇の運動（散歩）が従来日中の暑い時にも機械的に行われる等、かえって体の負担になっていたものを、天皇の体調を考慮して実施するよう改める等、慣例の修正に努めた。[108] また慣例となっていた陸軍大演習終了後の将校以上の幹部の大饗宴を二四年からやめ、御紋付菓子を兵士にまで与えることにし、費用を節約し恩沢を下層にまで広く及ぼすことにした。牧野は高松宮宣仁親王（大正天皇の三男）の社会問題などへの関心にも好意を示した。[109] 以上のように、この時期も牧野宮相は、宮中の合理化による費用や時間の節約をし、天皇・摂政など皇族に対する大衆も含めた国民からの支持を増大させるように、漸進的に改革を進めていった。

このような姿勢は皇后からも評価され、一九二五年三月、牧野が宮相から内大臣に転ずることが内定したと報告すると、皇后は、「今二、三年も〔宮相を〕続けて貰ひ度く、種々の仕掛りの事もあるべく、誠に残念なり、…（中略）…外のところへ換はられる分け《ママ》にもあらざれば、此点は仕合はせなるも責任者でなければ自から相違ある事は致方なし、何卒一木を助けて引つゞき尽力ありたし」等と述べた。[110] 皇后の信頼を背景に、牧野内大臣は、二五年七月、一木宮相や腹心の関屋宮内次官の尽力で、「素行」に問題のあった下田歌子の宮中出入りを原則として差し止めることに成功し、二七年三月三日付で、大森鍾一皇太后大夫を辞めさせ[111]、牧野に近い入江為守を後任にすることができた。大森は内務総務長官（次官）や京都府知事などを歴任した旧山県系官僚で、一九一六年六月二二日に皇后宮大夫に就任し、大正天皇の死去に伴い二六年一二月二五日に皇太后宮大夫に転じるまで、一〇年以上にわたって大奥の最高責任者を務めてきた。大森は一八五六年生まれで、牧野より五歳上（一木より一一歳上）で七〇歳を超えており、牧野が宮中改革の一環として大奥の女官の改革を進める上での障害の一つであった。また、小原駩吉貴族院議員（男爵議員、元宮内省内匠頭）によると、すでに一九二六年段階で大森は皇后の信用を失っていた[112]。

一方、一九二五年四月、牧野内大臣は、護憲三派内閣の永続が困難で、特に予算編成をめぐる対立が懸念され、今後、合同や新党樹立の運動がどのようになるか推測が困難であること等を、二四歳になろうとしている摂政に言上した。摂政は、四日に政友会総裁の引退を声明した高橋是清の進退について牧野に問うた。また牧野は、同年七月にも、政友会と加藤内閣・政友本党の動向について言上した。同年末にも同様の話題を言上すると、摂政は高橋是清の動向や、政友本党が政友会との連携を破棄するかについて牧野に問うた。このように牧野は内大臣に就任した直後から、摂政の「政治御練習の為め時々経過言上」するという理由で、摂政への言上を意識的に行うようになった[113]。これは内大臣の職務の「常侍輔弼」ということを、宮相時代以上に意識した結果であった。

こうして摂政就任直後には、女官の改革など摂政の身の回りのこと以外に、政治的発言を避けてきた摂政であったが、牧野に誘導された形ながら、表の政治への発言を内大臣に対して行うようになった。このため、田中義一内閣以降になると、憲政会（民政党）を好み、田中義一や彼の率いる政友会に好意を持たない、牧野内大臣の価値観が、天皇となった裕仁に影響し、天皇はその枠での政治的発言を行ってしまうことで、イギリスに類似してきた立憲君主制が動揺していくのである（第Ⅰ部第三〜第五章）。なお、加藤高明内閣は原敬内閣以来の本格的な政党内閣として、原内閣期と同様に貴・衆両院の議長と副議長・議員の宮中席次の上昇を狙った。加藤内閣はそれに加えて大審院長の宮中席次を上げることも目論んだ。しかし、宮中側と枢密院が乗り気でなく、加藤内閣も強く主張せず、これらの改正は実現しなかった[114]。加藤内閣が宮中席次問題での対立を避けたのは、加藤首相が牧野内大臣ら宮中側近の加藤内閣への支持を維持しようとしたからであろう。

牧野の田中義一に対する反感は、清浦奎吾内閣の陸相選定をめぐって、旧山県系の田中義一大将と上原系の盟主上原勇作元帥が対立する中で、一九二四年五月には、明確に確認されるようになる。したがって、護憲三派内閣の憲政会主導に対し、同年八月頃、政友会と政友本党が合同して、田中が新党の総裁となり対抗しようとする動きが生ずると、牧野は極めて批判的にみた[115]。牧野は、元老の西園寺と同様に[116]加藤内閣を支持しており、すでに述べたように、二五年七月末の護憲三派の分裂に際しても、加藤を首班に推薦し、憲政会の単独内閣を作らせることで一致したのである。

牧野内大臣は、与党の憲政会と政友本党の動向に関し、一九二六年三月、本党の議会での加藤内閣・憲政会への協力の見返りに、床次内閣が成立すれば憲政会は援助する等の約束をすることは、「大権私議」の恐れがある等と加藤首相に注意する等、府中の政治への関与を始めた。牧野の姿勢は、部下の河井弥八内大臣秘書官長にも同様の影響を及ぼした[117]。これは以下に述べるように、公式令上は宮中関係の問題である陞爵問題（副署）ですら宮中の十分な決定権がない中で、宮内省をも掌握している牧野内大臣の下で、宮中から府中への政治関与という形で、宮中の自立化への新しい傾向が始まったことを示している。

なお、護憲三派内閣から若槻内閣までの政党内閣期を検討すると、公式令上の首相の管轄（副署）事項（貴族院議員の勅選や枢密院議長の人選など）の主導権は、原内閣後期以来首相が維持していることが確認される（ただし、原内閣期は枢密院議長に山県有朋が就任しており、原が山県より先に死去したため、後任問題は生じなかった）。以下に、護憲三派内閣以降の具体例を検討してみよう。

元老の西園寺公望の私設秘書であり、特に平田東助内大臣との連絡役として重要な松本剛吉（元衆議院議員、当選四回）を貴族院の勅選議員とする話は、一九二四年一〇月頃から本格化し、西園寺や病床の平田内大臣が加藤高明首相に勧めたが[118]、他に有力な候補者がいて実現しなかった。松本の経歴が他の候補者と比べ劣ることも事実であるが、政党内閣の首相として加藤が党内の勢力バランスを考慮して、元老や内大臣の意向を重視しなかったからといえる。松本は自ら親しい田中義一が首相になってようやく勅選議員に推薦され、天皇に任命された。

一九二五年九月二五日、浜尾新枢密院議長が死去すると、枢密院議長の後任問題が焦点となった。二六日、牧野内大臣は西園寺との談話の中で、枢密院議長の推薦は、「総理大臣が責任者故、総理の意見を御聴き願ふ」と述べた[119]。この人事の相談に直接に関わったのは、加藤首相・元老西園寺・牧野内大臣・一木喜徳郎宮相である。加藤は西園寺が枢密院議長となることが最適であるが、無理なら、副議長の穂積陳重の昇格（副議長には岡野敬次郎貴族院議員（元第二次山本権兵衛内閣の文相））を望んでおり、山本権兵衛・清浦奎吾には反対であった。西園寺の意向ははっきり確認できず、牧野は清浦の就任を望み、一木の意見は穂積の昇格とも（牧野の判断）、山本とも（松本剛吉の判断）ともみえた。結局、西園寺が枢密院議長になる意志がないので、首相の主導で、穂積が議長、岡野が副議長となった[120]。

岡野枢密院副議長が死去すると、一九二五年一二月一八日、倉富勇三郎顧問官が副議長となった。その後、二六年四月八日、穂積議長が死去すると、元老西園寺の意向も考慮した若槻礼次郎首相の推薦を受け、倉富副議長が二上枢密院書記官長に枢密顧問官たちの意見を打診させた後、議長就任を内諾した。副議長の後任については、若槻首相が倉富の意向を聞いた上で、国粋主義者の平沼騏一郎顧問官（元法相・検事総長）を摂政（皇太子）に推薦することにした。こうして、倉富が議長に、平沼が副議長に任命された。『東京日日新聞』は倉富の議長就任を、枢密院の権力を高等法制局にまで低下させることができ、枢密院の横暴を抑えられると歓迎した[121]。このように、枢密院議長・副議長の摂政への推薦に関し、首相が主導した。後に、ロンドン海軍軍縮条約で倉富議長・平沼副議長らが条約反対を主張して、枢密院をリードして政局に大きな影響を及ぼすまでになることは、まだ予想されていなかったのである（なお、枢密顧問官の推薦をめぐる主導権については、次章以降で詳述する）。

さて、次に陞爵と授爵の問題における首相と宮相の主導権を検討したい。久保田譲枢密顧問官（元文相）が、一九二八年九月二五日に倉富勇三郎枢密院議長に述べたところによると、一九二四年六月に清浦奎吾首相が辞任した時、水野錬太郎（前清浦内閣の内相）から清浦の陞爵（子爵から伯爵へ）の申請をし、枢密院議長として浜尾新が賛成し、書類も出したらしい。これは清浦が山県有朋枢密院議長の下で、副議長ながら事実上の議長の役割を果たし、長年枢密院に貢献したからである。内議は大体まとまったが、当時の牧野伸顕宮相が、清浦内閣はうまくいかずに倒閣したので、今は陞爵を見送り、時期を見て実行する方がよいと述べ、その時は陞爵が実行されなかった。その後、久保田が牧野に清浦の陞爵を促したが、清浦の子が銀行関係の問題で非難されている時であったので、時期が悪いという理由で再び陞爵を拒んだ。そこで、昭和天皇の即位の大礼も近づいたこの時期に、久保田は清浦の陞爵を実現させようと、倉富の支援を求めたのであった。倉富も陞爵に賛成する意向を示した。[122]一〇月二日には、倉富議長は一木宮相と田中義一首相にそれぞれ面会し、清浦の陞爵を要請した。[123]これは、首相と宮相が陞爵の実権を握っていたからである。

結局、同年一一月一〇日、即位の大礼関係の栄典の授与に際し、清浦の陞爵は、後藤新平の伯爵への陞爵と同時に実現した。すでに伊東巳代治枢密顧問官、平田東助（元内大臣、死去）は一九二二年に伯爵になっていた。閣僚になるのが清浦よりもずっと遅かった牧野内大臣や加藤高明（元首相、死去）も、それぞれ一九二五年、二六年に伯爵になっており、長年閣僚や枢密院副議長（事実上の議長の職務を遂行）を務め、首相にまでなった清浦の伯爵への陞爵は、かなり待たされたといえる。

清浦が首相を辞任した一九二四年に陞爵が実現しなかったのは、牧野伸顕宮相が護憲運動の敵の立場となった清浦を陞爵させることで、病気の大正天皇や若い摂政を輔弼する自分や宮内省が、護憲三派や世論からの攻撃を受けることを嫌ったのであろう。また、加藤首相も清浦を陞爵させることに消極的であったと思われる。この過程から、元老山県有朋の死後、授爵や陞爵に関する宮相の拒否権はかなりのものになったといえる。

他方、一九二六年一月末、加藤首相が危篤になると、塚本清治内閣書記官長の方から加藤の陞爵の問題が一木宮相に提出され、一木宮相は牧野内大臣と元老西園寺の意見を聞いた後（牧野は積極的に推さないが、政府の希望であるので、状況にまかせてもよいとの姿勢）、陞爵の上奏をして、二八日、加藤は伯爵に陞爵した。[124]これは政府の関係当局が陞爵を申請し、宮相が元老・内大臣の意見を聞いて上奏する、公式令上の担当者の宮相中心に意志決定するという、形式の上で宮中の主導権を示した方式であった。憲政会の加藤内閣側は、牧野内大臣との良い関係を生かし、加藤陞爵を押し切ったといえる。政友会幹部の野田卯太郎（元逓相・元商工相）への授爵問題についても興味深い話がある。野田への授爵について田中義一政友会総裁は、若槻礼次郎首相と一木宮相にそれぞれ二回ずつ面会して要請したが、両者とも好意的対応をせず（若槻は閣議に持ち出し否決したという）、[125]授爵は実現しなかった。また四月七日に穂積陳重枢密院議長が死去すると、若槻首相は、一木喜徳郎宮相が奈良方面に出張中であるので、関屋宮内次官に面会し、穂積の陞爵を申し入れた。仙石貢鉄相（若槻内閣の実力者、憲政会の財政を支える）も同じ件で、牧野内大臣を訪問した。穂積の陞爵を推薦するという最終決定は、翌日、奈良から帰京した一木宮相、仙石貢鉄相、関屋宮内次官の相談によってなされた。[126]仙石は若槻首相の代理として、一木宮相との最終的な相談に参加したと思われる。

このように、政党政治の時代は、授爵に政党出身の首相が強い影響を及ぼしたが、宮相の拒否権もかなりのものであった。先の加藤の陞爵の場合も、塚本内閣書記官長を病床の加藤首相の代理として理解すると、首相（あるいは政党内閣）が陞爵・授爵問題に相当の影響力を及ぼすという、原内閣後期の伝統は継続しているといえる。

おわりに

本章では、高橋是清内閣から第一次若槻礼次郎内閣期までを分析対象とし、牧野伸顕宮相（のち内大臣）が、第一次大戦後の大正デモクラシーの潮流に対応するように、漸進的に宮中を改革、薩派から距離を取ることで唯一の元老となった西園寺公望の信頼を確保し、裕仁や皇后（節子）の信任を得て宮中を掌握すると共に、明治天皇とは断絶した新しい天皇を創出していくことを、西園寺の構想や老獪な政治手法と関連づけて明らかにした。

宮中某重大事件の責任をとり、山県系官僚の中村雄次郎宮相が辞任した後を受け、牧野は元老松方正義の推薦により宮相に就任した。牧野は原首相と連携して摂政設置を実施し、裕仁と久邇宮良子女王の婚姻の実施も再確認した。一方彼は珍田捨巳東宮大夫・関屋貞三郎宮内次官ら自らが人選した側近を従えて、第一次大戦後の物価上昇に伴う皇室の財政難や大正デモクラシーの潮流に対応すべく、着実に宮中改革を実施していった。牧野のスタンスは、欧州訪問以降、婚姻を控え、身の回りの東宮職のみならず天皇・皇后の回りの大奥などにも急進的な改革を求める摂政裕仁と、改革に抵抗を感じる皇后や保守派の宮内官僚の間のバランスを取り、漸進的に改革を進めることであった。

改革の要点は、皇室財政の整理・皇室運営の合理化や皇室イメージの「平民」化と「健康」を強調し、「科学」化を示すことにある。牧野は皇室の財政難に対処すべく、高齢官吏の更迭を行い人員の削減をする一方で、彼の考えに共鳴する新進の官僚を登用した。彼は皇太子（摂政）を「平民」化する一方で、神秘性も守り、大衆との精神的つながりを有したものにしようと考えていた。このため、軍服のみならず平服の皇太子（摂政）や皇族という親しみやすいイメージの普及を容認し、かつ財政難にもかかわらず皇后の求める社会事業への関わりにも、積極的に応じていった。さらに、行啓の際には、摂政とアイヌや台湾先住民との接見の機会を作り、マスコミに報道させた。こうして最も高貴とされる皇室と社会の最も下層に属する貧民や貧しい異民族のつながりを強調し、社会の矛盾の一部を間接的に修正し、国民のすべてとつながりを持つ皇室イメージを強めようとした。しかし、牧野宮相や宮内省当局および皇太子（摂政）らのイメージ戦略は、皇太子への「健康」イメージの定着に失敗したことや、秩父宮の「平民」化や「強健」イメージが強烈で、皇太子がかすみがちにすらなったように、必ずしも十分に成功しなかった（詳細は第II部第一章）。また牧野は、大奥の因習の改革や行事の簡素化を実施し、天皇の運動（散歩）を体調や気候に応じたものにさせるなど、皇室運営の合理化にも尽力した。

牧野宮相は宮中改革の実績を背景に、二人の元老中の古参となった松方と連携し、影響力を着実に伸ばし、高橋内閣や山本権兵衛内閣の成立にもかなりの影響力を及ぼした。しかし松方が病気となり死去すると（一九二四年七月）、牧野の動きを薩派として警戒する元老西園寺と平田東助内大臣が後継首相推薦をリードしたように、牧野の影響力は低下した。しかし、牧野は宮中側近を軸に宮内省を掌握しており、西園寺は牧野を無視することはできなかった。牧野は薩派の動きから従来以上に距離を取り、西園寺からの信頼回復に努めた。この結果、病気が重くなった平田内大臣の後任として、一九二五年三月、牧野は西園寺の推薦で内大臣に就任した。

牧野の後任宮相の一木喜徳郎は西園寺から牧野が薩派と結ぶことへの牽制役も期待されていたと思われる。牧野は薩派との距離をとりつつ西園寺との連携を維持し、内大臣の名誉と権威に、従来の宮中側近による宮内省掌握と合わせて、宮中掌握をさらに強めた。この間、一九二六年一月に加藤高明が病気で突然死去したことで、元老西園寺は元老補充の可能性を最終的に失う。その後、一九二六年八月にかけて牧野内大臣も含め、関屋宮内次官ら宮中の牧野の腹心が、北海道御料林の払い下げをめぐり賄賂を受け取った疑惑を追及する宮内省怪文書事件が、北一輝を背後にもつ、西田税ら国粋主義者の有力者によって起こされた。しかし西園寺は司法界の大物平沼騏一郎にリップサービスを続け、間接的に牧野を支持し、牧野の地位は大きく失墜することはなかった。

同年一〇月中旬、西園寺は牧野支援の意をさらに明確にするかのように、政変の際に天皇（摂政）からの後継首相推薦の下問は元老と内大臣の両者にあることを摂政に上奏し、そのことを牧野と一木宮相に一〇月末から一一月初頭にかけて話した。このことは、他には公表されなかったので、表面上の後継首相推薦様式は第二次山本内閣成立以来の（政変の善後処置について）内大臣に下問、次いで元老に（後継首相推薦の）下問があるという様式が続いているように見えた（下問の形式的内容は元老・内大臣いずれも政変の善後処置について問うというもので同一）。しかし、次の田中義一内閣成立の政変以来、内大臣や内大臣の相談を受けた者は後継首相の人選にまで積極的に関わるようになり、ここに元老没後に備えた新しい制度が形成されたといえる。

なおこの間、裕仁は摂政から天皇になった。牧野は内大臣となった一九二五年より裕仁に時折政治状況を上奏することや学者の進講を行う等で、将来に備えた政治教育を行うようになった。その中で、明治天皇の若い時代からの親政という、存在しなかった理想の天皇像や、牧野の田中義一や政友会に対する不信や憲政会に対する好意が、裕仁に投影されていった。これは次章で述べる田中内閣の張作霖爆殺事件等に対する、天皇の過剰な介入の伏線になっていくのである。

また摂政裕仁が望み、牧野宮相（のち内大臣）によって少し緩和された形で進んだ女官制度の改革など宮中の奥の改革のため、表と奥の境があいまいになった。このことは、天皇になった裕仁が大きなストレスから解放される空間が少なくなったことをも意味し、満州事変以降の天皇の動向にマイナスの影響を及ぼしたと思われる。

ところで、田中義一内閣から犬養毅内閣までの政党内閣期は、元老西園寺の政治に対する影響力が衰退するが、首相の権力が十分に確固としたものにはならない。この状況下で、中国情勢の激動や経済恐慌によって、日本の政治が動揺する中で、昭和天皇が政治関与するようになっていく。また昭和天皇は、大正天皇が心身ともに弱かったため、自ら直接見聞したわけでない理想化された明治天皇像を行動のモデルとしていく。こうして、一応定着しかけた立憲君主制が危機を迎え始める。それらについては、次章に譲りたい。

第三章　田中義一内閣と立憲君主制の混迷

——明治天皇の理想化と昭和天皇の政治関与——

はじめに

大正天皇の死去で一九二六年一二月二五日に践祚（事実上の即位）した昭和天皇は、一九二七年四月に田中義一内閣が成立して以来、官僚の更迭問題・衆議院の解散問題・内閣改造問題等で牧野伸顕内大臣ら宮中側近の助言を得て政治関与を始めた。昭和天皇によるこの時期の政治関与の最たるものは、張作霖爆殺事件の処理をめぐり田中首相を問責し、辞任に追い込んだことである。

これについては幾つかの研究があり、田中内閣が張作霖爆殺事件処理の失敗の責任をとって辞任したのは、牧野内大臣・一木喜徳郎宮相・鈴木貫太郎侍従長らと元老西園寺公望との間で、田中首相は陸軍の関与という事件の真相を天皇に知らせるべきとの了解があり、とりわけ牧野内大臣の強い意向が天皇に反映し、天皇が田中を強く叱責したためであること[1]等が指摘されている。

これらの研究は、昭和天皇の摂政の時代から宮内大臣と内大臣を歴任した牧野伸顕による日記が、伊藤隆・広瀬順晧編『牧野伸顕日記』（中央公論社、一九九〇年）として刊行されたことを生かし、新史料を使って新しい史実や論点を提示し、近代日本の君主制（天皇制）研究を大きく進展させた。

しかしそれらは、本書の冒頭で述べたように、視角において二つの問題点を持っている。一つは、明治・大正の両天皇の時期の天皇の行動や慣行の理解が不十分なため、その時期に形成された近代日本の君主制の慣行の中で、昭和天皇がどのような点で独自の行動をとったのかがあいまいなことである。またもう一つは、イギリスなど欧州の立憲君主制理解が十分でないため、昭和天皇が政治に関与した事実を指摘することで、昭和天皇は立憲君主ではなく、日本の近代君主制がイギリスの立憲君主制と異質で、専制君主的なものであることを強調しすぎることである。

さらに史料的にも、田中内閣期の天皇や宮中をめぐる政治について、豊富でかなり確度の高い情報を含む未公刊の「倉富勇三郎日記」（「倉富勇三郎文書」国立国会図書館憲政資料室所蔵）を使わないか、ごく一部の時期しか使わずに論文を書いていることである。その結果、たとえば田中首相を辞任させた昭和天皇の問責に対し、政友会・国粋主義者や保守主義者・陸軍などがいかに強く反発したか、またそのため昭和天皇の権力の正当性すら傷つけられたこと等の重要な事実が見落とされることになった。このことは、本章で述べるように、昭和天皇は元老西園寺の助言の枠で田中首相への厳しい問責を避けるべきであったか、張作霖爆殺事件関係者へのもっと厳しい処分をすべきであったかの、昭和天皇や宮中側近の行動評価の根幹に関わる事柄である。

これらの論点に加え、立憲君主制は日本の場合、衆議院の第一党（または第一党の内閣が倒れた場合には第二党）の党首が首相となり、政党を背景に組閣し政治の責任を持つ制度であることを考慮し、本章では首相権限の消長についても考察したい。首相権限の消長をみるため、各内閣の主要政治問題での首相のリーダーシップを検討したい。また各内閣を同じ基準で評価するため、枢密顧問官の補充人員の天皇への推薦（首相と枢密院議長）、陞爵・授爵や勲章授与等の栄典の天皇への推薦（首相と宮内大臣ら宮中）、陸海軍大臣の選定などの陸海軍の主要人事への首相の関与（首相と陸海軍首脳）の三点についても、史料上確認される限り考察したい。とりわけ、枢密顧問官の補充問題は、倉富勇三郎が枢密院議長であり、「倉富勇三郎日記」が根本史料として有用であるので、系統的に論じたい。

1　昭和天皇・牧野内大臣の政治関与の拡大

（1）官僚の更迭問題

一九二五年（大正一四）三月三〇日、牧野伸顕は内大臣に任命され、牧野の後任の宮相には一木喜徳郎が就任した。この人事は、元老西園寺公望と牧野の合意でなされたものであった。すでに牧野は、珍田捨巳東宮大夫や関屋貞三郎宮内次官を配下に宮内省を掌握しており、西園寺の支持を得て内大臣になったことで、元老に準ずるクラスになったという名誉と宮中掌握の実権の両方を得た。その後、牧野は内大臣の職務の「常侍輔弼」ということを意識し、摂政裕仁に、政治の練習のため時々の政治の経過を言上し、摂政も政治に関する下問を内大臣にするようになった。しかし、摂政は宮中の身近な問題を除いて、政治に関する意思を、首相や閣僚・軍当局者に伝えたり、彼らに伝わるよう牧野内大臣など宮中側近に示したりすることはなかった（前章）。

一九二六年一二月二五日、大正天皇が四七歳で没し、二五歳の裕仁が即位し昭和天皇となると、彼の政治に対する責任感と関心は強まった。内大臣秘書官長の河井弥八は、二七年（昭和二）一月二〇日、昭和天皇が現下の政情について、深く心配していると観察した。当時、政友会と政友本党は、松島遊廓事件という疑獄事件や朴烈問題を取り上げて、若槻礼次郎内閣（憲政会）を攻撃していた。[2] このような状況下で、二七年四月一四日、台湾銀行の経営が悪化したことに対応するため若槻内閣が救済のため緊急勅令を出そうと上奏すると、河井は若槻首相に対し、国務大臣の国務に関する上奏を頻繁に行うことを求めた。[3] これは牧野内大臣以下の宮中側近の意向を反映していた。

当時の宮中は、牧野内大臣以下、牧野と親しい一木宮相・珍田侍従長・関屋宮内次官・河井侍従次長ら、宮中側近が主導していた。一方、牧野らへの反対派は、小原駩吉《おばらせんきち》（宮中顧問官、元内匠頭）・西園寺八郎（西園寺公望の養子、主馬頭兼侍従職御用掛）らである。彼らは、一九二六年秋には、北一輝ら国粋主義者による宮内省怪文書事件や東久邇宮稔彦王《ひがしくにのみやなるひこ》の牧野批判の覚書を使って、牧野・関屋らを辞任に追い込もうと策動した。小原・西園寺八郎らの背後には、国粋主義者ともつながりのある倉富勇三郎枢密院議長（元帝室会計審査局長官）がいた。倉富と大物国粋主義者の平沼騏一郎枢密院副議長の連携した動き（本章で詳述する）を考えると、牧野らへの批判の動きには容易ならぬものがあった。しかし元老西園寺が、牧野が宮中を主導する体制を支持したため、牧野の地位は継続した（前章4）。本章でも述べるように、西園寺と牧野の間には天皇や宮中の役割に関する考え方で異なる面も少なくないが、大枠において西園寺や牧野は自由主義的で、政党政治を容認する姿勢が強く、倉富・小原・西園寺八郎らは、牧野ら宮中側近に批判的であった。また昭和天皇は、摂政時代から牧野の強い影響を受けていた。

もっとも、即位後、昭和天皇が具体的な政治関与をしていない頃には、倉富や平沼らの天皇への期待も大きかった。たとえば、台湾銀行救済の緊急勅令案が枢密院本会議で可否を争うようになると、一九二七年四月一六日、平沼らは天皇の臨場を求め、一七日、天皇臨御の下で緊急勅令案は否決され、若槻内閣は総辞職することになった。[4]

若槻内閣の辞表が捧呈されると、昭和天皇は牧野内大臣に「後継首班たるべき人」について下問した。これは、一九二六年一〇月に元老西園寺が、摂政であった裕仁に上奏して決めた新しい後継首相推薦の様式で、政変の際に元老と内大臣が摂政（天皇）からほぼ対等の下問を受けるものであった。二七年四月一七日、下問を受けた牧野は元老西園寺に下問するように奉答し、天皇は河井侍従次長を勅使として、京都の西園寺に下問した。一八日、河井は天皇からの下問と牧野内大臣が田中義一政友会総裁を適当とみているとの伝言（牧野内大臣・一木宮相・珍田侍従長・河井の合意事項、ただし河井は正式のメンバーというより、同席を許され意見を述べたのみ）を西園寺に伝えると、西園寺は直ちに同意した。一九日、元老の奉答として田中が推薦され、天皇から田中に組閣の命があった。こうして四月二〇日、田中内閣が政友会を与党として発足した。この過程から、衆議院の第一党の内閣が政策に行き詰まって倒れると同第二党の党首が組閣する、「憲政の常道」という、イギリスの立憲君主制に近づいたルールが日本にも形成されたことがわかる（前章）。

田中内閣組閣時の閣僚は、首相の田中（元陸軍大将）が外相を兼任し（森恪が外務政務次官）、内相・鈴木喜三郎（清浦奎吾内閣の法相、元司法官僚）、蔵相・高橋是清（一九二七年六月二日から三土忠造）、陸相・白川義則、海相・岡田啓介、法相・原嘉道、文相・三土忠造（一九二七年六月二日から水野錬太郎）、農商相・山本悌二郎、商工相・中橋徳五郎、逓相・望月圭介、鉄相・小川平吉である。首相の田中をはじめ、陸相・海相・法相以外の八人が政友会員の政党内閣であった。

田中内閣の特色は、田中の他、副総理格を自認する小川、元司法官僚の鈴木に、一九二〇年に代議士に初当選した外務政務次官の森を加え、故・原敬を中心に形成された旧来の政友会主流派幹部とは異質の、田中との人脈による新しいグループが中核となり政策をリードしたことである。その政策の特色は、満蒙権益の維持・拡大（北満進出）をめざす中国政策の刷新と反共主義・国内治安の強化である。そうした傾向は、一九二八年五月に、久原房之助が逓相、勝田主計が文相として入閣してから、さらに強くなった。二人は担当閣僚ポストよりも中国政策に関心を持っていた（田中は久原を外相として入閣させる構想さえ抱いた）。この新しい田中グループは、田中が一九二五年五月一四日に新総裁として政友会に入党したように、小川を除き、一九二〇年代に政友会に入り政党政治家となった者である。小川は一九〇三年に衆議院議員選挙に初当選したが、同年、原敬・松田正久らの党指導を批判する政友会革新運動をおこして脱党、一九一〇年に政友会に復帰した経歴が示すように、原を中心とする旧来の政友会の中では傍流であった。[5] すでに、牧野の田中に対する反感は、清浦内閣の陸相選定をめぐって、旧山県有朋系の田中（大将）と上原勇作系の盟主上原元帥が対立する中で、一九二四年五月には確認され、その後も継続していた。[6]

一九二七年四月二〇日に発足した田中内閣は、六月一四日までの五六日の間に、以下のようにかなりの人事異動を行った。区切りを六月一四日としたのは、後述するように六月一五日に昭和天皇がこの人事異動を党派的と牧野内大臣に批判するからである。この異動の多少を理解するため、政権の性格の異なる清浦奎吾内閣（貴族院を背景とした官僚系、政友本党が与党）が倒れ、第一次加藤高明内閣（護憲三派、憲政会・政友会・革新倶楽部が与党）ができた一九二四年六月一一日から八月五日の五六日間の人事異動と比較してみる。ここでは、この期間に、次官のみならず、局長（知事）クラス以下にまで人事異動の及んだ、人事異動の多い官庁である内務省・農林省・商工省・逓信省・鉄道省のみを具体的に示す。これらの省の人事異動が少なくとも局長クラスにまで及ぶのは、総選挙などの集票に直接関係するとみなされていたからである。なお、ここで検討する人事異動は次官・局長・知事・警視庁部長とし、参考までに異動の少ない省の次官の異動も示した（第1表）。

この人事表では、第一次加藤高明内閣成立時が四三人、田中内閣成立時が五六名異動している。加藤内閣の異動は田中内閣の七七・〇％である。地方の官吏を指揮して選挙に大きな影響を及ぼす知事に限ってみると、全知事四七名中、第一次加藤内閣が三一名（六六・〇％）、田中内閣が三九名（八三・〇％）異動させた。田中内閣の異動は確かに多く、加藤内閣の異動を一歩進めたレベルであるが、従来あまりなかったものを新たに始めたというほどではない。

しかし、一九二七年六月一五日、昭和天皇はそれを問題にし、牧野内大臣に田中首相に注意しては、と次のように述べた。

> 御召により西一の間に於て〔牧野が〕拝謁したるに、陛下には「田中内閣成立以来事務官の交迭〔ママ〕頻々たる者あり。警視総監、警保局長の更迭は暫く之を問はずとするも、例へは過般の地方長官以下の大更迭の如き余りに節度を失せずや。殊に各省事務次官等をも党人本位により更迭せしむるに到りては政務次官、事務次官の別を設けたる趣旨も全く没却せられたるものと云ふべく、頗る不穏当の傾向あるを以て、内大臣より田中総理大臣

第1表　主要官庁の人事異動の比較

異動したポスト			田中内閣成立時	第1次加藤高明内閣成立時
内務省	次官		1	1
	局長		3	1
	知事		39	31
	警視庁部長		3	2
農商務省	農林・商工省	次官	0	1
		局長	3	0
逓信省	次官		0	1
	局長		3	4
鉄道省	次官		0	1
	局長		4	1
異動が少ない省の次官の異動			田中内閣成立時	第1次加藤高明内閣成立時
大蔵省			1	1
司法省			1	0
文部省			1	0

備考：①出典は，戦前期官僚制研究会編，秦郁彦著『戦前期日本官僚制の制度・組織・人事』（東京大学出版会，1981年）。
②農林省蚕糸局は1927年5月設置なので，局長の任免は比較できず，省略した。
③逓信省航空局長は逓信次官との兼任なので省略した。

に注意を与へては如何」との御沙汰あり。[7]

これは、昭和天皇の初めての政治関与の姿勢として注目される。天皇が最も問題とした次官（事務次官）の異動は、加藤内閣が五名、田中内閣が四名で、むしろ加藤内閣の方が多い（第1表）。天皇が、政務次官を設置してから事務次官の異動が少なくなったように思ったのは、加藤から若槻と同じ憲政会内閣の政権交代であったからである。天皇が田中内閣に政治関与しようとしたのは、第一に、昭和天皇が学習院初等科から東宮御学問所を通し、限られた学友としか交友の機会がない生活を通し、生真面目で几帳面で「潔癖」で「政治性」のない性格が強まってしまったからである。第二に、明治天皇の若い頃の、実際には存在しなかったリーダーシップを美化した三上参次の進講（第II部第二章1）やそれを高く評価するような牧野宮相（のち内大臣）が昭和天皇に摂政時代から及ぼした教育の影響が大きかった。また、牧野の田中への反感も関係していた。明治天皇なら、藩閥官僚勢力（行政権力）内部で、もしくは藩閥官僚勢力と政党勢力（立法権力）

が深刻な対立をしない限り、原則として政治や閣僚の人事に関与しないし、まして、このような形で次官や局長・知事クラスの人事に関与することは考えられない。[8]　明治天皇は一八九〇年代前期の四〇歳前後から、日常は政治への関与を抑制し、危機の場合にのみ、調停者として巧妙に政治に関与した。しかし大正天皇が身心ともに弱かったため、このことが牧野や昭和天皇にありのままの形で伝わらなかった。そのことにより、明治天皇像への誤解が促進され、すでに示した昭和天皇の生真面目な性格もあって、こうした行動となったのである。

さて、昭和天皇の沙汰を受けた牧野内大臣は、「陛下大御心を政治に注がせ給うことの深厚に存しますは、今更ながら有難き極みなり。田中内閣成立以来の人事行政の跡を観るに余りに党利に捉はれずやの疑念無き能はず、微臣の窃かに苦慮せし所、今御下問に接し重々恐懼に堪へざるなり」と、天皇の田中内閣の人事行政への批判と政治関与姿勢に同意した。その上で牧野は、㈠内大臣から田中首相に自己の意見として注意を促す方法、㈡内大臣から天皇の「御宸念」の実情をありのまま田中首相に伝達する方法、㈢天皇が自ら田中首相を召し注意を与える方法等があると答えた。しかし、㈠は内大臣が宮中府中の別をわきまえず、みだりに政府の施政に干渉したとの非難を招く恐れがあり、㈢は重すぎて、田中内閣不信任の意味と解釈され、内閣が立場を失う恐れがあり、㈡は㈠、㈢の懸念を併せ持つ恐れがあると、牧野はみた。そこで牧野は、近く元老の西園寺が興津に帰るので、西園寺と協議の上で、田中が西園寺を訪問した際に、西園寺から田中に、天皇の「御宸念」のことを内大臣より漏れ聞いたと、警告するのが最も良策と思うと、奉答した。天皇は了承し、牧野は熟慮の上さらに奉答すると奏上して退出した。[9]

この牧野への下問の中で、天皇は田中内閣がまだ実施していない植民地総督の人事についても心配し、上山満之進台湾総督は先の台湾銀行事件にもよく職責を尽くしたので、更迭しては穏当でないとの意向を示した。[10]　植民地総督の人事への意向を天皇が前もって側近に話すことも、明治天皇であれば考えられないことであった。

六月二九日、元老西園寺が興津に帰ると、牧野は天皇の了解を得て、七月三日、興津に西園寺を訪問した。牧野は先に天皇に奉答した通りの方法で、西園寺からまず田中首相に注意することについて西園寺の同意を得た。五日、牧野は西園寺との会見のことを天皇に報告し、了承を得た。田中首相は七月一七日に西園寺を訪れたので、西園寺は官僚更迭に関する天皇の懸念について牧野から聞いたことと、詳細は牧野に聞くべきであることを述べた[11]。田中は八月八日に牧野を訪れ、天皇の懸念について尋ねた。その際、田中は牧野に近来の人事取扱いの例を取り調べて天皇に説明したいと述べたので、牧野は、天皇はそのようなことを期待しているのではなく、事務官が度々更迭されるのを嫌っているようである、と説明し、田中は了解したように見えた[12]。

しかし田中首相は八月一八日、天皇に人事更迭の度数を前内閣その他について比較したものを捧呈し、田中内閣の人事更迭は数的にみても決して頻繁ではないと弁明した。二二日、天皇は牧野内大臣を召して、田中の弁明について、「田中首相は過般の件に付感違ひをなせるにはあらずや」等と、述べた。牧野は恐懼して、首相の誤解を正すことを奏上し、了承を得た。二九日、牧野は田中首相と会見し、田中に天皇の意向をそのまま話し、田中の誤解を指摘した。また牧野は、上山台湾総督を民政党系であるという理由で、辞職させようとする動きが政友会内にあることに対する天皇の懸念も伝えた（上山は結局、翌二八年六月二五日まで留任）。田中首相は「頗る恐懼」し、今後「御宸念」を煩わさないよう気をつけ、天皇に拝謁の機会に誤解を深くお詫びすることを言明した。三〇日、田中首相は天皇に拝謁し、山東撤兵の内奏を行った後、人事行政に関して天皇に心配をかけたことおよび田中がそれを誤解して奏上したことを詫びた。三一日、天皇は牧野に田中の奏上について伝えた[13]。

以上のように、田中首相が自らの内閣の人事異動が正当であることを弁明しようとしたため、牧野が天皇の言葉を直接に引用して田中を注意した。このように、天皇の政治関与は、牧野や西園寺の当初の意向とは異なり、露骨になっていった。また、田中首相は牧野が二九日に天皇の言葉を持ち出したため一応「頗る恐懼」したが、以上の経過は、田中が若い天皇の権威を建前はともかく、心底ではほとんど認めていないことを示している。

この約一カ月半後の一〇月一二日、倉富枢密院議長・平沼副議長・二上兵治枢密院書記官長の密談でも若い昭和天皇への不安が示されている。田中の気持ちは権力中枢での一般的なものであったことが推定できる。

すなわち、まず平沼は、先日天皇が赤坂離宮で、大臣や枢密院議長に晩餐の相伴を命じたことは今後も時々あった方がよいと、内閣と枢密院との意思疎通に関連して話題を出した。これに対し倉富議長は、「其後宮内大臣（一木喜徳郎）の話を聞きたるに、御晩餐の御相伴に数日召されたる処、陛下は緊張遊はされたる為か御食量か減少遊されたり、余り度々願ふ訳にも行かすと云ひ居りたり」と応じた。平沼は、「御食量か減したりとはいつのことなるへきや、左程御緊張遊はさるる程のことには非さるならんと」述べた。二上は、「近年の状況にては、陛下の御親政と云ふことか段々薄くなる様なり。是は頗る憂慮すへきことなりと云」った。また続けて、以前に浜尾新が東宮大夫の時に、皇太子の代になったなら「余程御困難なること多かるへき旨」を言上したことを浜尾より聞いたが、言上の内容の話はなかったものの、その結論通りであると、二上は述べた。[14]

その一カ月後にも、一九二七年一一月一五日、二上枢密院書記官長は、倉富枢密院議長に、昭和天皇は「王道」の研究をすべきで、生物学の研究は適当でないと密談していた。これに対し、倉富議長は、生物学の研究もやってはいけないことではないが、あまり専門的にならないほうがよいと述べた。さらに倉富は、天皇は意思があまり強くないとの話があり、秩父宮には何事も及ばないと聞いたことがあると続けた。[15]

（2）衆議院の解散問題・内閣改造問題

明治天皇を、調停機能を果たす君主というより、政治問題の是正を積極的に行った君主として理想化している昭和天皇は、その後も政治関与への意欲を持ちつづけた。さて、田中内閣の与党政友会は一九二八年二月の総選挙でかろうじて第一党になっただけで、与党政友会だけで衆議院の過半数は確保できなかった。そこで田中内閣は再度の解散を考慮したが天皇は賛成でなかった。二八年四月六日、牧野内大臣が元老西園寺を訪れた際、西園寺は田中内閣の衆議院の再解散の意向への、天皇の「御言葉」の結果が、内閣総辞職となることに反対の意思を示した。牧野ら宮中側近も心配していたところであり、「御言葉」を使わずに防止することができれば最上であると応じた。[16]

政友会の議員を増やすための田中内閣の再解散を阻止するという点で、西園寺と牧野は一致していたが、牧野の方が、天皇の積極的な政治関与を容認する姿勢であった。

昭和天皇は田中内閣側が作成した開院式の勅語の内容にも不満で、四月二〇日、牧野内大臣に下問した。この結果、田中首相が四月二二日改案を捧呈し、天皇の了承を得た[17]。

その後も、昭和天皇は、田中首相が内閣の政治の主導性を確保するために行うであろう衆議院の解散や停会等の慣例の取扱いについても気にし続けていた。四月二〇日に召集された第五五特別議会では、野党側は二月二〇日に実施された総選挙での鈴木喜三郎内相の選挙干渉を批判し、辞任を強く求めた。四月二三日、田中首相は民政党・無産党が内閣不信任案を提出した際に三日間の停会を行うことにつき、前もって天皇に了解を求めた。二五日、天皇はこの件を枢密院に諮詢することの可否を牧野内大臣に尋ね、牧野は一木宮相や珍田侍従長と相談した。二八日、天皇は牧野に、田中内閣より解散等の申し出がある場合は、一応保留の上、牧野に下問すると述べた[18]。同日、田中内閣は鈴木内相処決決議案に対抗するため、議会の三日間停会を内奏し実施した。これまで衆議院の解散については、明治天皇以来、首相（政府）の意向に応じ、天皇が裁可してきた。これを、昭和天皇が憲法の条文通りに実質的に可否を決しようとしていることや、後継首相推薦と同様に、まず内大臣に下問しようとしていることが注目される。

一九二八年五月一日、三日間の停会に続き、田中首相は岡田啓介海相を代理として第二次停会を内奏し、同日から議会は再停会となった。政友会内では衆議院の再度の解散に反対する声が強く、それが鈴木内相への批判となり、二日、田中首相は鈴木内相の辞任を天皇に言上し、認められた。こうして五月四日、鈴木内相は辞任した。その際、政友会内では、財界の巨頭で政友会の有力な資金源の一つである久原房之助を、田中首相が兼任している外相にする話が再び持ち上がってきた。しかし、久原は訴訟問題を抱えており、しかも衆議院の当選が一回にすぎず、議員としては新人の久原を重要閣僚である外相にすることには党内でも反発が強かった。牧野内大臣も反対であり、五月四日、天皇から了解を得た上で、近衛文麿（貴族院議員、公爵）を元老西園寺への使者とし、天皇が心配していることも含め、西園寺から田中首相へ忠告することを依頼した。[19] これは牧野が、一木宮相・珍田侍従長・河井侍従次長らと協議した上での行動であった。[20]

五月五日、田中首相は天皇に拝謁し、山東への出兵費等の予算が否決されるか、または内閣不信任案が可決されたら解散したいと、前もって許可を求めた。これに対し天皇は、予算否決の場合の解散の許可を与えたが、内閣不信任案の場合は別であると、許可を与えなかった。しかし田中は拝謁後、牧野内大臣に、予算否決と内閣不信任案の可決の場合を区別せず、天皇の許可を得たと述べた。牧野は、一木宮相・珍田侍従長・河井侍従次長と意見の交換をした後に天皇に拝謁して、この真相を知った。そこで天皇と牧野は念のため、田中のもとに人を派遣し、右の件を確認しておくことで一致した。拝謁後、牧野は一木宮相・珍田侍従長・河井侍従次長と打ち合わせた上で、河井を使いとして田中に確認させた。[21] 第五五議会は予算の否決も内閣不信任案の可決も起こらなかったので、五月六日に無事終了したが、五月五日の拝謁問題は、君主制に関する重要な三つの問題を示している。

それは第一に、昭和天皇が自らの判断で、田中首相に、予算の否決の場合の解散は認めたが、内閣不信任案通過の場合の解散を認めることを保留したことである。これは、天皇が法的に自らの有する衆議院の解散権を首相の意志にのみ委ねるわけでないことを明確に示し、自らの判断にもとづいて行使したことを意味する。なお、イギリスにおいてすら、首相が民意に反する不当な理由で庶民院（下院）を解散しようとする場合、国王（君主）が解散可否の決定権を行使し、解散を拒否しても違法でないことになっている。[22] この昭和天皇の政治関与自体は妥当な範囲のものといえる。

第二に、昭和天皇の右の判断を牧野は田中の拝謁後に知ったが、牧野は「誠に御尤の御思召と申上」たように、天皇の政治への関与の拡大を支持したのみならず、元老の西園寺に一切図らず処理したことである。これは、衆議院の解散問題が急を要する問題であったばかりでなく、天皇が積極的に政治に関与することに西園寺よりも牧野が肯定的であったからである。先に述べた、久原を外相にしないようにとの天皇の意も含め西園寺から田中首相に忠告する問題でも、西園寺は、「此上熟考致したる上に処置す」るので、「二、三日考へさせて呉れ」との慎重な対応であった（結局、西園寺は田中首相に忠告したようで、その連絡が五月六日、使者となった近衛よりある）[23]。なお、天皇の政治関与の拡大や、その輔弼をめぐり内大臣の位置が重要になることに対応し、牧野は自分の相談相手として、宮相・侍従長・侍従次長（宮内次官は含まれず）を選択している。

第三に、天皇の言を誤解したかのように見せかけて、それを政治に利用しようとする、田中首相のしたたかな姿勢が、官僚の更迭問題に続いて再び登場したことである。田中のこのような姿勢は、裕仁が皇太子時代の一九一八年五月に田中はすでに陸相となっており、先の大正天皇に直接仕えていたことで、天皇になってまもない若い裕仁から彼が特に威圧感を感じていなかったことの表れであろう。今回も、天皇と牧野の合意により、天皇の真意を田中に確認するという手段がとられ、一件落着となった。しかし、真面目で几帳面な性格の昭和天皇は、牧野から吹き込まれている田中への不信感をさらに増大させていったものと思われる。

そのことは、五月一五日、牧野内大臣が久原問題について、すでに述べたように、牧野が中心となって企画した西園寺への伝言と、西園寺からの返事について言上すると、天皇が「尚ほ首相より内奏の場合に付て」の下問を牧野に行ったことからもわかる[24]。

天皇の心配も含めて元老西園寺から忠告を受けて、田中首相は久原を外相にすることをあきらめ、他の閣僚にしようとした。それに対しても、三土蔵相・水野文相・高橋是清（前総裁・元首相）・岡崎邦輔（元農林相）・小泉策太郎らの政友会幹部は反対であり、五月二一日、水野文相は久原の入閣に反対して辞表を提出した[25]。田中内閣の改造が間近に迫ると、一九二八年五月二二日、牧野内大臣は先日の下問に答え、首相より内閣改造の内奏があった場合には、内容によるとはいえ、大体においては聞き入れる他はないと天皇に奉答した[26]。これは、これまで天皇が首相の推薦する閣僚を拒否したのは、一八九一年五月、明治天皇が陸奥宗光農商相の外相への就任を望まなかったため実現しなかった一例（一八九八年七月、大隈重信首相が近衛篤麿貴族院議長を親任官の法制局長官とし、班列大臣として入閣させようとしたのを、明治天皇が近衛の家柄とポストのつり合いが取れないと考え、実現しなかったのは特殊例）があるのみなのを、考慮した結果であろう。[27] しかし生真面目な昭和天皇は、牧野の奉答には十分満足せず、翌日の二八年五月二三日午前中に牧野が拝謁すると、田中首相より内奏があった場合、閣僚候補者の人柄について下問したいと牧野に述べた。牧野は「恐察」し、閣僚任命の結果まで天皇が考慮することが必要であることを答えた。[28]

田中首相は、五月二三日午後一時半に参内し、㈠望月逓相を内相に、久原を逓相に推薦し裁可を得（天皇が久原の人柄を田中に下問したかどうかは不明）、㈡水野文相は辞表を提出したが、首相と辞表撤回の了解ができたことを上奏し（水野の辞表も天皇に見せる）、天皇から水野の辞表の却下と、文相の拝謁の許可を得た。また田中首相は、水野の拝謁の際は天皇の「御言葉」を賜りたいと珍田侍従長に依頼した。こうして、四時三〇分頃、水野文相は拝謁し、「国務に尽瘁せよ」との「御言葉」を得た（「御言葉」を下すことについては、牧野はすでに退出しており、珍田侍従長が河井侍従次長と相談して決定）。しかし水野文相は、拝謁後、天皇より優諚を受けて留任を決意したように発表したので、当日から翌日にかけ、水野のみならず、田中首相・牧野内大臣の輔弼に関しても閣内やジャーナリズム等の各界から非難が高まった。[29] そこで五月二五日、田中首相は水野文相を辞任させ後任に勝田主計（寺内内閣の蔵相）をあてることを上奏し、裁可されて同日に勝田が任命された。[30] こうして、田中内閣の改造問題に関しても、天皇は関与を検討したものの、最終的に首相の推薦する閣僚候補者を天皇の好き嫌いに関わらず裁可するという、三〇年間続いてきた慣例を維持した。

ところが、五月二六日、田中首相は拝謁し、天皇に進退伺書を出すという、慣例にない行動をとった。従来、首相は責任をとって辞表を提出することはあったが、輔弼の責任者として、辞任するか職務を遂行するか自分で決定せず進退伺書を出すことは異常な行動であった。田中首相に辞意がないことは明瞭であり、これまでの一連の政治混乱の責任問題を、天皇を利用して収めようとするものであった。これに対し天皇は考慮し置くと述べて対応し、牧野内大臣に下問した。

牧野は、二六日に珍田侍従長・河井侍従次長と相談し、二七日も一木宮相・珍田侍従長らと会合して対応策を協議した。憲法学上では、宮内省御用掛の清水澄行政裁判所評定官は、首相の進退伺いは行うべきでないとの見解で、一木宮相（元東京帝大法科憲法学教授）も清水と同意見であるが、法規上絶対に不可能であると断言できないとみた。そこで牧野らは田中に辞意がないことを考慮し、田中が辞職する必要はないとの意味で進退伺いを却下することにし、翌二八日に天皇に言上した。こうして、同日田中首相は天皇に召され、その旨の言葉を受けた。

なお、この事件に関しても、元老の西園寺に対しては、ことが済んで後、珍田侍従長が牧野内大臣の同意を得て、翌二九日、河井侍従次長を西園寺のもとに遣わし、顚末を内報し意見を尋ねたのみであった[31]。牧野らは、内閣改造問題をめぐる紛糾や進退伺書問題で、田中首相を意に反して辞任させるという政治関与を天皇に行わせる覚悟はなく、今回も牧野内大臣を中心に、一木宮相・珍田侍従長・河井侍従次長の三人の補佐のもとで対応を決定し、元老の西園寺等へは事後報告がなされただけであることが注目される。

なお、東久邇宮家に宮務監督を置く問題をめぐって東久邇宮稔彦王と宮内省が対立した際に、同王付武官で同王に好意的になっている安田銕之助陸軍少佐（陸軍大学を出て参謀本部勤務も経験したエリート、後に神兵隊事件に参加）が、一九二八年五月一二日に同王に同情的な倉富枢密院議長に、次のように述べている。「陸軍省辺には宮内省より注文を受くれは之に反対することの出来る人なき故困る[32]」。これは、元老で陸軍の長老である山県有朋が死去し、山県系官僚閥が崩壊した後、宮中の問題に関しては、陸軍に関わることでも、牧野内大臣ら宮中側近の影響力が増大していることを示している。張作霖爆殺事件の処理をめぐって田中内閣が倒れ、昭和天皇や牧野ら宮中側近の強い政治関与に対する批判が、政友会・陸軍・国粋主義者や保守主義者の間で高まるまでは（本章3で詳述する）、牧野ら宮中側近はこのように力を強めていた。

このような中で、今後大臣が天皇に拝謁するときも侍立者を置くべきであると宮内省当局者が言ったとの噂が、倉富枢密院議長に伝わった。倉富はこの問題を、すでに述べた水野文相が天皇から優諚を受けて留任を決意したように発表した水野文相優諚問題よりも重要であると、一九二八年五月三〇日、平沼副議長に話した。倉富は、万一右のようなことが実行されようとするならば、久保田譲顧問官の言うように、自己の職務に属さないことであるが、これについて論争するつもりであるとまで思ったが、幸い宮内省より新聞にも取消しを出したので安心したと続けた(33)。大臣が天皇に拝謁する時に侍立者を置くようになるなら、天皇と大臣の会話はすべて宮内省に掌握されるようになり、牧野らはそれをもとに天皇に助言でき、宮中側近の影響力はさらに強まる。

平沼はあまりに大変なこととみたのか、「宮内省にては真実に彼の如きことを云ひたるへきや」と倉富に尋ねた。倉富は、「予も伝聞なれとも、新聞記者数人居る所にて彼の様なることを云ひたり」等と答えた(34)。

さらに二人は次のように牧野ら宮中側近の輔弼と天皇の言動の問題にまで話を進めた。

> 平沼、宮内省のことは近頃実に甚し恐れ多きことなから、陛下の成〔ママ〕なされ方も或は宜しからさることある様なりと云ふ、予〔倉富〕、陛下は御年も若く時勢も追々推移し、兎角新なることか宜しき様に思はるる故、御思召の自然其の方に向はせらるるも、已むを得さることなるへく、之を輔弼し奉るは一に側近者の責任なるへしと云ふ(35)。

そこで平沼は、天皇の輔弼という点では、牧野伸顕はいてもいないのと同じで、むしろ山本権兵衛（元首相）などがよいのではないかと述べた。倉富も、山本は事情にうとい面があるが、信念を持った人のようであると応じ、平沼も同意した(36)。その後、二人は秩父宮が「平民」化した言動を取りすぎることに対しても、批判的な会話をした（本章4）。

牧野内大臣ら宮中側近の昭和天皇への輔弼と天皇の動向への不満は、一九二九年六月一三日に、普選運動で活躍した花井卓蔵貴族院議員（勅選、政友会系の交友倶楽部、弁護士、元衆議院議員で七回当選）と倉富枢密院議長との会話にもみられる。

花井は倉富を招待し、㈠今日の現状では「皇室の尊厳」を傷つける恐れがあるので、内閣から天皇に奏請する詔勅の他に、天皇が親しく発表する「叡旨」もあるべきで、㈡その「叡旨」を整えて発表する人を得ることが必要、㈢このことについて元老西園寺公望に話したところ、「公〔西園寺〕も至極同感」であった、㈣側近に在って「聖徳」を輔導する人々として、元田永孚のような人が必要であるが、その人がなければ「枢密院の人」がその役割を果たす以外ない等と述べた(37)。元老の西園寺が政党政治の展開しているこの段階で、自らや、首相・閣僚や牧野内大臣ら宮中側近以外のルートで天皇の輔弼者を求めていたとの花井の言は、西園寺の言を花井に有利に解釈した花井の誤解であろうが、普選運動のリーダーの一人であった花井の天皇をめぐる現状への不満は注目すべきである。

倉富はこのような花井の意見に基本的に同意しながらも、枢密院の者が天皇を輔導することについては、山県のように元老が議長の時は可能であったが、それは議長というより元老の資格からで、枢密院は諮詢のあったこと以外は奉答することができないので不可能であると答えた(38)。

以上のように、田中内閣の官僚の更迭問題や衆議院の再解散問題・内閣改造問題をめぐって、昭和天皇の政治関与の姿勢が強まり、牧野らも容認したこと、これらの対応をめぐり、牧野内大臣のリーダーシップが強まり、天皇の政治関与に慎重な西園寺の影響力が低下したこと、牧野の判断を支える宮相・侍従長・侍従次長というインフォーマルなグループが形成されてきたことがわかる。元老西園寺は、一九二八年一〇月には、若い天皇が自ら「聖なり」との考えを持つようになったり、臣下が面目を失することを行ったりしないかと危惧し始めた（第Ⅱ部第二章3(1)）。天皇は自らの未熟さを知りぬいている西園寺よりも、自らに期待をかけてくれる牧野内大臣に親しみを覚え、ますます牧野を頼るようになっていったのである。しかし他方で、昭和天皇の即位後一年半もたたないうちに、国粋主義者の平沼枢密院副議長や彼と連携している倉富枢密院議長らの間でも、天皇の言動への批判が生じてきたことも注目すべきである。これらは、張作霖爆殺事件に関する天皇や宮中の対応過程でさらに明確になるが、その詳細は第3節に譲り、次の第2節では、政友会を背景とした政党内閣の首相として、首相権限の拡大を試みる田中首相の動向を、枢密顧問官の推薦や栄典の天皇への推薦（いずれも事実上の決定）の主導権がどこにあるかなどを中心に検討したい。立憲君主制の重要な要素は、政党内閣の首相の権限が、君主（天皇）の権限の大部分を代行することであり、首相が枢密顧問官や栄典の推薦の主導権を得ることは、立憲君主制の進展を示している。

2　田中内閣の首相権限の拡大と限界——枢密顧問官・栄典の推薦を中心に

(1) 第一次若槻礼次郎内閣までの枢密顧問官の推薦

枢密院議長や枢密顧問官の任命は、憲法上天皇の権限であるが、天皇が枢密顧問官の人選に自ら主導して関与した事例は今のところ確認されておらず、天皇は推薦された人物をそのまま裁可したと思われる。一九〇六年一月九日に枢密顧問官に任命され一九四二年五月一六日に死去するまで在任していた金子堅太郎（元法相）によると、彼が顧問官に任命された際は、まず元老の伊藤博文が元老の山県有朋枢密院議長に金子を推薦した。その後、山県の意を受けて桂太郎首相が金子に顧問官就任を交渉し、金子は同意して、天皇から任命された[39]（ただし、金子は伊藤が当時枢密院議長であったと錯覚して回想している）。このように、日露戦争後の時期において、最有力元老の伊藤と山県は顧問官の推薦権を掌握しており、それに比べ、首相の権限は小さかった。金子の回想の数カ月後にも、倉富勇三郎枢密院議長は、伊藤や山県が枢密院議長の時は、議長の専決で枢密顧問官を推薦したと回想している[40]（ただし、倉富は一九二〇年一〇月二二日に枢密顧問官に就任したにすぎないので、日露戦後まもなくの情報は伝聞によると思われる）。

枢密院議長や顧問官の任命は、法令上は、一九〇七年に制定された公式令で首相の副署を要することになっており、首相の輔弼事項でもあった。しかし、後述するように、一九二四年に護憲三派内閣ができるまでは慣例的に山県枢密院議長が管轄していた。護憲三派内閣以降、それは首相（内閣側）と枢密院議長（枢密院側）の協議を経て推薦する形となる。これらの過程は、本章の冒頭で述べたように、倉富勇三郎が詳細な日記を付けていたので、倉富が枢密院の副議長（在任一九二五年一二月二八日〜二六年四月一二日）から議長（在任一九二六年四月一二日〜三四年五月三日）になって以降は、かなりよくわかる。また、それ以前についても、山県枢密院議長の腹心であった二上兵治枢密院書記官長（在任一九一六年一〇月一三日〜三四年六月一五日）や元老西園寺公望（首相在任一九〇六年一月七日〜〇八年七月四日、一九一一年八月三〇日〜一二年一二月五日）が回想として倉富に語った談話等を通して、ある程度判明する。以下、「倉富勇三郎日記」を中心に、それらを検討したい。

二上によると、山県が枢密院議長であったとき（一九〇九年一一月一七日〜二二年二月一日）は、枢密顧問官の推薦は、山県より直接天皇に上奏し裁可を得た上で、内閣がその執行を行うのが慣例となっていたという。また西園寺は、第一次内閣の際、青木周蔵駐米大使が外務省と折合が悪かったので、青木を枢密顧問官にすることを首相として山県に協議し、同意を得た。こうして、一九〇八年二月六日に青木は天皇から顧問官に任命された[41]。おそらく、この慣例は、首相の権限を拡大していこうとしていた伊藤博文が日露戦争後に韓国統監となり、宮中への影響力を弱め始め、山県が一九〇五年一二月に再び枢密院議長に就任して以降に始まったのであろう。すなわち、日本を立憲君主制的な方向に転換させていこうとする伊藤の意を受けて伊東巳代治が公式令を制定したにもかかわらず、その意図を、山県はできる限り形骸化させたのである。

日本最初の本格的政党内閣である原敬内閣が成立すると、原首相は山県らが作った顧問官推薦の慣行を変えようと、挑戦を始めた。まず、一九一九年三月一一日、清浦奎吾枢密院副議長（山県枢密院議長の代理として枢密院議長の役割を果たす）は原首相に、枢密顧問官が三名欠員であるので、芳川顕正（前枢密院副議長）を顧問官に、井上勝之助宗秩寮総裁を顧問官兼任に推薦したいと原首相に申し出た。すでに清浦は山県と相談をし、山県から内奏の上で首相にも相談せよと命じられ、内奏も終えていた。原首相は顧問官の欠員について山県に相談しようと思っていたが、山県が病気のため延びていた。いずれにしても内奏前に原に相談があるべきと考えていたので、「憲法上不穏当の事」と思った。しかし清浦は、原の意見は山県に伝えるが、すでに内奏を終え天皇の裁可を得ているので、今回のことはこの通り実施してほしいと要請した。そこで原はやむを得ず臨時閣議を開き、このことは山県からの「天降り案」と告げ、上奏の手続きを行った。原は山県らの「専横は毎々如此」であるので、いつか「革正」が必要であると日記に記した。(42)

同年一〇月二五日には、山県は入江貫一枢密院書記官を遣わし、原首相に平山成信貴族院議員を枢密顧問官に任命したいので、貴族院議員にできた欠員に道家斉農商務省農務局長を登用することを望むことを伝言してきた。原は同日午後に山県に面会した後、(43)平山を枢密顧問官に推薦することは実施したが（一〇月二七日任命）、道家を貴族院議員に推薦することは実行せず、道家は任命されなかった。このように、原首相は山県枢密院議長による首相の意向をほとんど考慮しない枢密顧問官や貴族院議員の推薦に対し、正面衝突しない形で不満の色を示し、山県に警告した。

原内閣は一九一九年一一月頃から基盤を安定させ、政治の主導権をさらに確実にしていった。山県ら山県系官僚は自らが原内閣にとって替わるよりも、当面は同内閣に協力することで、普選運動の拡大など望ましくない状況が生じるのを防ごうとする消極的な姿勢をとった。こうした状況を背景に、原首相は授爵・陞爵や勲章の奏請に関し積極的な姿勢をとり、山県に対し主導権を持つようになった。(44)このような中で、山県が枢密院議長で陸軍・宮内省とともに山県系の最後の拠点となった枢密院ですら、その顧問官推薦に変化が生じ始めた。一九二〇年二月八日、山県議長の意を受けて清浦副議長が原首相を訪れ、枢密顧問官の欠員が三名にのぼる事態となったので、石黒忠悳《ただのり》（日本赤十字社社長、元陸軍軍医総監）・有松英義（貴族院勅選議員、元法制局長兼拓殖局長官）の二人を顧問官に推薦したいと提案した。原首相が、異議がないと答えたので、清浦が天皇に内奏し、(45)原が上奏し、両名は二月一七日に顧問官に任命された。このように原は少しずつ枢密顧問官の推薦に首相が関与できる慣行を形成していった。約一〇年八カ月後に、倉富枢密院議長が富井政章顧問官に、原首相は枢密顧問官の辞令に副署する首相が顧問官推薦の人選に関わらないのはおかしいと、山県に抗議したと述べているのは[46]、右のような原の動向を指している。

原は最初の本格的な政党内閣の首相として、宮中某重大事件後の一九二一年二月以降の内閣末期において、個人的なつながりと影響力を通してではあるが、宮中や陸軍の問題に関与できるほどに首相権限を強め、勲章や授爵・陞爵などの栄典に関しても公式令運用の慣例を変え、首相が最終的な決定の主導権を握った[47]。この間、枢密顧問官の補充人事は行われていないが、山県が一九二二年二月一日に死去することを考慮すると、山県の死後も、内閣が続いたなら、原首相は枢密顧問官の補充の人選の主導権も握ったであろう。しかし、原は山県が死去する三カ月前の一九二一年一一月に暗殺されてしまった。

その後、山県系官僚である清浦枢密院議長時代（一九二二年二月八日〜二四年一月七日）には議長より首相に枢密顧問官推薦の書面を出し、首相より形式的に上奏して、天皇（摂政）の裁可を経る手続きとなった[48]。これは、藩閥官僚中の実力者である山県は死去したが、原内閣のような強力な政党内閣が出現せず、顧問官の実質的人選は枢密院側に委ねられ続けたことを示している。

第二次護憲運動で国民の強い支持を得てできた護憲三派内閣になると、状況が変わり始めた。加藤高明首相が組閣直後に、顧問官の補充候補者として武富時敏（貴族院勅選議員、憲政会幹部、第二次大隈重信内閣逓相と蔵相）を浜尾新枢密院議長に推薦したところ、浜尾議長も一木喜徳郎副議長も反対して実現しなかった。武富が政党員であったことが、重要な阻害要因となった[49]。しかし浜尾議長が江木千之（貴族院勅選議員、清浦内閣の文相）を顧問官に推薦しようと書面を送ったところ、江木翼内閣書記官長は、㈠親任官の推薦は内閣で書類を作ることが適当であり、㈡閣議を経ず全く首相一己にて内奏するだけのことについて議長より書面を受け取る訳にはいかぬとの理由で、書面の受け取りを拒否した。結局、浜尾議長は一木副議長と協議の上で、これまでと形式を異にして、「某」を顧問官に適当なりとする旨の文書を内閣に送ることにした。それでも江木書記官長は、不服を唱えていたが、書類を戻すことはなかった。[50]江木は護憲三派内閣の書記官長として、枢密顧問官の推薦権を首相（内閣）に掌握させようとしたが、枢密院側が議長からの書類の様式を内閣の権限が強まるものに変えて妥協を求めてきたのに応じたのであった。この江木の行動は加藤首相の意向を反映していると思われる。加藤内閣側は内閣が課題とした普選法の成立を優先させるため、必要以上に枢密院を刺激することを避けたのであろう。

一九二五年三月に普選法が成立した。九月二五日、浜尾枢密院議長が死去すると、加藤高明首相（第二次内閣）は、元老西園寺公望・牧野伸顕内大臣・一木宮相らと相談の上で、副議長の穂積陳重を議長に、岡野敬次郎貴族院議員（元第二次山本権兵衛内閣の文相）を副議長に推薦し、実現させた。枢密院の政治力を削ぐため、学者である穂積を議長にするという、加藤首相の意向が通ったのであった。その後、岡野副議長の死去に伴い一九二五年一二月一八日に副議長に任命された倉富勇三郎の推薦や八代六郎の顧問官への推薦に関しても、問題は生じなかった。[51]

一九二六年一月、桜井錠二（化学者、元東京帝大理科教授、貴族院勅選議員）が枢密顧問官に推薦される際は、また新たな状況となる。穂積枢密院議長・倉富枢密院副議長が顧問官補充の第一候補として期待した井上準之助が辞退してきたので、二六年一月一一日、二人は第二の候補者である桜井錠二を推薦することで合意した。一月一六日、穂積議長は加藤首相を訪問し、推薦の合意を得たらしい。国民新聞や報知新聞の記者が倉富副議長を訪れ、桜井が補充候補として決定したかと問い合わせてきた。結局、一月一八日、午前中に穂積議長が摂政に桜井が適当であると推薦し、午後、加藤首相より摂政に同様の内奏を行い[52]、一月一九日に桜井は枢密顧問官に任じられた。

今回、穂積議長は桜井の顧問官推薦について塚本清治内閣書記官長と交渉したところ、塚本も前任者の江木翼と同様のことを唱え、承知しなかった。そこで穂積議長は、従来の慣例で首相より天皇に顧問官候補者を内奏する前、議長から議長は之々の理由で某を顧問官の候補者として首相に推薦し置きたり（或は推薦するつもり）という趣意を内奏することになっているので、今回もその内奏を行おうとして、牧野内大臣に相談した。しかし、牧野はことが重大であるとして、即答せず、考えた上で答えると述べた。その後、牧野は、あらかじめ摂政にも枢密院議長より「之々」のことを内奏すべき理由があることと考える旨を、摂政に申し上げておいたと答えた。牧野は、摂政からいかなる返事があったかは言わなかった。そこで、穂積議長は、摂政に対し桜井を「之々」の理由（自然化学の権威者）で顧問官として首相に推薦し置いた旨を内奏した[53]。こうして、枢密院議長（枢密院側）から首相（内閣側）に書面で顧問官候補者を通知する慣例は廃され、首相の内奏の前に議長が候補者を内奏するという慣例のみが残された。この結果、顧問官を推薦する発議を首相（内閣側）からも行うことができる慣例ができ、顧問官の推薦に関し、枢密院議長と首相は対等の地位に立ったといえる。この慣例の形成は、加藤首相の枢密院の権力削減策が具体的成果をあげたことを示している。この慣例は、本章以下で検討していくように、政党内閣期を通して継続し、具体的な人選に関して首相と枢密院議長のいずれが主導権を握るかの綱引きがなされ、満州事変までは首相の権限が強まっていった。

一九二六年一月二八日、加藤高明首相が死去し、同じ憲政会の若槻礼次郎が、第二次加藤内閣を継承して組閣した。若槻内閣は、加藤内閣で成立した首相と枢密院議長で協議して枢密顧問官の補充者を推薦するという慣例を使い、四月三〇日、塚本内閣書記官長を通して、倉富枢密院議長（一九二六年四月一二日に副議長より昇格）に、武富時敏（貴族院勅選議員、憲政会幹部、第二次大隈内閣の逓相と蔵相）と古在由直（東京帝大総長、農学者）を顧問官に推薦する提案をした。一年半前の加藤と同様に、若槻首相は武富を第一の候補として挙げていた。しかし、今回も議長（倉富）・副議長（平沼騏一郎）や彼らの補佐役である二上書記官長も武富には反対であった。五月四日、倉富議長は若槻首相に武富の代わりに田健治郎（貴族院勅選議員、元逓相・農商相・台湾総督）を挙げ、若槻首相も同意した。こうして、倉富議長と若槻首相のそれぞれの内奏を経て、田は枢密顧問官に任命された。その後、五月一三日に、元老西園寺公望も枢密顧問官に政党員を長く排斥することはできないだろうと言っていたと、清浦奎吾（元首相）から倉富議長に伝えられた[54]。

同じ年の九月、若槻首相は武富を再度顧問官に推薦しようとした。今回は倉富議長は、武富を政党員というだけで排除すれば、今後経歴ある人物を顧問官として得ることができなくなると、政党側に妥協的であった。倉富は、平沼副議長も異議がないとみていた。しかし、二上書記官長が政党員を推薦することに反対であり、他の多くの顧問官も反対であったようで、武富は辞退し、倉富が、武富の代わりの財政通ということで荒井賢太郎（貴族院勅選議員、元農商相）を挙げ、若槻首相が同意し、倉富と若槻両者の内奏を経て、一〇月二日、荒井が顧問官に任ぜられた。[55]

一九二七年三月末になると、三月三日に大森鍾一皇后宮大夫（枢密顧問官を兼任）が死去し、枢密顧問官の欠員が二名となったので、再び顧問官の補充が話題となった。三月三〇日、倉富議長と平沼副議長の会談で、福田雅太郎大将（予備役、元台湾軍司令官）と窪田静太郎（行政裁判所長官）はほぼ合意できた。ただし福田は内閣が同意しないとみていた。他に、横田秀雄大審院長も二人で合意できたが、同年八月の定年を待って検討することになった。その他、平沼は水町袈裟六（会計検査院長）と秋月左都夫《さつお》（元オーストリア大使）の名を出し、倉富は水町が顧問官になる意思があるかどうかを調べる必要があると述べ、山内長人（貴族院男爵議員、元憲兵司令官）が熱心な運動をしていることにも言及した。[56]

四月一日、若槻首相の代理で塚本内閣書記官長が倉富議長と顧問官補充について会見した。塚本は、服部一三（貴族院勅選議員、元文部省普通学務局長・兵庫県知事）・山内長人の両貴族院議員を第一候補として挙げ、もし差し支えある者があれば、石原健三（貴族院勅選議員、元宮内次官）が適当と提案した。翌日に倉富は平沼と相談し、内閣側の提示した服部を認め、残った一人に福田雅太郎を枢密院側より提案した。福田の推薦は、同じ憲政会の第二次加藤内閣期に加藤首相が考えていたが、加藤の死去で実現せず、その後平山成信顧問官が倉富議長に福田の推薦を求めるなどしていたものであった。しかし、その後、内閣側は福田を承諾せず、服部は顧問官に就任することを断った。そこで、四月一一日に倉富と塚本が会い、塚本は石原健三・浅田徳則（貴族院勅選議員、元逓信総務長官）・大島健一（貴族院勅選議員、元陸相）・菅原通敬（貴族院勅選議員、元大蔵次官）の四人の名を候補者として挙げた。これに対し、倉富が水町袈裟六なども適当と述べると、塚本は菅原でなくて水町の誤りであったと倉富に同意した。こうして、若槻内閣と枢密院で水町を顧問官補充の候補とすることが決まった[57]。

これらの経過は、㈠若槻内閣側はまず顧問官の候補者を提示し、枢密院側が考えていなかった服部一三で枢密院側の承諾を得たが、服部が断った、㈡その後、内閣側は、枢密院側の水町袈裟六に同意し、水町が候補者になったと整理できる。このことから、内閣側が候補者選定に関し枢密院よりも影響力を持ち始めてきたといえる。なお、四月一七日に若槻内閣が金融恐慌で総辞職したので、水町の顧問官への推薦と就任は浜口雄幸内閣が成立してからの約二年半後になる（次章4）。

以上のように、加藤内閣期に形成された、首相と枢密院議長が対等の立場で顧問官を推薦するという慣例は、若槻内閣でも維持され、人事の主導権は枢密院側が握っていたが、若槻内閣末期には、むしろ内閣側が主導権を握る様相にさえなった。また摂政（天皇）への推薦に関し、まず枢密院議長が内奏し、その後首相が内奏するという手続きも継続した（この手続きは、その後も同様であるので、以下の叙述では省略する）。

（2）田中内閣期の枢密顧問官推薦に関する首相権限の拡大

田中義一内閣成立直後の、顧問官の欠員二人に対し、一九二七年五月一八日、石原健三と河合操（予備役陸軍大将、元参謀総長）が枢密顧問官に任じられた。石原については、四月二九日、倉富枢密院議長が田中首相に前内閣との協議で内定していると持ち出し、五月一一日に田中も同意した[58]。すでに述べたように、石原の名は、四月一日、若槻内閣の塚本書記官長から服部一三・山内長人がよいが、そのうちの一人が差し障りがあれば石原が適当である、と切り出されていた。これに対し、四月二日、倉富議長と平沼副議長は、服部はよいが山内は適当でなく、福田雅太郎がよいと合意し、枢密院側は、この段階で積極的に石原を支持していなかった。石原は若槻内閣側から出された人物で、枢密院側では拒否していないにすぎない人物であった。枢密院側が積極的に推す福田は、陸軍内で田中義一大将と対立しており、田中内閣ができた結果、田中首相が顧問官にすることを同意するとは思えない人物であった。一方、石原は、旧山県系官僚の宮内次官として宮中の山県閥支配を支えた人物で、旧山県系の田中が受け入れやすい人物であった。これが、枢密院側が前内閣との協議で内定ということで石原を挙げた理由といえる。

さて、一九二七年四月二九日、倉富議長は、石原と共に福田雅太郎を田中首相に顧問官補充の候補者として推薦した。これに対し田中首相は、福田については他の考えがある、と否定的な意向を示した。五月一一日、田中首相は石原には先述のように同意したが、福田は経歴不十分とした。その上で、白川義則陸相とも相談した結果、河合操・大庭二郎（予備役陸軍大将、元教育総監、朝鮮軍司令官）・山梨半造（予備役陸軍大将、元陸相）のいずれかが適当であり、山梨が最もよいと思う、と提案した。これに対し、一二日、倉富議長と平沼副議長は、山梨は政友会と政友本党合同の策動に関係したので顧問官として不適当であり、河合がよいが、田中が山梨にこだわるなら仕方がないとの方針を決めた。しかし、田中が河合で承知したので、[59]石原と河合が顧問官に任命された。

以上のように、石原・河合ともに、枢密院側の意思が貫徹して顧問官に任命されたというよりも、枢密院側と田中内閣側の意思の折衷の上での人選であったといえよう。しかも、枢密院側は福田雅太郎を内閣側に拒否されたにもかかわらず、内閣側が強いて推すなら山梨半造でも止むを得ないという弱気の姿勢さえ内輪で示していた。こうして、枢密顧問官補充の推薦を、内閣・枢密院で協議して行う加藤内閣で始まった慣行によって、内閣側の意思が枢密院と対等に反映されるまでになった。田中内閣側の人選への意思が従来よりも強く反映された理由は、第一に、田中内閣（政友会を与党）が、枢密院が台湾銀行救済問題で憲政会の若槻内閣と激しく対立した結果できた内閣であることである。政党政治の時代に、枢密院が憲政会・政友会の衆議院の二大政党双方と対立しては、孤立し影響力がなくなるのは目に見えていた。

第二に、陸軍に基盤を持つ田中が白川陸相の支持を得て、間接的に陸軍の意思として河合・大庭・山梨の名を挙げ、福田を排するという巧妙な手段をとったことである。張作霖爆殺事件の処理が問題になるまでは、田中の満蒙権益への積極的な姿勢と合わせて、田中は陸軍中央へのリーダーシップを確保していたのである。当時侍従武官長であった奈良武次大将も、「田中大将は人心収攬には長じ能く人の進言を容るゝ度量ある軍人なれば、総理大臣としての政治的手腕は充分ならざるも、俗受け良く殊に陸海軍部内には非難少かりし」と回想している。[60]

第三に、以上を補足した要因として、すでに見たように枢密院側が、政党政治の時代に、閣僚など十分な経歴を持つ人物はしだいに政党関係者に限定されていくという弱気の姿勢になりつつあったことである（一九二六年九月の倉富枢密院議長の発言）。枢密顧問官は高齢者が多く、死去するごとに次々に補充する必要があり（一九二一～三〇年の一〇年間に議長を含め二二人の顧問官が死去、年平均二・二人）、石原や河合のように政党関係者でないなら、内閣側さえ承認すれば、補充しておこうという意思が働き始めたのである。

田中内閣期の次の枢密顧問官任命は一九二七年一二月一七日で、斎藤実（海軍大将、朝鮮総督）と鎌田栄吉（貴族院勅選議員で政友会系の交友倶楽部所属、加藤友三郎内閣の文相）が任命された。この人事は、以下で示すように、田中首相（内閣側）が主導した。

まず、田中首相は、従来の慣行を破り、枢密院側に相談せずに、高橋是清（政友会の長老、元首相）に枢密顧問官になることを打診したらしい。一九二七年一〇月八日、倉富議長・平沼副議長・二上書記官長の相談の中で、倉富議長は、新聞によると、内閣は顧問官の候補者として高橋に交渉したが応じなかったので元田肇（政友会の長老、第一次山本権兵衛内閣の逓相、原内閣の鉄相）に交渉しているとのことであると述べた。倉富は、枢密顧問官の待遇を改善する目的で内閣に顧問官の叙位叙勲の内則改正（第Ⅰ部第七章４）を申し込んでいるのに、そのことを取り計らわずに顧問官の補充を申し込んできても、枢密院としては「当分熟考することに」したいと思っていると、[61]枢密院に無断で田中内閣が自らの顧問官補充候補者に前もって了解を取っていることに不快感を表した。平沼も、枢

密院の意向も問わず交渉したのは失礼であると、倉富に共感を示した。(62)

この問題について、四日後の一二日にも倉富・平沼・二上の三人で話題にしている。二上は、新聞記者が、以前は顧問官の候補者は枢密院で選び内閣に協議する慣例であったが、今は内閣で選ぶような形になり、枢密院の「威厳」に関係しないかと質問したと述べた。(63)この問題はジャーナリズムに漏れることで、枢密院の「威厳」の問題にまでなった。

平沼は、この問題はいずれ内閣と枢密院の意見が一致せず、別々に候補者を天皇に内奏することになりかねないと心配した。倉富は、そのようになれば、首相が顧問官の辞令に副署することが問題になるだろうと応じた。これに対し平沼は、内閣が不承知の人であるなら辞令に首相が副署しないというような事態が起きては困ると述べた。(64)倉富議長・平沼副議長という、枢密院側の顧問官補充候補者選定の実権を握っている枢密院の最高幹部が、すでに述べた一九〇七年制定の公式令の首相の副署規定に言及し、補充候補者をめぐり対立したら内閣側が有利であると弱気になっていることが注目される。

その後、一〇月三一日に平沼副議長が別の用事で田中首相を訪れたところ、田中は、内閣は斎藤実朝鮮総督を辞めさせ枢密顧問官に任命しようと考えているので、このことを倉富議長に漏らしておいてほしいと依頼した。平沼は斎藤ならば顧問官とすることに異議がないと答えた。翌一一月一日、平沼は右のことを倉富に伝えた。倉富も斎藤の枢密顧問官就任に異議がなかったが、倉富・平沼ともに、斎藤ほどの人物が、宮中席次が下がることを覚悟して、顧問官の最下位に甘んじるかどうか疑問であった。(65)宮中席次において、朝鮮総督は第一階第六で、同第九の枢密院副議長よりも上である。斎藤が朝鮮総督を辞任しても、国務大臣の前官礼遇を受けているので、第一階第八となり、枢密院副議長より一つ上である。その斎藤が枢密顧問官に就任すれば、慣行により前官礼遇の特典がなくなり、宮中席次は第一階第十の顧問官の最末席になる（宮中席次については、第Ⅰ部第七章4）。

一一月一三日、平沼副議長は倉富議長に、只今田中首相から斎藤が枢密顧問官になることを承諾したと連絡があったと伝えた。倉富は意外に思ったが、もちろん賛成であった。平沼はもう一人の候補として秋月左都夫（元オーストリア大使）の名を挙げ、倉富は外交官としてよりも法制上の知識のある人として顧問官にするのが適当と、応じた。[66]

一一月二四日、倉富議長は以前に顧問官の補充について意見を言ってきた荒井賢太郎顧問官（元農商相）に、斎藤実を推薦することで内閣と話がつき、斎藤も同意したと伝えた。荒井も斎藤に賛同し、清浦奎吾（元首相）でも山本権兵衛（元首相）でも枢密院に入るのがよいと述べた。倉富も、「枢密院か軽くなり居ることは確かなる故、予は清浦・山本等は別としても、高橋（是清）や犬養（毅）等は顧問官と為るならは之を為する方宜し」と応じた。これは、今は相当の経歴のある人は政党に関係していることが多いので、それを嫌わず、枢密院に入って後に「政党臭味を脱すれは」よいとの考え方からであった。また、次に二人は、枢密顧問官の待遇を改善しないと適当の人物が顧問官になりたがらないと、顧問官の待遇改善の話に移った。[67] 政党政治の時代に、枢密顧問官に有力者が減少して、枢密院の威信が減退する中で、倉富議長が密談の中で、枢密院に入って後に政党色を出さないなら、政党関係の有力者を顧問官にするのは望ましいとの考えを明確に示すほど枢密院側が弱気になっていることは、注目に値する。

その後、一九二七年一一月二八日、平沼副議長が倉富議長を訪れて話したところによると、先日、田中首相が平沼のところへ来て、枢密顧問官補充のことで倉富と話したいと言って、意見を述べていった。田中の考えは斎藤実は是非顧問官にしたく、他の一人は元田肇が希望であるが、むずかしければ鎌田栄吉を推薦したいとのことであった。倉富は平沼に、鎌田は宜しいが、元田には賛成できないと応じた。また平沼は、田中首相が犬養毅に顧問官就任を勧めたが断られたことを、倉富に告げた。平沼は大人物を取るならば大石正巳（元立憲同志会幹部、第一次大隈内閣の農商相）が宜しいだろうと言い、倉富もなるべく大物を取りたいので犬養が承知するなら至極宜しいと述べた。なお平沼は、田中に秋月左都夫について、今回都合できないなら次回くらいに採用することを望むと言うと、田中は次回くらいなら宜しいだろうと応答したと、倉富に伝えた。平沼が帰った後、田中首相が倉富を訪れ、顧問官として、斎藤と元田を、元田に差し支えがあるなら鎌田を推薦したいという意向を伝えた。また、田中は元田を推薦する理由として、二度大臣を務めたことや、枢密院に政党関係者が一人もいないのは好ましいことではないとの理由を述べた。これに対し、倉富は、枢密院ではこれまで政党関係者を採らない方針であったが、顧問官は経歴が必要であるので、今後はこれまでの方針を踏襲しないと応じた(68)。

一一月二八日の田中と倉富・平沼らのやり取りで注目すべきは、倉富が四日前の荒井顧問官との密談と同様に、犬養の顧問官就任を支持したことのみならず、政党関係者を排除する方針を改めると田中に述べたことである。枢密院側に政党関係者を顧問官にすることへのアレルギーが減少していることが再確認できる。このことは平沼ですら倉富の犬養支持の発言に強いて異を唱えず、田中に大石正巳の名前を出していることでも確認される。

また、田中の推した人物が原内閣（政友会与党）で朝鮮総督になった斎藤や、政友会員の元田、貴族院の政友会系会派の交友倶楽部に属する鎌田といずれも政友会になにがしかの関連がある人物（ただし斎藤は後に民政党の浜口雄幸内閣で再び朝鮮総督になり政友会色をなくす）で、その人物たちを軸に顧問官補充の人選が話し合われたことである。平沼の推す秋月左都夫は、ほとんど相手にもされていない（以降も、田中内閣で秋月が持ち出されることはなかった）。このように田中首相（内閣側）の顧問官補充の推薦をめぐる主導権が確認される。

その後、倉富は二上書記官長も元田より鎌田がよいと思っていることを確認し、一一月三〇日、倉富は平沼と、田中首相の提示した斎藤と鎌田を補充候補者とすることに合意した(69)。こうして、斎藤と鎌田は一九二七年一二月一七日に枢密顧問官に任命された。

田中内閣期の最後の顧問官補充は、一九二九年二月一四日で、鈴木貫太郎（侍従長と兼任）・石井菊次郎（貴族院勅選議員、第二次大隈重信内閣の外相）が任命された。以下にみるように、今回は前回以上に田中首相の主導権が目立った。

すなわち、一九二九年一月一九日、一木喜徳郎宮相（元枢密院副議長で倉富が平の顧問官であった時の上司）は倉富議長に、珍田捨巳侍従長が死去したので後任に、鈴木貫太郎軍令部長（海軍大将）を考えていること、しかし侍従長のみでは現在よりも宮中席次が低くなるので珍田のように枢密顧問官兼任としたいことを頼んだ。倉富は趣旨を了承しながらも、顧問官の推薦は首相の同意も必要であり、また一応平沼副議長にも相談する必要があると応じた。その後、平沼も大賛成であることがわかった(70)。

しかし、一木宮相が関屋貞三郎宮内次官を通して田中内閣に、鈴木を顧問官に推薦することを依頼したところ、一月二二日、小川平吉鉄相（副首相格）が、宮内省の押しつけのような態度に憤慨し、閣議で反対した。田中首相も同様に、優遇のために鈴木を顧問官に任ずることについて、関屋宮内次官が天皇の考えであると述べたことに反発し、顧問官推薦にあまり賛成でない様子であった(71)。他方、枢密院側は、一木宮相からこの話を聞いた時、倉富議長が「顧問官の任命は政府の所管なり」と述べたように、鈴木の推薦に中立的であった。これは、宮内省と田中内閣の問題に枢密院が巻き込まれたくないとの姿勢のみならず、顧問官の推薦において、首相の権力が増大していることを反映していた。

一月三〇日になると、田中首相は倉富議長に顧問官の欠員二人のうち、一人は鈴木とし他の一人は外交経験のある石井菊次郎としたい、石井が無理なら、大島健一（予備役陸軍中将、旧山県系、元陸相）が適当であると述べた。さらに、財政経済に熟した人も必要だが、井上準之助や山本達雄は本人が望まず困難であると付け加えた。倉富は、石井については積極的な賛否の意見を示さず、今回は鈴木一人だけの補充ではいけないかと田中に尋ねた。後に倉富が二上書記官長を通して平沼副議長の意見を聞いたところ、平沼は大島なら審査委員も務まらないので石井の方がましであるとの意見であったが、特に顧問官の希望者の名を挙げなかった(72)。

二月に入ると、枢密院側が石井の顧問官推薦に同意していないにもかかわらず、石井が顧問官就任を承知したとの記事が新聞に掲載された。これについて倉富議長が田中首相に釈明を求めると、田中は自らは話していないと答え、石井のことが延引すれば鈴木貫太郎の兼任の推薦も延びると、[73]逆に枢密院側に脅しをかけた。

そこで倉富と平沼は、鈴木とともに石井を顧問官の補充として推薦することを決め、二月六日、二上書記官長に内閣側に伝えるように命じた。その際、二上が田中首相は枢密院議長の内奏の慣例について諒解しているのかと、倉富議長に尋ねたことは注目される。[74]田中首相・内閣側の顧問官補充の推薦についての攻勢があまりにも強まる中で、二上は枢密院議長が首相に先立って推薦の内奏を行う慣行（形式）すら脅かされるのではないかと警戒したのであった。このような過程を経て、二月一四日、鈴木貫太郎と石井菊次郎が顧問官に任命された。

なお、貴族院議員の勅選に関しては、次のように、田中内閣期には内閣がコントロールするまでになったようである。一九二八年四月四日、鳩山一郎内閣書記官長は、倉富枢密院議長から田中首相に依頼のあった貴族院勅選議員候補者が実現できなかったことを伝えるため、倉富を訪れた。その際に鳩山は、「矢張り政党員を勅選せられされは部内か承知せさる事情と為り困りたることとなり」と述べている。[75]

（3）顧問官の増員問題

一九二九年五月七日、枢密院審査委員会は、「拓殖省」を設立するための拓殖省官制などを審議した。その際に、審査委員長の金子堅太郎顧問官は枢密顧問官の定員改正について質問した。会議後、前田米蔵法制局長官は倉富勇三郎枢密院議長を訪れ、その趣意を尋ねた。倉富は、国務大臣の数と顧問官の定足数がバランスを欠くようになったのを修正する手段は、㈠顧問官の定員を増加するか、㈡枢密院会議における顧問官の定足数を増加するか、㈢国務大臣の表決権を制限するかの三つしかないと答え、このことについては二上書記官長と協議することを望むと述べた。[76]

枢密顧問官の定員は、一八八八年の設置時は一二名で、一九〇三年には二八名にまで増加したが、一九一三年に二四名に削減され、その後変わっていない。枢密院本会議には顧問官と閣僚全員が出席し、閣僚も表決権を持つ。

ところが、一九二〇年に鉄道省が設置され、一九二五年に農商務省が農林省と商工省の二省になり、閣僚は二人増加して一二名となった。今回「拓殖省」が設置され閣僚がさらに増加すると、一三名になる。顧問官は高齢者が多く病気で出席できない者も少なくない。そこで、閣僚の三名増加により本会議での顧問官と閣僚の表決権のバランスが崩れたので、顧問官の間で定員の増加などの対応策が求められたのである。

翌五月八日、倉富は平沼・二上らとの密談の中でこの問題に言及し、前日に前田に話した(一)〜(三)の三点を、二人に述べた(77)。二上は早速前田法制局長官に面会した。二上が倉富に伝えたところによると、前田は小川平吉鉄相（副総理格）・中橋徳五郎商工相の二人は顧問官の定員増加にだいたい賛成しているが、田中首相は明確に同意していないと述べ、倉富議長か平沼副議長が田中に話すように求めた。そこで二上は、枢密院としては特に議論を進めたわけではないので、政府よりの答えを待っていると、前田に答え、倉富も二上の対応に賛同した(78)。

顧問官増員問題は、新聞でも報じられた。そこで五月一一日、倉富と二上は、政府が漏らしたに違いないと話し合ったが、何のために記者に漏らしたのか見当がつかなかった(79)。

五月一八日、二上は倉富を訪れ、葉山に金子賢太郎顧問官を訪問した報告などをした。金子は、顧問官と大臣との表決権のバランスのことについて、自分は決して大臣の表決権の制限などを主張していないことを述べた。また、先年農商務省を農林省と商工省に分離したときの論に従い（審査報告書に記載）、政府が拓務省の名称を決定し発表する際、顧問官の二名増員の方針も定め、枢密院に通知すれば直ちに帰京して、枢密院審査委員会を開くと述べた(80)。こうして拓殖省官制の枢密院への諮詢と関連させ、顧問官二名増員という枢密院側の要求が形成され始めた。当時、「人民の名において」という文言が問題になった、不戦条約も批准を求めて枢密院に諮詢されていた。田中内閣はすでに見たように、枢密顧問官の推薦に関する首相権限を増大させていた。しかし今回、拓務省官制に加えて、不戦条約も諮詢されており、田中内閣は、それらを枢密院通過させなければならず、枢密院側に強い姿勢はとれなかった。しかも田中内閣は、中国政策が行き詰まり、不況も継続していて不人気であるので(81)、枢密院に対し世論の支持をあてにすることができなかった。

五月二二日、政府と金子とに交渉した後、二上は倉富と平沼に対し、政府の妥協方針を報告した。それによると、㈠拓殖省官制については問題点も協定できた、㈡政府は国務大臣の枢密院会議の表決権を削ることには同意せず、顧問官の定足数を二人増加させることに決した、㈢しかし、拓殖省官制案と同時に枢密院官制改正を提出することは、あまりに交換条件のようにみえ、政府にも枢密院にも不利益であるので、後者は適当の時期に提出したい、このことは拓殖省官制の審査報告に記入してもよい、㈣新しい省の名称は政府には決定的なものがないので、拓務省として提出し、委員会で意見があればそれに従うことであった。倉富や平沼も以上の方針に異論はなかった。[82]

五月二三日、二上は枢密院審査委員会で顧問官増員の問題も含め拓殖省官制の経過を報告した。同二九日、枢密院本会議に審査委員会を通過した拓務省官制も含めた案件がかけられた。久保田譲顧問官は、枢密院を重要事項のみの審議機関としたいとの考えから従来顧問官減員論を唱えており、顧問官の増員に反対した。また外務省出身の石井菊次郎顧問官（元外相）も、拓務省官制案の拓務大臣が外交官への指揮監督に関わる規定に反対した。この二人の反対があったが、拓務省官制は多数で可決された。[83] こうして、田中内閣の弱体化と窮地を利用し、枢密顧問官を将来に二名増員する内約が決まったが、後述するように、同年七月に田中内閣が張作霖爆殺事件の処理に失敗して倒れたので、この内約は実施されなかった。

（4）栄典の推薦と宮中の自立

授爵・陞爵に関しては、公式令上は天皇の行為に対し宮相が副署して輔弼することになっていたが、遅くとも第一次山本権兵衛内閣期までに、宮相から枢密院議長（山県有朋）と首相に相談する「内規」が形成された。また、「勲三等功五級以上の勲記には親書の後国璽を鈐し」（公式令第十九条）とあるのみで、副署規定がなく、上級の勲章は天皇の補佐者が明確でない。これは通例、伊藤博文と明治天皇の死後は、元老筆頭となった山県有朋枢密院議長を中心に大枠が決められ、宮相が実務を行う形で運営されていた。しかし、原敬内閣後期には首相が中心となり宮相と共に実行していく形へと変化した[84]。その後も、首相（あるいは政党内閣）が授爵・陞爵の問題にかなりの影響力を及ぼし、宮相（あるいは内大臣）も拒否する権限を持ち、首相に準じた影響力を持つという、原内閣後期に準じた伝統は継続した[85]。

田中義一内閣ができて数カ月後の一九二七年九月二七日、牧野内大臣は珍田侍従長と面談し、田中首相から前もって草案を差し出してあった、斎藤実朝鮮総督への御沙汰書の件で面談した[86]。このように、天皇の「御沙汰書」についても、首相の側で草案を作るなど、首相はかなりの関わりを持った。

しかし、宮中において牧野内大臣を中心に、一木宮相・珍田侍従長・関屋宮内次官・河井侍従次長ら宮中側近の主導体制が田中内閣期には確立し、牧野は田中首相に不信感を抱いていったため、田中首相の栄典問題への影響力は以下に示すように十分ではない。

たとえば、一九二七年七月一二日に、宮中の事情に詳しい小原駩吉（貴族院男爵議員、元宮内省内匠頭）が、倉富枢密院議長に密談した中で、西本願寺管長大谷光明の伯爵への襲爵が成功しなかったことについて、次のように述べている。西本願寺は大谷光瑞が住持のとき、武庫別荘の宮内省買い上げをめぐる事件で、宮内省内蔵頭時代の収賄の疑いで渡辺千秋宮相が突然辞任し、光瑞も隠居した。この問題で当時の一木喜徳郎文相は、光瑞の弟の光明も書類に押印するなどして関係していたと断じ、管長にするべきでないと主張し、宮内省でも伯爵を光明に授けないことになった（小原は当時宮内省で華族や爵位を担当する宗秩寮事務官であったのでこの事情を知っている）。その後、管長となった大谷光明に伯爵を襲爵させようとの運動が西本願寺から起こったが、初めに関屋宮内次官・仙石政敬宗秩寮総裁が反対し、牧野内大臣も関屋らの説に同意した。一木宮相は、はじめは強いて反対する模様はなかったが、結局牧野らの意見に決まったようである。小原は、「是は牧野に対する運動が手後れと為りたるより、右の如き結果となりたるなり」、「今日の宮内省は何事も牧野（伸顕）の考にて決し居る様なり」とみた[87]。

また、一九二七年一〇月三日、牧野内大臣と一木宮相は、田中首相から申し出のあった後藤新平の陞爵について（対ロシア問題での功績）相談し、応じないことにした[88]（ただし、後藤は翌二八年一一月一〇日、即位の大礼絡みの栄典で子爵から伯爵に陞爵）。その後、田中首相は斎藤朝鮮総督の陞爵を一木宮相に申し出た。一九二七年一二月二日、一木は牧野内大臣に、斎藤は二年程まえに朝鮮統治の功で男爵から子爵に陞爵しており、同様の功で再度陞爵することは考慮の余地がないと述べ、牧野も同感を表した[89]（斎藤の陞爵はその後も実施されず）。

また一九二八年一〇月一九日、田中首相は大礼に関する授爵の方針を一木宮相と打ち合わせた。一木は、従来通りきわめて止むを得ざる小範囲に止めたいと述べると、首相は特に固執する主張は述べなかった[90]。こうして大枠を決めた上で一〇月三一日、午前中に鳩山一郎内閣書記官長・天岡直嘉賞勲局総裁・宮田光雄警視総監らで、勲一等瑞宝章以下の叙勲の授与者の審議を行い、約八六名を内定した。その日の午後、田中首相・鳩山内閣書記官長・天岡賞勲局総裁・関屋宮内次官等が出席して、授陞爵・叙位・大勲位・旭日桐花大綬章および旭日大綬章等の主要な栄典の検討を行った。このような内閣と宮内省側の協議を下級の勲章まで含めてさらに行い、一一月二日の閣議で内定し、三日に田中首相は一木宮相と会見して最後の決定をしたようである（授爵は三人、陞爵は先述した後藤新平と清浦奎吾の二人）[91]。以上のように大礼の栄典関係も、宮中の関与が強まったといえる。山本権兵衛大将に大勲位を授与することも、海軍に加え、一九二八年一一月に、その長老東郷平八郎元帥や牧野内大臣という薩派のラインからの推薦で、田中首相も同意して実現したようである[92]。

一九二九年一月一六日、珍田侍従長が死去したことに対する栄典は、一木宮相が牧野内大臣に、御沙汰書と昇位はあるべきで、大勲位に昇進させることは宮中・府中の間の権衡を失する恐れがあり遠慮したいと提案し、牧野も同意して決まった[93]。一木は牧野に会う前に関屋宮内次官と相談し、珍田を正二位から従一位に叙すことで合意していた[94]。

また、珍田は枢密顧問官を兼任していたので、同日、高木三郎宮内書記官が、倉富議長を訪れ（二上書記官長も同席）、宮内省側の意向を説明した。その際に、珍田の位を従一位に進めることについて、倉富が「政府にて承知せさるならんと」言うと、二上が高木の立場を説明して、「宮内官として宮内省限りにて之を為す積りにて、只諒解を求むる丈けのことなる趣なり」と述べて、話が展開していったように[95]、宮中関係者の栄典は宮中の管轄事項との姿勢であった。こうして、珍田は一木宮相・牧野内大臣の意向通り、一六日に従一位に叙せられた。

これは七年前の一九二一年秋に、牧野宮相が閑院宮に最高の勲章である大勲位菊花章頸飾を加授することや、浜尾新東宮大夫が辞任した場合に勲章陞叙ができないか等の栄典を、原首相に相談し、むしろ原の主導権で決まっていったことと大きく異なっている[96]。すなわち、牧野内大臣・一木宮相らの下で昭和天皇を擁した宮中は、田中内閣期に政治への関与を拡大し始めたのみならず、宮中関係者の栄典授与にみられるように、首相（内閣）からの関与を遮り、自立化していったのである。なお、首相や内大臣・宮内大臣など、栄典申請の当事者の栄典以外は、元老の西園寺に同意を求めたり、西園寺が介入したりするようなことはなかったようである。

3　昭和天皇の政治関与の失敗——張作霖爆殺事件の処理

（1）張作霖爆殺事件への反応

本章の冒頭で述べたように、張作霖爆殺事件に関する昭和天皇・宮中側近や元老、田中義一内閣の対応の研究は数多くの成果を生んだ。その結果、㈠田中首相は事件の真相を天皇にまで隠そうとするのではないかと、天皇、牧野伸顕内大臣ら宮中側近、元老西園寺公望のいずれも危機感を抱いて連携していたこと、㈡しかし、西園寺は天皇のあまりにも露骨な政治関与に慎重になり、牧野は西園寺よりも政治関与に積極的であったこと、㈢天皇はこの牧野の意向を背景に、自らの田中の行動への不信と憤りを爆発させてしまい、田中内閣の辞職を導いてしまったこと等が明らかにされてきた。本節では、右の問題の経過を再検討し、昭和天皇の行動の意義を明治天皇や大正天皇の行動と比較して論じる。この問題により、国粋主義者や陸軍・政友会等は、どのような形で昭和天皇や牧野ら宮中側近への不信感と批判を醸成していったのかを検討する。またなぜ西園寺がそれを逃れられたのかという新しい観点から、従来明らかにされていない小川平吉鉄相・倉富勇三郎枢密院議長・平沼騏一郎枢密院副議長ら国粋主義者・保守主義者およびその系列や元老西園寺の動向を考察したい。

一九二八年六月四日、関東軍は満州占領を企図し、満州軍閥の頭目の張作霖を、国民党側のしわざに見せかけて爆殺した。しかし、これに対し「当時流行せる言葉を仮《〔ママ〕》れば百人中百五十人までは日本人の所為なりと信ずるの状態なりき」（田中内閣の小川平吉鉄相の回想）と、日本側の関与が疑われる状態であった[97]。小川鉄相は、自らが宣統帝のもとに派した工藤鉄三郎の報告で、事件の直後に真相を知り、これを田中首相と白川義則陸相に伝えた。しかし白川陸相は爆破を中国人側（楊宇霆）の行為と見なし、工藤の言葉を信じなかった。七月か八月頃になると、小川は元老の西園寺を御殿場に訪れて、事件の真相を話した[98]。

牧野内大臣も六月二五日、後藤新平（寺内正毅内閣の内相・外相、第二次山本権兵衛内閣の内相）から、張作霖爆殺は日本人のしわざであるとの確証を得たとの話を聞いたが、いまだ確定的に受け取れないので、しばらく後報を待つつもりであった[99]。その後、一九二八年六月三〇日から一〇月一五日、一〇月二一日から年末まで牧野の日記の記述がないので、牧野が張爆殺の真相をいつ確信するようになったかは不明である。いずれにしても、元老西園寺と牧野内大臣は、かなり早い時期から事件の真相に接していたのである。

一〇月の陸軍大演習までに、白川陸相・鈴木荘六参謀総長は事件の真相をつかみ、大演習の際に田中首相にそれを告げた。その後、田中首相は小川鉄相に、事件の犯行者を軍法会議にかけて軍紀を振粛したいとし、西園寺も賛成であると告げた。小川は、真相を発表すれば国民党側・張学良側いずれも日本を非難し、アメリカ合衆国など世界の世論も中国に同情し、日本の議会でも田中首相の責任追及の動きが強まると、田中の方針に強く反対した。白川陸相は、田中首相の命令に抗することができず、軍法会議の開催ということで陸軍首脳の意見をまとめようと、上原勇作元帥・閑院宮元帥の意見を聞いたが、賛意を得ることができなかった。閣内でもすべての閣僚が田中のやり方に反対であった(100)。田中首相が事件の責任者の追及に熱心であったのは、小川の回想にもあるように、西園寺が断固として処罰をすることを主張し、その後もたびたび田中に催促したことが影響していた（西園寺は田中からも日本軍人であるらしいと聞いていた）(101)。

一二月二四日、田中は天皇に拝謁し、張作霖爆殺事件の顚末を中国情勢と共に上奏し、事件の詳細は陸軍大臣より上奏することを述べた(102)。田中はこの上奏において、事件の犯人は日本陸軍の者のようで、証拠が挙がれば軍法会議で処罰すると述べたようである(103)。この結果に対し、翌二五日、牧野内大臣・一木喜徳郎宮相・珍田捨巳侍従長・奈良武次侍従武官長は会合し、陸相が上奏した際の天皇の言葉について協議し、牧野より上奏した(104)。

田中の上奏は多数の閣員を驚かせ、「首相には天魔が魅入りたり」とまで、密かに話された。この頃までに、事件は「満州某重大事件」の名で一般にも伝えられるようになった。しかし、頭山満や小泉策太郎が、それぞれ中野正剛や安達謙蔵らという、民政党の幹部で国粋主義者とのつながりを持つ人物に、第五六議会（一九二八年一二月二四日～二九年三月二五日）で事件の暴露をしないように働きかけたので、事件の真相は暴露されなかった(105)。天皇は事件の調査に強い関心を示していた。一九二九年二月二日に牧野内大臣が、天皇の事件への下問についての田中首相の答えを河井弥八侍従次長から聞いたところによると、田中は「一狂人の仕事」に対し「内閣が責任を取る理由」はないと言上したようである。このように、田中首相は、天皇に日本軍人（河本大作大佐）が関係していると認めた上で、内閣辞職の意向がないことで了解を求めたようである。その後、二月二六日に、白川陸相が拝謁した際に、事件について下問があったので、白川は、関係者が容易に真実を語らないので調査が延びていると答えている(106)。

張作霖爆殺事件の報告は、議会終了後の三月二七日に白川陸相から上奏された。それは、調査の結果、河本大作大佐の犯行であることが判明したが、事件の内容を暴露すれば、日本に不利益となる可能性が大きいので、そうならないように対応し、十分に軍紀を正したいというものであった。すでに、閣内と陸軍とが一丸となった反対で、田中首相は軍法会議にかける方針の変更をせざるを得なくなっていた。そのため、この三月末の上奏前の段階で、警備が不十分であったということで、関係者を行政処分に付して処理する方針が決まっていた。[107]すでに見たように、田中首相は軍事力を利用しても日本と満蒙とを積極的に結び付ける外交を展開して、内閣（陸軍）や枢密院の支持を獲得し、リーダーシップを強めた。[108]しかし、張作霖事件をめぐって、田中首相は外交への見通しをなくしたのみならず、閣内や陸軍へのリーダーシップを弱めた。田中首相にとっての問題は、すでに前年一二月の上奏で、犯人は日本陸軍の軍人であるようで軍法会議で処罰すると天皇に伝えたことであった。

田中首相に好意を持っていない牧野内大臣は、すでに一九二九年三月末から四月初めにかけて、田中首相の変化に気づき、「今更乍ら呆然自失と云ふの外なし」と、田中への反感を増大させていた。[109]天皇も田中の動向に不信を感じ、田中首相が日本陸軍軍人の関与の事実がないとして発表したいと奏聞してきた場合、「責任をとるか云々」の「反問」で首相に答えてよいか、と鈴木貫太郎侍従長に尋ね、それが牧野内大臣にも伝えられた。そこで一九二九年五月六日、牧野は西園寺をたずね、対応を相談した。西園寺は牧野に天皇の意向を差し止めるようにお願いする理由はないと答えた。しかし彼は大元帥（天皇）と軍隊の関係上、内閣辞任後の本件をどのように処置するかは重大な事柄であると慎重であった。西園寺は、「聖徳」を傷つけないように前もって処置を考慮しておく必要があると考えていた。牧野も、是非研究をしておくことが必要であると同感した。さらに五月九日、田中首相は牧野内大臣と鈴木侍従長に、白川陸相よりの話として、陸軍は日本軍人が事件に関係した事実がないとして行政処分のみを行う意向であることを伝えた。牧野は当日西園寺を訪れ、田中首相の談話を伝え、一一日にその顚末を鈴木侍従長に話した。[110]このように、田中内閣の事件の処理方針への対応を検討するため、昭和天皇・牧野内大臣・鈴木侍従長と元老西園寺という中核グループが形成された。昭和天皇が事件の処罰に積極的であることと、一木宮相があまり関係していないことが注目される。

すでに昭和天皇は三月二七日の陸軍大臣の上奏で、軍法会議を開かないで済ます方向を認めていた。陸軍首脳が一丸となって事件の真相を公表しない方針に決めたことを、天皇が認めなければ、陸相をはじめ多くの陸軍首脳の辞表提出に結びつく可能性がある。権威に不安を持つ若い天皇には、容易に踏み切れないことである。そこで、天皇や牧野は、従来から不信感を抱いている田中首相を、天皇への報告の前後矛盾ということで辞任させ、事件の処分のバランスをとろうとしたのである。西園寺は田中を辞任させることでも、十分に処理方針を検討しないと、陸軍との間に大きな問題が生じると、慎重になった。

五月一三日になると、白川陸相から鈴木侍従長に改めて先述の行政処分に止める方針が伝えられ、陸相の依頼で侍従長から牧野内大臣にも知らされた。一四日も、牧野と鈴木は面会し、牧野は「事件の処置振りは暫く別問題として、前後の内奏相容れざる事ありては聖明を蔽ふ事となり、最高輔弼者として特に其責任を免がれず」と、田中首相に責任をとらせる強い態度に出ることを決意した。またその姿勢を天皇に伝えてくれるよう鈴木に頼み、鈴木は同意をした。また、鈴木侍従長が両日来の経過を西園寺に伝えるため訪問する予定であったので、牧野はその意見を西園寺に伝えるよう依頼した。[111]

五月二八日から、関西行幸が始まった。五月三一日と六月一日の『東京日日新聞』は、「満州某重大事件」に関し、田中内閣は日本と何ら関係なきものとして、天皇が還幸直後に、田中首相が参内して上奏し、政府から発表することになるだろうと報道した。それは、「警備の責任に止め申し訳けの行政処分」で済ます方針とされた。[112]このような中で、行幸に同行した牧野内大臣は、その最終日の前日にあたる六月八日、帰還後に事件は急速に解決すると予想し、前々から承知している事情等を念のため言上した。また六月一三日に西園寺を、二一日に閑院宮を訪れ、対応への準備とした。[113]

（2）一九二九年六月二七日の天皇の言動の意味

田中義一首相は、枢密院で不戦条約が一九二九年六月二六日に通過する見込みが立ったので、二七日に事件の最後の処分を奏聞する予定であると牧野伸顕内大臣に通知してきた。そこで六月二五日、牧野は初めて一木喜徳郎宮相も含めて鈴木貫太郎侍従長と三人で対応を協議した。その後、牧野は元老西園寺公望を訪れて、田中首相の言上が、「予想の如く聖明を蔽ひ奉る内容なるに於ては、兼て御思召通りの御言葉を被仰るゝも止むを得ざるべく」、「其影響等も覚悟せざる可からず」[114]と、先に天皇が提示し、田中に責任を取らせ辞職に追い込みかねないような対応策を容認するよう、改めて西園寺に求めた。

しかし西園寺は、「御言葉」については明治天皇の時代より先例がなく、首相の進退に直接関係すると反対した。[115]明治天皇は、政治の調停者としての関与を基本とし、首相の進退に直接関わるような関与を行ったことはなく、[116]西園寺の評価は正しかった。逆に牧野らの助言で昭和天皇が取ろうとしている方向は、近代日本の君主としては異常なことであった。しかも、事件処理の方針は、その善悪は別として、田中首相や内閣のみならず、陸軍首脳も一丸となって決めていたものであった。また、第五六議会において民政党幹部の安達謙蔵や中野正剛らへの裏面工作によって、民政党が事件の真相糾明に積極的に乗り出さなかったことを考慮すると、田中内閣の方針は、政友会・民政党という衆議院の二大政党にも直接間接に支持されていたともいえる。

この処理方針を、天皇と牧野ら宮中側近と、一人となった元老（西園寺）の意志のみで覆すことは大変なことである。また即位後、二年半ほどにすぎない二八歳の天皇の権威を著しく傷つける恐れがあった。すでに前節までに示したように、反牧野の倉富勇三郎枢密院議長や平沼騏一郎枢密院副議長らの間では、昭和天皇が牧野らに影響されすぎていることが、問題となっていた。

しかし、ここで西園寺が牧野らの方針を支持しないことは、牧野内大臣にとって大きな打撃であった。牧野はすでにこれまでの会談で西園寺の賛同を得ていると確信し、侍従長・宮相にそのことを話したのみならず、天皇にも対応方針を申し上げていると、西園寺の再考を促した。しかし、西園寺は鈴木侍従長に面会して考慮すると述べたのみで、考えを変えなかった。牧野は田中の言動を、天皇の「聖明を最高の輔弼者が傷つくる」ものとして危機感を抱いており、「先例等の有無を詮索する場合にあらず、愈々の時期に聖慮の顕はるゝ事あるも止むを得ざる事と思考する次第なり」と、天皇の強い政治関与を必要なものと確信していた。また、「今日の状勢にては為めに累を皇室に及ぼす如き心配は起らざるのみならず、健全なる国論は難有く感佩するを信ずるなり」と、その結果を楽観していた。(117) これは、西園寺に比べ政治経験と老獪さに劣る牧野が、明治天皇や天皇という地位を理想視し、また昭和天皇の権威を背景に牧野ら宮中側近の影響力が拡大しているのを（本章1・2）、過大評価しすぎ、現実から遊離する傾向があったからである。

鈴木侍従長や一木宮相に影響を及ぼしたのは、元老西園寺の考えではなく、日常の接触の多い牧野内大臣の考えであった。牧野は西園寺との会見を終えると、その内容を同日に西園寺と会うことになっている鈴木侍従長に直に話した。西園寺は牧野と会見した後、同日に鈴木侍従長と一木宮相にそれぞれ面会した。夜に来訪を求められた一木宮相は、西園寺に法学者としての意見を尋ねられ、天皇の「御言葉」云々は今の日本の状況では差し支えないとの返事をした。一木は、西園寺について、「余程意気込は緩和せられ居り、此上とも話し合の余地ある様に聞」き取り、西園寺との会見の内容を、翌二六日の午前九時半に牧野が出仕すると直ちに伝えた。(118)

二六日、午後三時過ぎに田中首相は牧野内大臣に面会し、翌日拝謁して言上する内容を前もって朗読した。それは警備上不行き届きということで関係者を行政処分にする内容に止まった。また牧野の質問に対し、天皇の許諾を求めるのでなく、単に報告するだけであると答えた（鈴木侍従長も同席、中途で所用のため退席）。前日二五日、鈴木侍従長が拝謁した際に、昭和天皇は、「本件の取扱ひ振りに付ては余程御不満の御気色」で、鈴木はそうした言葉も聞いていた。牧野は西園寺の反対によって、既定の方針を変える気はなく、「彼是綜合観察するに、円満に落着する事は最早絶望ならん」と考え、天皇の言葉による田中内閣の倒閣という、事態の展開を待つのみであった。(119)

これに対し西園寺は、本日は一応聞き置くという意味で田中首相の朗読を聞いた牧野の態度を、西園寺の意見に従って牧野の態度が変わったものと錯覚し、次のように安心したようである。

〔同日に西園寺は鈴木侍従長を迎え〕首相の言上内容を聞き、小生〔牧野〕との行違の点に付頗る関心せられたる事とて非常に安堵せられ、二十七日首相言上の事に付、何等行掛りなく新たなる成行として考慮し得べしとて大に悦ばれたる趣なり。(120)

また牧野内大臣も同日に鈴木侍従長から西園寺との会見の様子を聞き、西園寺が牧野らの既定の方針を支持してくれたと錯覚し、翌日の対応への確信を強めたようである。

牧野内大臣・一木宮内大臣・鈴木侍従長の三人は、六月二五日に西園寺に既定の対応策に反対された後、二六日に田中首相が牧野内大臣・鈴木侍従長へ面会する前、河井侍従次長・岡部長景内大臣秘書官長を加えて満州事件処理問題の会議を行い、だいたい意見を一致させていた。また翌二七日の午前一〇時、牧野内大臣・一木宮相・鈴木侍従長が会合し、その日の田中首相の拝謁の際に、「陛下より仰出さるることあらば如何にするやの問題に付、協議、決定」し、鈴木はその結果について上奏した。(121) こうして、牧野内大臣ら宮中側近は既定の方針を再確認した。

六月二七日、田中首相は午後一時半に拝謁して事件について上奏した。その様子を示す信頼できる史料は、田中の上奏後に牧野内大臣が天皇より聞いた内容を日記に記したもの（前掲、『牧野伸顕日記』一九二九年六月二七日）、河井侍従次長の日記（前掲、『河井弥八日記』一九二九年六月二七日）、小川平吉鉄相が田中首相らから聞いたことの回想（前掲、「満州問題秘録・秘」）、奈良武次侍従武官長の日記（前掲、『奈良武次日記』一九二九年六月二八日）の四つである。ただし四人はいずれもその場で直接見聞したわけではない。基本的に同じであるので、牧野の日記を以下に引用し、次に四つの史料から上奏の要点をまとめる。

〔田中首相の退出に〕続いて御召しあり。今田中が満州事件に付上奏があつたが、夫れは前とは変はつて居ると云ひたるに、誠に恐懼致しますと二度程繰り返へし云ひ分けをせんとしたるに付、其必要なしと打切りたるに、本件に付ては其儘にして他に及べりとの御仰せなり。右謹んで拝承し御前を退りたり。

要点は、㈠天皇は田中に前回と今回の上奏が矛盾していることを指摘し、㈡田中首相がその点を説明しようとしたにもかかわらず、天皇が聞くのを拒否したことである。

翌二八日の閣議で、田中首相は、かねての予定通り内閣改造のため閣僚全員から辞表を受け取りたいこと、あるいは本式に辞表を使用するに至るかも知れないことを述べ、前日の宮中における始末の概略を報告した。田中は当日朝に白川陸相に総辞職の決意を打ち明けていた。白川は閣議で満州事件の行政処分の内容を報告し、参内して上奏、退出後、鈴木侍従長が電話で裁可を伝えてきた。すでに二七日夜に鈴木侍従長は白川陸相に、前日の田中首相の上奏の問題は、「陸軍の問題にあらず、本件に関する田中の前後に於ける態度の豹変、其れに付是迄一回も止むを得ざる事情を上聞したる事さへなく、突如陸軍の事として申上げたる事」等と、田中首相個人の問題であると告げていた。[122]

すでにみたように、天皇や牧野内大臣、西園寺は、張作霖爆殺事件の真相をほぼつかんだ早い段階では、爆殺に関係した日本軍人を軍法会議にかけて処罰することを期待していた。しかし、一九二九年三月末段階にはそれを放棄せざるを得なくなった。したがって牧野と連携した行動をとっている鈴木が改めて右のような説明をしたのは、天皇が田中内閣・陸軍を同時に批判する形となる波紋を、田中首相個人への批判に限定することにより、緩和しようとしたためである。しかし、牧野内大臣らの恐れた以上に波紋は拡大し、以下のように天皇の徳（「君徳」）や宮中側近の行動の問題にまでなっていく。

副首相格の小川鉄相は、二八日の閣議の後、田中首相に、「一国の政を総理に任せながら、政務に関して其の説明を聴かずとあるは決して明君の言動に非ず、或は何者か君徳を蔽ふの行動に出でたるものあるやも計られず」、「総理大臣として政事問題を取扱ふ上に於ては、どこ迄も其の職責として君の過ちを矯正して、君徳を補ふの大覚悟なかる可らず」と、辞職を思い留まるように求めた。久原房之助逓相も来て、田中に進退を簡単に決しないよう諌めた。[123]

そこで田中首相は参内し、鈴木侍従長に天皇に昨日の上奏の矛盾について説明したいと拝謁を求めた。しかし鈴木は、天皇は田中の説明を聞くつもりはないと答えたので、田中は改めて辞職の決意を抱き、西園寺を訪れて、宮中の顚末を述べ、辞職の決心を告げた。[124] なお奈良侍従武官長の日記は、以下のように天皇の憤りをより強く表現しているが、これまでの叙述と矛盾しない。

元来田中首相該事件〔張作霖爆殺事件〕発表に関し奏上の際、陛下より責任を取るにあらざれば許し難き意味の御沙汰ありし由、然るに首相は解せざりしか或は解せざる風を装ふてか、白河〈川〉陸相に勧め責任者処分の件を内奏せしめたるため逆鱗に触れ、事頗る面倒に立至れり。

陸相の内奏は御嘉納被為在、午后表向きの上奏御裁可あらせらる。

午后一時半侍従長より首相の参内を求め聖上逆鱗の旨を伝へたるに、首相は辞表捧呈の決心をなしたりと云ふ。[125]

こうして田中内閣は七月二日、辞表を提出し、同日に元老西園寺の推薦で、衆議院の野党第一党の民政党総裁の浜口雄幸が昭和天皇から後継首相に任じられ、浜口内閣が発足した。

(3) 波紋の拡大

すでに述べたように、六月二八日、田中首相が元老の西園寺に面会し、宮中での顚末と辞職の決意を述べた際、西園寺は「今日陸相が参内せば明日は御召あるべしと予期し、自動車の用意などを命じおきたるに誠に残念なり」等と述べた。[126] これは、牧野内大臣ら宮中側近が天皇の言葉で田中内閣を辞任させる方針を変更したと、六月二六日段階で西園寺が錯覚し、陸相参内の翌日の二九日に西園寺に善後処理の下問があると期待していたのを裏切られた失望の念であった。

六月二九日、朝一番に小川鉄相は西園寺を訪問した。小川は、訪問の目的を「天皇の君徳」に関することであるとし、次のように、昭和天皇が二度も田中首相の説明を聞かないとする行動をとったことを非難した（事実は一度は天皇自ら、二度目は鈴木侍従長を通しての言）。

陛下の御言動は恰も幕末大名などが、家来に対して御勘気の場合の如く感ぜられて、如何にも残念の事なり。今日の時代に於て総理大臣が御勘気を蒙りて、閉門蟄居せりなどゝいふべき事のある可き理なし…（中略）…首相も説明の希望を述べたるに、首相に対し、再度まで説明を聴かずと仰せありてはもはや首相としては是非もなき事なり。(127)

また小川は、種々の陰謀が宮中で行われたようであると、(128)暗に牧野ら宮中側近の動きを批判した。西園寺は小川の言葉に同調し、「君徳」のことが心配で微力を尽くしているが、夜も眠れないほどであること、「あの時に思ひ切って遣つて仕舞へばよかった」と述べた後、互いに秘密を約して、牧野らは西園寺の言に耳を傾けず倒閣に走ってしまったこと、西園寺は天皇が倒閣に直接関わることを防ぐように行動すればよかったこと等を、以下のように述べた。

「牧野の言によれば、満州事件は政府独断にて責任を以て発表するとのことにて安心せしが、上奏して事を起せり」云々。…（中略）…「然れども彼等は予〔西園寺〕の説の如きには耳を仮さゞるなり。予は力足らざりしなり。今回の事たる倒閣の運動猛烈なりしに拘はらず、防禦の術は講ぜられざりしなり。予は田中に注意せんかとも思ひしが、熟考の上見合せたり」云々。「君も知れる如く自分も度々毒殺せられたり」云々。(129)

西園寺の小川に対する言葉は、種々の複雑な意味を内包している。それは第一に、西園寺が自分の助言を聞き入れず、天皇が関わる形で倒閣に走った牧野ら宮中側近への不満を示したことである。

第二に、西園寺が牧野に騙されたことを述べ、実際以上に牧野との距離を拡大して小川に伝え、国粋主義者につながる小川の信頼をつなぎ止めようと図ったことである。牧野は西園寺に、張作霖爆殺事件を田中内閣の独断で責任を以て発表すると伝えて、安心させるようなことはしていないにもかかわらず、西園寺が小川にそう述べたことはその一つの根拠といえる。

第三に、これらの西園寺の行動は、自らの保身を図るという意味を越え、田中内閣（政友会）・陸軍等から信頼を失うかもしれない昭和天皇や牧野ら宮中側近に代わり、自らが調停者として日本の政治を支えようとする意志の表れと解釈できる。幕末の動乱から明治・大正・昭和の三つの時代を生き、この年の一二月に満八〇歳の誕生日を迎える西園寺だからこそできる、高度な政治判断と巧妙な政治テクニックであった。

この結果、国粋主義者とのつながりの深い五九歳の小川も、次のように西園寺にすっかり心酔してしまった。

公〔西園寺〕の細心の注意と遠見達識を見るべきなり。別に臨んで公はさらに語を改めて君徳を輔匡するに付ては、自分も渾身の力を尽すこと論なけれども、君は前途尚ほ春秋に富まるれば、特に十分の努力を望むと述べられたり。予は師父に別るゝが如き感にて十時辞し去り（以下略）[130]

張作霖爆殺事件の処理は、昭和天皇にとっても強い印象と後悔が残るでき事であった。一七年近く後の、一九四六年三月から四月にかけて松平慶民宮相ら側近に話した「昭和天皇独白録」において、天皇は、「私は田中に対し、それでは前と話が違ふではないか、辞表を出してはどうかと強い語気で云つた。こんな云ひ方をしたのは、私の若い気の至りであると今は考へてゐる〔傍点引用者〕が、とにかくそういふ云ひ方をした」と反省している。[131]

小川平吉の回想によると、田中内閣が閣議で正式に辞職を決めた一九二九年七月一日頃までに、「宮中の事情ほゞ世上に漏洩し、宮中の陰謀に対して憤慨するもの少なからず、…（中略）…或は又元老及内府邸を襲ひ銃撃を企つるものあり」という状況であった。また七月一九日までに、牧野内大臣は、田中首相が「陛下の御手打」に遇った等の噂を、岡部内大臣秘書官長から聞いていた。[132] このように天皇の倒閣への関与の情報が比較的早く流れ、ごく初期は情報が混乱して、西園寺の高等戦術にもかかわらず、牧野内大臣ら宮中側近と元老の西園寺とを同列に批判する声もあった。

しかし、政界上層部で小川らや国粋主義者に近い者を中心に、七月一〇日前後には、西園寺は非難の対象ではなくなり、非難は牧野内大臣ら宮中側近と昭和天皇に限定されるようになっていった。例えば、倉富勇三郎枢密院議長は、七月八日に二上書記官長の話を聞くまで、田中の辞任については新聞以外に情報を得ていなかった。七月八日、倉富は二上から、伊東巳代治枢密顧問官や平沼騏一郎副議長は、内閣の更迭は陰謀の結果であると疑っていると聞いた。また田中首相は「満州の所謂重大事件」の上奏の際に、天皇から田中の説明は以前と相違していると詰問を受け、説明しようとしたところ「聞くに及はす」と言われたこと、田中は恐懼して退出したところ鈴木侍従長より、田中は「何分御信任なし」と言われたこと等も、二上より聞いた。(133)

翌九日、倉富は原嘉道（前田中内閣の法相）を訪れ、内閣更迭の事情を聞いた。原は田中首相が「満州重大事件」の奏上をした際に、天皇に「之を聞く必要なし」との言葉を受け辞職することになったこと、田中が西園寺に事情を話したところ、西園寺は「是は陰謀より来りたることなり、自分（公）等も屢々此の如きことに遇ひたり」等のことを語ったことを話した。(134) すでに示したように、西園寺が田中内閣の倒閣は陰謀で、自分もしばしばそうしたことを経験したとの話は、西園寺から小川平吉への話であり、田中への話ではない。西園寺が牧野との距離を小川に必要以上に強調した戦術は、このように小川に近い人物（国粋主義者に近い人物）の間に効果的に広まりつつあった。

倉富は原の話に、「然るか、予〔倉富〕は官臣か西園寺公を訪ひたる趣の新聞記事ありたるに付、西園寺は十分諒解ありたることゝ思ひ居りたるか、矢張り公も其ことに関し居らさりしかと」答えた。(135)

また、その日の夜六時頃からの倉富と平沼の会見で、平沼は、「田中〔義一〕か御信任を失ひたるは已むを得さることとなるも、重臣か奏上する場合に之を聞きたまはさるは君徳に於て遺憾なり、十分言を尽くさしめたまひたる上、之を採用したまはさる場合に因り已むを得さることとなるも、其言を御聞取りなされさるは不可ならん」等と、すでに述べた小川同様に、天皇の行動を批判した。これに対し倉富は、「〔牧野〕内大臣等は輔弼の責任あるに付、場合に因り聖断を輔け奉ることも必要なるへし、然し〔る〕とき此節の如き輔弼は如何のものなるへきや」と、牧野を批判した[136]。また平沼は、「宮中の策動ありたりとすれは如何なる経略なるへきやと」言い、倉富は次のように答えた。

世間にては上原（勇作）か牧野（伸顕）を説きて之を動かしたるものと考へ居る様なり、予〔倉富〕は西園寺（公望）も勿論同意の上のことなりしと思ひ居りたるに、或る人の説にては西園寺は意外に思ひたることにて、是は陰謀より出てたることなり、自分〔西園寺〕等も屢々此の如き陰謀に罹りたりと云ひたる旨の話を為したりとのことなり、果して然ることなるへきや[137]。

このように倉富は、西園寺から小川を通し、原嘉道等へ広まり、倉富に伝えられた、西園寺無責任説（牧野の陰謀説）を、枢密院運営での連携者で相互に信頼感のある平沼に伝えた。

平沼は、宮中の陰謀とすれば牧野のみのことにて、一木喜徳郎宮相は加わっていないだろうと応じ、倉富はそうであろうと思うと答えた[138]。その後、七月一八日に倉富は小川平吉を訪れ、小川から田中内閣辞職の顚末を聞いた。小川は西園寺との会見の際と同様に、天皇が田中の説明を聞かなかったことを批判した。またこれらの一部が政友会員に漏れたため少壮の者は非常に激昂していることや、西園寺が「頗る憂慮し居り何か工夫する必要を認め居る」ようであるとも述べた[139]。

このように、田中内閣倒閣に関する牧野陰謀説は、一九二九年七月九日には、倉富・平沼という、枢密院の中枢で国粋主義者やそれに近い二人に伝わり、両人とも信じ込んでいった。それのみならず、この一部が政友会員に伝わったということは、牧野陰謀説は国粋主義者や青年将校レベルにまで容易に伝わっていったはずである。すなわち、田中内閣の倒閣をめぐる一連の出来事によって、牧野内大臣らの「君側の奸」グループというイメージが形成され始めた。これは、とりわけ陸海軍や国粋主義者に対し、昭和天皇の権威を傷つけ、天皇の陸軍への統帥権をも弱体させていった。一方、牧野らは、ロンドン海軍軍縮条約問題を経て、国粋主義者・保守主義者や青年将校グループに攻撃されるようになり、満州事変以降には、彼らの影響力は弱まっていくのであった。

張作霖爆殺事件への天皇の対応は、極めて難しい。しかし昭和天皇の力量を考え、危険を前もって察知した元老西園寺の直感は、正しかった。事件の処分を発表して二、三カ月後に田中内閣が辞職するという程度で妥協ができれば、政友会・陸軍や国粋主義者の天皇不信は緩和されたように思われる。

なお、田中内閣が天皇に辞表を提出した七月一日付で、陸軍省より「満州某重大事件の警備責任者」として、事件の処分が発表された。事件を引き起こした河本大作大佐（第九師団司令部付、事件当時は関東軍高級参謀）は停職となった。他は、関東軍司令官村岡長太郎中将（依願で予備役）・東京湾要塞司令官斎藤恒中将（事件当時は関東軍参謀長）（重謹慎）・独立守備隊司令官水町竹三少将（重謹慎）等であった。河本は翌年七月に予備役となった。陸軍士官学校から陸軍大学校を出て、四三歳の若さで関東軍高級参謀（作戦責任者の参謀長に次ぐ要職）になったエリート軍人として、しばらくは不遇の時代を迎えた。

他方、首相を辞任した田中は、それから三カ月も経たない九月二九日未明、東京市麴町の別宅で、三回目の狭心症の発作のため、六四歳の生涯を閉じた。首相としての心身の疲労に加えて、内閣の不本意な末路というストレスが、田中にとって致命傷となった。当時二四歳で海軍中尉の高松宮宣仁《のぶひと》親王（軍令部出仕）は、当日の日記に田中の死について、「時節柄気の毒にも思へるし又、生きてるのも気の毒な気もするし」(140)と、同情的に記している。昭和天皇の直宮から見ても、天皇の取った行動は納得できなかったのであった。

4　皇族の動向

（1）秩父宮・閑院宮・東久邇宮

一九二〇年代後半は、朴烈事件（一九二六年）・不戦条約批准問題（一九二八～二九年）等のように、「国体」問題が反対派を攻撃する手段として大きな意味を持ってくる時代である。[141] すなわち、すでに述べたように、若い天皇個人の権威は権力中枢で十分形成されず、動揺するが、天皇のポストの権威が高まってくる時代である。これは皇太子妃選定問題で山県有朋を中心とする元老の権威が一九二一年二月に大きく動揺し、山県、次いで松方正義が死去し、西園寺公望が唯一の元老となったことも背景となっている。その中で、浜口雄幸内閣以降に、昭和天皇や牧野伸顕らの宮中側近に対抗しようとするグループが皇族を擁立しようとする動きが目立つようになる。本節では、その前史として田中義一内閣期の皇族の動向を検討したい。

昭和天皇のすぐ下の弟である秩父宮雍仁《やすひと》親王は、一九二四年夏頃からジャーナリズムでは兄の摂政（皇太子）以上に注目を集め始めていた（第II部第一章3（1）②）。一九二八年九月に秩父宮は松平勢津子と結婚するので、一九二八年に入ると節子（勢津子）と共にジャーナリズムの注目をさらに浴びた（第II部第二章3（2））。

この秩父宮の人柄と兄の天皇との関係を示す話として、一九二七年一〇月一一日に、金井四郎（東久邇宮付事務官）が倉富勇三郎枢密院議長にした密談の中に、次のような注目すべきものがある。

> 秩父宮殿下が今少し他人を愚かと思はれさる様になれは、此方は実に立派なる方なり。陛下も何事も殿下には及はすと御考あらせらるる様に思はる。殿下の輔導には立派なる人を付ける必要あるへき[142]（以下略）

金井は東久邇宮付事務官として、東久邇宮に同情を寄せる秩父宮に何度も接触していた。宮内省中堅幹部に、天皇は秩父宮がすぐれているのでコンプレックスを持っているのではないかという見方があったことは、興味深い。元老西園寺も倉富枢密院議長との一九二八年一〇月二〇日の会見の中で、以下のように、昭和天皇に比べて、自慢をする秩父宮の性格を描写している。

今上天皇には全く御自慢と云ふ様なる御考はなし、秩父宮殿下には、多少其御模様あるならん[143]（以下略）。

秩父宮については、すでに一九二七年一一月二五日、峯幸松憲兵司令官（陸軍少将）が奈良武次侍従武官長（大将）に、西田税（予備役陸軍少尉、のち、二・二六事件の関連者として刑死）の秘密結社が宮を奉戴しているとの話があると伝えている。[144] このように、国粋主義者が秩父宮に期待しているとの噂は、昭和天皇の践祚（事実上の即位）の後、一年も経たないうちに生じてきた。

他方、秩父宮の言動について国粋主義者やそれに近い者の間で、批判が生じることもあった。一九二八年二月二二日には、倉富枢密院議長・平沼騏一郎副議長・二上兵治書記官長の会合で、秩父宮が二月一六日に東京市で開催された英国協会総会で、英語でイギリスの労働者のストライキに言及する演説をしたことが批判された。三人は演説の筆記を手に入れていないながら、二上は、秩父宮が労働者のために演説をしたとしてかなり問題になってきていると述べ、平沼は演説の原稿には英国で労働者がストライキをしたことを感激するとあるが趣意は驚くべきと論じた。倉富は、秩父宮の渡英は、大正天皇の病気（死去）で予定より短くなったが、あのようになったので、予定通りならどうなっていたことかと嘆いた。また平沼は、白川義則陸相が秩父宮に拝謁した際、早く退出することを望む素振りで困ったといっており、老人を嫌うのは高松宮も秩父宮と同様とも述べた。[145]

さらに倉富は平沼に、その三カ月後の五月三〇日、秩父宮の動向への批判を示す。倉富は、「不謹慎」ではあるがと断り、秩父宮は現在は皇位を継ぐべき地位にあるが（昭和天皇にまだ皇太子がいない）、「殿下の御行動は余りに軽きに失することはなきや」と言い、先日徳川義親の家に行き、奇術を見た際、同席する多数の新聞記者と打ち興じたことを述べた。[146]

国粋主義者の荒木貞夫中将（陸軍大学校長）は、秩父宮（陸軍中尉）が一九二八年一二月に陸軍大学校に入学した頃に、秩父宮に「人格の完成」について長い意見を述べたらしい。その内容の中で、以下の点が注目される。㈠国民は「極左・左・中央・右・極右」と分類でき、「一党一派の殿下」であってはいけないが、「穏健なる右派」は真に皇室を尊び、「最健実なる国民」の中心であり、宮の言動が「此一派のものを屢々失望せしむる様なことがありますといふと、是に面白からさる世態を醞醸する」ので注意してほしい、㈡宮には「私的御行動」がほとんどなく、「中庸の道」を選んでほしい、㈢新聞雑誌などに屢々「皇族方の平民的御行動」という文字が使用されるが、「平民的」ということが「皇室の尊厳、品位」と両立するものか疑問であり、日本の皇族はイギリス等の皇族と違い、「皇族らしく平民的でない」のが本当ではないかと思う、㈣したがって、スキー・山登り等の往復や旅行中の服装は、「皇族の尊厳といふ事を主として奇異に渉る」服装ではないようにお願いしたい、㈤また、宮が自動車の運転をする記事が新聞に出て、事故の恐れを心配する者もあり、「世間には激しい議論」もあり、運転は今後止めるようお願いしたい、㈥演説についても、対外的影響のみならず、対内的反響も十分考慮して頂きたいこと等である(147)。牧野伸顕宮相（のち内大臣）ら宮中側近が皇太子の渡欧の頃から進め、皇太子（摂政）や秩父宮ら、とりわけ秩父宮が積極的に同調してきた皇室の「平民」化路線が荒木の批判の対象になったのである。

また、一九二九年一月二六日の、平沼枢密院副議長から倉富枢密院議長への話も注目される。

自分（平沼）の親友にて荒木某（荒木貞夫中将）と云ふ者陸軍大学校長を勤め居り、極めて真面目の人なるか、只今秩父宮殿下陸軍大学校に御在学中にて、荒木は殿下は大切なる方なる故、立派なる方に養成せさるへからす、自分（荒木）は力の限りを尽くすも微力の自分（荒木）にては其任に堪へす、誰か有力なる輔導者を置かるる様にあり度ものなりと云ひ居れり(148)。

荒木中将が、陸大に在学中の秩父宮に目を付け、平沼副議長に適当な輔導者が必要であると持ち出している。これは、昭和天皇が牧野内大臣・一木宮相らの宮中側近の影響下にあることへの対抗といえる。それは以下の平沼と倉富の会話でも確認できる。平沼の発言に対し倉富はまず次のように応じた。

夫れは尤ものことなり。宮の別当山辺知春は少しも殿下の御信用なく、宮内大臣（一木喜徳郎）・内大臣（牧野伸顕）等は御輔導を為し居るへきも、専ら其任に当たる人は一人もなしと。(149)

これに対し平沼は、荒木は秩父宮に信用があるが、一木や牧野は少しも信用がないと、以下のように応じた。

荒木の話しては、殿下は中々剛情にて他の言は容易に御聞き入れなきも、殿下か信用なされ居る人ならは案外淡白に従はるゝこともある様なりと云ひ居りたり。荒木は勿論胡言はせさるも、一木・牧野等には少しも御信用はなき様の口気を洩らし居りたり。(150)

倉富は右のことを元老の西園寺公望がとても心配していたと、次のように述べた。このことで、張作霖爆殺事件の最終的な決着以前にも、西園寺の巧妙な発言のため、倉富らは西園寺を信頼していることが確認できる。

此のことに付ては西園寺公（公望）か余程心配し居る様なり、予〔倉富〕か公（西園寺）に逢ひたるとき、公（西園寺）は秩父宮殿下は形式的に非す、真実天皇陛下を補翼なさるゝ様に輔導せさるへからす、自分（西園寺）は老年に付、此ことは後者に待たさるへからさる旨の談を為したることあり。

また平沼は、秩父宮輔導のことは枢密院議長の職務に関することではないが、熟考してもらいたい等と倉富に述べた。(151)

国粋主義者の平沼枢密院副議長や荒木中将（陸軍大学校長）、平沼と連携している倉富枢密院議長らに期待されている秩父宮であるが、一九二九年二月一八日の米国協会リンカーン誕生記念晩餐会で倉富らを不安にさせる英文演説を再び行ったようである。三月一日、平沼は、秩父宮が中国のことについてアメリカ人の協力を望むようなことを述べたのではないかと気にし、倉富はそのことについて、松平慶民宮内事務官より秩父宮に進言するよう求められたが、一応断ったと応じた。(152)倉富・平沼らは、前年七月二五日、アメリカが中国の国民政府を承認し、関税自主権の原則を認めるという政策を取った状況下で、田中内閣の政策と矛盾するアメリカの協力を得る云々という発言を問題があるとみたのであろう。

三月一三日、松平宮内事務官は倉富枢密院議長に、㈠米国協会での演説について倉富枢密院議長が意見があるようなので秩父宮に聞いてほしいと願ったが、秩父宮は演説はすでに行ってしまったので善後策を聞いても効果がないと、了承しなかった、㈡そこで秩父宮に倉富のような「老熟したる人」の話も聞く必要があることを申し上げたところ、宮は承知したことを伝えた。そこで倉富も秩父宮に「新旧思想の相違」は避けることができないが、若者と老人のそうした違いを調和させていくことが必要であることを申し上げることに同意した。[153]

四月二三日、倉富枢密院議長は秩父宮邸を訪問した。そこで倉富は、二月の米国協会で秩父宮が行った演説にリンカーンの「人民の政府人民に依りて而して人民の為に」との文章が入っていたのは、普通の人ならともかく秩父宮の立場では穏当でなく、また不安な中国情勢に対し米国の援助を望む旨を述べたのは、米国の一部に満鉄の共同管理という意見もあり、一層穏当を欠くこと等を述べた。また、新旧思想の相違があるのは進歩の証拠であるが、新旧思想の調和を図ることが必要である等のことを進言している。[154]

皇族の中でこの時期、政治的に注目されたのは閑院宮《かんいんのみや》載仁《ことひと》親王である。彼は慶応元年（一八六五）九月二二日生まれで、陸軍軍人を務め、一九一九年に元帥となり、一九二一年一一月に二〇歳の皇太子裕仁が摂政になると、皇太子輔導に就任したように、皇族の中で高い格式を誇っていた。[155] 田中内閣成立時に六一歳であった彼は、皇族中の長老であった。すでに触れたように、彼は張作霖爆殺事件の処理をめぐり、昭和天皇や牧野ら宮中側近・元老西園寺・田中首相の意とは異なり、日本軍人の関与は確認されないとして行政処分で済ませる方向に賛成した。

もう一人の注目すべき人物は、東久邇宮《ひがしくにのみや》稔彦《なるひこ》王である。彼は、久邇宮朝彦親王の第九子で、一八八七年一二月三日生まれである。一九二〇年四月にフランスに渡って以来（東伯爵の仮名を使用）、三回にわたって帰国を延期し、一九二六年四月になっても帰国しないので、宮内当局が憂慮していると報道されるに至った。大正天皇の病気が深刻となるに至り、ようやく帰国の途につき、一九二七年一月に帰国した。田中内閣成立時には陸軍大佐で、三九歳であった(156)。

東久邇宮は、摂政であった裕仁（後の昭和天皇）と久邇宮良子の結婚に関し、宮相であった牧野伸顕が「薩派」であるので、東久邇宮に相談せず勝手に遂行したと、牧野を批判する覚書を書き、それは一九二六年六月に牧野内大臣と一木宮相に提出された。一九二六年九月から一〇月にかけて、このことと宮内省怪文書事件を利用して、倉富枢密院議長を後援者とする小原駩吉（元宮内省内匠頭）・西園寺八郎（西園寺公望の養子、東宮職御用掛）らは、牧野内大臣らを辞任に追い込もうとした(157)。

一九二六年五月、金井四郎（東久邇宮付事務官）の倉富枢密院議長への話によると、上原勇作元帥は、東久邇宮は「他の皇族か愚かに見ゆる為」、他の皇族と親密になれないので、彼らと仲が悪いのは当然なりと言っていたという(158)。東久邇宮は、フランスから帰国直前の一九二六年一二月には皇族をやめる臣籍降下の意向を一木宮相に公式に示し、一九二七年二月下旬にはジャーナリズムにまで取り上げられた。その表面上の理由は、皇室と血縁が薄いことであった。しかし、その真の理由は、東久邇宮と宮中側近・宮内官僚との感情のもつれであった。宮中の情報通の倉富枢密院議長によると、東久邇宮が滞欧延期の勅許を要請する願書を出したにもかかわらず、関屋貞三郎宮内次官・仙石政敬宗秩寮総裁が握りつぶし、宮が勅許なく滞欧を延期しているように周囲に述べたからであったという。秩父宮はそのことを知り、問題にした(159)。東久邇宮の臣籍降下を、一木宮相は何とか思いとどまらせようとしたが、東久邇宮はなかなか意志を変えなかった。結局、宮中側近との和解に一〇カ月もかかり、一九二七年一二月にようやくこの意向を中止した(160)。こうして、東久邇宮臣籍降下問題は牧野・一木らの基盤を動揺させずに収まった。

一方、平沼らは直接に宮中側近を掌握し、天皇をコントロールしようという構想も有していたらしい。一九二九年一月一四日になると、二荒芳徳《ふたらよしのり》伯爵が牧野内大臣を訪れ、平沼が宮相となることを狙っていると告げ、牧野も警戒心を示している(161)。

(2) 久邇宮家をめぐる問題――皇后良子の実家の動向と位置

久邇宮《くにのみや》家は、一九二四年、その嗣子の朝融《あさあきら》王（海軍少尉）が酒井菊子との婚約を破棄し、当主の邦彦王が摂政から訓戒されるという失態を演じたことは、すでに知られている。翌二五年七月二三日、倉富枢密顧問官兼宮内省帝室会計審査局長官と仙石政敬宗秩寮総裁の内談の中で、仙石は、次のような些細であるが興味深い話をした。仙石によると、学習院で久邇宮邦英王（良子妃の弟、中等科三年）の帽子・書籍などを王の手のとどかない高い所に隠した者がいた。これは邦英王が「皇族風を吹かせ余り威張」るので、学生らがそれに腹を立て、このようないたずらを行ったらしかった。また、これまで皇族に対してこのようなことが行われた例がなく、一方には人心の変化を見る事ができ、他方には皇族が注意を必要とすることであると、仙石は続けた。[162] 久邇宮家は良子と皇太子の結婚内定継続問題以来、皇族中でもジャーナリズムを特に意識し、「平民」化イメージを示す行動をしていた（第Ⅱ部第一章3(1)③）。邦英王が皇族風を吹かせて偉そうにするのは、邦英王の個性というより、久邇宮家がジャーナリズムに「平民」化イメージを売り込む一方で、内実の意識はあまり「平民」化していなかったことの表れといえよう。

一九二五年九月一四日、倉富枢密顧問官は金井四郎（東久邇宮付事務官）との会話の中で、本郷房太郎大将（一九二五年七月から久邇宮宮務監督）が当主の久邇宮邦彦王に、「宮の経済非常に困計故、今後御旅行等も幾分御控へて」もらわざるを得ないと頼んだところ、宮はそのような事情であることは今日まで誰からも何事も聞いていなかったので、少しも知らなかったと言った、と述べた。しかし、宮の言は事実ではなく、それまでの野村宮務監督・国分久邇宮付事務官から何度も経済の事情を申し上げているはずと、倉富は続けた。[163] このように、一九二五年秋までに久邇宮家の財政はかなり悪化していたにもかかわらず、邦彦王は十分な節約をしなかったようである。

その上、邦彦王は、皇太子妃良子の父として、遠慮せずに「御所」に参入し面談する等して、その行動が宮中で批判されるようになった。このため「無遠慮の皇族より皇后又は妃を選はるることは不可なり」と言う者が宮中で多いと、仙石宗秩寮総裁や倉富枢密顧問官（帝室会計審査局長官を兼任）ら宮内省幹部が話題するにまでになった(164)。

また、すでに述べたように、東久邇宮稔彦王は良子女王が皇太子妃になることに反対したので、久邇宮との関係は極めて悪いものになっていた(165)（邦彦と稔彦は、久邇宮朝彦王を父とする兄と弟）。一九二七年一月一九日、倉富枢密院議長と金井四郎の談で、東久邇宮の久邇宮に対する反感が、次のように確認できる。すなわち、金井は、前田利男（秩父宮に随行して渡英）に聞いたところ、前田は東久邇宮が帰国しない理由は、久邇宮邦彦王との不仲とのことであった。前田の話では、東久邇宮は「今日は久邇宮の勢力宮中に蔓延し、丁度藤原時代の外戚の権力の如く、他よりは寄付かれさる様に考へ居らるる様」であった。倉富は以上の話を聞いて、「其事は後日の為には幾分の警戒を要することとなるへきも、今日までは左程甚しきことなし」と金井に答えた(166)。このように、久邇宮は外戚として宮中に権力を振るうことはないが、皇后良子の親ということで、宮中で多少は自らの我を通しているようである。

その二カ月後、三月一六日、倉富枢密院議長と二上書記官長は、次のように久邇宮の策動を警戒した。二上は、島津ハル女官長が辞任したのは内部から排斥されたからだと思うと述べると、倉富は、島津が表のことに介入するようなことがあったのだろうと応じた。そして、昨日頃珍田捨巳東宮大夫らが牧野伸顕を訪れたと新聞に出ていたが、これは島津は牧野内大臣が推薦して採用されたからであると続けた。さらに倉富は、「皇后が皇族より出てらるれは、其の父母の方か内侍に自由に出入せられて困るとの話もあ」る、また久邇宮が「薩摩閥」のために利用されるのを恐れている人もあると述べた(167)。

その後、久邇宮家嗣子の朝融王（海軍大尉）が侍女を妊娠させるという事件が起きた。一九二八年六月二九日、倉富枢密院議長は岩波武信宮内事務官（宗秩寮）からこの話を初めて聞いた。岩波によると、このことは、久邇宮の家族以外では、同家に仕える山田増彦と分部（名前は未詳）の他は知らず、山田が岩波に話した。これまでは事を秘密にしてきたが、突然侍女は静岡県の実家に戻った。分部は驚いてその実家に行き、宮邸に奉公中にこのようなことになったのは遺憾であるが、適当に処置するので安心すべき旨を伝えた。その際朝融王のことは告げなかった。侍女の父は、結婚の関係もあるので、子供は侍女が引き取らないようにすることを望んだ。そこで侍女を東京に連れ戻し、今は宮邸内の一家屋内にいる[168]。当時、践祚して間もない天皇裕仁は、側室を置かないことを理想とするなど、第一次世界大戦後に、一夫一婦制の考えは日本にかなり浸透しつつあったが、資産家が妾を持つ習慣は根強く残っていた。また、宮家は男の実子がいないと断絶することも考慮すると、朝融王が侍女を妊娠させた行為は極めて異常というわけでもなかった。父久邇宮邦彦王の反応もそのようであった。

山田から邦彦王に事実を申し上げると、王はさほど驚かず、「朝融は元来不品行にて困る、出来たることならば致方なし、此ことは到底秘し置くことは出来ず、寧ろ事実の通に処置するか宜しからん」と述べたという。また朝融王の妃の知子女王（伏見宮博恭の娘）に申し上げたところ、これが公になれば父に心配をかけることになるので、ぜひ秘密にするようにと望んでいるようである。知子女王は、先年朝融王と酒井菊子との婚約が破棄された後、父の伏見宮博恭《ふしみのみやひろやす》王から、朝融王も「婚約破れ」速やかに結婚できなければ面目に関わるので、朝融王と結婚することを承諾せよと言われ、自分はその時から犠牲になるつもりで結婚したというような話をしたらしい[169]。伏見宮の判断には皇族の華族への優越意識を背景とした対抗意識と共に、皇族家系の中心としての意識があったと思われる（久邇宮邦彦王は二代目で、久邇宮初代の朝彦親王は伏見宮家出身）。

分部は、秘密に解決することになれば、誰か他の者の産んだ子どもとして分部自身が養うように考えているようであるが、その手段は違法行為であり、心配である。近頃、山田はこれまで朝融王には女の子のみで男子がいないので、このまま経過すれば久邇宮家は朝融王限りで断絶することになるので、私生児でも認知して庶子とすれば宮家の存続もできるので、その考えも起こしているようである。いずれにしても、今日まで一木宮相へも仙石宗秩寮総裁へも本郷宮務監督（大将）へも話しておらず、山田と分部は二人でこの問題を処置するのはあまりにも不安であるので、どうしたらいいかと相談してきた[170]。以上が、岩波宮内事務官の倉富枢密院議長への話であった。

これに対し倉富は、問題の処置の仕方としては、朝融王の子として認知することが一番適法である、他の方法は危険で、今は「婦人」（侍女）に悪意はないだろうが、久邇宮家に弱点があれば、将来においてそれを利用される恐れがあると答えた。また倉富は続けて、このことは宮相に秘しておくべきことではなく、宮相が知った後にその責任で秘するならばともかく、これを秘するため宮相にも秘するというのは、事務官（山田）としてあまりにも大胆なことであろうと語った。岩波も倉富に同意し、山田にその旨を話すことにすると述べ、約一時間余りで帰った。[171]

その約一カ月後の七月二五日、倉富枢密院議長は宮内省で岩波事務官とその後の経過を密談した。岩波は次のようなことを述べた。㈠自分が、山田久邇宮家付事務官に、一木宮相に告げなくてはいけないと話したところ、山田は同意するような語気であった、㈡しかしその後、山田の態度が一変し、このことは知人に相談した上、自分（山田）の責任で秘密にしておくつもりと、岩波の勧告に応じなかった、㈢山田はこれを一木宮相に告げない理由として、邦彦王が宮相と次官（関屋貞三郎）を信用しておらず、彼らに告げることに同意しないから、と言っている、㈣このことは、他に洩れないようにすることができず、侍女は生まれた子供をどこまでも自分が養育すると言っているらしく、子供を他所にやる考えはないようである、㈤山田は誰に相談したのか知らないが、この問題を秘密にすることを頑強に主張し、その意志を変える模様はないようである。倉富枢密院議長は、そのような事務官がいては困ると述べ、他の話題に移った。[172]

久邇宮朝融王の侍女出産事件の経過で注目すべきは、久邇宮邦彦王と一木宮相・関屋次官の関係が必ずしもうまくいっていないことである。薩摩出身の牧野内大臣が一木宮相や関屋次官を従え、薩摩と関係の深い久邇宮邦彦王（妻の俔子は島津家出身）と密接に連携しているという、反牧野・反久邇宮の立場からのイメージは、両者の連携を過度にみたものであるといえる。

その後、九月二二日付の新聞で、朝融王妃の知子女王が妊娠三カ月であることが報じられた。[173] さらに翌一九二九年一月二七日に邦彦王が五六歳で死去し、久邇宮家はこの問題の当事者の朝融王が継いだ。

同年三月二四日、突然渡欧することになった岩波事務官が、倉富枢密院議長を訪れた。岩波は、侍女出産事件のその後について、次のようなことを述べた。㈠侍女出産事件については、「松平」〔松平慶民宮内事務官〕が一万五〇〇〇円を出し、その後幾度か山田増彦事務官に処置を迫ったが、なぜか山田は処置を行わず、一万円だけは出生児の「処置」に使っているようであるが、五〇〇〇円は侍女の「処置」のため保存しているように思われる、㈡侍女の実家は資産があり、五〇〇〇円位のことで「処置」をするわけにはいかない模様である、㈢この問題は初め山田が一人で秘密に「処置」すると言っていたが、実際は賀来佐賀太郎が主として「処置」を行ったようである、㈣関屋宮内次官も今頃はこれを知っており、関屋と山田とはしばしば相談しているが、関屋から松平へは賀来の関係は告げていないようである、㈤侍女の出産問題は他のことと違い、その費用は宮内省より出すべきものではなく、殊に邦彦王が死去した以上は、このことを朝融王に告げて朝融王より金を出してもらうのは当然のことである、㈥そこで自分（岩波）は、山田に対し、君も今回は宮内事務官である職務として、朝融王に話して金を出させるように取り計らってはどうかと言ったが、山田は少しも煮え切らない、㈦山田はすでに朝融王からも金を出させているのではないか、ともかく、山田の態度はすこぶる曖昧であり、山田は「大なる穴を明け居る」との話があるが、その穴が何なのかはわからない、㈧関屋宮内次官も、久邇宮にはその内何かが起こるであろうと言っていた。[174]

倉富枢密院議長は、以上の岩波宗秩寮事務官の話に、次のように答えた。㈠山田は宗秩寮より久邇宮付事務官となった頃、すべてについて、邦彦王の信用を得ることが最大の急務と考えていたようであり、その目的のために、あるいは何か手段を取ったこともあっただろう、㈡そのため、邦彦王はとかく山田のように行動する人物が気に入る方で、分部なども必ず何かあるだろうと思われる、㈢関屋宮内次官が必ず何事か起こるといっているのは無責任であり、関屋としてはもう少し注意する必要があるのだろう。岩波は倉富と、五、六分立ち話をしただけで立ち去った。[175]

以上に述べた、岩波が倉富枢密院議長に朝融王の侍女出産について行った三月二四日の報告内容で注目されることは、関屋宮内次官ら宮内省幹部にも話が伝わっており、宮内省が一万五〇〇〇円（現在の数千万円）を久邇宮家に出していたことである。これは当主の邦彦王が関屋宮内次官か、一木宮相・牧野内大臣に直接話して出させたものと思われる。いずれにしてもこのような大金を、関屋一人で処理できるとは思われず、当時の宮中側近の関係から考慮し、牧野内大臣も支出については知っていたと思われる。[176] 皇后を出した皇族としての久邇宮邦彦王の宮中側近への影響力の強さがわかる。

同じように邦彦王の宮中側近への影響力を示す事件として、一九二八年七月二五日の倉富枢密院議長と岩波宮内事務官との密談で岩波が話した、久邇宮の熱海別荘に、皇室から一〇万円をも支出されたことが挙げられる。これは初め関屋宮内次官が久邇宮に進めた結果、行われたものである。しかし、他の皇族は、宮内省が皇室経済が乏しいといって節約を求めておきながら、久邇宮には支出していると、不平を唱えていた。[177]

話を一九二九年三月二四日の岩波の報告に戻すと、侍女の子供を認知する方針が消えたことも大きな変化であった。これは知子女王が妊娠し出産が近づいてきたからであろう。この翌日、三月二五日に知子女王は男子（邦昭王）を出産したと公表された。[178]

また、邦彦王が死去し、朝融王が久邇宮家を継ぐと、朝融王に対し、すでに支出した一万五〇〇〇円の金の返還を求める空気が宮中側近や宗秩寮幹部に生じたことも注目すべきである。邦彦王は、皇后良子の父として宮中側近に対してかなりの影響力を持ち始めていたが、朝融王は若いのみならず、婚約破棄事件や侍女出産事件で、宮中側近に対して全く威信がなかったのである。こうして、皇后の実家としての久邇宮家が皇族中で特別に影響力を持つ可能性はなくなった。なお、その後も一万五〇〇〇円の返却に関する情報は、「倉富勇三郎日記」には登場しない。久邇宮家は財政難に陥っており、いったん宮中から皇族に支出された金が、簡単にもどるとは考えられず、久邇宮家からもどされることはなかったのであろう。

おわりに

本章では田中義一内閣期の昭和天皇をめぐる政治の問題を、再検討した。その手法は、従来の研究では部分的にしか使われていない未刊行の「倉富勇三郎日記」等の一次史料や、新たに刊行された『奈良武次日記』、ここ十数年以内に刊行された『牧野伸顕日記』・『河井弥八日記』等の一次史料や、当時の新聞史料を比較して、厳密に検討するものであった。また、明治天皇・大正天皇の動向やイギリスの君主制との比較という、従来の研究で本格的に行われていない視点を導入することで、この時代の天皇をめぐる政治の意義を検討した。本章の主要な論点は、以下の六つである。

第一に、張作霖爆殺事件の処理についての、一九二九年六月二七日の田中義一首相の上奏に対する昭和天皇の反応は、明治・大正両天皇にない強い政治関与であり、きわめて異常なものであったことである。明治天皇は藩閥官僚内部の対立や、藩閥官僚と政党との対立に対し、調停者として巧妙に動き、日清・日露の両戦争に勝利したこともあって、天皇の権威を高めたが、政治関与は抑制していった。大正天皇は元来心身ともに弱かったことや、即位後の政治経験が少ないこともあり、調停者としての行動も含め政治関与をほとんどしなかった。その意味で、明治期より安定した日本という国家の枠の中で、明治天皇の路線を踏襲したといえる。イギリスにおいても、昭和天皇と同時代に君主であったジョージ五世（在位一九一〇～三六年）は、自らの好みを抑え、調停者としての君主として行動し、政治関与を抑制していった。

これに対し昭和天皇は、田中義一内閣・陸軍・政友会で合意ができた田中内閣の事件処理方針を事実上否定し（陸軍側の責任者の行政処分の方針は了承）、田中内閣を倒閣に追い込んだ。田中内閣の処理方針は、真相を知っている民政党も議会で正面から追及しなかったという点で、衆議院の二大政党の支持を得ていたともいえる。謀略による張作霖爆殺と真相の隠蔽は正義に反することである。しかし、このように各界から支持を得ていた処理方針を、天皇が君主としての誇りと正義感から、宮中側近の支持のみを背景に、正面から否定する強い政治関与をすることは、君主制の運用という点で、大きな問題を生じさせた。

それは、陸軍（青年将校も含む）や、倉富勇三郎枢密院議長のような国粋主義者に近い大物、平沼騏一郎枢密院副議長ら大物国粋主義者、政友会等に、昭和天皇と彼を支える牧野伸顕内大臣・鈴木貫太郎侍従長・一木喜徳郎宮相ら宮中側近への大きな不信感を植えつけた。

もちろん、昭和天皇は張作霖爆殺事件について、天皇に事実を報告しなかった田中首相をそのまま許すことは適当でなく、少なくとも、田中首相を数カ月以内に引退させるという事実上の処分をしてけじめはつけるべきであった。しかし、いきなり倒閣に追い込むような対応は、若い昭和天皇の威信が十分でないことを考慮すると、あまりにも強すぎた。

このことと、一九三〇年のロンドン海軍軍縮条約問題の対応過程での同様の不信感により、公平な調停者としての天皇の権威は著しく損なわれた。このため一九三一年九月に、張作霖爆殺事件よりももっと大きな事件である満州事変が起きた時、昭和天皇は公平な調停者として事変を抑制することができなかったのである（第Ⅰ部第六章）。

このように見ると田中内閣を倒閣させるに至った昭和天皇の権力は、一見強いように見えるが、満州事変に際し、その波紋で陸軍等のコントロールができなくなったことを考慮すると、むしろイギリスのジョージ五世の権力の程度に近い弱いものであるといえる。昭和天皇が、調停者としての巧妙な権力行使に徹していれば、明治天皇やジョージ五世のように国家のコントロールを維持できた可能性があると思われる。

なお、昭和天皇の政治関与の姿勢は、張作霖爆殺事件で突然生じたものでなく、一九二七年四月に田中内閣が成立して以来、官僚の更迭問題・衆議院の解散問題・内閣改造問題等で、牧野内大臣ら宮中側近の助言を得て展開していたものであった。また、この過程で、張作霖爆殺事件の前から国粋主義者の平沼騏一郎や彼と連携している倉富勇三郎枢密院議長・荒木貞夫中将などの陸軍等に形成されつつあった、昭和天皇は牧野内大臣ら宮中側近に影響されやすい未熟な青年君主であるとのイメージが、事件によって定着する結果となったことも注目される。

第二に、右に述べたような昭和天皇の異常な政治関与は、第II部第二章で述べるように、明治神宮の鎮座（一九二〇年一一月一日）の頃から始まった、明治天皇や明治時代を現実から遊離するまでに理想化しようとする国民の上下の動きとも関係していたことである。とりわけ宮中関係では、昭和天皇に身近に接し、宮中側近のリーダーであった牧野内大臣や、たびたび明治天皇について進講した三上参次（東京帝大教授から名誉教授、東京帝大退官後に『明治天皇紀』を編纂する臨時帝室編修官長）の影響が大きい。また、徳富蘇峰の君主論もかなり影響を及ぼした可能性が強い。

彼らがイメージし昭和天皇にも影響を及ぼしたであろう明治天皇像は、昭和天皇よりも若い二〇歳の頃に、征韓論政変を自らの決断で毅然と解決するような理想化されすぎた像であった（実際の明治天皇は、この頃は十分な調停能力がなく、単に右大臣岩倉具視の助言に従ったのみで、西郷隆盛ら征韓派を追い詰めてしまった）。そのため、本来伝えられるべき、一五歳で王政復古の宣言とともに維新政権が始まり、とまどいながらも、岩倉具視ら、次いで伊藤博文らに指導されながら二〇年ほどかけて少しずつ調停者としての権力行使と抑制を学んでいったという像が、全く昭和天皇には伝わらなかった。

これは、第一章で述べたように、大正天皇が身心ともに弱かったため、正しい明治天皇像や明治という時代のイメージが昭和天皇に伝えられなかった悲劇でもある。すなわち、大正天皇が心身ともに弱かったことは、天皇や国家という重石を軽くして、第一次大戦による高度な経済成長を背景に、大正デモクラシー思潮や政党政治を発達させる点ではプラスに作用した。しかし明治憲法は、万世一系の天皇が国家を統治するという法的枠組みと、実際の天皇の権力行使や内閣や行政各部門の権力行使の慣例が異なっているという大きな欠陥を持ったものである。したがって、それを天皇がどのように埋めるのかという国家運営上の手法が、昭和天皇に十分に伝わっていなかったのは大きなマイナスであった。

昭和天皇が元来真面目で几帳面な性格であり、学習院初等科や御学問所の閉鎖された空間で、ごく少数の選ばれた学友とあまりにも観念的な教育を受けたことも、「潔癖」で「政治性」がない性格を形作り、右の問題を大きくした。さらに、原敬首相が暗殺されるなどして、以上のことを補って裕仁を現実の政治の中で輔導する人材が、明治天皇に比べて著しく見劣りしたことで、問題が悪化した。昭和天皇を輔導する人材中で、元老西園寺公望は卓越した存在であった。しかし、西園寺が高齢で天皇に会う機会が少ないことや、天皇が自らを素直に評価してくれる牧野に頼るようになったことで、問題がさらに深刻になった。

第三に、張作霖爆殺事件の処理をめぐる元老西園寺公望の動向を明らかにし、また西園寺はその巧妙な言動のおかげで、牧野ら宮中側近と異なり、陸軍・政友会・倉富や平沼ら国粋主義者の批判の対象とならなかったことを示した。

すでに指摘されているように、西園寺は牧野ら宮中側近の考える昭和天皇による田中首相の問責に反対であった。しかし、牧野はその方針を変える気はなく、また前日の六月二六日に西園寺も同意したと錯覚し、西園寺も牧野が方針を変えたと誤解し、昭和天皇は当初の意図通り、六月二七日に問責を実行した。西園寺は六月二八日に田中首相から、二九日に小川平吉鉄相から真相を知り、国粋主義者に近い小川に、西園寺と牧野ら宮中側近との距離を意図的に強調し、小川や政友会・陸軍・国粋主義者の信頼を得ようとした。八〇歳に近づいた西園寺の老獪な政治手法は功を奏し、西園寺は彼らの批判の対象とならなかった。西園寺は自らの保身を図ったというより、昭和天皇が形成に失敗しかけている公平な調停者としてのイメージを元老として自ら代行し、国家のコントロールを保持しようとしたのであった。次章以下で論じるように、公平な調停者としての西園寺のイメージは、ロンドン軍縮条約問題によって、一九三〇年九月までに動揺するが、一九三二年五月までは何とか存続し、五・一五事件後の非常事態を収めるべく、穏健派の海軍大将斎藤実を後継首相に推薦し、一応事態を収めることに成功した。

第四に、天皇の代行をする首相の権限は、田中内閣の時期に、枢密顧問官の補充のための推薦に関しては、枢密院に対して主導権を握る形で拡大したが、爵位・勲章の授与などの栄典の推薦に関しては、重要なものについて一木宮相・牧野内大臣などの宮中側近の関与が強まり、その限界を示したことを明らかにしたことである。枢密顧問官の推薦権は、伊藤博文の生存中は伊藤と山県有朋が、伊藤が韓国統監として朝鮮に赴任した後は山県枢密院議長が掌握していたと推定される。これが護憲三派内閣期から第二次加藤高明内閣期に、首相と枢密院議長が対等の立場で推薦するようになった。しかし、大物政治家の加藤首相が死去したこともあり、人事の主導権は枢密院側が握っていった。それが田中内閣に至り、内閣に人選の主導権が移った。これは、一つには政党政治の時代において、衆議院の第一党（または第二党）を背景とする政党内閣（田中内閣）が、選挙の洗礼を受けていない枢密院に対して優位に立っていくことを示している。しかも、枢密顧問官は高齢者が多く、年平均二人以上補充する必要があったのに、官僚系で経歴のある大物も少なくなっていた。また、田中首相のリーダーシップや、枢密院が若槻礼次郎内閣（憲政会）を倒したので、田中内閣（政友会）まで敵に回したくないという、枢密院側の思惑も関係していた。

政党側の枢密院に対する権力拡大と対照的に、一九二〇年代において、明治天皇や明治時代を理想化する動きを背景に、牧野宮相（のち内大臣）らにより、天皇の地位を高め、宮中が自立化して内閣からの政治関与を少なくしようという動きが生じた。田中内閣は、裕仁が摂政から昭和天皇となって数カ月で発足した。牧野ら宮中側近は昭和天皇の厚い信任を自負し、また元来田中首相に好意を有していなかったので、栄典についても積極的に自らの意向を示した。そのため、宮中に基盤のない田中内閣は、戦前の政党内閣中では栄典に対して最も強い影響力を持つようになった原敬内閣末期や、その後の田中内閣以前の内閣に比べ、弱い影響力しか及ぼせなかった。

第五に、田中内閣期に牧野内大臣ら宮中側近が昭和天皇の信任の下で政治関与を始めると、それに対抗するために反対派は、秩父宮・閑院宮等の皇族を利用しようと動き始めたことを一次史料から明らかにしたことである。秩父宮は、国民の前に報道される「山の宮」・「スポーツの宮」等の明るい人柄の国民に人気のあるイメージ（第Ⅱ部第二章）とは別に、陸軍大学校時代に国粋主義者の荒木貞夫中将（校長）と知り合い、期待されていた。他面、荒木をはじめ国粋主義者らは秩父宮に期待するが故に、「平民」的行動や、親米的に見られる行動を、批判的にもみていた。皇族中の長老の閑院宮元帥は、張作霖爆殺事件を行政処分で済ませる方向に賛成し、昭和天皇や牧野内大臣ら宮中側近・元老西園寺・田中首相と意見を異にしていた（最終段階で西園寺は昭和天皇の田中首相への直接の問責に反対）。昭和天皇の支持を得た牧野ら宮中側近に対抗するため、皇族を利用しようとする動きは、次章以下で述べるように、ロンドン海軍軍縮条約問題・満州事変等でより具体化した。とりわけ、一九三一年九月に満州事変が起きてまもなく、天皇の親政と必要なら憲法の停止を求める秩父宮とそれに反対する昭和天皇との間に、激論が生じたことは注目すべきである。

第六に、皇后良子の実家である久邇宮家の動向と位置について考察した。久邇宮家の当主である邦彦王（陸軍大将）は、外戚として特に政治力を持ったわけではないが、奥に自由に出入りしたり、皇室財産が緊縮される中で熱海の別荘の建築費用として一〇万円もの大金が下賜されたりするなど、特別待遇を受けていた。もっとも、久邇宮家の財政はかなり苦しくなっていた。また、嗣子の朝融王の婚約破棄事件や侍女出産事件など、威信を減退させる事件が起きた。それにもかかわらず、侍女出産事件では皇室から一万五〇〇〇円もの金を出させたことは、皇后の父邦彦王への特別待遇といえよう。しかし、一九二九年一月に邦彦王が急死すると、宮中側近も久邇宮家に毅然と当たる姿勢をみせるようになり、朝融王に一万五〇〇〇円を返却させる考えすら浮上した。この返金はなかったようであるが、久邇宮家が特別に力を持つ可能性は、こうして消えていった。

第四章　浜口雄幸内閣と立憲君主制の動揺

――ロンドン海軍軍縮条約と天皇の調停放棄――

はじめに

近代日本の君主制（天皇制）を理解する観点から、政党内閣期の内閣と昭和天皇や元老・宮中側近の動向を考察する研究は、本書の冒頭で述べたように、一九八九年に昭和天皇が死去して後、当時の天皇側近であった者の日記等の一次史料の公刊が急速に進み、ここ一〇年余りかなり進展した。

これらの史料をいくつか使った浜口雄幸内閣期の研究の主な成果は、ロンドン海軍軍縮条約をめぐって、牧野伸顕内大臣・一木喜徳郎宮相・鈴木貫太郎侍従長や元老西園寺公望、昭和天皇は浜口雄幸内閣の条約締結の方針を支持し、条約締結はかろうじて成功したが、それに反対した軍部や国粋主義者の反発が強まり、満州事変につながった等、昭和天皇の政治関与の実態が明らかにされたことである。(1) しかし、浜口内閣期も含め政党内閣期の内閣と昭和天皇や元老・宮中の動向に関する研究は、多くの史実を明らかにした反面、その視角や史料批判の面で少なからぬ問題を残しているように思われる。

それは第一に、この時期の研究も、昭和天皇が政治に関与した事実を指摘することで、昭和天皇は立憲君主でなく、日本の君主制がイギリスの立憲君主制と異質であることを強調する研究が少なくないことである。これらに対して、本章でも十分な国際比較の上で、昭和天皇のロンドン海軍軍縮条約をめぐる行動や君主制を考察したい。

政党内閣期の内閣と昭和天皇や元老・宮中の動向に関する研究の第二の問題点は、昭和天皇の行動の評価が、明治天皇や大正天皇、とりわけ昭和天皇が理想とした明治天皇との、一次史料にもとづいた十分な比較の上で、なされていないことである。

三代の天皇を扱っているのは、近年では安田浩氏と増田知子氏の研究くらいである[2]。しかし、安田氏の研究は、明治期を扱った部分で「徳大寺実則日記」（写本）（早稲田大学図書館所蔵）を使用した他、基本的に公刊された史料のみに依拠したものである。増田氏の研究も、昭和初期に関しては、未公刊の「倉富勇三郎日記」（「倉富勇三郎文書」国立国会図書館憲政資料室所蔵）を使って公刊史料を補っているが、それ以外の時期については、基本的に刊行史料の範囲内で論じている。また増田氏は、「倉富勇三郎日記」すらロンドン海軍軍縮条約問題を中心に、かなり限定的にしか読んでいない。そのため他の部分に書かれた、宮中関係・疑獄関係・枢密院と内閣の関係や、倉富勇三郎枢密院議長や平沼騏一郎枢密院副議長らが何に反感を有していったのかという重要な情報を十分にとらえていない。それに加え、増田氏の研究は、当時の憲法学者や政治学者の憲法解釈や政治評論を政治史分析の基準として利用しようという特色をもっているが、ロンドン条約問題等を除いて政治過程の分析が不十分であるため、憲法解釈や政治評論が政治状況の実態であるかのような論理構成に陥りがちである。また、一九三五年の天皇機関説事件まで、憲法学界のみならず、政界・官界においても傍流であった穂積八束の皇位主権説（天皇主権説）を、主流であった一木喜徳郎・美濃部達吉らの天皇機関説と同列に論じていることも、問題である。長尾龍一氏の研究によると、天皇主権説の穂積八束や上杉慎吉の説は、一九三五年の天皇機関説事件まで、一貫して傍流であった[3]。

政党内閣期の内閣と昭和天皇や元老・宮中の動向に関する研究の第三の問題点は、同時代の公刊・未公刊の一次史料を、必ずしも、その史料的性格も踏まえ、十分厳密に読み込んでいないことである。とりわけ、未公刊で厖大な「倉富勇三郎日記」は、記述が簡単で海軍に限定されがちな「加藤寛治日記」（伊藤隆他編『続・現代史資料5 海軍——加藤寛治日記』みすず書房、一九九四年）（以下、「加藤寛治日記」と略す）を除いて、元老西園寺・牧野内大臣・鈴木侍従長・一木宮相らへの反対派の数少ない一次史料であることから重要である。また倉富枢密院議長や平沼枢密院副議長らの、宮中や司法官僚への人脈による豊富な情報も貴重である。

すでに述べたように、ロンドン海軍軍縮条約は、元老西園寺・牧野内大臣・鈴木侍従長・一木宮相らが昭和天皇との連携のもとで、浜口雄幸内閣を助けて締結されたが、彼らが反対派から「君側の奸」と攻撃されるようになったことは、指摘されている。しかし、倉富の日記にみられる、倉富・平沼らや荒木貞夫第六師団長（のち教育総監部本部長から犬養毅内閣・斎藤実内閣の陸相）および加藤寛治軍令部長（のち軍事参議官）ら条約反対派の有力者から、西園寺は牧野・鈴木・一木らと区別されており、「公平」な元老イメージを失わず、ロンドン条約を枢密院で拒否することが不可能と判明する一九三〇年九月までは、「君側の奸」視されていなかったという事実はとらえられていない。またその後も、牧野伸顕らとは少し異なる西園寺のスタンスから、宮中側近を攻撃するグループの間に、宮中の大混乱を避けるため、西園寺への直接の攻撃は避けようとの合意ができていた（血盟団のみは例外）。このため、西園寺は五・一五事件の際に青年将校らの攻撃の対象とはならず、事件で犬養内閣が倒れた後、世間の注目と各界からの期待を一身に集めて、後継首相を天皇に推薦し得たのである。すなわち、西園寺は信頼の不十分な昭和天皇に代わって調停者としての機能を果たそうとして、ロンドン条約に反対し満州事変の拡大を当然視する軍部強硬派や、倉富・平沼ら枢密院中枢、国粋主義者等からも信頼をつなぎとめようと巧みに行動し、一定の信頼を得ていたのである。

これらの論点に加え、立憲君主制は、当時の日本の場合、衆議院の第一党（または第一党の内閣が倒れた場合には第二党）の党首が首相となり、政党を背景に組閣し政治の責任を持つ制度であることを考慮し、本章でも首相権限の消長について考察したい。首相権限の消長は、各内閣ごとに重要政治問題について首相のリーダーシップの評価をすることで明らかにできる。また各内閣を同じ基準で評価するため、枢密顧問官の補充人員の天皇への推薦（首相と枢密院議長）、陞爵・授爵や勲章授与等の栄典の天皇への推薦（首相と宮内大臣ら宮中）、陸海軍大臣の選定などの陸海軍の主要人事への首相の関与（首相と陸海軍首脳）の三点についても、史料上確認される限り言及したい。

以上、浜口内閣期の内閣と昭和天皇や元老・宮中側近の動向を、近代日本の君主制（天皇制）を理解する観点から考察することに関し、到達点と問題点を検討してきた。本章では、浜口内閣期のロンドン海軍軍縮条約批准までの時期について詳細に考察し(4)、その後の浜口内閣倒閣までの分析は、第二次若槻礼次郎内閣期の満州事変勃発までの時期と合わせ、第五章に譲りたい。

1　枢密院等の昭和天皇不信と浜口内閣への反感

（1）閣僚・朝鮮総督人事と宮中

政友会を与党とする田中義一内閣が倒れ、一九二九年七月二日、衆議院の野党第一党の民政党総裁の浜口雄幸が同党を背景に組閣した。この時も、田中内閣の成立と同様に、一九二六年一〇月二八日の元老西園寺公望の牧野伸顕内大臣への提言の枠内で、事態が展開した。これは政変の際に元老と内大臣が天皇からほぼ対等の下問を受けるものであった（第Ⅰ部第二章4）。

浜口内閣の主要閣僚は、首相の浜口の他、幣原喜重郎外相（加藤高明内閣・第一次若槻礼次郎内閣の外相）・安達謙蔵内相（民政党のいわゆる党人派のリーダー、加藤高明内閣・第一次若槻内閣の逓相）・井上準之助蔵相（第二次山本権兵衛内閣の蔵相、元日本銀行総裁）・宇垣一成陸相（清浦奎吾内閣・加藤高明内閣・第一次若槻内閣の陸相）・財部彪《たからべたけし》海相（加藤友三郎内閣・第二次山本内閣・加藤高明内閣・第一次若槻内閣の海相）・江木翼鉄相（浜口首相の政務・党務全

般の補佐役、加藤高明内閣・第一次若槻内閣の法相）である。その他、司法相が渡辺千冬（元宮相の渡辺千秋の三男、元蔵相の渡辺国武の養子、貴族院子爵議員、研究会所属で民政党に近い）、文相が小橋一太、農林相が町田忠治、商工相が俵孫一、逓信相が小泉又次郎、拓務相が松田源治であった。

昭和天皇は右の閣僚について「良い顔触れなりと御満足」であり、牧野内大臣に、宇垣・井上等がよく出たとの感想を述べた。[5] 浜口内閣は、金解禁を実施して不況を克服することに対する、財界や国民一般からの大きな期待を背景に成立した。[6] 後述するように、昭和天皇は新聞の熱心な読者であり（第II部第二章5）、当時のジャーナリズムの平均的な論調に大きく影響されていたといえる。七月九日、浜口内閣は施政方針として十大政綱を発表した。それは、㈠政治の公明、㈡国民精神の作興、㈢綱紀革正、㈣日中国交の刷新と親善、㈤軍備縮小、㈥財政の整理緊縮、㈦非募債と国債総額の減少、㈧金解禁の断行、㈨社会政策の確立、㈩教育の更新である。浜口内閣は政党政治の慣行が定着する中で、金解禁により輸出を増進させて不況を克服することを政策の柱としており、金解禁による一時的な金の流出に対応するため財政を引き締める必要があった。その結果、一時的な不況が予想され、国民の不満が高まることを緩和し、理解を求めるため、政治を公明にして綱紀の革正をはかることや、社会政策を確立する姿勢を示したのである。浜口内閣は政党政治の慣行が定着する中で、原敬内閣・加藤高明内閣に引き続いて、政党政治の方向を最も徹底させようとした内閣であった。[7]

ところで、浜口内閣の成立時に組閣や施政方針に次いで、朝鮮総督などの植民地高官の人事も注目された。これは、本格的な政党内閣として、すでに伊沢多喜男（憲政会系元内務官僚）など政党関係者が総督に就任した台湾総督に加え、朝鮮総督にも政党員を就任させようとする動きと、それに反発する動きが対立したからである。元来、朝鮮総督は現役の陸海軍大将、台湾総督は現役の陸軍中将と、武官に限られていたが、一九一九年八月、原敬内閣下の官制改革で、文官の総督も可能となった（それぞれ勅令三八六号、三九三号）。しかし、朝鮮総督は、斎藤実海軍大将、宇垣一成陸軍大将（陸相、朝鮮総督臨時代理）、山梨半造陸軍大将（予備役）と、武官の総督が続いた。

浜口内閣成立直後の、七月一二日、牧野内大臣が関屋貞三郎宮内次官に、朝鮮総督に内田康哉枢密顧問官（原内閣の外相）を、南満州鉄道（満鉄）総裁に中井励作製鉄所長官などを候補者として内話した。中井は、牧野が山本条太郎（政友会代議士、満鉄社長）の意見に従ったものであった[8]。牧野・関屋のような宮中側近が政党内閣の植民地総督などの人事に関与しようとしていることが注目される。これは、すでに述べた田中内閣以来の宮中側近の政治関与の流れであり、牧野は、朝鮮総督・満鉄総裁とも、やや政友会系の人物を就任させることで、田中内閣倒閣後の牧野ら宮中側近と政友会との関係を緩和しようとしたのであろう。

しかし、浜口内閣は牧野内大臣の意向を受けず、七月三〇日に政友会系の川村竹治台湾総督を更迭し、民政党系の石塚英蔵（貴族院議員、元朝鮮総督府農商工部長官、元東洋拓殖会社総裁）を後任に任じた。その日、浜口首相は、山梨半造朝鮮総督の進退問題について、宇垣陸相・江木鉄相・松田拓相と協議した。その結果、山梨を更迭することは決まったが、後任については決まらなかった。翌三一日、山梨と浜口首相は、一旦山梨が朝鮮に帰り、八月七日か八日頃辞表を発送することで合意した[9]。

浜口首相は、八月一三日、「仙石氏の件及伊沢（多喜男、元台湾総督）氏の件に付幣原氏の内話を聞く」、八月一五日、「幣原外相来邸、用件は伊沢氏の件也。右落着に付き直ちに第二段の予備行為に着手す。宇垣陸相を招き朝鮮総督問題に付諒解を得」と日記に記している[10]。また、八月一六日の倉富と二上兵治枢密院書記官長の内談で、浜口が伊沢の学友ということで、情実から伊沢を朝鮮総督にすることに固執しているのはよくない等のことが話された[11]（ただし、倉富と二上は、すでに示したように、浜口首相が八月一五日に伊沢を朝鮮総督にすることをあきらめたことを知らない）。以上から、東京帝大法科を一八九五年七月に卒業した同窓のよしみもあり、浜口首相と幣原外相は、伊沢多喜男を朝鮮総督にしようとしていたといえる。

他方、同年八月一二日の倉富勇三郎枢密院議長（元朝鮮総督府司法部長官）と宇佐美勝夫資源局長官（元朝鮮総督府内務部長官兼土木局長）の会話は、朝鮮総督人事の内情の重要な局面を、伊沢反対の立場から示している。宇佐美は次のような内容の会話で口火を切った。㈠山梨朝鮮総督が辞任することになったようなので、宇垣一成陸相に、伊沢多喜男は不適任であることを説いた、㈡宇垣も伊沢は不適任であることを認め、宇佐美が軍人から総督を出すなら海軍より出したらというと、宇垣は海軍に適任者がいるだろうかと述べた、㈢宇佐美が、人物はよく知らないが鈴木貫太郎侍従長（予備役海軍大将、元軍令部長）がよいのではと答えると、鈴木を採用することは困難であると述べた、㈣また、宇垣は松田源治拓務大臣に話したところ、松田も伊沢は不適任であるが、他に適任者がなければ困ると述べていた。(12)

これに対し倉富は、㈠宇垣はすでに朝鮮総督として試験済みであり、寺内正毅の例のように、陸相と朝鮮総督を兼任したらよい、㈡鈴木が侍従長を辞めることは、宮内省も承諾しないことはないだろう、等と答えた。(13)

以上の朝鮮総督をめぐる人事の特色は、浜口内閣の主要閣僚の宇垣陸相、民政党の松田拓相、朝鮮通の倉富枢密院議長・宇佐美資源局長官のいずれもが、伊沢の朝鮮総督就任に反対していることである。宇佐美はその理由について、伊沢が党派的人事を行うためで、宇垣も台湾までなら止むを得ないが、朝鮮と南満州鉄道だけは政党員を局に当たらせることは是非とも避けたいと言っていたと述べた。(14)なお、同じ民政党の松田拓相が伊沢が朝鮮総督になることに反対しているのは、大物の元内務官僚の伊沢では、松田拓相による朝鮮総督府の統制が困難になるとみたからであった。そのことは、倉富が、松田は拓相に就任すると直ちに朝鮮総督府・台湾総督府等に対して指揮監督する職権があるように思ったようであると述べたことから推定できる。また宇佐美が、松田は朝鮮・台湾等の人事にも介入するつもりだろうが、他より履歴書を預かっているので注意する必要があると述べたことも、同種の傍証となる。(15)

いずれにしても、陸相という重要閣僚であるのみならず、本節の冒頭で述べたように、組閣の際に天皇から特に好意を持ってみられた宇垣と、松田拓相が伊沢に反対していることは、各方面の反対と合わせ、伊沢多喜男の朝鮮総督就任のかなりの障害であった。

しかし、宇垣陸相には伊沢を排斥しても、陸軍出身で朝鮮総督にふさわしい人物をみつけることができなかった。八月一二日、宇佐美は倉富に、宇垣が上原勇作元帥（元参謀総長）の名まで挙げたことを述べ、倉富は、上原は軍人としては能力があるが朝鮮総督としては長谷川好道（大将、三・一運動で失脚した元朝鮮総督）と異なる所はあまりないのでは、と応じている[16]。

結局、すでに述べたように、八月一五日に浜口首相は伊沢ではなく斎藤実海軍大将を朝鮮総督に推すことで、幣原外相の了解を得、宇垣陸相の了解も得た後、財部海相に交渉させた。翌一六日、財部は斎藤からの大体の内諾を取り、一七日に浜口首相が直接に斎藤に勧め、内諾を得た。こうして斎藤が朝鮮総督に任命された[17]。

以上のように、浜口首相・幣原外相という浜口内閣の中枢が進めた、朝鮮総督に民政党系のやり手の文官である伊沢多喜男を就任させる構想は、昭和天皇の期待の最も高い宇垣陸相らの強い反対で実現しなかった。しかし、陸軍軍人を任命するという宇垣の思惑も人材難で実現せず、朝鮮総督経験者で海軍軍人の斎藤が再び総督になるという、折衷的な解決になった。浜口首相が主導権を持っている一方で、宇垣陸相の拒否権もかなり強かった。なお、満鉄総裁も、宇垣陸相の思惑とは異なり、浜口首相の主導権の下で、八月一四日、民政党の仙石貢（元鉄相）が任命された[18]。

（2）浜口内閣成立直後の枢密院・陸軍・国粋主義者の天皇不信

浜口内閣成立直後から枢密院には内閣への反感が渦巻いていた。それは、「議会中心主義」などの政綱を掲げる民政党のリベラルな姿勢に加え、一九二七年四月、枢密院が台湾銀行救済法案を批判して若槻礼次郎内閣を倒したことに対し、辞任後に前若槻内閣の閣僚たちが枢密院を非難する決議をしたことが原因であった。枢密院の長老の伊東巳代治顧問官は、浜口内閣の閣僚のうち、かつて決議に関係した浜口首相・安達内相・町田農林相らに関し、倉富議長から浜口首相に交渉し、浜口首相に先年のような不都合を再び行わないことを誓わせることを求めた。そこで一九三〇年七月一〇日、倉富議長は、閣僚として枢密院での審議を漏らして枢密院を批判するのは重大な問題であると、その問題の対応策を話し合うため、顧問官の協議会を実施した[19]。一六日、この問題もあって、倉富議長と浜口首相が会談した。浜口は、自分の統制する閣員は在官中はもちろん、退官後であっても枢密院の秘密を漏らすことは絶対ないものと確信すると言明した。そこで倉富は、腹心の二上兵治枢密院書記官長に、浜口と打ち合わせさせ、この件の覚書を作らせた。翌一七日、右の件について枢密顧問官の協議会を再び実施した。当日は、富井政章・金子堅太郎顧問官らから、枢密院の秘密を漏らしたことのみならず、前閣僚が枢密院を批判する決議を行ったことが問題で、陳謝させるべきとの強硬な意見も出た。しかし倉富議長は、枢密院として衆議院の決議を詰責するのは穏当でないと思うと述べ、最終的に議長一任ということで、この問題を一段落させた[20]。

浜口内閣成立直後に、前章ですでに述べたように、前内閣期の昭和天皇の田中首相への対応や牧野内大臣らの輔弼の仕方への不信が、倉富議長・平沼騏一郎副議長（国本社社長）らの枢密院の最高幹部や小川平吉（田中内閣の鉄相、副総理格）ら国粋主義者・保守主義者の間に生じた。

この状況下で注目すべきは第一に、元老の西園寺公望が巧みに行動したため、倉富や平沼は西園寺を宮中側近の牧野や一木喜徳郎宮相・鈴木貫太郎侍従長と区別して、西園寺には不信感を抱いていないことである。すなわち、一九二九年七月二四日、倉富・平沼・二上は田中首相の辞任過程について、次のように西園寺公望への疑念を出したが、最終的に彼は信頼できるとの話をしている。

平沼、先日の政変に付ては牧野（伸顕）の行動に付ては余程憤慨し居る者ありと云ふ、予〔倉富〕は、西園寺も同意の上為したることならんと思ひ居りたるに、或人の話にては西園寺は関係せさりし様に云ひ居るか果して然りしなるへきやと云ふ、平沼、先日のことは薩派の計画なりとのことなり、然れは西園寺か関係せさりしと云ふか事実ならんと云ふ、予、田中（義一）か西園寺に取成を依頼したるも西園寺は之を肯んせさりしと云ひ居るものあり、果して右の如きことありたるへきやと云ふ、平沼、夫れは事実に非さるへし、鈴木〔貫太郎〕か西園寺に会見したるは事実なりと云ふ、予、然らは鈴木か田中の為に取成しを求めたる訳なりやと云ふ、平沼、然らす、鈴木は事情を報告する為西園寺に逢ひたるまてなり、其前田中か鈴木に逢ひたるとき鈴木より天機麗しからさる旨を話したりとのことなり。(21)

また、右の話の次に、平沼は政党内閣の弊害はすでにその極に達しているので、一時的にでも、西園寺が中間内閣を作って、政党の弊害を除くことができればよいと思うと述べ、倉富も「西園寺ならは先つ異論なかるへし」と答えている。(22)

また第二に注目すべきは、倉富や平沼が昭和天皇や宮中側近への不信を持つ中で、信頼できる西園寺も高齢であるので、新しい後継首相推薦機関や天皇への助言制度、またその前提としての枢密院議長・枢密院の強化が話題になってきたことである。一九二七年七月一八日、小川前鉄相は倉富議長に、新聞には枢密院に重臣を入れる計画があるように記しているが事実かと尋ねた。倉富は事実ではないと答え、また西園寺が議長となることを承諾するならいつでも議長を譲るが、西園寺は承諾しないだろうと付け加えた。これに対し小川は、山本権兵衛や清浦奎吾等が議長になるとすれば折り合いが困難で実行は難しいと応じ、ともかく、いつでも議長を譲るという倉富の談を、立派な話であると評価した。(23)

七月二〇日の倉富と俵孫一商工相の会見では、俵は「人心の腐敗甚しく、一たん大臣と為りたれは諸方よりの贈物夥し」いことや、選挙資金が非常にかかるようになったこと等、政治の腐敗を嘆いた。それと共に、「田中〔首相〕に対しては陛下より御不信なる様の御詞ありたるやに伝聞す、陛下己《ママ》ら此くまて直接に衝に当り〔た脱カ〕まふ様のこととなるは恐れ多きことにて、此の如きことは何とか工夫あるへきことには非さるへきや」と、昭和天皇の過剰な政治関与についても、危惧感を示した。また、元老の西園寺が「いつまても居らるる訳にはいかす」と、西園寺の衰えや将来の死についても心配した。倉富は輔弼に当たる機関にどのような官職が関わるのか、官制を作るまでのことにしなくとも、「御沙汰」ぐらいは賜る必要があること、こうした輔弼機関がないものとすれば内大臣がその役に当たることが当然であると答えた。俵は、予め内大臣・枢密院議長というような人に輔弼の責任を付与しておくことが必要であろうし、貴族院議長を加えるとの説もあるが適当でないと述べた(24)。

また、倉富・平沼・二上らは、枢密院に親王を列席させる構想を持ったが、元老の西園寺公望が皇族を政治に関与させることになると同意せず、一木宮相も西園寺と牧野内大臣に相談したらしく反対し、進展しなかった(25)。これは、倉富らが政党政治の時代になって政党関係者以外には大物が少なくなったため、大物の顧問官が得にくい中で、皇族を枢密院に列席させて権威を守ろうとしたのであった。

第三に注目すべきは、張作霖爆殺事件の処理に関し、倉富や陸軍・国粋主義者・保守主義者の間で昭和天皇への不信が生じる中で、法律通の倉富は、天皇は政府の職権を親裁するが、直接にそれを行使すべきでないという解釈をするようになったことである。一九二九年八月一日、倉富は東久邇宮稔彦王《ひがしくにのみやなるひこ》との会見で、次のように述べた。

日本にては政務は御親裁遊はさるるも、責任は陛下に帰し奉らさる様になさゝるへからす、内閣は陛下の御信任に因りて職を奉するものなる故、御信任なくなりたるとき職を辞するは当然とはいへ、陛下か正面に立ちて御信任遊はされさることを御言明遊はさるることは之を避ける必要あり、今後此の如き事例か頻に生する様のことにては、自然其の責任を陛下に帰し奉る様のことになる恐あり、〔ママ〕仮し陛下の御発意にて御不信任の御発表ある場合にても、其責任は他にて之を負ふ様になす必要あり(26)。

続いて倉富は、特に天皇の不信任が他よりの陳言によるようでは一層よくないと付け加えた。それに対し東久邇宮は、若槻内閣の緊急勅令を枢密院が否決して倒閣した例を挙げ、天皇は政治の正面に立たないようにする必要があるとの意見を述べた。すなわち、倉富は天皇が自らの行為に対して責任を負わぬという解釈と昭和天皇が牧野内大臣らに影響されて当事者能力があまりないとの理解から、天皇は政治の調停も含め、あまり直接に政治に関与しない方がよいとの考えを持つに至ったのである。

この倉富の姿勢は、すでに述べた大正天皇に対する元老山県有朋元帥の姿勢（第I部第一章）と類似しており、天皇主権説を政党（政治）批判の理論（建前）として用いるが、実際は行政権による君主権の制約を正当と考えているのである。明治天皇を理想化し、宮中側近らが昭和天皇を明治天皇に近づけようと輔導し、第II部にみられるように、そうしたイメージを醸成するキャンペーンがジャーナリズムを通して張られているにもかかわらず、権力内部で、事態はその逆の方向へ向かう潮流が出てきたのである。

一九二九年一〇月二〇日、倉富が二上との密談で次のように、明治天皇の時代を懐かしむのは、昭和天皇や天皇を取り巻く皇族、宮中側近の現状への倉富の不満の表れであった。

> 言ふを憚ることなから、明治天皇の崩御後時相は急劇に変したる様なり、而して特に目立つは皇族方の御体度にて、其以降急に御変りありたる様なり、東宮妃問題にしても、明治天皇御在世なりしならは彼の様のことはなかりしならん、遂行の手段として壮士様の人が運動したる如きは最も遺憾なりしなり。[27]

この頃、昭和天皇の言動に関し、天皇の発意で歳末の皇族同士の歳暮の贈答を止めたことについて、「陛下は余程細心の御注意あり、時に些事にも御思召ある趣なり」（仙石政敬宗秩寮総裁の談、倉富枢密院議長との内談）とか、「自分（小原）は成るへく天皇陛下を大くすることか宜しと思ふ、然るに近頃の側近奉仕者の体度は自分（小原）等の希望と反対なる様に感す」（小原駩吉《おばらせんきち》貴族院議員、元宮内省内匠頭、倉富枢密院議長との内談）[28]等、天皇が細かいことに関わりすぎるとの批評もあった。

以上のように、倉富や陸軍・国粋主義者・保守主義者や彼らに近い者の間で、昭和天皇に対する信頼が十分にない状態となった。この状況はロンドン海軍軍縮条約でさらに悪化し、後に満州事変の際に、直接に意思を示さない天皇に対し、軍部や内閣などの各機関が自らの解釈する「天皇の意思」で勝手に動くという状況を作る思想的背景となっていく。

（3）浜口内閣の不正疑惑

その後、ロンドン海軍軍縮条約問題が本格化する前に、倉富議長・平沼副議長ら枢密院中枢の浜口内閣への反感を増大させたのは、越後鉄道疑獄事件であった。これは越後鉄道前社長の久須美東馬《くすみとうま》（第一二回・第一三回総選挙で当選、民政党員）が、政府が鉄道の買収を完了するまでの数年間に、数十万円の運動費を政友・民政両内閣の高官に贈ったとされる事件で、若槻礼次郎元首相も事件に関与しているとの疑惑が生じた。一九二九年一一月一一日に久須美は拘引され、二〇日に佐竹三吾（元鉄道政務次官で貴族院勅選議員）も拘引、同日夜久須美は起訴された[29]。この事件は、浜口内閣がその重要政綱の実現のため、若槻をロンドン会議の全権委員として派遣し、金解禁に向けて大蔵省令を公布しようとしていた時（公布二九年一一月二一日）に起こったもので、内閣にとって存続の危機に発展しかねないものであった。

一九二九年一一月二〇日、倉富議長は、同日の『読売新聞』が、越後鉄道疑獄事件を、久須美が自白したのに、浜口内閣は中枢に関係しているので揉み消そうとしていると報じたことを、次のように注目した。

> 本朝の読売新聞に北越鉄道〔越後鉄道〕を国有鉄道と為すことに付、井上匡四郎〔元若槻内閣の鉄相〕・佐竹三吾・安達謙蔵〔内相〕・小橋一太〔文相〕・渡辺千冬〔法相〕・若槻礼次郎等か久須美東馬より収賄したる事実を久須美か供述したるに拘らす、司法大臣〔渡辺千冬〕・小山松吉〔検事総長〕・三木猪太郎〔東京控訴院検事長〕等の協議にて久須美は不起訴と為し、佐竹は句留すへからすとのことに決し、其旨の指揮を為したる為、検事正塩野季彦・次席検事松坂広政・主任検事石郷岡岩男等憤慨して辞職の決心を為したる旨を記載す。

この問題について二上書記官長は、一九日に伊東巳代治顧問官から呼び出された。伊東は、久原房之助（田中内閣逓相）から、越後鉄道事件は浜口内閣に不利な状況なので、政府が検事を圧迫して久須美に対する起訴を阻止し佐竹の拘留をも差し止めようとしているとの噂を聞いたと、二上に伝えた。また伊東は、疑惑の若槻がロンドン会議の全権委員として出発するのは、国威にも関係し、また条約が枢密院に諮詢されるので枢密院にも関わることなので、平沼に伝えるように二上に頼んだ[30]。伊東や久原は、浜口内閣が越後鉄道事件の解明に圧力をかけているとの疑惑に対し、司法界の大物の平沼を通して、その圧力を防ごうとしたのである。平沼は、一九一二年一二月から二一年一〇月まで九年近く検事総長を務め、その後も一九二四年一月まで大審院長・法相を歴任し、元司法官僚として検察を中心に司法界に広い人脈を築いていた。

二上が平沼を訪れると、平沼の意見は伊東の意見と同じであり、既に平沼は「有力なる検事に注意を与へ」ていた。しかし、平沼は、今日直ちに平沼から検事に公式に注意を公表することは穏当でないと考えていた。平沼は、若槻の全権問題は、倉富議長から牧野内大臣とでも協議して「最後の御奉公」をすることが必要であると、二上に話した。二上は平沼の考えを伊東に伝えたが、伊東は今直ちに若槻のことを牧野内大臣に交渉して上奏でもすることはあまりに「急激」であるので、倉富議長から浜口首相にまず注意を促すことが穏当であるとの考えであった。二上が以上のことを、一一月二〇日に倉富議長に伝えたが、倉富は、新聞に記載されているからといっても事実を確定しない限り行動をとれないと考えていた。ただ倉富は、「西園寺（公望）か当地に在るならば事実を確知せさるも之は話すことは差支なきも[31]」と、西園寺への信頼を示している。すでに述べたように、越後鉄道疑獄事件の贈賄の中心である久須美は、一一月二〇日夜に起訴されたので、倉富・平沼・伊東らが、『国民新聞』の記事によって心配した、久須美の不起訴による事件の揉み消しは避けられた。

一一月二一日、平沼は越後鉄道事件の情報を持って倉富を訪れた。平沼は、以下のように事件が大体事実であると確認したと述べた。

越後鉄道買収の疑獄事件の事実は勿論詳細に聞くことは出来さるも、大体新聞に記載したる様のことなる様なり、但し国民新聞の記事には少しく誇大なることもある様なり、事実彼の通りとすれは、現内閣も到底維持することは出来さるならん[32]。

彼らは、久須美の起訴が実施されると、疑惑の出ている若槻のロンドン会議の全権問題と浜口内閣の存続の問題が焦点となるとみた。平沼も倉富も綱紀紊乱で内閣の存続は難しいとみていた。後継内閣については、平沼は民政党も政友会も腐敗は同様であるので、困難であるが「超然内閣」が成立すべきと考えていた。これに対し、倉富は、時勢を考慮して、政友会総裁の犬養毅なら「面目を一新」することができるのでないかと考えた。[33]

これに対し浜口内閣側は、一一月二一日、浜口首相が鈴木富士弥内閣書記官長や川崎克司法政務次官と事件について協議し、渡辺千冬法相らも詳細について報告を受ける予定であった。また、疑惑者として名前の出た安達内相は、司法部内の「某政党の廻し者」の策謀であり棄てておけぬとの談話を発表して、身の潔白を主張した。[34] 翌二二日の定例閣議では、渡辺法相が主として越後鉄道疑獄事件の経過を報告し、検挙打切りまたは起訴保留説が全く無根であることを説明した。[35] また同日に若槻元首相への疑惑に対しては、「世間の風説は全然信ずるに足らず、これによつて全権の資格を云為するが如きはもつての外である」と、正面から対決する姿勢を示した。[36] 二三日には浜口首相は渡辺法相・鈴木内閣書記官長・川崎卓吉法制局長官と協議した後、「若槻全権に対する疑雲全く晴れたるもの〻如し」と安心した。[37]

一方、一一月二三日、二上書記官長は越後鉄道疑獄事件に関し、伊東枢密顧問官よりの次のような新たな情報を持って倉富議長を訪れた。少し長いが、疑獄事件の枢機に触れるので、原文通り引用したい。

小山松吉〔検事総長〕・小原直〔司法次官〕の二人は極端なる軟論にて、新聞に伝へられたる如く久須美は起訴せす、佐竹三吾は形式的に参考人として取調ふる丈に止むる意見なり、泉二新熊〔司法省刑事局長〕も初は小山等と同一意見なりしも、検事取調の結果久須美より、安達謙蔵・江木翼〔鉄相〕の二人に多額の金を贈り、次て当時憲政本党〔政友本党〕の総務たりし小橋一太に金二万五千円を贈りたる処、小橋は之を収受したるも金額の少きを憤り、安達・江木には多額を贈り、自分（小橋）に此の額を贈るは不都合なりと云ひたる故、佐竹は其旨を久須美に通知したりとのこと、佐竹より申立つ、佐竹の申立は久須美の申上以上にて事実細瞭となり、泉二も前説を変し、是丈のことあるならは久須美に対しては起訴せさるを得さるへしと云ひ、其為起訴することになりたるも、安達・江木・小橋等を収賄と為すことには、小山等が同意せす、結局仲裁説か出て佐竹三吾は事実は収賄帮助者なるも、其佐竹を直接に収賄者として取扱ふことに為すへしと云ふことになり、主任検事石郷岡も事実は違へとも検事の調にて事実は明瞭と為り居るに付、此調書以て予審を求むるは事実か暴露し検事の目的を達するは容易なる故、一時其事に折り会ひたる趣なり、然るに安達（謙蔵）か検事正塩野と石郷岡とは此の儘に為し置きては油断ならさる故、是非とも此の二人を転職せしめさるへからすと云ひ、熱心に其計画を為し居り、二人を転職せしむる様になりては困るに付、平沼（騏一郎）の力を以て転職を阻止する様、平沼に伝え呉よとのことなりしなり。(38)

伊東からの情報は、小山検事総長と小原司法次官が事件を拡大しないようにしていること、安達内相・江木鉄相という浜口内閣の中核をなす閣僚に小橋文相を加えて三人の閣僚が事件に関係していること、安達内相が担当検事を替えて事件をもみ消そうとしていること等、詳細で具体的であり、どこまでが事実か確定できないが、衝撃的な内容である。情報を倉富に伝えた二上も、「全体伊東は如何なる筋より検事局の内部のことまて此の如く聞き出すものなりや、実に不思議なり」と思っていた。倉富は二上に、二人の検事を転職させることはできないだろうし、二人を転職させても、検事を硬化させて何らの効果もないであろうと話した。(39)

翌一一月二四日には、二二日に欧米巡遊から帰ったばかりの林頼三郎（司法次官を経て大審院検事局次席検事）が倉富を訪れた。倉富は新聞に、小山検事総長が若槻礼次郎に犯罪の嫌疑が無い旨を発表する予定であるとの記事があるが、穏当でないと述べ、林も例がないことであると応じた。(40)

翌一一月二五日に倉富は、清浦奎吾（旧山県系官僚、内務官僚から司法次官を経て、第二次松方・第二次山県・第一次桂内閣と三度の法相、後に枢密院議長・首相）と会見し、疑獄事件の情報を集めた。清浦の話は大塚惟精《いせい》内務省警保局長から聞いたものであった。大塚は清浦と同郷の熊本県出身で、護憲三派内閣・加藤内閣・若槻内閣で昇進して、栃木・福岡・石川三県の知事を歴任し、田中内閣で依願免職となった。その後浜口内閣で警保局長に抜擢され、一九三一年四月に民政党内閣の下で貴族院勅選議員になる。このように、大塚は憲政会・民政党系の人物といえる。したがって、次の清浦の話は、小橋文相は疑獄事件に関係しているが、若槻や他の閣員江木・安達は問題なく、内閣の運命に関わるものではないというように、二一日の平沼や二三日の二上（伊東よりの情報）のものとは大きく異なっていた。

> 〔清浦が〕警保局長の大塚惟精に聞きたるに、小橋一太か少しく怪しき様なり、佐竹三吾の手を経て久須美東馬より五万円の手形を小橋に贈りたるに、小橋は手形にては不可なりと云ふて之を受取らす、佐竹より現金二万円を受取りたりとのことなり、尤も其二万円は鉄道買収の為と云ふ様なる理由は附き居らさるも、久須美と小橋とは年来懇親なりと云ふ訳にもあらす、疑を容るる余地はあるものならんと云ふ、予〔倉富〕、予の聞く所にては小橋か受けたるは二万五千円にて、小橋は之を受取りなから、江木（翼）・安達（謙蔵）には多額を贈りなから自分（小橋）には二万五千円とは何事なりやと云ひたる様の話ありと云ふ、清浦、然るか、自分（清浦）は小橋は二万円と聞き、安達等のことは聞かさりしと云ふ、清浦、若槻（礼次郎）のことは若槻か退官のことにて、久須美（東馬）は同し民政党の新潟支部長なる趣に付、若槻か久須美に対し党費の寄附を求めたりとて、是は勿論犯罪になるものには非す、又閣員に少し嫌疑あるも内閣の運命に関することには思はれすと云ふ（此の語は小橋一太の嫌疑事件を話す前に発したるものにて、此の語を発したる後、小橋か少しく干〔関〕ことある趣云々と云ひたるなり）(41)。

清浦の大塚警保局長よりの情報のもう一つの特色は、若槻が久須美から金を受け取ったとしても退官後のことで犯罪にならぬと、浜口内閣に好意的な人物からの情報にも関わらず、若槻の金銭収受を否定していないことである。

また、倉富が検事を転職させようとしているとの噂があると清浦に話すと、清浦もそれはしてはならないことで、司法のことは一切干渉しないのが宜しいと答えた(42)。

すでに述べたように、一一月二六日付の新聞では、小川平吉前鉄相（政友会）らの鉄道疑獄や政友会系の天岡直嘉前賞勲局総裁の疑獄事件と共に、越後鉄道疑獄事件が公表された（政府の決断は二五日以前）。次いで二六日、渡辺千冬法相は午後三時半より小山検事総長から取り調べの結果を聴取し、午後四時に、㈠若槻が一九二七年一二月中旬に民政党の顧問として久須美に書面を以て次の総選挙のために一〇万円ほど民政党の選挙費の寄付を申し入れた事実があるが、右は罪となるべきものでない、㈡その後、久須美より何等の財物を提供した事実はないことを公式に声明した。また、小橋文相に関しては、二五日から浜口首相と特に協議する事態が生じていたが、二九日に小橋は文相を辞任した（同日に田中隆三が文相に就任）。同日朝、小橋の辞任の前に、渡辺法相から「小橋氏に関する限りにおいては何等刑事事件を惹起する程度には至らない」ことを浜口首相に報告しており、その旨が小橋文相の辞任の記事と共に掲載された(43)。こうして、浜口内閣・民政党は越後鉄道疑獄問題を最小限の打撃で一応乗り切った。

しかし、倉富・平沼・二上ら枢密院の中枢グループの憤慨は収まらなかった。一一月二七日、三人の会合で平沼は次のように、若槻の徳義上の問題を批判し、小山検事総長が行うはずであった若槻の「潔白」声明が、検事たちの反対で、司法大臣の声明になったことだけは幸いであったと述べた。

若槻礼次郎か民政党の顧問として自己（若槻）か内閣総理大臣在職中買収することに決定したる私設鉄道会社の社長に対し、党費の寄附を求めたる行為は徳義上に於ては許るすへからさることなり、司法大臣渡辺千冬か昨日発したる声明書には成る程法律上罪とならさる旨は記し居るも、此の如き声明を為して若槻が潔白なりと云ふならは、今後は法律にさへ触れされは如何なることを為しても宜しと云ふことを奨励するものにて、其弊の大なる計るへからす、全体検事総長小山松吉をして声明を為さしむる筈にて、小山も多分其ことを承諾したるならん、然るに下級検事か之に反対し、行政部にて声明を為すならは之に関せさるも、検事として左様なる声明を為すことは絶対に反対なりとて承知せさりし為、遂に之を止めたりとのことなり、検事か声明せさりしこと丈けは宜しかりし方なりと云ふ。[44]

右のこと以外に三人は、以下のような話をした。㈠今朝の新聞には内閣の一部改造を行う場合には小山が司法大臣に指名されることもあるだろうと記されていた（倉富）、㈡小山が司法大臣となれば、小山は全く存在感を失うだろう（平沼）、㈢小橋一人を辞めさせて内閣を維持しようと思っているようであるが頗る困難と思う（平沼）、㈣内閣では初めは安達内相などは現内閣に不利なる事件は一切手を着けず、政友会に不利なる事件のみ検挙する方針で、明らかに其趣を言明していたとのことなり（平沼）、㈤しかし、裁判所のことは安達の注文通りに行かず、前田中内閣時代の勅選議員買受け問題に手を着けてみたところ、藤田謙一（賞勲疑獄に関係・東京商工会議所会頭、注(33)参照）の申し立てにより、現浜口内閣に不利なることが現れたので、その方は直ちに検挙を打ち切った（平沼）、㈥藤田は一切の事実を暴露すると言いふらしているようであるが、自分の犯行について言いふらすことはないであろう（平沼）、㈦近頃、神戸の鈴木商店の金子直吉が上京し、浜口首相に対し、藤田謙一を苦しめるならば、金子が一切の事実を暴露すると言って浜口を脅かすとの話があるという（平沼）、㈧政友会では、江木翼が伊勢鉄道より入閣祝として金五万円を収受したることについて研究しているが、鉄道買収済の後の金の授受は犯罪となるであろうか（二上）、㈨以前は金の授受と事件の請託との連絡がなければ罪を構成せずということであったが、近頃は請託は必要ではないということになり、事後にても金を受け取れば罪となる（平沼）等。[45]

一一月二九日も、倉富と二上は疑獄問題を話題にした。二上は、渡辺法相が若槻の行為は法律に触れていないので潔白と声明したのは、政治道徳を無視したものとの非難が出ていると述べた。倉富は、疑獄がここまで発展した以上は、一九二七年の若槻内閣の際、鈴木商店との関係から台湾銀行を救済する緊急勅令を出さざるを得なくなった事実まで暴露する方がよい等、憤りを示した。その上で倉富は、次のように日本の世相を最悪とまで論じた。

現今の世相は実に情なし。徳川三百年の末期は種々の弊事重積したるも、現今の如く醜いことはなかりし様なり、現今の状態は支那・朝鮮にも譲る所なしと。[46]

以上のような、倉富・平沼・二上という枢密院中枢の浜口内閣の不正への疑惑やそれに対する憤りは、彼らが国粋主義者や陸・海軍の強硬グループと近いため、そちらの方面に直接間接に伝わったはずである。それらは、ロンドン海軍軍縮条約問題において反浜口内閣の姿勢を強め、それ以降に、昭和恐慌が深刻になる中で浜口・若槻内閣批判のエネルギーとなっていった。

2　昭和天皇と宮中側近の政治関与——ロンドン海軍軍縮条約の締結過程の再検討

(1) 天皇の意思の間接伝達様式の形成

①浜口内閣と宮中側近との連携——官吏減俸問題など

前節で示したように、昭和天皇は浜口雄幸内閣成立時から内閣に好意を持っていた。そのことは、以下に述べる官吏の減俸問題への対応でも具体的に確認できる。一九二九年一〇月一五日、浜口内閣は緊縮政策の一つとして、官吏の俸給を一割削減する政策を発表した。これにより、約一五億円の予算のうち八〇〇万円を削減しようというものである。しかし、この減俸案に対しては行政官に比べ俸給の低い司法官たちは、判事・検事の総辞職の決意さえちらつかせて、直ちに強い反対の動きをみせた。浜口内閣の予想外の事態であった。問題は、浜口首相が官吏の減俸について天皇に内奏し、その承認を得ていたことであり、対応を誤れば野党の政友会や国粋主義者から攻撃され、内閣の存続につながる恐れもあった。

一〇月一九日、天皇は減俸問題について深く心配し、浜口首相の境遇にまで配慮し、「自分に対する内奏の行掛りより今更再考を難ずる様の事ありては不本意なり、其等の気兼には及ばず、折角種々尽力中の事故、此際蹉跌するは惜しゝ」との気持ちを鈴木貫太郎侍従長に伝えた。すでに一〇月一八日、鈴木侍従長は、自らの後輩の財部彪海相にこの問題について注意し、財部は十分考慮すると答えた。一木喜徳郎宮相も宇垣一成陸相に内談する等した。一九日には、一木宮相・鈴木侍従長からの牧野内大臣への申し出により、三人は減俸問題について会談した。一木宮相は、浜口首相の決心が強固すぎるかもしれないと心配していた。[47] 同日、河井弥八侍従次長も、司法官の運動を「苦々しきこと」とみていたが、軍人が同様の行動に出たら大変なことになると心配し、鈴木侍従長と協議している。[48]

翌二〇日、牧野伸顕内大臣・鈴木侍従長・一木宮相は再び減俸問題について会談し、天皇の思し召しは時局に適したものであるが、直接当局者に伝達することは穏当でないので、天皇の許しを得て、鈴木より「夫れとなく特別の関係にある財部海相へ了解出来る様に密談する事」に決めた。天皇はこの方法を「御満足に思召され」たので、鈴木は直ちに財部海相の私邸を訪れた。[49] こうして、一〇月二二日の閣議で減俸案を撤回することが決まり、減俸問題は一段落した。

その後、一〇月二三日に天皇は皇室費中の一〇〇万円の減額を浜口内閣に命じてよいかについて、枢密顧問官の拝謁に侍立した河井侍従次長に「意見を求め」た（牧野は「下問」と受け止める）（鈴木侍従長は一〇月二二日から二六日まで京都・奈良へ出張中）。これは天皇が河井を侍従長代理として扱ったものといえる。そこで河井は直ちに一木宮相を訪れ、天皇の意向を伝え、次いで二人で牧野内大臣を訪れて相談した。三人は「聖慮の程感泣の外なきも」、減俸案撤回の直後であり、また議会では帝室費増額運動すら度々行われているので、政治的影響を考慮して、見合わすことが適当であることで合意した。そこで、河井がその旨を奏上した。[50]

以上の官吏減俸問題の経緯から、第一に、浜口内閣成立後四カ月程で、昭和天皇・牧野内大臣・一木宮相・鈴木侍従長・河井侍従次長・関屋貞三郎宮内次官（牧野の腹心、今回は直接関与せず）らの天皇と宮中側近が浜口内閣を支持する体制が形成され、官吏減俸問題で浜口内閣の窮地を救ったことがわかる。

また第二に、「明治天皇の親政」という理想（虚像）を重んじる昭和天皇は、牧野伸顕内大臣に加えて侍従長

（鈴木）を重視し、その結果、減俸問題では鈴木侍従長に下問（または「意見を求め」る）があり、皇室費一〇〇万円の減額の意向は侍従長の代理としての河井侍従次長に下問（または「意見を求め」る）された。このため、鈴木侍従長は、減俸問題の調停でも始めから終わりまで主導権を持ち続けた。ところで、九カ月前の一九二九年一月二一日に牧野内大臣から侍従長への就任を求められた鈴木貫太郎軍令部長（海軍大将）は、「第一に斎藤子爵、一木宮相等を措いて自分の如き後輩に如此重任を擬せらるゝ事の不審」の意を示し[51]、天皇に直接仕える侍従長の地位を宮内省の官吏の長としての宮相よりも重要であるとの認識を表している。「天皇親政」を直接に助けたいとの意欲を持つ豪胆な鈴木侍従長[52]と、自らを明治天皇に近づけたいと念じる昭和天皇の意向が共鳴したのであった。一方、元老西園寺公望への相談はなされないまま事が処理されたように、張作霖爆殺事件の処理と同様に、牧野内大臣ら宮中側近と元老とは、必ずしも十分に連携した集団ではなくなったことが確認される。

第三に、宮中側近たちは、官吏減俸問題で、天皇が意思を直接政治担当者に伝えるのを避け、宮中側近を通して間接的に伝える方式を初めて本格的に採用し、成功したことである。これは、張作霖爆殺事件の処理をめぐり、天皇の田中首相への発言が大きな波紋を呼んだことへの反省であった。この方法は、明治天皇が政治関与を抑制しながらも、自らの声で意向を政治担当者に示し、それが他の権力中枢にいる者にも伝わり、政治対立が調停されていったことに比べると、新しいものであった。

牧野ら宮中側近は天皇に対して誠実な人物であり、天皇の意向を曲げて政治担当者に伝えようとの意図を有していなかったことは事実である。また、この様式は天皇に批判が及ぶ可能性を少なくできる利点もあり、天皇の意向を間接的に伝えられた相手が、天皇や宮中側近から好意的に見られている人物なら、彼らはそれに容易に従う。しかし、自らの意向と天皇・宮中側近の意向が異なる場合、彼らは「君側の奸」が天皇の意思を曲げている（あるいは、天皇の意思が「君側の奸」によって曲げられている）と疑い、簡単には従わず、この方法を取り続けると、長期的には天皇の権威が弱まり、調停機能が低下していく。牧野ら宮中側近は、明治天皇の行動や権威形成の実態を誤解したまま、渡るべきでない橋を渡ってしまったのであった。

　ロンドン海軍軍縮条約問題の前に、天皇や宮中側近の動向に関し、官吏減俸問題と同様に注目すべき問題は鈴木荘六参謀総長の後任問題である。鈴木は一九二六年三月二日から参謀総長に就いていたが、一九三〇年二月一八日に定年を迎えることになっており、二月一日、退職を許されたいと上奏した。二月一三日、宇垣陸相は金谷範三大将（軍事参議官、元朝鮮軍司令官）を参謀総長にすることを三月初めの他の人事異動と共に内奏した。しかし昭和天皇は、参謀総長の後任については直ちに裁可せず、鈴木侍従長・奈良武次侍従武官長を召して下問し、その結果、閑院《かんいん》宮《のみや》載仁《ことひと》親王（元帥）に下問があった。次いで、上原勇作元帥が召されることになり、一四日、上原が下問に答えた後、金谷の任命に天皇が同意した。こうして二月一九日、金谷は参謀総長に任命された(53)。

　陸軍において、統帥権の独立はあくまで陸軍外から陸軍への介入を防ぐためのもので、一貫して陸相が中心となって人事面をコントロールし、陸軍を運営してきた（山県有朋元帥の生存中は、元老でもある山県の意向の影響が強く、山県と陸相らで相談。陸軍出身の元帥は他にもいたが関与できず）（第Ⅰ部第一章1（3））。このような処置はかつてないものであり、宇垣は陸相が内奏したものを天皇が元帥の意見を徴するのは「不都合」であると考え、これに「稍不満、不愉快」を感じたようであり、奈良侍従武官長は自らの進退について宇垣に申し出た（ただし奈良の進退問題は具体化せず）(54)。これは、張作霖爆殺事件の処理問題で、田中内閣が倒れた事件による政界の動揺の影響を受けているといえる。しかし、すでに述べたように、浜口内閣の成立に際し、白川義則に代わって宇垣が陸相に就任することについては、天皇は直ちに裁可し、歓迎した。このように、張作霖爆殺事件の処理問題への介入の失敗にもかかわらず、昭和天皇は、自ら陸軍の人事にも関与しようとしたのである。そのため、侍従長・侍従武官長の役割が重くなり、ロンドン条約に関しては、官吏の減俸問題と同様に、鈴木侍従長による加藤寛治軍令部長の上奏阻止の行動を誘発する背景となっていく（本章2（2））。

　この他、宮中側近の影響力の拡大に関し、彼らは皇族の軍人の人事に関しても、影響力を持つに至ったようである。一九二九年一〇月七日の倉富勇三郎枢密院議長と安田銕之助中佐（東久邇宮稔彦王付武官、陸軍大学を出たエリート将校）との内談はそのことを示し、興味深い。安田中佐の話は、次のようであった。㈠東久邇宮稔彦王（大佐、近衛歩兵第三連隊長として在東京）が一一月頃には少将に進級する順序であるので、東京の旅団長に就任するよう、あらかじめ陸軍省人事局長等の了解も得ていた、㈡しかし近日、陸軍次官（阿部信行中将）より、稔彦王が東京に居住していると、有象無象の人が接近してよくないので、地方在勤の方がよいだろうとの意見が出て、東京在勤のことは予想したようには簡単にいかなくなった、㈢陸軍次官がこのような意見を出したのは、陸軍次官らが関屋宮内次官に接近しているので、宮内省の意見を聞いてのことであろう、㈣稔彦王が地方在勤となれば、王と宮内省の意思疎通がうまくいかなくなり、パリ滞在中のような対立が起きるだろうから、倉富枢密院議長に王が東京在勤となる空気を作るように尽力してほしい[55]。

結局、稔彦王は一二月に少将に進級し参謀本部付となり、東京在勤の願いは実現した。これに先立ち、倉富は宇垣陸相に会い、宮の東京在勤のことを依頼しており、一二月一一日、宮の昇進祝いに訪れた倉富らは、宮からその件で礼を述べられている[56]。

②ロンドン海軍軍縮条約問題の発生

海軍の補助艦の軍縮は一九二七年のジュネーブ会議では決裂したが、一九二九年六月からアメリカ合衆国とイギリスの間で協議が再び始まり、一〇月五日にアメリカ合衆国とイギリスの間に仮協定が確認された。こうしてイギリス政府から一〇月七日付で日・米・仏・伊四国に、一九三〇年一月第三週初頭、ロンドンで海軍会議を開催したいとの招請状が発せられた。浜口内閣は組閣直後から、金解禁を断行するためには軍縮は不可欠との立場に立ち、十大政綱の一つに、軍備縮小を含めていた。そこで、浜口内閣は一〇月一五日の閣議で会議に参加することを決定し、一八日全権委員に、若槻礼次郎（元首相）・財部彪（海相）・松平恒雄（駐英大使）・永井松三（駐ベルギー大使）

を任命した。浜口内閣は一一月二六日の閣議で次のような日本の原則的要求、いわゆる三大原則を決定した。㈠補助艦兵力は量において一九三一年度末における日本の現有量を標準とし、比率において米国に対し少なくとも総括的に七割とする、㈡二〇センチ砲搭載大型巡洋艦はとくに対米七割を保有する、㈢潜水艦は一九三一年度末の日本の現有量を保持する。[57] ところで、この間、一〇月一〇日に海軍大臣官邸で、海軍大臣財部彪が主催し、海軍軍縮に関する説明会が開かれた。倉富枢密院議長は案内状をもらったが出席を断った。しかし、平沼騏一郎枢密院副議長の他、牧野内大臣・一木宮内大臣も出席したらしい。これは浜口内閣が、影響力を拡大させた牧野ら宮中側近の内閣支持を期待していたからであるが、倉富ですら牧野らの出席を不思議に思ったように、[58] 政党政治の原則にはなじまないものであった。

ロンドン海軍軍縮会議は一九三〇年一月二一日に開会され、三月一三日までに、米・英・日の協定案ができた。それは次のようなものである。㈠補助艦兵力は日本の一九三一年度末の現有量四一万七七九七トンを下回る三六万七〇五〇トンであるが、総括的比率は対米六割九分七厘五毛で、ほぼ七割を確保できた、㈡しかし、大型巡洋艦は対米七割を確保できず、対米六割二厘にすぎなかった、㈢潜水艦は日本の現有量七万八五〇〇トンが認められず、米・英と同じ五万二七〇〇トンとなった。米全権委員リード（共和党上院議員）はこの協定案以上の譲歩は絶対に不可能であるといい、日本の四全権も会議の決裂を避けるため、総括七割をほぼ確保したことで妥協することを決意し、三月一四日、この案を政府に請訓した。[59]

海軍省では浜口首相が海相事務管理を兼任し（財部海相はロンドン会議に出席し不在）、次官が山梨勝之進中将、軍務局長・堀悌吉少将、先任副官・古賀峯一大佐であった。彼らと、軍事参議官の岡田啓介大将（元海相）が、ロンドン会議を決裂させてはならないとの立場から、請訓を海軍（政府）の決定事項にしようと尽力した。一方、軍令部長・加藤寛治大将、次長末次信正中将、第一（作戦）班長・加藤隆義少将らは請訓が海軍側の要求を満たしておらず、ロンドン会議を決裂させても止むを得ないと、強く反対した。三月二三日には軍事参議官の伏見宮博恭王《ひろやす》

（大将）が、一六日には、同東郷平八郎元帥が加藤や末次の立場に同調した[60]。加藤軍令部長は、三月一九日に浜口首相を訪れ、軍縮会議について一時間以上も意見を述べ、「頗る強硬」な態度を示した[61]。またロンドンにいる財部全権（海相）は、請訓支持で態度が一貫しておらず、請訓と矛盾するような曖昧な電報を日本に送り、海軍部内の混迷を導く一因となった[62]。

牧野内大臣は一九三〇年一月二二日の日記に、「原田男〔元老西園寺公望の私設秘書の原田熊雄〕来訪。海軍部内新進者の意見を西公〔西園寺〕に聞せ度心配中の談あり。岡田〈啓介〉前海相往訪の打合中なりとの事なり」とあることや、前日の日記で、吉田茂外務次官（牧野の娘の夫）と対米七割を絶対のものとみなさない、海軍「部内新進の有力者」を話題にしていることから[63]、遅くとも一月下旬段階からロンドン条約を妥協しても締結させようとの立場であった。また、西園寺はロンドン会議の開かれる一月頃、七割に執拗にこだわらずに条約を成立させることを原田熊雄に話していた。三月二一日にも西園寺は原田に、浜口首相にロンドン条約をまとめる決断をするよう伝えてほしいことや、一木宮相・鈴木侍従長が牧野内大臣と共にこの事柄を諒解しておくことが非常に大切だと述べている[64]。加藤軍令部長は、三月二三日牧野内大臣・鈴木侍従長と会見し、「其軟化之甚しきに驚」き、「君側の為めにならぬ人物」と断定している[65]。このように、元老西園寺、牧野内大臣ら宮中側近は、条約を成立させようとする立場であった。

注目すべきは、三月二七日、昭和天皇が浜口首相に次のように条約を成立させるようにと直接に意思を表明したことである。

> 単独拝謁被仰付、軍縮問題の経過大要を言上、次て本問題解決に干〔関〕する自己の所信を申上けたる所、陛下より「世界の平和の為め早く纏める様努力せよ」との有り難き御言葉を拝し、恐縮して「聖旨を体して努力すへき旨」奉答して退下、侍従長と暫時懇談して退出、於是自分の決心益々鞏固となれり[66]。

昭和天皇のこのような姿勢を鈴木侍従長はもう少し早く知っていたと思われる。鈴木は三月二五日か二六日頃に伏見宮（海軍大将）を訪ねて、伏見宮が強硬論を軍事参議官会議（史料では「巨頭会談」）で唱えたことについて、皇族は慎重な態度を取るべきこと、日本は条約を締結する必要があることを説得し、伏見宮から「今後慎む」との言葉を取っていた。また鈴木は、浜口内閣が請訓を受け入れるとの訓令をロンドンの全権委員に送った後、東郷平八郎元帥にも話すと三月三〇日に述べた[67]。このように、鈴木は天皇の意向を実現すべく、侍従長という立場に関わらず、海軍の長老として伏見宮に対し積極的に関与を行い、さらなる関与の意欲もあった。

この行動は、自らの責任で天皇の意を生かそうとする真面目なものであった。しかし、有力者の上奏や要請、または天皇の命がないのに、天皇の最も身近に仕える責任者の侍従長が、表の政治に積極的に関与するのは極めて異例であった[68]。鈴木の行動は、すでに述べた官吏減俸問題で宮中側近がとった調停の動きの延長線上にあったといえるが、西園寺の指示を聞いている原田熊雄や、三月三一日に原田から鈴木の意向を聞いた牧野内大臣ですら、鈴木のあまりにも積極的な動きが心配になった[69]。彼らの懸念にもかかわらず、次項で述べるように、鈴木は加藤軍令部長の上奏阻止事件を引き起こした。それは陸・海軍が内閣と同じ利害になく、内閣からなるべく独立すべきであるという意味を実態として示す、「軍部」という言葉の再成立（これは逆に実態としての軍部の成立を傍証している）や、軍部や国粋主義者の宮中側近や天皇への不信を増大させていく。

（2）鈴木侍従長による加藤軍令部長の上奏阻止

一九三〇年三月二二日、海軍は軍令部側の要求も入れ、米の二〇センチ砲搭載巡洋艦（大型巡洋艦）の保有を一五隻（一五万トン）とする等の修正案を作成した。これは日本側が本来の日本の主張である大型巡洋艦において対米七割強に、事実上もどるものであった。この海軍案は三月二四日、軍事参議官会議で全員の同意を得た。翌日、山梨海軍次官は、浜口首相に、海軍は今の米提案をそのまま受諾することは不可能であると進言したが、首相は、政府としては会議の決裂を賭することは至難であると答えた[70]。

そこで三月二五日、海軍側は「海軍今後の方針」を検討した（会合者は岡田軍事参議官・加藤寛治軍令部長・山梨海軍次官末次信正軍令部次長と小林躋造艦政本部長堀海軍省軍務局長）。[71]その特色は、㈠「米国案を応諾する能はず」、㈡「決意を伴はざる中間的妥協案を海軍より提出することは不可能なり」等と、海軍側の強硬な原則的要求を主張している。しかし、㈢で政府の方針が決定したら海軍大臣事務管理（浜口首相）より説明してほしいとし（以上は「浜口海軍大臣事務管理」に覚書として提出）、また、㈣で、政府の方針が決定した場合、日本に不利で改変すべき点について全権の努力を願いたい諸件について、海軍大臣事務管理の下問に対し海軍次官より申し上げる所があることを述べ、㈤で、海軍の方針が政府の容れる所とならない場合でも、海軍諸機関が政府及び軍務の外に出ないことはもちろん、官制の範囲内で最善を尽くすべきは当然であると（以上は浜口首相に口述陳述）、政府に決断を譲り、海軍はそれに従うとの姿勢を示している。[72]この方針は岡田や山梨のようなロンドン条約の締結を優先する海軍省側（穏健派）が、強硬なポーズを取ることで軍令部側を納得させ、最終的には政府の方針を受け入れるとの言質を取ったと解釈できる。一方、加藤や末次の軍令部（強硬派）側は、軍事参議官会議まで開いた後に決めた「海軍今後の方針」であるので、浜口内閣がかなりの程度海軍の要求を受け入れるとの期待を前提にして、政府の決断に従うとの合意をしたと思われる。

この両者の思惑の違いは、三月二七日に岡田軍事参議官と加藤軍令部長が浜口首相と会見した際の二人の反応にも表れている。すでに述べたように、会見に先立って昭和天皇から内閣の軍縮方針への支持を受けた浜口首相は、国家大局の上より深く考慮して、大体の方針として全権請訓の案を基礎として協定を成立させたいとの意を示した。[73]これに対し岡田は、浜口と会見後に次のように加藤の言葉を日記に書き、加藤が折れたと思った。

此時〔浜口が加藤に軍令部長は閣議に出席できぬが、各閣僚に加藤の意見を述べるのは自由であると述べた時〕私〔加藤〕の腹は決りました、結局飛行機に重点を置けば国防は持てる、只軍令部・艦政本部に潜水艦に付き問題あり、軍〈令部〉は配置、艦〈政本部〉は技術、是には致し方あり、毎年数隻分の材料を準備、技術の方は尤も六け敷所丈数隻分を造るなり[74]。

しかし、加藤は同じ会見を次のように、岡田ともども請訓案に反対意見を述べたと思った。

浜口首相と午後三時総理官邸に会見、岡田大将同行、大に反対意見を述ぶ。岡田も重大なる結果を警告せり[75]。

浜口首相も、岡田・加藤の来訪を受け、「軍縮問題に干〔関〕する意見を聞く。自分は或る程度に於て自分の決心を両大将に向つてそれとなく仄かす」と日記に記しており[76]、この会見で加藤が折れたとは見ていなかった。すなわち、主に岡田啓介の日記など条約支持者側の史料を使って、加藤が三月二六日の海軍首脳の会議で折れたとし、三月二六日以降の加藤の行動を請訓を一旦了承しながら政府の請訓通りの回訓に反対する「矛盾した分裂的な言動」ととらえるの[77]は無理がある。

浜口首相は三月二八日の定例閣議で海軍軍縮に関する回訓案を次回の閣議（四月一日）に付議することを予告した。こうして軍縮問題の政府決定の期限を設定した上で、同日から三一日にかけて、軍縮問題に関し、幣原外相・山梨海軍次官等との幾度かの会見を経て、三一日幣原外相によって回訓案の成案ができた[78]。

一方、加藤軍令部長は、三月二九日、水交社で鈴木侍従長に会った際に、鈴木から上奏について「早まらざらん事を希望す」と言われ、「聞置くのみ」にした。三〇日になると、「連日苦悶自決を思ふ事あり、而かも勇を鼓す」と、精神的にも追い詰められていった。同夜、矢吹政務次官が加藤を訪れ、回訓の大勢を説き政府の処決を仄めかし自重を求めたが、加藤は責任ある回訓案を早く示すよう返答したのみであった[79]。

三月三一日、軍縮問題の回訓案付議の閣議を翌日に控え、加藤軍令部長は上奏を決意して宮内省に都合を聞いたところ、午後二時鈴木侍従長から面会を求められ、官邸を訪れた。鈴木は、本日の上奏は社会的に影響する所が大きく、また天皇は午後五時まで多用であり、夜もかえって目立つので問題を大きくする恐れがあり、上奏を差し控えてほしいと勧めた。そこで加藤は、「明一日を約し帰る（上奏を翌政府発表と同時にせんとする意也）」。午後六時より、「海軍、外務次官、次長、政務次官以下幹部」が集まり、永井柳太郎外務政務次官・堀田正昭外務省欧米局長が内情を説明したが、回訓の本文はついに示されなかった[80]。この加藤軍令部長の上奏の延期は、河井弥八侍従次長や奈良武次侍従武官長（陸軍大将）の日記、昭和天皇の回想に次のように記されている。

軍令部長〈加藤寛治〉は軍縮訓令に付、本日上奏を為すべしと武官府に申出あり。侍従長は官邸にて軍令部長に会見し、訓電の発せらるるまでは、㈠上奏は時期に非ず、㈡政治運動に利用せらるるの虞ありとて、友人として之が延期を勧説し、軍令部長之を諾せりと云ふ[81]（『河井弥八日記』）。

此日加藤〈寛治、海軍大将〉軍令部長、軍縮問題〈ロンドン海軍軍縮会議〉の回訓に関し拝謁を願出でしも、侍従長〈鈴木貫太郎〉より申込あり暫時見合せ居り。侍従長は軍令部長を官舎に招き、拝謁上奏を思ひ止らしむる為め勧告せる由、其際加藤軍令部長は拝謁上奏を思ひ止ると答へたる由侍従長より話しあり[82]（『奈良武次日記』）。

浜口〈雄幸〉内閣の或る日、加藤〈寛治〉軍令部長が、拝謁上奏を願出て来たが、鈴木侍従長と住山〈徳太郎〉侍従武官が相談して、宮中の御都合で、一日延ばせぬかと云つたら、加藤は承知した。そこで浜口が私に云つた迄の事で、別に帷幄上奏阻止でも、大権干犯でも何でもない[83]（『昭和天皇独白録』）。

このように上奏延期は、鈴木侍従長が住山徳太郎侍従武官（海軍大佐）に相談したのみで、事実上鈴木一人の判断で実施されたようである。元老の西園寺は三月二九日から興津で高熱を発しており、相談できる状況でなく、牧野内大臣にも相談された形跡がない。重要なことは、事前か事後かは判明しないが、昭和天皇も鈴木侍従長による加藤の上奏延期を了承していたことである。また、すでに示した加藤の日記によると、加藤は河井の日記にある鈴木侍従長の話のように、訓電の発せられるまでは上奏を延期することを了承したわけではなかった。

軍縮条約締結を優先する山梨海軍次官は、同日午後七時にロンドンの財部海相あてに、「だいたい全権請訓の案を基礎とした回訓案を決定するように推測される」が、政府の態度がそう決する場合に、海相が若槻全権と別個の行動をとることがあれば、「内外ともに帝国将来のため甚だ憂うべき重大な事態を生じる恐れがある」ので、「国家大局のうえよりして難きを忍んで御自重」してほしいとの意見具申電（機密第二一番電）を打った。山梨次官は発電に先立ち、加藤軍令部長に供覧し、その捺印を得た。この際の加藤の捺印の意味は、全権請訓案のようなアメリカ合衆国側の提案そのものを了承せざるをえないとあきらめていたというより[84]、上奏して昭和天皇に軍令部側の主張を直接伝えることで、政府の回訓に軍令部側の主張を盛り込もうと考えていたのである。加藤は、たとえ政府の回訓の大幅な修正が不可能であっても、その後の補充などで海軍の戦力を維持する手掛かりとなるような天皇の言葉を引き出そうと意図していたはずである。加藤が三月三一日、四月一日と上奏に強いこだわりを示した理由は、それ以外に考えられない。すなわち、この時点では加藤ら軍令部側も、昭和天皇への期待を寄せていたのである。

四月一日、午前八時半に首相官邸に来訪を求められた岡田軍事参議官・山梨海軍次官・加藤軍令部長は参集した。浜口首相は、外交内政財政事情や回訓案の内容について説明を行い、閣議にはかり決定したいので了承することを求めた。それに対し、岡田の日記によると、岡田と加藤は次のように応じた。

予〔岡田〕は此回訓案を閣議に上程せらるゝは止を得ず、但し海軍は三大原則は捨てませぬ、海軍の事情は閣議席上次官をして充分述べしめられ度、閣議決定の上は之に善処する様努力すべしと申述、加藤は米国案の如くにては用兵作戦上軍令部長として責任は取れませんと言明し（以下略）

その後、岡田と加藤・山梨は海相官邸で、小林躋造艦政本部長（中将）・野村吉三郎中将・大角岑生横須賀鎮守府長官（中将）・末次軍令部次長・堀悌吉海軍省軍務局長らで回訓案につき検討し、三点程修正して一一時に終わった。これを山梨次官が首相官邸に持参した。この案は、幣原外相によって少し修正された後、一〇時（または一〇時半）から始まった閣議で「大体海軍希望の如く決定」した[85]。これは請訓案のほぼ「丸呑み」にあたる内容であった。岡田の日記によると、加藤は原則的な反対をしたが、末次も含め回訓案に同意したことになる。しかし、加藤の日記によると、加藤や末次らは、次のように一貫して反対していた。

主〈首〉相官邸に岡田、山梨と同行、回訓の説明を受く。要旨平凡。軍令部は国防用兵の責任者として米提案を骨子とする数字は計画上同意し難き旨明言す。予より先に岡田は第一に答えたり。書物にて。故に予の反対は留を刺す。岡田は海軍の態度に付依然一貫の旨を告ぐ。（末次死諫を忠告し来る）[86]

しかも、加藤の強く期待する上奏は、次の奈良侍従武官長の日記等が示すように、四月一日にも、天皇の「日程既に一杯」との名目で再び阻止された（加藤は宮中側近者に再び阻止されるのではと警戒したが、日程を名目に阻止されたと確信はしていない）。奈良は鈴木侍従長の処置を非常に不穏当であるとみた。この鈴木による上奏阻止には次のように昭和天皇も同調し、翌日の四月二日の午前一〇時三〇分の拝謁を指示したらしい。

此日又加藤軍令部長より拝謁願出でたり、又侍従長よりの申込に依り延引し、同日午后陛下に伺ひしに翌二日午前十時半拝謁を賜はる旨御沙汰あり、依て其旨軍令部長に通知す。

侍従長の前日来の取計ひは余大に不同意なるも、侍従長は非常に熱心強硬に希望せらるゝ故、其意見を容れたれども、侍従長の此処置は大に不穏当なりと信ず[87]（『奈良武次日記』）。

軍令部長より国防に関し上奏のことを願出づ。陛下より明日午前十時三十分を御指示あり[88]（『河井弥八日記』）。

〔午前〕十時頃、加藤より本日上奏を宮中に願置きたるも側近者の阻止に遇ふ恐れあり、君〔岡田啓介〕侍従長に其辺の消息を問合せ呉れぬかと、依て十時半侍従長を官邸に訪問し聞合せたるに、本日は御日程既に一杯なれば或は六ケ敷からんも、上奏を阻止する等の事なしとの事なれば、其旨加藤に伝ふ[89]（『岡田啓介日記』）。

さて、閣議で決まった全権への回訓案は、同じ四月一日午後三時四五分から、浜口首相によって天皇に奏上され、直ちにロンドンに向けて電送された[90]。浜口の回訓案の上奏については、同日の夕刊でも大きく報道された[91]。この結果、天皇への上奏を経た回訓を加藤軍令部長が国防上で同意できないと上奏することは、倒閣のみならず、天皇を政争の焦点に巻き込むことになり、余程の決意がないとできないことになってしまった。この三日後であるが、加藤は来邸した国粋主義者の大物の頭山満に対し、「本件〔ロンドン条約問題〕は国防の重大事の外、外交上又重大問題を伴ふておる。最慎重にせんと累を上御一人に及す恐れあり[92]」と、一般に天皇を政争に巻き込むことを恐れる気持ちを示している。なお、回訓案について、天皇の「裁可」があったか、単に見ただけかは解釈の問題が生じた。しかし、いずれにしても天皇が何がしかの合意を与えたとの事実は残る。(93)

四月二日午前七時半、加藤軍令部長は岡田軍事参議官を訪れ、「かくなりては軍令部長を辞職せざるべからず、予の男の立つ様考慮し呉れ」と申し出た。岡田は加藤の辞職を止むを得ないものとしたが、時期が大切であるので時期については岡田が考慮したいと応じ、加藤は八時に帰った。(94) 加藤は鈴木侍従長に一杯食わされたと思い辞職を決意したのである。

この日、加藤は予定通り午前一〇時三〇分に拝謁し、回訓に不同意の旨の上奏を行った。その日記に、「午前十時半参内、無事上奏を了る。侍従長・武官長、警戒非常なり(95)」と記したように、ともかくも上奏できてほっとしたようである。しかし、国防の遂行が不可能であると上申できなくなった加藤の上奏は、鈴木・加藤のどちらからも中立的な奈良侍従武官長がみても、次のように意義のわからないものになってしまった。

〔加藤軍令部長は〕軍縮委員への回訓に不同意の旨を奏上せるも、其結論としては米国提案に同意するときは国防の遂行不可能なりと言ふにあらずして、米国提案に同意するときは大正十二年御策定の国防に要する兵力及国防方針の変更を要すと云ふに過ぎざる故、この上奏は陛下唯聞き置くに止めらるべき御思召なり。軍令部長にも上奏せし理由を尋ねたるに、唯御聴き置かれたき積りにて上奏せし旨答へありたり、此上奏に対する取扱としては、仮令回訓前に上奏せるとするも唯御聴き置きの外なかるべし。(96)

この日、生真面目であり、剛直とは程遠い性格の天皇は、加藤軍令部長に偽りの理由で上奏を遅らせたことについて、その後に起こるかも知れない問題も含め思い悩んだようである。同じ日に天皇に拝謁した小原駩吉《おばらせんきち》貴族院議員（元宮内省内匠頭）は拝謁時の天皇の様子を、以下のように、倉富枢密院議長に回想している。

加藤か上奏したる日なりしならん、自分（小原）か拝謁したるに、陛下は平常の御体度と異なり、自分（小原）御前に達して最敬礼を為す前仰て天顔を拝したるとき、初めて自分（小原）に御注目あらせられ、夫れまて御俯しあらせられ、自分（小原）か御前を退くと直に復た御俯しあらせられたり、依て自分（小原）は其日に侍従に陛下は御不例のことてもあらせらるるには非さるやと云ひたるに、侍従は御不例にはあらさるへく、何か御考あらせらるる様にて、今日は御研究室に御出のことも頻りに御躊躇あらせられたり、誰か拝謁ても願ふには非さるへきやと御考へあらせらるることあるならんかと云ひ居りたり、其後の拝謁のときは平常の通り御前に進む前より自分（小原）に御注目あらせられ、退出するまで同様なり。[97]

昭和天皇とは異なり剛直な性格の浜口首相は、四月二日の日記に、「軍縮問題に干〔関〕する廟議一決訓電発送に付、本日は恰も大風一過の観あり」と記した。[98] こうして、回訓をめぐってのロンドン海軍軍縮条約問題は、第一幕を閉じた。

（3）上奏阻止事件の波紋と軍部の再形成

ロンドン海軍軍縮条約（正式名称は「一九三〇年ロンドン海軍条約」）は、一九三〇年四月二二日、日・英・米の間で補助艦の保有量を中心に、仏・伊も加わって調印された。日本は大型巡洋艦において対米七割は確保できなかったが、日本側の求める三つの留保点は認められた。それは、㈠この条約は次回会議における日本の立場をなんら拘束するものではない、㈡製艦技術および工業力の維持のため潜水艦・軽巡洋艦・駆逐艦の繰り上げ代換建造を認める、㈢潜水艦について対英米均衡が保持できることであった。日本のジャーナリズムは、全権請訓が到達して以来、請訓案を基礎としてなんらかの協定に達するべきと説くものと、三大原則を固持して決裂もやむを得ずとするものとの両論に分かれたが、有力新聞の多数は前説に傾いていた。四月一日の政府の回訓発電後は、有力新聞の論調は、強弱の差はあっても、政府回訓に肯定的な態度を示した。また、財部彪全権（海相）が五月一九日に、若槻礼次郎全権が六月一八日に東京駅に帰ると、国民は熱狂的な歓迎で出迎えた。このことから、条約は財政難の日本を救うものとして世論の支持を得ていたといえる。[99] また昭和天皇は、全権として帰国報告をした財部海相に、枢密院においてこの条約が可決されるように充分努力してくれと自発的に述べている(100)。

しかし問題は、浜口内閣のみならず昭和天皇・宮中側近や、元老西園寺すら、海・陸軍や国粋主義者に対するコントロール能力を著しく弱めていったことである。これは、張作霖爆殺事件の処理と同様に、回訓がかなり強引な形でなされたり、以下で述べるように、幣原外相等の帝国議会における統帥権問題へのまずい対応が行われたりしたからであった。

鈴木侍従長による加藤軍令部長の上奏阻止問題を最も早くから取り上げ、浜口内閣・元老西園寺・宮中側近を批判したものの一つは、一九三〇年四月八日付で、藤井斉海軍中尉（霞ヶ浦航空隊第二〇期飛行学生、血盟団事件の首謀者井上日召と連携するが一九三二年二月戦死）が九州の同志に宛てた、次のような文章である。

> 昨日西田氏訪問。北―小笠原―東郷―侍従長《ママ》、内閣打倒（勿論軍事参議官会議、枢府）不戦条約の場合と同様也、軍令部長一日に上奏をなし得ざりしは、西園寺、牧野、一木の陰謀のため、言論其他の圧迫甚しい。小生、海軍と国家改造に覚醒し、陸軍と提携を策しつゝあり。御健戦を祈る(101)。

藤井は加藤軍令部長が上奏を阻止された事件から七日後に、鈴木侍従長とともに回訓を決定する中心となった浜口内閣を攻撃していること、しかし、それが鈴木個人の責任でなされたことまでは理解しておらず、元老西園寺・牧野内大臣・一木宮相をも攻撃していることが特色である。

同じ頃、政教社関係者（国粋主義者の五百木良三が社主）も、加藤軍令部長の上奏を、牧野内大臣・一木宮相が外務省の便宜を図り、首相の上奏の翌日に変更したとして、外務省と宮中側近を非難し、更迭を要求していた（西園寺は非難の対象ではない(102)）。また、同じ四月二三日、倉富枢密院議長・平沼副議長・二上書記官長の会談の中で、次のように鈴木侍従長の上奏阻止や（真偽は不明とみる）、回訓支持について吉田茂外務次官から牧野へ、牧野から西園寺へ同意させたことが話題となった。

> 予〔倉富〕、海軍会議回訓案のことに付ては、先つ牧野伸顕の婿吉田茂より牧野に説きて同意せしめ、牧野を

して西園寺〈公望〉に説きて同意せしめたるものにて、加藤〈寛治〉か回訓発送前に上奏せんとしたるも、侍従〔ママ〕（従長）鈴木貫太郎か之を妨げ、其日の上奏を為さしめさらんとの話ありと云ふ。平沼、鈴木か上奏を妨けたりと云ふは如何なるや分らさるも、兎も角加藤か上奏を為さんとしたるも、鈴木か其日は御都合出来さる旨を以て其日の上奏を止めたるは事実なる趣なりと云ふ。[103]

その他、原田熊雄（西園寺の私設秘書）が同月七・八日頃に加藤軍令部長に会ったところ、今度も「側近」の連中の行動は問題が多く、牧野内大臣なども「私見を差挟んでいろ〳〵行動した」ので憂心に堪えないと述べた。その後（四月二八日までに）、或る人の話によれば、「回訓案を総理大臣が陛下に言上する前に軍令部長は帷幄上奏をしたかつたのであるが、内大臣に阻止された」という風な噂をしていた者があったという。[104] このように、一九三〇年四月下旬までに、上奏阻止の噂は、阻止した中心人物は十分に把握されていないものの、政界や海・陸軍の中枢および国粋主義者の間に広まりつつあった。

ロンドン海軍軍縮条約の批准問題は、海軍の問題であるが、統帥権に関係してきたので、陸軍も強い関心を持ち始めたことが、一九三〇年四月三〇日の倉富枢密院議長・平沼副議長・二上書記官長らの密談からも確認できる。その内談で、上奏阻止と条約の調印に関連し、財部海相と加藤寛治軍令部長の進退が問題になると、平沼は、財部は辞職せず、どこまでも押し切ろうとするだろうと予想した。これに対し倉富は、「左様になれは、陸海軍共同にて反対することとなるへく、初は陸軍か冷淡なりし様なるも、将来に権限問題となれは必す共同するならんと」言った。平沼も陸軍の方が一層「強硬なる趣なり」と応じた。[105]

同年五月一九日頃になると、新聞に牧野内大臣・鈴木侍従長らが加藤軍令部長の上奏を阻止したとの記事が出たこともあり、倉富や二上は鈴木への疑惑を持つようになった。また、鈴木がロンドン海軍軍縮条約に反対する理由がないと強い調子で述べたことが、小笠原長生中将（予備役）から伝えられていた。しかし、五月二一日に、倉富・平沼・二上の密談で、平沼が、「此節のことに付ては内大臣（牧野伸顕）の行動か最もよろしからさる様なり」

と述べたように、[106]上奏阻止についても鈴木はまだ主犯とはみなされていなかった。

六月八日になると、小原駩吉貴族院議員（元宮内省内匠頭）を通して、鈴木貫太郎侍従長が天皇の日程の都合という名目で、加藤の上奏を阻止したとの真相や、それを伏見宮博恭王（海軍大将、軍事参議官）が怒っているという情報が倉富枢密院議長のもとへも入ってきた。小原は、海軍の少壮士官などは鈴木に対し頻りに辞職を勧告していることも、倉富に述べた。また、小原は、㈠大井成元陸軍大将（後備役、貴族院議員、元ウラジオ派遣軍司令官）らは加藤軍令部長に、天皇の都合が悪いというなら、なぜ都合がよくなるまで待っていなかったかと、加藤が十分に職責を尽くしていないと批判している、㈡しかし東郷平八郎元帥は、天皇の都合の悪い理由を問いただすことができないので、加藤は尽くすべきだけの手続きは尽くした積もりだろうとの意見であったこと等も、倉富に伝えた。[107]

さらに六月中旬になると、『中央新聞』（六月一七日付夕刊）に鈴木侍従長が加藤軍令部長の帷幄上奏を阻止したとの記事が出たように、[108]一般国民にも噂は広まっていった。浜口内閣が軍令部を中心とした海軍側の三大原則の要求を抑えて、回訓を決定したことや、右に述べた宮中側近（あるいは元老西園寺も含めた集団）の陰謀イメージによって、軍部というイメージがこの四月頃から再形成されていったようである。「軍部」を支持する側は、腐敗した政党を背景とする政府やそれと連携する宮中側近（あるいは元老）から、「軍部」は疎外されており、それ故に、「軍部」は「統帥権の独立」を盾に彼らに簡単に統制されないようにし、独自の要求を出して行くべき集団というイメージをもった。

同時代の史料中に、一九三〇年四月から、それまで数年の間ほとんど登場しなかった「軍部」という用語が急に散見されるようになるのは、そのことを示している。[109]また他方で「軍部」から批判される側も、それに対応しロンドン条約をめぐり、政府は軍部の意見を十分斟酌したと答弁をするつもり、というように、「軍部」という用語を使うようになっていく。このことはイメージの問題だけでなく、これまで天皇や藩閥官僚閥・山県系官僚閥・政党内閣などにまがりなりにも統制されてきた陸・海軍が、統帥権の独立という法制的枠組みを利用しながら、軍部として本格的に独立し始めたことを意味している。

こうした軍部の成立過程は、政治的にも力量がなく、牧野内大臣ら宮中側近に影響されて、軍部にとってあまり頼りにならない天皇であるという、昭和天皇に対する信頼の減少と密接な関連があった。岡部長景内大臣秘書官長は、五月一三日に加藤軍令部長から、次のような話を聞いた。

仮令上奏を阻止する者ありたりとするも、輔弼の責任者として必要あらば何時にても願ひ出づべき筈なるも、明治天皇ならば兎に角、今上陛下は之れを御願する訳にも行かず、遂に斯かる事態に陥りたることは自ら大に責任を感じ居る次第にて、財部の帰朝後処決したき考なり[110]（以下略）

五月三一日には倉富枢密院議長と国粋主義者の橋本徹馬が、回訓案に対する天皇の「言葉」は一定の影響はあるが絶対的なものではないとの見解を、次のように示している。倉富も橋本も昭和天皇の言葉を、建前は別とし、あまり重んじていないことが注目される。

橋本、陛下か仮りに此通りにて宜しとの御沙汰ありたるものとすれは、其効力は別として、誠忠無二の老将軍抔は其以上云々するは恐多しと云ふ様なることになれは、誠に大切なることとなり、若し政府の云ふ様なることなれは、軍人は政府の意に従はさることになり、収拾すへからさることになるやも計り難しと云ふ、予〔倉富〕、綸言汗の如しと云ふことあり、綸言は今日と雖も容易に変更すへきものに非す、然し昔時と違ひ陛下の御伺として発したまふに付ては、夫々の手続きあり、手続きを尽く〔し脱カ〕たる上の御沙汰なれは是は十分効力あるものなれとも、先日政府の言なりとして新聞に記載し居りたる此問題は、宮中の諒解もあるに付、即ち国家の意思なり、之に対し云々するは、国家に対する反逆なりと云ふ様なることを云ひ居りたるは言語道断なりと云ふ[111]。

ただ倉富らの昭和天皇への不信は、昭和天皇個人への強い批難にならず、牧野内大臣ら宮中側近（上奏阻止は鈴木侍従長の責任）の輔弼が悪く、天皇はそれに従っているだけとの批判であった。

それを示すものが、同年六月八日の倉富枢密院議長と小原駩吉貴族院議員との内談である。次のように、二人は加藤軍令部長の上奏阻止について、鈴木侍従長の責任であり、天皇は加藤が拝謁したいと願っていることすら知らなかったと述べている。

予〔倉富〕、鈴木か晩方の拝謁は御都合悪しと云ひたりとのことなるか、陛下は決して左様なることを仰せらるるものとは思はれす、先日余は翌朝拝謁を願ふ積りにて侍従長に交渉したるに、却て陛下より今日参内せよとの御沙汰あり、侍従の（フロックコート）を借りて拝謁したることありたる位なりと云ふ、小原、勿論然るならん、問題は加藤か拝謁を願ひたることか上聞に達したるへきや否なりと云ふ、予、予は上聞に達せさりしならんと云ふ。(112)

また、同じ内談で、倉富と小原は、浜口首相が回訓案を上奏した時も、天皇は軍令部の意見を下問すべきことを気づかなかったのだろうと、以下のように、天皇に情報が入っていなかったと推定している。

小原、浜口〔雄幸〕より回訓案に付上奏したるとき、陛下より軍令部の意見を御下問ありたるへきやと云ふ、予〔倉富〕、浜口より先に加藤か上奏し居りたらは御気も附くへきも、然らされは御気は附かさるならん、御気附かさる様加藤の上奏を延はしたるものに非さるへきやと云ふ。(113)

このように、若い昭和天皇は、張作霖爆殺事件の処理問題の時と同様に当事者能力を疑われることになった。この疑念は、倉富らのみならず、軍部や国粋主義者の間に広がり、かつ深まっていったと推定される。もっとも、若い天皇の当事者能力に疑問を持つ二上でも、そのことが怪文書として登場することは、不都合と考えていた。それは、同年七月上旬に、牧野内大臣・鈴木侍従長の行動を批難する三通の文書で、枢密顧問官らに送られ、「陛下は他の為す儘に御任せ遊はさるる」とか、「側近者か勅令を矯めたる」などの文言を含んだ文章であった。久保田譲顧問官や二上書記官長は、天皇の「尊厳」を汚すおそれがあると憤慨した。しかし、倉富議長は、このようなことが起きないことを望んでいるが、「側近の廓清の為にする」効果を考えると、この文書はそれほど問題がないと見ていた。[114] このように、建前としての天皇イメージを維持すべきと考えている保守主義者の中でも、倉富のように、天皇のイメージを多少犠牲にしても牧野ら宮中側近を失脚させようと考える者すら出てきたのであった。

他方、昭和天皇は天皇に対する不信の高まりに対応するため、持ち前の真面目で几帳面な性格から、行事に出席する時は原則的に軍服を着用することにしたり（第II部第三章1）、多忙な日程の合間を縫って、次のように陸海軍の軍事学も含めた進講を精力的に受講したりした。

一九三〇年四月二九日の天長節（昭和天皇の二九回目の誕生日）の頃には、午前七時頃起床、伊勢神宮・各山陵を遙拝の後、パンにスープの朝食、主な新聞に一通り目を通した後、表御座所に出御。政務の親裁に次いで謁見・御陪食・親任式・信任状捧呈等の種々の宮廷の儀式、或いは学校の卒業式、その他行幸などを行う日程であった。その頃公表された通常の一週間の予定は、左のようである。

月曜　専門家の臨時進講
火曜　行政法（法学博士清水澄）・財政（法学博士山崎覚次郎）
水曜　外交官拝謁、枢密院本会議臨御
木曜　皇室令制（法学博士清水澄）・軍事学（陸軍中将岡本連一郎）・同（海軍中将末次信正）
金曜　外交官その他拝謁
土曜　生物学（理学博士服部広太郎）
その他、月・水・金曜日の午後は乗馬、土・日はゴルフを行う。[115]

しかし、以下のロンドン海軍軍縮条約の批准過程で示すように、昭和天皇のパフォーマンスは事態の改善にあまり役立たず、軍関係の問題をめぐって調停の役割を果たせない昭和天皇に対する軍部や国粋主義者の信頼は、ますます弱まっていった。

さらに、張作霖爆殺事件の処理問題の時と異なり、すでにみたように、ロンドン条約反対派で要職にいない軍人や国粋主義者等の中には、元老の西園寺を牧野内大臣ら宮中側近と同様のグループとして批判する者も出てきた。しかし、次項以下でも述べるように、それは政界や陸・海軍の中枢にいる条約反対派にまで広まっておらず、一九三二年五月の五・一五事件後の善後策として、西園寺が元老として後継首相を指名する時まで、彼は公平な調停者としての権威を維持していく。

さて、第五八特別議会（一九三〇年四月二一日召集、五月一四日閉会）では、四月二五日、幣原外相がロンドン条約について、「政府は軍事専門家の意見を十分に斟酌し、確固たる信念をもってこの条約に加入する決心をとった」等と、兵力量は政府が定めるようなニュアンスを示し、しかも、日本の「国防の安固は充分に保障せられておるものと信じます」と、問題になった国防への不安を否定するトーンの演説を行い、条約反対派を著しく刺激した。また野党政友会は、統帥権の所在について、浜口内閣を攻撃し、国粋主義団体も、浜口内閣が統帥権を干犯したと攻撃した。(116)

統帥権干犯問題は、海軍の兵力量の決定という憲法第十二条の編制大権が国務大臣の補弼によるべきものか、その外にあるものかということである。当時の代表的な憲法学者である美濃部達吉（東京帝大法学部教授）も佐々木惣一（京都帝大法学部教授）も、それは国務大臣の輔弼によるものと解釈し、学説上において国務大臣の輔弼外と見なす解釈は少数派であった。また、美濃部も佐々木も、憲法第十一条の統帥大権ですら、憲法の条文解釈からは統帥権独立は帰結されないが、慣習法的に統帥権独立の慣行が存在しているとして、消極的に独立を認めるにすぎなかった。浜口内閣は基本的に美濃部らの解釈を是認していたが、陸軍等との関係を考慮し、議会では憲法の解釈問題について答弁を行わないようにした。(117)

枢密顧問官の中にさえ、富井政章（元東京帝大法科教授、民法学担当）のように、美濃部や佐々木説に類似した考えを持つ者もいた。同年五月一二日、二上枢密院書記官長は倉富枢密院議長に、次のように述べている。

海軍会議に関することに付ては、富井顧問官（政章）は非常に軟論を吐き居れり、其意見は、憲法上の輔弼の責任に付ては、国務大臣は苟も大権事項に関することならは、全部大臣か其責に任するものにて、他の職員の権は大臣より軽きものと為さゝるへからすと云ふ論拠なる様なり。

このような富井の考え方に対し、伊東巳代治顧問官は反対であり、二上書記官長らに富井に意見を変えるように説得に行かせた。[118] しかし、富井は考えを変えなかった。五月二一日、二上は倉富と平沼に、富井は軟論を新聞記者に話したようで困ると伝えた。また、二上は、岡田良平顧問官（元文相）も元来「軟論」であるが、岡田は新聞記者に対しては「余地を留めて」話しているようであるとも続けた。[119]

五月二一日、倉富・平沼・二上らは統帥権問題について憲法上の意見を交換した。その要旨は次のようである。㈠陸軍では「軍の独立」を憲法の規定から直接認めさせることを望んでいるが、二上の考えでは、それは大変困難で、参謀本部条例・軍令部条例等の規定から軍務は国務大臣の独断を許さずとの決定をすることは容易であると思う、㈡憲法第五十五条の国務大臣の輔弼の責任には規定上何らの制限がないので、あたかも大権事項でさえあれば何事でも国務大臣の輔弼に属するものと言うのは、今日宮内大臣の処置である授爵・宮内官の任免や叙位もすべて国務大臣の処置に帰さなくてはいけなくなるので、憲法第十条の官制に定める大権によって定められた官制によって授与された職権は、憲法第五十五条の輔弼の例外をなすものと解釈するのが極めて妥当と、二上は思う、㈢しかし、㈡の解釈に従えば、官制改正がなされれば軍部などの職権が他に移される恐れがあるので、陸軍では、憲法のみで決定したい意向であるが、二上はこれは大変難しいと思う、㈣憲法第十二条に定めた編成大権は、憲法義解によれば、「此れ因より責任大臣の輔翼に依ると雖、亦帷幄の軍令と均く至尊の大権に属す」等とあるので、浜口内閣が主張している所と近いようにもみえるが、憲法第十二条には統帥権に属する事項がまったくないというべきではないと、二上は考える、㈤二上は、第十二条には、統帥権に属する事項もあり、相互関連する事項が最も多いと思う、㈥要するに、第十二条のことは軍部のみにても、内閣のみにても専決できる場合は少なく、相互「協同」にて決定すべきものというのが最もよいであろうと、倉富は考える、㈦また倉富は、もし軍部と内閣が「協同」できないときは、双方よりの主張に対し、天皇の判断を仰ぎ決定すればよいと述べ、(八)平沼は、戦時編成については、軍部のみの専決で内閣は干渉できないだろうと考えると補足した、(九)平沼に対し、二上は、内容については政府は関与できないが、費用がなければ実行できないので、「協同」ということになると答えた。[120]すなわち、枢密院中枢の倉富議長・平沼副議長・二上書記官長の間ですら、平時においては憲法第十二条の編成大権は、内閣と軍部が「協同」で決定するという点で一致しており、浜口内閣が軍令部の意向も考慮して条約に調印したとの姿勢をとっているのと、大きく違わない。

さて話を、統帥権をめぐる憲法解釈問題から、ロンドン条約の経過に戻すと、一九三〇年六月一一日、加藤軍令部長が辞任して軍事参議官となり、穏健な思想の持ち主の谷口尚真呉鎮守府長官が軍令部長に就任した。[121]この加藤の辞任に関しても、以下で述べるように、その処理過程をめぐり、昭和天皇の政治関与の程度と、ロンドン条約支持の姿勢を再確認できる。一九三〇年六月一〇日午前一一時より、加藤軍令部長は本年度海軍演習計画を上奏し、その終了直後に、「軍縮条約成立に至る手続の非なると、其結果国防上に欠陥を生じたることを痛烈に記載したる」辞表を奉呈した（日付は五月一九日）。[122]加藤が別の上奏のついでに、辞表を提出し、条約の回訓決定の手続きを批判するという異常な行動を取ったのは、宮中側近への不信に加えて、海軍内の「若い士官」の加藤崇拝者や「反財部の予後備の連中」等が、条約批判の動きを強めていたからである。[123]

加藤の軍縮条約批判の上奏と辞表提出に対して、天皇は何も発言しなかった。[124]天皇は鈴木侍従長と奈良侍従武官長を召し、加藤の辞表の処理を命じて、牧野内大臣の意見を知りたいとの意を示した。鈴木侍従長は、この問題について河井侍従次長の意見を聞いた。牧野内大臣は午後二時四〇分に参内し、鈴木侍従長と相談した上で、天皇に加藤の辞表を財部海相に下付することを上奏し、天皇は嘉納した。そこで天皇は財部海相を召し、加藤の辞表を下付し、自由な処理を命じた。財部海相は、軍令部長の更迭を内奏し、後任に谷口大将を推薦した。天皇は、(一)東郷平八郎元帥が同意しているか、(二)谷口の意見はどうであるかを尋ねた。海相は、谷口の意見は「条約上の兵力量にて国防に任ずるを得」ると上奏した。(125) その後、天皇は奈良侍従武官長に右の件について東郷元帥の意見を尋ねるよう命じ、「若し元帥に於て不同意の節は極力説て同意せしめ来れ」との意を示した。(126) 天皇は軍縮条約批准や海軍内閣の安定のために、東郷元帥の力を借りようとしたのである。

奈良は直ちに東郷元帥を訪れ、下問の旨を伝えた。東郷は谷口の後任については異議がない旨奉答した。しかし、余談として、㈠条約内容に反対である、㈡軍令部の同意を得ず回訓を発したことは大いに遺憾である、㈢財部全権の行動に不満であることを語り、風邪気味で参内して時局について奏上できず恐懼にたえないと語った。奈良は直ちに拝謁復命し、元帥の時局についての考えを奏上した。(127) こうして、天皇は東郷元帥が条約やその手続きに反対であることを改めて知った。

天皇は奈良武官長に命じて、東郷元帥が人事に同意したことを財部海相に伝えた。こうして翌日公式の裁可があり、谷口が軍令部長に就任した。また、同じく穏健な野村吉三郎中将（前練習艦隊司令長官）が谷口の後任の呉鎮守府長官に任じられた。(128) 海軍兵学校の卒業期は、加藤が一八期・谷口が一九期で、野村は二六期であり、野村にとってもかなりの栄転であった。海軍では若手将校を中心に、加藤に同情を寄せる不穏な空気が広まっていったが、(129) 当座は主要人事の上では条約支持の穏健派が主導権を握り、加藤軍令部長辞任の事態を一応収めた。この過程で昭和天皇は事態の収拾策を、牧野内大臣・鈴木侍従長ら宮中側近にまかせ（但し奈良侍従武官長にも下問し、関わらせる）、彼らの意見により、財部海相に軍令部長の人選を委ね、自らは積極的に関わらないようにした。また、元老西園寺も相談に与っていない。この様式は、張作霖爆殺事件後の天皇をめぐる問題の処理についての、牧野ら宮中側近の処理方針の大枠に従ったものであるといえる。

ロンドン海軍軍縮条約と同様の天皇の対応は、海軍に続いて話題になってきた陸軍軍縮問題にもあてはまる。一九三〇年七月二七日、天皇は奈良侍従武官長を召し、昨日陸軍軍制調査のことを聞いたが、今後国際軍縮会議が開催され、陸軍も縮小を余儀なくされる恐れがあるので「此際の縮少は此ことを顧慮し置く様陸軍大臣代理に注意を与へよ」と命じた。[130] この特色は、天皇が軍縮を支持する意思を、政治問題化する以前に側近に示していること、しかし、そのことを陸軍の責任者である宇垣陸相（阿部信行陸相臨時代理）に限定して伝えさせたことである（明治天皇なら自らの意思表示を早くからせず、対立が生じた際に直接当事者間の調停をするのが普通）。昭和天皇は陸軍に対しても、海軍同様に自らの考えを直接示さない方式を取ったのであった。

この間、一九三〇年四月二二日に調印されたロンドン海軍軍縮条約は、七月二三日、海軍のみの軍事参議官による参議会にかけられた。出席者は、東郷平八郎元帥・伏見宮博恭王・岡田啓介大将・加藤寛治大将・財部彪海相・谷口尚真軍令部長であった。天皇への奉答書は満場一致で可決された。奉答書の内容は、㈠一九二三年裁定の国防方針は最善のものであるが、ロンドン海軍条約が成立したら、海軍作戦計画の維持遂行に欠陥を生ず、としながらも、㈡一九三六年末までに三つの対策を取ったら、「国防用兵上略支障無きを得るものと認む」とするものであった。三つの対策とは、協定保有量の充分なる活用と現存艦船の勢力の向上および維持制限外艦船の充実、航空兵力の整備充実、防備施設の改善や実験研究機関の充実および教育施設の改善などであった。同日、この奉答書は、天皇の「御嘉納」を得た。谷口軍令部長の奏上で、同日、浜口首相は奉答書を閲覧した。[131] すなわち、海軍の軍事参議官会議は、ロンドン海軍軍縮条約が成立しても、補充さえすれば国防上大きな欠陥はないと奉答したのであり、条約反対派は批准阻止を枢密院に委ねる形となった。しかも奉答書の内容から、枢密院の批准阻止への動きは、かなり制約される形になった。

(4) 枢密院での条約をめぐる攻防と軍部の定着

①枢密院中枢の宮中側近への強い不信

一九三〇年四月二二日にロンドン条約が調印された当時から、小原駩吉が東郷平八郎元帥に、最後には枢密院があると述べたように、[132] 条約反対派は批准のための審査をする枢密院を最後の砦として重視していた。しかし七月一

第2表　枢密顧問官のロンドン条約への態度

反　対	態度不明	病気で出席困難
平沼騏一郎副議長	富井政章	九鬼隆一
伊東巳代治・金子堅太郎	古市公威	石原健三
久保田譲・石黒忠悳	松室致	
山川健次郎・黒田長成	江木千之	
田健治郎・荒井賢太郎	桜井錠二	
河合操・鎌田栄吉	鈴木貫太郎	
水町袈裟六・福田雅太郎	石井菊次郎	
	岡田良平	
【13人】	【8人】	【2人】

出典：二上兵治枢密院書記官長の分析（前掲，「倉富勇三郎日記」1930年7月10日）

○日現在で、倉富議長ら枢密院の中枢は、枢密院での条約批准阻止に十分な自信を持っていなかった。二上兵治書記官長が倉富議長に示した分析によると、顧問官中で条約に反対と思われるものは一三人で、態度不明者が八人いた（第2表）。枢密院本会議には、一三人いる閣僚も出席して裁決に加わることができるので、賛成・反対は一三人ずつ同数で、態度がはっきりしない八人の顧問官の動向で決まる（倉富枢密院議長は裁決に加われない）。このうち、五人が賛成に回るなら、条約の批准は成立してしまうのである。[133]

すでに述べたように、七月二三日に、海軍の軍事参議官会議で、条約について補充さえすれば国防上の支障はほぼないとの奉答書を得た浜口首相は、二四日に天皇に、条約を枢密院に諮詢してほしい旨を奏請し、裁可を得た。同日に、浜口首相と倉富枢密院議長との間で審査の打ち合わせが済み、条約は枢密院に諮詢された。枢密院の下審査は、七月二六日から八月五日まで六回を重ね、二上書記官長は、条約謄本の印刷不鮮明や誤訳問題などをおおげさに取り上げ、条約と浜口内閣に対する反感を示した。[134]八月一日、倉富議長・平沼副議長は条約の審査を担当する審査委員長に長老で条約に反対の伊東巳代治を指名することで合意した。八月三日には、倉富・平沼の間で、伊東の意向も入れ、軍事参議院の条約についての奉答書を枢密院に見せるよう浜口内閣に求め、そこに彼らが期待している条約の欠陥の指摘があれば、それを利用して、政府を攻撃するという戦略の合意ができた。[135]

それに加えて、倉富議長・平沼副議長ら枢密院の中枢や彼らと親しい国粋主義者たちは、上奏阻止問題で、牧野ら宮中側近への強い不信感をつのらせていったことが特色である。鈴木侍従長の加藤軍令部長の上奏阻止は、この頃までに、次のように倉富らも事実としてとらえるようになった。

一九三〇年八月一日、国粋主義者の橋本徹馬（紫雲荘主幹）は倉富議長を訪れ、一木宮相と会見した話を伝えた。一木は鈴木侍従長が加藤軍令部長の拝謁を止めたのでなく、友人として忠告しただけのことであると言った。これに対し橋本は、鈴木が友人として忠告したのなら、加藤が拝謁を願う前に忠告すべきで、加藤が拝謁を願い出た時にこれを止めるのは侍従長の職務に関係がないと、鈴木の行動を批判した。また久原房之助（元逓相、政友会）も、牧野内大臣・鈴木侍従長の行動は「甚た面白からさるに付早速自分（久原）よりも西園寺公（公望）に書状を以て其ことを通知し置たり」といっていたと、橋本は話した。[136] このように、事件から四カ月経つと、橋本や久原の間で、鈴木侍従長が加藤を上奏を阻止したことの真相が十分に把握され、条約反対派の間で、鈴木侍従長への批判も強まっていった。他方、久原や橋本にみられるように、元老の西園寺への信頼は残っていた。

八月二九日、倉富議長は荒井賢太郎顧問官（その日の朝、二上書記官長・伊東顧問官と会う）との会談で、政府より回訓を発する前に加藤軍令部長に上奏させていたら、浜口が回訓を求める上奏をしても、そのまま直ちに裁可されることもなかったであろうと思われると述べた。またさらに続けて、「加藤か上（奏）したるに拘らす浜口の上奏を御聴許ありたりとすれは、統帥権の問題は起らさることになる訳なり」と言った。荒井は、浜口より上奏する前に加藤の上奏があったなら、まさかそのまま聴許があることはないだろうから、東郷元帥・上原元帥等に御下問者の考えによって、相当善後の処置を講ずることもできたであろうと述べた。また荒井はこれらの問題を、民政党の「議会中心主義」の政綱の弊害が出たとみた。翌八月三〇日も、倉富議長は二上書記官長と会談した。二人とも鈴木侍従長の行動を非難し、民政党の「議会中心主義」を批判した。[137]

以上からわかることは、第一に、鈴木侍従長が加藤の上奏を阻止して回訓を先に発送させたことは、その手続き的な問題が政界中枢や国粋主義者の間に明らかになるにつれて、宮中側近への不信感を増したのみならず、昭和天皇の国家統治の威信をも著しく傷つけたのであった。これは軍縮条約の成立を一時的に促進するという成果に比べ、あまりにも大きな代償であったといえる。

また、第二に、加藤の上奏を鈴木侍従長が三月三一日または四月一日に認めていたとしても、問題は簡単には解決しなかったことである。天皇が補充などでバランスよく調停したら、という前提付きであろうが、倉富のように加藤の上奏があった後に浜口首相の上奏を天皇が裁可したのなら、統帥権の問題は起きないという、天皇の権威に素直に従おうとする立場があった。しかし一方で、荒井のように東郷元帥や上原元帥等に下問を求める立場もあり、天皇が前者の立場を期待して、自ら調停を行うことは、荒井のような後者の立場からの反発を招く恐れがあった。一九〇一年四月生まれの昭和天皇は、当時二九歳に近い年齢にすぎず、天皇としての政治経験は約三年半にすぎない。一八五二年一一月生まれの明治天皇も二九歳の頃に、明治十四年政変という藩閥政府分裂の危機（大隈重信という伊藤博文に次ぐ最有力者のクーデタ的改革要求）に臨んでいたが、伊藤博文ら長州系を中心に、松方ら薩摩系も含み、陸・海軍や警察を掌握した主流派の勢力が形成されていた。また一四年以上の天皇としての経験もあった。その意味で、昭和天皇が置かれた状況の方が、深層では、より過酷であったといえる。

しかし、条約推進派の史料であるが、四月一日の閣議で回訓案決定後の東郷元帥や伏見宮大将は、それほど強い反発を示していない[138]。したがって鈴木侍従長が加藤軍令部長の上奏を阻止せず、上奏後、三月三一日か四月一日に、なるべく国際協調に応じるように等の天皇の言葉を付けて、東郷元帥と伏見宮大将に回訓を下問する等、手続きを十分に尽くし、同じ内容の回訓後、補充を十分にするようにとの天皇の言葉を添えれば、妥協ができた可能性が強いと思われる。

②枢密院の条約審査拒否の挫折

倉富ら枢密院の中枢が、宮中側近への不信をつのらせる中で、八月四日、倉富は浜口首相に軍事参議官会議の奉答書を枢密院への諮詢資料として見せてくれるよう依頼した。しかし浜口は閲覧しただけで、内閣にも書類がないと依頼を断った。翌六日、浜口首相は倉富議長を訪れ、奉答書の閲覧を望むなら、海相より軍令部長に交渉し勅許を得たなら閲覧できると伝えた（ただし議長一人のみ）。同日、平沼は奉答書の写しを手に入れ、倉富議長のもとへ持参した。しかし、その内容とは「此の如き奉答にては明に条約の御批准を認め、其補充に因り国防上差支なきことを奉答したるもの」で、枢密院で条約の批准に反対する理由は発見できなかった（倉富の言）。伊東は奉答書の内容を知らないようであった。七日、倉富は浜口に奉答書の閲覧を再度求めたが、拒否された。[139] ここで、奉答書提出問題は、枢密院の条約批准拒否への戦略から、浜口内閣と対抗する一戦術になってしまった。

この軍事参議院の奉答書は、七月二三日、谷口軍令部長が浜口首相に閲覧させてほしいと昭和天皇に奏上し、天皇が承認したものであった。奈良侍従武官長は天皇の命で同日に首相官邸を訪れ、「奉答書の内覧を許さるゝ旨を伝へ奉答書を交付し、一読の上返上を受」けていた。[140] したがって、浜口が倉富に内閣にも書類がないと答えたのは真実である。しかし、すでに述べたように、八月一日の橋本の情報も含めて、倉富は鈴木侍従長の上奏阻止があったのではないかと浜口内閣や宮中側近を疑うようになっていた。倉富は、この不信感から浜口内閣が奉答書を所持しながら偽りを述べ、ロンドン条約支持（浜口内閣側）の財部海相や谷口軍令部長に交渉した上でとの条件を付け、枢密院側に奉答書を見せないようにしていると疑ったのであった。

八月八日、倉富議長・平沼副議長・二上書記官長は奉答書問題を相談した。平沼は、その日に伊東巳代治顧問官が、議長が上奏しても今の側近者では奉答書の提出を阻止する懸念があると、宮中側近者への強い不信の念を示し、奉答書がなければ審査できないと審査を返上するよう提案したことを伝えた。しかし、倉富議長と二上書記官長は、議長一人の責任で審査の返上はできないと解釈をしており、平沼も異を唱えなかった。こうして、倉富は伊束に審査返上をしない条件で審査委員長を依頼することにし、二上に伝えさせた。結局、九日に伊東は審査委員長となることを承諾した。[141]以上のように、倉富ら枢密院の中枢は、宮中側近への著しい不信感と奉答書の条約容認の内容から、奉答書を求める作戦を放棄し、審査を始めることにした。

八月一一日に決まった審査委員は、伊東巳代治が委員長で、委員は金子堅太郎・久保田譲・山川健次郎・黒田長成・田健治郎・荒井賢太郎・河合操・水町袈裟六であった。審査委員会は八月一八日から九月二六日まで一三回に及んだ。八月二三日の第二回審査委員会から九月一七日の第一二回審査委員会に至る期間、浜口内閣と枢密院の間に激しい応酬があった。すでに指摘されているが、最大の問題は、統帥権の問題であった。審査委員会では、回訓案に加藤軍令部長が同意したか否かが追及され、浜口首相は軍令部長も同意したと信じていると答えた（九月一日、第五回委員会）。そこで枢密院側は加藤を審査委員会に招くことを求めたが（九月三日、第六回審査委員会）、四日午後、浜口内閣は加藤の出席を拒否することを枢密院側に伝えた。すでに同日朝に浜口首相は原田熊雄を通して、元老の西園寺に断固たる処置を取る了解を求めていた。[142]こうして、九月五日には、倉富議長と二上書記官長は、統帥権問題はこれ以上究明することができないと話したように、[143]彼らは手詰まりになった。

そこで枢密院中枢の倉富・平沼・二上や伊東らの間で九月八日から一一日頃に検討されたのは、補充計画問題や奉答書の問題で、条約の可否を奉答できないとして、倉富議長が辞表を提出し、浜口内閣を倒す作戦であった。

九月八日、第八回審査委員会の後、倉富と平沼は今後のことを相談した。平沼は少し前に伊東が二上に話したこととして、伊東の考えを示した。それは、奉答書の提出を求め、政府が国防の欠陥を補う補充計画も財政状況を理由に具体化させていないので、条約の可否を決し難いということにすることであった。倉富は伊東の考えに賛成で、その上奏をなすと同時に、倉富は諮詢に対し可否の奉答をできなかった責任をとり、辞表を提出すると述べた。平沼は辞表を提出するのは早すぎないかと応じた。倉富は枢密院で否決しても政府は反対上奏をするかもしれず、この場合、時を待っても条約の批准があったなら、辞職する理由が生じると述べた。また、枢密院で可否を決せず、政府が批准を奏請して批准があったからといって、其時に辞表を出す理由は乏しいのでないかとも考えた。もし枢密院の上奏によって奉答書を下付されたら、さらに条約を審査することになる。このことを考慮して置いてほしいと倉富は続けた。平沼はそれを承諾した[144]。倉富が自らの辞表をかけて、条約の批准を差し止めようとしているのに対し、平沼は、天皇を巻き込み枢密院に打撃を与える恐れがある強硬論に、積極的な賛成をしなかった。

九月九日、倉富は二上と会談した。二上は伊東が強硬姿勢であることを述べ（前日の平沼の話と同じ）、倉富は前日に平沼と話したような内容を二上に話した。二上は条約の可否を決することができないと上奏し、政府が兵力量や財政のことを説明せず、奉答書の提示もなく、条約が批准されたら、枢密院の趣旨は天皇にまったく採納されなかったので、時を待って辞表を提出すべきであると、平沼よりも強硬な考えを倉富に示した。九月一一日には、倉富は荒井賢太郎顧問官と同様の話をした[145]。八日・九日も含めた話の特色は、第一に、宮中側近および彼らに影響される天皇への不信感が強いことである。倉富らは枢密院が上奏をしても、「今の側近者にては如何の取計を為すべきや問題なり」（倉富）等と、条約が批准される可能性を考えていた。荒井は議長のみならず顧問官たちも辞任すべきであると考えていた。

第二に、その中でも枢密院の可能性として、倉富は奉答書が下付されるなら内閣が辞職するのは当然で、この解決は「側近者と西園寺（公望）の考にて決するものならん」と、元老の西園寺の調停姿勢に一応の信頼と期待を寄せていたことである。これは荒井が、原田熊雄が、水町（前掲の審査委員）に、西園寺の意として条約問題については平沼が策動しているので注意せよと伝えたとの話があるが、西園寺はそのようなことを言う人とも思われないと述べ、倉富も「西園寺は迂闊に口を開く人にあらす」と答えたことからも確認できる。

もっとも、倉富・平沼らは元老西園寺が条約支持で、浜口内閣や牧野内大臣内大臣らと連携していることは、一九三〇年五月下旬段階で察知していた。五月二一日、倉富・平沼・二上の密談の中で、倉富が次のように述べたのはそのことを示している。

新聞に、明かに条約は宮中も諒解ある故、枢密院にて反対すれは、内閣にて覚悟ある様のことを記し居り、是は間違ひたることとなるも、其実牧野か西園寺（公望）の諒解を得居るは事実にて、是か政府にて勇気を出し決行したる一の原因ならん、江木（翼）〔鉄相、主要閣僚の一人で枢密院担当〕か先頃余に対し政府は大体に付ては少しも懸念し居らす、唯感情の為に面倒なることを恐ると云ひ居りたり。

平沼も、「然し西園寺は他日責任を負ふ様のことは決して云ひ居らさるならん」と応じた。[146] したがって、先の九月八日・九日・一一日の倉富・平沼らの期待は、西園寺を全面的に信頼しているというより、枢密院側が政府に強い態度で出るなら、西園寺は牧野らと異なり、政府と枢密院の間にバランスの取れた妥協点を見出すであろうとの期待であった。

③枢密院の軟化と条約批准

九月一三日になると、倉富議長・二上書記官長の会談で、『報知新聞』が枢密院が軟化したと報じていることや、伊東審査委員長が浜口首相を訪問したとか、浜口・財部・幣原と会見したとの噂が倉富・二上にも伝わり、二人は伊東や顧問官たちの軟化を疑い始めた。[147]

翌一四日も倉富議長・二上書記官長は会見をした。二上は、伊東審査委員長が倉富議長と平沼副議長に、審査委員会の方針を相談したがっていることを述べた。伊東の意向は委員会の方針を決めたら、議長（倉富）から、政府が将来のある時期に兵力補充計画・負担軽減をする方針を決定して、その上で審査を求める希望あれば、その意に応じるとの枢密院側の意向を最も厳粛な言葉を使って申し込み、政府が申込に応じないなら、委員会で審査不能の決議をすべきであるというものであった。[148] このように、伊東がはまず政府と交渉するという宥和的な路線を提示してきた。

しかし倉富は、伊東の提案に反対で、これまでの政府の態度により直ちに審査不能の上奏をする方がよいと、旧来の強硬路線を二上に主張した。また倉富は、その場合、政府が条約批准を奏請し、「側近者の援助を得て」、枢密院の敗北となることもあるが、そこまで行けば「側近の廓清」もできる機会となることもあるだろうとも述べた。また二上は伊東が宥和路線への転換の理由を、審査委員の水町・荒井が強硬方針を承知しない恐れがあり、二人の同意を得るために譲歩したといっていると伝えた（審査委員会は全会一致が原則）。その他に、伊東は審査委員の田健治郎が条約支持に軟化する恐れがあると疑っていた。田は田昌という甥が民政党の衆議院議員（元大蔵次官）で、鉄道省官僚になっている子がもう少しで勅任官に進む地位にある等で、政府に妥協する可能性があった。また福田雅太郎顧問官（陸軍出身、審査委員ではない）も、伊東から疑われていた。[149] 以上のように、種々のつながりを通した浜口内閣からの顧問官への切り崩しと、後述するようにジャーナリズムの条約支持論に影響されて、九月一〇日過ぎ頃から顧問官の間に動揺が広がり、審査委員長としての伊東も政府に宥和的になっていった。

九月一六日になると、倉富らも審査不能であると奏上する強硬路線を捨て、条件付で条約批准に賛成するように大転換をした。この方針は倉富議長と平沼副議長の相談で打ち出されたもので、伊東審査委員長も同意し二上も賛成した。倉富は平沼・二上との会談で条件付に転換した理由を、「条件付ならは、政府にて条約を批准することの奏請を為す余地あるに付、大概の顧問官は同意するならん」と述べた。[150] この九月一六日（または一七日）頃に作成されたらしい表によると、顧問官中で純枢府一四人（大病の石黒忠悳《ただのり》を含む）、重病で会議に出席できない者一人、立場がはっきりしない者三人、純政府四人、政府大臣一三人であった。[151] 枢密院の本会議において、倉富ら枢密院側は、立場がはっきりしない三人全部が枢密院側に加わった場合のみ、政府側（枢密顧問官中の純政府と政府大臣）の一七人と同数になり、倉富議長に賛否の権が与えられ、勝利できる。立場がはっきりしない顧問官の一人でも政府側についたら、枢密院側の敗北になる。このような政府側の顧問官切り崩しの策動には伊沢多喜男（貴族院勅選議員、元台湾総督）がかなりの役割を果たしていたらしい。[152]

九月一七日はロンドン条約についての審査報告を決める第一二回審査委員会が開かれる日である。前日に審査報告書の打ち合わせで伊東に会った二上は、一七日朝、倉富に、「伊東は驚くへき程軟説になり居れり、顧問官と新聞の為に動かさるる様に付、困りたることなり」と述べた。伊東は審査報告書につける条件についても、倉富らよりも宥和的な文章で考えていた。二上は伊東と交渉し、伊東の枠でできた原案を倉富に持ってきたのである(153)。

倉富も弱気になっていた。彼は、審査委員会で条件付き決議ということで譲歩しても、本会議で多数を得ることができず、無条件で条約を可決して上奏するようなことになれば、自分は辞表を提出する時期と思うと、弱気の姿勢を示した。その上で、平沼副議長以下多数の顧問官が辞任することになれば、政府に枢密院改造を行う好機会を与えることになり、そのようなことにならないようにも注意する必要があると、倉富は続けた。さらに倉富は、平沼の話の通り、政府に枢密院改造の計画でもあるならば、一層注意が必要であり、政府が枢密院を改造しようとしても、多数の顧問官を入れ替えることは簡単にはできないが、若槻礼次郎を枢密院議長にするくらいは行うであろうと、暗い見通しを示した。二上も、「進退は決して軽々に決することは出来す」と、宥和策に賛成した(154)。

第一二回審査委員会は、枢密院側だけで行われた。伊東審査委員長は、ロンドン条約については資料不備のため審議不能の奉答書を出す方針でやってきたが、顧問官中に此方針に同意しない者が少なからずいるので、方針を変更し、条件付きで条約の批准をするようにとの審査報告書を作ることにしたと説明した。その条件とは、左のようである。

軍部と完全なる協調のうえ堅実なる補充計画を遂行し、かつ人民負担の軽減を実行して本条約の目的を達成するにおいて万遺憾なきにおいては、本条約を御批准あらせられ、しかるべしと存す(155)

この条件は、補充計画のみならず人民負担の軽減という、浜口内閣の政策まで含んでおり、枢密院や軍令部側の意向を反映するという点ではほとんど無意味で無条件ともいえるものであった。枢密院側の完敗である。

審査委員会では、旧来の倉富らの立場から、河合操・山川健次郎両顧問官は伊東の提案を丸呑みすることに抵抗を示す意見を出した。しかし、伊東は一人でも不同意の者があれば自分は審査委員長を即時に辞職することや、審査委員会で強硬な案が通っても本会議で否決される恐れがあること等を述べて、同意を促した。そこで全会一致で審査委員会は伊東の提案通りに報告書を作ることを可決した[156]。

その後、九月二六日、第一三回審査委員会で、審査報告書が全員一致で可決され、一九三〇年一〇月一日、本会議でも満場一致で批准報告書が可決された。翌二日、天皇はそれを裁可し、条約の批准が終わった。これを見届けて、一〇月三日、財部海相は辞表を提出し、後任には財部の推薦で安保清種軍事参議官（一八期、大将、元横須賀鎮守府長官）が天皇に任命された。

④反浜口内閣・反宮中側近勢力と軍部の定着

ロンドン海軍軍縮問題は、軍令部や倉富・平沼ら枢密院主流・国粋主義者らの敗北に終わった。しかし、枢密院の審査の方向を確定した第一二回審査委員会のほぼ一年後に起きた満州事変への対応やそれまでの政治過程を考えると、この条約問題が、これにより再形成された軍部、国粋主義者等に及ぼした影響は大きい。すなわち、彼らの宮中側近・政党内閣への不信を決定的なものにし、軍部や国粋主義者への天皇の威信と調停能力をも大きく削いだのである。

そのことは、枢密院の敗北が確定した一九三〇年九月二三日に、国粋主義者の橋本徹馬と倉富議長が交わした会話によっても確認できる。橋本は、枢密院が無条件にロンドン条約を承認することになったことで、自分たちの期待を裏切られたのみならず、今後政府は枢密院が屈伏するものとみなし、必ず無理を通すことになるとみた。また、ある一部にはなお枢密院に期待を繋ぐ者もいるが、自分は枢密院はもはや何事もできないと思うので、議長・副議長だけは辞表を出し、その点を明らかにする方が「正理の為に可ならん」と思うと述べた。そして、橋本はこのようになった原因を次のように、宮中と政府と新聞との同盟にあるとみ、その連携を断ち切る意思を示した。また牧野内大臣・鈴木侍従長・関屋宮内次官ら宮中側近のみならず、西園寺の行動への疑いも示し始めた。

此の如きことになりたる原因は、宮中と政府と新聞との三角合同に在りと思ふに付、政府の両翼たる宮中と新聞とを切断することを務むる積りなり、西園寺〔公望〕の行動も面白からさるも、此の人のことを云々するときは事か面倒になる故、姑くこの人のことは措き、内大臣〔牧野伸顕〕・鈴木〔貫太郎〕・関屋〔貞三郎〕のことを攻撃することにすへし、一木〔喜徳郎〕は自ら悪事を為す人には非す、殊に自分〔橋本〕は一木の世話になり居るも一木の行動も感服せす。(157)

さらに橋本は、西園寺公望が枢密院を改造してでも条約を通過させようとしたとの噂を、倉富に伝え、これまで西園寺に期待していた倉富も西園寺の疑惑自体は否定しなくなっていた。

世間にては西園寺か枢密院を改造しても条約は通過せしむると云ひたる旨、近衛文麿か他に話したりとのことなるか、右の如きことか顧問官の意見を左右したる様のことはなきやと云ふ、予〔倉富〕も左様の話は聞きたるも左様なることにて顧問官の意見か動きたりとは思はす〔ふと——日記の原文では両方を併記〕云ふ。(158)

西園寺は一九三〇年八月一一日頃に枢密院を改造してでも条約を批准させるべきという次のような強い姿勢を、私設秘書の原田熊雄を通して浜口内閣に伝えて内閣を激励している。

どこまでも政府は筋道を辿つて行つてもらひたい。筋のあることでないと、後で非常に困る。明かには話されないが、もし万一枢密院が不条理なことで政府に対抗してきた場合に、総理はその職権を以て、政府の都合により議長・副議長を罷免し、新しい議長・副議長を以て御諮詢に答へさせてもいゝではないか。(159)

このことが、約四〇日後に橋本や倉富らに察知されたのである。

九月一三日の吉田茂（外務次官、牧野の娘婿）の話によると、浜口内閣の中枢にいる江木翼鉄相は、鈴木侍従長や一木宮相を訪れた後、牧野内大臣に会い、自分一己の腹案として、枢密院側が奉答文の提示や補充・減税等の全体計画の内示を要求する決議をし、政府側にそれを正式に求めてくる場合には、直ちに枢密院の正・副議長、審査委員長の免官を上奏する考えを示したらしい。牧野は、「政府の決心は極めて確乎たるものにして、甚だ心強き感あり」、「江木一個の意見としての内話なるも無論首相と話合を経たるは疑ふ余地なく、浜口の為人の顕はれと云ふ可し」と、江木の考えを支持した[160]。

これは八月中旬に示された西園寺の強い姿勢により、江木鉄相など浜口内閣側と牧野ら宮中側近が自信を得ていることを背景としている。枢密院側が上奏しても、天皇は西園寺（あるいは牧野内大臣も含め）に下問する可能性が強く、西園寺と牧野を敵にまわした場合、ほぼ勝ち目はなかった。また西園寺が枢密院を改造しても条約の批准を実現しようとする姿勢を持っていることが倉富に伝わったことは、すでに述べた橋本と倉富の会話（九月二三日）で確認される。九月一四日から一六日の枢密院側の急速な軟化と政府への屈伏には、西園寺の意向を背景にした浜口内閣側の強い姿勢も影響していた。

さて、以上のような橋本や倉富の政党内閣・宮中側近（彼らに影響される昭和天皇）・ジャーナリズムへの不信は、若手将校の支持を拡大している海軍強硬派や枢密院中枢と国粋主義者のみに広がっていったわけではなかった。

国粋主義者で五・一五事件に連座した大川周明が、一九三一年三月のクーデタ未遂事件である三月事件について次のように述べているように、陸軍の少壮将校の間にも広がっていった。これは、国粋主義者の活動を通して、より拡大していったと思われる。

昭和三・四年頃から陸軍少壮将校は、議会政治、政党政治に対する非常な反感を持つに至り、国家の改造を行はんとする思想が起つた。ロンドン条約に関し、統帥権干犯問題が起こつてからは一層激烈になつた[161]。

もっとも、この段階になっても、西園寺は倉富や橋本の言にみられるように、直接の攻撃対象にはならなかった。またそれは、反政党内閣・反宮中側近を唱える者たちの幅広い合意事項であった。そのことは、一九三一年のクーデタ未遂事件である三月事件や一〇月事件において、クーデタ側の望ましい首相候補者（三月事件は宇垣一成陸相〔大将〕、一〇月事件は荒木貞夫教育総監部本部長〔中将〕）に天皇の組閣の命があるように、閑院宮と西園寺に使者を派遣することになっていたことからも理解できる（一〇月事件の場合は東郷平八郎元帥の参内も計画の中にはあった）[162]。西園寺が直接の攻撃対象にならなかった理由は、昭和天皇を自らの側に確保するために元老が必要と考えられたのみならず、西園寺の原田熊雄を使った巧妙な政治関与と彼独特の老獪さのため、西園寺が牧野や鈴木など宮中側近に比べ公平であるとみられていたからである。

ところで、ロンドン条約の批准のため枢密院での審議が始まる一九三〇年八月から一〇月一日に本会議で条約が可決されるまでの間に、「軍部」という用語が、さらに多く使用されるようになる[163]。これは、すでに述べたように、一九三〇年四月に回訓問題で「軍部」という用語が本格的に使われるようになり、八月から九月にかけて定着していくという問題のみならず、天皇や内閣・元老などにも十分に統制できない「軍部」という集団が定着したことを意味するのである。このように理解すると、この六カ月後の一九三一年三月に陸軍の少壮将校のクーデタ未遂事件である三月事件が起こり、さらに六カ月後の九月一八日に関東軍が謀略として満州事変を起こし、天皇・牧野内大臣の宥和的姿勢を背景に、若槻内閣が奉勅命令のない朝鮮軍の越境を事後承認して事変が拡大し、一〇月にも陸軍の少壮将校のクーデタ未遂事件が起きる意味がよくわかる（第Ⅰ部第六章1）。

満州事変が起こって一カ月後の、倉富枢密院議長（元帝室会計審査局長官）と小原駐吉貴族院議員（男爵議員、元宮内省内匠頭）という宮中の事情に詳しい二人が次のような会話を交わしている。その内容から、この頃までに、条約反対派を中心とした勢力の間で、昭和天皇への信頼が極めて弱くなっていることを示している。

> 予〔倉富〕、近衛兵か宮城警衛に行くとき、宮内省の待遇か非常に冷かにて、此ことに年来近衛士官等か憤慨し居ることとなる趣なりと云ふ。小原、然るか、明治天皇は維新頃よりの御思召にて、非常に軍人を重んしたるに、軍人は之に儘〔尽〕し居れり、大正・昭和となり次第に軍人を軽んすることに為り、宮内省職員は少しも陸軍のことも考へす余り無関心なる故、軍人の不平を買ひたるは、理由あることとなり、自分（小原）より陛下か次第に小く御成りに遊はさるる様に思はるるか、側近に在る人は如何に考えるやと云ひたるに、町尻〔量基、陸軍

中佐、侍従武官〕も其事は実に懸念に堪へす、時に些細なる物の価格等を云々したまふ様のこともありと云ひ居りたり。[164]

すでに述べたように、元来、昭和天皇の威信は、国粋主義者と親交のある倉富や二上らのグループなど権力中枢であまり高くなかった（前章1（1））。天皇は、ロンドン条約問題への対応を通して、牧野ら宮中側近に影響されやすい人物として、さらにそれを低下させたのであった。

満州事変の際に、昭和天皇や内閣が独立性を強めた軍部のコントロールを十分にできなかったことは、鈴木貫太郎侍従長による加藤寛治軍令部長の上奏阻止など、浜口内閣や宮中側近がロンドン条約成立を焦りすぎたことへの、重い「付け」であったといえる。明治天皇が一八九三年二月に「和協の詔勅」により、建艦計画をめぐる藩閥内部（伊藤博文らと山県有朋ら）および民党の三つ巴の対立を調停したことを手本とし、[165]昭和天皇も一九三〇年四月一日に「詔勅」を出して、条約反対派をつなぎ止める策を成功させていたら、軍部は定着せず、満州事変も拡大しなかった可能性がある。ロンドン条約の成立過程は、張作霖爆殺事件の処理をめぐる田中内閣の倒閣過程の反動で、それとは逆に天皇が政治に関与することを抑制しすぎて、調停機能さえも放棄してしまった結果、軍部へのコントロールを失っていく過程でもあった。

3　皇族の動向と宮中改革

一九二一年一〇月、牧野伸顕宮相は、自らの就任の際に次官として選んだ関屋貞三郎を腹心として、宮中改革を行った。この主な内容は、経費節減と第一次世界大戦後の大正デモクラシー潮流の広まりに対応すべく、宮内省のポストの統廃合や、俸給は高いが、新しい時代潮流を理解できない高齢の官吏を更迭し、若い俸給の低いものを採用するなどであった。翌二二年にも改革は継続された[166]（第Ⅰ部第二章1）。

その後、宮内省では一木喜徳郎宮相の下で関屋貞三郎宮内次官が中心となり、一九三〇年三月四日、約一〇年振りに官制の大改革が実施された。これらは足掛け二年間事務調査会を設けて検討したものであった。以下に述べる種々の改革を通し、牧野内大臣らの宮中への影響力がさらに拡大していった。

この特色は第一に、各宮家の運営を補佐する責任者である別当（親王家）・宮務監督（王家）の職を廃し、親王家・王家の区別なく事務官および属を置く外、新たに勅任待遇名誉職の別当を配置し、合わせて一部の人事を刷新したことである。一木宮相は事務官級には本省の若手高等官を入れ替える方針で各宮家と交渉を進め、各宮家の抵抗が強かったが、一部では実現した。昭和天皇の弟で皇族の首班である秩父宮家に関しては、一九二二年から勤めていた別当山辺知春を更迭し、犬塚太郎海軍中将（予備役、元鎮海要港部司令官）を就任させた。その他、高松宮家では、石川岩吉（前式部官）が、閑院宮家では稲垣三郎中将（予備役、元ウラジオ派遣軍参謀長、一九二八年七月より閑院宮別当）が、伏見宮家では佐藤愛麿（宮中顧問官）が、名誉職の別当に就任した[167]。これは、一九二一年一〇月の宮中改革が、宮相・宮内次官を中心とした、宮内省による宮中の規格化された合理的管理を実現することであったのに対し、それを宮家にまで及ぼしていこうとするものであった。なお、一九三〇年六月二〇日、宮中の内情に詳しい倉富勇三郎枢密院議長が二上兵治枢密院書記官長に話したところによると、一〇年のうちに宮内省は「総て関屋一味の者」のみになり、入江貫一帝室会計検査局長官（宮内省の旧山県系官僚）なども相当疎外されているという。二上は、入江は先年免職されるところ、二上も一木宮相にとりなして、ようやく免職を免れたくらいだと応じた[168]。このように、牧野が宮相に就任して約一〇年で、牧野の宮中への影響力は極めて強まったのであった。

第二の特色は、大膳寮を廃止して官房に大膳課を置くことや、主猟官の専任定員五人を廃し他の宮内高等官より兼任する奏任の官とすること、宮中顧問官定員三〇人を二五人とすること等、浜口雄幸内閣の行財政整理の方針に合わせ、宮内省高等官定員三六名を減員し費用を節約することであった[169]。これも一九二一年一〇月の宮中改革でなされた方向と同じである。

第三の特色は、訓令で侍従職および皇后宮職に庶務課・内廷課・経理課をそれぞれ置き、同一人物を兼任の形で、両職の庶務・内廷・経理の課長とし、官吏の人数の増加を抑制して、侍従職の機能を強化し、皇后宮職も掌握したことである。これと関連して、一木宮相の推薦で宮中に入った河井弥八侍従次長兼皇后宮大夫は、一九三〇年三月四日、皇后宮大夫を本官とし、侍従次長を兼官とするようになった。これは、二月二一日に一木宮相が改革と関連して河井次長に「女官の粛清」を相談しているように、皇后宮職の女官の人事や管理を通して、皇后宮職への宮相の掌握を強めようとするものであった。これらも、第一と同様に、宮相・宮内次官を中心とした、宮中の一元的管理という一九二一年一〇月の宮中改革の方向を、侍従職を基点に、皇后宮職にまで及ぼしていくというものであった。この改革は、すでに述べたように、摂政から天皇になった昭和天皇の背後で、牧野内大臣や一木宮相・鈴木貫太郎侍従長・河井侍従次長の権力が強化されてくること（前章1、本章1・2）にも関係していた。

また牧野内大臣と連携する一木宮相らは、一九二〇年代前半の牧野宮相の下での改革と同様に（第Ⅰ部第二章1）、費用の節減や服装の簡素化を押し進めた。すでに述べたように、昭和天皇は官吏減俸が撤回されたことを補完するべく、一九二九年一〇月二三日、帝室費百万円削減を河井侍従次長らに下問した。しかし、牧野内大臣・一木宮相と河井の相談の結果を受け、実施しないことにした（本章2(1)①）。すでに、一〇月一七日、一八日と臨時の侍従会議があり（河井侍従次長も出席）、初声《はつせ》御用邸（神奈川県三浦郡に起工準備中、一〇月初旬に土地買収完了、約一六万五〇〇〇坪）造営延期の結論を出していた。そこで、一〇月二八日、天皇は一木宮相に初声御用邸の建築を当分延期することを命じた。一木宮相は鈴木侍従長と河井侍従次長に天皇の意思に従う考えを述べた。その後、一木宮相は宮内次官以下部局長全員を集め、天皇の意思を伝え、各部局においても十分整理節約に努力するように懇諭した。また鈴木侍従長も、側近や高等官に対し同様のことを伝達した。牧野内大臣が参内すると、一木が天皇の意思を伝え、鈴木・河井も含めて会談した。その後、宮内省では天皇の緊縮への意思に応ずる目的で、一九三〇年八月下旬には、名古屋離宮（名古屋城）・武庫離宮・静岡御用邸・熱海御用邸・鎌倉御用邸・小田原御用邸・箱根宮ノ下御用邸の廃止を決めた[173]。

さらに、天皇が避暑などで東京を離れたり、それを終えて戻ってくる際の奉送迎も簡略化された。一九二九年八月一六日、二上枢密院書記官長は倉富枢密院議長に、宮内省から二〇日に天皇が葉山御用邸から那須御用邸に行く通知はあったが、東京駅を通過する日時は、枢密院に通知してこなかった。新聞には、内閣では閣僚三人が品川駅に行き奉送迎するように申し合わせているとの記事が出ていたと、戸惑いと不満をこめて話した。九月七日にも、二上は倉富に、天皇が那須から東京に戻って来た時、原宿駅で下車したのは、那須に行く際に品川駅から郊外線を使って東京駅を用いなかったのと同様に不可解であると述べた。それに対し、倉富は、「御微行」のつもりであろうが、そこまでしなくてもよいのにと、二上に同感を示している[174]。このように、宮内省は浜口内閣の緊縮の方針に合わせ、天皇の奉送迎も簡略にし始め、牧野ら宮中側近に批判的な倉富や二上は、これまでの慣行を重んじる立場から、この改革を否定的にみた。

宮中の服装は、任官、叙位、叙勲、賜物などの御礼の記帳の場合や天皇の機嫌伺いのための記帳の場合に、従来は男子がフロックコート、女子がヴィジティング・ドレスまたは袿袴であった。一九三〇年六月二一日、この服装規定が簡素化され、男子がモーニングにシルクハット、女子は白襟紋付（縫紋を除く）を通常服代用に認めることにした。天皇が出席する午餐の陪食においても、従来、女子はマントドクール、ローブ・デコルテ、ローブ・モンタント、ヴィジティング・ドレスという洋装か袿袴に限られていたが、白襟紋付も認められることになった[175]。

それらに加え、宮中の西欧化がさらに進められた。一九三〇年三月四日付で、皇后宮大夫（兼侍従次長）への就任が決まっている河井は、三月六日の皇后の誕生日に、宮中で最初の機会として「西洋音楽」を催すことを決めた。その上で三月三日に入江為守皇太后宮大夫に皇太后の行啓について相談し、皇后からの皇太后への招待も取り付けて、当日に実現させた[176]。このような改革の背景には、英国における皇室と国家との関係を一つの有力なモデルとしようとする志向があった。河井侍従次長は一九二九年五月の英国の総選挙に強い関心を寄せ、その後の政権交代を「我国とは雲泥の大差なり」と、英国を高く評価した。また三〇年一〇月に、「英国皇室の英国における関係に付」ロンドン大使館より送られた報告書を読み、「甚有益なり」と思った。(177)

倉富枢密院議長らは、天皇・皇后が照宮内親王を宮城の「御手許」で養育していることについて、田中義一内閣末期に皇后が妊娠し、親王が誕生することが期待されるようになると、元老西園寺公望との内談で、批判の意見を示すようになった（第II部第一章3）。一九二九年九月七日には、倉富は二上書記官長との密談で、親王・内親王の養育について、㈠照宮は満五歳になったら別殿に住居する予定と新聞に掲載されたのは、養育方針の可否をめぐり議論があった結果である、㈡「普通人」と異なるので、朝夕一緒に住居する必要がなく、養育主任を定め、別殿に住居させる方がよいと述べた。このように倉富は、親王・内親王の養育をめぐっても、宮中側近と意見を異にした。

以上のように、倉富らは、ロンドン条約問題や宮中改革問題で、牧野内大臣ら宮中側近の政治姿勢に憤りを抱いていた。牧野内大臣・鈴木侍従長・一木宮相・関屋宮内次官・河井皇后宮大夫兼侍従次長らの宮中側近と、彼らに信頼を寄せる昭和天皇の動きに対抗するため、倉富枢密院議長・平沼騏一郎副議長や海軍軍令部等の強硬派や国粋主義者らは、皇族を利用しようとした。

加藤寛治軍令部長は上奏が阻止され、回訓がロンドンに発送された一九三〇年四月一日以降、伏見宮海軍大将に、四月八日、五月一四日、二八日、二九日、三〇日と伺候し、統帥権の問題等について言上した。そのこともあり、六月三日には、加藤は金谷範三参謀総長と会見し、伏見宮大将が統帥権について時機を見て天皇に奏上する決意であることを伝えた。また加藤は、閑院宮元帥も同じ意見であることを知った。(178)

その結果、原田熊雄が鈴木侍従長に聞いたところによると、六月三〇日の「十日ばかり前」に伏見宮が天皇に、「軍縮のことについてお話申上げたいと思ひますが、おきき下さる思召がございませうか」と直接に尋ねたところ、天皇はただ黙って返事をしなかった。そこで伏見宮はそのまま退出した。天皇は牧野内大臣に、伏見宮の発言を示し、自分は今は聞く時期ではなく聞きたくないと思うので侍従武官を使いとし、伏見宮に伝えたいと思うかどうかと、尋ねた。牧野内大臣は天皇の考えを支持した。この事件は、河井侍従次長によると、日記に「伏見宮博恭王殿下、御機嫌伺の為参内す。其結果重要なる事件あり」（六月七日）とあるので、六月七日に起こったことがわかる。九日に河井は伏見宮を訪れ、天皇の意を伝えた。[179] このため、伏見宮は、遅くとも六月二七日までに、補充さえすれば条約の批准は止むなしとの考えに変わった。[180]

またロンドン条約反対派は、このような昭和天皇を取り巻く牧野ら宮中側近への反感をつのらせ、彼らの失脚をねらう。一九三〇年六月になると、倉富議長・平沼副議長・二上書記官長・小原駩吉貴族院議員（元宮内省内匠頭）らは、一木宮相の息子が共産党事件に関係したとの疑惑をつかんだ。六月八日、小原は倉富に、電報通信社員からの情報として、一木の息子で、大学に行っていたものが、先年、共産党事件で検挙され留置されたが、一木が自宅で監督するとの条件で、今は一木の家にいるとの話を伝えた。倉富はこの件について全く知らなかった。小原は、牧野内大臣や鈴木侍従長について批難がある現在、一木宮相が息子の件で更迭されるなら、「不都合なる後任者」が宮相に就任しては困ると続けた。[181]

六月一一日、倉富議長は平沼副議長・二上書記官長と密談した中で、一木の息子についても情報を交換した。平沼によると、一木の息子は検挙されたのではない（息子を被疑者として取り調べていない）、㈡二上が伊東巳代治顧問官から聞いたところによると（伊東は国粋主義者の杉山茂丸より聞く）、巡査が逮捕に向かったところ、一木の息子はピストルを撃ち、巡査を負傷させたという、㈢また、二上は、一木の息子は仙台で事件を起こしたので、東京の検事に検挙されていないことは明らかであるが、それ以外のことはわからない、㈣さらに二上は、伊東顧問官が、牧野内大臣・一木宮相の排斥の「大運動」が起こっていると言ったと続けた。[182]

六月二〇日、二上は共産党事件についての一木の息子の新たな情報を倉富にもたらした。二上によると、㈠事件が起きたのは淀橋で、ピストルを発射して巡査を傷つけた者はいたが、一木の息子ではないらしい、㈡しかし、この事件で警察署に留置された者のうち、警視庁よりの連絡で一木の息子だけは留置されなかったので不公平との話がある（岡野敬次郎〔元枢密院副議長、一九二五年一二月死去〕の娘も留置されたという）、㈢そのため、一木は宮相として勤続しがたくなり、牧野内大臣は人選に着手しているが、適任者がいないので関屋次官を昇格させようとの考えを持ち始めているとの話もあるという。倉富はこれに対し、関屋の昇格は、一木が宮相になった時に次官を更迭するように勧めたくらいであり、元老西園寺が承認しないだろうと答えた。[183] この日の倉富と二上の会話で注目されるのは、一木宮相は、息子が共産党事件に関与したのみならず、自らの権力を使って息子を自宅に連れ戻したことで、宮相として不適格との批判がでてきたことである。

七月六日には小原駩吉貴族院議員が倉富議長に会い、一木の息子の事件について話した。その要点は、㈠西園寺八郎主馬頭兼侍従職御用掛（元老西園寺の養子）は、一木の息子の事件について、興津にいる元老西園寺に中川小十郎（元老西園寺の私設秘書）を遣わしても埒があかないので、先日は自ら興津に行き、養父元老西園寺に、その嫌疑を受けていることを伝えた、㈡しかし、元老西園寺は、そのことは先年聞いたが、全く事実無根であると答えたため、西園寺八郎もそれ以上立ち入ることができなかったことである。[184] 西園寺八郎らが元老西園寺を通して一木宮相を辞任させようとしたように、七月上旬までには一木を辞任させようとする動きが具体化してきた。

七月一〇日、二上は倉富に、伊東顧問官の話では、一木宮相は息子の事件で辞職することに内定しており、その後任に平沼騏一郎を就任させたく、牧野内大臣も辞職しないわけにはいかない、と伝えた。同一五日には、倉富が二上に、一木の息子は寛四郎といい、共産党員に資金を供与したことで検挙されたが、警察署で釈放したようであると、[185] 一木の息子について、従来とは少し異なる情報を伝えた。しかし、牧野内大臣と一木宮相の辞任や、平沼がその後任に入るとの話は、七月一六日に、倉富と小原が会議した際も、伊東が話しているとの情報以上のものはなかった。また、その日の会談で小原は、仙石政敬宗秩寮総裁が宮内次官になろうとして、国粋主義者の宅野田夫に関屋次官を攻撃させているとの話もした。[186] いずれにしても、元老西園寺が、牧野内大臣・一木宮相らの辞任を求めて動かなかったので、この問題はほとんど進展しなかった。

その後、一九三〇年八月三〇日になっても、小原駩吉は倉富に、㈠清浦奎吾（元枢密院議長、旧山県系官僚）か倉富枢密院議長より西園寺公望に右のことを話し、西園寺に決心させるべきであるという者や、各々が西園寺に談判して決心を求めるのがよいという者がいるが、うかつなことはできないので、慎重の態度を取る必要がある、㈡また或る者は秩父宮を動かして事をなすのがよろしいといっていることを述べる程度で、事態は進展しなかった。倉富は、秩父宮もよろしいが、閑院宮や伏見宮がよいと思うと答え、小原は、伏見宮は「先頃拝謁阻止の問題のありたることもあり」適当だろうと応じた。[187] ここでは、倉富・小原という国粋主義者とのつながりもある、ロンドン条約や宮中側近への反対派の間で、条約や統帥権の問題で彼らと同じ態度であるとみられた、伏見宮や閑院宮という皇族への期待が高まっていることが注目される。また、西園寺公望への一応の信頼も残っていることや、秩父宮（のちの皇道派の荒木貞夫陸軍中将と親しい）への期待もみられた。

小原は、㈠仙石政敬宗秩寮総裁は宮相に徳川家達が、宮内次官には河井弥八がよいと言っている、㈡そのことを西園寺八郎主馬頭に話したところ、養父（西園寺公望）は河井のことは「既に聞込み居ることあり」、決して承知しないと言っている、㈢小原のみるところ徳川は些細なことまで干渉する性質なので大臣には適する人でないことを述べた。[188] この頃の、牧野ら宮中側近への宮内省関係の批判グループの中核は、元宮内官僚の倉富枢密院議長（元帝室会計審査局長官）・小原駩吉貴族院議員（元内匠頭）と、西園寺八郎主馬頭・仙石政敬宗秩寮総裁らであるといえる。

しかし、皇族の支持を得て牧野らの宮中側近を辞任させ、自らの宮中への影響力を増大させようとする、倉富らの構想の弱点は、伏見宮と閑院宮は別として、その皇族がロンドン条約反対のような倉富らの政策を支持する強い保守的・国粋的考えを必ずしも持っていなかったことである。

ロンドン条約の批准が枢密院本会議で可決された翌日の一九三〇年一〇月二日、倉富議長と石黒忠悳枢密顧問官はそのことを慨嘆する中で、倉富が次のように、皇族が「民衆主義」の風潮の影響を受けていることを論じた。

一般の人の考も因より大切なるか、皇族方の御考に付ては誰れか少しく厳しく申上ける人か必要なるには非さるへく、近頃の風潮は民衆主義とか云ふことか流行し、皇族方御自身か其方に御傾をなされ易き所に、補佐する人まてか其方に御勧めする故、其透力か非常の疾く憂ふへき傾ある様なり。(189)

倉富は補佐役としての宮内省の者への不信感を、昭和天皇よりもすぐれていると内々で噂のあった秩父宮（前章1(1)）の場合でも、次のように示している。

一昨年頃に秩父宮殿下か米国協会の集会に御臨席あり、御演説を為されたるか、其演説の趣旨米国か支那の救済に助力するを求むる様の御説なされたることあり、予〔倉富〕は其時此方より拒絶しても米国は支那に干渉せしと思ひ居る所なるに、殿下方か之を求むる様の御話ありては直接の影響はなしとしても、適当なることには非すと思ひたり、然るに宮内省の人は予と同感なるも同省の人より殿下に言上しては御感情を害するに付、予より言上することを望むと云ひたる（以下略）(190)

また倉富は、秩父宮が英国に滞在中に大正天皇が病気になった時、宮内当局は直接に宮の帰国を願わず間接の手段を取ったのみで、責任を避けたと考えていた。(191)

すでに述べたように、一九三一年の三月事件や十月事件においても元老の西園寺とともに陸軍出身の閑院宮元帥が新しい組閣の際の天皇への助言者として期待されており（十月事件は東郷元帥の参内も期待）(192)、同じ頃に、倉富は小原との話の中で、閑院宮を内大臣にして宮中側近を刷新するのがよいと確認し合った（侍従長として、小原は西園寺八郎を、倉富は近衛文麿の名をあげる）(193)。また、田中内閣期に、国粋主義者の荒木貞夫中将（陸軍大学校長）や平沼副議長は秩父宮に期待していた（前章4）。しかし、浜口内閣期以後は、十月事件後に秩父宮が参内して、天皇の「御親政」や「要すれば憲法の停止も亦止むを得ずと激せられ」、天皇との間に「相当激論」を行ったとされるまで[194]、青年将校も含めた陸・海軍の強硬派や倉富ら枢密院中枢・国粋主義者等の間で秩父宮に対する具体的な期待は今のところ確認されていない。

なお、ロンドン条約の批准案が可決される見通しができた、一九三〇年九月下旬以降、条約反対派の中では、牧野内大臣ら宮中側近の排斥運動が強まっていった。この中で一二月になると、元老の西園寺が一木宮相に次のように述べたように、西園寺は、国粋主義者らに牧野ら宮中側近グループへの支持姿勢が察知される危険をおかしても、彼らを支持する明確なメッセージを直接送るまでになっていった。

公〔西園寺〕より侍従長へ特に希望ありし一条は、世間に稍々もすれ〈ば〉現君側の重立ちたる人々の排斥運動とも云ふ可き事か行はれるに付ては、内大臣、宮内大臣、侍従長は何卒動ぜず協力、御用を奉仕相成度切望致す旨陳述ありたり[195]。

このような元老西園寺の支持や、宮中側近の団結、昭和天皇の信頼があり、「君側の奸」の非難を受けながらも、宮中側近は地位を保ち続けた。

4　首相権限と枢密顧問官などの推薦

（1）内閣・枢密院の枢密顧問官推薦権限の対等化

①浜口内閣組閣直後の枢密院との緊張

すでに述べたように、一九二九年七月の浜口雄幸内閣成立直後から、倉富勇三郎議長ら枢密院側は、二年前の第一次若槻礼次郎内閣倒閣直後に、憲政会が枢密院を批判する決議を行ったことについて、強い反感を有していた（本章1）。浜口内閣成立時に枢密顧問官の欠員は一名であった。七月一二日、俵孫一商工相は栗野慎一郎（元駐仏大使）を枢密顧問官にすることを倉富議長に依頼してきた（栗野の次男の妻が俵の娘）。倉富は二〜三年前にも栗野推薦の話は聞いていたが、外交官の経歴のある人が多いので実現しなかったと答えた[196]。栗野を顧問官にするという話は、一九二六年一〇月に、室田義文貴族院議員（元メキシコ公使）・鍋島桂次郎貴族院議員（元ベルギー公使）が倉富に推薦していた[197]。

一九二九年七月一六日、倉富議長は、衆議院（憲政会）の枢密院批判の問題を解決する話を浜口首相と行う中で、枢密顧問官の推薦は山県有朋議長時代は単独でやっていたが、その後、枢密院議長・首相双方よりの内奏となり、若槻内閣・田中内閣もその例で行ったことを述べ、浜口首相にもこのやり方を承諾させた[198]。倉富は田中内閣時代に田中首相に押され気味であった枢密顧問官の推薦の権限（前章2（2））を、政党の前身の憲政会（閣僚）の枢密院批判の問題を利用して、対等のレベルまで引き戻したのであった。

七月二〇日、俵商工相は、倉富議長に栗野のことを再び依頼した[199]。そこで、倉富議長は平沼騏一郎副議長・二上兵治書記官長との談話の際に、そのことを話題にしたが、二上が栗野は八〇歳以上で老衰していると否定的評価をしたのみで、栗野を顧問官にする積極的な意見は出なかった[200]（栗野は一八五一年一二月九日生まれで、満七七歳）。

同じ会合の中で、伊藤正徳編『加藤高明』上・下巻（加藤伯伝記編纂委員会、一九二九年一月二八日発行）が話題になった。この伝記の編纂委員会代表は幣原喜重郎で、他の委員は、一木喜徳郎（宮相）・浜口雄幸（首相）・若槻礼次郎（元首相）・江木翼（鉄相）・仙石貢（元鉄相）・伊沢多喜男（貴族院議員、元台湾総督）・珍田捨巳（故人、元侍従長）・町田忠治（農商相）で、民政党の有力者を中心としていた。倉富・平沼・二上の三人は、この中で加藤高明が首相の時に枢密院の地位を落とすために、議長に穂積陳重を、続いて倉富を推薦したとの記述に、「失敬なることとなり」（平沼）等と憤慨した[201]。

民政党の政綱である「議会中心主義」に対する元来の反感[202]や、かつての憲政会の枢密院批判決議、さらに伝記の『加藤高明』の問題も加わり、浜口内閣成立当初は内閣と枢密院の間で新たに枢密顧問官推薦の交渉に入る雰囲気はなかった。これは田中内閣成立後、九日目に倉富議長が田中首相に顧問官の補充を持ち出し、内閣発足後一カ月以内に二人の補充が実現したこと（前章2（2））と大きく異なっている。

また、田中内閣末期に、拓務省設立でさらに閣僚の数が増えることに関連し、田中首相は、近い将来に枢密顧問官の定員を二名増加させることに同意した（前章2（3））。しかし、これも政友会の田中内閣の倒閣と、政友会に対立する民政党の浜口内閣の成立や、民政党と枢密院の対立によって、前内閣の首相の約束が簡単に履行される状況ではなかった。

枢密顧問官の増員は予算措置を必要とするので、枢密院側が浜口内閣に問い合わせると、一九二九年八月一六日、鈴木富士弥内閣書記官長が二上枢密院書記官長を訪れ、内閣は顧問官の増員について今は決定することができないから、それに関する「予算概算」の提出は遅くなってもよいので、もうしばらく待ってほしいと伝えた。二上もこれを了承した[203]。

枢密院側も顧問官増員に関しては弱みがあった。それは顧問官の斎藤実が八月一七日に朝鮮総督に就任し（本章1（1））、顧問官の欠員が二名になったにもかかわらず、適当な補充候補をみつけることが難しかったからである。欠員が二名もあるのに、定員を二名増員することを強く求めるわけにはいかなかった。

八月二八日、倉富枢密院議長と荒井賢太郎顧問官（元農商相）との会談で、荒井が新聞には顧問官の候補者として伊沢多喜男（勅選の貴族院議員、民政党系の元内務官僚、元台湾総督）の名が出ているが何か内閣から話があるのかと聞いた際に、倉富は、何もなく、あっても反対であると答えた。それに対して荒井は、「顧問官の補欠も頗る困難なり」と述べ、倉富は、「然り、人を得ること難し」、「補欠にも確たる見込の人なし」と答えた[204]。

九月一日、倉富議長は平沼副議長と密談した際に、顧問官の補充候補者について話した。平沼は、民政党の末松偕一郎衆議院議員（元広島県知事）がやって来て顧問官補充のことを談じ、次いで新聞では岡田良平（元文相）が候補者として名が出ているがどうかと述べたことを紹介し、平沼も岡田はどうかと倉富に尋ねた。倉富は岡田には特に言及せず、福田雅太郎（予備役陸軍大将、元台湾軍司令官）は、田中内閣のとき枢密院から補充候補者として出したが実現しなかったので拒む理由もないが、河合操（予備役陸軍大将、元参謀総長）が代わりに顧問官になったので、福田を推すと軍人が多くなりすぎる嫌いがあると述べた。平沼も福田に特に賛否を言わず、元田肇（政友会の長老、元逓相・鉄相）の名を挙げた。そして元田が枢密顧問官になったら、「政党臭味」は脱するだろう、田中内閣のとき枢密院が元田を拒んだが、「民政党内閣」がその関係者のみを枢密院に入れようとするのは好ましくないので、元田くらいを入れるのが内閣のためにもよいであろう、と続けた。[205]

次いで、倉富は渋沢栄一・尾崎行雄を顧問官にしようという意見があるが、渋沢は九〇歳なので不都合であり、尾崎は最近「大人しく」なっているが、尾崎を入れると「院内の平和」を破られる恐れがあると述べた。平沼も、尾崎は「根本の考が異なる」と尾崎を否定し、犬養毅の方が適当であると言ったが、倉富は、犬養は承諾しないだろうと述べた。平沼は渋沢も承諾しないだろうというが、倉富は承諾するとの話である、と応じた。[206]

以上のように、倉富・平沼には顧問官の補充候補として積極的に推すことができ、また実現の可能性のある候補者が見当たらなかった。これは枢密院と浜口内閣の関係がよくなく、顧問官推薦についての首相の権限が田中内閣期に強まっていたことが一つの原因であった。また政党政治の時代に、経歴のある人物が官僚系に少なくなったことも要因であった。その中で枢密院側は、民政党の浜口内閣に対抗するため、政友会の元田肇でもよいと、政党系の人物が顧問官になることにも妥協してきたことが注目される（すでに田中内閣期に「大物」ということで、倉富は犬養毅ならよいとし、平沼も反対していない）（前章2（2））。

九月七日、倉富議長は二上書記官長に、九月一日の平沼との会見の概略を話し、「一方には増員の必要を説き居る所なる故、余り長く欠員の儘に為し置く訳には行かさるへし、顧問官の補欠も適任者を得ることは中々困難なり」と嘆いた。[207]

九月下旬になると、平山成信顧問官の病気が悪化し、死去は時間の問題とみられるようになった。平山が死去すれば顧問官の欠員は三人になり、二人の増員要求どころではなくなる。九月二三日、倉富議長は二上書記官長との内談で、顧問官増員に関し、次のように事実上増員をあきらめるという弱気の発言をするようになった。

顧問官の増員は是までも枢密院より要求したることなく、只今にても政府の意向を問ひ、其答を待ち居るのみにて、別に之を強ゆることにはなり居らす。[208]

また倉富は、行き詰まった枢密院の状況を打開するため、久保田譲顧問官（元文相）の言う、枢密院に大物顧問官を入れる案に関心を示すように、以下のような発言すらした。(一)久保田は西園寺公望・山本権兵衛・清浦奎吾などを顧問官となすべきと言い、先年に山県有朋・松方正義などが顧問官になった例を挙げたが、その時は勅令があって顧問官となった、(二)今日の浜口内閣は、加藤高明首相が枢密院弱体化を図った方針を受け継いでおり、政府は勅令を奏請することはないだろうから、大物を顧問官にすることは到底実行できない、(三)久保田はその事が実行できないなら、その次のクラスの高橋是清・犬養毅・元田肇・武富時敏等でもよいと言うが、高橋や犬養らは顧問官になることを承知しないだろう。この件について、倉富は二上に、「若し西園寺（公望）の如き人か枢密院に入るならは、予〔倉富〕は何時にても議長の職を譲るへし」と久保田に言ったと述べた。[209]

九月二五日、平山成信が死去し、顧問官の欠員は三名になった。井上勝之助顧問官（元駐英大使、元宗秩寮総裁）も重病であり、死去すれば欠員が四名にもなる。一〇月九日、倉富議長・平沼副議長・二上書記官長が会合をもった。倉富は、顧問官の補欠はもうしばらく内閣の出方を待つのがよいが、政府から申し出がないなら、枢密院側から申し出る必要があると思うと、顧問官補充問題の口火を切った。この日の会合の特色は、(一)政府は岡田良平、高田早苗（早稲田大総長、貴族院議員、元文相で大隈重信の側近であった）を持ち出すらしいが、岡田は病気が気になるが、岡田なら良い、(二)渋沢栄一は年齢が高すぎるが、政府から申し出があったら同意してよい、(三)元田肇は枢密院としてはよろしいが、政府が同意しないだろうと、[210]倉富らの間で補充候補として岡田と渋沢が合意されたことである。

②顧問官の推薦

一九二九年一〇月一四日、顧問官増員問題などを話し合うため、江木翼鉄道大臣が倉富枢密院議長を訪れた。江木は浜口内閣の鉄相でありながら、浜口内閣の中枢を担い、同内閣の枢密院担当役として働いていた。江木は顧問官増員の件は、内閣は増員したくないが、反対を示せば穏当でなくなるので、未定としておきたい（来年は増員せず）と提案した。また、その代わりに内閣は、本会議に閣僚が全員出席して力任せに決めるようなことはしないと約束した。一〇月一六日、倉富は平沼副議長（二上書記官長も出席）と内談し、江木との密約に同意することで合意した。[211] すでに述べたように、倉富らは顧問官の補充に自信がなかったから、顧問官増員問題にこのような宥和的態度を取らざるを得なかったのである。なお、ここでなされた力任せに決めないという約束が、一年後、ロンドン海軍軍縮条約批准問題で事実上破られることは、本章2節で詳述した。

こうして政府と顧問官補充をめぐり交渉するパイプができ、倉富議長・平沼副議長・二上書記官長は一〇月二三日、三〇日と顧問官増員の件と欠員の顧問官を補充する件を話し合った。その間に、一〇月二四日にも倉富と江木は会見している。顧問官増員の件は、二三日の枢密院側三人の会合で倉富・平沼ともに増員が必要と思ってはいるが、今増員できないのは仕方ないということを確認した。また三〇日の会合で、最終的に枢密院側の顧問官候補として、渋沢栄一・岡田良平貴族院議員（元文相）・鈴木荘六参謀総長（陸軍大将）・水町袈裟六会計検査院長の四人を挙げた。すでに一〇月二三日の会合で、新聞が顧問官候補として岡田良平と阪谷芳郎貴族院議員（元蔵相）の名を挙げていることを倉富が批判し、また平沼や二上が岡田の病気が悪いことを顧問官候補として否定的にみたように、岡田は必ずしも枢密院側が積極的に提案した候補ではなかった。[212]

一一月四日、浜口首相は初めて倉富議長と顧問官の増員・補充問題について会見した。そこで倉富は顧問官の増員は差し当たり問題としないことと、顧問官補充の候補者として渋沢・岡田・鈴木・水町の四人の名を浜口首相に提示した。浜口は四人の候補者について、自分か、鈴木富士弥内閣書記官長から二上書記官長を通して回答すると答えて、会見を終えた[213]。こうして、顧問官推薦に関して、枢密院は田中内閣期に内閣側に押され気味であったが、浜口内閣に対し、倉富らは四人の人選を示すことで攻勢をかけた。

これに対し、浜口内閣側も、一一月七日に鈴木内閣書記官長から二上枢密院書記官長に、二人を推薦するなら岡田と水町、四人なら岡田・高田早苗早稲田大学総長・福田雅太郎大将（予備役、元台湾軍司令官）・水町がよいと提案してきた。すでに五日に、倉富と平沼は岡田・水町二人の補充なら実施してもよいことで合意していた（ただし岡田の病気が懸念される）。それに対し、倉富らは、大隈系ということから民政党に近い高田については論評すらしなかった。福田については、二上は「剣呑なる人」と否定的であったが、倉富は、清浦奎吾（元首相、元枢密院議長）が「誠忠の人なり」と保証していると好意的であった[214]。また一九二七年四月、倉富と平沼は福田を推薦することで合意していたが、福田と対立する田中義一が首相になったため、実現していなかった（前章2（2））。

一一月九日、浜口首相は倉富議長を訪問し、顧問官補充の候補者の順序として、㈠岡田、㈡高田、㈢福田、㈣水町をあげた。これに対し倉富は、まず二人の補充を行うことを提案、岡田と水町の名を挙げ、浜口もこれに同意した。なお、二人の内奏の手続きについて、浜口首相と倉富議長の間で、次のようなやり取りがあったことは、倉富議長（枢密院側）も、顧問官推薦の手続きの中心は首相であることを認めた上で、双方で協議して推薦することを浜口首相（政府側）に承認させたことが注目される。

浜口、全体は総理大臣より議長と協議済の旨を内奏したれは議長より特に内奏する必要はなからんと思へとも、是は理論にて之に異なる慣例ある以上は自分（浜口）は理論は之を主張せすと云ふ、予〔倉富〕、以前は正反対の手続なりしを此処まて調和したるものにて、総理大臣より内奏する前、議長より内奏し置けは、陛下は御心置きなく御裁可あらせらるる為ならんと云ふ、浜口、従来の慣例の通りにて宜しと云ふ[215]。

こうして、一一月二二日、水町袈裟六と岡田良平が枢密顧問官に任命された。この過程においては、浜口内閣側は高田を推薦できず、枢密院側も積極的に推したわけでない岡田（健康に不安）を推薦する形になったこと等から、両者は対等の権力を及ぼしたと評価できる。これは、田中内閣期に内閣側が推薦の主導権を持つようになったことに比べると、浜口内閣発足時においては、枢密院側が少し権力を盛り返したといえる（ただし、ロンドン条約の批准問題では、岡田が内閣側、水町は態度がはっきりしないとされた）。

その後、高田に関しては、一二月になると、八代六郎枢密顧問官（予備役海軍大将、元海相）から、高田の甥が中国に旅行中に、高田が甥の妻を妊娠させた疑惑があるとの情報が、倉富・平沼・二上に伝わった。倉富ら三人はさらに警戒するようになり、平沼がしかるべき筋より調査することになった[216]。

平沼副議長は、高田について翌一九三〇年三月二〇日夜に「事実」をつかんだ。平沼が倉富議長に翌二一日に話したことによると、事件は二〇年前に起こり、その内容は八代の話と異なり、法律問題とはならないが、「事実」はあったという。

その間、宇垣一成陸相が平沼副議長に福田雅太郎大将を、顧問官として推薦することを依頼してきた。すでに前年一一月に、浜口内閣側は、顧問官を四人補充するなら福田大将も入れると提案し、その後福田を除いた二人が顧問官に任じられているので、これは浜口内閣と陸軍の意思といえる。二月二四日に平沼副議長が倉富議長に伝えたところによると、宇垣は、枢密院から、田中内閣の時に福田を顧問官候補として推薦したことも、昨年秋に鈴木荘六参謀総長を推薦したことも知っていた。宇垣は、鈴木もよいが、福田の方が先輩なので、まず福田を枢密院に入れたいと依頼した。平沼は自分としては福田の枢密院入りに反対する考えはないが、人事問題であるので他によい人があればそちらを先にすることもあると答えておいたと、倉富に述べた。倉富も平沼の話に対し、福田については枢密院内に反対があることは承知しているが、人事は全体の同意を得ることは難しいので、福田でよいと思うと答えた[217]。こうして枢密院側が福田を顧問官の補充候補に推薦することに同意することが決まった。

倉富は三月二一日、平沼との密談のすぐ後に、顧問官の補充問題で浜口首相との会見を予定していた。倉富は浜口に、福田雅太郎の推薦に異論はないが、高田は「素行」の問題があるとして再考を求め、浜口にその理由を説明した。浜口は、そのことを「非常に旧るき問題には非さるや」と述べ、高田を推薦したのは政党関係でなく、慶応大学より鎌田栄吉が顧問官となっているので、そのバランス上から早稲田大学からも顧問官を出すのが適当と考えたと説明した。(218)

これに対し倉富は、高田を取り下げることに同意するなら、代わりに元田肇（政友会）を推薦したいと提起した。浜口は、元田は、若槻内閣が一九二六年四月に顧問官として推薦して枢密院側（倉富・平沼・二上）の反対で実現しなかった武富時敏（憲政会）よりも、「政党臭味か濃厚」であるとして、元田に賛成しなかった。最後に浜口が高田の「品行」を調査すると約して会談を終えた。(219) 元田は、田中内閣の一九二七年一一月に田中首相が推薦し、枢密院側の積極的な支持がなく、最終的な推薦が実現しなかった人物である。その際に倉富は、枢密院は今後は政党関係者を排斥せず、経歴のある大物なら顧問官に推薦しても差し支えがないと、大物の犬養毅の名をあげ、元田を支持しなかった。すでに指摘したように、顧問官が高齢となっており、その死去・辞任による欠員補充や審査能力の低下が問題となっていた（前章2(2)）。この状況に対応するため、倉富らはあまり大物でない政党員でも政党員中では保守的な人物ならと、元田を推薦することにしたのであった。

さて、二人の欠員に対し福田雅太郎については内閣・枢密院側の合意ができたが、高田と元田はいずれも意見が一致しなかったので、あと一人の人選が残された。

この四日後、一九三〇年三月二五日、倉富議長と平沼副議長は残り一人の候補者について話し合った。平沼は諮詢された問題について十分調査し、相当な意見を立てられる人が不足しており、半数位は壮年で調査をすることができる人が必要であるとの一般論をまず述べた。その上で、秋月左都夫《きつお》（元オーストリア大使、一八五八年生まれで七二歳）は古い方ではあるが調査ができない方ではないとし、また本多熊太郎（元ドイツ大使、一八七四年生まれで五五歳）は「最も有能なる方」であるが、外務省や政友会で好まれていない問題があると、二人の名を挙げた。しかし倉富は、本多の能力は秋月より上であるが、本多には敵が多いので実行は難しいだろうと、否定的な応答をし、二人は枢密院レベルの候補者にもならなかった。[220]

この時点は、ロンドン条約の回訓案の内容をめぐって緊迫した状況になっており、平沼が条約審査を十分できる人材を求めたのは理解できる。[221] 顧問官の候補者として名前が出た中で秋月は、一九二七年一一月に平沼が田中首相に枢密顧問官の候補として自ら打診した人物だが、田中も倉富議長も真剣には検討しなかった人物である（前章2(2)）。今回も秋月・本多ともに枢密院レベルの候補にもならなかったことは、平沼の副議長としての顧問官推薦の権力はそれほど強くないことを示している（次に述べる四月一四日にも秋月に関し同様のことが起きた）。

一九三〇年四月一四日午前一〇時前、浜口首相と倉富議長は顧問官の補充に関して、二四日ぶりに会談を行った。浜口は、前回に、倉富が挙げた元田肇は政党人としての色彩があまりに強いということで改めて否認し、内閣側から挙げた高田早苗も「素行」上の問題で枢密院側が合意できないならと、取り下げた。その上で、候補者のメモを倉富に渡した。その最初には、両者で合意のできた福田雅太郎が、次いで小野塚喜平次東京帝大総長（政治学者で総長に就任して一年数カ月、貴族院議員）、その次に古在由直（元東京帝大総長〔約八年総長を務める〕、農学者）が挙げてあった。浜口は、浜尾新が東京帝大総長と顧問官を兼ね、平田東助が法制局長官と顧問官を兼ねた例を挙げ、小野塚が東京帝大総長と顧問官とを兼ねても差し支えないだろうと述べた。倉富は、枢密顧問官と宮内官以外の兼任は例外であり望ましくないこと、古在は病気でないかと、新たな二人の候補に否定的なコメントをし、一応考えた上で返答すると答えた。また浜口は、なるべく特別議会前に補充したいことを述べ、倉富も速やかに検討することを約して、二〇分程で会見は終わった[222]（特別議会は四月二一日に召集）。

同日の午後一時三〇分過ぎから、倉富・平沼・二上の三人で、浜口の提起した補充の人選への対応について話し合った。三人とも、小野塚は兼任の問題や経歴がないこと、古在は病人であること等で反対であった。三人が一応名前を挙げ、消えていった者は、倉富が安達峰一郎フランス大使、平沼が秋月左都夫・小幡酉吉《おばたゆうきち》中国公使（ただし中国がアグレマンを事実上拒否、元トルコ大使）・本多熊太郎、二上が尾崎行雄代議士（元文相・法相）等であった。

三人のうち一人からこれらの名が出されて他の二人から積極的な支持が得られなかった後、平沼は原嘉道中央大学学長（田中内閣の法相、農商務官僚を経て弁護士）の名を挙げ、倉富・二上も直ちに支持した。こうして枢密院側は合意のできた福田に加えて、原を提案することになった[223]。

翌四月一五日、倉富議長は二上枢密院書記官長を通じて鈴木内閣書記官長に対し、残り一名は原嘉道を推薦したいことを伝えさせた。これに対し、四月一六日夕方、鈴木内閣書記官長から二上枢密院書記官長に、内閣は原嘉道は前田中内閣の法相であった人物なので顧問官としては推薦できないこと、なるべく内閣の推薦した小野塚喜平治・古在由直のうちの一人に同意してほしいこと、それが不可能なら今回は福田一人を推薦することで打ち切りたいことを返答してきた。翌一七日、倉富・平沼・二上の三人は会合し、福田一人を推薦することで合意した。内閣側もそれに同意し、同日中に天皇に二人の顧問官の欠員のうち一名を補充する者として福田雅太郎大将が適当であるという内奏を行い[224]、一八日、福田は顧問官に任じられた。

今回の福田の推薦過程においても、内閣・枢密院両者で合意できる福田雅太郎は推薦されたが、内閣側が推した高田早苗・小野塚喜平治・古在由直や枢密院側が推した元田肇・原嘉道は推薦されるに至らず、両者はほぼ対等の権力を行使したといえる。すでに指摘され、また本章2節では条約反対派への影響を再検討することを含めて詳細に検討したように、浜口内閣は宮中側近や、元老西園寺に昭和天皇、ジャーナリズムの強い支持を得て、条約の批准の審査に関し枢密院をねじ伏せた。この意味で、内閣と枢密院の対立のうち、財政状況などが絡む大きな政治問題では、浜口内閣は枢密院を圧倒したといえる。しかし、そこでも浜口内閣は編成大権は内閣にあるということを海軍側に認めさせるという形など、制度の問題で内閣の権力を確立することはできなかった。枢密顧問官の補充に関する天皇への推薦権（天皇が枢密顧問官を選択・任命する権利の事実上の代行）は、公式令の顧問官任命の副署規定から解釈すると、むしろ首相にあるべきものだったが、長い間慣例として枢密院議長（元老の山県有朋）が行使してきた。これを制度的に内閣側（首相）が掌握してしまうという、制度的な運用の変更（慣例制度の変更）は、政党政治の時代の国民から内閣に対する支持を背景にしても容易なことではなかったといえる。

その後、一九三〇年六月二五日、牧野内大臣は倉富議長に、古在由直（元東京帝大総長）を顧問官の補充候補としてどうかと話しかけてきた。すでに述べたように、古在は、四月に浜口首相と倉富議長の顧問官補充の会見で、内閣側から名前が出されたが、合意に達せず顧問官になれなかった人物である。倉富は牧野に、古在は人格などには問題がないが病気で歩行も困難なようで、審査委員になれる人ではないと断った。[225] 倉富の理由は、四月に浜口首相に伝えたものと同様であったが、すでにみたようにロンドン条約問題で、倉富ら枢密院中枢が、牧野ら宮中側近に反感を募らせている現状では、倉富には妥協の余地はなかった。以下の章で述べるように、この後の浜口内閣期とそれに続く第二次若槻内閣期における顧問官の補充は、ロンドン条約批准問題で内閣と倉富ら枢密院主流が決定的に対立したため、行われることはなかった。

（2）栄典の推薦における宮中側近の影響力

授爵・陞爵や勲章などの栄典の決定権は、憲法上は天皇にあることになっていた（憲法第十五条）が、元老伊藤博文の死後は、元老の山県有朋が実権を握った。その後、山県の権力の衰退に伴い、原内閣末期から、首相を中心に首相と宮相が実権を持つようになっていった。その後、首相個人の政治力や内閣の状況によって、首相と宮相のいずれがより実権を持つかは、流動的であった。しかし、田中内閣期からは、昭和天皇を取り巻く牧野内大臣・一木宮相らの宮中側近が影響力を増し、一木宮相ら宮中側近が首相よりも実権を持つようになった。なお、授爵・陞爵に関しては、公式令により、宮相が副署して天皇を輔弼することになっていたが、勲三等功五級以上の勲記には副署規定がなく、法令上の責任者が明確でなかった。[226] ここでは、栄典の推薦における浜口首相（内閣）と宮中側近・元老の影響力を、史料上で残っている幾つかの例で検討したい。

一つは、参謀総長を引退する鈴木荘六大将の授爵問題である。これは、陸軍の問題であるので、通例、陸相から内閣を経て宮相を通して、天皇が裁可するものである。授爵について天皇が拒否した例は、一九一〇年の韓国併合の際に、西園寺公望（元首相）と徳大寺実則侍従長兼内大臣の公爵への陞爵を裁可しなかったことがあるが（第Ⅰ部第一章2）、きわめて稀である。また陸軍軍人の問題に、元老の伊藤博文は別として、文官の首相が関与したのは原内閣期くらいである。そこで、この時期は陸相（陸軍）か宮相（もしくは内大臣）のいずれに主導権があるかという問題となる。

一九三〇年二月一四日、宇垣一成陸相は一木宮相を訪問し、鈴木荘六参謀総長の定年による引退に際し、鈴木が第五師団長としてシベリア出兵で「功績」があり、約四年間にわたり参謀総長を務めたことで、鈴木に受爵させるように天皇に働きかけてほしいと依頼した。(227) しかし鈴木は受爵することはできなかった。

他の一つは、ロンドン海軍軍縮条約締結の論功行賞である。一九三〇年一二月二九日、幣原喜重郎首相臨時代理（外相）からの論功行賞の内交渉としての内閣側案を、一木宮相は牧野内大臣に示した。それは若槻全権を男爵に、財部全権（当時海相）に「菊花」を与える等のものであった。しかし、内閣側と宮内省側が合意し、一九三一年四月一一日、一木宮相が叙爵を、幣原首相臨時代理が叙勲を上奏した結果は、若槻は内閣案通りに男爵に叙せられたが、財部は「菊花章」より一つ格が落ちる「桐花章」になった。(228) 以上のように、一木宮相・牧野内大臣らの宮中側近は、栄典の決定に関し、田中内閣期と同様にかなりの影響力を及ぼし得たといえる。

他の例として、枢密顧問官の死去に際しての叙位叙勲の問題がある。これは、以下に示すように、枢密院側が内閣に交渉し、内閣の原案を宮内省側と相談して、合意できれば事実上決定し、天皇の裁可はあくまで形式的なものであった。

平山成信・井上勝之助両顧問官の病気が悪化すると、一九二九年九月二〇日、倉富議長と二上書記官長は平山への叙位叙勲について話し合った。平山については、倉富は位を正二位から従一位に上げるには年数が少し短いが、珍田捨巳（元侍従長）がもっと短くして上がったので、珍田の例を先例にして従一位に上げることも主張できると考えていた。井上について、倉富と二上は、叙勲後（勲一等旭日章）の年数が長いので、位（正二位）も勲章も上げることができると見た。翌日、二上は、枢密院書記官に平山の件について内閣書記官と内交渉させ、勲章の方は可能性があるが、位を進めることは難しいとのことであったと、倉富に報告した。[229]

二三日も倉富は二上から交渉の経過を聞いた。二上は、㈠平山に従一位ということは難しいが、勲一等旭日桐花大綬章は是非賜るように世話してくれと、伊藤博邦（元宮内省式部長官）に述べた、㈡その場にいた鈴木富士弥内閣書記官長に、平山の叙位叙勲のことを話したところ、鈴木は叙位叙勲ともかなり困難であると言うので、珍田が従一位に進められた例を挙げ、井上のことも話しておいた。[230] 二上は珍田の例を示しつつも、内閣側の反応が厳しいので、かなり弱気になりつつあった。

これに対し、倉富は、従一位に進めることは高すぎる面もあるが、珍田の先例がある以上は遠慮することはない、井上は勲一等旭日大綬章を受けてからかなり年数が経過しているので、勲一等旭日桐花大綬章を賜ることには異論はないだろうと、[231] 二上よりも強気であった。

九月二五日、平山の栄典についての浜口内閣の方針を、堀江季雄枢密院書記官が倉富枢密院議長に伝えた。それによると、平山が旭日桐花大綬章を賜ることは詮議できるが、従一位のことは詮議できないとのことであった。堀江は倉富らの指示により、珍田の例を出したが、珍田は宮内省から奏請したとのことで、平山も井上も珍田よりははるかに年月が経過しているが、平山は詮議の対象とはならなかった。結局、平山は九月二五日に死去し、勲一等桐花大綬章を得たが、珍田のように従一位に位を進めることはできなかった。一一月三日、井上顧問官が死去すると、倉富議長は、再度珍田の例を出して、井上の勲章と位階の両方を進めるように内閣と交渉したが、井上は平山と同様、勲章を進めることを認められただけであった。倉富は、仙石政敬宮内省宗秩寮総裁に、「珍田は宮内省にて上奏し、其他は内閣の処置なる故承知せす、所管の異なる為不権衡を生することは困る旨を語り」、自ら不満を慰めただけであった。[232]

以上、栄典の授与に関し、珍田侍従長兼枢密顧問官は宮内省に関係していて、宮内省から奏請され、有利に取り扱われた。しかし、これは他の枢密顧問官にとって先例にならなかった。ここでも、栄典の決定に関する宮中側近の影響力をみることができる。

実現しなかったものの、浜口内閣成立直後に、牧野内大臣は関屋宮内次官に、「朝鮮に内田〔康哉〕、満鉄に中井〔製鉄〕〔励作、製鉄所長官〕（此れは山本の意見に依る）等」を候補者として話したように、(233)政治関与への意欲を示していた。これを考慮すると、爵位など栄典への宮相の関与は法令上で宮相の副署が規定されており（上級勲章は副署規定がない）、当然ともいえる。もっとも、浜口内閣は田中内閣と異なり、ロンドン条約問題にもみられたように、牧野ら宮中側近との関係がよいので、栄典について内閣と宮中で大きな対立はなかったと思われる。

おわりに

本章では、近代日本の君主制を理解するために、ロンドン条約の締結過程など、浜口雄幸内閣期の昭和天皇や宮中をめぐる政治の問題を再検討した。このため、明治天皇の動向やイギリスの君主制との比較という、従来の研究で、必ずしも確固とした事実に基づいて本格的に行われていない視点を導入した。その主要な論点は、以下の四点である。

第一に、昭和天皇と宮中側近は、天皇の意思を宮中側近を通して間接的に伝達する様式を始めるが、ロンドン条約に関し、鈴木貫太郎侍従長が、加藤寛治海軍軍令部長の上奏を阻止したため、条約反対派を中心に、牧野伸顕内大臣ら宮中側近への批判が強まり、天皇への不信の念が深まったことである。天皇の意思を当局者に直接に伝えず、宮中側近を通して伝える方式は、田中義一内閣期の張作霖爆殺事件の処理について、昭和天皇が田中首相に強い批判（政治関与）を行ったため、陸軍・政友会・枢密院の中枢や国粋主義者等の間から、予想以上の批判が出たことに鑑みたものであった。

しかし、ロンドン条約支持という昭和天皇の意志を受けて、剛直な性格の鈴木侍従長が、後輩の海軍軍人である加藤軍令部長の上奏を、条約締結指令の回訓の発送前に行わせなかったこと（いわゆる上奏阻止事件）によって、張作霖爆殺事件の処理問題と同様の波紋が引き起こされた。このため、ロンドン条約に批判的な海軍強硬派を中心とした海軍部内のみならず、陸軍・政友会・枢密院の中枢などの保守主義者や国粋主義者の間に、牧野ら宮中側近への強い批判と、牧野らに影響されているとみなされた天皇への不信感が広まった。

明治天皇は行政内部の争いや行政と衆議院の対立を、その極点直前になると、巧妙に調停するスタイルを一八九〇年前後に確立した。その時天皇は四〇歳ほどであった。しかし昭和天皇は、宮中側近や進講者の明治天皇観に影響されて、そのことを十分に理解せず、張作霖爆殺事件への直接の強い政治関与をした。ロンドン条約問題では、宮中側近（鈴木侍従長）を通した間接的な強い関与という対照的な行動を取ったが、両者ともに、軍等への天皇の威信が大きく揺らぐ要因を作った。

この宮中側近を通した、天皇の政治への間接関与という様式は、一九二九年一〇月の官吏減俸問題で初めて実施され、その際は浜口内閣の窮地を救った。しかし、疑獄事件を契機とした浜口内閣・民政党の腐敗というイメージ（浜口内閣・宮中側近批判派では、元検察官僚の平沼騏一郎枢密院副議長らを通して確認）と、ロンドン条約問題での上奏阻止等の宮中側近の政治関与によって、条約批判派を中心に、宮中側近を「君側の奸」とみなすことが定着した。そのことにより、「君側の奸」に影響された昭和天皇というイメージが確立し、この時点では具体的問題で顕在化していないが、天皇の軍へのコントロール能力が著しく削がれた。また同時に、日露戦争後、内閣から自立傾向を見せつつも、元老山県有朋ら山県系官僚閥や内閣によって統制されていた陸・海軍が、それぞれ「軍部」として本格的に自立しようとする意識を持ち始めた。このことは、「軍部」という用語が、上奏阻止事件のあった一九三〇年四月以降（とくにロンドン条約批准の方向が出た九月以降）、頻繁に登場するようになることから傍証できる。もっとも、田中内閣末期から浜口内閣の危機の時期に、昭和天皇はわずか二八歳から二九歳で、即位後三〜四年しか経っていなかった。明治天皇のようなカリスマ性のない、青年の昭和天皇が直面した政治状況は、きわめて厳しいものであった。

なお、宮中側近を通しての天皇の意思の間接伝達様式によって、天皇の政治関与は抑制されるのでなく、決定的な効果を伴わないまま、日常的になる。これは、明治天皇やイギリスのジョージ五世などにみられる、危機における君主の調停的な政治関与に比べ、立憲君主制を不安定なものにする可能性の強い様式であるといえよう。ところで、この様式では、内大臣に加えて、最も天皇の身近に仕える侍従長の役割が重要となってくる。鈴木侍従長の上奏阻止の背景には、このような様式の変化も存在していたのである。

第二に、元老の西園寺公望は、田中内閣の倒閣以来、昭和天皇に代わり公平な調停者として、陸軍・政友会・枢密院中枢などの保守主義者や国粋主義者等からも期待されるように行動し、一応の成果を収めたが、条約批准の方向が固まる一九三〇年九月以降、条約反対派から牧野ら宮中側近と同じグループとしてみなされるようになったことである。西園寺が公平な調停者としてのイメージを失うのは、彼がロンドン条約批准問題で、浜口内閣側に立って動いていることが知られるようになったからである。

しかし、国粋主義者や青年将校たちですら、西園寺を牧野内大臣ら宮中側近と同一視してはいない。西園寺は一九三〇年九月以降も一定の公平さを有した人物として、危急の場合には、天皇と彼らの媒介として期待されていた。そのため、一九三二年五月の五・一五事件後の政局の収拾を、唯一の元老として、天皇の下問を受け、各界からの期待をうけて担当したのであった。

第三に、浜口内閣は、宮中側近や、元老西園寺・昭和天皇・ジャーナリズム等の強い支持を得て、枢密院をロンドン条約の批准に合意させたが、枢密顧問官補充の天皇への推薦権に関しては、浜口内閣は枢密院との関係が悪かったので、浜口内閣側は枢密院とほぼ対等の権力行使しかできなかったことである。栄典の推薦に関しても、一木宮相・牧野内大臣ら宮中側近が田中内閣期と同様にかなりの影響力を及ぼしたが、浜口内閣と宮中側近の関係がよいので、栄典に関しては、大きな問題が生じなかった。つまり、ロンドン条約に加え、枢密顧問官の推薦の問題も含め、浜口内閣は、田中内閣と同様にかなり強い首相権限を有した内閣であるが、第二次世界大戦前の内閣の中で、原内閣ほど首相権限を伸長させることはできなかった。

第四に、牧野内大臣ら宮中側近は、ロンドン条約の締結で浜口内閣を助け、条約反対派から「君側の奸」と、排撃を受けたが、地位を保ち続けたことである。条約反対派は、伏見宮（海軍）・秩父宮（陸軍）・閑院宮（陸軍）等の皇族をも動かそうとしたが、牧野内大臣ら宮中側近は、元老西園寺の支持や、昭和天皇の信頼、宮中側近の団結があり、なんとか危機を乗り切った。[234]

また宮中側近は、一木喜徳郎宮相の下で、関屋貞三郎宮内次官が中心となり、一九三〇年三月、一九二一年以来約一〇年ぶりで宮内省官制の大改革を実施し、人事異動とも合わせて、彼らの宮中の統制力を拡大した。その方向は、官吏の数を減らし費用を節約する一方で、宮相・宮内次官を中心とした宮中の一元的管理を、各宮家・王家や皇后宮職にまで進めていくものであった。これは、宮相時代の牧野伸顕によって主導された、一九二一年一〇月の宮中改革の方向を受け継いだものである。また、これらの枠内で、摂政から即位した昭和天皇の権威を保持すべく、侍従職の機能を強めようともしていた。

以上、天皇の統治権を補佐する最高責任者があいまいであるという、明治憲法の欠陥から、原内閣期に形成された日本の立憲君主制の下でも、昭和天皇は、衰えた元老西園寺公望とともに、首相や内閣の国家統合機能を補完することが、イギリス以上に必要であった。しかし昭和天皇は、張作霖爆殺事件の処理やロンドン海軍軍縮条約締結への政治関与に失敗したため、陸・海軍などのコントロールに不安が生じてきた。世界恐慌の影響がさらに深刻になっていく中で、次章以下で述べるように、満州事変等をめぐり、日本の立憲君主制が、第二次若槻内閣から犬養毅内閣の間に、さらに大きな危機を迎えていく。

第五章　立憲君主制の空洞化と満州事変への道

――第二次若槻礼次郎内閣と昭和天皇をめぐる政治――

はじめに

本章では、浜口雄幸内閣がロンドン海軍軍縮を批准してから、第二次若槻礼次郎内閣（民政党）期に満州事変が始まるまでの時期の、立憲君主制が空洞化していく過程を検討したい。その第一の視角は、自立傾向を強める軍部をコントロールするため、昭和天皇、牧野伸顕内大臣ら宮中側近、元老西園寺公望や浜口・若槻両内閣がどのように行動したかを明らかにするとともに、政党内閣の首相の権限の消長を考察することである。この考察を通し、首相を支えようとした天皇や宮中側近の意図を離れ、首相の権限は天皇や宮中に対して弱まり、そのことが、首相の権限が軍部に対しても弱まっていく一因ともなること等がわかるであろう。

また第二に、これまでの章と同様に、枢密顧問官の天皇への推薦の権限が首相にあるか枢密院議長にあるかを分析することで、別の角度から首相権限の消長について検討したい。本章で述べるように、ロンドン海軍軍縮条約批准後、浜口内閣・若槻内閣は枢密院に対する攻勢を強め、ジャーナリズムも枢密院を攻撃したので、首相の権限は枢密院に対しては強まっていくことが明らかになるであろう。

第三に、これらとの関連で、枢密院と宮中の改革問題についても考察したい。これは本章の第一、第二の視角として述べたように、首相が、天皇や宮中側近に対し権限を弱め、枢密院に対して権限を強め、元老も高齢化するなかで、国粋主義者の平沼騏一郎枢密院副議長を中心とした策動で、平沼や倉富勇三郎枢密院議長らと国粋主義者らが、影響を保持しようとしたり、増大させようとしたりするものであった。こうして、平沼・倉富らや国粋主義者と、牧野内大臣ら宮中側近は、さらに対立を深めていく。

第四に、第二、第三の問題の帰趨に関しても、元老西園寺は重要な役割を果たしていたことを明らかにしたい。西園寺は「公平な」調停者としてのイメージを巧みに維持し、大きな変動を避けつつ、イギリスに類似するまでに発展した立憲君主制（政党政治）を守ろうと行動した。

1　昭和天皇の民政党内閣への政治関与

（1）浜口首相の狙撃と第二次若槻内閣の成立

一九三〇年（昭和五）一一月一四日、浜口雄幸首相は東京駅で、国粋主義者の青年、佐郷屋留雄に狙撃され重傷を負った。翌一五日、幣原喜重郎外相が臨時首相代理となり、第五九議会の会期途中の翌一九三一年三月九日まで務めた。浜口首相の体は十分回復していなかったが、衆議院の野党政友会や貴族院の各会派から彼の登院を求める声が強まってきた。そこで、責任感の強い浜口は、三月九日付で幣原の代理を解任する許可を天皇より得て、同日より首相の職務に復帰した。浜口首相は、三月一〇日から議会の閉会する二七日までのうち、一〇日も登院し、すっかり体調を崩した。四月四日、真鍋嘉一郎主治医は、再入院して再手術する必要があると宣告したので、浜口は首相と民政党総裁を辞任することを決意し、たまたま病床を訪れた、最も懇意な有力な閣僚、江木翼鉄相にそれを託した。[1]

同日、江木鉄相は参内し、鈴木貫太郎侍従長に面会し、浜口首相の再入院・再手術について伝えた。江木は、浜口首相の辞意については言及しなかったようである。鈴木侍従長から浜口の容体を知った河井弥八侍従次長は、翌四月五日、佐藤恒丸侍医頭に浜口の容体を聞いた後（佐藤は真鍋主治医に直接聞く）、関屋貞三郎宮内次官と会見、午後二時に鈴木侍従長、二時四五分に一木喜徳郎宮相を訪問し、夕方には鎌倉に牧野伸顕内大臣を訪れた。牧野は、政変が不可避であるとみて、憂慮に堪えないと述べ、天皇に知らせるのは注意を要し、なるべくは、政府より侍従長あたりに報告があった後にする方がよいと指示した。[2] 牧野内大臣は、民政党に継続して政権を担当させたいと考え、民政党内で浜口の後継について意見が一致するまでは、浜口の辞任問題が具体化しないようにしようとしたのである。

前年一〇月二八日に、内大臣秘書官長兼宮内省参事官に就任した木戸幸一（侯爵、木戸孝允の孫）は、四月七日、元老西園寺公望の私設秘書の原田熊雄（男爵）を訪れて、各種の情報を集めた。その後、二人の会話に岡部長景貴族院議員（子爵議員）と近衛文麿貴族院副議長（公爵）も加わった。[3] 四一歳の木戸は、原田と学習院・京大法科の同級であり、子供の頃からの知り合いであった。近衛も同じ頃に京大法科で学んでおり、三人は親しい仲であった。木戸が内大臣秘書官長に就任する前から、三人と岡部も含めたグループは、東京倶楽部での会食やゴルフの場で、ロンドン海軍軍縮条約問題など、種々の話題について意見を交換していた。[4]

翌八日午前九時半、木戸は牧野内大臣を訪れ、浜口首相の後任は、山本達雄（元蔵相）ならば現状維持ができるが、安達謙蔵内相なら宇垣一成陸相や井上準之助蔵相は辞任するであろうとの見通しを伝えた。また、同日夕方に、原田が井上蔵相の意見を聞いたことをふまえ、翌九日に木戸は同様の意見を牧野内大臣に伝えた。しかし牧野は、木戸の意見を情報としてとらえたのみで、このような重要なことを原田に打ち明けた井上蔵相に不信感を抱いた。[5]

四月一〇日、牧野内大臣は、原田からの電話で、西園寺が内閣側の意見が一致するまでは介入することを好んでいないことを知り、牧野も同意した。また、原田は、民政党では昨日より急に後任総裁の人選論が盛んになり、若槻を推す者が少なくないことも話した(6)。後継首相推薦の実権を持つ元老西園寺や牧野内大臣は、木戸秘書官長や原田らと同様に、民政党内閣を存続させる考えを持っていたが、木戸らのいう山本達雄には関心を示さず、閣内の意見の帰すところを待った。

幣原は浜口から後継総裁について意見を求められたので、若槻の名を挙げたら、浜口は同意して喜んだ。四月一一日、幣原はそのことを牧野内大臣に伝えた(7)。この日、木戸内大臣秘書官長も、近衛文麿を訪れ、原田も含めて会談し、民政党は浜口の後任に若槻を推し、延長内閣を策しているようであると判断した。木戸は午後に登庁した牧野内大臣に面談した(8)。同日、原田が西園寺の伝言として、牧野内大臣に、政変の場合の後継内閣組織者について、参考のためにと意見を尋ねた。牧野は、財政経済の点が重要で、現内閣の方針を受け継ぐ人選が適当であると答えた(9)。こうして、民政党が若槻を後継総裁に推し、元老西園寺と牧野内大臣が、後継首相として若槻を天皇に推薦する方向が固まっていった。

四月一三日、民政党は全会一致で若槻を後任総裁に推挙した。また、宇垣陸相が閣員一同の辞表を浜口首相に代わって天皇に捧呈した。天皇は、善後処置について牧野内大臣に下問し、牧野は前例に従って元老に下問するように言上し、天皇はそれを了承し、鈴木侍従長が特使として、興津にいる西園寺のもとに派遣された。鈴木は、西園寺の質問に備え、前もって、後継首相についての、牧野の意見を尋ねていた。牧野の意見は、一一日に原田に答えたところの前段である、財政経済上の関係が重要であるとのことであった。この夜、鈴木侍従長は、天皇に復命の後、牧野内大臣に、西園寺は若槻を適任者として奉答したとの電話をした。翌一四日、天皇は牧野内大臣を召し、西園寺は若槻を後継首相に推薦してきたがどうであるかと下問し、牧野は若槻が適当と思うと答えた。こうして、若槻は召され、午前一〇時半に参内し、天皇より組閣の命を下された(10)。

この後継首相推薦の様式は、一九二六年一〇月二八日に、元老西園寺から牧野内大臣に伝えられた、㈠政変の際には、元老と内大臣の両者に後継首相の下問があり、㈡西園寺が死去した後は、内大臣に主として下問し、内大臣が参考のため意見を求めたい場合は勅許を得て目的の人と協議するという様式（第Ⅰ部第二章4）の前半を踏襲したものである。

今回の政変で、一四日の午前九時から、内大臣室で、牧野内相・一木宮相・鈴木侍従長・木戸内大臣秘書官長・河井弥八侍従次長らが参加して、鈴木侍従長から、前日の西園寺への後継首相の下問と西園寺の奉答内容と経過について、報告があった[11]。

これは、牧野内大臣が、宮中側近に後継首相推薦に関する情報を共有させ、今後の政変に備えようとしたものであろう。牧野は、軍部や国粋主義者の間で、天皇不信や宮中側近への批判が強まる中で、宮中側近の団結を強めて、若い昭和天皇を補完しようと考えたのである。これは、牧野ら宮中側近の表の政治への介入を拡大しようとする意思を示していた。なお、宮中側近の中でも、牧野内大臣の腹心の関屋貞三郎宮内次官が参加していない。これは、宮内次官は宮内省の事務方の責任者であり、政変には直接関わらせないとの慣行によったといえる（田中義一首相の張作霖爆殺事件処理の上奏問題でも、合議に加わったのは、牧野内大臣・一木宮相・鈴木侍従長を中心に、最大でも、河井侍従次長・岡部内大臣秘書官長までであった[12]）。

四月一四日午前一〇時三〇分に、組閣の命を受けた若槻は、午後三時五〇分に拝謁して、天皇に閣員名簿を捧呈した。蔵相・外相・内相など主要閣僚はじめ九人の閣僚が留任し、新任は首相のほか、陸相・南次郎、商工相・桜内幸雄（旧政友本党系）、拓務相・原脩次郎（浜口前首相や江木鉄相に近い）の三人であった。これに対し、天皇は考慮すべしとして留めて置いて、牧野内大臣を召して、新閣員について下問したが、天皇に特に異存があるわけではなかった。そこで、天皇は若槻を召し、閣員を嘉納したことを伝え、夕方六時頃、親任式が行われた[13]。

この天皇の行動を、河井侍従次長は、天皇が大臣の任用を慎重に行おうとしたからと理解し、将来大臣任命の場合に対し、必要なる措置であると、好意的に受け止めた。[14] しかし、昭和天皇のこの行動は、衆議院の第一党を背景とした首相の推薦する閣僚を直ちに受け入れないということで、首相権限を弱めるものであり、立憲君主制を促進するものではなかった。また、天皇が文官の首相に対して、天皇権限を示威するような行動をとっても、問題となっている軍部や国粋主義者へのコントロールを強めることにはならない。むしろ、文官の首相の権威が弱まることで、軍部が、文官の首相に対し、統帥権の独立を主張し、統制に服さない空気を生み出すものであった。

また、明治天皇は一八九一年に第一次松方正義内閣ができるのに際し、陸奥宗光が外相となることを拒否したが（ただし陸奥は約一年後に、第二次伊藤博文内閣の外相として入閣）、その後は、首相の推薦する閣僚候補を自動的に裁可してきた。それは、第一次大隈重信内閣の成立に際し、自ら好まない尾崎行雄が文相になることを裁可したように、天皇の好き嫌いを抑制しての行動であった。[15] 昭和天皇の行動は、一八九二年から四〇年近く続いてきた慣行を変える要素を含んだ危険なものであった。

昭和天皇のこのような行動は、第二次若槻内閣が成立して五カ月後の一九三一年九月一〇日、江木翼鉄相が病気で辞任し、後任に原脩次郎《しゅうじろう》拓相を当て、拓相は首相の兼任としようとする裁可を、若槻首相が求めた際にも起きた。天皇は、原拓相に関する刑事事件の件を問い、直ちには裁可せず、首相を控え室で待たせて、牧野内大臣の意見を問うた後、首相を召して裁可した。[16] 原は、一九一八年の貴族院多額納税議員選挙に際し、賄賂で投票を買収したとの罪名で入獄していた。その後、特赦されたが、一九三一年四月に原が拓相に就任すると、六月一〇日頃には大臣として推薦されたのは不適当だとの議論が喧しくなっていた。[17]

（2）官吏減俸の実施過程と昭和天皇の関与

一九三一年度予算編成に向けて、昭和恐慌下の歳入不正を補うため、第二次若槻内閣は、浜口内閣から行政・財政・税制改革を、受け継いだ。若槻内閣では、江木鉄相・井上蔵相が担当となり、行政整理案を検討した。彼らは、官吏を削減することに加え、浜口内閣のときに司法官の反対で失敗した官吏の減俸を実施しようとした。しかも今回は、官立学校職員や武官にまで、広範囲に実施することを目指した。江木・井上らは、数回の行政整理の準備委員会を開き、一九三一年五月中旬には減俸案をいくつか立案した。

そのうち、最も実現の可能性が高いとされる案でも、㈠現在の一般的な物価下落に対応させて官吏減俸を実施する、㈡減俸を適用する範囲は親任官・勅任官・奏任官など高級・中堅官僚から判任官・雇員など下級官吏や、武官まで広くとる、㈢減俸率は俸給により数段階に分け、最高は一二%で最低は四～五%とする、㈣在外加俸・植民地加俸その他の加俸についても減額を行う等、かなり積極的なものであった。五月一三日、江木は元老西園寺を訪問し、行政・財政・税制整理案とともに官吏減俸案の了解を求めた。一六日には、若槻首相・江木鉄相・井上蔵相・安達内相の四相が会合し、官吏の減俸を断行することで意見の一致をみた。[18]その後、若槻内閣は、五月二二日の閣議で減俸の実施方針を決め、二六日の閣議で正式決定し、勅令により、六月一日から実施することを決めた。それは、上は内閣総理大臣（一万二〇〇〇円を二〇%削減）から、下は年俸一二〇〇円の奏任官が五・八%削減、月一〇〇円の判任官が五%削減する等の内容であった。[19]

しかし、五月二〇日頃から鉄道省・東京地方裁判所判事部・逓信省などで減俸反対運動が強まった。減俸に対する反対運動が最も激しかったのは、鉄道省であった。[20]昭和天皇は皇后とともに、五月一五日から葉山に行幸し、生物採集などをしていたが、二四日朝、葉山にやってきた鈴木侍従長に官吏減俸について「下問」した。夕方に一木宮相が葉山に来たので、鈴木侍従長は、減俸問題についての天皇の心配を伝えた。天皇は二五日午後に葉山から宮城に帰還した。[21]元来、天皇・皇后の葉山滞在は約一〇日間とされていたが、[22]二五日の帰還は、五月二六日の減俸問題の閣議正式決定のスケジュールとも関連していた。

勅令による減俸には、法律上の疑問もあった。これは、判事に関しては、裁判所構成法で判事は意に反して減俸されないとあり（第七十三条）、同七十六条などをも根拠に、判事の減俸は勅令ではなく、帝国議会を通った法律と行うべきであるとの説もあった[23]。五月二二日、東京地裁・区裁の判事たちの代表四名は、前夜の反対決議にもとづき、西郷陽所長に以下の決議を法相に伝達するよう委任した。

司法権独立の立場から我々判事は勅令をもつて一律に減俸せんとするのには絶対反対である

西郷所長は、これを渡辺法相に手渡し、法律上の解釈については政府と意見を異にし、判事側は減俸不可能であると解釈すると告げた[24]。

このような状況下で、五月二六日の牧野内大臣の日記は、減俸問題への昭和天皇への姿勢について次のように記している（牧野内大臣は京都出張を終えて、二四日夕方に東京に戻った。二五日、牧野は出勤直後に、鈴木侍従長と面会して、減俸問題について意見を交換している）。

参内、拝謁。

減俸問題は事極めて重大に付枢府へ御諮問の御思召も伺ひ奉る。然し此れは財政計画の一部の顕はれなれば自然財政計画に枢府の容喙の端を為す恐れありとの事にて、御再考被遊たるやに拝す[25]。

すなわち、天皇は減俸問題を枢密院に諮問してはどうかと、五月二六日に牧野が拝謁した際か、すでに述べた二四日に鈴木侍従長に減俸問題について「下問」した際等に述べた。木戸内大臣秘書官長によると、枢密院の諮詢対象となる「憲法付属の法律勅令」の政府側の解釈は、憲法施行当時の法律勅令ということで、衆議院議員選挙法・議院法・会計法・貴族院令の三法律一勅令であった[26]。減俸に関する勅令を枢密院に諮詢することは、天皇が減俸問題を心配するあまり、従来の慣行を崩し、予算に関して枢密院に諮詢する先例を作り、首相権限を弱めかねない提案をしたことを意味する。

すでに述べたように牧野内大臣は、体制の安定を図るため、結果として首相の権限を弱めても、牧野ら宮中側近が天皇を支える形で発言力を強めていこうとしていた。しかしながら牧野内大臣は、枢密院の権限が強まることを嫌い、減俸問題の枢密院諮詢に賛成せず、天皇は考えを翻したのであった。この牧野の発想は、首相権限の枢密院への分散など他機関への分散は否定し、天皇と天皇を支える内大臣・宮内大臣・侍従長ら宮中側近が首相権限の一部を担当していこうとするものであった。これは、牧野が一九二〇年代半ばから摂政教育等で行ってきたことや、張作霖爆殺事件において田中内閣の処理に天皇とともに強く介入したこと等の延長上にあった。

五月二六日、若槻内閣は閣議で減俸案を正式決定し、首相から天皇に内奏することになった。牧野内大臣は、若槻首相の参内前に、司法官減俸問題について何らかの方法で注意したいと思っていた。しかし、行き違いで、牧野が夕方再び参内したときには首相はすでに参内しており、その機会をなくした[27]。ここでも、牧野内大臣の政治への介入姿勢が確認される。

昭和天皇も、すでに述べた閣僚の推薦の場合と同様に、若槻首相の上奏をそのまま受け入れるスタイルは採らなかった。天皇は「重大の件に付考へ置く[28]」と述べて、内奏内容を直ちには承認しなかった。内奏の内容と思われる、閣議で決定した減俸案の骨子は、以下のようである。五月二二日の実施方針と大枠は同じであるが、判事に対する取扱いを行政官と区別して法律上の疑義が生じないようにし、減俸される最低所得者の月給一〇〇円の減俸率を五％から三％に削減し、中堅の所得者への配慮をしたことである。

一、減俸案適用範囲は文武官に及ぶ。
二、適用基準額は年俸一二〇〇円以上の奏任官、月俸一〇〇円以上の判任官。
三、減額率は、最高が首相の二〇％、最低が月俸一〇〇円の判任官の三％。
四、実施日は一九三一年の六月一日から。
五、司法官に対する取扱いは、検事は一般官吏と同様、判事に対しては、勅令に但書を付して法律上の解釈を容れ、事実上本人の承諾を求めて実行すること（転官の場合は直に新令による）。これで実行不可能の時は次の議会に単行法を制定して実行すること等であった[29]。

若槻首相の拝謁の後、天皇は牧野内大臣を召し、内奏について下問した。天皇は、下級者が減俸を免れる点や、判事が法律によるとしていた点などをあげ、安心したようであった。また、天皇は官吏の減俸が行われるのなら、皇室費も一部を減少するのは当然ではないかとの下問を行った。牧野内大臣は、皇室費の件はもっともなことだと思うが、宮内大臣に下問し、元老の意見も聞いた上で、決定すべきと言上した(30)。

昭和天皇が若槻首相の内奏について、直ちに承諾の言葉を与えなかったことで、若槻首相や内閣は、次の日の減俸関係の勅令上奏の際に、直ちに裁可してもらえるかどうか、心配した。そこで同日夜、幣原外相が若槻首相の依頼で、牧野内大臣を訪れ、切迫した事情を述べて裁可をうながした(31)。減俸問題についての二六日の昭和天皇の行動も、弱体である政党内閣の文官首相に対して、天皇や内大臣の権力を強めるものであるが、肝心の軍部の統制という面では、首相の権力を弱めるという点で、むしろ負の役割を果たしたといえる。

五月二七日午前一〇時一五分、若槻首相は参内し、拝謁、減俸案について天皇の裁可を受けた。その後若槻は、牧野内大臣に面会し、減俸問題の経過などについて詳細に説明した(32)。こうして、五月二七日、官吏減俸のための俸給令（勅令）改正案が公表され、六月一日から実施された。減俸を受ける高等官は、約三万三五〇〇人、判任官は一万二五〇〇人で、このうち七〇％以上は月二〇〇円程度〔年収は現在の九六〇万円程度〕の中堅官吏であった。なお、判事の減俸は後回しとなった(33)。天皇から官吏の減俸との関連で打診された皇室費の削減については、一木宮相と元老西園寺が否定的であったので、実施されなかった(34)。

その間、五月二九日、元老西園寺は天皇に拝謁し、「種々」の上奏を行った(35)。この中に、唯一の元老となった西園寺の死去後に、内大臣が欠員となった場合の対応策もあったようである。二〜三日後、天皇は鈴木侍従長を召して、内大臣欠員の場合は宮内大臣が兼任し、その後任者を「銓考〈衡〉」するべきこと、この事は記録に書いておくべきことを命じた。これについて牧野内大臣は、六月三日に宮相より聞いた。すでに、後任選定については元老西園寺の以前の奉答で、宮相に下問があることになっていた。しかし、牧野は宮相が内大臣を兼任することについては多少議論の余地があると考え、念のために西園寺に託しておく必要があると考えた(36)。牧野は、宮相に対して、官位は同じである内大臣の地位を高めてきたのであり、一時的であれ宮相が兼任することに抵抗感があったのである。

（3）官僚人事への昭和天皇の関与

昭和天皇は、内閣の人事に関しても、種々の形で介入しようとした。すでに述べたように、原拓相のかつての入獄問題が一九三一年六月一〇日ごろに世上の関心を集めると、天皇は原拓相を推薦した事情を若槻首相に質問しようと考えた。しかし、鈴木侍従長と牧野内大臣が相談した上で、牧野が意見を奏上した結果、天皇はそれを喜んで受け入れ、結局首相への糾問はなされなかった(37)。六月一三日に、満鉄総裁・副総裁が、それぞれ仙石貢（憲政会・民政党幹部、元鉄相）・大平駒槌《おおだいらこまつち》から内田康哉（元原敬内閣外相・外交官）・江口定条に代わった件に関し、天皇は満足し、同一五日、その旨を鈴木侍従長から若槻首相に伝えさせた。また同じ一四日には、鈴木侍従長が若槻首相に、今後、国務大臣を推薦する場合には、その梗概書を提出することを求めた(38)。これは、原拓相の入獄問題に関し、右に述べた牧野の奏上した意見が採用されたと思われるが、首相の閣僚推薦権を弱めるものであった。

八月八日、潮恵之輔内務次官が更迭され、警保局長の次田大三郎が次官に昇格し、引き続き警保局長を兼任すると、昭和天皇はこの人事を好ましく思わず、その直後に鈴木侍従長にそうした意向を示した。潮は田中義一内閣（政友会）のときに次官に昇進し、浜口内閣・第二次若槻内閣と民政党内閣ができても更迭されなかったが、今回更迭された。天皇は事務官の身分保証を侵害するとして、深く心配した。牧野内大臣も今後一層注意すると言上し、天皇に了承された。関屋貞三郎宮内次官は、次田の警保局長兼任は、若槻内閣の選挙対策のためとみた(39)。次田は、憲政会単独内閣となった加藤高明内閣の下で、一九二五年九月に茨城県知事から内務省土木局長に栄転している。その後、政友会の田中内閣ができた直後の一九二七年五月に休職、依願免本官となり、民政党の浜口内閣が成立すると、二九年七月、内務省地方局長に復活した。このように、次田は明確な民政党系官僚であった。

牧野内大臣は、天皇の意向にもかかわらず、天皇が官僚の人事にまで立ち入ることは、天皇大権の運用として望ましくないと考えた。そこで、関屋宮内次官に、具体的事実に言及せず、当局者の注意を促すほうがよいと述べた。関屋次官は、大塚惟精貴族院議員（元警保局長、民政党系）に、差し支えないように話したいと述べ、牧野の了承を得た。また牧野内大臣は、八月二六日、若槻首相に、「事務官の身分保証」について、天皇が心配していることを述べ、首相から人事異動について今後一層注意するべきことを閣僚に述べるとの約を取りつけた。[40]これらの結果、八月二八日には、次田の警保局長兼任がなくなった。

（4）軍制改革問題――陸軍の自立の動き

浜口内閣・第二次若槻内閣の行政財政整理のなかには、陸軍の軍縮構想も含まれていた。しかし、陸軍はこれを軍制改革として検討し、軍縮に抵抗しようとした。この軍制改革（内閣側のいう軍縮）構想に関し、宇垣一成陸相は将来政界に進出し首相になる野心があったので、民政党の好意を得るため、浜口内閣に少し妥協的な姿勢も見せた。しかし、宇垣陸相と後任の南次郎陸相（第二次若槻内閣）ら陸軍側の基本姿勢は、陸軍の組織を見直して、装備の近代化を図ろうとするもので、経費削減によって内閣・民政党の財政緊縮に協力しようとするものではなかった。[41]それは一九二〇年代半ばに、民政党の前身の憲政会内閣で実施された宇垣軍縮[42]（宇垣一成陸相）と類似した着想であった。しかし、今回の方が世界恐慌下で政府の財政状況はより厳しかった。

一九三一年七月一一日までに、木戸幸一内大臣秘書官長は、ここ一週間来、陸軍は大蔵省立案の節約問題に関連して、軍縮への強い反発を示しているとの情報を手に入れていた。木戸は、元老西園寺の私設秘書の原田熊雄にこの問題を話すとともに、軍部は背水の陣を構え、上奏などの手段を取るのでないかと憂慮した。[43]すでに七月三日から、南次郎陸相は、奈良武次侍従武官長に軍制改革について軍事参議官会議の様子を話し、天皇に上奏する準備を進め始めた。一三日午後二時には、参謀本部の畑俊六第一部長が、翌日の金谷範三参謀総長の軍制改革についての奏上について、奈良侍従武官長と打ち合わせをした[44]。原田は、陸軍が軍制改革についてこれ以上縮小できないことを、一四日（金谷参謀総長）、一五日（南陸相）に上奏しようとしていることを察し、元老西園寺に伝えた。西園寺は、そのことを、牧野内大臣、鈴木侍従長、一木宮相に注意するよう指示した[45]。そこで原田は、七月一三日、木戸内大臣秘書官長に知らせ、木戸は直ちに牧野内大臣に報告した。牧野は、一四日に南陸相が拝謁を求めると思い、陸相が蔵相や首相と決定的な交渉を行っていないのに内情を上奏するのは、閣僚として不穏当な行動と考えた。そこで、木戸に、鈴木侍従長にそのことを伝えるように依頼し、木戸はその事を、当日夕方に葉山御用邸の鈴木に伝えた（昭和天皇も葉山に滞在、木戸は夕方六時半帰京[46]）。

陸軍側は、軍制改革（軍縮）の問題を、首相や蔵相など、閣内の責任者との調整の努力を十分にせず、陸軍の主張を天皇に伝えてその公認を得ようとしている。これは、天皇から組閣を任せられた首相を中心に、内閣が政治の責任を持つという、明治以来形成され、政党内閣期に定着しかけた立憲君主制の慣行を崩すものであった。昭和天皇や牧野内大臣は、すでにみたように、天皇や宮中側近の権限を強める形で、結果として首相の権限を弱める動きをしていたが、牧野や木戸は、この陸軍の動きに対しては不穏当ととらえた。

天皇は一三日夕方から一四日朝までの間に、右のことを鈴木侍従長から伝えられたらしい。一四日午前九時半、天皇は奈良侍従武官長を召し、二つの注意を与えた。それは、参謀総長の拝謁の際に、軍制改革について天皇の可否の意向について参謀総長が尋ねないようにすることと、上奏したことで参謀総長が天皇の承認を得たと外部に主張しないように、奈良が参謀総長に伝えることであった。金谷参謀総長は、午後一時半に拝謁し、中国の現況を奏上し、軍制改革の成り行きを奏上した。奈良侍従武官長は、参謀総長に天皇の意向を伝え、「唯聞き置かれたるに止まることを」、よく了解させた[47]。

翌一五日、南陸相が拝謁し、陸軍の大異動人事の内奏と、軍制改革案の成り行きを奏上した。それについても、直ちに天皇は奈良侍従武官長を召し、金谷参謀総長に対して述べたのと同じことを伝えておくように命じた。奈良はそのように伝え、陸相の意向を雑談的に聞き取った。天皇は、その後奈良を召して、陸相の話し合いの結果について聞き取った[48]。天皇は陸軍側の軍制改革への意向に対し、ただ聞いておいただけで、陸軍側に利用されないようにしたことや、浜口内閣期と同様に、天皇の意向を軍当局者に間接的に伝達する行動様式をとったことが注目される。

もっとも、浜口内閣期のロンドン海軍軍縮条約問題では、それが海軍の問題であったので、海軍出身の鈴木侍従長（元軍令部長、予備役海軍大将）が中心であったが、牧野内大臣も海軍との交渉に同席した（前章3）。今回の天皇の意向の伝達役は奈良侍従武官長（陸軍大将）という現役の陸軍軍人であったことが注目される。これは昭和天皇が軍部や国粋主義者らの宮中側近批判に配慮した結果と思われる。侍従武官長は陸海軍大将又は中将から親補されるポストであるが、通例陸軍軍人が就任する慣行となっていた。この二カ月後に満州事変が始まり、その後天皇と陸軍との交渉がさらに必要になってくるに従い、侍従武官長の役割が重要となっていく。

なお、陸軍は軍制改革についての姿勢を変えず、九月一一日にも、南陸相が天皇に軍制改革と軍縮会議の関係について奏上した[49]。その後九月一八日に満州事変が勃発すると、陸軍を取り巻く状況が大きく変化した。結局、一九三二年二月二日には、陸軍三長官会議（陸相・参謀総長・教育総監）で、軍制改革は一年延期と決定し、翌三三年には中止となった[50]。

2　栄典の推薦に関する宮中の権限の増大と内閣の権限

すでに述べたように、位階・勲等・授爵などの栄典は法的には天皇が決めることになっていたが、実際はその権限を内閣・宮中側近・元老などが代行し、天皇は原則的に関与しなかった。浜口雄幸内閣期の代行の実態は、一九三〇年二月に鈴木荘六参謀総長の引退に伴い、陸軍が授爵を働きかけたが、実現しなかったこと、同年一二月にロンドン海軍軍縮条約締結の論功行賞において、浜口内閣の案を宮内省側が修正したことが注目される。これらから、一木喜徳郎宮相・牧野伸顕内大臣らの宮中側近は、浜口内閣期においても、田中義一内閣期と同様にかなりの影響力を及ぼしたといえる。爵位など栄典については、公式令で宮相の副署が規定されている（上級勲章には副署規定がない）。一木宮相や牧野内大臣は、若い昭和天皇を支えるため、一般政務への関与と同様に宮中側近が政治的に台頭するのに伴い、栄典への関与を増大させてきたのである。[51] 本節では、ロンドン条約批准から満州事変までの栄典授与決定過程について、史料として残っている枢密院関係を中心に検討したい。

一九三〇年一〇月二二日、田健治郎顧問官の病気が悪化したので、二上兵治書記官長は、過去の顧問官の死去に際しての叙位叙勲の先例を調べて、倉富勇三郎議長を訪れた。二上によると、田は本年従二位に叙せられたばかりであるので、位の増進は極めて難しかった。勲章の方は、旭日大綬章を授けられてから九年余り（しかし、退官した間を除くと七年余り）であり、先例からみると、一つ上の旭日桐花大綬章を進叙するには、あまり時間が経っていないともいえた。しかし、平山成信顧問官が、旭日桐花大綬章を授けられた例もあり、田の進叙は絶対不可能というわけでもなかった。二上は内閣でも前もって調査する人を置く必要があるので、内々相談しておくと述べた。[52] 田は、ロンドン海軍軍縮問題の時、批准の賛否が不明とみられた人物であるが、二上は枢密院として死後に何がしかの栄典が授けられるようにしようと動き、倉富議長も反対しなかった。

その後、田の叙位叙勲は内閣で内議され、叙位は難しいが、進叙は可能であることになった。一一月一六日、田が危篤になると、二上は内閣と手続きを進めると共に、倉富議長に知らせた。田は同日夜死去し、翌一七日、日をさかのぼらせて一六日付で田に旭日桐花大綬章が進叙されることが決定した。[53] 田の場合、ロンドン条約批准に強く反対しておらず、条約推進を目指した浜口内閣・宮中側近に好意を持たれていたのか、困難な条件にもかかわらず、進叙が決定した。

なお、二上が先例として出した平山顧問官の場合は、死去の二日前の一九二九年九月二三日段階では、倉富議長は田中内閣を代表した鈴木富士弥内閣書記官長から位の増進も勲章の進叙もむずかしいと聞かされていた。しかし、珍田捨巳侍従長兼枢密顧問官が内閣の反対にもかかわらず宮内省の推薦で死後従一位・旭日桐花大綬章を授けられた先例を挙げて、枢密院側が交渉した結果、勲章の進叙のみは実現していた（前章4(2)）。あるいは平山が、牧野内大臣と同じ薩摩出身であったので、その好意も影響した可能性がある。

一九三一年二月一六日に松室致顧問官（法政大学長、元法相）が死去した際の叙位叙勲については、枢密院側にさらに不可解なことが生じた。二月一六日、倉富議長・平沼騏一郎副議長・二上書記官長の三人で松室の叙位叙勲のことを相談した際には、松室は従二位に叙せられてから相当期間が経っているので、正二位に叙することはできるであろうこと、しかし旭日大綬章を受けた後、六年余りしか過ぎていないので、一つ上の旭日桐花大綬章を受けることは困難であろうと判断された。そこで、勲章の方も進叙されることを申し立てるが、実現しなくても仕方ないとすることにした。(54)

その後、二上は枢密院議長の名で、松室の正二位への増位と旭日桐花大綬章の進叙を内閣に推薦したところ、内閣書記官は、叙勲は行うことができないと言い切った。そこで二上は、枢密院としては仕方がないとし、松室の家族にそのことを伝えたところ、増位のみでは不満であるようであった。(55)

ところが、二月一六日付で、松室は正二位へ進み、旭日桐花大綬章を授けられた。一九日、倉富議長・平沼副議長・二上書記官長の会談で、倉富と平沼は松室が旭日桐花大綬章を与えられた訳が不可解であると述べた。二上も、理由を知らなかった。二上は、内閣書記官もこのことについては捨て鉢になっているようであり、二上は内閣属官から枢密院属官に書面で通知してきたと話した。三人の会見の後に二上は事情を調べ、松室の叙勲は安達謙蔵内相が衆議院議員選挙法改正案への尽力を評価し、主張したからであろうと倉富に伝えた。(56)

二一日の三人の会見では、松室への叙勲について、倉富は前年のロンドン海軍軍縮条約の審議について、松室が学長をしている法政大学が何か関係あるように聞いたので、或いは若槻礼次郎（元首相）等より話があったのではないかと思ったと述べた。平沼も、或いは若槻から浜口首相に話したかもしれないと、倉富に応じた。二上も、安達内相の関連を述べつつも、浜口首相より話したという噂もあることを示した(57)。いずれにしても、松室の栄典は、浜口内閣の好意で枢密院側の予想以上の条件で実現したらしい。このことは栄典について内閣が関係官庁に対して主導権を持っていることを示している。また、それがロンドン条約問題や選挙法改正問題など、浜口内閣の政策に協力したことに関連する噂があることが注目される。

一九三一年六月二六日に死去した山川健次郎顧問官（元東京帝大総長）の栄典は、松室顧問官のことが議論されていた二月一八日には、倉富ら枢密院中枢で話題になっていた。この頃から山川の病状は悪かったのである。山川は正二位で旭日大綬章を受けていたが、いずれも授けられてからあまり時間が経っていなかった(58)。

二月一九日、二上書記官長は、通例では位も勲章も詮議できないだろうと倉富議長に報告した。倉富は、山川は昭和天皇が東宮時代に御学問所御用掛であったことがあるので、珍田が侍従長であったために従一位にまで進められた例に倣い、従一位は無理にしても、勲章は一つ上の旭日桐花大綬章を下賜されるよう詮議を進めてもよいであろうと思うと述べた。山川の件は、二一日にも倉富議長・平沼副議長・二上書記官長の三人がそろった場で話題になった。この日も二上が山川は叙位叙勲も詮議できないであろうと弱気の発言をしたのに対し、倉富は、再び珍田の例と東宮御学問所御用掛の件を出して、叙勲のことは要求してよろしいだろうと答え、平沼は事情によっては宮内省から助けてもらうことも必要と応じ、倉富も宮内省は助けてくれるだろうと答え、平沼も同意した(59)。

ここでも注目すべきことは、栄典に関しては、天皇・皇太子など宮中に関わることをしていると、宮内省の援助もあり、それ以外の一般の慣例を越え有利に運ぶと見られていることである。またその先例は、珍田捨巳侍従長兼枢密顧問官が死去した一九二九年一月に始まると考えられていることである。これはすでに述べた田中内閣期からの牧野内大臣ら宮中側近の発言力の高まり（第Ⅰ部第三章2（4））と関連しているといえる。

山川が危篤になると、六月二六日、二上は倉富議長に、山川の叙勲について、内閣から枢密院のみの功績では少し不足しているので、教育上の功労について文部省より申し立てをすることにしたいと言って来たので、そのようにしておいたと伝えた[60]。こうして山川は、六月二六日の死後に、時間をさかのぼらせて、同日付で旭日桐花大綬章を受けた[61]。これは山川が極めて優遇されたものといえる。

一九三一年八月一八日に死去した九鬼隆一枢密顧問官の場合は、枢密院側では位の増進や勲章の進叙、あるいは爵位の陞爵ですら可能とみたが、天皇や皇太子に直接仕えておらず、内閣や宮内省の支持が得られず、いずれも実現しなかった例である。

すなわち、九鬼が危篤になると、八月一一日、堀江季雄枢密院書記官（二上書記官長は軽井沢の別荘にいるので代理）が倉富議長を訪れた。堀江は、九鬼は正二位で旭日大綬章を授けられているが、勲章は授けられてからよほど年月日が経過しているので、勲章の進叙は当然申し立てをしてよろしいと思うと進言した。これに対し倉富は、勲章はもちろん主張すべきであり、また正二位も特別の詮議であったが、今日では当然位を増進できるので、位勲ともに申し立てるようにと命じた。堀江は、平沼副議長と二上に連絡したところ、二人とも位勲ともに申し立てる倉富の考えに賛成した。こうして同日、枢密院側は政府に九鬼に位勲ともに進めるように申し立てた[62]。

一三日には早川鉄治（元外務省政務局長、倉富の東京英語学校での教え子）が倉富を訪れ、九鬼の栄典について尋ねた。倉富は、田中隆吉文相より勲章の進叙をすべきと言ってきたので、枢密院よりも申し立てたが、詮議せずそのままになったこと、今回、病気が重態となったので、枢密院より位勲を両方進めることを申し立てたが、内閣では難色を示しているらしいことを述べた[63]（九鬼は、文部官僚を経て、宮内省に転じ、図書頭や初代帝国博物館総長を歴任、一八九七年には古社寺保存法の制定に努めるなど、美術行政に尽力した）。

早川は、九鬼は牧野内大臣と懇意であるので、九鬼の長男から牧野に位の増進を実現してほしいことを話したところ、牧野は可否を言わず、単に「然るか」と答えたのみであったと、倉富に話した。早川は、所属の枢密院からの推薦を懇願し、牧野が尽力すれば効果があるかと尋ねた。倉富は、華族として位を進める場合には宮内省が取り扱うが、九鬼の場合、規定では九〇歳位に達する必要がある、したがって九鬼の場合は華族としての増位を求めるのではないので、宮内省で直接取り扱うものではないが、牧野が世話をすればよほどの効果があるに違いないと答えた。(64) 九鬼の特色は、枢密院側で十分な経歴があるとみているにもかかわらず、牧野内大臣や宮内省の好意を得ていないことであった。

翌一四日には、倉富と二上の間で九鬼の位勲のことが話題になり、二上は位の方は進められるだろうと内閣で言っているようであると述べ、九鬼が薩派系で牧野と親しいことも話題にした。倉富は、牧野が可否を言わなかったという、早川の話を二上に伝えた。(65) 次の一五日には、三上参次臨時帝室編修官長（『明治天皇紀』の編纂の責任者、東京帝大名誉教授）が倉富を訪れ、九鬼の位勲に関し、九鬼の古社寺保存の功績などについて述べた。(66)

八月一八日、二上は倉富を訪れ、九鬼の死去を伝えた。倉富は九鬼の経歴ならば、一つ爵位を上げて子爵になってもよろしいと思うと述べ、二上も、民政党幹部の山本達雄（元蔵相・農商相）が、九鬼は伯爵になる資格があると言っていたことを伝えた。(67) しかし、九鬼は位勲も陞爵も得ることができなかった。

これら栄典の天皇への推薦に関しての例にみられるように、元老西園寺公望は、この時期には原則として関与しなかったようである。西園寺が関与するのは、以下のように、栄典推薦の当事者が栄典を受ける場合の公平性のチェック役としてのみに、ほぼ限られていたようである。すなわち、一九三一年四月一一日、倉富枢密院議長は岩波武信宮内事務官（宗秩寮）に宮内省で出会った際、ロンドン条約の行賞は急に行われるのかと尋ねた。岩波は、若槻礼次郎（元首相、ロンドン会議の全権）が首相となれば自分の行賞を自分で取り扱い難いので、今日の午後三時頃までに決行したい旨、内閣より申し出があったと答えた。これについては、西園寺の返事を待っている所で、その返事がすでに来ているかもしれないとも、岩波は付け加えている。倉富は、若槻を首相にすることには、民政党内でもいまだに異議を唱える者がいるようであると、応じた。(68) 四月一一日には、若槻が浜口の後継首相になることは、ほぼ既定の事実となりつつあり[69]、すでに述べたように、若槻は四月一四日に組閣した。この間、若槻への行賞は、四月一一日に男爵を授けるということで実施された[70]。

もっとも、一九三一年六月段階でも、当事者が関係した官庁経由以外に、元老からのルートもあるとも考えられていた。たとえば、一九三一年六月一七日に朝鮮総督を辞任した斎藤実に関し（本章4（5）で詳述）、腹心の児玉秀雄前朝鮮総督府政務総監は、財部彪《たからべたけし》軍事参議官（海軍大将）に、斎藤の陞爵運動について述べている。その際児玉は、宇垣一成朝鮮総督から発言してもらうか、西園寺に依頼するか等の構想を述べた（ただし斎藤の陞爵は実現しなかった[71]）。

3　枢密院の改革問題

（1）ロンドン条約と一〇月八日の枢密院改革要求

枢密院が民政党の浜口雄幸内閣側に屈服し、一九三〇年一〇月二日、ロンドン海軍軍縮条約が批准されたことで（前章2（4））、枢密顧問官中で、当初から浜口内閣を支持していた岡田良平（文部官僚から寺内正毅内閣や加藤高明内閣・若槻礼次郎内閣の文相）や石井菊次郎（外交官から大隈内閣の外相）は、倉富勇三郎枢密院議長・平沼騏一郎枢密院副議長・二上兵治枢密院書記官長・伊東巳代治顧問官ら枢密院中枢の権限を弱めようとする動きを始めた。岡田・石井らは同志会・憲政会など民政党の前身の政党系内閣の閣僚を務めるなど、顧問官中で民政党系であった。

『東京朝日新聞』は、この動きを、一〇月三日にいち早く報じた。それは、伊藤博文や山県有朋のような大物議長のときに作られた枢密院の慣行や法規を改正しようとする「枢密院改革論」として論じられた。改正の論点として、次の三つが挙げられた。第一は、枢密院事務規程にのっとり、議長が指名している審査委員の選考のやり方の改正である[72]。

改革の論点に入る前に、まず枢密院の審査のしくみを概観しておこう。枢密院に内閣から天皇の名で諮詢があると、まず審査委員会でそれらを詳細に検討し、審査報告を付して顧問官全員が参加する本会議にかけられた。諮詢事項によっては、審査委員会段階で、内閣が撤回を余儀なくされる場合もある。また、本会議で審査委員会と大きく異なる結論が出れば、審査委員長や場合によれば審査委員となった顧問官の責任問題となると考えられていた。そのため、本会議は審査結果を追認する傾向が強く、審査委員会が諮詢事項の事実上の決定権を持っていた。その意味でこの制度は、審査委員長や審査委員を指名する権限を持っている枢密院議長やその補佐役としての副議長の枢密院支配の重要な要素であった。

『東京朝日新聞』は、ロンドン条約の審査委員に、ジュネーヴ軍縮会議の全権であった石井菊次郎が選ばれなかったことを、不穏当な処置であると指摘した。また、議長が厳正公平な貫禄のある大物なら、規程の運用も問題ないが、将来必ずしもそのような人を期待できないとも論じた。

第二の改正の論点は、審査委員会の傍聴は、議長と副議長はできるが、委員以外の顧問官はできないことになっているのを、すべての顧問官が傍聴できるようにすることである。

第三の論点は、諮詢案は、審査委員以外の顧問官には、本会議の三日前にしか配布されないことになっているのを、審査委員と同時に配布されるようにすることである。これによって、審査委員以外の顧問官も十分な審査ができ、審査報告に対する本会議での議論を実質的なものにできる。すでに、ロンドン条約の諮詢案は、石井菊次郎・岡田良平両顧問官の要求で、審査委員と同時に一般の顧問官にも配布されていた。しかし、その諮詢案には、これを今後慣例としないとの但書がついていた[73]。

倉富らが岡田・石井らの動きを具体的な内部情報で察知したのは、一〇月五日であった。この日、枢密院書記官の武藤盛雄が倉富に、顧問官中に、審査委員会の報告書が成立する前に、議案の配布を受けることや、審査委員以外の顧問官にも審査委員会の傍聴を希望する者がいることを伝えた[74]。一〇月七日、倉富は、右の運動の中心が岡田であり、岡田らは八日の顧問官の参集のときに、この問題を提出しようとしていること、富井政章顧問官（ロンドン条約問題のとき、倉富らに反旗を翻し、浜口内閣側に立つ）も、岡田に賛成していることを、荒井賢太郎顧問官から聞いた[75]。

一〇月八日（水曜日）は、枢密顧問官の定例参集日であった。天皇に拝謁後、岡田は倉富に、ロンドン条約問題のとき、諮詢されてから審査委員の指名から審査の間、新聞では憂慮することが報道されているのに、委員外の顧問官は真相を知ることができなかったことを述べた。その上で、すべての顧問官に議案を配布することや、顧問官に審査委員会の傍聴を許可することを要請した。富井顧問官は岡田に賛成し、枢密院の事務規程は一八八八年の制定で、このままにしておくことはできないとして、事務規程の改正を主張した。さらに、枢密院に天皇から諮詢があったなら、まず第一読会を開き、審査委員に付託するか、書記官長の審査に委ねるかの手続きを定めることにしたらよろしいだろうとも述べた[76]。

石黒忠悳《ただのり》顧問官も、岡田の意見に賛成し、二上書記官長に、規則を改正せずに岡田の意見が実施できるかと問うた。二上は、諮詢があったときに第一読会を開くことは、事務規程の改正をしないとできず、審査委員外の顧問官に委員会の傍聴を許すということは、議事細則に議長・副議長のことのみ規定があり、顧問官はないと答えた[77]。

当日のもう一つの論点は、この会合をさらに正式なものにしていくかどうかであった。富井は倉富に「議長」とよびかけたが、倉富議長は、今日は議長が議事を整理するようなものではないと応じ、石黒から、再び「議長」と呼びかけられると、倉富は「議長と云はれさる様致し度」と言い[78]、当日の会合を、自ら正式の会合と認めないようにした。

それでも、石黒の質問に二上が答えた後、岡田は、諸君は大体枢密院の改革に賛成であるようなので、と述べ、議長（倉富）より調査のための委員を指名することを求めた。しかし、倉富は断った。桜井錠二顧問官は、議長ということで行いたくないなら、今日の座長として委員を指名してほしいと述べたが、倉富は議長でもなく、座長となる理由もないと承知しなかった。この日の会合で、枢密院改革に積極的な発言をしたり、その問題を検討するための委員を正式に決めることに賛意を示したりするなど、岡田・石井の方向に賛同している顧問官は、富井政章・石黒忠悳・桜井錠二で、岡田によると、参加できなかった江木千之も岡田に賛同していた。江木を加えても、六人にすぎなかった（議長を含めた全顧問官二四人の二五％）。これに対し、岡田らに明確に反対したのは、倉富議長・平沼副議長の二人で、古市公蔵・黒田長成・荒井賢太郎・河合操の四人も改革に消極的であった。二上書記官長も反対であったが、顧問官のみでは、改革反対者は、消極派を入れて、ようやく賛成者と同人数であった。[79]

岡田らの策動により突然の会合が開かれて、枢密院改革派が優勢とも見えるが、明確な態度を示さない顧問官の方が多く、事態は未確定であった。また倉富によると、この日の会合は、枢密院改革問題についての正式な委員が指名されることもなく、意見の交換のみで、一〇日午後一時に有志が枢密院事務所に集まることを決定し、散会した。[80]しかし、顧問官の間から突然クーデタまがいの行動が起きたことに、倉富議長は大きな衝撃を受けた。

その直後、倉富は平沼との会談で、浜口内閣総辞職の場合には、自分のように非力の者では力で顧問官を統制することができないからと、顧問官に反省を促す意味も含めて、辞職する考えを示した。平沼は、「然るか」と言ったのみで、倉富を慰留しようとはしなかった。[81]浜口内閣の総辞職とは、内閣がロンドン海軍軍縮条約の結果生じた「国防の欠陥」を補う補充を、予算の関係で、約束と異なり十分にできない場合に生じる可能性があるものであった。海軍側が倒閣をめざして、そのことを上奏するなら、責任は浜口内閣のみならず、条約の批准を可とする報告をした枢密院にまで及ぶ可能性があった。倉富は、岡田らの枢密院改革運動に動揺して、海軍強硬派の倒閣の構想と連動させて、自らの進退を決しようと考えるにいたったのである。

（2）改革への期待を込めた報道

一〇月八日の動きを『東京朝日新聞』・『東京日日新聞』など、有力紙の同日付夕刊は、枢密院改革運動を岡田・石井両顧問官ら改革グループの側に立って大きく報じた。すでに述べた、㈠諮詢があったら第一読会を開き、議長から説明を受けた後、審査委員に付託するか書記官長の手許で審査するかを決めることや、㈡審査委員会に委員以外の顧問官に傍聴を許すことについても、「大体意見一致を見た」（『朝日』）「大体意見の一致を見た」（『日日』）と報じられた。また、次の一〇日の会合についても、出席議員の発議により、「非公式に」富井顧問官を委員長とし、出席の石黒・古市・岡田・石井・桜井・鎌田・黒田・荒井・松室・水町・福田各顧問官を「改正委員」として、改正要綱について協議するようになったと報じた(82)。このため、当日の会合に出席しなかった伊東巳代治・久保田譲顧問官らは、倉富議長が枢密院事務規程改正の委員会を設けたことは不都合であると抗議するため、二上書記官長を呼びつけたくらいであった。この誤解は、二上の説明で解けた(83)。

翌一〇月九日の、『東京朝日新聞』・『東京日日新聞』の朝刊は、浜口内閣も枢密院の事務規程の改正に賛成であると報じた。これは、枢密院事務規定は勅令であるので、内閣が発議して天皇の裁可を得る必要があったからである(84)。両者のうち、『東京朝日新聞』は、特に枢密院改革への願望を込めた報道を行った。前日の夕刊では、「倉富・平沼正副議長も面目を失し苦しい立場に立ったわけで」とし、九日朝刊の社説では、「伊東・金子・平沼・倉富の諸氏といへども〔枢密院改革に〕反対することは出来まじく」等と、改革反対グループを過小評価して報じた(85)。これに対し、『東京日日新聞』の方が、倉富・平沼正副議長以下古参株の顧問官たちが改革に好意をもっていないことを、『東京朝日新聞』よりも、正確に伝えていた。また一〇日の朝刊でも、倉富議長ら枢密院の首脳部が事務規程改正を快く思っておらず、一〇日の集会の出席者数やその後の発展もあまり大きく考えていないことを報じた(86)。

（3）枢密院改革運動の限界

一〇月一〇日の枢密院改革を協議する会での顧問官たちの様子は、二上枢密院書記官長により、同日夜七時に倉富議長に伝えられた。その日参集した顧問官は、富井・石黒・松室・桜井・古市・石井・水町・岡田の八人にすぎなかった。この日、岡田は次の提案をした。それは、㈠諮詢があったときは直ちに書類を全顧問官に配布する、㈡直ちに第一読会を開く、㈢第一読会で審査の方法を定める、㈣審査委員は会議で決め、審査委員長は委員の互選となす、㈤委員会は委員以外の顧問官の傍聴を許し、発言も許すことである[87]。岡田の構想は、審査委員長・審査委員の選定についての倉富枢密院議長や彼を補佐する平沼副議長の権限、及びそれを通した枢密院支配を著しく弱めようとするものであった。また審査委員長などに何度も就任してきた伊東巳代治などの長老顧問官の権限も弱くするものであった。㈡〜㈤は、枢密院の規程や議事細則を改正する必要があった。

これに対し、速やかに書類を配布することについては、格別異論がなかった。しかし第一読会を開くことについては、反対があった。古市は絶対反対すると述べ、石黒・松室も規程の改正を望まないと述べ、反対の姿勢を示した。富井は、議長が重要事項と認めた場合に限り、第一読会を開くと岡田に妥協的であり、桜井は第一読会の代わりに「全員委員説」を述べた。また、委員以外の顧問官に発言を許すことについても、反対があった[88]。

結局、二、三の改正案を作り、規則改正の可否についても研究し、次の水曜日（一〇月一五日）の枢密院本会議が終った後に、協議することになった。その際、同席した二上書記官長に対し、その日欠席した顧問官に、議長名で出席を求めてほしいとの希望が出された。二上がこれを拒否すると、彼らは書記官長の名でこれを実施してほしいと求め、二上はこれも断った。そこで、富井がその日の座長という名義で出席を求めることになった[89]。このように、枢密院改革を求める協議会に出席した八人の顧問官の間ですら、一致点が少なく、岡田らの改革の動きは勢いづかなかった。

一〇月一二日、伊東巳代治は二上書記官長に、岡田と石井は新聞記者に話して宣伝しようとしていると、彼らに辞職を勧告すべきであるとまで述べた。[90]一四日には、八日と一〇日の協議会で岡田を支持する姿勢を示していた富井が倉富議長を訪ね、「自分（富井）か軽率に賛成したる嫌ある様になりたり」と、倉富への融和を求めてきた。[91]

『東京日日新聞』は、一〇日の協議会の前から岡田らの劣勢を、「望み薄の枢府改革」（一〇月一〇日朝刊）、「枢密院部内大部分の意向としては頗る望み薄であ」る（一〇月一三日朝刊）と、かなり正確にとらえていた。一方、『東京朝日新聞』は、一三日になっても、「実行機運漸く迫った枢密院改革の諸案・現状打破論高まる」、「空気一新の急務・枢府部内も意見一致」（一〇月一三日朝刊）と、岡田ら改革派の勢いを、願望を込めて過大に評価していたが、一五日当日朝になると、「枢府改革お流れか・富井顧問官も折れて」（一〇月一五日朝刊）と、実態を報じるようになった。

一〇月一五日、枢密院本会議の散会後、富井の発議で、枢密院事務規程改正についての二回目の顧問官の協議会が予定通り開かれた（枢密院改革問題については、八日を含め、三回目の協議会）。今回は、一〇日に参加した八人の他、山川健次郎・鎌田栄吉・福田雅太郎の三人が加わり、合計一一人の参加であった（議長を含めた全顧問官の四五・八％）。協議の結果、諮詢後は速やかに議案全部を各顧問官に配布すること、審査委員会に委員以外の顧問官の傍聴を許すことの二点が格別の異議なく決まった。また、他の重要案件は後日に検討することにした。座長の富井は、これを倉富枢密院議長に申し出て実行を求めることになった。この会合を『東京日日新聞』は「双方の顔を立て微温的結末に終」わったと、『東京朝日新聞』は、事務規程改正が「骨抜きとなつた」と報じた。このように、ジャーナリズムも岡田ら枢密院改革派の敗北を認め始めた。[92]

一〇月一八日、富井は一五日の協議会の結論を実施するよう求めるため、倉富議長を訪れたが、彼の態度は倉富に妥協的であった。第一の諮詢後速やかに議案を全顧問官に配布することについては、「予算の関係もある趣に付、現在の事情にて実行出来さることまては之を望ます」といった。そこで倉富は、議案の配布については特別の経費がないので、ロンドン海軍条約のように特に重要なもの等の他は、考慮の余地がないと答えるにとどまった。

第二の、委員以外の顧問官にも審査委員会の傍聴を許すことについても、富井自身が、枢密院の議事細則で議長・副議長以外の顧問官の出席を否定していないとの解釈に疑いを抱いていることも含めて、倉富に述べた。これに対して倉富は、議事細則について、議長・副議長は委員会に傍聴して発言ができること、特に規定されていないことは、審査委員長の処置に任せることになっているとの解釈を示した。さらに、倉富は審査委員会の傍聴が顧問官の権利であるとの意見が協議会で出ていないことを富井に確認した後、傍聴については各顧問官が委員会に許可を求めるべきとの見解を示した。またその手続きについては倉富が考慮するとも述べた。このように、協議会の結果についての富井の控えめの要請ですら、倉富にほとんど受け入れられなかった。[93]

その後、枢密院改革の動きは停滞し、協議会も開かれず、一〇月末から一一月上旬にかけてジャーナリズムもそれを確認していった。[94] こうして、一一月七日には、倉富議長と二上書記官長は、枢密院改革運動は、岡田らが枢密院規則改正を断念したことで、頓挫したと安心した。[95] 失敗の原因は、協議会でも顧問官の改革の意見が一致しなかったからであった。

その後、翌一九三一年一月二一日、岡田は平沼騏一郎副議長を訪れ、富井から倉富議長に要請した枢密院事務取扱手続きの改正（諮詢議案の全顧問官への配布と審査委員会への他の顧問官の傍聴許可）がそのまま返答がなされていないことの問い合わせをした。翌二二日、平沼はこのことについて、倉富・二上と意見を交換した。その後も、三人は一月二五日、二七日、二八日、二月二日（倉富と二上のみ）、四日と同問題について相談した。二月四日の相談は、前日に岡田枢密顧問官が議案配布と、傍聴許可について、倉富らとの相談の結果を、平沼に問い合わせてきたことも関係していた。平沼副議長にこの問題を検討しようとする姿勢がみえるのに対し、倉富議長と二上書記官長は、顧問官の意見が一致しておらず、現状ではその余地がないとの態度で、それ以上問題は進展しなかった。[96]

この問題は、五カ月後の七月一五日、ドイツの賠償問題に関する条約をめぐって審査委員会（平沼副議長が委員長）が開かれる時に、再び問題となった。水町・富井・岡田・石井らの審査委員の顧問官たちが、傍聴を希望する桜井・福田両顧問官の傍聴を認めるよう、倉富議長・平沼副議長に働きかけた。倉富は、現行規則のままでも傍聴ができるとの解釈と、できないとの解釈の二説あること、昨年の一〇月に会合した顧問官中にも傍聴に絶対反対の顧問官がいたこと等で、傍聴の問題は従来通りとしたことを述べた。また、議長は傍聴の可否を決める権限がないとも言及し、傍聴への反対の姿勢を示した[97]。

そこで岡田は、全体のことは別とし、この件に限って傍聴を許可するよう、平沼審査委員長（副議長）に求めた。これに対し平沼は、現行の規則は慣例上で、傍聴を許さないことになっているので、傍聴には規則を改正する必要があるとの見解を示した。また平沼は、審査委員長には傍聴の可否を決める権限がないと述べ、傍聴を許可しなかった。結局、桜井・福田両顧問官が傍聴をあきらめて退席して、その場は一応収まった[98]。

4　枢密顧問官の推薦をめぐる民政党内閣の攻勢

(1) ロンドン条約批准後の浜口内閣の攻勢

浜口雄幸内閣期の枢密顧問官の天皇への推薦と補充は、一九三〇年四月一七日に福田雅太郎大将（予備役、元台湾軍司令官）が推薦され、一八日に任命されて、欠員二人（定員二四人）のうち一人を補充した後は、半年間は交渉すら行われなかった。これは、ロンドン海軍軍縮条約の批准をめぐり、浜口内閣と枢密院が激しく対立したからであった（前章4(1)）。この間、六月三〇日に八代六郎顧問官（予備役海軍大将、元海相）が死去し、再び欠員が二人になった。

ロンドン海軍軍縮条約が一〇月二日に批准され、前節で述べた枢密院改革運動が起こり、浜口内閣もそれを背後で支持していることがわかると、枢密院側は顧問官の補充に関しても警戒するようになる。一〇月二九日、毎週水曜日の定例の枢密院本会議の後、金子堅太郎顧問官は、倉富議長・平沼副議長ら（二上書記官長もいる）に相談にきた。

金子は、浜口内閣が民政党系の人物を顧問官にし、多数の力で枢密院を圧伏しようとしているようなので、倉富議長は政党系の人物を入れないようにするべきだと述べた。二、三人の顧問官が金子のところに来て、このままでは枢密院は純然たる政党となり、その趣旨は滅却されてしまうと嘆いていたことも、金子は付け加えた。倉富議長は、顧問官の天皇への推薦は、山県有朋議長の時までは議長の専断であったが、その後、内閣と議長が同等の権限で推薦するようになったと説明した。さらに倉富は、現在は浜口内閣と一致を欠き、顧問官の補充ができなくなっているが、内閣の人選に同意せずに欠員のままにしておく他に方法がない、と続けた。金子はそれに同意した[99]。すでに述べたように、顧問官の天皇への推薦に関し、内閣と議長が同等の権限になったのは第二次加藤高明内閣末期の一九二六年になってからであり（第Ⅰ部第三章2（1））、ここでの倉富の説明は正確でないが、金子を納得させる目的において大差はない。

枢密院本会議には閣僚（一三人）も出席し、投票できる。可否同数の時以外賛否の権利のない議長を除いて顧問官の定員は二四名である。顧問官の欠員が増加すると、顧問官は高齢で病気がちなため会議に出席できない者も少なからずいるので、可否の決定の際、出席者中の顧問官の比率が低下し、枢密院側の不利になる。しかし、倉富議長や金子及び同席した平沼副議長や二上書記官長は、民政党系の顧問官が増加するくらいなら、顧問官の補充ができなくとも止むを得ないとの考えで一致したのであった。一一月一七日、田健治郎顧問官が死去し、欠員は三名となった。

年が明け一九三一年になると、顧問官の推薦に関し、浜口内閣側が顧問官の辞令に副署する首相の権限を重くする新しい解釈をしようとしているとの話が、枢密院側にも伝わってきた。一月一二日、二上書記官長は、倉富議長との密談の中で、㈠松田源治拓務相が顧問官の推薦手続きについて、枢密院議長の同意を要するとの理解を不当として、取調べをしているとの話がある、㈡二上は雑誌記者に対し、松田の意見は根拠がなく、顧問官のような親任官については、正式の奏請がないので、首相でも特別の権利があるわけではないことを述べた。

倉富議長は二上に同意し、顧問官の推薦についての解釈を示した。それによると、㈠首相が正式に奏請をし、その奏請について枢密院議長の同意を要するというのではない、㈡首相も正式の奏請をするのではなく、考えまでに内奏するので、その点は議長の内奏と同格である、㈢慣例上、首相は候補者の氏名を巻紙に書いて奏上し、議長は口頭で奏上するまでであることであった(100)。

二月一五日にも倉富は増永某との会話で、㈠親任官については、天皇への奏薦は表面上ないことになっているが、首相が辞令に副署することになっているので、「事実奏薦あると同様」である、㈡以前、伊藤博文・山県有朋らが議長の時は、顧問官の奏薦は議長の専決で済ましたが、その後次第に議長の権力が弱くなり、内閣の力が増したことを述べた(101)。このように、倉富議長は、㈠一九〇七年に制定された公式令に、顧問官を任命する辞令への首相の副署が規定されていることについて、首相の権限を証明する根拠となる面があると、かなり弱気になっていたが、㈡公式令の制定前からの伊藤・山県らの議長時代の慣習を根拠に議長の権限を守ろうとしていたのである。

三月四日にも、倉富議長・平沼副議長・二上書記官長が種々相談した際に、顧問官の推薦についての首相と議長の権限が話題になった。二上は、顧問官の推薦が内閣の責任でできるということになると、貴族院と同様になり、枢密院の性質が変わると、危機感を示した。これに対し、倉富は以下のように答えた。㈠従来の内閣は議長の同意について疑いを挟まず、浜口内閣でも、内閣の成立の際に浜口首相に納得させ、すでに一回推薦を実行しているので〔一九三〇年四月一八日に福田雅太郎予備役大将が顧問官に任じられたこと〕その変更を主張しないであろう、㈡もしそれを主張しても応じるべき理由はない、㈢元老の西園寺公望は顧問官の辞令に首相が副署することを重視するが、倉富が西園寺とこのことを話したところ、双方の意見の一致が必要なことは西園寺も認めた、㈣西園寺と倉富は、人選を内閣より持ち出すか枢密院より持ち出すかの後先は、こだわる必要がないということも談じ合ったこと等である。二上は、それに対し、松田拓務相などは議長の同意を要する理由なしと言っているようであるので、十分注意して間違いを生じないようにする必要があると、一月中旬と同様に、再び松田への警戒感を示した。[102]このように、一九三一年三月になると、倉富議長らは、顧問官の推薦に関する議長の権限を維持できるかどうかについて、かなりの危機感を持つようになった。

(2) 顧問官の欠員四名に増加

この間、一九三一年二月一六日、松室致顧問官が死去し、顧問官の欠員は四名にもなった。また、石原健三・山川健次郎両顧問官の病状は重く、さらに欠員が増えることが心配された[103](ただし石原は五年後の一九三六年九月四日まで生存、山川は四カ月後の一九三一年六月二六日に死去)。

二月二八日、倉富議長・平沼副議長・二上書記官長の三人の会談の中で、倉富が、財部彪《たからべたけし》前海相を顧問官にする話があることに言及すると、平沼は、財部が自らその運動をしているらしいと応じた。そこで倉富は、前年四月に浜口首相が、枢密院側の顧問官候補であった原嘉道(中央大学学長、田中内閣の法相)を前内閣の閣僚であったことを理由に拒否したことを挙げ、財部も現内閣の閣僚であったので拒否しようと述べた。また倉富は顧問官の補充は困難であるとの発言もした。[104]

三月四日の倉富・平沼・二上の会合では、高田早苗(早稲田大学総長・貴族院議員・元文相で大隈重信の側近であった)・財部彪前海相が顧問官候補として新聞に名前が出ていることが話題になった。伊東巳代治は、前日に、高田と財部について否定的な意見を述べていた。この日の倉富ら三人の会合でも、否定的な見解で一致した。倉富は、先日雑誌に顧問官の適任者として有馬良橘《りょうきつ》(予備役海軍大将)と本多熊太郎(元ドイツ大使)と内務省関係の某が挙がっていたことを述べたものの、倉富・平沼らは、浜口内閣は有馬や本多に賛成しないであろうとみた。[105]高田は前年四月に「素行」上の問題で枢密院側から拒否されていた。本多は、前年四月に顧問官補充の候補者として、平沼が名を挙げたが、倉富・二上からは積極的な支持を得られず、枢密院側の候補者にならなかった人物である（前章4（1））。

その後、浜口首相の病状が長引く中で、宇垣陸相が後継内閣を率いることが噂になる一方で、三月三〇日の『東京日日新聞』（朝刊）に枢密顧問官の有力候補者として、高田早苗・松井慶四郎・窪田静太郎・小松謙次郎・古在由直・原嘉道の名が掲載された[106]。その中には、すでに浜口内閣側と枢密院側がそれぞれ推して実現しなかった高田早苗・古在由直（元東京帝大総長）や原嘉道中央大学長（元法相）の名前も含まれていた。四月一日、倉富枢密院議長は、平沼副議長・二上書記官長との密談の中で、その新聞記事について、鈴木富士弥内閣書記官長と何か話したかと、二上に尋ねた。二上は、鈴木内閣書記官長に、内閣から出た記事かと問い合わせたところ、鈴木は、この記事は枢密院からだろうと返答したと話した。二上は、その記事は某大臣が話したようであるとみていた。その後、三人は、顧問官候補者の品定めに入った。

名前が出され、否定された人物は、小松謙次郎貴族院勅選議員（元鉄相・逓信次官、民政党の減税案の通過に協力）・馬場鍈一日本勧業銀行総裁兼貴族院勅選議員（減税案の通過に協力するなど、民政党のために働いている）の二人である。また、枢密院側候補として支持されたのは、有馬良橘予備役海軍大将のみであった。竹下勇海軍大将（退役、元呉鎮守府長官、「多少薩摩臭味ある」とみられた）や一条実孝公爵（日記中には一条輝美と誤記）（貴族院公爵議員）は、倉富と平沼に消極的に支持された候補者であった（ただし、一条については、二上は否定的）。また有馬大将についても、倉富が内閣は同意しないだろうと話したように[107]、実現は困難とみられた。以上のように、枢密院側には顧問官としてふさわしく、内閣にも納得させられると思う候補者がいなかった。

その中で四月六日、倉富議長と二上書記官長は顧問官補充についての浜口内閣の姿勢と、四月四日に浜口が再入院した後の（五日再手術）民政党の動向について意見を交換した。まず二上は、金子堅太郎顧問官の意向として、安達内相が顧問官四人の補充の際に政府に便利な人を採り、本会議で政府の意見を通そうとしているとの口ぶりであったので、議長・副議長は政府の意見に同意しないようにと、倉富に伝えた。また二上は、浜口内閣が継続することができないなら民政党内に一致を保つことはできないとの見通しを、町田忠治農林大臣が浜口首相が辞任すれば党内はまとまらないと言っていたことと合わせて述べた。倉富も、浜口首相が辞めれば、たとえ一時的に民政党内閣ができても、原敬死去後に高橋是清内閣が与党政友会の内紛で倒れたようになるとの見通しを示した。[108]

すでに四月一日、倉富・平沼・二上の密談の中で、三人は浜口首相辞任後の民政党の動揺を予想していた。二上は、民政党では浜口が引退すれば安達が党を引き受けることが決しているようで、若槻（元首相）・山本達雄（元農商相）・仙石貢（元鉄相）の三人は安達を好まず、浜口内閣の実力者の江木翼鉄相が態度を変えて安達説に賛成するようになったらしいと話した。平沼は、江木と安達は妥協したが、安達が組閣することはできるだろうかと、疑問を投げかけた。[109] 倉富・平沼らは、顧問官補充が行き詰まる中で、民政党内閣が崩壊することを期待したのであった。

（3）浜口首相の強気の最後の提案

一九三一年四月九日、幣原喜重郎外相（前臨時首相代理）が倉富に面会を求め、倉富と幣原の会見がなされた。幣原は入院中の浜口首相から、四月七日に枢密顧問官補充の交渉の代理を任されていた。幣原は、浜口首相は四名の欠員をこのままにしておき難いとみていると述べた。浜口首相の提案は、上山満之進貴族院勅選議員（元内務官僚、第一次若槻内閣で台湾総督に就任したように、民政党系）・伊沢多喜男貴族院勅選議員（内務官僚から台湾総督、民政党系有力者）・小松謙次郎貴族院勅選議員（前出、民政党系）・松井慶四郎貴族院勅選議員（元外相・駐英大使、親米派で幣原と同じ外務省主流）の四人であった。[110] いずれも民政党系の貴族院勅選議員であり、枢密院との妥協を目指した提案ではなかった。

また、幣原は次のような補足をした。㈠上山・伊沢は民政党の為に力を尽くしているように見えるが、二人とも民政党員ではないことは勿論、民政党のためにはむしろ喜ばれていない方であり、二人とも浜口の友人ではあるが、適当の人物である、㈡枢密院の審査は外交関係が最も多いので、松井は外務関係の人であるので必要と思うこと、であった[111]。これは、四人を選定した弁明であった。

倉富はこの人選に反対であった。そこでまず、倉富は、枢密顧問官の欠員を補充することは当然であるが、浜口内閣と枢密院側の候補者に関する意見が一致せず、半数の補充を止めたこともあると、過去からの対立の傾向について言及した。その上で、㈠此際補充すべきか否か、㈡補充するとすれば四人全部補充するか、その一部にとどめるべきか、㈢補充するとして、幣原が提示した候補者に同意できるか否か、の三点をあげた。倉富は現在では、以前のように枢密院に政党に関係ある者を絶対に入れないということではないが、枢密顧問官となった後は、わずかでも政党臭味があっては困るとも続けた。倉富は枢密院が貴族院のように政党に関係しては困るとも述べた。彼は顧問官の補充についてそれ以上話を進めず幣原と別れた[112]。これは、内閣側の補充候補者が、倉富・平沼や二上との間で候補として出た、有馬良橘や、竹下勇・一条実孝とあまりにもかけ離れていたからであった。

その夕方、倉富は二上を呼び出し、幣原より出された四人の氏名を挙げ、同意し難いことを話した。倉富と二上は、枢密院側からも候補者名を内閣に出すか否か等、対応策を平沼の意見も聞いて決めることにした[113]。

翌一〇日、二上は平沼副議長の意向を倉富議長に伝えた。それは、浜口内閣は補充を真剣に考えているのではなく、補充しようと活動していることを世間に示すことが目的であり、枢密院はそれに利用されないように、このまま黙過すべきであるというものであった。二上は、平沼とは異なり、浜口内閣は民政党系の貴族院勅選議員の四人を顧問官とし、その後に民政党系の勅選議員を任命することが主眼であるとみた。倉富も、二上と同様の見方であった。いずれにしても、倉富と二上は、平沼の対応策と同様に、このまま放っておくことにした。政府から何か交渉してきたら、三人で相談することにしたのである[114]。

すでに見たように、ロンドン海軍軍縮条約批准や枢密院改革問題で、枢密院反主流で浜口内閣側の岡田良平・石井菊次郎顧問官らは、ジャーナリズム側に情報を流し、倉富議長・平沼副議長ら枢密院主流に攻勢をかけた。それに対し、今回は、おそらく二上書記官長を通し、枢密院主流もジャーナリズム側に顧問官補充についての情報を流したようである。四月一一日付『東京朝日新聞』（朝刊）は、㈠一〇日に倉富議長は二上書記官長を自邸に招き、顧問官補充の人選について協議した、㈡枢密院側は、今回の補充が浜口内閣が総辞職するに際して、貴族院勅選議員の中から顧問官を補充し、内閣側が欠員となった勅選議員の椅子を得ようとするためのようだから、直ちに政府の提案には応じられないとしているようであることを報じた。同新聞は、これに対し、政府は是非とも補充をしたいので、一一日早朝、川崎卓吉法制局長官は幣原外相（前臨時首相代理）と協議の上、同日中に再度枢密院側に交渉するようであるとも報じた[115]。この再度の交渉は、「倉富勇三郎日記」を見る限り、なかったようである。

（4）元老西園寺の動向への枢密院側の不安

一九三一年四月一四日、すでに述べたように、浜口内閣の延長として、同じ民政党を背景に、第二次若槻内閣ができた（一三人の閣僚のうち、首相・陸相・商工相・拓務相の四人のみ更迭）。内閣書記官長には、枢密院との交渉で先に新聞に名の出た川崎卓吉前法制局長官が就任した。翌一五日、倉富・平沼・二上らは、首相が替わり、若槻も当分多忙であるので、顧問官の補充について枢密院側から直ちに回答する必要はないということで一致した[116]。

その後も、若槻内閣は、五月中旬まで顧問官補充について枢密院側に何の交渉もしなかった。倉富・平沼・二上らは、枢密院側の望ましい候補者として、原嘉道（田中内閣の法相）・有馬良橘・竹下勇など、これまで名前の挙がった人物を話題にしたり、新たに高橋是清（元首相、政友会）・山本達雄（元蔵相）の名を挙げたりするに止まった[117]。山本は民政党長老であるが、政友会から政友本党をへて民政党に参加した人物で、同志会・憲政会以来の民政党主流ではなかった。

この間、倉富ら三人は、元老の西園寺公望の動きについても心配した。これは、顧問官の補充に関する慣行を変えるか継続するかについて、若槻内閣と枢密院が対立する可能性が出た中で、より高次の調停者として元老の西園寺の動向が大きな影響を及ぼすとみたからであった。

四月一七日付の『東京朝日新聞』（朝刊・市内版）は、次のように報じた。それは、㈠若槻内閣は一七日の閣議で行政・財政・税制の改革を実施する方法に関して意見の交換をする、㈡これら政策問題以外に、浜口首相が期待していた政府対枢密院の関係の改善について若槻首相も相当共鳴しているようで成り行きが注目される、㈢政府対枢密院の関係は諮詢案の整理というような事務的問題以外に、顧問官奏請に関する慣習の「改善」、「枢密院首脳部の人事問題」について相当厄介な問題が現存している、㈣若槻首相はこれらの問題解決に相当強い決意をしている模様である、㈤若槻首相は一九日に西園寺を訪問の際にその意中を述べ、諒解を求める模様であること等である。右のうち、若槻首相が、枢密顧問官推薦の慣習を「改善」することや、「枢密院首脳部の人事問題」について元老西園寺の諒解を求めること（㈢〜㈤）について、倉富らは以下のように反応した。

まず翌一八日、倉富議長は平沼副議長を訪問し、顧問官の補充と奏薦手続きについて協議した。倉富は平沼に、西園寺は顧問官の奏薦手続きを根本から変更することには同意しないだろうと述べた。これは、先に倉富が西園寺に会見した際に、西園寺が現行の顧問官推薦の手続きについて特に不同意であるとは言及しなかったからである[118]。

また五月九日、倉富と二上の会見で、二上は、西園寺公望は「皇室尊崇の念」が乏しいのではないかと述べた。倉富も、西園寺は若い頃は急進論者で、「民権」を主張していたが、伊藤博文が指導して穏当な方に向かわせたものの、全体は「国際平和」を「専念」する人であろうと答えた[119]。五月二一日にも、倉富は二上との密談で、次のように西園寺の「公平性」に対する世の批判と疑念を述べた。

是までは西園寺（公望）は政治界に超然として世の批判に上らさりしか、近頃は公（西園寺）の行動を批評する者頗る多くなりたり[120]。

このように、倉富らがロンドン条約の批准に西園寺が協力したとの真相を信ずるようになってから（前章2（4）

④)、倉富らは西園寺のある程度の「公平」性に期待しつつも、彼への信頼は十分なものではなく、またそれは減退していった。

五月一九日、倉富議長は元老西園寺の都合を問い合わせ、二四日に駿河台の西園寺邸を訪問する約束を取り付けた[121]。倉富は西園寺の動向を直接確認しようと思ったからであった。五月二四日、倉富議長は予定の時刻に余裕をみて西園寺を訪れた。二人の会話のポイントは、次の二点であった。第一に、西園寺は、「御諮詢事件に付、時々面倒を生じ、御困りならんと案し居りたるも、いつも好都合に局を結ひて結構なり」と、倉富に、ロンドン条約批准等での枢密院側の労力を一応感謝する言葉を使いながらも、彼らの憤慨に同情しない発言をし、暗に枢密院側に若槻内閣との協調を求めたことである。これに対し倉富は、「甚た不行届にて不本意のこと多きも、微力にて致方なし」と、婉曲ながら不満の気持ちを表して応じた[122]。

第二に、倉富は、浜口内閣のときから「内閣」と枢密院議長が協議して枢密顧問官を天皇に推薦することがうまくいかなくなり、欠員の全部を補充できず、半数ほどの補充に止めたこともあると、枢密顧問官の補充がうまくいっていないことを西園寺に訴えた。また近年は時勢の変化で、政府と議会とが一緒になり枢密院に対抗するような形になり、枢密院内にも政党的なものが生ずるようになってきたとも不満を述べた。

それに対し西園寺は、山県有朋枢密院議長時代に、山県が政府が枢密院に諮詢することを避けることを懸念して、諮詢事項を増やしたことが、政府と枢密院とが対抗するようになった禍根であるとの考えを示した。倉富はこれに同意し、些細なことは諮詢することを止めるようにしたいが、実行は困難であると応じた。西園寺も、今後政局が安定し思慮ある人が局にあたったら、都合よく協定ができることもあるだろうが、当面はできないだろうと答えた[123]。このように顧問官の補充ができないことについても、西園寺は倉富の民政党内閣批判に、応じようとしなかった。

その他、官吏の減俸問題や、農村の不況問題も話題になったが、倉富は、西園寺に若槻内閣を批判的に見る姿勢を感じることができなかった[124]。

この会見について、倉富議長は、五日後の五月二九日に、二上書記官長に、次の三点を述べたことからも、倉富の西園寺への信頼が減退しているのが確認できる。㈠西園寺は先年来いく度か民政党内閣と枢密院との関係を心配したがいつも好都合になったと述べたが、「此方より云へは余り好都合には非さりしも、西園寺は無事に済むことを望みたるならん」、㈡西園寺は、農村の疲弊はずい分甚しいが、日本国民はこの位のことに堪えられると思うと言っていたが、「西園寺の位置としては左様に云はさるを得さるならん」、㈢官吏の減俸問題についても、西園寺は少数者の取扱いにより、多数者が態度を変えることが多いとの話をしており、何か内閣と官吏の妥協の筋道でも聞いているのではないかと思う[125]。

六月三日に倉富と会見した平沼副議長も、「西園寺は話す人に大体都合好いことを話す模様なり」と述べたように、西園寺の動向と老獪さへの警戒を示した。この日の、倉富・平沼・二上の会合では、欠員が四名になったまま、三カ月半がたった顧問官の補充について、倉富は枢密院側から若槻内閣に持ち出すべきではないかと述べた。しかし平沼・二上は、若槻内閣より話してきてからでよいとの考えで、枢密院側から持ち出さないことになった[126]。

この間、民政党内閣の行政整理と関連して、五月一〇日と六月三日の『東京朝日新聞』は、若槻内閣の行政整理準備委員会が、省の廃合で閣僚の数が減るのに合わせ、枢密顧問官の定員を減少しようという構想をもっていることを報じた[127]。すでに述べたように、原内閣以来、閣僚は三名増えていたが、顧問官定員の増加は実現していなかった。しかも、閣僚に比べ、高齢で病人が多く枢密院の審議に出席できない顧問官が多いことを考慮すると、閣僚と同数ずつ顧問官の定員を減らせば、政府に対し枢密院側が不利になる。こうして、枢密院側は、西園寺の動向への疑念の増大のみならず、行政整理の面からも顧問官の欠員補充への圧力を受けるようになった。

（5）強気の若槻内閣と弱気の枢密院

一九三一年六月二二日、若槻首相が倉富枢密院議長に会見を求めてきたので、二人は会うことになった。若槻首相はまず、数日前に朝鮮総督を辞任したばかりの斎藤実（朝鮮総督在任一九一九年八月一二日～二七年一二月一〇日、一九二九年八月一七日～三一年六月一七日）を顧問官として推薦することを提案した。若槻は、斎藤が病気を理由に朝鮮総督を辞任したがそれ程の病でないので、推薦しようと考えたと理由を述べた。斎藤実は元海相で、一九二七年一二月一七日から二九年八月一七日まで一年八カ月間枢密顧問官を務めた後、朝鮮総督に再度就任して枢密顧問官を辞任していた。倉富は、斎藤が元顧問官であることにも言及して少し考えた上で返答すると答えた。[128]若槻内閣が斎藤を顧問官に推薦したのは、宇垣一成元陸相を朝鮮総督にするため、斎藤の辞任を求める行動をしたので、斎藤や彼を支援しようとする薩派との関係が悪くなる恐れがあったので、それを緩和するためであった。[129]

次いで若槻首相は、以前に浜口首相が幣原外相を代理として顧問官補充を申し出た中で名前の出ていた一人として、伊沢多喜男（元内務官僚で元台湾総督、民政党系有力者）を顧問官の補充候補として提案した。倉富議長は、以前に補充問題で、浜口首相が枢密院側の候補であった原嘉道を前田中内閣（政友会）の法相であったことを理由に拒否したことを挙げ、言外に伊沢を拒否した。[130]

また若槻と倉富の二人の間では、斎藤の顧問官推薦に関連して、前官礼遇の問題も話し合われた。前官礼遇とは、首相や閣僚・枢密院議長・宮相・内大臣に就いた者の内、特に功績があった者に天皇が与えるもので、宮中席次や待遇において優遇されることである。先例によれば、首相・枢密院議長の場合は三年以上、国務相・宮相・内大臣の場合は五年以上在任することが条件であった。前官礼遇者が再び大臣になると、その前官礼遇は自然消滅する。[131]閣僚に準ずる枢密顧問官に就任する場合も同様であった。

斎藤は一九〇六年一月から一四年四月まで八年以上も海相であったので前官礼遇を受けていたが、先の枢密顧問官就任にあたってそれが消滅していた。他に、内田康哉も、一九一一年一〇月から一二年一二月、一九一八年九月から二三年九月まで、通算六年以上外相を務め、前官礼遇を与えられていたが、一九二五年三月に枢密顧問官になり、それを失った。枢密顧問官は閣僚の前官礼遇者より宮中席次が下であるので（第Ⅰ部第七章4の第3表）、斎藤も内田も枢密顧問官に就任したことにより宮中席次が下がってしまった。

倉富は若槻に、斎藤・内田が顧問官になり前官礼遇の待遇を失ったことは気の毒であることや、この制度を変えないと枢密顧問官に大物の人材を得ることが不便であること、もっとも単純に前官礼遇の待遇を存続するのでは、新任の顧問官がいきなり古参顧問官より上席になることもあり、院内の順序に影響するので検討する必要があることを述べた。それに対し、若槻首相は、顧問官に就任した場合の前官礼遇を存続させることについては、積極的な意見を述べなかった[132]。倉富議長は、前官礼遇を与えられたような大物を枢密顧問官に就任させて枢密院の権威を高めようとしていた[133]。これに対し、若槻首相は、斎藤が顧問官就任を受諾するなら、前官礼遇の制度を変える熱意はなかったと思われる。それは、加藤高明首相以来、憲政会とその後身の民政党内閣は、枢密顧問官に小者を任命して枢密院を弱体化させることを意図していたからである（前章4（1））。そこで斎藤を例外として、大物閣僚クラスを顧問官にする気は、あまりなかった。

翌二三日、倉富議長と平沼副議長は、前日の若槻首相の提案について検討した。まず倉富は、㈠若槻は伊沢多喜男を熱心に推していたが、伊沢には同意できない、㈡斎藤実のロンドン海軍軍縮の時の態度が新聞に報じられた通りであったら好ましくないが、今日の場合は止むを得ない、㈢枢密院側から原嘉道を持ち出せば伊沢のことが問題になるので、今回は斎藤一人を推薦することで話をまとめた方がよいことの三点を提案した[134]。このように、倉富議長は、弱気になっていた。それは、枢密院顧問官の欠員が四名にもなった上に[135]、すでに述べた一カ月前の西園寺との会見で、西園寺が枢密院側の不満に積極的に耳を傾ける姿勢を示さなかったこと、当面は若槻内閣が倒れる見込みがないと判断されるようになったことからであろう。

平沼副議長も倉富議長の提案に同意した。そこで、倉富は若槻首相に会見することにした。ちょうど、二上書記官長がきたので、二上に方針を説明すると二上も賛同した。倉富は、若槻を首相官邸に訪ね、斎藤一人のみ推薦することを提案した。若槻は伊沢にもこだわったが、伊沢のことは先で考えるということで、斎藤一人を推薦することで合意ができた[136]。内閣と枢密院側で斎藤一人の推薦のみ合意ができたことは、若槻・倉富会談のあった二二日夕方には報じられた[137]。

しかし、斎藤は顧問官就任を承諾しなかった。七月一日になると、倉富・平沼・二上の間でも、斎藤が承諾しないであろうことが話題となった[138]。この間、六月二六日に症状の重かった山川健次郎顧問官が死去し、顧問官の欠員は五名になった（本章2）。

ジャーナリズムでも、七月一日夕方には、斎藤の顧問官就任がこじれていることが報じられ、五日には、斎藤が千葉県一宮の別荘から七月一〇日に帰京するので、若槻が正式な交渉をする予定であることが報じられた[139]。斎藤の就任拒否の姿勢を緩和するため、七月六日から、川崎卓吉内閣書記官長が関屋貞三郎宮内次官に交渉し、皇室儀制令第三十一条の解釈を再検討して、斎藤が枢密顧問官に就任した場合でも、国務大臣待遇の宮中席次を維持できるようにしようと働きかけた。また、八日夕方には同じ問題で、二上枢密院書記官長と川崎内閣書記官長の懇談もなされた[140]。

しかし、前官礼遇問題で枢密院側と若槻内閣は同じ立場ではなかった。七月八日午前、倉富議長・平沼副議長・二上書記官長の会談の中で、右に述べたようにその日の夕方に川崎・関屋と交渉することになっていた二上の質問に対して、倉富は、顧問官に適当な人を得る為ならば前官礼遇を存続させることが必要と考えること、しかし現実には前官礼遇を存続させると、斎藤の宮中席次は平沼副議長や、閣僚経験のある古参顧問官の伊東巳代治（元農商相）・金子堅太郎（元農商相・法相）らの上になってしまうこと、このように枢密院内に影響が大きいので、実行することになれば十分の協議が必要であること等を答えた。平沼もそれに続けて、二上が政府と交渉するなら、伊東・金子等に前官礼遇を与えることを同時に申し出たらよろしいと述べた[141]。

このように、斎藤に前官礼遇の優遇を残したまま枢密顧問官とするには、それらを規定した皇室儀制令の解釈を変えるのみならず、平沼副議長の宮中席次を考え直したり[142]、閣僚就任期間が短い古参顧問官の伊東や金子に前官礼遇を与える等、これまでの規則や慣例を変える手続きを検討する必要があると考えられた。

他方、宮内省の関屋次官や、法解釈にあたる参事官は、皇室儀制令の従来の解釈（儀制令制定前の慣例も同様）に固執し、内閣側との合意が得られなかった[143]。そのためもあり、七月一〇日、若槻首相は斎藤を訪れ枢密顧問官に就任することを求めたが、健康が回復しないとの理由で拒否された。また、このことは一一日の朝刊で報道された[144]。こうして、若槻首相の面目はつぶれてしまった。

その後も倉富議長ら枢密院中枢は、顧問官になっても大臣の前官礼遇を存続させる準備をすることにこだわった。七月一一日、二上は、平沼が顧問官に前官礼遇を与えることはその対象者が大臣の前歴がなくても宜しいだろうと話していたことを、倉富に伝えた。倉富も平沼の考えに賛同した。二上はそれに応じ、枢密顧問官を一〇年以上勤続した者がその資格を与えられるべきであると話し、さらに、顧問官として相当の経歴あるものを授爵できないかとまで述べた[145]。

倉富・平沼・二上らの発想は、顧問官になっても前官礼遇の資格を消滅させずに大物を顧問官に就任させやすくするのみならず、閣僚経験が短い古参の顧問官に閣僚よりも厳しい条件ながら国務大臣の前官礼遇や爵位を与え、枢密院の権威を高めようとするものであった。また、国務大臣の前官礼遇の条件に枢密顧問官の経歴も加えるという条件変更で、閣僚就任期間が長くて前官礼遇を得た者が枢密顧問官になっても、古参の顧問官の宮中席次が、前官礼遇を与えられた新任顧問官よりも下になることを避けようとするものであった。

しかし倉富は、元老西園寺が承知すれば実施できるが、それは困難で、牧野内大臣など現在の宮内当局者も反対するだろうから難しいとも考えていた[146]。

（6）枢密院側への顧問官補充の圧力の増大

一九三一年七月一六日午前九時半、若槻首相は一木喜徳郎宮相を訪問し、国務大臣の前官礼遇を受けた者が枢密院入りした際の宮中席次について、枢密院側の意見を紹介すると共に、宮内省の意向を聞き取った。(147) また、一六日朝（時間未詳）、川崎内閣書記官長が二上枢密院書記官長を枢密院事務所に訪れ、顧問官補充について話した。(148)

翌一七日、二上は倉富を訪れ、その内容を伝えた。川崎の話した内容は、第一に、新聞には、若槻首相の勧めにもかかわらず、斎藤が枢密顧問官に就任することを拒絶したように記載しているが、斎藤の顧問官への推薦については、決定したら若槻から倉富議長に通知することになっているものの、まだ決定していないとのことであった。第二に、若槻首相の意向か川崎内閣書記官長の意向かは確かでないが、顧問官の欠員が五人もあるので、批判される前に補充する必要があり、原嘉道と伊沢多喜男の二人が適当であると、川崎は話した。倉富は、二上の話を聞き、原を顧問官にすることを若槻内閣側が譲るなら、伊沢を顧問官にしてもよいかもしれないと答え、伊沢は岡田良平より宜しいだろうとも述べた。二上は、平沼が伊沢を嫌っているようだと発言した。結局、二上が川崎の話を平沼にも伝え、平沼の意見を確かめることになった。(149)

その後倉富は、荒井賢太郎枢密顧問官（ロンドン海軍軍縮条約のとき倉富ら枢密院側を支持）を訪れた。荒井が枢密顧問官補充のことを尋ねたので、倉富は、若槻内閣側から斎藤実が提議され同意したことや、伊沢多喜男と原嘉道の名も出ていることを話した。荒井は、伊沢は噂ほど悪い人物ではないと、伊沢に消極的に同意する考えを示した。(150)

その日の夕方、二上は倉富を訪れ、平沼が原嘉道には賛成であるが、伊沢には反対であることを伝えた。平沼は伊沢が大浦兼武の悪いところだけを学び、安達謙蔵など民政党からも嫌われていることを、二上に伝えていた。また、二上は、平沼が原と小松謙次郎貴族院勅選議員（民政党系で、本節(3)で述べたように四月七日に浜口内閣側より四人のうちの一人として提案）を対案とすることを提起したことも伝えた。倉富は、平沼が伊沢のことについて自分たちよりよく知って批判しているようであると考え直し、伊沢に同意することをやめ、原・小松を提案することに賛成した。[151]このように、倉富議長は顧問官の推薦の権限を持っている立場から、枢密院内で人選への発言力が強かったが、平沼は司法界の大物として、情報収集能力を生かし、副議長としての立場を超え、倉富とほぼ同等の発言力を持っていた。

しかし、二上が川崎卓吉内閣書記官長を通して若槻首相の意向を聞いたところ、若槻は小松ではなく伊沢を顧問官に推薦したいと、伊沢にこだわった。このため七月二〇日、倉富・平沼・二上らは、原と小松を組み合わせて推薦することは困難と判断した。[152]

だが倉富らは、補充の問題を無視するわけにはいかなかった。翌二一日、枢密院の会議が終わった後、倉富の意向で、三人は再び補充の件を話し合った。まず倉富の発言で、伊沢多喜男に同意することはできないことが確認された。そこで平沼は、八代六郎海軍大将（予備役、元海相）が死去した後任として、海軍軍人から岡田啓介大将（予備役、元海相）か竹下勇大将（予備役、元呉鎮守府長官）の一人を若槻内閣に選ばせることを提案した。平沼はロンドン海軍軍縮条約に反対した有馬良橘大将（予備役）が望ましいと思っていたが、政府の合意を得られないと、岡田と竹下を提案したのであった。これに対し倉富は、財部彪大将（軍事参議官、元海相）でも宜しいだろうと、財部の名を出し、平沼も、政党員でないので財部でも宜しいと応じた。[153]このように、倉富・平沼ら枢密院の中枢が、ロンドン海軍軍縮条約を推進した岡田啓介や財部彪でも顧問官に推薦してもよいと、きわめて弱腰になっていることが注目される。

さらに倉富は、山本達雄（元蔵相・農商相）は民政党に属しているが、山本ならば差し支えないと、山本を提案した。平沼も、政党関係の人でもその人物がよければ差し支えなく、以前に武富時敏に同意した位であると応じた。[154]このように、倉富・平沼らは人物によっては民政党員ですらかまわないと考えるまでになった。伊沢を顧問官にすることが避けられ、欠員を補充できるならばよいとの枢密院側の弱気が再確認される。

結局、山本や財部はすでに前官礼遇を受けており、推薦を承諾する可能性が少ないという問題があるので、枢密院側は岡田啓介と竹下勇を顧問官の候補とすることに決めた。しかし、それを直接提案するのではなく、二上枢密院書記官長から、「某々等ならは大概異議なかるへき」という形で内閣側に間接的に提起することにした。[155]

そこで二上は、同じ二一日に枢密院側の意向を右の形で川崎卓吉内閣書記官長に伝えた。しかしその後、内閣側から何の応答もなかった。八月中旬になると、枢密顧問官の九鬼隆一の病状の悪化が伝えられた。[156] 八月一四日には、倉富議長は二上書記官長の会話で、顧問官の補充について内閣から何の応答もないのは、伊沢に同意しないなら当分そのままにしておくつもりであろうと見通しを示した。また倉富は、枢密院が不適当と思う人ならば内奏しないで過ぎるより外にしようがないとも述べた。その一方で、倉富は、『東京日日新聞』が、枢密院は多数の欠員があるにもかかわらず、補充をなさないで顧問官の定員増加を望んでいるのは矛盾していると論じたことを気にしていた。[157]

九鬼が死去すれば顧問官の欠員は六名になる。これまで欠員が六名となったこともあるが、それは定員が今より多かった時代で、現在欠員が五・六名あるということは、先例があっても困ると、倉富は考えていた。また彼は、顧問官の適当な補充をなすことよりも、むしろ欠員が多いことの方が問題に思われるとまで述べた。[158] このように、倉富は顧問官の欠員数が多くなっていることにさらに圧力を感じ始めた。

八月一八日、九鬼が死去した。『東京朝日新聞』は同日の夕刊で、欠員は六名となり、「かくの如く多数の欠員を生じたことは前例なく」、かつ顧問官中には石原健三その他、病気で会議に出席することが困難な者もいること、そこで若槻首相は候補者を選考した上で、暑中明けを待って九月中旬に倉富議長を訪問し交渉するはずであると報じた。また、以前に政府が約一〇名に達する候補者を選んで交渉した際に、枢密院側は斎藤実を除いて同意を与えなかったとか、斎藤は前官礼遇（宮中席次）の問題で困難であるので、枢密院側が譲歩しない限り人選は相当困難であるとみられている等とも論じた。[159] さらに八月三一日には、枢密院側は政府の推薦してくるような「政略的な人物」は絶対に排除し、山本権兵衛・清浦奎吾・斎藤実・高橋是清・山本達雄ら「国家の重臣」を推薦したいと考えているようであると報じた[160]。このように、ジャーナリズムは枢密院側が宥和的になっているのに若槻内閣側が伊沢多喜男にこだわって補充を停滞させているという事実を全く伝えず、反対に枢密院側が補充を妨害しているとのイメージを広めた。

『東京朝日新聞』で報じられた九月上旬が過ぎると、九月一〇日、倉富議長は二上に、新聞には若槻首相が枢密顧問官の補充を急いでいるとの記述があるが、何か聞いた事がないかと尋ねた。二上は、内閣側の動きは特になく、内閣は新聞記者から補充のことを問われ、補充を急いでいるようにごまかしているのだろうと答えた。倉富は欠員が多くて困るのは枢密院側で、内閣は困ることはないだろうと応じ、二上は、内閣は新聞記者から欠員について責められることだけが困るのであろう、と述べた[161]。

同じ頃、武内作平法制局長官（弁護士、大阪府選出衆議院議員、当選八回）が平沼を訪れ、個人の意見として、内閣側と枢密院側から一人ずつの候補者を補充し、他は協議していくことを提案した。平沼は、そのことを九月一六日に倉富や二上に話した。平沼らのみるところ、これは若槻内閣が伊沢を顧問官にしようとする動きであることは明らかであった。平沼が、内閣はどうして特定の個人に固執するのかと武内に尋ねたところ、武内は、若槻首相が倉富議長に交渉する前に本人に交渉していたことを挙げた。また平沼は、八代六郎死去後の海軍関係の補充として、財部彪でも岡田啓介でもその他でもよろしいとも武内に伝えていた。結局、倉富・平沼ら枢密院中枢は、武内の提案に対し、当面はそのままに放置しておくことで、合意した[162]。以上のように、顧問官の欠員が増加して、倉富ら枢密院側が内閣側に宥和的になっているのに対し、内閣側が強引な攻勢をかけ続け、補充は実現しなかった。これまでと同様に、現存する史料の範囲では、天皇はこの問題に一切関与しなかったと思われる。

5　国粋主義者の改革構想と閉塞感

（1）宮中改革構想

浜口雄幸内閣が、ロンドン海軍軍縮条約の締結や批准を、昭和天皇を取り巻く牧野伸顕内大臣ら宮中側近の支持によって推進していくにつれ、国粋主義者の間で、牧野ら宮中側近への反感が増大した。すでに述べたように、その中で、一九三〇年八月には、倉富勇三郎枢密院議長（元帝室会計審査局長官）・小原駩吉《おばらせんきち》貴族院議員（男爵議員、元宮内省内匠頭）・西園寺八郎主馬頭（元老西園寺公望の養子）・仙石政敬宗秩寮総裁らは、牧野内大臣・鈴木貫太郎侍従長・一木喜徳郎宮相・関屋貞三郎宮内次官ら宮中側近を更迭する構想を話し合うようになった。平沼騏一郎副議長や二上兵治書記官長は、倉富・小原らと立場を異にするが、牧野内大臣らへの強い反感を共有していた（前章3）[163]。

ロンドン条約が批准されて四日後の、一九三〇年一〇月六日、倉富議長を訪れた国粋主義者の橋本徹馬は、先日元老西園寺に手紙を送り、浜口内閣は新聞を買収したことや、金解禁の結果は大破綻を来たし、収拾できなくなったばかりでなく、側近者が政府と呼応して天皇の徳が出るのをふさいでいると[164]、宮中側近を批判した。倉富や橋本は、同年九月下旬までに、元老西園寺公望の行動への疑いも抱き始めていたことはすでに述べたが（前章2（4））、西園寺の一定度の「公平性」に期待し、彼を頼りに現状を変える姿勢も残していた。

同日、小原駩吉貴族院議員も倉富を訪ね、㈠元老西園寺は伊東巳代治枢密顧問官（元農商相、帝室調査局副総裁・帝室制度審議会総裁として宮中制度の改革に関わるなどして宮中に影響力がある）や平沼副議長らが宮内省に入ってくることを大いに嫌っており、伊東が関係すればできることもできなくなる、㈡それゆえ、井上清純貴族院議員（男爵議員、予備役の海軍大佐）が宮内省改革は伊東が行うので時期を待つようにとの話をしたことがあるが、伊東に期待することはできないこと等を述べた。(165) 小原の話から、伊東や平沼らが宮中に入り、宮中改革をしようとする噂があり、少なくとも伊東はそのような策動をしていること、元老西園寺が平沼や伊東を嫌っていること等が、小原（おそらく西園寺八郎からの情報）ルートで倉富議長に伝わったことが注目される。

宮中改革の話は、一二月になっても進展しなかった。一二月二三日、倉富枢密院議長と小原駐吉貴族院議員の密談で、倉富は「宮内省の改革問題も当然泣寝入りの外致方なかりしと」弱気を表した。しかし小原は、これまでは大概一〇年位で宮内省のことは一変してきたので、現在の宮内省の体制も一〇年になるので、一変の時期が近づいていると思われると牧野内大臣ら宮中側近を追い落とすことへの期待を示した。(166) 小原の言は、一九二一年二月に久邇宮良子《くにのみやながこ》の皇太子妃問題（宮中某重大事件）で、元老山県有朋の宮中支配が崩壊し、同年一一月の原敬首相の暗殺後、牧野宮相（のち内大臣）がしだいに宮中の実権を握っていったことを指している。(167)

小原は更に、宮内省の職員はほとんど全部現状に不満を抱いており、このままでは維持し難いとも続けた。小原は、松平慶民式部次長などは現当局者に親しい者であるが、不平を言うようになったこと、その他、岩波武信式部官・白根松介宮内大臣官房総務課長らも不満を述べていること、このように省内全体に不満があるにもかかわらず、そのままぐずぐずしているのは不思議であるとも述べた。それに対し、倉富は、宮内省のこと位は時期がくればどのようにかなるであろうが、皇族関係が面白くないようになるのは困ったことであると述べて、賀陽宮《かやのみや》・東久邇宮《ひがしくにのみや》の行動について小原と話をした。(168)

翌一九三一年二月一七日には、倉富議長は古賀廉造（元内閣拓殖局長官・貴族院勅選議員、アヘン密売問題で免官となり貴族院議員除名）との会見で、古賀の紹介した国粋主義者宅野田夫（国粋主義団体の同志会の主催者）と面会したことを話題にした。倉富は宅野が宮内省のことを頻りに非難し、改革を行う必要があると言っているが、或る人の言によると、宅野は宮内省全体の改革ではなく、一部の人を辞めさせることのみを考えているようだと述べた。

それに対して古賀は、宅野の考えは明治天皇以来大正天皇の時代まで側近に相当の人がいたが、今日の牧野内大臣・一木喜徳郎宮相・鈴木貫太郎侍従長の如き人では安心できないこと、そこで、宅野は誰か一、二人でも安心できる人が側近に侍することになれば、宮内省全体の改革をしなくてもよろしいという考えをもっていること、を述べた。また二人は宅野の同志会には種々の人が来ており、頭山満（国粋主義者の大御所、久邇宮良子女王の皇太子妃選定問題で、婚約内定続行を目指して活躍）も毎回出席しているようであることを話した。[169] このように、牧野内大臣ら宮中側近の何人かを辞任させ、国粋主義者かそれに近い人物を何人か宮中入りさせる構想には、平沼副議長や伊東顧問官のみならず、頭山満さえも関係していたことがわかる。

平沼副議長は、同年七月頃には、二つの路線での策動をしていた。一つは、伊東・頭山らと一緒に、自らの宮中入りの運動をすることである。

七月一三日夜、原田熊雄は新聞記者から次の侍従武官長は荒木貞夫中将（平沼崇拝者で、国本社の理事）であるとの噂を聞いたので、一四日朝に、元老西園寺公望にその話をした。すると西園寺は、近来、平沼の宮中入りの運動は頗る露骨になってきて、鈴木喜三郎（貴族院議員、元法相・内相で政友会最大派閥の鈴木派のリーダー、国本社理事）も、西園寺に、ぜひ平沼を宮内省に入れてくれるようにと頼んでいったくらいで、牧野内大臣あたりもだまされはしないかと述べ、心配しているようであった。西園寺は原田に、一木宮相に注意をうながすようにも命じた。[170]

平沼の宮中入りとは、平沼の経歴から考えて、内大臣・宮内大臣・侍従長あるいは後に内大臣となった平田東助に先例を持つ内大臣府御用掛（親任待遇）のいずれかに就任しようとするものである。牧野が一八六一年一一月二四日（文久元年一〇月二二日）生まれであるのに対し、平沼はそれより六年遅い一八六七年一〇月二五日（慶応三年九月二八日）生まれであり、閣僚になったのも平沼が一七年以上遅い。そこで、平沼が牧野内大臣の下で、宮相・侍従長や内大臣府御用掛を務めても違和感がなく、陸・海軍や国粋主義者と結びついて宮中の実権を握り、宮中を変えていくことは、平沼らにとって魅力あるものであったはずである。

平沼らの動きは同じ頃に、平沼や国粋主義者に近い者の史料からも確認できる。七月五日、倉富議長と小原貴族院議員の会見で、倉富が「宮内省幹部排斥運動」について言及すると、小原は次のように答えた。

夫れは伊東（巳代治）・平沼（騏一郎）・頭山（満）等か計画し居ることならん、西園寺（公望）は是等の人の運動にて変動を起すことは非常に嫌ひ居る様なり、成る程運動にて進退することは宜しからさるに相違なし、之を嫌ふならは余り行き詰まらさる内に処置する必要あり(171)

このように、伊東・平沼・頭山らにより、牧野らの宮中側近を排斥しようとする策動があったようである。しかし、宮中の大きな変動を伴うような重要人事に潜在的に大きな力を持っている元老西園寺が、その動きを嫌っていたので、平沼らは運動を進展させられなかった。

右の動きとは別に、小原や西園寺八郎主馬頭兼宮内省御用掛らが進める、牧野内大臣ら宮中側近を攻撃対象とした、宮内省の人事刷新運動も、展開しなかった。同じ七月五日の倉富・小原の会見で、小原は、㈠関屋貞三郎宮内次官が近頃自ら辞職する考えを起こしているようであるが、牧野内大臣が適当な後任者がいないと阻止している、㈡鹿児島虎雄宮内書記官（大臣官房総務課）などは、少壮者で相当勢力がある筈であり、今回は省内より後任者を出そうと思っているが適当な人はなく、後任者さえあれば関屋が辞めることはそれほど困難とは思っていないと言っている、㈢西園寺八郎は養父の西園寺公望に関屋が辞めることを留めないようにすることを勧めておくと言っていたが、其後のことは聞いていないこと等を述べた。

また、㈠倉富は、宮内省の現職員中から次官の適任者を求めるとすれば、一木宮相・牧野内大臣は好まないが、西園寺八郎より外にないだろうと言い、㈡小原は、西園寺八郎は適当であるが傷をつけないようにして、侍従長の候補者としておく方がよろしいだろうと答え、㈢倉富が、西園寺八郎は「陛下を押し附け」、何事も自分の言う通りにする弊があるので、西園寺八郎より近衛文麿貴族院副議長の方がよろしいと言った人がいたと述べ、㈣小原は、関屋宮内次官らが西園寺八郎を離間するのは、関屋らは種々の手段を使って両陛下の信頼を幾分得ているようであり、自分〔小原〕より西園寺八郎に両陛下からの信用はどうかと聞いたところ、西園寺八郎は格別信用がないようであると答えたと言い、㈤小原は、近衛が全く政治観念を去ることを得れば、侍従長でも宮内大臣でもよろしいだろうが、一旦政界に足を踏み入れた以上、なかなかこれを放棄することはできないだろうと述べた。[172]

倉富・小原・西園寺八郎らの、関屋次官の辞任を求めたり、西園寺八郎ら反牧野内大臣グループを次官か侍従長など宮内省の要職につけたりする構想も、元老西園寺が支持しない限り、それ以上展開のしようがなかった。

（2）枢密院改組構想

平沼副議長らのもう一つの路線は、枢密院を改組し大物を顧問官に加え、枢密院が元老や内大臣を補佐し、宮中問題も含め国家の重要事項のみの諮問機関となることであった。平沼らは、牧野内大臣ら宮中側近を排斥して、宮中に入ろうと策動していた一九三一年七月、他方で、それらを隠して牧野内大臣に接触を求め、次のように枢密院を改組することへの支持を求めた。平沼はいずれ元老西園寺の死去後は、後継首相推薦すら担当することを期待していたのであろう。

枢密院の件に関し二上〈兵治〉書記官長の来訪あり、又平沼副議長は平生懇意なるが、右両者共に枢府現状を面白からず考へ、其面目を一新して世の信用を恢復し、枢府本来の職分を完ふする事甚だ緊要の事なり、其方法として御諮詢の事項を改め、事務的の性質に渉るものは之を廃止し、一方におゐて顧問の人物を一層厳選し、準元老級の人々を入府する事とし、右両様に着手するを最も今日の時機におゐて適切なりと熱心に陳述するところありたる由。右に付平沼は〔牧野〕内府に面会したしと申居りたりとの事なり。…（中略）…尚ほ平沼の意向なるべく、準元老として山本、清浦、高橋〈是清〉、山本〔達雄〕抔の顔触なれば何人も異存なかるべし、然して入府後も特に大臣待遇の特旨被仰出度、同時に伊東伯、金子子両人にも同様の特典ある様致度希望ありし由なり。[173]

牧野は二上を代理とした平沼らの申し出（すでに見たように、倉富議長も基本的に賛成）を、動機の詮索は別として、枢密院に対する世論の批判が有効に働いた結果とみるべく、「悦ぶべき現象なり」と好意的にとらえた[174]。すでに述べたように、牧野は天皇を補佐するグループとして、内大臣など宮中側近の政治への影響力を強めてきた。このことから判断し、牧野は、平沼や倉富の意図のように、改組された枢密院を後継首相推薦など国家の重要事項に関与させるつもりはなかったはずである。おそらく牧野は、平沼らを、枢密院を改組し最重要事項の諮問機関とする運動に集中させることで、平沼らの運動が成果を収めるまでは、彼らの宮中側近への批判を当面減退させることができるとみたのであろう。

牧野は約一週間後の七月一一日、元老西園寺公望を訪れ、枢密院側は諮問事項や顧問官の厳選等について改革する必要を痛感しているようであること、世論の枢密院批判に対し、幸い内部の空気もこれに応えようとしているようであり、内容改善の時機は熟したといえること、これらの次第を、西園寺から若槻首相にためしに話してみてはどうかと思うことを述べた。これに対し、西園寺は、「之を容れられ、十五日首相来邸の筈に付談示すべしとの返事」をした[175]。しかし、これは老獪な西園寺の、牧野に対するリップサービスであった。

八月一一日（または一二日）、西園寺の私設秘書の原田熊雄は木戸幸一内大臣秘書官長から、牧野内大臣は清浦・山本権兵衛・山本達雄・高橋・斎藤の五人の「重臣」を枢密院に入れて枢密院を重くすることに西園寺も賛成であると信じきっているので困るとの話を聞いた。原田は、西園寺年来の主張は、責任の保障のない枢密院が政治に干渉するのはよくないので、枢密院の力をなるべく削減することであると、木戸に伝えた。翌八月一二（または一三）日、木戸は牧野内大臣にそのことを伝えると、牧野は非常に不思議がって、「どうもをかしい。たしかに西園寺公は賛成であるかのやうに見えた。この問題は自分と公爵との話であるから、あまり深く詮索してくれないやうに」と話した。同じ一二（または一三）日、原田は一木宮相に会うと一木は、「さつき内大臣が来て、『どうも枢密院の問題は公爵が反対だといふが、そのわけがよく判らない。実に不思議だ』と言つて」、西園寺の賛成をよほ

ど信じきっていたようだと、原田に述べた。(176)

その後原田は一三（または一四）日、御殿場に西園寺を訪れ、牧野内大臣が枢密院の問題について西園寺が賛成であると深く信じきっていること、若槻首相は牧野から枢密院の問題は「大変いゝ」から政府でも考えておいてもらいたいと直接いわれ非常に困ったことを伝えた。すると、西園寺は、「さうどうも内大臣が直接政府に何するやうでは困るし、直接言つたのなら、この間のやうになにも自分が押して総理にとりなさなくつてもよかつたのに……。なぜ自分にそんなことを内大臣が頼んだのだらう」と応じた。(177)

八月一九日、牧野内大臣は元老西園寺を御殿場に訪ね、枢密院の問題も含め重要問題について意見を交換した。西園寺は、枢密院の件は牧野内大臣が熱心のあまり若槻首相が板ばさみの姿で困ると聞いたので、木戸内大臣秘書官長を招いて尋ねたところ、誤報であることを知ったと述べた。牧野はそのことを「意外千万に感じ」、問題が重要であるので丁重に取り扱うべきもので、牧野は西園寺と話し合った他誰とも関係がなく、若槻首相にもまだ直接意見の交換をしたことさえないと答えた。(178) いずれにしても、元老西園寺は枢密院の改革を積極的に推進している気配がない。西園寺は、首相が中心となって天皇を補佐するという立憲君主制の原則を、牧野が元老西園寺や若槻首相ほど信奉していないことを、遅くとも田中内閣以来感得していたはずである。西園寺は、そのような牧野が迷走しかねないことを察知し、牧野の感情を傷つけない形で、未然に止めたのである。

以上のように、枢密顧問官の補充が浜口・若槻民政党内閣の攻勢の下でうまくいかない中で、平沼や国粋主義者たちは、牧野内大臣ら宮中側近を排斥して宮中に入るか、枢密院を改革して政治的影響力を強めようとする二つの策動を始めたが、いずれも元老西園寺の支持を得られず、停滞気味となった。

このような内政上の行き詰まり感は、国粋主義者などを通し、陸軍の青壮年将校に伝わったはずである。一九三一年七〜八月頃と推定される、関東軍参謀部の「情勢判断に関する意見」は、「満蒙問題の解決」のため、米ソと開戦を覚悟しても、満蒙を占領して領土化することなどを第一に挙げている。それとともに注目すべきは、帝国

（日本）の発展の基礎を固めるため、「経済的社会的必然の推移として社会改造の必要」を唱えていることである。[179]こうして、一九三一年九月一八日、満州事変が始まるのである。

おわりに

本章では一九三〇年一〇月にロンドン海軍軍縮条約が批准され、翌三一年四月に浜口雄幸内閣が倒れ同じ民政党の若槻礼次郎内閣が成立し、九月に満州事変が起きるまでの、昭和天皇をめぐる政治と首相権力の実態について考察した。この期間は、浜口首相が狙撃され、同内閣が求心力を失い、浜口内閣の延長で第二次若槻内閣ができるが、立憲君主制（政党内閣）が没落していく時期である。この間、昭和天皇や牧野伸顕内大臣ら宮中側近、元老西園寺公望が政党内閣にどのように対応し、それが立憲君主制にとって、どうした影響を及ぼしたのかは興味深い課題である。本章でも、多量の宮中関係の情報を含む史料でありながら、原文書が膨大かつ難解であるため、あまり有効に使われていない「倉富勇三郎日記」を、公刊された宮中関係の史料とともに積極的に利用して、史実の確定に努めた。そのおもな論点は、以下の四つである。

第一に、立憲君主制の下で、ロンドン海軍軍縮条約の成立過程にみられるように、海軍（または陸軍）や国粋主義者の政党内閣への挑戦がある場合、立憲君主（昭和天皇）が、「公平」なポーズをとりながら、一貫して政党内閣の首相を支持しないと、立憲君主制は不安定になることである。昭和天皇は、主観的には民政党内閣を支持していた。しかし、若槻首相が提出した閣僚名簿を留めて置いたり、江木翼鉄相の後任をめぐる処置を直ちに裁可しなかったり、客観的には、慣行となってきた首相の閣僚推薦権を脅かす行動をとったのである。その上で牧野内大臣の意見を尋ねた。このことにより、君主（天皇）と衆議院両者の支持を権力の源泉としている首相は、自信を減退させ、一方で牧野ら宮中側近は政治関与への自信を持つようになった。

昭和天皇は、同様のことを、官吏減俸問題および内務次官や警保局長の人事にも行った。首相が陸・海軍を統制するためには天皇の信任を背景としなければ不可能であるが、昭和天皇は、結果として首相権限を弱める行動をとってしまった。その一方で、一九三一年三月にはエリート将校たちのクーデタ未遂事件である三月事件が起き、軍部への天皇や首相のコントロールは弱体化した。

本章の第二の論点は、昭和天皇が第一に見られるような政治介入をしたため、田中義一内閣以来の牧野内大臣ら宮中側近が台頭する潮流と合わせて、栄典の天皇への推薦決定過程においても、牧野ら宮中側近が大きな影響を及ぼすようになったことである。一九二二年に入り、山県有朋が死去すると、栄典の授与の実質的な決定は、その対象者が所属した官庁などの団体と、宮相・内大臣など宮中側近、首相など内閣の三者が調整して行われるようになった。しかし、すでに述べたように、田中・浜口両内閣では、爵位・勲章・位階の授与などの栄典の天皇への推薦に関しては、一木宮相・牧野内大臣らの宮中側近がかなりの影響力を及ぼした（第Ⅰ部第三章2、前章4）。

浜口内閣期と第二次若槻内閣期においては、枢密院側では、山川健次郎顧問官が死去しても、正二位・旭日大綬章を授けられてから間がないために、叙位も叙勲も困難とみていた。しかし、宮内省の援助を得て（山川は昭和天皇の東宮時代の御学問所御用掛）、旭日桐花大綬章（旭日大綬章の一つ上）を受けることができた。また田健治郎顧問官や松室致顧問官の死去の場合（とりわけ松室）は、内閣側の好意を得たらしく、枢密院側の予想以上の栄典を得ることができた。これらと対照的に、九鬼隆一顧問官の死去の場合は、宮中や内閣からの好意がなかったため、枢密院側の期待に反し、何の栄典も受けることができなかった。なお、この時期の元老西園寺は、栄典推薦に影響力のある首相など当事者の栄典問題以外、原則的に個別の栄典の推薦には関係しなかったようである。昭和天皇も、田中内閣への問責などで明治天皇以上の政治関与をしたり、ロンドン海軍軍縮条約締結問題では、内閣側に過度に肩入れして、調停役としての働きをしなかったが、栄典に関しては政治関与しなかったようである。それに関しては、牧野内大臣ら宮中側近がその代行をしていたので、必要なかったともいえる。

第三に、ロンドン条約批准後に浜口内閣の支援を背景に、岡田良平（元文相）・石井菊次郎（元外相）両顧問官らによって行われた枢密院改革運動は尻すぼみに終わったが、枢密顧問官の補充の推薦については、民政党内閣側が枢密院側に強気の攻勢をかけたことである。これは、浜口首相狙撃後の浜口内閣や第二次若槻内閣などの民政党内閣の、従来の通説であった弱々しいイメージを一新させる事実である。

浜口首相の入院や引退で求心力を弱めた民政党内閣が攻勢に出られたのは、枢密顧問官が高齢化し、数名にものぼる欠員が出たうえに、枢密院を批判する世論があったからである。顧問官に欠員が多くても、首相が欠員の補充で批判の矢面に立たない限り、枢密院本会議では顧問官と閣僚に議決権があるので、内閣側が有利になっていく。これらに対し、枢密院側は弱気になり、内閣側と妥協を試みたが、内閣側が応じず、当面の補充をあきらめ、民政党内閣が倒れるのを待つしかなかった。

第四に、枢密院側や国粋主義者たちは、ロンドン海軍軍縮条約批准の一翼を担ったものとして、牧野内大臣ら宮中側近勢力が台頭して昭和天皇への影響力を強めるなど、天皇への輔弼に問題があるとみたことである。民政党内閣の枢密院への攻勢も彼らにとって不快な流れの一つであった。そこで彼らは、牧野内大臣ら宮中側近の何人かを辞任させ、平沼騏一郎らが内大臣・宮相・侍従長か内大臣府御用掛等に就任し宮中入りしようとする宮中改革の策動を行った。宮中改革の策動の有力な潮流には、平沼や大物枢密顧問官の伊東巳代治や国粋主義者の大御所頭山満らも関係していた。その他、西園寺八郎主馬頭（元老西園寺の養子）・小原駐吉貴族院議員（元宮内省内匠頭）・仙石政敬宗秩寮総裁らを中心とし倉富勇三郎枢密院議長も支援した宮中改革の動きもあった。これは、内大臣・宮相・侍従長の辞任を求めた上に、さらに牧野の腹心の関屋貞三郎宮内次官らも更迭し、宮内省の主要人事の一新を図ろうとするものであった。いずれの策動も、宮中を掌握することで昭和天皇の動向を変え、満州問題や国内政治において、陸・海軍の強硬派や国粋主義者らの意向にそって政策を実行しようとするものであった。

宮中改革の策動の他に、平沼副議長を中心として倉富議長・二上兵治枢密院書記官長ら枢密院中枢は、枢密院の影響力を強めようとして、枢密院改革の策動も行った。これは枢密院を改組して、元老や内大臣のような天皇の政治顧問的役割を得て、宮中改革と同様に、昭和天皇の動向を変え、外交・内政を改革していくことを狙っていた。平沼らの枢密院改革運動も、実現はしなかったが、青壮年将校の国家改造構想と結びついていく点で、牧野内大臣を中心とした宮中側近の権限を強化する構想と対抗するものとして重要である。たとえば、この三〜四年後の一九三四年頃に陸軍参謀本部員のエリート将校片倉衷らは、「国家諸機構改革案大綱」を検討している。その中には、枢密顧問官を有力者に限定、その数を一〇人に減員し、枢密院が首相と司法大臣を天皇に推薦するなど、枢密院の権限を強化しようとする構想が含まれていた。[180]

宮中改革・枢密院改革、いずれの策動においても、元老西園寺の支持が不可欠であったが、西園寺はそれに反対であり進展しなかった。老獪な西園寺は、平沼・倉富らに対しては、消極的ポーズで彼らへの影響力の維持を図ったが、その意図は、平沼・倉富らにも薄々勘づかれていた。しかし、平沼・倉富らも、そのような姿勢をとる西園寺であっても利用価値はあるとみており、西園寺に正面から敵対しようとはしなかった。

こうして、一九三一年七月から八月にかけて、満州問題が再び焦点となる中で、関東軍を中心とした強硬派の軍人や国粋主義者の間で、国内の政治改革が実施できないので大陸政策と内政政策の改革ができないとの閉塞感が広がっていった。彼らにとって満州事変は、その突破口となるものであった。

第六章　満州事変の勃発と立憲君主制の危機

――海外派兵慣行と独断出兵――

はじめに

これまでの章で述べてきたように、明治天皇と昭和天皇の政治関与のあり方は、かなり異なっている。明治天皇は日常の政治関与はできる限り抑制し、元老など藩閥官僚、政党間の対立が深刻になると、積極的に調停的な政治関与を直接行った。それに対し、昭和天皇の政治関与は、強く関与したり、危機を事実上傍観したり、大きく揺れていることが特色である。また昭和天皇は、自らが直接に積極的な調停を行わずに、宮中側近や侍従武官長などを通した間接的政治関与を行うことを原則とする一方で、田中義一首相への問責のように明治天皇ですら行わなかった強い政治関与をすることもあった。

その理由は第一に、明治天皇が三〇歳代に入ってから本格的に政治関与を行うようになり、しかも元老や有力閣僚等の大物政治家によって支えられていたのに対し、昭和天皇は二〇歳代後半から政治に関わり始め、宮中側近や老齢化して一人となった元老西園寺公望、全体に小粒となった閣僚、侍従武官長等に支えられているにすぎなかったからである。また第二に、明治天皇や明治を理想とする風潮の中で、昭和天皇が明治天皇の政治におけるリーダーシップを過大視したからである。

一方、明治天皇・昭和天皇の政治関与に共通する点も重要である。それは、天皇としての行動が慣行に拘束されており、明治憲法上の統治権をそれらから離れて自由に行使できるわけではないことである。日本の前近代以来の伝統として、それらの慣行は慣習法というべきものとなっている。それらを否定するためには、天皇は権力中枢のかなりの支持を得、慣行に反して統治権を行使した後にさらに多くの支持を得る確信がなくてはできないことであった。

明治天皇はイギリスのジョージ五世のように、その慣行（慣習法）を十分に理解し、危機の際には政治の調停を巧妙に行い、自らも新しい慣行を形成していった。それに対し、昭和天皇は慣行を軽視することもあった。その代表的な失敗例は、田中首相問責事件であった。この反動として、天皇と首相・閣僚等が協力して確保していた陸・海軍等の強力な官僚機構のコントロールが弱体化していった。

すなわち、近代日本の君主の行動や君主制を内在的に考察し、天皇（君主）の行動の評価を行うためには、次の二点を十分に把握して分析をする必要がある。それは一つには、天皇を取り巻くどのような慣行が形成されており、天皇が自らの意思でそれをどの程度変える選択をする余地があったかということである。二つには、実際に、天皇の意思形成に宮中側近・元老・首相など閣僚、侍従武官長、参謀総長や軍令部長など、天皇を支える者がどのように関係し、天皇の意思は何であり、また彼らが天皇の意思の遂行にどの程度協力したかということである。

注意しなければならないことは、天皇がある決定に承認を与えたからといって、決定が直ちに天皇の意思の反映であるとは見ることができないことである。天皇がその決定に不満であっても、承認が慣行上で自然であり、その天皇の意思を支えて慣行を変えようとする有力者が少なければ、天皇の行動は制約されて、承認を与えざるを得なくなる。もちろん、開戦の承認や戦争継続の決定が問題になるような場合、たとえ右のような状況であっても、天皇は国家の最高責任者であり、その結果についての道義的責任はあり、また自らも意思決定に影響を及ぼしうる有力な一人としての責任は、免れることができない。しかし、明治憲法を法の条文のみで理解し、天皇を全能者としてとらえ、国家運営失敗の責任の大半を天皇に負わせようとする方法では、天皇の行動の評価や日本近代の歴史、そうした意思決定システムに反映された日本の文化を内在的に理解したことにはならない。

本章で検討する満州事変が勃発した時期は、三〇歳の昭和天皇が統帥権の問題に本格的に直面する興味深い時期である。統帥権の問題は、満州事変以降の天皇の戦争責任の問題と関連づけて近年に至るまで、活発に論じられてきた。その中で、天皇は立憲君主であり、立憲君主は臣下の助言を自動的に裁可するものであり、戦争も含めた政治責任はないとの議論は、天皇が種々に政治に関与し影響を及ぼした例が蓄積され、根拠がないことが共通の理解になったといえる（この他、天皇の政治責任の否定論には、明治憲法の条文に天皇は政治責任を問われないとあることからする、憲法の機能上からの否定論がある。本章は、天皇の政治機能の実態を問題にするものなので、それには立ち入らない）。

一方、本書の序論で述べたように、天皇は大元帥であり、統帥権に関して法的にその意思を行使できる立場にあると見て、二・二六事件の処理や太平洋戦争の降伏の決定に影響力を及ぼした事例などを挙げ、満州事変や日中戦争の拡大、太平洋戦争の開戦なども昭和天皇の意思の反映として、その政治責任を追及する井上清氏らの見解もある。

しかし、これらの研究の問題点は、昭和天皇が政治関与し、実際に影響力を及ぼすことができた事例をいくつあげても、昭和天皇がそれ以外のすべての場合において関与と影響を及ぼすことが可能であったことを論証できないことである。

昭和天皇の政治的機能を評価するには、すでに述べたように、種々の慣行、天皇の意思決定を支える首相や閣僚、宮中側近、元老、侍従武官長、参謀総長や軍令部長などの天皇を支える者の動向を、十分に考慮する必要がある。また、すでに明治天皇の分析で示したように、天皇が国家が機能不全になるような政治危機を回避し、軍も含めた官僚機構のコントロールを確保するためには、天皇が憲法上で分立した機関の対立を調停することが必要である。昭和天皇が、それらをどの程度行ったかも重要な視点となる。井上氏以下の研究には、これらの観点が欠落しており、昭和天皇やその時代の実態を超えて、天皇に政治責任を問う形になっている。

本章で対象とする満州事変期に関し、波多野澄雄「満州事変と『宮中』勢力」(『栃木史学』五号、一九九一年三月)は、これらの限界を乗り越えようとするすぐれた研究である。波多野氏の研究は、まだ公刊されていなかった「奈良武次日記」(のち、波多野澄雄・黒沢文貴他編『侍従武官長奈良武次日記・回顧録』第一～第四巻、柏書房、二〇〇〇年、として刊行)も使用し、満州事変をめぐり、一九三一年八月から一一月までの、昭和天皇、若槻礼次郎内閣、宮中側近や侍従武官長(波多野氏は「宮中勢力」と表現)、元老、陸軍などの動向を明らかにした。ただ、波多野氏の研究は、明治以来の日本の君主制の伝統の中で、この時期の昭和天皇の動向を評価するという視点が弱く、また、すでに述べた井上氏以下の手法で昭和天皇に政治責任を問う研究に、どのような事実を枠組みとして対峙させるかも積極的に示していない。

本章は、波多野氏の研究で扱われた時期の中で最も重要な満州事変の勃発期を中心に、右の視点の下で、日本陸軍中で朝鮮に駐屯し、その防衛を担当する朝鮮軍の動向に関する新史料(防衛庁防衛研究所所蔵)などを加え、昭和天皇が巨大な官僚組織である陸・海軍、とりわけ陸軍の統制に失敗していく過程を明らかにしたい。その中で、各段階における昭和天皇や若槻首相や閣僚、元老西園寺公望、牧野伸顕内大臣ら宮中側近の動向について考察したい。

1　満州事変の勃発と統帥慣行

(1) 事変の勃発と直後の若槻内閣側の主導

一九三一年八月下旬には、牧野伸顕内大臣は、陸軍の統制について危惧を持つようになった。牧野は八月二〇日、元老西園寺公望を訪れ、陸軍の「若い連中」の団体に属する大佐が、汽車中の秩父宮に、かつぎたいと直接に申し上げた等のことを話した[1]。すでに同年七月には、満州の長春近郊の万宝山で、移住した朝鮮農民と現地の中国人が衝突する万宝山事件が起こっていた。また、六月二七日に起きた中村震太郎大尉（参謀本部員で満州をスパイ活動中）ら一行の殺害事件は、八月一七日に陸軍から公表された。これら二つの事件は、陸軍が宣伝の意図で事実を提供したので、新聞で大々的に報道され、日本側の反中国感情が高まった。

その後、陸軍から内々に中村大尉事件について出兵の申請があり、昭和天皇はそれを許可しなかったようである。九月七日、鈴木貫太郎侍従長が天皇の命によってそのことを牧野内大臣に伝えるために牧野を訪ね、同席していた一木喜徳郎宮相と三人で、軍の規律の状態についての相談となった[2]。後述するように、北清事変以来、海外出兵には、陸相・参謀総長・首相（内閣）の同意を必要とする慣行があり（本章次節）、昭和天皇は慣行を無視した内々の要請を受け入れなかったのである。

九月八日、牧野内大臣は天皇に拝謁し、七日の話し合いの結果を言上した。天皇は、軍紀に関して海相（一〇日午前に拝謁予定）・陸相（一一日午後頃に召す予定）に下問し、侍従武官長には、自らの考えを述べることにした[3]。奈同日、天皇は奈良武次侍従武官長に、陸海軍大臣に軍紀の維持について注意を喚起する考えについて下問した。奈良は、しばらく猶予を願い出て退出して熟考した結果、天皇の考え通りに行動することが適当であると奉答した[4]。

この時点で軍紀の維持に特に問題があるのは陸軍であったが、まず拝謁の予定のある海相に述べ、次いで陸相を召して注意するのは、陸軍の面目を考えてのことであった。内乱のような具体的事件がないのに、天皇が軍紀の維持について陸・海軍に注意するというケースは、明治天皇の時代の先例にはなく、昭和天皇の新しい行動であった。

そのため、一週間ほど後であるが、枢密院の倉富勇三郎議長・平沼騏一郎副議長・二上兵治書記官長らの密談でも、このことが話題となっている。九月一六日、国粋主義者の平沼が、近頃「軍人の硬化」が非常に烈しくなったと、口火を切った。これに対し、二上は第九師団（金沢）では飛行機によって宣伝ビラが撒かれたと応答した。倉富も、「寒心すべき」事態であるが、「多少常規外の手段」も必要としながらも、元老の西園寺公望は軍人の政治関与を好まないが、それを防ぐ手段は構じていないと述べた。[5]

九月一〇日、天皇は人事について内奏した安保清種海相に、近頃青年将校団結などの噂があるが軍紀の維持は確実であるかと下問した。安保海相は、海軍省の人事局員に各鎮守府などを視察させた結果によると、軍紀の維持は厳粛であると認識していると奉答した。[6]

また、九月上旬頃に、近衛文麿貴族院副議長が森恪（政友会代議士、幹事長）から聞いたところによると、陸軍の一部の者は「今の陛下は凡庸で困る」と言っており、「軍部内」には「非常に暴動的な気運」が起こり、宮中に対して批判的な言動が多いという。[7]

九月一一日、南次郎陸相が拝謁し、軍制改革と軍縮会議の関係について上奏すると、天皇は陸軍の軍紀や、陸軍が主唱して国策を引きずるような傾向がないか等について注意した。南陸相は、そのような噂を耳にするようなことがあるので十分注意して取り締まっていると奏上した。[8] この数日前、牧野内大臣の腹心関屋貞三郎宮内次官は、独自の思いつきで、親しい南陸相を訪れ、陸軍の軍紀廃頽の傾向等を指摘し、天皇の考えを慎重に考慮すべきであると注意していた。[9] 南陸相の拝謁後、天皇は、陸相から軍紀が乱れることがないよう十分取り締まると奏上があったので、天皇が更に注意を喚起したことを牧野内大臣に伝えよと、鈴木侍従長に命じた。鈴木侍従長はそのことを奈良侍従武官長にも伝えた[10]。

このような、昭和天皇や牧野内大臣ら宮中側近の陸軍の動静への警戒にも関わらず、関東軍参謀（作戦主任）の石原莞爾中佐は、上司の板垣征四郎大佐（関東軍高級参謀）らと協力して、関東軍に満州（中国東北地方）を占領させる陰謀を実施した。まず、九月一八日夜、関東軍の一部は、奉天の柳条湖の満鉄線上で爆薬を爆発させ、中国軍（張作霖を継いだ張学良の部隊）を攻撃した。本庄繁関東軍司令官（中将）は、中国側が日本側を攻撃したという偽の報告を信じ、石原中佐の意見を入れ、全関東軍に出動を命じ、中国軍を攻撃させた。また、朝鮮に駐屯する日本軍である朝鮮軍に応援を依頼した。関東軍が朝鮮軍に応援を依頼したのは、当時の関東軍の兵力は一万人強に過ぎず、満州を占領するには兵力が不足していたからである。

朝鮮軍司令官林銑十郎中将は、翌一九日午前三時四五分、関東軍の要請に応じ、かねての打ち合わせに従い、出動可能な朝鮮軍（混成一旅団と飛行二中隊）の出兵準備を命じた。次いで、同日午前四時三〇分、飛行二中隊に、夜が明け次第なるべく速やかに出動することを命じた。午前七時三〇分には混成第三十九旅団の満州派遣と、同旅団が朝鮮と中国（満州）の国境である鴨緑江を通過した時点で、関東軍司令官の指揮に入ることを命じた[11]。

満州は外国であり、関東軍司令官は、中国側の「攻撃」に対して当面の対応をする権限を与えられていた。しかし、朝鮮は日本の植民地として日本国内であり、朝鮮軍が外国である満州へ出動するには、首相が内閣の合意を得て天皇に出兵を上奏し、次いで参謀総長が上奏して、天皇の直接の命令である奉勅命令を得ることが必要であった（二個中隊程度の飛行部隊の出動にはこの手続きは不要）。

林朝鮮軍司令官が、事件が起きると短時間のうちに飛行中隊のみならず、混成旅団の出動を命じたのは、奉勅命令がすぐに得られるとの見通しを持っていたからであった。当時朝鮮軍参謀で林司令官に朝鮮軍の出動を進言した神田正種中佐によると、事変の前の八月には、関東軍と朝鮮軍の参謀たちの間には、「満州問題」の解決への了解ができていた。陸軍中央部（陸軍省・参謀本部）は、積極的な「解決」に異存のある者はいなかったが、しばらく時期を待とうとする者や、やや躊躇する者（杉山元陸軍次官、中将）など、当面の消極派が大勢であった。しかし、林司令官や神田参謀、板垣関東軍高級参謀らは、陸軍中央部の次長・次官、局長・部長、課長・課部員らと、「中央の指令を待つて居たのでは到底駄目だ、出先でやれ、やつた以後はおれ達が頭を動かす」ということで、別れたという。[12]

事変発生の報を聞いて、一九日朝には陸軍省・参謀本部の最有力者の間で満州への増兵で意見が一致した。さらに、午前八時三〇分、林朝鮮軍司令官から飛行二中隊を早朝関東軍に増援し、混成一個旅団を奉天に出動の準備中である等の報告があった。参謀本部ではこれらを受け、第一部第二（作戦）課（課長は今村均大佐）で、朝鮮軍派遣の検討を行った。この結果、飛行中隊についてはともかく、出動準備中の部隊の出発は、閣議において経費支出を認めた後に奉勅命令を得て行い、「指揮統帥権」の系統が乱れたと非難を受けないようにすべきとの結論に達した。その間に、一〇時一五分、朝鮮軍司令官から混成旅団が奉天に向けて行動を開始しているとの電報が入った。[13]

第二課内では大部分の課員が朝鮮軍司令官の処置を是認して実行させ、速やかに奉勅命令（史料中は「大命降下」）を得るように処置すべきとの意見であった。しかし、今村課長と一部の部員は、朝鮮軍司令官の処置は妥当性を欠くもので、一九日午後に開催される閣議（実際は午前一〇時から開会）の議決をも考慮して理路整然とした方法で派兵すべきとの考えであった。金谷範三参謀総長・二宮治重参謀次長は今村課長の意見を採用し、一二時三〇分、参謀総長から朝鮮軍司令官宛に、関東軍増援の件は飛行隊を除き「奉勅命令」下達までは見合すように命じた。また、参謀次長から、それぞれ第三十九旅団長と朝鮮国境の新義州守備隊長宛に、派遣部隊が国境を越えないようにすることを命じた。そこで朝鮮軍では混成旅団を新義州に近く集結させ、奉勅命令を待つようにした。[14]

ここまでの経過は、参謀本部では、従来の手続きに従って朝鮮軍を満州に派遣しようとし、朝鮮軍もその命令に従ったことを示している。これまでの先例とは、次節で述べるように、一九二七〜二八年の山東出兵の際まで取られた手続きで、出兵について、首相が内閣の同意を得て上奏した後、参謀総長が天皇から「奉勅命令」を受ける手続きであった。この手続きは、一九〇〇年六月の北清事変（義和団の乱）の出兵手続きに端を発していた。

九月一九日、午前九時四五分、南陸相は昭和天皇に拝謁、奉天付近で日中両軍が「衝突」し、日本軍が中国側の奉天の拠点である北大営を攻撃して占領したことを奏上した（南陸相は、関東軍司令部が旅順から奉天に進出したことや、長春における日本軍の中国側の基地攻撃を知っているらしいのに、奏上しなかった）。奈良武次侍従武官長（陸軍大将）が、関東軍が条例に指示された以上の行動をする場合は閣議の決定が必要で、なお大なる出兵をする場合には御前会議を開くことが必要であると、南陸相に注意した。これを南は紙片に書き付け、あわてて退出した[15]。このように、侍従武官長も従来の慣例を重視する考えであった。したがって、柳条湖事件を拡大しないためには、閣議（とりわけ中心となる首相）が、朝鮮軍や内地からの出兵を認めず、それを元老西園寺や牧野内大臣ら宮中側近が一丸となって支えることが必要となる。

一九日の閣議は午前一〇時から開催された。幣原喜重郎外相は、外務省系統から入手した各種の情報を、この事件の勃発は出先の軍部の「策謀的技術」に原因するような口ぶりで朗読した。このように閣議の空気は陸軍に有利ではなかったので、南陸相はその席で朝鮮軍から関東軍への増兵を提案できなかった[16]。その結果、午後一時半に若槻首相は拝謁して、㈠事件を拡大しないように軍に訓令した、㈡事件の真相及び日本の態度を外相から各国に発表すること等を上奏した[17]。

午後三時三〇分（奈良侍従武官長の日記では三時）、金谷範三参謀総長は拝謁し、事件の展開（奉天の占領、長春南嶺の兵営攻撃など）を奏上した。また林朝鮮軍司令官が本庄関東軍司令官の要求によって、「独断」で混成旅団を満州に派遣し、午前一〇時頃先頭列車を出発させるとの報告があったので、至急電報を三カ所に発して抑止すべきことを命令したと奏上した[18]。金谷参謀総長は拝謁の前に奈良侍従武官長に右のことを述べ、奈良からも賛同を得ていた。また金谷は、事件について、天皇も「御悦び遊ばされざる様」にほのかに聞いたので、朝鮮軍司令官の独断的処置については「恐懼」するところであり、「事情を審議」すべきことを、天皇に言上したという[19]。

以上のように、陸軍省や参謀本部にまで、海外への派兵について、従来の慣行を重視すべきとの考えは根強かった。九月一九日午後三時三〇分頃までの状況は、事変を不拡大で収めようとする若槻内閣や昭和天皇・元老・宮中側近らにとって、有利に展開していた。

(2) 若槻首相・牧野内大臣・昭和天皇の弱気と朝鮮軍司令官の統帥権干犯

①天皇・牧野内大臣・閣僚が弱気の若槻首相を傍観する

事変の収拾に関して若槻内閣有利の状況を生かせなかった最大の要因は、若槻首相の弱気とリーダーシップの欠如であった。九月一九日夜、元老西園寺の私設秘書の原田熊雄は、若槻首相の求めに応じて彼を訪れ、若槻から以下の話を聞いた。それは、㈠若槻は事件を拡大したくないと心配しているが、関東軍は、内閣の決定を得ず「保障占領」をしたらしい、㈡満蒙の中国側の兵力は二〇万人以上もあるのに、関東軍は一万人余りであるので、日本軍が勝手に振る舞って万一のことが起こったらどうするかと南陸相に聞くと、「朝鮮から兵を出す」、あるいは「既に出したらしい」との答えであった、㈢そこで政府の命令なしに朝鮮から兵を出すことをけしからぬとなじると、南陸相は「田中内閣の時に、御裁可なしに出兵した事実がある」と述べたように、後に問題を残さないと思ったらしい、㈣南陸相は、事実はすでに鴨緑江近くまで兵を出し、そこで止めてあるが、一部すでに渡ってしまったものはやむを得ないと答えたこと等である[20]。

後述するように、㈢の田中内閣時代に裁可のない独断出兵をしたというのは事実ではない。内閣制度ができてから初めての宣戦布告をしない海外派兵である北清事変の出兵以来、内閣の合意の下に、天皇の裁可を得た後に出兵するという慣行は守られてきた。若槻首相は、動揺のあまり、明治天皇以来の慣行が継続している事実を誤ってとらえ、南陸相のペースに乗せられてしまったのである。若槻首相は、一九二八年の昭和天皇の即位の大礼に向け、明治天皇の理想化が極度に進んだ状況（第II部第二章1、4、5）を逆手にとって、明治天皇が作った制度を陸軍はどうして無視するのかと難詰すれば、陸軍に対して精神的に有利な立場に立てたはずであった。

それとは逆に、若槻首相は原田に次のような極端に弱気の態度を示した。

かういう情勢であつてみると、自分の力では軍部を抑へることはできない。苟くも陛下の軍隊が御裁可なしに出動するといふのは言語道断な話であるが、この場合一体どうすればいゝのか。こんなことを、貴下に話す筋でないかもしらんけれども、なんとかならないか。貴下から元老に話してくれとか、どうしてくれとかいふのではないけれども、実に困ったものだ。[21]

内閣が事変の収拾をできなかったもう一つの要因は、以下に述べるように、若槻首相を支えるべく、牧野ら宮中側近・元老西園寺・民政党の閣僚らが十分に結集できなかったことである。なかでも、混成旅団が独断越境しようとしていることに対し、昭和天皇や牧野内大臣は元老西園寺以上に弱気の収拾姿勢であり、それが昭和天皇を通して弱気の若槻首相に伝わったことが事態を決定した。

昭和天皇が即位以来、八〇歳前後と高齢に達した西園寺に代わり、日常的に天皇に接し支えてきたのは、牧野内大臣ら宮中側近であった。まず九月一九日夜、一木喜徳郎宮相・鈴木貫太郎侍従長・木戸幸一内大臣秘書官長と原田は会合し、原田から、若槻首相が軍部の態度がなかなか強硬で、陸軍の出先に閣議の方針が「不徹底の嫌なきにあらずとて、憂慮おう悩の様子」であることを聞いた。陸軍の統制を確保するため、長老の閑院宮《かんいんのみや》元帥（軍事参議官）の協力を得ることや、元老西園寺の滞京を求める意見も出たが、木戸は、首相が事変の解決について「他力本願なる」のは好ましくないとみた。また一木宮相や鈴木侍従長も同様の考えを抱いたようである。結局、首相は閣議を何度でも開き、内閣自身が軍部に確固たる姿勢を示し、事件を収拾するべきとの意見がまとまった。[22]

一方、宮中側近の中心である牧野内大臣は鎌倉にいたが、木戸内大臣秘書官長から、一九日午前の陸相参内の後に電話で事件のことを知ると、直ちに出京し、一時半に参内した。しかし、牧野は若槻首相が内奏した後に彼に面会したりしたが、特に積極的な行動を取らなかった。[23]牧野を中心に、一木宮相・鈴木侍従長・河井侍従次長・木戸内大臣秘書官長ら宮中側近と奈良侍従武官長らが会合して事件について協議したのは、二一日午前一〇時半頃になってからであった。それも奈良侍従武官長から事件の原因と経過や将来の見込みを聞くことが中心で、確固とした対応策を決めたわけではなかった。[24]

その後、同日の夕方には混成旅団が独断越境したとの情報が牧野にも伝わり、牧野は金谷参謀総長の午後六時の拝謁に先立ち、昭和天皇に拝謁し、「要事に付」上奏した。この結果、若槻首相が翌二二日午前九時半に拝謁することになった。[25]

これまでまったく注目されていないが、この二一日の夕方の牧野の拝謁は、混成旅団の独断越境の処置を事実上方向づける重要なものであった。牧野の日記によると、そこで昭和天皇は、先日の軍紀維持について海相・陸相に下問したことを、侍従武官長や閑院宮元帥に内示したいとの意向を示した。また、天皇は満州事変が拡大しないようにとの閣議の意向を適当と考えているので、その国策の精神が貫徹するよう一層努力するようにとの沙汰を首相に出したいとも述べた。牧野はそれらを「難有御聖旨を拝承す」と、望ましいと受け取ったのみであった。[26] 問題は、混成旅団の独断越境という天皇の統帥権干犯の異常事態が発生した直後に行われた牧野の拝謁において、その処分が話題になっていないことであった。昭和天皇も牧野内大臣もその話題を避けることで、穏便な処置にすることで暗黙の合意をしたといえる。これは、張作霖爆殺事件に関して、田中内閣・陸軍の処理方針を、田中首相への問責という形で、昭和天皇と牧野内大臣ら宮中側近が否定した処置とは逆に、陸軍の一部の不法行為に対し、内閣の方向が定まっていないのに、天皇・牧野内大臣で問責をあきらめようという、極めて弱気の姿勢であった。次項で述べるように、この方針は翌日朝の拝謁で、若槻首相に暗黙の形で伝えられ、内閣の方針となっていった。

元老西園寺の事変への対応も迅速とはいえないが、混成旅団の独断越境に対して、牧野よりも強い姿勢を示した。事変発生当時、西園寺は京都にいた。原田熊雄は九月二〇日の夜一〇時頃、京都に着いた。混成旅団の独断越境が起きていない翌二一日午前一〇時に西園寺を訪ね、これまでの経過を話すと、西園寺は㈠天皇が軍紀に関して閑院宮元帥に相談するのなら、その前に木戸内大臣秘書官長か牧野内大臣が閑院宮に拝謁して今日の事情を説明しておくべきである、㈡政府内に辞意が出ても、この事件がすべて片付くまでは天皇は辞意を認めてはいけないことを、鈴木侍従長と牧野内大臣に伝えておくこと等、を指示した[27]。原田は早速このことを東京の木戸に電話で話し、牧野内大臣に伝えることを依頼した[28]。

その後、二一日午後一時二〇分発の列車で、混成第三十九旅団は、林朝鮮軍司令官の命で、奉勅命令がないまま、鴨緑江を越えて満州に入った。そのことは、午後三時三九分に参謀総長宛で参謀本部に着電した。これを知った西園寺は、天皇の裁可なしに軍隊を動かしたのであるから、天皇は許してはならず、また黙っていることもよくなく、一度考えておくと保留しておいて、「後に何らかの処置」をすることが必要であると、原田に伝えた[29]。これは、すでに昭和天皇と牧野の間でなされた事件処理への暗黙の合意よりも、混成旅団の独断越境について、厳しい処理を求めるものであった。

原田は同日夜、再び木戸に電話して、西園寺の注意を伝えた。木戸は夕食後の七時半に牧野内大臣を官舎に訪問し、原田から電話で聞いた西園寺の意向を伝えた[30]。しかし金谷参謀総長は夕方五時五五分に拝謁し、牧野内大臣は金谷より先に拝謁しているので[31]、西園寺の注意は、金谷参謀総長の奏上前に天皇には伝わらなかった。西園寺が危機に際して直ちに東京に戻らなかったため、宮中側近や原田の対応もゆっくりとしたものになり、このように影響し始めた。

また、事件に対する西園寺の決意は、若槻首相に直接伝わった形跡がない[32]。それ以上に重要なことは、午後七時半に木戸内大臣秘書官長が、原田から伝えられた西園寺の意向を牧野に伝えたにもかかわらず、牧野はそれを事実上無視したことである。当日の牧野の日記には、夜に木戸が牧野を訪問して、西園寺の意向を伝えたことすら記載されていない[33]。牧野は西園寺の助言にもかかわらず、すでになされた天皇との合意を遂行しようとしたのである。第三章で述べたように、一九二九年六月に張作霖爆殺事件の処分を、田中内閣がしようとした際にも、牧野内大臣は、元老西園寺が内閣の責任に委ねるという慣例に従い穏便に対応すべきとの意向を持っているのを知っていながら、昭和天皇が問責することに同意した。西園寺に比べ、昭和天皇と牧野内大臣の行動の揺れは大きい。

若槻内閣の閣僚も、事変の拡大を防ごうという強い決意で一つにまとまっていたわけではなかった。九月二〇日朝、原田熊雄が井上準之助蔵相、次いで幣原外相を訪れて、若槻首相が自信をなくしているので、閣僚が激励して支えることが必要であることを話した際に、原田は幣原から「政党出身の大臣が比較的冷淡である」ことを聞いた。[34] 二一日に混成旅団が満州へ越境した後、同日夜になると、井上蔵相が牧野内大臣を訪れた。井上は閣議の内容を漏らし、南陸相の意見が動揺し閣議で決定した方針も部下にひっくり返されることもあり、「満州問題」の今後については憂慮に堪えないと嘆息した。[35] このように、宮中側近・元老などが若槻内閣を積極的に支えない中で、混成旅団の独断越境が起きると、閣僚中で事変の拡大阻止に比較的強気であった井上蔵相ですら弱気になり始めた。

こうして、事変の発生の報が入った翌日の九月二〇日・二一日の二日間で、若槻首相や昭和天皇は急速に孤立感を深め、弱気になったのである。問題は、なぜ牧野内大臣ら宮中側近、元老西園寺・若槻内閣の政党系の閣僚たちが、混成旅団の独断越境に対する厳しい処置や事変の拡大阻止に結集できなかったかということである。

すでにみたように、満州事変の発生前から陸海軍（とりわけ陸軍）の綱紀粛正が問題になっているように、陸軍の動向への不安は共有されていた。また、九月一九日付の河井侍従次長の日記に、林朝鮮軍司令官が本庄関東軍司令官の要請に応じ、独断で一部の部隊に満州への出兵を命じたので、金谷参謀総長は取消しを命じたことや、それが閣議でも問題にされたことも記されている。このことから混成旅団（朝鮮軍）の独断越境問題をめぐる危機感も共有されていたといえる。それにもかかわらず、すでに示したように、行動の核となるべき牧野内大臣や元老西園寺の行動は鈍い。木戸内大臣秘書官長にいたっては、九月二〇日は駒沢で一鳩会のゴルフのトーナメントに参加し、夕方からの懇親会にまで出席している。[36] 当日が日曜日であることを考慮しても、十分な危機管理意識のある行動とはいえない。一方、すでに述べたように、九月二一日に、牧野内大臣・一木宮内大臣・鈴木侍従長・河井侍従次長・木戸内大臣秘書官長と奈良侍従武官長が会合し、奈良が、関東軍の戦闘行動は最早停止しているはずで、これ以上拡大しないはずであると説明した際、牧野内大臣らは陸軍の意図に疑問を持ち、大いに心配しているように、奈良には見えた（奈良は後に、事変の見通しについて自らの予想が的中しなかったことを知った）。[37]

張作霖爆殺事件の処理をめぐり、牧野内大臣ら宮中側近は陸軍も含めた国粋主義者（右翼）の批難の対象になった。また、ロンドン海軍軍縮条約締結と批准の過程では、彼らの宮中側近への批難はさらに強まり、元老西園寺の「公平性」への信頼も動揺していた（第Ⅰ部第三章・第四章）。以上を総合すると、宮中側近や元老は、事変が収拾する淡い期待と陸軍の動向へのかなりの不安を持ちつつも、各人が自らが、陸軍や国粋主義者の批判の矢面に立つことを嫌って、事実上の傍観に近い行動を取ったといえる。

②腹のすわった関東軍と弱気の陸軍中央

他方、関東軍や朝鮮軍の幹部の腹はすわっていた。まず、九月二〇日午後一〇時、関東軍の三宅光治参謀長（少将）、板垣征四郎大佐、石原莞爾中佐、新井匡夫少佐、武田泰少佐、中野良次大尉らの参謀、片倉衷《かたくらただし》大尉（幕僚付）らは今後の対策について謀議し、全員吉林派兵に決した。その理由は「満蒙問題の解決」のため、吉林軍（張学良の配下）を滅ぼすためであった。そして、吉林出兵をしぶる本庄関東軍司令官を、全員辞職も覚悟して説得し、二一日午前三時に出兵の許可を得た。[38]関東軍は満鉄と沿線の付属地を警備する部隊であり、吉林への出兵は通常任務の権限外であった。

しかも、九月一九日午後六時頃、関東軍は、陸軍大臣より、日本政府は「事態を拡大せさる様極力努力することに方針確定せり。右御含みの上行動ありたし」との電報を受け、また参謀総長より、事件の処理については、「必要度を越えさることに閣議の決定もあり、従て今後軍事行動は此主旨に則り善処せらるへし」との電報での命令を受けていた。[39]したがって関東軍が吉林に出兵することは、関東軍司令官の権限を逸脱する行為で、統帥権干犯の要素の強い行為である。片倉大尉の「満州事変機密政略日誌」でも、「独断吉林派兵」と記しており、[40]関東軍の当局者も、右のことを意識していることがわかる。本庄司令官が吉林派兵をしぶったのもそのためであった。

吉林派兵は、本庄司令官の決済の後、直ちに第二師団長に命ぜられたが、参謀総長への報告は二一日午前六時に行われ、朝鮮軍にも通報がなされた。参謀総長への報告を三時間も遅らせたのは、陸軍中央部の干渉を避けるためで、指示があっても部隊は行動後であるようにする工夫であった。[41]

関東軍の吉林派兵を通報し朝鮮軍に応援を求める二一日午前六時三〇分発の電報を、朝鮮軍は、午前九時五二分に受け取った。そこでは吉林在留民は中国兵より迫害を受けているので、応急策として、「独断」で第二師団の部隊を吉林に向かい前進を開始させたこと、関東軍の配置が手薄になるので、「取急き朝鮮軍の増援」を望むこと等を伝えていた。[42]関東軍が独断で吉林への派兵を行ったことで、朝鮮軍首脳は、関東軍の本来の警備区域である満鉄沿線の警備が手薄になるという危機感のみならず、朝鮮軍も同様のことを行っても責任は問われにくいという関東軍への連帯感をもったと思われる。朝鮮軍は満州への出兵を直ちに決意した。関東軍の吉林派兵を伝える電報が到着して約一時間後、二一日午前一一時、混成旅団を管轄する第二十師団長に、混成旅団を直ちに鴨緑江を越えて満州に派遣し、任務を続行するように朝鮮軍命令を出した。しかも、命令の下達法は、北村参謀に電話で伝え、後に筆記したものを送るという、[43]旅団の出発を優先させる方法が取られた。

一方、九月二一日午前一〇時から閣議が開催され、朝鮮から満州への増兵の可否が討議された。南陸相の増兵必要論に対し、同意をした者は若槻首相一名のみで、結論を出さず午前中の閣議を終了した。[44]九月一九日から一貫している若槻首相の弱気の姿勢が注目される。

午後も閣議が継続されたが、閣議における南陸相の増兵論への雲行きはよくなかった。その頃参謀本部に第三十九旅団長から、旅団は午後一時先頭列車から出発の予定との電報（新京州午後一時四〇分発、午後二時四〇分着）がまず到着し、続いて朝鮮軍司令官発参謀総長・陸相宛で、吉林方面に行動を開始した関東軍の要求に応じ、混成旅団を越江させることにし、命令に違反する結果になったのは「恐懼に堪へ」ないこと等を伝える電報が届いた（二一日午後二時発、午後三時二二分着）[45]。ここでも、朝鮮軍は午前一一時に混成旅団に出発命令を出しておきながら、三時間たってから軍中央に発電したように（出発命令の四時間二〇分後）、軍中央の干渉を避けるため、関東軍と同様の手法を取った。

その後、午後三時三九分に混成旅団長から参謀総長に、午後一時二〇分に越江したとの電報が入り、午後五時には関東軍司令官の指揮に入ったとの電報が届き、混成旅団の独断越境は明らかとなった[46]。そこで、午後五時五五分、金谷参謀総長は天皇に拝謁し、朝鮮軍の混成旅団は総長の待機命令にもかかわらず軍司令官の「独断専行」により越境し奉天に出発したとの報告があり、誠に「恐懼」に堪えないこと、この善後処置については研究のうえで改めて奏上することを上奏した[47]。

この上奏に関し、金谷参謀総長は自己の責任で朝鮮軍から関東軍への増兵の上奏をし、天皇の裁可を得る決心で参内した。そのことを察知した奈良侍従武官長は、天皇は首相の承認なく出兵を認めることはないので、ただ事実を上奏し、善後処置はしばらく猶予を願うべきだと助言し、たまたま同席した鈴木侍従長も同意見であった[48]。これは、金谷参謀総長が、一旦はこれまでの出兵慣行を破ろうと考えた点で、注目すべきことである。

陸軍内においても、金谷参謀総長の関東軍への増兵の上奏については二つの考え方があった。独断出兵の前日の二〇日夕食後、参謀本部第二課（作戦課、課長今村均大佐）においては課長主催の下で、朝鮮軍が独断越境する場合もあることを考慮し、その際に帷幄上奏（参謀総長の天皇への直接の上奏）をする研究を行った。二〇日午後の陸軍三長官（陸相、参謀総長、教育総監）会議では情勢に変化が生じ時間的に余裕がない場合には、増兵は「閣議に諮らずして適宜善処する」ことをまず翌二一日に首相に了解させ、機を見て、増兵の件を閣議に提出することを決めていた。二一日、独断越境の報を受けると、参謀本部第二課は金谷参謀総長の単独帷幄上奏で、混成旅団の派遣の許可を奏請することを提議し、金谷総長もそれに同意して、午後五時に参内した。参謀本部第二課では総長出発と同時に、今村課長（大佐）と遠藤三郎少佐が、陸軍省軍事課（課長は永田鉄山大佐）の了解を得ようとしたが、永田課長以下は絶対反対の態度を取った。「経費支出を伴う兵力の増派」に関し、閣議の承認を経ず統帥系統のみによる帷幄上奏を行うのは極めて不適当であるというのが、その理由であった。それは、もし閣議が否決した場合、最終的決裁を天皇に委ねる結果となり、臣下として極めて不適当であるとの考えからであった。このように、参謀本部と陸軍省の中枢の課の意見が一致しないため、「参謀本部」は、奈良侍従武官長・鈴木侍従長と打ち合わせ中の金谷参謀総長に、急遽電話で、金谷に同行した河辺虎四郎中佐を通し、金谷に増兵命令の奏請は差し控えた方がよいとの連絡をした。そこで、金谷総長は奈良侍従武官長の意見も考慮し、朝鮮軍の独断越境を「恐懼」に堪えないと報告するだけの、さきの上奏になった[49]。

このように、海外派兵に関しては、従来の慣行を変えようとする参謀本部第二課や、それに一旦同意した金谷参謀総長らの立場に対し、陸軍内にも、従来の慣行を守ろうとする奈良侍従武官長や陸軍省軍事課の立場があり、金谷参謀総長は天皇に増兵命令を求める奏請をしなかったのである。

また注目すべきは、従来の慣行を維持しようという、出兵に関し穏健な考えの軍事課が帷幄上奏に反対した理由が、増兵に対し閣議と参謀総長の意見が異なった場合、天皇に決裁を委ねることになるので、適当ではないという新しい論理を背景にしていたことである。すでに本章の冒頭で述べたように、明治天皇は平素は政治関与を抑制し、権力中枢の者の意見が対立した場合、それを調停する役割を果たしてきた。大正天皇は心身ともに弱く、それができなかった。昭和天皇は、張作霖爆殺事件やロンドン条約問題の処理などで、政治関与の姿勢に大きな揺れをみせ、陸海軍から不信感を持たれ、即位後わずか四年九カ月で、調停者としての役割を、陸軍のエリート将校の集まりである軍事課から期待されなくなったのである。

ところで二一日夜、陸軍は、政府が朝鮮軍司令官の独断的行動を大権干犯とみなしており、民政党も追及しようとしているとの情報を得た。このため参謀本部でも翌二二日に予定された閣議を悲観的に予想するようになり、南陸相や金谷参謀総長の辞職すら検討するようになった。南や金谷は潔く現職を去る意思が強いという見方が優勢で、二宮治重参謀次長も参謀総長と進退を共にすることを決意していた。一方、参謀本部内では、第一課（編成動員）と第二課（作戦）の一部の課員がそれぞれの課長の命を受けて合議し、朝鮮軍司令官の今回の独断出兵は大権干犯ではないとの結論を出した。[50]このように二一日夜の陸軍中央では、最高幹部を含む弱気と、参謀本部の一部を中心とする強気の基調とが混在していた。

（3）陸軍の主導権の形成

関東軍の独断吉林派兵や朝鮮軍の混成旅団の独断越境という異常事態の中で、元来胆力がない若槻首相は、すでにみたように、宮中側近や元老が一丸となって何らかの形で咎めるべきであるとの強い支援を表明してくれないこともあり、二二日朝から、陸軍に対し宥和的になっていった。この朝、小磯国昭陸軍省軍務局長（少将）は、若槻首相と会見し、前夜参謀本部第一課と第二課の部員が出した、朝鮮軍司令官の今回の独断出兵は大権干犯ではないとの結論の了解を求めた。若槻首相は朝鮮軍のことに関し、「既に出動せる以上致し方なきにあらずや」との意を漏らした。そこで陸軍中央では、二二日の閣議の予想される成果について、前夜の見通しとは一変して、楽観的にみるようになった。[51]

二二日午前九時半、弱気になっている若槻首相は昭和天皇の召しにより拝謁した。この内容を示す一次史料は、河井侍従次長と奈良侍従武官長の、次のような同日付の日記である。[52]

陛下には満州事件の範囲の拡大を努めて防止すべしとの閣議の方針を貫徹するやう努力すべき旨を懇諭せらる。尚、陸軍大臣にも伝ふべき旨を以てせらる。首相感激、拝辞す（前掲、『河井弥八日記』）。

金谷総長、午前九時半拝謁せる若槻首相に宮中にて会見し、承認を与へられたく懇談せるも明答を得ざりし。若槻首相は拝謁し前日閣議の状況を奏上したるものにして、増兵の可否に就ては意見を奏上せざりし由（前掲、『奈良武次日記』）。

これまでの経過と、二つの史料から、㈠若槻首相は混成旅団の独断越境の承認を止むを得ないものと思い始めて拝謁したところ、昭和天皇はその件に触れず、満州事変の拡大防止のことのみを述べた、㈡それを若槻首相は昭和天皇の独断越境承認と感得し、ほっとするとともに感激して退出したことがわかる。すなわち、すでに述べたように二一日夕方に昭和天皇と牧野内大臣の間で暗黙に形成された、独断越境を咎めないという合意に基づき、昭和天皇は二二日朝に若槻首相を召し、咎めないことについて若槻の共感も得たのである。

幣原喜重郎外相は第二次世界大戦後に、満州事変の拡大について、「政府や軍の首脳」が鎮圧策を強行していたら、日本はもっと早く「軍事革命」を起こしたかも知れず、政府が「軍人の無謀な策動」に経費の支出を拒んでおけば戦争ができなかったであろうというのも「理屈」であるが、これも当時の情勢では、「動乱」の爆発を早めるだけであったと回想している。[53]この回想には、昭和天皇の戦争責任がないとする戦後の弁明が含まれていることを考慮しても、陸軍のクーデタを恐れ、以上のような行動をとった昭和天皇や牧野内大臣・若槻首相・閣員や宮中側近らの心情が推定できる。

二二日午前の閣議では、混成旅団の独断越境に関して、閣僚のうち不賛成を唱える者はいなかったが、賛成をした者もなかった。結局、㈠既に越境しているので閣僚全員がその事実を認める、㈡右の事実を認めた帰結として、それに必要な経費を支出することを議決した。午後四時、若槻首相は、その結果を上奏した。その後四時二〇分、金谷参謀総長は朝鮮軍より混成旅団派遣の追認弁許（認可）を内奏し、天皇から「此度は致方なきも将来充分注意せよ」との言葉を受けた。次いで金谷参謀総長と南陸相は、混成旅団派遣の「公文御裁可」を天皇に願い、退出した（慣例によれば陸相の参内は必要ない。また、前もって天皇に公文裁可を願っていなかったので、ただ公文裁可を求める上奏だけをした）。[54]こうして統帥権を干犯して実施された朝鮮軍混成旅団の独断越境は、事後承認で合法的なものとなった。

この経過に関し、陸軍出身の奈良侍従武官長（大将）ですら、その日記に、朝鮮よりの増兵問題は合法的に解決したが、「朝鮮軍司令官の独断専行、並に参謀総長の不取締等に就ての責任は時局平静を待て詮議するの要あるべし」と、事態が落ち着いたら何らかの責任追及が必要であるとみなした。また、すでに述べたように、一時は陸相・参謀総長・参謀次長といった陸軍首脳の辞任すら覚悟するまでに、陸軍中央は追い詰められた気持ちに支配されていた。これらの点を考慮すると、元老西園寺は別として、昭和天皇・牧野内大臣・若槻首相らはあまりにも弱気になりすぎていたといえよう。

次節では、本来なら昭和天皇・牧野内大臣・若槻首相らの立場を支えたであろう、海外派兵の際の統帥慣行の成立と展開を検討したい。

2　海外派兵の統帥慣行の成立と展開——明治・大正・昭和初期の海外派兵

（1）内閣主導の出兵慣行の展開

近代日本の最初の海外派兵である台湾出兵は、琉球の漁民が台湾先住民に殺害されたので、一八七四年二月六日、大臣と参議が右大臣の岩倉具視の家に会合して決定した（参議兼文部卿・内務卿木戸孝允は外征に反対で出席せず）。その後、佐賀の乱の平定を待って、四月四日、西郷従道陸軍少将を中将に昇進させ、台湾蕃地事務都督とした。また翌五日、正院に台湾蕃地事務局を置き、参議兼大蔵卿大隈重信を長官とした。

しかし四月一八日、木戸が病気を名目に辞表を提出したので、一九日に大臣・参議の会合で出兵を一時延期としたが、西郷従道都督は出兵延期に反対した。そこで大臣・参議の会議の結果、参議兼内務卿の大久保利通を西郷らの出兵部隊のいる長崎に派遣することになった。五月四日、大久保が長崎に着いた時には、すでに将兵は二日に西郷都督の命で台湾に出兵した後であった。そこで大久保は、大隈長官・西郷都督と会見し、出兵を承認した[55]。台湾出兵は、大臣・参議という内閣で意思決定し、天皇の承認をめぐる手続きはそれほど重要でないこと、この閣議の出兵延期命令に出先（長崎）にいる西郷都督が違反する形で出兵し、閣議を代表して長崎に派遣された大久保が追認したことがその特色である。

その後も、西郷には何ら処罰はなされず、出兵が終わって帰国すると、一八七四年一二月二七日、天皇は太政官代に行幸して大臣・参議らと共に西郷を迎え、正院で「朕深く之を嘉尚す」等との勅語を与えた[56]。

次は一八八二年七月、漢城（ソウル）で壬午事変が起こり、その後始末の出兵である。七月三〇日、事変の報が入ると、参議兼外務卿の井上馨が閣議を開くことを求め、三一日、天皇が太政官に親臨して閣議を開き、出兵を決めた。八月一〇日、朝鮮公使花房義質は高島鞆之助陸軍少将の率いる歩兵二個中隊に護衛され朝鮮に向かった[57]。今回は台湾出兵の際と異なり、明治天皇が出兵決定の閣議に親臨したことが特色であるが、天皇は出兵の可否の決定には直接関与しなかった。

その次は一八八四年一二月の甲申事変に関する朝鮮への出兵問題である。一二月一九日、太政大臣三条実美・左大臣有栖川《ありすがわのみや》宮熾仁《たるひと》親王と全参議を天皇が召し、午前・午後の二回にわたり御前会議を開き、甲申事変への対応策を審議した。会議では出兵の可否を決することができず、天皇は会議の後、三条・有栖川宮両大臣を二度も召して相談した。結局、天皇の調停もあり、清国との戦争を避けるため、山県有朋参議兼内務卿や薩派の出兵論が退けられ、伊藤博文参議や井上馨参議兼外務卿の清国との協調路線が採用された。その結果、朝鮮との漢城条約と、清国との天津条約の締結となった[58]。この出兵問題も閣議主導で決められたが、その意見が分かれ、明治天皇が調停という形で、初めての本格的な政治関与をしたことが注目される。

なお、一八九四年六月二日、日清戦争の約二カ月前に朝鮮に混成旅団を派遣した際には、閣議で派遣の方針を決め、参謀総長有栖川宮熾仁親王と川上操六参謀次長の臨席を求めて協議し、文官の伊藤博文が明治天皇に拝謁して、出兵の裁可を得た。六月五日には、朝鮮派遣の海・陸軍の行動を統一するため、大本営が初めて設置された。その構成は参謀総長を幕僚長とし幕僚、陸海軍大臣・侍従武官・軍事内局員・兵站総監部・管理部より成っていた。

一五日、閣議で日清両国が協力して乱を鎮定し、朝鮮の内政、特に財政・兵備を改革すべし等という提案を清国にすること、清国政府の賛同が得られないなら、日本は撤兵せず、独力で改革にあたること等の方針を決め、伊藤首相が明治天皇に上奏した。天皇は「深く将来を慮」り、徳大寺実則侍従長を陸奥宗光外相のもとに遣わして、「独力改革」の内容について下問した。陸奥外相が参内し上奏した後、天皇はようやく裁可した。[59] 混成旅団の派兵や、清国が日本の朝鮮改革要求に応じる可能性がほとんどないという意味で、朝鮮の改革要求は、事実上の日清戦争の開戦決定といえる。これらはいずれも内閣主導で決められた。

なお、一八八五年に太政官制から近代的な内閣制度に変わり、一八八九年に大日本帝国憲法（明治憲法）が制定されたが、日清戦争前の状況から、出兵をめぐる内閣主導の統帥慣行は変わらなかったといえる。明治憲法は現実に展開している慣行を追認するのに矛盾しない前提で作成され、そのように運用されたといえる。

その後、一八九四年七月二〇日、日本政府は大鳥圭介朝鮮公使に、朝鮮政府は牙山の清国兵を撤退させるように朝鮮政府に要求することを命じ、大鳥は実施した。これに対し、朝鮮政府は二二日に回答してきたが、日本の要求に充分に答えていなかった。そこで、大鳥公使は朝鮮に派遣されていた混成旅団長大島義昌少将と協議し、朝鮮王宮を占領した。[60] こうして日清戦争が始まった。この過程でも、内閣から大鳥公使、そして派遣軍の隊長（大島少将）という内閣主導が確認される。

このような内閣主導の海外出兵は、ヴィクトリア朝のイギリスと類似している。一八四一年、第一次アフガン戦争における増強軍派遣については、まずメルバーン内閣で決定し、ヴィクトリア女王に承認を求めた。また、一八七八年、露土戦争後のサンステファノ条約の内容に反発したイギリス政府は、ロシア政府に地中海から退くよう要求した。しかし満足な回答が得られなかったのでディズレーリ内閣は派兵を決め、女王の承認を求めた。一八九九年には、ナタール（南アフリカ）国境を防衛するため派兵が決められ、国会の了承も得て、女王の承認を求めた。[61]

（2）参謀本部と内閣の合意による出兵慣行の形成

一八九九年三月に山東省で蜂起した義和団の乱が、翌一九〇〇年五月に北京に近づいてくると、二八日、列強の公使は協議して派兵を求めることになった。日本の西徳二郎公使は、大沽沖の軍艦「愛宕」に陸戦隊の派遣を求め、さらに日本から軍艦を派遣することを請求した。そこで海軍軍令部は、まず軍艦「笠置」を派遣することに決し、直ちに「勅裁」を得て、二九日に大沽に急航させた。[62]それまでの海外派兵の場合、首相を中心に閣議で決め、上奏していたものが、ここでは、内閣を通していない。当時の海相山本権兵衛によると、領事館員・居留民などを保護するため、占領を前提とせずに軍艦を海外に派遣する場合は、允裁（天皇の許可）を得ずに海相限りの訓令で行い、外地を占領する場合は允裁を得て派遣することになっていた。[63]いずれにしても閣議で合意を得る必要はない。しかし、これは緊急を要する海軍軍艦派遣の場合で、陸軍の派兵は、次に述べるように異なっていた。

すなわち、その義和団の乱が拡大すると、参謀本部では陸軍部隊の派遣の計画を立て、それを受け、六月一五日、第二次山県内閣は閣議を開き、参謀本部の派兵予定兵力を削減し派兵を決めた。内閣は状況に応じ逐次増派することも決めている。閣議の決定を大山巌参謀総長が上奏し、天皇は直ちに允裁を与えた。それを桂太郎陸相に移し、一六日に福島安正少将を司令官として第一次の出兵を行うことを決した。[64]

ここで、閣議の派兵決定計画を天皇が承認するという従来のパターンから、参謀本部が計画し、閣議で承認し、参謀総長が上奏し、天皇が許可し、陸相に移して実行するという新しい様式が出てきたことが、注目される。参謀本部が出兵の決定に重要な役割を果たすようなパターンになったのである。

これは、同年五月に山県内閣が陸軍省・海軍省官制を改正して、陸・海軍の独立性を強めていこうとする動きを行ったことと関連している。陸軍の最有力者でもある山県首相（元帥）は、陸・海軍の独立性を高めるため、自分の内閣で出兵の手続きを変更したのである。もっとも、参謀本部で決めた出兵規模が閣議で半減されたように、内閣の関与力も強かった。

同年八月のアモイ（厦門）への派兵の場合は、山県内閣がアモイ出兵の必要を考慮し、八月一四日、山本権兵衛海相を通し、アモイ港に派遣されていた軍艦「和泉」の艦長に命じて計画をたてさせた。その後、閣議で出兵を決定し、参謀本部は台湾駐屯軍を派遣することにした。二二日、大山参謀総長がそれを上奏し、允裁を得て、桂太郎陸相を通し、児玉源太郎台湾総督（陸軍中将）に伝えた。二四日、まず軍艦「和泉」・「高千穂」より陸戦隊二個小隊がアモイに上陸し、二九日、台湾より第一次輸送部隊がアモイに到着した。しかし、英、米、独三国の領事が陸戦隊の上陸に抗議したので、日本は列強と協調の必要から、第一次輸送部隊の上陸をあきらめ、台湾に廻航させ、第二次の輸送を中止した。[65]

このアモイ事件については、㈠義和団の乱の混乱に乗じ、後藤新平台湾総督府民政長官や児玉源太郎台湾総督がアモイを占領して清国の福建省を支配しようとし、山県内閣はそれを閣議決定し、天皇の允裁も得た、㈡しかしイギリスをはじめとする列強が、日本軍のアモイからの撤兵を要求し、児玉や後藤はアモイ占領に固執したが、日本の中央政府、とりわけ元老伊藤博文らの意向によって、日本軍は撤兵したことが指摘されている。[66]

アモイ事件の派兵は、現地（後藤、児玉）の要求に対し、内閣が派兵を決したという意味で、内閣の主導権が強く、その意味で日清戦争までの出兵パターンと類似している。しかし、内閣で決定したことを、首相が上奏せず、参謀総長が上奏し、允裁を得て、陸相に移して実施するという手続きは、六月に同じ山県内閣で実施された新しい出兵様式と同じである。第二次山県内閣は、陸軍の最高実力者でもある山県が首相で山県系官僚を背景とし、薩派の協力を得て組閣しており、[67]山県系官僚でコントロールしている陸軍とは一体化しており、再び六月と同様の手続きとなったと思われる。こうして、参謀本部と内閣による新しい手続きが定着していった。

なお、従来のアモイ事件の研究では、山県系官僚閥と陸軍、台湾総督府、海軍が共同した謀略である出兵に、明治天皇が允裁を与えたことが天皇の意思をめぐり注目されてきた。しかし、本章で述べてきたように、閣議で決定したものを首相（参謀総長）が上奏した場合、天皇は自動的に裁可することが慣行として形成されており、この允裁は天皇の積極的な意思の表れというより、立憲君主制の慣行に従ったものであるといえる。

しかし、日露戦争のような宣戦布告を伴い、日本の運命を左右するような出兵は、参謀本部（軍令部）から閣議というスタイルは取られなかった。一九〇四年二月、日露戦争開戦前の出兵の際には、まず二月三日、桂太郎首相と主要閣僚の山本権兵衛海相・小村寿太郎外相・寺内正毅陸相・元老の伊藤博文・山県有朋・大山巌参謀総長・井上馨の協議で日露開戦のやむを得ないことを決めた。その上で桂首相・小村外相が明治天皇に、ロシアとの戦いが避けられないことを上奏し、明日、元老・閣員を召して御前会議を開いてそれを決することを奏請した。四日、まず閣議を開き、次いで御前会議を開きロシアとの戦争を決定すること等の意見を決めて上奏した。御前会議には、伊藤・山県・大山・松方・井上の五元老と、桂首相・山本海相・曾禰荒助蔵相・小村外相・寺内陸相が出席し、五人の元老名で内閣の上奏した開戦の意見を裁可されるよう奉答した。こうして日露開戦と出兵が決まった。[68] 日露開戦に関連する最初の出兵の決定の特色は、日清戦争と同様に、第一にいずれも閣議の承認を得ていることである。第二に、統帥部の了解を得るという形式にはこだわっていないことである。海軍も関係する日露開戦の決定の際にも、大山参謀総長は会議の主要メンバーであったが、伊東祐亨《ゆうこう》海軍軍令部長は正式な会議に参加していないことが、それらを示している。

一九一七年、ロシア革命が起こり、革命がシベリアにまで波及してくると、翌一九一八年一月、日本海軍はウラジオストックの居留民保護の目的で第五戦隊（軍艦「朝日」・「石見」を基幹とし陸戦隊員は約五〇〇名）を派遣し、緊急事態に備えた。[69] 第五戦隊の派遣に関しては、内閣は承知していたと思われるが、閣議から首相の上奏により天皇の允裁を得るという陸軍派兵の手続きは取られていない。

その後陸軍中央は、二月二八日に軍事協同委員会を組織し、出兵計画の準備をした。委員は、田中義一参謀次長を長とし、参謀本部および陸軍省の時局に関係ある部（局）課長であった。また六月上旬、参謀本部は「西部西伯利出兵に関する研究」を起案し、出兵に備えた。その前後から、外務省ルートを通して、イギリスやアメリカ合衆国とシベリアへの協同出兵に関する交渉がなされた。アメリカより、相互に約七〇〇〇人の兵力を出兵する提案がなされると、七月一一日、上原勇作参謀総長は、㈠日本は自己の出兵兵力を限定すべきではない、㈡アメリカの提議を利用し、速やかに出兵の端緒を開くため、とりあえず平時編制一個師団を基幹とする兵力を派遣すること等を求める意見書を、寺内正毅内閣に提出した。七月一二日、寺内内閣は閣議を開き、シベリアに出兵することに決定したが、兵力等に関してはアメリカと協議しようとした。一五日の元老会議、一六日の外交調査会も内閣の方針を支持した。[70]

その後、寺内内閣は外交ルートでアメリカと出兵の兵力等について協議をし、陸軍中央は出兵規模や編成と手順について検討した。それにもとづき、「参謀本部主任部」は、最初に派遣される第十二師団長に与えられる訓令および指示を起案、上原参謀総長の認可を得た。この訓令案に対し、寺内内閣は政略上の見地より若干の修正を希望したが、審議の結果字句を若干改めて発令された。[71]

ついで七月二〇日、寺内首相（元帥）・大島健一陸相・田中参謀次長が会合して、出兵部隊の規模（二個師団）・場所・任務・時期や、出兵に関する外交方針の大枠を決めた。アメリカが、出兵規模を大きくする日本の方針に強く反発しないことを確認し、八月一日、寺内内閣は閣議を開き、同日午後、外交調査会に付議し、とりあえず一万二〇〇〇名の範囲で日本軍をウラジオストックに派遣し、状況に応じて更に増加することに決定した。八月二日、寺内首相は、シベリア出兵に関し天皇の允裁（許可）を得た後、大島陸相に通牒を送り、陸相はそれを上原参謀総長に移牒した。[72]こうしてシベリア出兵が決定した。

以上の経過から、㈠北清事変（義和団の乱）以降に形成された、参謀本部と内閣の合意による出兵という慣行を受け継いでいるが、参謀総長ではなく、まず首相が出兵の允裁を得るということが新しく、形式的な面で出兵の可否を決める首相の権限が強くなった、(二)他方で、内閣が参謀本部を含め陸軍中央で決めた出兵規模をほぼ承認したことで、元老山県有朋（元帥、枢密院議長）を盟主として、山県系官僚閥の有力者である寺内を首相とする内閣と陸軍の連携が進んでいることがわかる。すでに別著で述べたように、シベリア出兵など、陸軍の軍事力を伴う寺内内閣の外交に大きな影響力を持っていたのは、陸軍参謀本部ではなく、元老の山県であった。(73)

(3) 政党内閣下での出兵慣行の維持と展開

一九二六年一二月に昭和天皇が即位した後の最初の海外派兵は、一九二七年五月に始まった第一次山東出兵であった。これは国民党の蔣介石らの国民革命軍（北伐軍）による北伐の混乱に対し、日本の山東地方の居留民を保護することを目的とするものであった。

一九二七年五月中旬頃になると、陸軍中央においては、北部満州（中国東北地方の北部）・京津（北京と天津）・山東および揚子江（長江）方面に対する派兵の検討を始めた。その結果、山東方面には平時編成の一個師団と必要な付属部隊（合計約七〇〇〇人）を派遣することが必要と結論した。そこで「参謀本部主任部」は派兵の時期が遅れないよう田中義一内閣に申し入れた。一方海軍は五月一六日、新たに巡洋艦「平戸」・「対馬」と第九駆逐隊で、第二遣外艦隊を編成し、山東方面の警備を命じた。二四日、田中内閣は山東方面の日本居留民を保護するため「兵力」を用いることに決した。(74)

しかし、五月二五日に外務省と陸軍当事者間で山東派兵の兵力などに関し研究した際に、高橋是清蔵相（元首相）は一個師団もの有力な部隊を派遣することは経済界に影響が大きく、多大の経費も必要であると反対した。高橋蔵相は金融恐慌を鎮めるため入閣し、閣内でも重視されていた。そこで、陸軍省と参謀本部の間では派兵の再検討をし、とりあえず関東軍（満州）より、歩兵四大隊と付属部隊（約二〇〇〇名）を派遣し、状況により、更に有力な部隊の増派を必要とすること、山東居留民を確実に保護するには、少なくとも歩兵八大隊を基幹とする混成部隊を必要とすること等の覚書を作成した。二六日午前、白川義則陸相は田中首相にその覚書を具申した。

五月二七日の閣議において、白川陸相は覚書を基礎とした閣議案を出したが、閣議では対中国政策上の考慮と経済界への配慮から、必要最小限の兵力を青島に派遣し待機させることに決した。こうして、陸軍側の覚書による派兵はもう少し時期を見て決定することにし、まず満州より歩兵四大隊のみを派遣することになった。五月二八日、田中首相は午前九時三〇分に、鈴木荘六参謀総長は午前一〇時に参内し、山東出兵の件に関し、「夫々上奏允裁」を仰ぎ、天皇の裁可を得た後、陸軍中央は派兵業務を実行に移した。こうして満州に駐屯していた歩兵第三十三旅団が六月一日に青島に上陸を完了した。(75)

第一次山東出兵の経過から、この出兵も北清事変（義和団の乱）以降に形成された、参謀本部と内閣の合意による出兵という慣行に基づいたものであるといえる。もっとも当初の陸軍側の計画では一個師団（約七〇〇〇人）程度であったものが、閣議をへて経済状況等への配慮から、とりあえず四個大隊（約二〇〇〇人）程度と大幅に減少させられた。このように、政党内閣の時代を反映して内閣の主導権が強かった。また、シベリア出兵の際と同様に、まず首相が上奏し、その後参謀総長が上奏して允裁を得る形式が取られたり、当初の出兵計画を陸軍省と参謀本部の合同で立てたりするなど、参謀本部（統帥部）の自立性が形式的にも弱い手続きがとられた。

その後、六月下旬から七月初めにかけて青島と膠済鉄道沿線の形勢が「険悪」となり、七月四日、済南総領事は田中外相（首相兼任）に対し、青島に駐留している第三十三旅団の西進を要請した。七月五日、閣議はその西進を承認した。そこで参謀本部では第三十三旅団長に西進に関し独断機宜の措置を採るべきことを電報した。さらに西進のために兵力を増強するため、参謀本部は、満州から第十師団の残り全部（司令部と第八旅団）と第十四師団の野砲兵一大隊（二個中隊）を、日本本土から鉄道および電信各一班を山東に派遣する案を立て、陸軍省と合議した。同日夕方、白川陸相から田中首相の同意を得たとの通知が参謀本部にあった。しかし、六月六日、田中首相は第三十三旅団の済南進出のみを上奏し、増兵については言及しなかった。これは、田中が白川に出兵案に同意を与えた後に山東の形勢が若干好転したとの新報告があり、田中は、増兵は予算の関係上、閣議に諮って決定することに考えを変えたからである。そのため拝謁前、田中首相と陸軍側は省内において「押問答」となった。結局鈴木荘六参謀総長も、第三十三師団の西進命令に関する允裁のみを仰ぎ、増兵は中止となった。その後陸軍中央の要請により、七月八日、先の増兵は閣議で承認された。そこで鈴木参謀総長は、そのことの允裁を得、部隊を山東地方に増派した。[76]

ここで注目すべきは、すでに青島に派遣されている第三十三旅団の西への移動や、二日後になされた満州と日本からの増兵について、閣議を経て、首相の上奏、参謀総長の上奏という手続きの上で、天皇の裁可を得るという厳密な手続きをしていることである（ただし七月八日の増兵について、田中首相よりの上奏があったのか、それを省略したのかは未詳）。

このうち、青島に駐留している第三十三旅団の西進について、田中内閣は、時機が切迫した場合その発動について参謀本部に一任するか、第三十三旅団長の独断に委ねる意向であった。そこで参謀本部は、派兵前の経緯に鑑み、西進は首相の上奏と参謀総長の上奏により允裁を得る必要があると要請し、右のような厳密な手続きとなった。[77]このことは、参謀本部が居留民保護の遅れなどの責任を一身に負いたくないという打算と共に、エリート軍人（軍官僚）として慣行となった手続きを明確に実施したいという意思をもっていることを示している。

さて、一九二七年の北伐は一旦失敗したが、蔣介石ら国民政府側は体制をたて直し、翌一九二八年四月一〇日、再び北軍への総攻撃を開始した。そこで四月一六日、済南駐在武官酒井隆少佐は参謀総長宛に、日本は出兵を決心すべき時機にきたと意見具申した。藤田栄介青島総領事からも外務省に同様の具申があった。

陸軍中央においては、田中内閣が出兵を断行するなら、その時期に達したとの意見であり、一九二八年四月一六日、鈴木参謀総長は、白川陸相にその旨を通告した。一七日、閣議において、白川陸相は出兵の時期がきたとの意見を述べ、他の閣員は出兵は既定の事実であると承認し、時期や方法については陸軍・外務両省において協議するよう議決した。これは前年の状況とほとんど類似していたからであった。

同日、陸軍省は参謀本部および海軍当局と協議した上、一八日外務省と協議した。この結果兗州・沂州が陥落して「戦局泰安に及ふ」時期に陸兵の出動を命ずることと、応急措置として、天津より歩兵三中隊を済南に、同時に日本本土よりほぼ前回同様の兵力を青島に派遣すること等を決定した。一方これより先、「参謀本部主任部」においては、日本本土より第六師団を派遣する仮定のもとで準備をし、一八日には完了した。しかし、田中内閣は時期や方法を明示しなかったので、参謀本部は出兵の時期が遅れたら責任が持てないと、内閣に出兵断行の要請をした。また、同日午前一〇時半には鈴木参謀総長が拝謁し、中国状況、特に山東方面で北軍が不利である状況を奏上した。

そこで、一九日の閣議で、歩兵八大隊を基幹とし特科兵種等を加えた部隊（陸兵約五〇〇〇名、馬四〇〇頭）を青島をへて、膠済鉄道沿線に派遣し居留民の保護をさせることを決定した。同日、田中首相は山東派兵に関し上奏し、「参謀総長も亦允裁を仰」いだ（奈良武次侍従武官長の日記によると、「午後一時三十分田中首相並鈴木参謀総長拝謁、山東に第六師団及天津の三中隊派遣の御裁可を仰ぐ」）。こうして、第二次山東出兵は実施された[78]。

この第二次山東出兵も現地（駐在武官や総領事）からの出兵要請に対し、参謀総長が出兵を求め、閣議の同意を得、首相が上奏して、後に参謀総長が上奏して天皇の裁可を得るという、北清事変以来の参謀本部と内閣の合意による出兵であった。

その後五月三日、出兵した日本軍と国民政府軍（北伐軍）が済南で衝突する済南事件が起こると、南次郎参謀次長（参謀総長出張のため、その代理）は、満州から混成旅団を山東省に派遣（朝鮮より満州に混成旅団を派遣し補充）する等の増兵や、日本本土から一個師団を動員して山東省に派兵することを田中首相に交渉した。四日午前の緊急閣議で、白川陸相はとりあえず満州から混成旅団を派遣（朝鮮から満州に混成旅団を派遣し補充）する等の提案をし、承認された。陸軍側が内地からの一個師団派遣を提案しなかったのは、第五五議会が開会中で、政府与党が過半数に達せず、一個師団増派の臨時軍事費の同意を得るのは困難で、時期を待つのが良いと判断したからであった。[79]四日正午、参謀総長代理として南参謀次長が拝謁、前月来の済南の出来事を上奏し、満州より歩兵旅団を送ること（補充を朝鮮より送ること）等の裁可を仰いだ。[80]こうして、同日午後一二時五〇分、参謀総長は派兵の奉勅命令を朝鮮軍司令官・関東軍司令官等に伝えた。[81]今回の派兵は四月の派兵の延長とみなされたのか、閣議の承認を得ているが、田中首相の上奏はなかったようで、南参謀次長の上奏だけで、出兵の允裁を得たことが特色である。

さらに五月五日、参謀本部は山東に派遣された第六師団長より相当の兵力を急派することを求める電報を受けた。また五日、済南事件の「真相」として、北伐軍の日本への「軽侮観念濃厚」なためとの見方が軍中央に伝わり、参謀本部では日本軍の「威力」を示すべきであるとの考えが強まった。そこで、同日、鈴木参謀総長は白川陸相に、日本本土から一個師団を増派すべきと通告した。午後の閣議では軍事参議官会議を開いて増兵についての意見を聞くことになった。

八日、軍事参議官会議は、日本軍の威信を守るため一個師団を増兵する等の鈴木参謀総長や白川陸相の提案を承認した。これを受け、同日午後閣議が開かれ、一個師団を山東方面に派遣すること等が認められた。ただし、その任務は、居留民の保護に限定された。[82]翌九日午前九時二〇分、田中首相は拝謁し、山東出兵の件を奏上した。次いで鈴木参謀総長が拝謁し、第三師団動員の件等を上奏、允裁を仰いで、中国の状況を奏上した。[83]こうして出兵が実施された。今回の出兵も第二次山東出兵の延長とも受け取れる。しかし、一個師団もの将兵を日本本土から派遣するという重大さのためか、参謀本部の要請があり、閣議で承認し、首相が上奏し、参謀総長が上奏し、天皇の裁可を得るという、慣行となった様式が取られた。軍事参議官会議もその間に開かれたが、これは慣行の枠内のことといえる。

以上のように、北清事変以降より山東出兵までの海外派兵では、首相（内閣）と参謀本部（陸軍）が上奏して、天皇は出兵に裁可を与えるという慣行が形成されていたといえる。すなわち、この両方の上奏があるなら、天皇はほぼ自動的に裁可せざるを得ないことになっていたのである。もし天皇が両者の上奏があったのに裁可せずにおこうとすれば、裁可に反対するよほど強い勢力や理由を背景に持たねばならず、内閣を背景とする首相と陸軍を反対にまわして、そのようなことは事実上考えられない。また逆に、陸軍側は、首相の合意なしには天皇の裁可はあり得ず、海外派兵はできないことになっていた。

すでに見たように、満州事変の際の朝鮮軍の混成旅団の独断越境は異常な行動で明確な統帥権干犯であったが、牧野内大臣・昭和天皇・若槻首相のいずれもが弱気になり、この慣行を盾とする厳しい姿勢を取らず、陸軍への統制力をさらに弱めていったのであった。

3　事変の拡大と昭和天皇

（1）独断出兵容認の波紋

満州事変の数カ月前に関東軍司令部は、「満蒙問題処理案」（一九三一年春）を作成し、以下の四つの幅で満州を処理しようとした。㈠完全な領土となす、㈡保護国となす（中国本土と完全に分離独立させ、朝鮮の統監統治のようにする）、㈢二十一カ条要求程度の要求をする（商租、鉄道問題の外、第五号の警察権、顧問、兵器統一等を含む）、㈣山本条太郎満鉄総裁程度の要求をする（商租権並鉄道問題等従来の懸案の解決）。[84] 満州事変を推進した関東軍の首脳の構想は、満州を軍事的に制圧することにより、右の四つの幅のうち強硬な㈠〜㈡の幅の状況を実現しようとするものであった。

一九三一年九月二一日午後一二時二分、朝鮮軍混成旅団が独断で満州に向かったとの報が入ると、関東軍司令部の空気は喜びに満ちた。そして今後の対策を樹立するのは焦眉の大問題ととらえられた。[85] 翌二一日午前八時から、関東軍参謀長三宅光治少将を中心とした幕僚により、時局収拾策についての会議が開かれた。その席上、土肥原賢二大佐（関東軍司令部付、奉天特務機関長）のように、日本人を盟主とする在満蒙五族共和国を策立すべきとの主張もあったが、東北四省と蒙古を領域とし、旧清国の宣統帝を頭首とする中国人の政権を樹立し、中国本土と切り離し、日本が国防外交や主な交通・通信を管理する「満蒙問題解決案」（翌二二日に参謀本部に具申）が決められた。これは、参謀本部から派遣された建川美次少将（参謀本部第一部長）が、日本の国策に連携できる政権を樹立する案を考えており、満州の占領や独立国家を作る案を支持していなかったからである。[86] 独断越境が閣議での事後承認を経て天皇の允裁を得るのは二二日夕方であるので、関東軍はそれ以前に満州国建国につながる収拾案を立てたのが注目される。

さらに二六日、板垣征四郎大佐（高級参謀）ら関東軍首脳は、錦州爆撃などの事変拡大策や溥儀をまず吉林、次いで洮南に位置させること等の根本方針を決めた。[87] 二二日に天皇が独断出兵を許可したことで、陸軍中央にも事変拡大容認の空気が広まった。二四日、参謀本部は二二日に関東軍が具申した「満蒙問題解決案」に対し、人を派遣して指示させるとの電報を関東軍に出し、二八日午後一時、参謀本部第二部長橋本虎之助少将ら四人が奉天に到着した。橋本らは陸相・参謀総長よりの関東軍への伝言として、閣議を指導しやすいように行動してほしいと述べつつも、「『事態を拡大せしめず』とは政治的意味にして軍事上用兵上必要なる地点への進出は考へあり[88]」と、事変の拡大を肯定するようになった。以下に述べるような、陸軍中央による出兵慣行の変更構想も、そのような中から出てくる。

九月二八日午後、金谷範三参謀総長は若槻礼次郎首相を訪れ、前の統帥権問題のようなものを起こしたくないと述べ、長江（揚子江）沿岸に出兵するかもしれないが、その時に政府の制約を受けないようにしてもらいたいと要請した。若槻首相は、陸軍部内に上海封鎖の計画があることを知っていたので非常に心配になり、一時間半にわたって国際状況や日本の財政状態の憂慮すべき点を説いて、金谷に自重を求めた。若槻は金谷が内閣の同意を得る前に、直接天皇に出兵の上奏をする恐れがあると思い、元老西園寺公望の私設秘書の原田熊雄を招き、西園寺だけに話してくれと、右のことを述べた。原田は深夜に木戸幸一内大臣秘書官長を訪ね、右の話をした。[89]これは牧野伸顕内大臣や鈴木貫太郎侍従長らに伝えてもらうためであった。

翌九月二九日、牧野内大臣・鈴木侍従長・一木喜徳郎宮相と木戸内大臣秘書官長が、内大臣邸で原田から前日の首相の話を聴取した。[90]牧野は、金谷参謀総長が統帥問題として出兵を天皇に内奏した場合、天皇は内閣の意見を下問し、陸軍と内閣の意見が一致しない場合、陸軍の首脳か首相のいずれかの責任問題になると考え、参謀総長は内奏前に内閣と十分に熟議すべきと考えた。そこで元老西園寺への伝言も、この意味ですするようにと、原田に申し含めた。[91]宮中側近で合意されたと思われる牧野の意見は、従来の出兵慣行を守るべきであるというもので、本来なら内閣の同意を得ずに参謀総長が出兵を内奏しても、天皇は内閣の同意を得るように命じれば済むものであった。たとえ内閣の同意が得られなくても、出兵ができなくなるだけで、政治問題化する可能性はほとんどないものであった。朝鮮軍の独断越境以降に、若槻首相や牧野内大臣ら宮中側近が慣行が崩れかけたと弱気になっていることが注目される。

この中で、鈴木侍従長は、従来の出兵慣行を維持するため、金谷参謀総長や林銑十郎朝鮮軍司令官の独断出兵への責任を追及しようと、石井菊次郎枢密顧問官（元外相）と連携して動いたらしい。まず九月三〇日、枢密院での政府の外交説明会で、独断出兵について石井が陸軍を追及した。石井は軍隊が敏活に行動して機宜を失しなかったことには感謝していると述べながらも、南次郎陸相の報告に対し、次のように質問した。

朝鮮在軍の一部が満州に出兵したることは中央の指揮に依らす、朝鮮軍司令官（林銑十郎）の独断に出てたるものなりとのことなり、軍司令官の管掌する地域内の出兵ならは夫れにて宜しかるへきも、朝鮮より支那に出兵することは例の噂之統帥権の範囲に属するものに非さるや、九月十八日夜に事件突発し、翌十九日に既に出兵したりとせは余り急速の出兵にて、朝鮮軍司令官（林）は何の根拠に依りて出兵したるや、又或は九月二十二日に出兵したる様にも聞ゆるか、二十二日に出兵したりとすれは、其内数日の猶予あり、勅許を仰く暇なきことなかるへきに、何故に独断せさるへからさりしや、此点に付説明を得度[92]

石井の質問は、独断出兵を昭和天皇や内閣が承認した事実を前提にしながらも、独断出兵の時期やその法的根拠、またなぜ天皇の裁可を得てから実施しなかったのかという手続き上の不備についての本質的問題を突くものであった。

これに対し南陸相は、(一)九月一九日には新義州まで移動し待機していたもので、満州に出兵したわけではない、(二)その後、「満州軍」は吉林・長林等に出兵し、元来少数である兵をそれらの場所に派兵すれば、南満州鉄道沿線の守備は手薄になるので、「満州軍司令官」より度々援助の要請があった、(三)「平素、満州軍と朝鮮軍とは互いに協力援助することは規則の定むる所なるに付、朝鮮軍司令官は其規則の趣旨に依り独断を以て出兵したる」ことを答えた[93]。南陸相の説明は、関東軍と朝鮮軍の相互援助の内約を重視し、海外出兵の場合には天皇の裁可が必要であるという、事実上の法となっている、より高次の統帥慣行を大きく変えようとする意図を含んでいた。

ここで倉富勇三郎枢密院議長は、時間が遅くなったことを理由に会議を終え、次の会議に質問を延ばすことを提案し、その日の会議は終了した。倉富が控所に戻ったのは、午後一時四〇分頃であった[94]。

この本会議の前日、倉富枢密院議長・平沼騏一郎副議長・二上兵治書記官長らが会合した際、平沼が「軍部の取りたる体度に付ては只今余り質問するは宜しからす[95]」等と述べていたように、倉富・平沼ら枢密院中枢は、石井のような質問をすることに反対であった。倉富が南陸相が答えたところで本会議を打ち切ったのは、このような意向も反映していたと思われる。

石井の質問は、奈良武次侍従武官長が当日午後四時に宮城に戻った時には、鈴木貫太郎侍従長（枢密顧問官を兼任）を通して、昭和天皇に伝わっていた。天皇は、奈良侍従武官長に次のように、朝鮮軍が天皇の裁可を得ずに満州に出兵できることを作戦計画に規定してあるのかを尋ねた。天皇は従来の統帥慣行を変更することに疑問を持ち、変更を好まなかったのである。

聖上よりは本日枢密院に於て石井子爵より朝鮮軍の越境出兵に付き大権干犯ならずやとの質問あり、南陸相より作戦計画にて御裁可を得ある故大権干犯にあらずと弁明せりと侍従長より話しを聴きたり、果して然らば作戦計画に左様の規定ありやとの御下問あり。(96)

それに対し奈良侍従武官長は、そのような規定はなく、朝鮮軍の越境出兵には奉勅命令の「御裁可」が必要であるので、陸相の弁明は誤っていること、ただし「大権干犯なる言葉は当らず」と、奈良の持説を言上した。(97)奈良は慣行の変更を行う規定はないことを答えつつも、朝鮮軍の越境は、緊急事態の独断専行であり、事後承認されたので「大権干犯」ではないとの考えを示したのであった。

その後、奈良は鈴木侍従長に会い、天皇に述べたのと同様の意見を話したところ、鈴木は、石井は「大権干犯」という用語は用いず、その意味で述べただけであると答えた。夜八時に、二宮治重参謀次長が来訪したので、その日の天皇とのやり取りを述べ、参謀本部の作戦計画に関する解釈を確かめたところ、二宮は奈良と同じ意見であった。(98)後に、倉富枢密院議長・平沼副議長・二上書記官長らが入手した情報によると、九月三〇日の枢密院本会議の以前に、鈴木侍従長は朝鮮軍司令官の行動を「大権干犯」と認めており、石井の質問にかこつけて自説を天皇に述べたという。(99)このように、鈴木侍従長・石井顧問官は、元老西園寺と同様に、朝鮮軍司令官の独断越境を大権干犯としてかなり厳しくとがめようとの立場であり、鈴木は天皇にそのように処置することを、「大権干犯」との用語を使うことで間接的に要請したのであった。

翌一〇月一日午後一時、奈良は南陸相から、前日に奈良と二宮参謀次長が話したことについて、全部同意見であるとの言質を取った。また奈良は参謀総長と朝鮮軍司令官の処分問題をなるべく早く片付けることを勧めた。午後二時、天皇の召しで拝謁した奈良は、参謀総長・朝鮮軍司令官の処分について天皇の意向を尋ねたところ、天皇は、総長にはすでに訓戒的言葉を述べているのでこの上処分しなくてもよく、朝鮮軍司令官は軽度の処分をすべきであるとの意向を持っているようであった。[100] このように奈良は、出兵慣行を変えたくないという昭和天皇の意向を受け、それを陸相と参謀次長に納得させ、また参謀総長と朝鮮軍司令官の処分問題も、朝鮮軍司令官のみの軽い処分で早く済ませる方向での調整を行った。こうして、奈良侍従武官長の主導で、鈴木侍従長・石井顧問官らの策動は封じ込められていった。

しかし、一〇月七日、枢密院での政府の外交説明会で、石井顧問官は軍司令官が独断で外国に兵を出したとすれば明らかに「大権を犯干《ママ》したるものなる様なる」が、前回の質問に対し南陸相は兵を満州に出したのは用兵計画に定めたる事であると答えたからといって、それでも不都合であることには変わりないと、再び独断出兵を批判する質問をした。これに対し南陸相は、それは「越権行為」でなく、「果断」の行為であり、関東軍が吉林に向かい奉天付近が手薄になったので林司令官が看過しておけないと思い「独断」で出兵したものであり、金谷参謀総長もその事情を了解し、拝謁し奏上したと答えた。そこですでに午後一時五〇分頃になっており、倉富議長は閉会を宣言した。[101] 南陸相は天皇の意向を受けた奈良侍従武官長との会見を受け、出兵慣行の解釈を変える前回のような説明を止め、「独断」で出兵したが「果断」の処置というべきもので、参謀総長も事情を了承し、天皇にも上奏したと、天皇の承認を暗示することにより切り抜けた。鈴木・石井らの動きを、昭和天皇が支持して参謀総長と朝鮮軍司令官のかなり厳しい処分を促す行動に出ない以上、彼らの動きもここまでであった。

結局、林朝鮮軍司令官から出た進退伺いを、一〇月一二日、南陸相が奏上し、天皇の内意を伺った上で退出した。[102] 林司令官への処分らしい処分はなかったものと思われる。

その間、天皇は満蒙を独立させその政権と交渉しようという陸軍の姿勢に批判的であったが、一〇月九日、二宮参謀次長に、錦州付近に張学良の軍隊が再組織されるなら事変の拡大は止むを得ないかと、[103] 事変の拡大を是認するかのような言動をした。このように、天皇の言動にも混乱が見られた。

（2）昭和天皇・若槻首相の自信喪失と元老西園寺

一九三一年一〇月上旬に、朝鮮軍の独断越境問題を厳しい処分をせず穏便に処理するという方向が固まっていったが、再び統帥に関し昭和天皇を悩ませる問題が起きた。それは十月事件として暴露される陸軍エリート将校のクーデタ計画と関東軍独立の噂であった。陸軍将校の不穏な動きについては、一〇月六日から八日にかけて元老西園寺や牧野内大臣・一木宮相・鈴木侍従長・木戸内大臣秘書官長・河井侍従次長らの間で共有された。[104] 一〇月八日、牧野内大臣や一木宮相・鈴木侍従長らの宮中側近や若槻首相は京都にいた西園寺に東京に戻ってほしいと思い、牧野が原田を通して依頼した。しかし九日、西園寺は今東京に戻ると混乱する恐れがあるとの理由で、もう少し様子を見ることを連絡してきた。[105] すでに一〇月六日に原田は西園寺から、近衛兵が天皇の部屋に遅くまで灯が点いていたので「御勉強」のことだと思っていると、皇后とマージャンをしていたとか、参謀総長や陸相が天皇の前に出た時に、また来たかというような嫌な顔をされたとか、青年将校の結社に皇族も賛成で血判を押しているとの噂が在郷軍人あたりに流れていることを聞いていた。[106] このように、一〇月上旬には天皇の権力の正当性を疑う噂が再度広まり、統帥権への不安が、牧野内大臣ら宮中側近・元老西園寺・若槻首相の間で広まった。

一方、参謀本部第二部（情報）ロシア班長の橋本欣五郎中佐らは、満州事変勃発後から軍部政権樹立のクーデタ計画を具体化させ、一〇月に入ると大略を決めた。陸軍首脳部は、一〇月一五日から一六日にかけてクーデタ実施の時期が迫っているのを知り、一〇月一七日未明、橋本中佐らを憲兵隊に検束させた。[107] これを十月事件という。

十月事件の関係将校が検束された際、橋本中佐らは関東軍は独立すると放言した。また一七日未明前後に、河本大作（元関東軍参謀、予備役大佐）らの一部策士の個人的行動で、関東軍からの形式を取り同趣旨の電報が参謀本部に届いた。また、石原莞爾中佐（関東軍参謀）も、一〇月二日立案の「満州問題解決案」で、万一政府が関東軍の方針を入れない場合においては、在満軍人有志は一時日本の国籍を離脱して目的達成に突進することを必要とすると論じていた。そこで、一七日午後一〇時、陸軍中央は南陸相名で関東軍司令官宛に、関東軍が日本軍より独立して満蒙を支配するような企図は差し控えるべきとの電報を打った。また一八日、軍事参議官の白川義則大将（元陸相）を満州に派遣した。これに対し、一九日午前、関東軍は司令官名でそのような事実はないと抗議の電報を陸相に打つなど、二〇日まで電報のやり取りが続いた(108)。

昭和天皇はその頃には陸軍のクーデタの噂を知っていたので、一〇月一四日に牧野内大臣の心配を受け入れ、次の日の帝展への行幸を中止している(109)。十月事件は当局によって新聞記事永久差し止めの処置がとられ、事件の記事を掲載した若干の新聞や雑誌は発行禁止処分となった(110)。このため、新聞好きの昭和天皇も新聞を通して事件の情報を得ることができず、いつ橋本中佐らの検束等の十月事件について知ったかは定かでない。木戸内大臣秘書官長は一〇月一七日夕方に京都の原田熊雄から事件のことを知り、井上三郎侯爵（陸軍大佐、陸軍省整備局動員課長）から実情を聞き、夜八時に牧野内大臣を訪問して報告している(111)。天皇は一八日には牧野内大臣から事件について報告された可能性が強い。一九日朝、奈良侍従武官長が天皇に拝謁すると、下問があり、奈良は事件について「表向き一通りのこと」を奉答した(112)。

関東軍独立の噂に関しては、一八日に天皇は白川大将を満州に急派する裁可を与えているので(113)、遅くともその時には知っていた可能性が強い。一九日午後二時、南陸相が拝謁して、十月事件のことを奏上すると、天皇は満州の方は大丈夫かと下問した。南は関東軍が独立の行動を取るとか、関東軍司令官が部下に「抑制」されているとかの噂があるが、事実でなく、大丈夫であると奉答した(114)。

他方、一〇月一七日、国際連盟では日中両国を除いて理事国会議が開かれ、決議案が作成された。その要旨は、日本に決議成立後三週間以内に全撤兵を完了することを求めていた。これは一八日と一九日の新聞記事になった(115)。

このような状況下で、一〇月二〇日、河井侍従次長兼皇后宮大夫が皇后の召で内親王の養育に関する意見を言上したところ、皇后は、「聖上の御精神状態より宮城外の御住居を不可とせらる」等、三点の意見を述べた(116)。皇后は天皇の精神状態が悪化しているとまでみるようになったのである。

一〇月二四日になると、国際連盟理事会は日本軍の満鉄付属地への撤兵を一一月一六日までに完了させるべきであるという決議案の採決を行った。この案は、賛成一三対反対一（日本のみ反対）で、可決には全会一致の賛成が必要なため否決され、理事会は一一月一六日まで延期された。しかし、日本が国際世論の前に孤立しつつあることは明らかであった。一〇月二五日、天皇はこの件について若槻首相から約一時間に及ぶ上奏を受け、二七日午前までに牧野内大臣に、日本が列強から経済封鎖を受けたときの覚悟や列強を相手に開戦したときの覚悟、その準備について奈良侍従武官長に陸・海相に尋ねさせようと話した。[117] 天皇は、日本に対する経済封鎖や列強との開戦すら心配し始めたのである。

また、天皇は「不軍紀事件」（十月事件）の処分についても気にかけ、一〇月三一日の南陸相の説明には満足せず、一一月二日に金谷参謀総長からも奏上を受けた。同日に、奈良侍従武官長も、同事件について真相に近いと信じる所を言上した。しかし天皇は一一月二四日にも十月事件のその後の処置について奈良に下問した。[118] 陸軍は十月事件の処分についての方針を立てられない状況であったので、[119] 天皇は不信感を強め、軍政への関与を増す形となった。

一方、若槻首相は一〇月一六日には、中国中央政府と交渉して解決案を協定し、日本軍は鉄道用地に帰還するとの事変の収拾構想をもっていた。もっとも、若槻首相も軍部が裏から満州に新政権を作ろうとすることについては、やむを得ないとみていたが、軍部は中国中央政府と交渉することを嫌っていると、困っていた。すでに若槻は、一〇月四日に原田熊雄に、一九二八年の済南事件のようになりはしないかと「頗る憂慮に堪へない」と、一時間ばかり苦衷を述べていた。また、八日にも状況について愚痴をこぼし、一二日には、このような状況では到底やっていけないが、「さらばといつて、いま辞めるわけにも行かないし、実に困つた実情である」と、原田に元老西園寺に「苦衷」を伝えることを依頼した。[120] このように、天皇を支えるべき若槻首相も自信をなくし無気力で、元老西園寺頼みであった。

朝鮮軍の混成旅団の独断出兵について、昭和天皇との間で穏便に処理する方針を決めて、九月二二日の事後承認を導いた牧野内大臣も、その後の政局の処理には明確な姿勢を示さなかった。それは九月三〇日に国粋主義者の宅野田夫が、これまで以上に激烈で牧野の暗殺を教唆する傾きすらある文章を、新聞『日本』に掲載したように[121]、軍部に対して宥和策をとったにもかかわらず、軍部や国粋主義者たちから権力の正当性を回復していなかったからである。

一〇月七日、牧野内大臣の意を受けた木戸内大臣秘書官長は原田を訪問し、元老西園寺が京都から東京に戻ることを期待していることを伝えた。さらに翌日夕方、牧野は原田を招き、西園寺が東京に帰ることは鈴木侍従長や一木宮相の希望でもあるとして、直接伝言を要請した。原田は若槻首相からも同様のことを依頼されていた[122]。しかし、九日朝九時に原田から話を聞いた西園寺は、その要請を次のように断った。

まあ、もう少し様子を見てからにしようぢやないか。いま出るとなほ混乱を来たしはしないか。現に宅野田夫が変な電報をよこして、牧野は不忠の臣であるから、御上京の上御処置を願ひたい、といふことまで言つて来てゐる[123]。

元老西園寺が、このような判断をしたのは、一つには「公平」な元老として国粋主義者からも一定の信頼をつなぎとめたいという、元老の権力の正当性を維持したかったからであった。また後述するように、西園寺は満州事変に関する列強や国際連盟の動向を、経済恐慌や失業などの国内問題以上に重視しており、西園寺の判断には、国際連盟の理事会の決議の流れも見極めてからという考えもあったと思われる。

西園寺の意思は、原田から電話で直ちに木戸に知らせられ、同日午後には牧野に伝えられた。また、原田は夕方に若槻首相と電話で話し、翌一〇日に帰京して、若槻に西園寺がすぐ帰らない旨を伝えた[124]。

この頃、天皇の親政と必要なら憲法の停止を求める秩父宮と、それに反対する昭和天皇との間に、以下のような激論が生じたとの話が、一九三三年四月から侍従武官長になった本庄繁（陸軍中将から大将）の遺稿に記してある

（本庄は当時関東軍司令官）。

十月事件の発生を見る等特に軍部青年将校の意気熱調を呈し来れる折柄、或日、秩父宮殿下参内、陛下に御対談遊ばされ、切りに陛下の御親政の必要を説かれ、要すれば憲法の停止も亦止むを得ずと激せられ、陛下との間に相当激論あらせられし趣なるが、其後にて

陛下は、侍従長に、祖宗の威徳を傷つくるが如きことは自分の到底同意し得ざる処、親政と云ふも自分は憲法の命ずる処に拠り、現に大綱を把持して大政を総攬せり。之れ以上何を為すべき。又憲法の停止の如きは明治大帝の創制せられたる処のものを破壊するものにして、断じて不可なりと信ずと漏らされたりと。[125]

右の内容は、本庄が侍従武官長になった後、満州事変期の奈良武次侍従武官長（陸軍大将）など宮中関係者から、一九三三年九月頃に聞いたものと思われ、当時の会話をどこまで正確に再現しているかの問題も残る。しかしこれまで述べてきた、また第II部で述べる秩父宮の行動から考え、秩父宮が満州事変期に、憲法を停止して陸軍や関東軍の要望に従い満州国を建国する等の提言を、昭和天皇に対して行ったとは考えられない。秩父宮は、荒木貞夫など後に皇道派と称せられる有力軍人に期待される面があったが、イギリスに憧れ、アメリカ合衆国との連携にも配慮していたことも事実である。おそらく、満州事変が拡大し、列強からの批難を気にしてノイローゼ気味になっている昭和天皇に、これまでの立憲君主制の枠に必要以上にこだわりすぎずに、もっと政治関与しても事変を収拾すべき等と提言し、昭和天皇と激論になり、「憲法の停止」云々という心にもない発言になってしまったのであろう。いずれにしても、軍部が内閣の方針に従わないという、明治憲法作成の際に十分に前提とされていない行動を取った場合、天皇がどの程度政治関与すべきかという問題は残された。

（3）協力内閣運動と元老西園寺

①協力内閣運動への距離

満州事変後、昭和天皇が政治関与を抑制し、若槻首相も事変を処理する目処が立たない中で、民政党と政友会という衆議院の二大政党が連携して政権を担当し、危機に対処しようという「協力内閣」構想が生まれ、それが十月事件後に種々の形で動き出したことは、よく知られている[126]。すでに、満州事変が起きる一カ月前の八月下旬には、安達謙蔵内相は、江木翼鉄相・井上準之助蔵相らの主張する農林省と商工省の合併、拓務相の廃止に反対していた。二上兵治枢密院書記官長は、倉富勇三郎枢密院議長との密談で、これを政策的対立というより、安達が江木・井上を閣僚から除くことを狙った閣内の人脈的対立と見た[127]。このように、協力内閣運動の源流となる閣内の対立は、満州事変の前から深刻であった。満州事変が起きると、朝鮮軍の独断越境問題にみられるように、幣原外相と井上蔵相は連携して動いた。協力内閣運動は、この満州事変に関連して、特に若槻礼次郎首相・幣原喜重郎外相の辞任を求めるものであった[128]。

元老西園寺公望と異なり牧野伸顕内大臣は、一〇月下旬には、天皇の詔で時局の収拾を図ったり、「協力内閣」を作ることに関心を持つようになった。河井弥八侍従次長は一〇月二三日に牧野内大臣に面会し、「大詔煥発の件、政党の挙国一致内閣組成の件話題に上る」と記している[129]。また、一一月三日に元老の西園寺は、前日に牧野内大臣に会った時のことについて、次のように原田に述べている。

内大臣はやはりどうも、今の総理の態度にあきたらないやうな風で、なにか強い内閣が欲しい、といふ気持がどこかにあるやうだが、強ひて自分に対しては所謂御前会議とか、重臣会議とかいふやうな話は出なかつた[130]。

しかし、留意すべきは、すでに述べたように牧野内大臣は時局の収拾に自信をなくしており、「協力内閣」を作ろうと積極的に動いた形跡がないことである[131]。牧野のまわりで協力内閣に積極的な動きが確認されるのは、木戸幸一内大臣秘書官長・近衛文麿貴族院副議長・原田熊雄（貴族院議員、男爵議員）・伊藤文吉（同前）らであるが[132]、彼らと牧野の動向を安易に結びつけることはできない。

また元老西園寺は若槻内閣を支持し、協力内閣の動きに同調しない姿勢であった。それは、一〇月一八日に原田に、幣原外相にいろいろ批難があるが、現在は幣原を支持し、同時に現若槻内閣を支えていかなければならないことを述べたことからわかる。[133]その後、一〇月二四日に若槻首相が興津の西園寺を訪れた際に、西園寺は若槻首相が「愚痴を言ひに来たやうなものだ」ということを確認したが、「大いに激励」した。[134]しかし若槻が協力内閣運動に引きずられ、辞意を漏らし始めると、一〇月三一日に西園寺は原田に「若槻が嫌なら辞めて、幣原でこの議会を通したらどうか」と話すまでになった。[135]このように西園寺は幣原外交を守るため、とりあえず若槻内閣を支持し、協力内閣運動に冷淡な態度を取ったのであった。

すでに述べたように、一〇月二四日、国際連盟理事会は日本軍の満鉄付属地への撤兵を一一月一六日までに完了させるべきであるという決議案に、賛成一三対反対一（日本）の決議をした（全会一致のため一応否決）。一〇月二六日、天皇は牧野内大臣を召し、対応について奉答させた。牧野は鈴木貫太郎侍従長に、天皇は元老西園寺を召す希望があることを伝え、鈴木は拝謁して命を受けた。こうして、西園寺の養子の西園寺八郎（宮内省主馬頭）が特使となり、一〇月二八日夕方に西園寺のもとに着いた。翌二九日、西園寺は原田に、召された理由を次のように述べた。

　どうも陛下が非常に御心配で、若槻総理や陸軍大臣を一緒に呼んでいろいろきかうか、といふやうなことを言つてをられた。で、これら責任者に対してあまり立入つた御指図はよくないと思ふので、牧野も大変心配して、ぜひ一つこの際上京してくれと言つてゐる。[136]

すでに示したように、牧野内大臣は、張作霖爆殺事件の処分など、田中義一内閣期に昭和天皇の積極的な政治関与を推奨した。しかし、ロンドン海軍条約批准以来、軍部や国粋主義者の間で昭和天皇の権力の正当性への疑義が強まっていたので（第Ⅰ部第三章・第四章・第五章）、牧野は昭和天皇の政治関与を抑制しようと、天皇が西園寺を召すことを助言したのである。西園寺も牧野に同意し、西園寺の拝謁は希望通り一一月二日午後二時に決まった。[137]

一〇月三〇日、牧野内大臣・一木宮内大臣、鈴木侍従長が会合して、西園寺の拝謁について相談し、翌三一日、牧野内大臣が拝謁した。西園寺の拝謁に際しての下問範囲と要旨などを申し上げたようであった。[138]

一一月一日、西園寺は午後二時過ぎに東京に着き、若槻首相の求めに応じ三時から一時間ほど会見した。前日に原田は西園寺に会いたいという若槻首相と会い、次のような会話をしていることから、その内容が推定できる。

それから自分〔原田〕は「公爵にも、この政府のまゝで議会に臨むことは非常に危険だ、なんとか議会前に政機の転換がなければいけないのぢやないか、といふことを私から話してゐる。犬養総裁も、どうも単独で引受けることは心細いやうに思つてゐるやうだから、なんとかなるんぢやないか。」といふ話を総理にしたところ、総理は非常に喜んで、「いや、実は、それは非常にいゝことを言つてくれたが……。ちやうど公爵にその話をしたいと思つてゐるんだから……」といふことであった。[139]

すなわち、若槻首相と原田は犬養毅政友会総裁を首相にした政友会・民政党の連合内閣（「協力内閣」）を作る考えで一致した。したがって若槻は西園寺との会見で、犬養を首相とする政・民の連立内閣を作ることについて、打診したものと思われる。

翌二日午前九時、西園寺は安達謙蔵内務大臣の希望で会見した。安達は連立内閣の話を西園寺に話したが、西園寺は、「二三要点をたゞして、考へてみる、まあ二三の要点に対して、自分は君の考をきいておきたい、と言つておいた」と原田に述べたのみで、その内容については話さなかった。[140] すでに述べたように、西園寺は原田が政・民の協力内閣に賛成であることを知っており、また西園寺は幣原外交を維持するため協力内閣の動きに消極的であった。おそらく、西園寺は若槻首相・安達内相の両者に協力内閣について積極的な支持を与えなかったはずである。そして、午後に予定されている牧野内大臣との会見や昭和天皇への拝謁の前に、原田にそのことを悟られないようにするため、両者との会談の内容を原田に話さなかったのであろう。

同日、西園寺は午後一二時三〇分に参内し、一時半まで牧野内大臣と会談した。[141] 翌日に西園寺が原田に語ったところによると、その内容は、次のようであった。㈠牧野は今の首相の態度に飽き足らないような風で、「なにか強い内閣が欲しい」という気持ちがどこかにあるようである、㈡金解禁の問題については、金輸出の再禁止はよくないと思うと言っており、わかっているようであった、㈢牧野には「気の毒」だったが、大久保利通は、「ほとんど世を挙げて征韓論に賛成してゐた時」に、自分の「郷党の先輩」で「最も親しかつた」西郷隆盛を向こうに回して、征韓論に反対して実現させなかったと、彼の父の大久保を「偉かつた」と褒め、「あれこそ真にいはゆる強い大臣らしい大臣であつた」と話した。[142] 西園寺は協力内閣運動に内心は同調しかけている牧野内大臣に、彼の父の大久保利通の名を出して同調しないように釘を刺し、幣原外交を維持し、金解禁を継続させようとしたのである。

その後、午後二時から西園寺は天皇・皇后に拝謁し、皇后が内に入った後、天皇からの下問に奉答した。少しの時間で拝謁は終わり、二時半から西園寺は牧野内大臣らと共に茶菓を振る舞われ、天皇が内に入ると三時一〇分頃に退出した。[143]

西園寺は、天皇に拝謁した内容を、翌日原田に次のように話した。㈠天皇は、経済封鎖などを考えると国際連盟の問題が「頗る心配」であるので、首相・陸相・外相などを一緒に呼んで尋ねてみてはどうかと述べ、㈡西園寺は、直接の責任者を呼んでも意見が違う場合は困るので、やめた方がよいと答え、㈢むしろ、下問という形でなく非公式に幣原外相を召して座談的にいろいろ尋ねる方がよいと答えた、㈣また西園寺は、明治天皇の制定した憲法の精神を傷つけないことと、国際条約を遵守することで天皇に尽くすことが自分の重大な責任と考えていると述べたところ、天皇は「至極御満足」したようで「尤もだ」と言っていた。[144] 西園寺は権力の正当性を十分に確保していない昭和天皇が事変処理に関して調停に乗り出すことすら、今は危険と判断し、それをやめるように助言した。これは牧野内大臣の危惧と同様であった。また天皇に幣原外相に非公式に会うことを勧めたことは、天皇が幣原への強い信頼を示すことで、幣原外相を勇気づけるように助言したのであった。

西園寺の奉答の要旨については、宮中側近の一人である河井弥八侍従次長にも明らかにされないほど[145]秘密にされたが、一一月二日の西園寺の拝謁については、新聞記者や各方面に種々の風説が流れた。原田によると、それは次のような内容である。㈠西園寺の拝謁は天皇が直接西園寺八郎を召して命令した、㈡それで、若槻内閣も宮中側近も一緒になって、拝謁の際に西園寺に対して天皇から「軍部を抑へるやうに」との言葉があり、なんとか西園寺が引き受ける筋合いに計画を立てておいた、㈢しかし、聡明な西園寺であるから、その手には乗らずうまくそのことには触れず帰ってしまったので、拝謁の時間が非常に短く、わずか一〇分だった。また、西園寺の拝謁は、「牧野内大臣の辞表に対する御下問だ」などとの流言もあった[146]。

注目すべきは、倉富勇三郎枢密院議長・平沼騏一郎副議長・二上兵治書記官長ら国粋主義者やそれに親しい者の密議の中で、平沼が、一一月二日の西園寺の拝謁について、若槻首相・幣原外相と牧野内大臣ら宮中側近が策し、天皇から西園寺に満州撤兵の可否について下問し、西園寺に撤兵の奉答をさせ、撤兵を実現させようとしたと、次のように語っていることである。

西園寺の上京前、若槻礼次郎・幣原喜重郎・牧野伸顕・一木喜徳郎・鈴木貫太郎の五人某所に会し密議したることある趣にて、其密議の趣旨は陛下より西園寺に対し満州撤兵の可否に付西園寺に御下問遊はされ、西園寺をして撤兵然るへき旨の奉答を為さしめ、責任を西園寺に帰して撤兵せしめんとしたる趣なり、西園寺か上京したるとき若槻は予め打合もなさすして西園寺を訪ひて面会を求め、幣原も押掛けて西園寺を訪ひ、原田熊雄は強ひて若槻と同時に幣原をして面会せしめんとしたるも、其事は他に之を止むるものあり、若槻か帰りたる後に面会したりとのことなり、西園寺か参内したるとき拝謁前、牧野・一木・鈴木等は一緒に西園寺に面会したるか、若槻等の計画は誰か西園寺に内報したる人あり、西園寺か拝謁したるとき撤兵の御下問ありたるも、西園寺は此事は軍務当局者の意見を御聴取の上は御決定遊はさるるか宜しかるへき旨奉答し、責任を西園寺に帰する計画は行はれさりしとのことなり[147]

平沼の話は事実ではないが、国粋主義者の大物が信じ込んでいた話として興味深い。その内容の特色は、㈠若槻首相・幣原外相らと、牧野内大臣・一木宮相・鈴木侍従長の宮中側近が満州から撤兵させる謀議を行い、㈡昭和天皇の言動は特に明示されていないが、右の五人に誘導される存在として言外に描かれ、㈢西園寺は五人の立場とは異なり、五人の陰謀を察知し、撤兵の奉答を行うことを避けた「公平」な人物としてとらえられていることである。

この話に倉富議長は納得し、幣原外相が若槻首相よりも撤兵に熱心であったことや、また撤兵した場合、内乱が起こる恐れがあるとみていることが注目される。

予〔倉富〕先日（十月二十八日）若槻か富井（政章）の質問に対し撤兵し難き旨答へたる後、幣原は撤兵のことに付ては考へ居ることありと云ひ居りたり、只今の話の如きことはありそうなることなり、成る程撤兵したらは聯盟理事会の方は軽蔑を受くるなからも、表面は好都合になるへきも、左様なることを為せは内乱か起る恐あり、左様なることは何と考へ居るへきかと云ふ、平沼、責任を西園寺に帰する考丈ならんと云ふ。[148]

すでに述べたように、一〇月中旬段階では、関東軍独立の噂に代表されるように、軍中央が関東軍を十分に統制できない状況であった。そこで、一一月五日に金谷参謀総長は、関東軍を参謀本部が統制するため、天皇の統帥権の一部を参謀総長に委任することの裁可を得た。[149] こうして陸軍中央の関東軍への統制は強まったが、一〇月下旬段階で、陸軍中央も満州に新政権を樹立するという点では関東軍と一致していた。このため陸軍中央と幣原外相の取る路線との差異は強まった。

②西園寺公望の犬養毅への期待

幣原外相は、一〇月二四日の連盟理事会での期限付き撤兵を求める決議案が一三対一の票差となるまでは、国際社会と何らかの形で妥協することをめざした。そこで彼は満蒙新政権ではなく中国政府を相手に交渉し、彼の作成した基本大綱協定案をもとに妥協ができたら撤兵する方針であった[150]。また一〇月二五日以降、幣原は中国との交渉による解決を当面の間断念し、国際社会との摩擦をできるだけ抑えながら、関東軍の指揮下にある地方政府の発達を促し、満州事変の結果を既成事実化しようとした。これは十月事件などの影響下で、国内に幣原外交批判がある上に、一〇月二四日の連盟理事会の採決で連盟外交に自信をなくしたからである[151]。しかし、いずれにしても満州に新政権を樹立するという、陸軍中央や関東軍の方針とは大きな隔たりがあった。

元老西園寺は、このような軍部の暴走という厳しい現実の中で列強との協調をできる限り維持しようとする幣原外相を評価し、幣原外交を守ることを最も重視し、原田に、若槻首相がやる気をなくしているなら幣原が後継首相になってもよいとすら漏らすくらいであった。しかし、西園寺の構想の限界は、若槻首相と幣原外相は批判の対象であり、若槻の後継を目指す協力内閣運動において、幣原首相論が全く出てこないことであった。

協力内閣運動で首相もしくは政権の中枢人物の候補として名前が挙がったのは、第一に、犬養毅政友会総裁と安達謙蔵内相（民政党）（政友会と民政党中心の協力内閣[152]）であり、第二に、宇垣一成朝鮮総督（陸軍の実力者を首相とし民政党と政友会中心の協力内閣）であった[153]。第三に、平沼騏一郎枢密院副議長（政友会・民政党と軍部）であるが[154]、平沼は満州に独立した政権の樹立を目指す関東軍や陸軍中央に同調しており、元老西園寺の後継首相候補の枠から大きく逸脱していた。この他、斎藤実（民政党の安達内相らと政友会の床次竹二郎の連携という、政・民の一部の連携）の話[155]もあった。

倉富枢密院議長も、一〇月五日、二上書記官長との会話で、薩摩系が「挙国一致内閣」を作る策動をしており、その首相候補者として、山本権兵衛（元首相）が話題になっており、山本でないなら牧野伸顕内大臣か斎藤実（元海相・朝鮮総督）であろうと述べた[156]。また一一月一六日には小原駩吉《おばらせんきち》貴族院議員（元宮内省内匠頭）との会談で、倉富は「聯立内閣」の首相となるべき人として、宇垣一成・平沼騏一郎・斎藤実・清浦奎吾（元首相）などを挙げた。またその際に、無理ながら西園寺が表面では首相となり、実際の事務は他の人に代行させるのがよいとも述べた。[157] 倉富が挙国一致内閣または連立内閣の首相として難しいとは考えつつも、西園寺に期待していることは一一月一一日には確認され（二上との話）、一一月二七日にも国分三吉との会談で、同様の期待を述べている。[158] これらから、倉富のような国粋主義者に近い者の間でも、この段階になっても元老西園寺が一定度の「公平性」を持った人物として見られていることが再確認できる。

以上のように、若槻首相がやる気がないなら、幣原を首相にして事変を収拾し、国際協調、とりわけ列強との協調を維持しようという西園寺の構想は現実味をなくしていった。その中で、次のような犬養政友会総裁の言葉に、西園寺は興味をそそられた。それは、一一月一一日朝に原田が犬養総裁を訪ねた際に、犬養が「やはり政策が違ふから、聯立は難しい。外交に関してのみ民政党を支持し、或はこれとともに行くことができるかもしれないけれども、他の問題では到底一致して行くことはできない。解散を避けたいといふ空気は、自分には理解できない。解散してかまはんぢやないか」と言った[159]ことである。

原田は一二日の晩に興津に行って、「公爵に最近の情報をいろ〳〵お話した」と回想しているので、[160] この話も西園寺に伝えられたに違いない。その際の原田との会話で、西園寺は次のように原田に初めて協力内閣（政・民連立内閣）を容認する姿勢を示した。

〔協力内閣を成立させるにあたり〕陛下からどうかうといふ風なことになると、或は神聖なるべき天皇に責任が帰して、即ち憲法の精神に瑕がつくことになるが、瑕のつかぬやうにしてなんとかならないものだらうか。或は若槻が動いて犬養を説く、といつて、それができるならこれは已むを得ないぢやないか。[161]

西園寺は朝鮮の混成旅団の独断越境に対しては参謀総長からの事後報告を直ちに承認してはいけないという態度であったように、天皇の政治関与一般に否定的であったわけではない。しかし、とりわけ満州事変以降、昭和天皇の権力の正当性が低下している状況を考慮し、天皇の政治関与に否定的になったのである。また西園寺は、犬養と若槻が中心となってできる政・民の連立内閣が民政党の外交方針を維持するなら、現実的選択として悪くないと考え始めたようである。

西園寺は続いて次のように、三つの点を強調する話を原田に述べた。㈠若槻内閣の存続が無理なら、平沼や宇垣を首相とする協力内閣よりも犬養を首相とする内閣が望ましい（西園寺は政友会と民政党が団結できるなら、犬養を首相とする政・民連立内閣、両党の団結が不十分なら、次善の策として犬養を首相とする政友会単独内閣を考えていたと推定できる）、㈡財界の問題は重要であるが「他の重大な点」（幣原外交のような列強との協調外交の維持）を考えると多少の犠牲はやむを得ない、㈢二人に組閣の大命を下すことはできないこと、である。少し長いが西園寺の姿勢をうかがう重要な史料であるので直接引用する。

平沼を持つて来たり、宇垣を持つて来たりすることもできなくはないけれども、山本達雄を持つて来てこのまゝ延長して行かう、といふやうなことは、一番困難な話だと思ふ。いづれにしても若槻総裁も幣原外務大臣も、もう既にくたびれきつてゐる。財界の問題は頗る重大であつて、この際よほど考慮しなければならないけれども、これもまた他の重大な点を考へると、多少の犠牲は忍ばなければならん。或は大隈、板垣の内閣の時のやうに、陛下が重臣を召して、二人に内閣を組織しろと言はれた例もある、といふ者もあるかもしらんけれども、今日の如く既に立派に憲法政治が完成している場合、絶対にさういふことをすることはできない。とにかく、まづごたくくするのは大演習後だな。(162)

西園寺が二人に大命を下すことに反対したのは、第一次大隈内閣（隈板内閣）が混乱の中で、何ら成果を挙げられずに四カ月ほどで倒れたことを実際に見聞しているからである。また、民政党の安達内相が協力内閣運動の推進者である以上、二人に大命を下せば犬養と安達に下さざるを得なくなることもあり、それは軍部の統制上好ましくないと、西園寺は考えたのであろう。西園寺は幣原外相の協調外交と井上蔵相の緊縮財政（金解禁の維持）を支持していたが、満州事変の収拾が最も重要な観点と考え、幣原外交の維持を最重要視したのである。

一一月一八日、首相候補として名前のあがっている宇垣一成朝鮮総督（元陸相）が興津に西園寺を訪問した。宇垣によると、「両者の意見は大体に一致し」たという。西園寺は宇垣に、㈠今日においては政党を無視した政府の樹立は避けるべきである、㈡やむを得なければ「超然内閣」ができることもあるが、今日は避けられない状況ではない、㈢「政党弊害」も進んでおり、それを直していかねばならず、「挙国内閣の成立は時節柄望ましき」ことである、㈣しかし、その手段について名案がなく、自分（西園寺）がその仲介の労を取ることは、一歩誤れば皇室に累を及ぼす恐れがあるので差し控えている、㈤それは政友会・民政党両党首の発動によって起こるべきことであるが、両党首にはそれだけの勇気も手腕もないようであることを述べた[163]。

宇垣は西園寺の言について、「暗に余に、両党首の気分を鼓舞すべく試み」てくれないかと述べたと受け取った。西園寺は幣原外交についても、「定石で間違ひ」ないものとして今迄支持してきたが、「如何に正しき事」でも、「国論が挙て非なり悪なりとする」に至ったのでは、「生きた外交」をする上には考え直さなくてはいけないとの考えを示した[164]。

西園寺は安達内相の協力内閣運動への支持をまったく与えていないことが再確認される。また、宇垣は西園寺が宇垣を首相とする政・民連立内閣を望ましいと考えていると受け取った。しかし、本節であげたこの前後の西園寺の言動から判断し、それは宇垣を政・民連携に動かし、安達の協力内閣運動を妨害するための、西園寺の宇垣へのリップサービスと思われる。西園寺は宇垣を首相とする政・民連立内閣を否定していたわけでないが、望ましいともみていなかったようである。宇垣は、満州事変が起きた直後から、満州を中国本土と切り離し、「保護国の建設、少くとも〈張〉学良の駆逐」までしなければならぬと考え、若槻首相・南陸相・本庄関東軍司令官などへ進言した。また、事変に関し、「聯盟が文句を述べようとも米国が横槍を入れようとも夫れははね付け置けば宜しい」と、列強に対する強硬姿勢を有していた。経済封鎖についても、それを受ける様な外交をしてはならないと考えつつも、経済封鎖を受けても、国民が十分な覚悟をして奮闘したなら、「満鮮と内地の資源丈けで持続して行くこと」ができると、強気の気持ちを日記に書いていた[165]。西園寺はそれまでの情報と宇垣との会見で、以上の宇垣の姿勢を感得し、宇垣を当面の望ましい首相候補の一人とみなさなかったと思われる。

その後、アメリカ合衆国のスティムソン国務長官の声明問題で、幣原外相への軍部の批判がさらに強まると、原田は政友会の一部に協力内閣でいこうという空気が出てきたのを見て取った。しかし井上蔵相は、このまま若槻内閣で議会を乗り切るという強い気持ちを持っているようで、原田は「今後のことはよほど警戒を要する」と感じられた。そこで一一月二九日に興津に行き、西園寺に大体の状況を話した。それに対し西園寺は、次のように積極的に応じなかった。

〔井上大蔵大臣は〕今度ばかりは頗るはつきり筋の立つた話をした。よほど固い決心で押切るつもりでゐるらしい。まあ、要するに若槻もどうしてもこのまゝやらうといふことになつたらしいし、井上もそれであり、幣原もそれである以上は、とにかく将来何か事が起つたら、その時に考へるとして、まづこれで押切る、といふことで、見てゐるより已むを得まい。(166)

すでに述べたように、西園寺は、若槻内閣が無理なら、犬養を首相にして政友会の単独内閣、それが難しいなら、政・民両党を背景に犬養内閣の協力内閣と考えており、協力内閣を作ってはどうかとの原田の言外の提言に、そっけなく応じたのである。

結局、一二月九日になると安達内相ら民政党内の協力内閣を求めるグループは、若槻首相や井上蔵相にそのことを強く要求し始め、若槻首相・井上蔵相がそのことに応じないと、安達内相は一〇日・一一日と閣議にも出席しなくなった。若槻首相始め他の閣僚は安達内相に、内閣に協力するか辞任するかのいずれかを取るように迫ったが、安達は応じず、一一日午後五時半、若槻首相は参内し、閣僚全員の辞表を奉呈した。(167)

この状況下で注目すべきことは、元老西園寺が、牧野ら宮中側近の間で強い反対がないようなら、犬養を後継首相に推し、政友会単独内閣を成立させる決意を固めていたことである。そのことを示すものは、一つには西園寺が、若槻内閣が辞表を出したので天皇の召しがあると興津で知ると、できるだけ早く東京へ行くという意志を示したことである（原田は翌一二日午前九時半の汽車で興津を出発し、午後三時には参内する手筈を整えた）。二つには、次のように、宮中側近たちが犬養推薦に強く反対していないか、原田に確認するように命じたことである。西園寺はこの段階で犬養推薦の決意をほぼ固めていたといえる。

〔西園寺は〕「自分は犬養を奏請したいと思ふが、側近の者達に反対の意見はなからうか、予めきゝたい。」

といふ話であったから、自分〔原田〕は木戸に電話をかけて「よく判らないが、どうも自分の感するところでは、政友会の単独内閣といふことで御奉答申上げるらしい。これに対して側近の連中に強い反対もなからうか」といふ意味のことをたゞしたところ、「格別反対はないらしいが、たゞ重大な時局であるから、財政とか外交について内大臣もよほど心配してゐるやうである」といふことであった。この由を公爵に報告すると、

「江木前鉄道大臣、一木宮内大臣等の意見もきいておいたか。」

といふことであったが、自分は特別にきいておかなかったので、「いや、存じません」と言っておいた。[168]

このような西園寺の姿勢は、若槻内閣が存続できなくなったら、幣原外交のような列強協調外交を継続してくれる犬養首相による政友会単独内閣がまず望ましいとの、協力内閣運動の過程での西園寺の考えの延長で自然なものであった。次章では、犬養内閣の成立の過程と、犬養内閣の動向を検討したい。

おわりに

満州事変の勃発の直後、林銑十郎朝鮮軍司令官による朝鮮軍の独断海外派兵という統帥権干犯があったが、昭和天皇・若槻礼次郎内閣が九月二二日に責任を問わずに事後承認した。本章では、このことによって、天皇や内閣が、彼らの意に反して事変を拡大して満蒙を中国本土より分離しようとする陸軍へのコントロールを失っていく過

程を明らかにした。本章の論点は以下の五つである。

第一に、大規模な陸軍将兵の海外派兵決定についての統帥権慣行は、明治天皇の時代に形成され定着し、首相（内閣）の承認を得ることが必要条件となっていたことである。

一八七四年の台湾出兵以来、大規模な陸軍将兵の海外派遣は、内閣が主導して決定するという様式が取られた。これは、参謀総長（元は参謀局長・参謀本部長）（統帥部）の役割は、決定後に相談に与かるという程度であった。これは、天皇が陸海軍を統帥することを定めた大日本帝国憲法（第十一条）の制定後も変わらなかった。すなわち、憲法は現実に展開している慣行に矛盾しない範囲で、議会からの軍の統制を弱めることを配慮して定められたのである。なお、内閣主導の海外派兵は、ヴィクトリア朝のイギリスとも類似していた。

ところが、一九〇〇年の北清事変に際し、第二次山県有朋内閣は、海外派兵の決定を、参謀本部が計画し、閣議で承認し、参謀本部が上奏し、天皇が許可し、陸相に移して実行するという新しい様式を形成した。第二次山県内閣期に海外派兵の手続きが大きく変化するのは、陸軍の最有力者でもある山県首相（元帥）が、憲法を盾に取り、陸・海軍の独立性を高めるため、自らの内閣で手続きを変更したからである。一九〇四年の日露戦争の出兵は、日清戦争と同様に内閣主導で行われたが、その後も、宣戦布告を伴わないような出兵は、第二次山県内閣様式でなされた。この様式は一九二七～二八年の山東出兵で慣行として定着したといえる。

第二に、このような海外派兵慣行があるので、一九三一年九月一八日に満州事変が勃発した直後には、事変の拡大阻止にむけて、中央政治は若槻内閣側が主導し得たことである。関東軍は、朝鮮軍とのかねてからの打ち合わせに従い、朝鮮軍の支援を要請し、林銑十郎朝鮮軍司令官は、混成旅団の出兵を命じた。しかし参謀総長（参謀本部）は、朝鮮軍の混戦旅団が、従来の出兵慣行通り、「奉勅命令」を得るまでは、朝鮮国境を越えないように命じた。九月一九日以降の閣議では、朝鮮軍の関東軍支援への否定的な意見が強かった。

第三に、右のような若槻内閣主導の状況を生かせなかったのは、若槻首相の性格的な弱さとリーダーシップの欠如に加え、混成旅団の独断越境という、林朝鮮軍司令官の統帥権干犯に対し、昭和天皇や牧野伸顕内大臣も弱気の収拾策を取ったからである。朝鮮軍の混成旅団の独断越境は、関東軍の独断吉林派兵に引き続いて起きた。後者も統帥権干犯の可能性をもつものであるが、前者は、西郷従道が一八七四年に独断で将兵を台湾に出発させたこと以来の異常事態であった。もっとも、西郷の独断出兵は、明治維新後の近代国家の体制が固まる以前の、出兵慣行も整備されていない段階のでき事であった。二一日午後に朝鮮軍混成旅団の独断越境が判明すると、その夜には、陸軍中央でも、南次郎陸相・金谷範三参謀総長・二宮治重参謀次長の最高首脳三人の辞任の可能性すら考えた。

これまでまったく注目されてこなかったことであるが、その日のうちに、昭和天皇と牧野伸顕内大臣は、独断越境の処分をせずに事後承認する方針で合意している。これには、若槻首相の弱気の姿勢も考慮に入れたと思われる。翌二二日朝、若槻首相に対し、天皇はその姿勢を暗黙に伝え、独断出兵に対し弱気になっていた若槻首相を感激させた。こうして、二二日午前の閣議で、混成旅団の独断出兵を事後承認することが決まり、従来の慣行に従い、首相、次いで参謀総長の上奏を経て、昭和天皇はそれを許可した。これにより、関東軍は独断での事変拡大と満州国の建設を暗黙の方針とするようになり、立憲君主制は軍へのコントロールという面から崩壊していったのである。

第四に、朝鮮軍の満州への独断出兵が閣議で事後承認され、天皇の命令を得て合法的となった後、金谷参謀総長ら陸軍は出兵慣行すら変えようとしたが、牧野内大臣ら宮中側近が中心となり、若槻内閣を支えて出兵慣行は守ったことである。その際、鈴木侍従長は石井菊次郎枢密顧問官と連携して、枢密院で朝鮮軍の独断出兵について勅許を得ていない問題を追及し、金谷参謀総長らの意図を妨げようとした。出兵の慣行を変えることについては、天皇の統帥権にもかかわることであり、昭和天皇も反対であった。また、陸軍の奈良武次侍従武官長（大将）ですら反対であった。そこで奈良は、朝鮮軍の独断出兵は違法行為ではなく「果断」の行為であると、その責任は問わないことにする一方で、出兵慣行は変えないことで、天皇・宮中側近や陸軍との調整をし、事態は収拾された。

朝鮮軍の独断出兵について、そのことが起きている最中か直後に当事者を処分することは、最も厳しい処分であるが、その反動を考慮すると、天皇や彼を支える宮中側近・元老西園寺公望・内閣は安易な覚悟では行えないことである。しかし、違法な行動に対し一定のけじめは必要である。事件のしばらく後に関係者を予備役にしたり、左遷したりする等の処分をしても、陸軍や国粋主義者からあまり大きな反発を受けない可能性が強いので、それ位は実施すべきであった。事件が起きた際の、元老西園寺が木戸幸一内大臣秘書官長（牧野内大臣）を通して天皇に伝えようとした助言は、このような内容のものと理解される。だが、それすら実施しなかったため、関東軍は満州国の創設を目指し、天皇や内閣の意に反して次々に事変を拡大していき、天皇や若槻首相は自信を喪失し、天皇はノイローゼ気味にすらなった。元老西園寺も当面は打つ手がなかった。

第五に、この状況に対応するため、安達謙蔵内相らは若槻首相・幣原外相を辞任させ、民政党と政友会の連携した協力内閣を樹立しようとする運動を始めるが、後継首相推薦の実力者である元老の西園寺の支持や、牧野内大臣の協力すら得ることができず、成功しなかったことである。西園寺は、若槻首相が無理なら、犬養毅首相による政友会単独内閣、それも困難であるなら政・民両党を背景とした協力内閣としての犬養内閣を作るべきであると考えており、安達らの運動を支持しなかった。しかし西園寺も、非常時の下で自らの望む形で次期内閣を成立させるまでの力を残していなかった。若槻内閣の辞任への道と同時進行的に、安達らの協力内閣運動が自壊し、軍人や官僚による挙国一致内閣が話題になる中で、西園寺は憲政の常道の慣行に従い、犬養に政友会単独内閣を組織させるべく、天皇に犬養を推薦したにすぎなかった。西園寺は唯一人の元老として「公平」な調停者のイメージを保持し、より困難な次の事態に備えたのであった。

第七章　犬養毅内閣と立憲君主制の崩壊
――事変の展開と首相権力の衰退――

はじめに

犬養毅内閣は、昭和天皇や元老西園寺公望をはじめ国民から、満州事変の収拾と不況からの脱出を期待されて成立した。本章では、この内閣が、どのように事変へのコントロールを確保しようとしたかに焦点をあて、昭和天皇や宮中側近、元老西園寺の動向とともに考察していきたい。また右の動きは、第二次若槻礼次郎内閣期、とりわけ満州事変以降にあいまいになった首相権力を犬養首相が再興し、政党内閣の首相が中心となって軍部や他の閣僚などの要求を調節していく方針と軌を一にする。事変処理などに関連して、首相権力再興の動きとその失敗についても検討したい。

他方国粋主義者たちは、牧野伸顕内大臣ら宮中側近を批判する中で宮中側近の権力も動揺してきた状況を利用し、牧野らを辞任させ、平沼騏一郎などを宮中の要職につける宮中改革運動を引き続き行おうとする。これは、国粋主義者たちが、従来の宮中側近に代わって昭和天皇を掌握し、首相権力が弱まっている状況を生かし、関東軍の行動を支援して満州国建国を促進しようとするものであった。この動きも成功しなかったが、天皇をめぐる政治権力の問題として実態を明らかにする。

五・一五事件で犬養毅首相が暗殺されると、西園寺は、危機の中で後継首相候補者の選定の中心となった。この状況下で、西園寺がどのような情報を持って判断を行い、後継首相候補者として海軍大将斎藤実を天皇に推薦するに至ったのかを、軍部や国粋主義者らの動向にも配慮して考察したい。また、軍部・国粋主義者の期待していない斎藤を推薦することで、彼らの西園寺の「公平」性への期待はどのようになったのかについても検討したい。

この他、首相権力の消長を別の角度からみるため、引き続き枢密顧問官の補充問題を考察する。さらに、枢密院側が枢密院強化策としての枢密顧問官・枢密院副議長の宮中席次を引き上げようとする問題を中心に、五・一五事件の前までの時期の宮中席次の改革問題にも初めて光を当て、首相権力と宮中側近の権力を検討したい。

1　事変収拾への試み

(1) 犬養内閣の成立と方針

一九三一年一二月一二日、西園寺公望は午前九時三〇分静岡発の汽車で東京へ向かった。その日、西園寺は、誰にも会わないと言って松田源治元拓相との面会を断ったように、後継首相推薦に神経を集中させていた。車中で西園寺は私設秘書の原田熊雄に、「どうも昨夜からいろ〳〵考へてみたが、結局犬養の単独より方法がないぢやないか」と、念を押すように尋ねた。原田は一九二六年以来西園寺に仕え、五度の政変に遭遇しているが、後継首相について、たびたび念を押して尋ねられたことは初めてであった。(1) しかし、これは西園寺の迷いというより、決意を固める前の再確認にすぎなかった。すでに前章で述べたように、原田は近衛文麿・木戸幸一と同様に、犬養毅・安達謙蔵を中心とする政友会・民政党連立内閣か宇垣を中心とした軍部を抑える挙国一致内閣が適当と考えていたが、「私もいろ〳〵考へてみましたけれども、やはり犬養の単独内閣より已むを得ませんでしょう」と、西園寺に同調した。(2) 原田は西園寺の真意を見抜き、自らの立場をわきまえた行動を取ったのである。

西園寺は予定通り入京し、午後三時一〇分に参内し、まず牧野伸顕内大臣の部屋で、内大臣・一木喜徳郎宮相・鈴木貫太郎侍従長と時局収拾について意見を交換した。西園寺が原田に話したところによると、牧野内大臣は「協力内閣がいゝやうな口吻」を漏らしていたが、強いてそれを主張したわけではなかった。一木宮相も牧野を支持する傾向にあった。しかし三人とも犬養を後継内閣の首相にすることについて「大した異論」はなかった。そこで西園寺は四時一〇分に拝謁して、善後策に対する昭和天皇の下問に、犬養を後継内閣の首相にするよう奉答して退出した。(3) この過程から、㈠西園寺は、どちらかといえば協力内閣を成立させたいという牧野や一木の意向に応じず、犬養推薦に会議を引っ張っていった、㈡牧野も自分の意見を強いて主張するほど時局収拾への自信がなかったことが確認される。八二歳の西園寺は、七六歳の政党界の長老、犬養に政権を託したのであった。

西園寺の拝謁の際に天皇は、軍部が国政・外交に立ち入って押しを通すことは憂慮すべき事態なので、西園寺から犬養に含ませておくように命じた。そこで西園寺は、夕方六時の汽車で興津に帰る予定を変更して、五時に犬養を駿河台の自邸に招いた。西園寺の意見として犬養に伝えた点は、次の四点であった。㈠政界の浄化を期すべきである、㈡閣臣の選定には注意し、人格者を選ぶべきである、㈢強力な内閣を組織すべきである（犬養は連立内閣を考えていないと答えた）、㈣外交方針を変えないこと（犬養は政党以外の人を外相に挙げることを明言した）。その後、犬養は夜八時に拝謁し、組閣の命を受けた。(4) 天皇の意を受けた西園寺の犬養への助言は、軍部や国粋主義者の政党批判に乗ぜられないような強力な政党内閣を作り、特に列強協調の外交路線を維持して、事変の収拾を図ることであった。

犬養内閣の親任式は翌一三日に行われた。事変の収拾に重要な外相には、芳沢謙吉駐仏大使兼国際連盟日本代表理事を当てた（帰国した後、一九三二年一月一四日から就任）。芳沢は東京帝大出の外交官で、犬養の女婿であった。

一九二三年六月から駐中国公使を六年余り務めるなど、中国通であり、しかも陸軍の強硬な軍事行動には批判的であった。蔵相には、犬養の相談役としても期待できる党長老の高橋是清（元首相）が選ばれた。内相のポストは政友会の二大派閥の領袖の鈴木喜三郎（元内相、鈴木派）と床次竹二郎（元内相、旧政友派）が奪い合っていたので、中橋徳五郎（元商相）を当て、鈴木には司法相、床次には鉄道相のポストを割り振ってバランスを取った。この高橋・鈴木・床次・中橋は首相級の人物であった。また、陸相は、陸軍より推薦された荒木貞夫中将と阿部信行中将のうち荒木を選び、海相は海軍推薦の大角岑生《おおすみみねお》大将に同意し、それぞれ任命された。以上が主要閣僚である。この他、最大派閥の鈴木派から、森恪を内閣書記官長（親任待遇）に、鳩山一郎を文相に選び、鈴木派の不満を緩和した。(5)

なお、今回も天皇は犬養の捧呈した閣僚名簿を直ちには裁可せず、犬養を別室に待たせ、牧野内大臣を召して意見を問うた後、再び犬養を拝謁させて裁可した。(6)これは第二次若槻礼次郎内閣成立の際と同様であるが、慣行として定着した閣僚選定の首相権力を、天皇や内大臣が弱める意味合いを持ち、イギリスに類似した立憲君主制を守ろうという天皇の意図と矛盾する行動であった（第Ⅰ部第五章）。

犬養首相の政治方針は、満州事変に関しては、満州に対する中国の宗主権には変更を加えず、満州に日本と中国の合作で新政権を作ることで経済的に日中相互の利益を増進する形で、中国と妥協することであった。そのため、組閣直後に、萱野長知を特使として南京に送った。(7)また、第二次若槻内閣期、とりわけ満州事変勃発後にあいまいになった首相権力を再興し、首相が中心となって軍部や他の閣僚の要求を調節していこうとした。この考えは、むしろ元老西園寺の希望といってもよいが、犬養首相もこれに同調していた。また、元老西園寺も犬養も、状況を勘案して限定的でありながら、首相の方針を支持するべく天皇にも政治関与させることも考えていた。(8)これは十月事件のようなクーデターの危機は一応回避できたという安堵感が背景にあるのであろう。西園寺と犬養が天皇に首相の方針を支持させるよう政治に関わらせる構想を持ち始めたことは、一九三二年二月の上海事変の出兵問題でわかる。

一九三二年二月五日、犬養首相は原田に、次のように出兵問題で軍部側に注文をつけ、その結果を天皇に伝える決意を示した。

自分〔犬養首相〕としては、参謀次長を呼んで、軍の行動を居留民保護以外に出ないやう、国際的関係やら、日本の財政の点も説明して、これを参謀総長宮〔閑院宮《かんいんのみや》〕にお伝へさせ、場合によつては自分からも直接申上げ、陸海軍大臣をも呼んで、よく念を押し、しかる後に陛下に、「かう〳〵の点について、これらの人々に注意を与へておきました」といふことを、総理の責任を以て申上げる、――要するに、ごく確実に、危険性をできるだけ少くするやう努めるつもりである。この点は公爵〔西園寺〕も御安心下さるやうに。

この話を原田が西園寺に話すと、西園寺は、前々日の二月三日に芳沢外相が来たときに、「何かいゝ方法を教へて戴きたい」と言うので、自分が教えてやったことで、犬養首相の考えでないと言って笑っていた。(9)

また原田は西園寺から「参謀総長〔閑院宮〕、軍令部長〔伏見宮〕の両殿下に対して、大蔵大臣から日本の財政問題について真相をお話しておく方がいゝ」と注意されていた。そこで、二月七日に牧野内大臣に呼ばれた際に、そのことを牧野に話したところ、それを両殿下に牧野から話すか、犬養首相から話すかと尋ねていたが、結局、犬養が高橋蔵相に話して、高橋自ら両殿下に話すことに決まったようであった。(10) これも、第二次若槻内閣期までは、昭和天皇の意向もあって、牧野内大臣ら宮中勢力の政治関与が強かったが、犬養首相は、満州事変以降に影響力を弱めた牧野ら宮中側近に代わり、首相を中心に責任ある閣僚で事を処理するという立憲君主制の原則に戻そうと考えていたことの表れであった。犬養は牧野より六歳年長である。また、一八九八年に犬養が、わずか一三日間とはいえ第一次大隈内閣の文相に就任した頃に、牧野は駐オーストリア公使にすぎず、牧野が入閣するのは七年以上後に文相になった時であった。このように犬養は若槻と異なり、年齢的にも役職的にも牧野に負い目を感じず行動できる立場にあったことも影響していたと思われる。

立憲君主制や政党政治の原則に関しては、犬養首相を支える高橋蔵相は、犬養に勝るとも劣らず徹底していた。高橋蔵相は上海への出兵問題が起きた一九三二年二月一日段階から、財政上と日本の国際的立場の両方から陸軍の派兵よりも居留民の引揚の方がよいという見解で、たとえ陸軍の派兵が決まっても、上海の状況が変化したら引き返させてもよいと陸相に話していた[11]。

二月一五日前後になると、高橋蔵相は原田に、統帥の問題に関して外相・蔵相の意見を聞くようにという言葉を天皇が軍部に出すように、西園寺に考えてもらいたいと依頼した。一八日に原田が高橋蔵相の心情を西園寺に伝えると、西園寺もそれに次のように賛成した。西園寺の言葉の中に首相中心の考えが確認されることにも注目したい。

それはなまじ内大臣あたりから言はせるよりも、やはり総理が責任を以て直接陛下にお願ひする方がよい。「すべての行動を画策する場合には、必ず外務、大蔵の両大臣の意見をきゝ、これを重んずるやうに」といふ御沙汰を、参謀総長・軍令部長あたりにお下しになることが願はしいと、総理自身から申上げるのが本当の筋道であらう。

西園寺は二月二一日に牧野内大臣が来るなら会った上で決める考えであった[12]。

しかし、翌一九日に近衛文麿貴族院副議長は原田に、「犬養総裁には、何かにつけて、陛下のお力によつて軍を抑へつけやうとする風な気持ちがあるが、そも〲これが軍の反感を買ふ基であつて」等の話をした[13]。これは元老西園寺と犬養首相らの構想を、軍部が犬養の構想と誤解しながら察知し、犬養に反感を募らせているとの情報であった。二月二一日の牧野内大臣の西園寺訪問は、一九日に牧野に神経痛が起こり延期せざるを得なくなった。原田は二〇日に西園寺を訪問し、軍部は犬養が天皇の力で軍部を抑えようとしていると反感を持っているとの話を伝え、天皇が参謀総長や軍令部長に関係大臣の意見を尊重するようにとの沙汰を下す件は控えた方がよいのではと述べた。西園寺は、「それぢやあ、それはやめよう」と、あっさり答えた[14]。こうして、西園寺や犬養らの、昭和天皇の助力を得て軍部を抑える構想は一頓挫を来たした。西園寺は、昭和天皇の権威が十分でない状況で、当初からこの構想にそれほど確信がなかったのである。なお、一九三二年一月四日に牧野内大臣は、元老西園寺や犬養首相と異なり、首相中心で事態を収拾するのでなく、次のように、参謀本部と内閣の間に意見の相違がないようにとの希望を犬養首相に述べていた。

小生〔牧野内大臣〕は統帥問題に付参謀本部と内閣側との間に十分連絡を取り、両者の間に意見の相違〈なく〉、若しくは上奏振りの一致する様特に注意あらんことを希望し置けり。[15]

牧野は統帥問題に関して、参謀部と内閣が正面衝突し、昭和天皇が大元帥として大権行使上より困難の立場に直面するのを恐れたのであった。[16]これは、満州事変勃発直後に朝鮮軍混成旅団の独断越境について、牧野と天皇が連携して容認する方向を固めたことの延長線上にある、軍部への宥和的な姿勢であった。

以下、このような方針の元老西園寺や犬養首相に対し、時局収拾のため、昭和天皇や軍部・牧野内大臣ら宮中側近などがどのような構想を持ち行動したのかを、第二次若槻礼次郎内閣末期から上海事変の出兵や満州国建国問題までの満州事変の処理に焦点をあてて検討したい。

（2）満州事変の処理

すでに述べたように、満州事変は関東軍が後で陸軍中央や内閣の支持を取り付けられるとの期待を持って引き起こし、当初は、内閣のみならず陸軍中央も関東軍に引きずられる形になっていた。その後、事変が勃発して一カ月余りが過ぎた一九三一年一〇月下旬になると、十月事件や関東軍独立の噂などへの一応の対処も済んだ。陸軍中央も関東軍と同様に、事変の結果に基づき満州を中国本土と切り離して、新政権を樹立することでは一致する姿勢を固めた。この状況下で、陸軍中央は関東軍の満州での作戦の自由裁量の余地を狭め、事変全体の掌握を強めようとした。

一九三一年一一月四日、今村均参謀本部作戦課長（陸軍大佐）が奈良武次侍従武官長（陸軍大将）を訪れた。その目的は関東軍を統制するため、天皇が関東軍司令官に与えている統帥命令権の一部を参謀総長に委任してほしいと願い出る相談であった。奈良は賛成した。翌五日、金谷範三参謀総長が拝謁し、統帥命令権の一部委任の裁可を仰ぎ[17]、その場で裁可されたようである。軍司令官に与えられた統帥命令権が一部とはいえ参謀本部に委任されることは初めてであり[18]、関東軍の動向への陸軍中央や天皇の不信の表れであった。

五日午後三時過ぎ、参謀総長から関東軍に、満州事変の時局が終了するまで、「関東軍司令官隷下及指揮下部隊の行動に関し其一部を参謀総長に於て決定命令する如く先例に準して御委任あらせられたり」との電報が届いた。片倉衷大尉ら関東軍参謀たちはこれに強く反発した。関東軍側が右の電報の説明を求めたのに対し、同日午後七時半、「大局に鑑み北満に対し積極的作戦行動は当分之を実施」しない方針であること等の命令（臨参委命第一号）を参謀総長名で送ってきた。関東軍は北満に対して積極的な作戦をしようとしていたので、翌六日、関東軍司令官名で、陸相と参謀総長宛に黒竜江省軍に対する作戦を機宜の処置に一任することを求める電報を出した。しかし、午後三時頃になると、参謀総長から「大興付近に於て敵に大打撃を与へ湯地東北の線に追撃目標を制限」する電報（臨参委命第二号）が到来した[19]。

これに対しても、関東軍側は作戦上の細部にわたる干渉として反発したが、関東軍の参謀長から参謀次長・陸軍次官・教育総監部本部長宛に次のような電報を打つに留めた。

（前略）一部と雖も奉勅指示せられあるに係らす、如何に政略を加味せる作戦とはいへ、細部に亘り命令せらるるは常に戦機を逸するのみならす機宜の方策を講する能はす、実に不信任を意味し、常に努めて中央の意向を尊重せられおる軍司令官の胸中を察し幕僚として涙潸然たるものあり[20]（以下略）

翌一一月七日、片倉衷《ただし》大尉は、㈠陸軍中央の方針は「常に内外の輿論を右顧左眄し牢固たる要綱の確立なく」と不満を記し、㈡決定命令権に基づく参謀総長の命令に対しては、必ずしも勅命でなく、軍司令官が「御委任」を受け師団長を指揮するようであるので、軍すなわち受令者が「独断機宜の方策」に出るのはまったく支障のないことである、と解釈をした[21]。このように関東軍参謀の間には、参謀総長の委任命令に忠実に従わない空気が強かった。参謀たちとは異なり、本庄繁関東軍司令官（陸軍中将）は自ら電話で各師団長に参謀総長命令に従うように指示し、各師団長は関東軍参謀の専断を疑い始めた[22]。このように、委任命令の効果も少しは出始めた。

関東軍への統制を強めようとしていた陸軍中央は、そのためにも、若槻内閣からの自立を強めようとした。一一月一二日に若槻首相は原田に、閣議のときに南次郎陸相が次のようなことを話したと、元老西園寺への伝言を頼んだ。

陸軍大臣が「陸軍始まって以来――維新の歴史あって以来、陸軍が今回の如く政府から行動を制限されたことは、未だ嘗てない。かくの如く陸軍の行動を掣肘されては、権益の擁護なんかといふことはとてもできない[23]」。

すでに述べてきたように、日本においては一八七四年の台湾出兵以来、内閣主導の海外派兵慣行があり、一九〇〇年の北清事変からは内閣と参謀本部の共同による海外派兵慣行となった。それらの慣行の下で、陸軍は、出兵の決定や目的・兵力量から作戦の大方針に至るまで、内閣の関与を一貫して受けてきた。これが日本の統帥権運用の実態であるが、南陸相は閣議で事実と異なることを公然と述べて、慣行を変え軍部への内閣の関与を拒絶しようとしたのである。

これに対し、幣原喜重郎外相は「日露戦争の時に、軍の遼河以北に行くことをとめた事実もある。まだ他にも例がたくさんある」と反論した[24]。しかし、若槻首相は原田らに南陸相の態度を憤慨するのみで、次に組閣した犬養首相のように毅然とした態度を取ろうという意欲に乏しかった。また、すでに見たように、若槻首相は、安達内相の協力内閣運動、それに反対する元老西園寺・幣原外相や井上準之助蔵相などの有力閣僚の間で方針をぐらつかせていく。

さて、一一月一九日、関東軍の第二師団は馬占山軍を撃退すべく、チチハルを占領した。それに対し、一一月二四日、参謀総長は第二師団主力は速やかに撤兵するように命じ、翌二五日、その命令を実行するよう委任命令を打電してきた（臨参委命第五号）。これは、一一月一六日の閣議で、南陸相がチチハルを占領しないわけにはいかない理由を述べたところ、幣原外相や政党出身閣僚から辞任も覚悟した強い反発を受けたので、翌日南は若槻首相に、チチハル占領の目的達成後は速やかに撤兵させることで了解を得ていたからである[25]。

右の命令に、三宅光治（少将、参謀長）や石原莞爾（中佐、作戦主任）、片倉大尉ら関東軍の参謀たちは憤り、関東軍司令官以下参謀の辞任の時期と判断した（「軍司令官以下絶対更新の時機なりとし」と表現）。そのことを本庄司令官に上申すると、本庄は委任命令は服行する外ないが、幾多の戦死者を出した作戦の途中のこのような命令に対し、辞任を願うの外はないとの決意を示した。片倉大尉はチチハルに出張中の板垣征四郎高級参謀（大佐）に急いで奉天にもどるように求めた[26]。

翌一一月二六日、石原・片倉参謀の相談で、委任命令に従い辞任するのは矛盾しているとし、㈠軍司令官の腹芸で命令を実行しない、㈡辞表を提出する、㈢命令を実行し、参謀を更新することの三案の方策を立て、三宅参謀長は本庄司令官を説得した。本庄司令官は第三案を選択し、三宅参謀長らに石原参謀（作戦主任）を「慰撫」させようとした。その頃、板垣高級参謀は一先ず奉天に帰るとの報告があったので、板垣より実情をきいて撤兵が可能かどうかを判断して対応することにした[27]。

同日夜、天津軍司令官より、中国軍と交戦を始めたので救援を求めるという電報が、関東軍に入った。そこで、石原・片倉の両参謀と三宅参謀長は、錦州攻撃を行い山海関に前進して天津軍を救援しようとの策を立てた。本庄司令官もこれに決裁を与え、チチハルには歩兵二大隊を残し、主力を錦州作戦に備え、チチハルより撤退し、奉天に集結させることにした[28]。こうして、参謀本部と関東軍の対立が関東軍司令官と関東軍参謀の対立という問題になりかけた深刻な事態が、錦州への出撃ということで打開された。関東軍にとっては、チチハルからの撤兵という委任命令に従い、また錦州という満州内の張学良（中国側）の最後の有力拠点を占領することで、新政権樹立の目標に近づける、一挙両得の作戦であった。陸軍中央にとっては、委任命令がないがしろにされるばかりか、国際世論に考慮しながら新政権を樹立するという漸進主義を骨抜きにされる恐れのある事態が出現した。

そこで一一月二七日、金谷範三参謀総長は委任命令により、㈠関東軍の錦州方面に対する攻撃行動は別命があるまでは禁止する、㈡軍の先頭部隊（混成第四旅団を含む）は遼河以東に配置することを厳しく守るべき、㈢命令受領時の関東軍の配置状況を報告すること等を命じた（臨参委命第七号、二七日午後零時三〇分受領[29]）。二七日午後零時三〇分着の委任命令を受け取ると、同午後八時、関東軍司令部は錦州攻略作戦に従事している部隊に撤退命令を出した。二宮治重参謀次長（陸軍中将）は、関東軍の立場に同情し、二八日夕方、関東軍が「中央部の意図を奉せんとする誠意は疑ふの余地なき所にして、裏を掻くものと想像せらるるは誤解の甚しきものと認む」等と、参謀次長代理建川美次第一部長宛に発電した[30]。

しかし、二宮の電報と行き違いになったのが、同日夜八時二二分発の電報で、金谷参謀総長は、奉天に派遣されていた二宮次長に対し、次のように、関東軍に錦州への出撃をさせないよう命じた。㈠今回の錦州方面に対する関東軍の不適当な行動に対し、「中央部は全く関東軍か中央の統制に服するの誠意なきと、関東軍司令部内の不統一なるに帰せるものと信せさるを得さるを遺憾とする」、㈡二宮は本庄関東軍司令官と三宅参謀長に対し、率直に陸軍中央の意見を述べ、猛省を促し、奉勅命令と「何等差異なき御委任命令」に十分従うことを保証させるべきこと[31]。

その後、国際連盟では錦州から山海関までの地域を中立地帯とし、中国軍を山海関以西に撤退させ、行政権を中国本土政権が担当する案が出された。一二月一日の日本電報通信社の報道によると、陸軍中央では、以下の五つの理由でそれに反対した。㈠日中直接交渉が原則である、㈡満蒙に旧政権の存在を許すべきでないとの根本精神に反する、㈢北中国に禍乱が起きた際、満州よりの増援部隊の派遣を海路よりせざるを得ず、「統帥上の一大支障」となる、㈣この問題は中国側の提議で国際連盟が採用したもので、動機において不純である、㈤この問題を実施しようとすれば日中直接交渉により決定すべきもので、中立地帯とする地域は山海関以西とすべきこと。関東軍は、これを軽々に受諾すれば日本の懸案解決上において、列国が干渉する先例を作り軍の行動を束縛し、満蒙政権樹立を動揺させる等と、反対した。[32]

昭和天皇は一〇月九日に、二宮参謀次長に、錦州付近に張学良の軍隊が再組織されれば事変の拡大は止むを得ないか等と事変の拡大を積極的に容認するように受け取られかねない軽率な発言をしている。[33]これは、天皇が事変を収拾したいがために、満州での戦闘を早く終わらせたいという焦りから出た発言であったといえる。

それは一二月二三日に、天皇が、犬養外相（首相と兼任）に錦州不攻撃の方針を下したり、二七日にも、錦州攻撃の対外的影響について深く心配して、犬養外相に下問したことからも確認できる。[34]犬養首相や高橋是清蔵相も錦州攻撃に反対で、高橋は攻撃がなされるなら辞職するといったという。[35]しかし牧野内大臣は、近衛文麿貴族院副議長から、侍従武官が荒木貞夫陸相に天皇が錦州攻撃を期待していると伝えたという話を聞いた。そこで、牧野は一二月二九日に奈良侍従武官長（陸軍大将）にこの話をし、[36]事実と異なる天皇の「意向」を広げないよう、婉曲に注意を喚起した。

昭和天皇や内閣の意図に反し、関東軍は着々と錦州占領の準備を行った。一九三一年一二月七日、南陸相は本庄司令官に、遼西（遼河西方）地方の「匪賊討伐」において、張学良軍と衝突し、それが結局錦州占領という事態にまで発展しても止むを得ないという見解を伝えた。これは陸軍中央も錦州占領を承認するに至ったことを意味する。こうして関東軍は一九三二年一月三日に錦州を占領、二月五日にハルビンを占領するなど、満州の要部を占領した。

この間、一九三二年一月八日、昭和天皇は満州事変について、「朕深く其忠烈を嘉す」等との勅語を関東軍に下した。[37]これには、天皇が大元帥として「将兵の士気を鼓舞するためにも軍事的な勝利・成功は賞賛するという行動をとった」、「この後、『満州国』という既成事実ができあがり、結果的に日本の勢力圏が拡大したことは、天皇にとって必ずしも困ったことではなかったといえる」[38]等という解釈が一般になされてきた。しかし、日本軍の戦闘行為が一段落した際に、天皇がそれらを「賞賛」して出す勅語は明治天皇以来慣行となり、日露戦争が始まって間もない一九〇四年二月二三日には、陸・海軍からの奏請手続きすら定められた[39]。したがって満州事変の発生から四カ月近く経ち、事変が一段落しているのに勅語が下されないなら、それは天皇の関東軍への暗黙の強い不信を示すことになり、天皇は関東軍司令官・参謀総長（あるいは皇族の参謀総長の補佐役としての参謀次長）・陸相などの辞表提出すら覚悟する必要がある。すでに見てきたように、昭和天皇の権威が十分に形成されないまま動揺している状況では、天皇といえどもそのような行動には容易に踏み切れず、従来の慣行に従い勅語を下したのである。

その後、満州国樹立工作から列強の目をそらそうとする田中隆吉陸軍少佐（上海駐在武官）らの謀略で、一月二八日上海事変が始まった。日本軍は三月三日までかかって、中国軍を退却させた。中国側は国際連盟に訴え、イギリス・アメリカ・フランスの干渉もあり、三月二四日に停戦会議が始まり、五月五日に停戦協定が成立した。この間、三月一日に関東軍の指導で満州国の建国宣言がなされた。これは犬養内閣や天皇の了解を得たものではなかった。こうして、犬養首相が組閣直後に考えた、満州に中国政府の宗主権を認める代わりに、日本の介入を強めた新政権を作るという構想は、なし崩し的に実現の可能性がなくなってしまった。

それでも、犬養首相は満州国の承認には大きな問題があると見た。そこで三月七日、犬養は元老西園寺を訪れ、満州国問題について困った様子で、結局は承認を与えなければならないことになるであろうが、今すぐに急ぐ必要はない等と話した[40]。五日後の一二日に犬養は参内し、満州国の承認は容易には行わないことを上奏した[41]。

すでに犬養首相が上海事変の収拾に関して、天皇の命によって撤兵させようとしているとの噂で、陸軍は憤慨していた[42]。また平沼騏一郎枢密院副議長は、三月三〇日に、倉富勇三郎議長・二上兵治書記官長との密談で、犬養首相が満州国は未だ国となっていない等のことを述べたのは不都合であると批判した[43]。さらに、一九三二年五月一日に、犬養首相が、「極端の右傾と極端の左傾」を批判し、議会政治を通して政治改革を行うべきとの演説をラジオで行ったことも、青年将校を憤慨させた。[44] これらの犬養首相の姿勢によって、彼が暗殺される五・一五事件が起きたのであった。以下、五・一五事件の処理問題に移る前に、次節において、枢密顧問官の推薦と栄典の推薦問題を通して、犬養内閣期の首相権力の消長を異なった角度から検討したい。また、3節において、牧野内大臣ら宮中側近を批判する国粋主義者らの宮中改革構想を引き続き考察する。さらに4節で、宮中側近勢力が衰退したので、枢密院と政党内閣の懸案であった宮中席次改革の問題が、まず枢密院と内閣で展開していくことを示す。

2　枢密顧問官の推薦と補充

(1)　枢密院主導の二名補充の実現

民政党の第二次若槻礼次郎内閣は、内閣としては弱体であった。しかし枢密顧問官補充に関しては強気の態度で枢密院に接し、また満州事変が起きたことも加わり補充が全く行われず、枢密顧問官の欠員は六名にもなっていた（第Ⅰ部第五章4、前章）。政友会の犬養毅内閣の成立は、枢密院にとって状況を打開するチャンスであった。成立の四日後の一九三一年一二月一七日、倉富勇三郎枢密院議長・平沼騏一郎副議長・二上兵治書記官長の枢密院中枢の三人は、浜口雄幸内閣時以来枢密院側が推薦しようとして、内閣と合意できなかった原嘉道（田中義一内閣の法相）と有馬良橘《りょうきつ》（明治神宮宮司、予備役海軍大将、元第三艦隊司令長官）を候補に推すことに決めた。[45]

翌一八日、犬養内閣の前田米蔵商工大臣は、犬養首相の代理として、二上書記官長と昼食をともにして二つの問題で意見を交換した。その一つは枢密顧問官の補充問題であった。前田は前内閣時代に交渉がほぼまとまっている二人として、原嘉道と小松謙次郎（貴族院勅選議員、元鉄相、民政党系、浜口内閣期に内閣側が枢密顧問官候補として提案）の名を挙げて、犬養内閣も異議がないとし、さらに海軍関係の人として岡田啓介（前海相、ロンドン条約支持）を提案した。岡田は犬養の考えでなく、前田の考えのようであった[46]。

前若槻内閣時代に、枢密院側が枢密顧問官の補充候補として、原と小松を提示したのは、若槻内閣が原と伊沢多喜男（元台湾総督、民政党系）を提案してきたので、やり手の伊沢を避けるため、小松を提案しただけであった（第Ⅰ部第五章4）。そこで二上は、原・小松は決まったことではなく、小松については反対もあるようで、岡田は評判がよくないと、民政党系の小松・岡田を拒否する姿勢を示した[47]。

もう一つは無任所大臣の設定の問題である。前田は無任所大臣を勅令を発して三人ほど定め、枢密院でも表決権を与えるようにすることを提案した。二上は、無任所大臣を置く勅令を定め、それ以降閣僚の定員の増加を内閣のみで決定し、枢密院に諮詢を奏請しないようになるのは不都合であると述べた。これに対し前田は、閣僚の定員を増加する時は諮詢を奏請する事にすると応じた。さらに前田は、聞くところによると、犬養首相は山本条太郎（元満鉄社長）を無任所大臣にするようなことを漏らしているが、犬養は山本を大臣にする気はなく、せいぜい満鉄総裁ぐらいにする考えであること、新聞記者の話では、犬養内閣が無任所大臣を求めるのは政友会のためではなく、貴族院の反感を和らげるため二、三人を無任所大臣にするためであることを話した[48]。

以上、枢密顧問官の推薦や無任所大臣設置の構想に見られるように、犬養内閣は枢密院や貴族院、および民政党系まで含めて宥和的姿勢を取った。これは、陸軍の推進する満州事変を収拾するため、犬養内閣が幅広い権力基盤を得ようとしたからであった。

その後、二上と前田は再度会見した。二上から原嘉道と有馬良橘の名を示された前田は賛否をいわず、岡田啓介を候補として挙げ、どうしても同意できないのなら、元田肇（元逓相・鉄相・政友会）を推薦したいと述べた[49]。元田は、浜口雄幸内閣の時に、浜口内閣が候補として出した民政党系の高田早苗を枢密院側（倉富ら）が拒否し、枢密院側から対案として提示されたが、浜口内閣側に反対されて実現しなかった候補者であった（第Ⅰ部第四章4）。

以上の話を一二月二四日に二上から聞いて、倉富議長は元田のことは反対でなく、枢密院に入っても「政党臭味」を継続することはないだろうが、今直ちに推薦するのは好ましくないので、他日の問題としたいこと、まずは原と有馬のことを決したいことを前田に伝えてほしいと述べた[50]。倉富が元田を他日の話にしたのは、政友会内閣に変わって直ちに政友会員を枢密顧問官に推薦したのでは、枢密院が内閣に対して弱腰であるとみなされるのを嫌ってのことであろう。犬養内閣の宥和姿勢に付け込んだ枢密院側の強気の姿勢が目立つ。

翌二五日は、倉富議長の自宅に森恪内閣書記官長が訪れ、枢密顧問官補充の最後の話を行った。倉富と森は、これまで欠員六人のうち、まず原嘉道と有馬良橘の二人を補充することに異議がないことを確認した。次いで、有馬は明治神宮の宮司であるが、宮内官と枢密顧問官を兼任することは差し支えがないので、同様の考えで問題がないことで合意した。

その後、森は、大角岑生海相が岡田啓介を枢密顧問官に推薦することを求めていること、陸軍より枢密顧問官となっている者は二人いるので権衡というわけではないが、海軍から有馬と岡田の二人を枢密顧問官にすることが望ましいと主張していることを述べ、岡田も推薦することを先日の前田商工相と同様に提案した。これに対し、倉富は海軍は鈴木貫太郎侍従長が枢密顧問官を兼任しているので、有馬を加えれば二人になると、岡田の推薦を断った。森はそれに同意し、枢密院側の主張通り、原と有馬の推薦が決まった[51]。

その後、倉富と森で、森が犬養首相に今日の会見のことを話した後に、枢密顧問官に推薦することの了解を原と有馬に求めることや、その了解がとれたら、翌二六日に倉富議長が内奏し、次いで犬養首相が内奏して天皇に二人を推薦することが打ち合わされた。その通りに順調に事が運び、一二月二六日付で、有馬良橘と原嘉道が天皇から枢密顧問官に親任された[52]。

（2）枢密院・内閣の協調と三名補充

それから二日しか経っていない一九三一年一二月二八日、倉富議長は二上書記官長に、残った四人の欠員の補充候補としてどのような人がいるかと尋ねた。二上は小松謙次郎（貴族院勅選議員、民政党系）は枢密院が一旦同意した者であるから、枢密顧問官に推薦する方がよいだろうと述べた。そうでないと、川崎卓吉（第二次若槻内閣内閣書記官長、民政党幹部）等が批難の材料とするかもしれないが、平沼は小松の推薦に賛成しない、どのように考えているのか、と二上は続けた。倉富は、枢密顧問官の補充候補者について考えて置くように二上に頼み、補充問題の話題を一旦打ち切った。(53)

年が明けて、一九三二年一月二日には二上書記官長が倉富議長を訪れ、前田商工大臣が二上に無任所大臣を置く問題をその後も持ち出してきていること等を伝えた。倉富は二上に、前田が求めている無任所大臣を置く件は、どのようにしたら弊害なく設置することができるか、また前田の求めに応じたなら、枢密院が希望している宮中席次の面での枢密顧問官の優遇問題（本章4節で詳述）を、犬養毅内閣が交換的に解決してくれるのか検討しておくように依頼した。(54)

その後、一九三二年一月五日の宮中での新年宴会の際に、倉富枢密院議長は前田商工相から無任所大臣を置く相談を受けた。前田が倉富に相談した狙いは、各省の大臣が予算の分捕り競争をするので、三人くらいの無任所大臣を設置し、その弊害を少なくすることであった。また、鈴木喜三郎法相（元大物司法官僚、政友会の最大派閥の鈴木派の頭目）は、倉富に、枢密顧問官の欠員四人のうち、勝田《しょうだ》主計《かずえ》（元蔵相、文相）と元田肇を枢密顧問官に採用することを持ちかけてきた。倉富は元田については差し支えないと考えたが、勝田については、すでに水町袈裟六や荒井賢太郎など財政通の顧問官が二人もいると否定的であった。翌一月六日、倉富は枢密院と内閣との交渉役の二上にこれらのことを話した。(55)しかし、無任所大臣の件は、それ以降内閣側が特に求めてこなかったため展開せず、顧問官の補充が枢密院と政府の交渉の中心となった。

一九三二年一月一三日、倉富議長・平沼副議長・二上書記官長が会合する。平沼は犬養内閣は議会再開前に枢密顧問官の補充を行いたいようであると伝え、倉富・平沼を中心に三人で枢密顧問官の補充候補者選びが始まった。

倉富が元田肇の名を挙げると、反対する者はなかった。浜口内閣のとき浜口首相が推薦を望んだ古在由直（元東京帝大総長、農学者）、元北海道帝大総長佐藤昌介（農学者）の名が出たが、推す者はいなかった。

また倉富は鈴木喜三郎法相（政友会の最大派閥鈴木派の領袖）が、元田と勝田主計（元蔵相・文相）の推薦を望んでいるとも述べた。その上で倉富は、小松謙次郎（貴族院勅選議員、民政党系）と元田肇とを推薦することを提案し、平沼は小松も「然るか」と、特に小松に反対しなかった。伊沢多喜男（民政党系、元台湾総督）は、政党色が強いと改めて否定された。そこで平沼が、まず比較的若い人で審査委員も務められる人を二人ほど補充し、残りの枢密顧問官は優遇方法でも定まった上で補充する方がよいと述べた[56]。それから、話は大臣の前官礼遇の資格を有している大物が枢密顧問官になっても、その待遇を維持して宮中席次が下がらないようにする等、枢密顧問官の宮中席次上の優遇の話に移っていった。その中で、平沼が枢密顧問官の補充を、二上が枢密顧問官の優遇を犬養内閣と交渉することに決まった。しかし、枢密顧問官補充の候補者に関しては、小松と元田の二人を推薦する方向が漫然と出た程度であった。午前一一時三〇分頃、三人は明確な結論を出さないまま散会した。

その後、午後四時頃に平沼が倉富の家を訪れ、二人で再び枢密顧問官補充の話を始めた。平沼は、二上書記官長と窪田静太郎（行政裁判所長官）の名を補充候補者として挙げた。二上のことは倉富も数年前から考えていた。こうして枢密院側の補充候補者は三人とすることにした[57]。この三人とは、平沼が午前の会合で小松に積極的に賛成しておらず、犬養内閣との一二月の交渉でも小松を否定したことから、元田・二上・窪田の三人と思われる。

一九三二年一月一五日夕方、政府との交渉を済ませた平沼が倉富の家を訪れた。平沼は犬養内閣が枢密顧問官の欠員を四人とも補充する意向であり、内閣が元田と栗野慎一郎（元ロシア大使・駐仏公使）の二人に了解を求め、枢密院が窪田と二上の二人に了解を求めることになったことを伝えた。倉富も交渉結果に合意した。しかし、候補者になったことを聞いた二上は、自分のような経歴がなく未熟の者が枢密顧問官になれば枢密院の信用を害するとと受諾しなかった。そこで枢密院側は二上をあきらめ、内閣と枢密院側で、一八日に二上を除いた三人を枢密顧問官に推薦する内奏を、倉富議長、犬養首相の順に行うという、最終的な合意が成立した。しかし、犬養首相は風邪をこじらせたので、一八日は倉富のみが内奏し、二七日に犬養首相が内奏し、同日付で窪田・元田・栗野の三人が枢密顧問官に親任された(58)。

今回の補充は犬養内閣と枢密院側が二人ずつ候補者を推薦する形になり（二上が辞退したので、結果として内閣二、枢密院二）、両者が対等の権限を持った。しかし、前回の二人が枢密院の主導でなされたことを含めると、枢密院側は犬養内閣の宥和姿勢を利用し、枢密顧問官の欠員を六から一に減らした上に、人選でも内閣よりも枢密院側の意向を反映させたといえる。

なお、政友会の元田を枢密顧問官にしたことについて、『国民新聞』は、頼母木桂吉民政党顧問の談として、第一次若槻内閣が武富時敏を枢密顧問官として推薦しようとした時は、枢密院が政党員であることを理由に拒否したが、今回はそれと一貫性がなく、枢密院が「政友会的色彩が濃厚である」ことを裏書する、と批判した(59)。一九三二年一月二九日、倉富議長は森内閣書記官長に、枢密院に入っても「政党臭味」を脱しない人は枢密顧問官に適さないが、政党に関係していたことがあっても、それだけで枢密顧問官になることを拒否しないと説明した(60)。これは、政党政治の展開に伴い、枢密顧問官になるような有力者で政党に関わりのない人はほとんど得られなくなったので、枢密院が基準を緩和したことを正当化する発言であった。

その後、三月一〇日、鈴木喜三郎法相が倉富議長に、枢密顧問官一人の欠員に牧野菊之助（元大審院長）を推薦してくれないかと申し込んできた。枢密院側が承諾すれば内閣の方は鈴木が交渉するとのことであった。倉富は、牧野も話に上ったことがないわけではないが、牧野の一代前の大審院長横田秀雄も話題になったことがあるので、今直ちに決することができないと、応答した(61)。

鈴木は三月二五日に内務大臣に就任した。三月二八日、倉富は二上との密談の中で鈴木が法相をやめ内相になって考えが変わっただろうとみなしつつも、牧野菊之助が枢密顧問官の候補として持ち出されたことを話した。倉富は、牧野は横田よりもよいが、すでに窪田清太郎（前行政裁判所長官）を枢密顧問官にしたところなので、窪田と同様の人であると、牧野推薦に否定的意見を述べた。二上も、横田よりも小松謙次郎の方がよいだろうとした。倉富も、小松の「愉快なる質」と「遊泳術」を評価して二上に同意したが、小松を推す話にまではならなかった(62)。

その二日後、三月三〇日に倉富は平沼・二上と三人で密談した。その際、倉富は平沼に鈴木喜三郎から牧野菊之助を枢密顧問官に推薦できないかと申し込まれたことと、先に牧野と同類の窪田を取ったので重複すると思うことを述べた。平沼は、窪田より牧野に縁故が深かったが、牧野は枢密顧問官としてそれほど役立つ人でないと答えた。二上も牧野は委員会で何も言わない人等と、牧野に否定的な発言をし、牧野推薦に関する話は終わった(63)。枢密院側は犬養内閣成立後に枢密顧問官五人の補充人事を実施したので欠員は一名となり、補充への圧力を感じなくなったことや、二上書記官長が顧問官に推薦されることを辞退し、枢密院側の望む候補者があまりいないことから、補充への熱意がなくなったのである。この後、犬養内閣が倒れるまで、彼らの間で補充が問題になることはなかった。

三人が密談で牧野の推薦問題に入る前、二上は枢密顧問官の定員増加問題を持ち出した。これは、加藤高明内閣期の一九二五年四月一日、農商務省が農林省と商工省に分離し（一九二〇年五月一五日、原敬内閣下で鉄道省も設立）、閣僚の数が増加して以来枢密院側が求めていたものであった。政友会の田中内閣下でも、同内閣が新たに拓務省を新設しようとしたので、枢密院側に枢密顧問官増員の要求が再燃した。その結果、田中内閣と枢密院の間で、枢密院側が拓務省の新設を認める（枢密院に諮詢された「拓殖省官制」の可決に協力する）ことの見返りに、内閣側が枢密顧問官の二名増員に協力する密約がなされた。しかし、拓務省は一九二九年六月一〇日に設置されたが、田中内閣が七月二日に倒れたため、枢密顧問官の増員は実現されないままになっていた。（第Ⅰ部第三章2(3)）。

民政党を背景とする浜口内閣ができると、与党が対立する政党に替わったことや、枢密院と民政党（前身は憲政会）との関係が若槻内閣の末期から悪かったことや、枢密顧問官に欠員があったこと等で、枢密顧問官の増員問題は進展しなかった。それどころか、一九三一年五月頃になると、民政党内閣（第二次若槻内閣）の行政整理と関連して、省の統廃合に応じて枢密顧問官の定員を減らそうとする話すら出てきた（第Ⅰ部第四章4（1）、第五章4）。

二上は犬養内閣が田中内閣と同じ政友会内閣なので、枢密顧問官増員の密約は知っているはずであるが、念のため記憶を喚起しておくべきであろうと述べた[64]。これは五人もの枢密顧問官の補充が犬養内閣成立後二カ月でできたように、犬養内閣と枢密院の関係がよい上に、枢密顧問官の欠員が一名に減ったので、枢密院側が定員の増加を求める機会がきたと判断したからである。しかし定員の増加には二つの問題があった。

その一つは昭和天皇が枢密顧問官の増員を必要と考えていないことであった。倉富は二上の意見に答え、浜口内閣の時に倉富が枢密顧問官補充の内奏をし、退出しようとした際に、天皇が「〔枢密〕顧問官の増員は其必要なきに非すや」と尋ねたことを話した。倉富は、増員に反対の趣旨を誰かが天皇に言上したと思った[65]。これは、天皇が財政緊縮を意識した上に、枢密院にあまり好意を抱いていなかったからであろう。

もう一つの問題は、すでに見たように枢密顧問官の定員を増加しても枢密院側に推薦すべき適当な人物があまりいないことであった。それは、国務大臣の前官礼遇を受けたような大物は、枢密顧問官になると宮中席次が下がってしまうため、推薦できないことであった。第二次若槻内閣期も斎藤実（元海相、朝鮮総督）を枢密顧問官に推薦する問題をめぐり、そのことが話題になった。倉富議長・平沼副議長・二上書記官長ら枢密院の中枢は、宮中席次を規定した皇室儀制令を改正し、枢密顧問官になっても大臣の前官礼遇は維持できるようにするとともに、大臣の前官礼遇を存続させた新任の枢密顧問官が、副議長や古参枢密顧問官よりも宮中席次が上にならないように、副議長や古参顧問官の宮中席次を上げるという改正が必要であると考えていた。

しかしこの改正は、天皇の諮詢を受ける形で関わる枢密院だけの問題ではなかった。宮中に関することであるので、枢密院と関係のよくない牧野内大臣・一木宮相らの宮中側近の発言力も大きく、発議者としての内閣の役割も極めて重要であった。また、改正が問題になると、軍部などが自らの関連するポストの席次をめぐって圧力団体として動く可能性もある。したがって宮中席次の改正を実現するためには、枢密院は関係の良好な内閣が出現した際に、まず内閣と連携してその検討を進展させることが必要であった。本章の4節で示すように、犬養内閣は、倉富ら枢密院中枢にその期待を抱かせる内閣であった。

3　国粋主義者の宮中改革構想

(1) 宮中改革と満州国承認問題

①閑院宮・伏見宮への期待と西園寺公望の「期待」

すでに述べたように、枢密院側や国粋主義者たちは、ロンドン海軍軍縮条約批准の一翼を担ったものとして、牧野伸顕内大臣ら宮中側近勢力の昭和天皇への輔弼に問題があるとみた。そこで彼らは、牧野内大臣ら宮中側近を何人か辞任させ、平沼騏一郎枢密院副議長らが内大臣・宮相・侍従長か内大臣府御用掛等に就任して宮中入りするという宮中改革の策動を行った。この他、西園寺八郎主馬頭（元老西園寺公望の養子）・小原駩吉《おばらせんきち》貴族院議員（元宮内省内匠頭、男爵議員、公正会）・仙石政敬宗秩寮総裁らを中心として、倉富勇三郎枢密院議長も支援した宮中改革の動きもあった。これも、内大臣・宮相・侍従長の辞任を求めた上に、宮内省の主要人事の一新をはかろうとするものであった。

いずれの策動においても、元老西園寺公望の支持が不可欠であったが、西園寺はそれに反対であり進展しなかった。老獪な西園寺は、平沼・倉富らに対しては、反対の姿勢を示さず消極的ポーズで対応し、平沼・倉富ら宮中改革を求める者への影響力の維持を図った。平沼・倉富らは西園寺の意図を薄々勘づいていたが、西園寺の利用価値はあるとみており、西園寺に正面から敵対しようとはしなかった（第Ⅰ部第五章5）。

彼らの西園寺利用への「期待」は、満州事変後も継続した。一九三一年一一月一六日に、倉富議長との内談の中で、小原は、元老西園寺が「側近廓正」の必要を認めているが機会がないとみているのであるなら、一般の政治ではないので、皇族から西園寺に適当の手段を取ることを促してもらうのも悪くないと、西園寺八郎主馬頭に話したことを倉富に伝えた[66]。その後、第二次若槻礼次郎内閣が総辞職する頃になると、一九三一年一二月一二日、二上兵治枢密院書記官長は倉富枢密院議長に、軍人の間に平沼内閣を希望する者がいると伝えた。これに対し、倉富議長は、「夫れは見込なし、平沼は元老等に信用薄き様なり」等と直ちに可能性を否定した[67]。このように、満州事変下という「非常時」に、軍人の間で平沼内閣論が出る一方で、倉富は西園寺らの平沼への信頼のなさを見抜いていたのである。

犬養内閣ができても、平沼の宮中入りの話は起きなかった。他方、小原駩吉貴族院議員らの動きは続いた。一九三二年一月一五日、倉富議長を訪れた小原は、以下のことを述べている。

それは、㈠昨日、原田熊雄（元老西園寺の私設秘書）が公正会（貴族院男爵議員の会派）の事務所に来て、小原に、西園寺公望も宮内省のことについて大分気にかけているようである、この機会に近衛文麿（貴族院副議長、公爵）・松平慶民（松平慶永の五男、式部次長、元宮内事務官兼宗秩寮宗親課長、子爵）らが行って説得すれば効果があると思うことを述べた、㈡原田は多弁者で、原田がどのような事実にもとづいて話したのか聞きただささなかった、㈢もし西園寺が姑息なことを行い、関屋貞三郎宮内次官・河井弥八皇后宮大夫兼侍従次長らのみを辞めさせるだけにとどめると、その後はかえって不利益である、㈣この際どうしても牧野内大臣を更迭しなければ効果はない、㈤西園寺八郎が西園寺公望に面会して様子を探ろうしているところである、㈥このままで宮中改革の機会が来ないなら、皇族の最年長である閑院宮載仁親王《かんいんのみやことひと》（元帥、参謀総長）より元老西園寺に現状の憂慮すべき次第を話す必要があると思う、㈦皇族方はなるべくこのようなことに関係しない方がよく、あまり多人数で話すことはよくないので、閑院宮載仁親王の他には、秩父宮雍仁《やすひと》親王と高松宮宣仁《のぶひと》親王くらいは加わってもよいだろう、(八)荒木貞夫陸相から元老西園寺に陸軍の現状を詳しく説明する必要があるだろうこと(68)の八点であった。

小原は、元老西園寺を動かして牧野内大臣らを辞めさせ、宮中側近を入れ替える宮中改革を行う構想を持ち続けた。今回は西園寺を説得するため閑院宮や場合によっては秩父宮・高松宮などの昭和天皇の弟である直宮にすら協力を求めようと、皇族の個人名まで出たことが新しい特色である。これは、陸軍が皇族を政治的に利用しようとして、閑院宮を前年一二月二三日付で参謀総長にしたことが影響していた。また、荒木陸相が西園寺に陸軍の現状を説明することを必要と考えていたように、小原の宮中改革構想は、満州事変後の新しい状況を踏まえ、昭和天皇が陸軍や事変を積極的に支持するように輔導することを目指すものであった。

なお、原田が近衛や松平を使って小原に宮中改革をすることを話しているのは、原田の他の言動から判断し、平沼も含め小原ら宮中改革をめざす国粋主義者の動向を探ろうとするものであったと思われる。

小原の話に倉富は、閑院宮が参謀総長に就任した後、軍人勅諭下賜後五十年を記念して勅語が下賜され（一九三二年一月四日）、関東軍（原文は「満州軍」）に勅語が下賜される（三二年一月八日）等、士気を鼓舞することが著しかったと応じた。しかし小原は、閑院宮が牧野に代わり内大臣として勤務するのが最もよく、参謀総長就任は残念であると述べた。それに対し、倉富は、内大臣は全体の輔弼をする役で、一般の懸念も側近にあるので小原の考えの通りであること、閑院宮は時期が熟すれば内大臣に転任することもでき、参謀総長には他に適任者がいると(69)、いずれ閑院宮を内大臣にするという意味では、皇族内大臣構想を支持した。

ところで、閑院宮に内大臣府を統轄させる構想は、この約四カ月前の十月事件を契機に本格化した。一九三一年一〇月二一日、小原駩吉貴族院議員は倉富に会い、(一)十月事件について小笠原長生中将（後備役）・西園寺八郎主馬頭などと談じたが、元老西園寺の考えは確聞できていない、(二)原田熊雄に、軍人は宮中側近の態度に最も不安を抱いているので、側近者を変える必要があると話した、(三)先日の来訪のとき、倉富から、このような場合皇族でも責任ある地位に就く必要があると聞いたが、此際閑院宮を内大臣にすることが必要である、㈣その場合、内大臣に任官するという形式をとらず、何か適当な名義で内大臣の職務を行う工夫があるだろう、㈤侍従長には西園寺八郎がよいであろうこと等を述べた。倉富は、宮内大臣辞任の場合は任官の手続きにも困るので、閑院宮は内大臣に任官するのがよく、西園寺八郎が侍従長になることには一部に反対があるので近衛文麿公爵（貴族院副議長）の方がよい等と答えた(70)。

この約一週間後の一〇月二九日、東郷平八郎元帥は小笠原中将に、伏見宮貞愛《さだなる》親王（今回軍令部長になる伏見宮博《ひろ》恭《やす》王の父）が内大臣府御用掛になった例もあるので、閑院宮に内大臣府に「おすわり」を願えば、軍部は落ち着き静かになると、指示をした。翌日、小笠原は南次郎陸相のもとに千坂智次郎中将（後備役）を遣わし、閑院宮を内大臣府御用掛にすること等を提案させた(71)。

結局、一九三一年一二月二三日に閑院宮が参謀総長になり、一九三二年二月二日に伏見宮が軍令部長になるのであるが、そのことについて元老西園寺は、軍部が皇族を担ぐことはよくないと批判的であった(72)。倉富や小原は元老西園寺の老獪な態度に、閑院宮を内大臣にすることについて、自分たちを支持してくれる可能性もあると誤解していたのである。

一九三二年二月八日、小原は再び倉富を訪れ、書生のときから知っている真崎甚三郎参謀次長（陸軍中将）を訪れた際の話をした。真崎の話の内容は、㈠南次郎軍事参議官（陸軍大将、元陸相）は「宇垣一派の残物」で、満州に勝手に行って帰京した後、御召により満州事情を言上したことが二度もある、㈡これは荒木貞夫陸相も真崎から聞くまで知らなかったことで、南には油断ができない、㈢軍部内の宮中側近に対する態度は少しも緩和していない、㈣今は国外に事があるので、国内で事を生じないように隠忍しているだけである、㈤ただし「大なる所」（西園寺公望）が幾分宮中「側近廓修清」の処方に動いているのではないかと思う等であった(73)。

そこで小原が近く宮中改革がなされる見込みがあるかと尋ねたところ、真崎参謀次長は当分その見込みはないと答えていた。また真崎は、閑院宮が参謀総長に、伏見宮が軍令部長になったことについて、両宮ともこれまでと違い、自分の部下が宮中側近に極端なる不平を持っている以上、そのまま黙過するわけにもいかず、何か解決の発端を作るのではないかと思うと続けた。(74)

倉富は小原の話を聞いて、両宮が自らの立場によって少壮軍人の希望を入れるように取り計らうなら、軍人を増長させる発端となって弊害も多いので注意する必要があると述べた。小原は、両宮が直接に手を下すのではなく、元老西園寺に事情を告げて注意を促す位のことになるであろうと答えた。さらに倉富は、両宮が参謀総長と軍令部長に就任しただけでも、宮中側近者は両宮の職務に関して彼らの考えのままにならないこともあるだろう等とも述べた。(75) 倉富と小原は、天皇の信頼の厚い牧野内大臣ら宮中側近に対抗するため、閑院宮・伏見宮らの皇族や、皇族の意向で西園寺が動くことを引き続き期待していた。

その後、二月二九日に倉富枢密院議長と二上枢密院書記官長も、右に述べた二月八日の倉富・小原会談と同様に、軍部内で宮中側近への不満が強まっているので、宮中側近に対抗するため、閑院宮と伏見宮を参謀総長と軍令部長にしたことを話題にし、これまでのように宮中側近者の意のままにならないだろうとの見通しを述べた。また、㈠牧野内大臣や鈴木貫太郎侍従長が元老西園寺を訪れたことや、㈡林銑十郎朝鮮軍司令官が侍従武官長として考えられているようであること、㈢閑院宮参謀総長が病気で、次長の真崎が決裁を執行していること等を話した。二上が、武藤信義教育総監（大将）が陸軍の主要ポストの配置を計画したと述べると、倉富は武藤が参謀総長になればよいと応じた。(76)

すでに述べたように、昭和天皇や元老西園寺、牧野内大臣ら宮中側近は関東軍など軍部か十分に統制に服せず事変を拡大していると不満に思っていた（本章1）。これに対し、軍部や倉富ら国粋主義者に近い者たちは、宮中側近者のため事変の進行が抑えられていると、強い不満を持っていたのである。そのために彼らは西園寺の支持を得て宮中側近を替えることに加え、奈良武次大将の代わりに、独断越境をした林銑十郎中将を侍従武官長にして昭和天皇をコントロールしようとの構想も持っていたようである。

②西園寺公望の上京への「期待」

ところで、焦点となっている元老西園寺は一九三二年三月五日に興津を出発し、東京市の駿河台邸に滞在、七日に犬養首相に、八日に大角海相、九日に荒木陸相等に会い、一四日に参内した。一五日も、若槻前首相・安達謙蔵前内相・山本達雄元蔵相らと会った。こうして一八日に興津に戻った[77]。三月一一日、倉富議長は駿河台邸に元老西園寺を訪問した。倉富は、満州事変も上海事変も一段落して好都合であるが、財政が大変であると述べた。西園寺は倉富の話に同意し、「某」（西園寺は人名を言ったが倉富が明瞭に聞きとることができなかった）が急に満州国を承認しないことは承知していると話し[78]、言外に西園寺も日本が満州国を直ちに承認することに賛成していないことを示した。これは、倉富ら国粋主義者や軍部に近い有力者に西園寺への期待をつなぎとめながらも、彼らに満州国承認を急がせないようにするためであった。

しかし倉富は、直ちに満州国を承認することは国際関係上は面倒であるが、承認しないと公然と援助できず、そうなると、満州国は自力で国内の反対勢力を鎮圧できず、中国は北伐軍を起こす可能性もあり、これまで行ったことが水泡に帰すと、満州国承認を訴えた。また、権益の拡張や維持は、事変前よりも不利になる等とも述べた。これに対し西園寺は、長く承認せずというのでなく、今直ちに承認せずというのであると答え[79]、リップサービスで倉富からの期待を継続させようとした。

次いで倉富は閑院宮・伏見宮が参謀総長と軍令部長になって陸・海軍とも統制ができるようになったが、両宮の尽力がなければ統制ができないのは困ったことで、現状のまま長く継続するわけにはいかないと述べた[80]。倉富は西園寺が宮中改革などに言及することを期待したのであろうが、西園寺は、現状は「変体」であるので「常規」《軌》に復すべきであると応じたにとどまった。続いて倉富は閑院宮が病気のため、真崎参謀次長が主に事務を取っていることを西園寺に知らせ、先刻満州国を急には承認しないと言っている「某」の名を尋ねた。西園寺は荒木陸相の名を挙げた[81]。このように、西園寺は牧野内大臣ら宮中側近を支持していることを倉富に悟られないようにした。当然のことながら、倉富は西園寺から宮中改革への支持を引き出すことはできなかった。

同日夕方、小原駩吉貴族院議員が、倉富が西園寺を訪れたことを聞きつけて来訪した。倉富は、西園寺が現状が「変体」で「常体」に復す必要があることを話したが、宮中側近（史料上は「側近」）のことは少しも触れることがなかったことを述べた。これに対し小原は、先頃宮中側近の廓清のことは閑院宮・伏見宮から元老西園寺に話してもよいだろうと、西園寺八郎主馬頭に話したところ、西園寺八郎は非常に反対していたことを述べた。小原はさらに続け、次の点を述べた。それは、㈠両宮が参謀総長・軍令部長に就任し、「各皇族方」に加え軍部が宮中側近の行動に非常に不満であることを知ったので、自分（小原）が両宮が職務上より「側近廓清」のことを元老西園寺に話すのは当然のことであると、西園寺八郎に話したところ、八郎は自分の意見に同意した、㈡松平慶民式部次長も元老西園寺に話して、関屋宮内次官と河井皇后宮大夫兼侍従次長を辞めさせようとしているが、牧野を排除しないと何の効果もない、㈢松平は、侍従長候補として入江為守皇太后大夫を考えているが、自分（小原）は西園寺八郎がよいと思う、㈣松平は近衛文麿公爵（貴族院副議長）を同伴し元老西園寺を訪問しようとしているが、自分（小原）は十分の話ができなくなるので反対であると述べたこと、等である。倉富も小原も近衛は牧野伸顕内大臣と親しいと考えていた[82]。また、ここで秩父宮の名は出てこないが、秩父宮の渡英に随行し、宮の信頼を得ている松平慶民（第II部第一章3（1）②）が、宮中側近の排斥に関係していることが注目される。

三月一四日、倉富・平沼・二上は密談の機会を持った。平沼は、元老西園寺の上京については、「宮中方面に関する用務なり」との噂がしきりにあるが、一一日の倉富の西園寺訪問ではどのような話があったのかをまず尋ねた。倉富は、平沼と同様の噂を聞いていたので、元老西園寺の意向を探るように話したが、宮中改革をする雰囲気はなかったことを述べた[83]。今回の西園寺の上京の目的は、満州国承認を急がず、上海事変を収拾に尽力している犬養首相らを元気づけ、また悲観的になりがちな昭和天皇に安心感を与えることが主眼であった。[84] この点で、倉富・平沼らは西園寺に過度の期待をしていたのであった。

三月一六日にも倉富・平沼・二上が密議をする機会があった。平沼は、元老西園寺は初めは多少宮中改革をするつもりで上京したが、それを中止したこと、一部では牧野内大臣が退官し、後任に倉富議長が就任するとの噂があったことを述べた。倉富はその噂は宅野田夫（国粋主義者）一人だけだろうと質問するが、平沼は、そうでなく随分広く話は伝わっていると答えた。この他、㈠西園寺は一木宮相に対し関屋次官を更迭することを助言したが、一木は牧野内大臣を憚ってか、更迭できないと答えた（倉富の談）、㈡牧野内大臣と鈴木侍従長の仲が悪くなった（平沼の談）等の話や、㈢満州国を早く承認すべきであるし、承認しないと軍部は承知せず、内閣は維持できないだろうこと（平沼の発言）等が話された。[85] 倉富・平沼らは宮中改革への期待から、西園寺がそれを行いかけたことや、宮中側近の内部対立まで、願望を込めた誤解を継続させたのである。

（2）血盟団事件と西園寺公望への「期待」の頓挫

一九三二年二月九日、前蔵相井上準之助が、三月五日には三井合名理事長の団琢磨が、国家改造を目指す国粋主義者のグループ血盟団により暗殺された。この血盟団の暗殺対象者に、牧野内大臣ら宮中側近のみならず、元老西園寺も入っていたので、倉富・平沼らも関係した宮中改革構想にも影響が及んだ。

三月二一日、近衛文麿公爵は元老西園寺を訪れ、昭和天皇が「リベラルな考」えを持っているのが、陸軍と衝突する主な原因になっていないか、牧野内大臣を更迭して皇族を当てるべきである、河井皇后大夫兼侍従次長と関屋宮内次官を更迭すること、等を述べた。西園寺は、天皇が「リベラルな考」えを持っていることを近衛が悪く言っているようにも聞こえることに困惑した。内大臣を更迭することについては、西園寺は、一、二年経ったら木戸幸一内大臣府秘書官長がよく、河井と関屋の更迭については、自分は宮相でないので自ら言うわけにはいかず、今す

ぐ手をつけるのは適当でないが、結局替えなくてはなるまいと、私設秘書の原田熊雄に述べた。(86)

同じ頃（三月二六日以前）、松平慶民式部次長が西園寺に宮内省の人事に関する意見を出したが、西園寺は原田に「慶民を宗秩寮総裁にしたらいゝぢやないか」と述べただけであった。(87) いずれにしても、西園寺は昭和天皇と彼を支える牧野ら宮中側近の体制を変えることに消極的であった。

三月二八日、倉富と二上の会談の中で、新聞に奈良侍従武官長の後任として林朝鮮軍司令官の名が出ているが、武藤教育総監・荒木陸相とも同系統の人物で、この人事が実現したら宮中側近と軍部とはますます調和を欠く恐れがあることが確認された。倉富はさらに、宮中改革について、血盟団の暗殺対象に西園寺も入っていたので、西園寺と宮中側近は利害が同じになり、当分宮中側近者の更迭はできにくくなったとの見通しを述べた。(88) 三月三〇日に、倉富・平沼・二上が会合した時も、三人のニュアンスは異なるが、同様のことが話された。(89) 四月二九日、倉富は小原駩吉との会談でも同様のことを話し、小原も同意した。(90) こうして国粋主義者らの宮中改造構想は、再び一頓挫したのである。

4　宮中席次改革問題

（1）枢密院側からの提起

一九三一年一二月二五日、すでに述べたように、倉富勇三郎枢密院議長と森恪内閣書記官長が原嘉道と有馬良橘の二人を枢密顧問官の補充候補として天皇に推薦することに合意した際、倉富は枢密顧問官の待遇改善について森に持ちかけた。その内容は、㈠枢密顧問官は数十年務めても待遇をよくする途がなく、伊東巳代治・金子堅太郎枢密顧問官は三〇年以上勤務しているが、優遇の途がない、㈡これは、本人の不利益は勿論、新たに枢密顧問官を採用する場合にも不便が少なくない、㈢たとえば、大臣の前官礼遇を受けている人を枢密顧問官に採用しようとすれば、その礼遇は消滅しても枢密顧問官中の上席とせざるを得ず、そうすると古参の枢密顧問官とのバランスがよくない、㈣また、人によっては前官礼遇を残して枢密顧問官に採用する途を開かなければ適当の人を得がたい恐れがある、㈤岡田啓介大将（元海相）を枢密顧問官にする件でも、岡田は海相辞任後に軍事参議官に任命されているので、大将の中では上席者であろうから、岡田が枢密顧問官になれば、〔枢密顧問官と大将は宮中席次が同格であるので〕新任の枢密顧問官でありながら枢密顧問官中の上席者となるので、不都合であること等であった。

これに対し森は、大角岑生海相が岡田を一度予備役に入れて席次を下げ、その後に枢密顧問官に任じるようにすると話していたと答えた。そこで倉富は、枢密顧問官の優遇のことは急ぐ必要のない問題であるが、多年困っているので考えておいてほしいと述べた。しかし森は、宮中席次の高い者を枢密顧問官に補充することについて、内閣は枢密顧問官の古参の伊東・金子等の諒解を求めておけばよいだろうとの考えであると答えた。倉富は、そのことは枢密院議長が責任を有していると、(91)内閣の枢密院への介入を断った。以上のように、枢密院側は枢密顧問官が有利になるように宮中席次を改正することを求めているのであるが、森（内閣側）は、個別の枢密顧問官の問題として処理しようとし、改正に消極的であった。

宮中席次の改正問題は、原敬内閣期は貴・衆両院議長と副議長・議員の席次の上昇を狙い、加藤高明内閣期は、それらに加え大審院長の席次の上昇を目論み、また第一次若槻礼次郎内閣期は大審院長と両院議長の席次の上昇を目的として、政党内閣側より出された。しかし、いずれも宮中側と枢密院側が乗り気でなく、一九二〇年に瑞宝章と宝冠章（女性対象）を入れ替え、宝冠章を上にする若干の改正を行った以外は実施されなかった。(92)その後、第一次若槻内閣末期の一九二七年三月に、倉富枢密院議長と平沼副議長との密談で、平沼は枢密顧問官の叙位叙勲の必要年数が陸・海軍大将より多くて不利であることを述べ、倉富もそれに同意した。(93)このような枢密顧問官の優遇についての関心は、田中義一内閣期になっても継続し、倉富らは枢密院に好意的な同内閣に期待し、田中首相ら内閣側にそのことを提案した[94]。同年七月になると、原嘉道法相は、大審院長（親任官として第一階第11）と貴・衆両院議長の宮中席次を枢密顧問官と同じにすることを提示し、倉富は大審院長を枢密顧問官の次席にする位なら枢密院で同意されるであろうなどと応じた（第3表参照、以下同様）。これに対し、原法相はこの問題を枢密顧問官の叙位

第3表　皇室令第7号（1926. 10. 21）中の皇室儀制令第29条で改正された宮中席次

第一階	第 1	大勲位	1　菊花章頸飾 2　菊花大綬章
	第 2	内閣総理大臣	
	第 3	枢密院議長	
	第 4	元勲優遇のため大臣の礼遇を賜りたる者	
	第 5	元帥・国務大臣・宮内大臣・内大臣	
	第 6	朝鮮総督	
	第 7	内閣総理大臣または枢密院議長たる前官の礼遇を賜りたる者	
	第 8	国務大臣・宮内大臣または内大臣たる前官の礼遇を賜りたる者	
	第 9	枢密院副議長	
	第 10	陸軍大将・海軍大将・枢密顧問官	
	第 11	親任官	
	第 12	貴族院議長・衆議院議長	
	第 13	勲一等旭日桐花大綬章	
	第 14	功一級	
	第 15	親任官の待遇を賜りたる者	
	第 16	公爵	
	第 17	従一位	
	第 18	勲一等	1　旭日大綬章 2　宝冠章 3　瑞宝章
第二階	第 19	高等官一等	
	第 20	貴族院副議長・衆議院副議長	
	第 21	麝香間祇候	
	第 22	侯爵	
	第 23	正二位	
第三階	第 24	高等官二等	
	《　中　略　》		
	第 36	男爵	
	第 37	正四位	
	第 38	従四位	
第四階	第 39	貴族院議員・衆議院議員	
	第 40	高等官三等	
	《　以下略　》		

備考：史料は『官報』号外（1926年10月21日）。

叙勲内則改正の問題と同時に決定するようにしたいとの意向を示した。しかし、倉富は、大審院長の宮中席次上昇を、顧問官の叙位叙勲内則改正の条件とすることには同意しなかった。(95) このように、宮中席次改正など枢密顧問官の待遇改善への枢密院側の関心は継続するが、進展はなかった。枢密院と関係のよくない民政党内閣期をへて、再び政友会内閣となり、今回は枢密顧問官の補充難に関連し、枢密院側がこの問題を内閣に持ち出したことが新しい特色である。

さて、一九三一年一二月二五日の倉富議長と森内閣書記官長の会見の三日後、倉富は平沼副議長の意向を聞いてきた二上兵治枢密院書記官長と、宮中席次問題などについて意見交換をした。その内容は以下のようである。㈠二上は、平沼が伊東巳代治・金子堅太郎両顧問官を「大臣待遇」（大臣の「前官礼遇」を受けた者は第一階第8）にする必要があると述べた、㈡倉富は、それに賛成したが、平沼副議長の待遇はどのようにすべきかと問い、㈢二上は、大臣の「前官礼遇」を受けた者にすればよいと思うが（従来の枢密院副議長の第一階第9から同第8に上昇させる）、副議長を「前官礼遇」にする勅令以前に大臣の「前官礼遇」を受けている者が枢密顧問官になった場合、副議長は同じ第8位中の下位になる問題があると答え、㈣倉富は、その問題はやはりそうなるであろうとし、また顧問官に「大臣待遇」を受けた者がそのまま就任できるように改革すれば、副議長がその下になることもあるという、同様の問題も生じることもあるので、副議長を朝鮮総督と同等（第一階第6）とすれば、これらの問題は生じないと述べた、㈤二上は、そうすると副議長は総理大臣の前官礼遇者（第一階第7）より上となってしまうので、問題が大きくなると述べたこと等である。(96)

その後、倉富か二上が、前田米蔵商工相に、枢密院副議長の宮中席次を朝鮮総督と同等にしたいとの倉富の意向を伝えたらしい（第一階第9を同階第6に上げる）。一九三二年一月一三日、倉富・平沼・二上の密議の中で、二上はそのことに言及し、内閣の意見というわけではないが、前田が次のように述べたことを話した。㈠副議長を朝鮮総督と同等の宮中席次とすれば、内閣総理大臣の礼遇を受けた者より上席となるので、実施は難しい、㈡副議長は内閣総理大臣の前官礼遇者と同等としたらよいのでは、㈢枢密顧問官のうち年功ある人二人くらいに大臣の待遇を与えることは多分政府でも異議はないであろう、㈣その代わりに貴・衆両院議長は親任官と同等とし（第一階第12から同11に上がる）、貴・衆両院副議長は高等官一等の上席とし（第二階第20から同第19の上席）、貴・衆両院議員は第三階の末席としたいこと（第四階筆頭の第39から一つ上げること）[97]。なお、皇室儀制令（一九二六年皇室令第七号）第二十九条に規定された宮中席次は、第一階（第1〜18）、第二階（第19〜23）、第三階（第24〜38）、第四階（第39〜45）等と、第十階（第64〜70）まであり、各階中の区分は第一階の第1から第十階の第70まで一貫した通し番号となっていた。

前田商工相の考えは、内閣側の公式提案というわけではないが、枢密院副議長や古参の二人の枢密顧問官（伊東巳代治と金子堅太郎）の宮中席次を上げる代わりに、両院議長・両院副議長・両院議員の宮中席次を上げようとするものであった。このように宮中席次で議会の地位を上げることは、政党内閣としての従来からの懸案であった。

二上から前田の意見を聞いて、倉富は副議長が大臣の前官礼遇者と同等であるなら、枢密顧問官の大臣礼遇を受けた者と時期の前後により、副議長が下席となることもあり不都合であるので、副議長は特別席となす必要があると述べた[98]。倉富議長は、平の枢密顧問官が副議長の上席にならないような処置にこだわった。

平沼は、朝鮮総督は国務大臣と同等の宮中席次にしてよいとの意見を示し（現状は、朝鮮総督は国務大臣の一つ下）、副議長を内閣総理大臣の礼遇を受けた者と同等にできないなら、その下に特別席を設けるのも一つのやり方だろうと述べた[99]。平沼は、倉富に比べ、枢密院副議長の地位を高くして枢密院の地位を高くしようとする意欲がそれほど強くなかった。

次いで両院議長の位置に話は移った。倉富と平沼は親任官と同等で宜しいとの考えで、すでに述べた前田の考えと同様であった。また、両院副議長の地位に関しては、倉富・平沼とも高等官一等と同様で宜しいとの考えで（一階のみ上がる）、高等官一等の一つ上席にするという前田の考えより一つ下であった。両院議員に関しても、倉富・平沼は現行でよいとの考えで、一つ上げて第三階の末席にするとの前田の考えと異なっていた。また、倉富は宮中席次を改正するとなると、伊東巳代治が喧しく言う恐れがあると述べたが、平沼は伊東を優遇する途を開けばそれ程喧しいことはないだろうとみた[100]。

また二上は、宮内省はなるべく優遇者を少なくすることを望み、先年、政府が斎藤実に大臣の礼遇を残して枢密顧問官としようとした時、宮内省が承知しなかったので、今回は政府と枢密院と一致し共同して宮内省に当たる必要があると（前田は）言っていたと述べ、枢密顧問官優遇の話から枢密顧問官の補充の話に移った[101]（第Ⅰ部第五章4（5））。

以上のように、㈠一九三二年一月一三日時点で、宮中席次の改正に関し、倉富ら枢密院中枢と犬養内閣の前田商工相の間では、交渉の土台が形成されつつあったこと、㈡内閣と枢密院が一致すれば宮内省は納得させられると、宮内省の拒否権の力をそれほど重視していないことの二点が注目される。

（2）内閣との交渉の展開

一九三二年三月二八日、倉富と二上は枢密顧問官優遇についての二三日までの密議をさらに検討した。倉富は枢密顧問官在官中の待遇としないと規定を設けることは非常に困難であること、（古参の）枢密顧問官を大臣礼遇とすれば（第一階第10から第8に上げること）、枢密院副議長（第一階第9）はどうしても、朝鮮総督と同地位（第一階第6）か、または総督の次に一席を設けなければ都合が悪いこと等の意見を述べた。

二上は、倉富の構想では、内閣総理大臣の前官礼遇者（「倉富勇三郎日記」の原文では、「内閣総理大臣の前官待遇者」者以下、皇室儀制令の規定通り「前官の礼遇」者と表現）（第一階第7）よりも枢密院副議長の方が宮中席次で上席となり、それは内閣が承知しないこと、そこで副議長も枢密顧問官も同地位として（第一階第9）、（古参の者には）大臣礼遇としたらよいであろうこと、その規定ができたときは、副議長を上席にして礼遇を与えれば当面は不都合がないこと、今後、（平沼）副議長が辞任したときは（一部の）枢密顧問官の方が上席となる不都合が生じるであろうことを論じた。[102]二上は犬養内閣との宥和姿勢で当面の解決を図る考えを示したが、一月一三日の時点と異なり、倉富議長は強気で副議長の地位を内閣総理大臣礼遇者の上にしようとした。それは、犬養内閣が弱体化しているとみたからであろう。

倉富は、平沼が辞めた時に不都合が生じるのみならず、枢密顧問官には在勤年数の多い人のみに大臣の前官礼遇を与えることになるが、副議長には年数を定めるわけにはいかないので、副議長が枢密顧問官と同地位では困ると、二上の考えを否定した。

そこで二上は、副議長には内閣総理大臣の前官礼遇を受けた者の次に特別席を設けることにしたら宜しいだろうと提案を変えた。すでに述べたように、この提案は一月一三日に、倉富ら三人の間で合意していたものであり、倉富も支持した。また、枢密顧問官は終身官で辞職することが少ないので、待遇は在官中に限ることにも二人の考えは一致した。

その後で、二上は、伊東巳代治や金子堅太郎枢密顧問官などが、水野錬太郎（寺内内閣内相、清浦内閣内相、田中内閣文相）や中橋徳五郎（原内閣文相、田中内閣商工相、犬養内閣内相）よりも宮中席次で下の席に就くのは「滑稽」であること、三回大臣を務めれば前官待遇を受けることになっているが、政党内閣になり度々内閣の更迭があり、三回という回数のみ基準としては多数の待遇者が出ることを述べた。二上と異なり倉富は、今回の改正構想の機能に楽観的であった。そして、大臣の前官待遇を受けている者の中に、山本達雄のように長くその地位に在る者もいるが、他の地位に就いて更に前官待遇を受けたときは、待遇者の中の下席となるので自然その順序が変わると述べた。

しかし、倉富は新しい規定が追加されたことを十分に理解していなかった。二上によると、一度大臣礼遇の待遇を受けた人が他の官職に就いて後、更に待遇を受けたとき前の順位に復する旨の規定が追加されたので、前の順位を保有することになっていた。倉富は二上の説明に納得した。

次いで二上は、仮に伊東・金子が大臣礼遇を受けることになれば、伊東等は単なる大臣の前官礼遇を受けた者より、枢密顧問官の職を有して大臣礼遇を受けた者を上席にする可能性があると、大臣の前官礼遇と大臣礼遇との席次の上下の問題に言及した。倉富は、伊東らが不満を出す可能性があることには同意したが、席次の上下は待遇を受けた順序に依るほか仕方がないと、枢密顧問官を優遇する主張をすることには賛意を示さなかった。

その後、倉富と二上は、枢密顧問官と同じ宮中席次にある陸軍大将・海軍大将の問題に移った。二上は、枢密顧問官だけであれば議論は単純であるが、陸海軍大将があるので面倒であると述べたが、倉富は、陸海軍大将はあまり年数を経ずに予後備役に入るので、面倒はないだろうと答えた。しかし、二上は「近頃何事も軍人の意のままに決し」、外務省や貴族院・衆議院も軍人に対しては何事も言えないと、軍部の影響力の増大を強調した。[103]

以上のように、この日は倉富議長と二上書記官長の間で、枢密顧問官を宮中席次上で優遇する構想が、細部まで論じられて、その枠組みが固まったといえる。注目すべきは、彼らが内閣や軍部の意向や枢密院内部の意向を気にしているが、牧野内大臣ら宮中側近の意向を検討していないことである。満州事変や一九三二年二月から三月の血盟団事件などの影響で、牧野らの威信が著しく減退したと倉富らは感じたのである。また、枢密院の中枢の意向の決定者は、倉富であり、二上はあくまでも補佐者の立場であった。倉富と並ぶ平沼も、自分の宮中席次が関係しているので、強く介入しなかった。

もう一つ注目すべきは、倉富らは枢密院側の要望を実現する上で、政友会の犬養内閣が継続することを有利と考えているが、三月下旬段階で、その継続はかなり困難ともみていたことである。三月二三日、倉富・平沼・二上の密議で、二上は、何事も不統一で困り、政友会の紛議は容易に収まらないだろうと述べた。平沼は、或は内閣も倒れるかもしれないと応じた。倉富は、今内閣が倒れても、後継は民政党内閣という訳にはいかないと話し、二上も、内閣が倒れれば中間内閣より致し方ないと述べ、民政党の鈴木富士弥（元浜口内閣書記官長、民政党員）も今内閣が倒れては民政党内閣はできず、中間内閣で都合よくやってもらうより仕方がないと言っていたと応じた。倉富も民政党内閣ができても、総選挙で勝利する見通しがないので議会を解散する事もできないと、二上の言に同意した。二上は、犬養首相は「元気乏しく声か小にて」聞き取りにくかった等とも述べた(104)。すでに三月二日に、犬養首相と会見した原田熊雄（元老西園寺公望の私設秘書）は、内閣を倒そうとする、犬養首相・芳沢外相を追い出そうとする空気が内閣の一部にさえあることを感じていた(105)。これは、満州国承認に消極的な犬養・芳沢の姿勢への反発が関係していた。

三月三〇日は枢密顧問官の優遇等について、平沼も交えて、倉富・二上ら三人は実現のための手段も含めて密議した。倉富議長は、枢密顧問官待遇のことは全体は倉富から犬養首相に話すべきこと、しかし、犬養に話しても即答を得るようなことではなく、いずれ取り調べてみると言うことは分かりきっているので、二上より内輪で前田米蔵（商工相）か、島田俊雄（法制局長官）に、協議してほしいと依頼した。二上は枢密院側よりの希望を改めて尋ねた。倉富は次の希望を述べ、平沼の意見を求めた。

㈠枢密院副議長の地位は朝鮮総督と同等にするのが適当と思うが、総理大臣の礼遇を受けた者より上にすることは内閣が反対するので、総理大臣礼遇者の次に副議長の席を設け、任官と同時に待遇を受けること、㈡枢密顧問官には年数を定め、一定の古参者には、平大臣の礼遇を受けるものと同一の地位とし、待遇を受けた順序により席次を定めることにすること、㈢ただし㈡の場合は枢密顧問官の在官中に限ること（終身の待遇を望むが、規定が非常に面倒となるので在官中に限ること）(106)。この内容は、一月一三日に倉富・平沼・二上の三人で話し合った枠組みを、三月二八日に改めて再検討したもので、一月一三日の合意と同様であった。

平沼は㈢について、枢密顧問官の在官中に限るのかと確認の質問をしたが、倉富は㈢の説明を繰り返した。

その後、二上の質問で貴・衆両院議長と大審院長等の席次の問題に移った。倉富は、これらのことは内閣が持ち出してきてから対応すればよいとの考えを述べた。二上は政府より持ち出すだろうとの予想を述べ、話は大審院長の席次に移り、浜尾新枢密院議長の時代は枢密院側から大審院長の席次を持ち出すつもりであったと述べた。倉富も、そのことは穂積陳重が枢密院議長時代に非常に熱心であったことから判断し、浜尾議長には顧問官である穂積から説得したのかもしれないと述べた。平沼も、それは浜尾の持論であると発言した。

次いで倉富は、現在の宮中席次令の不都合と思われる点を以下のように挙げた。それは、㈠総理大臣の礼遇者は現総理大臣（第2）の次席（第3）が適当と思われるが、平大臣（第5）より下（第7）となっていること、㈡平大臣の礼遇を受ける者も平大臣の次席でなく、第8であること、㈢親任官の待遇を受ける者も親任官と同等には待遇されていないこと等であった。(107)倉富は、現行の宮中席次を、大勲位を別とし、現職に就いていることが高い席次を得る条件である考え方に基づいていると批判した。倉富は、かつて高い宮中席次を持っていた者も、現職に準じて扱うべきであるとの考えを持っていたのである。

その日の昼食時に銀座の凮月堂《ふうげつ》で、二上書記官長は前田商工相と偶然出会ったので、枢密顧問官優遇について、倉富議長の条件を話した。その時は、前田は大体異議がないようであった。しかし、前田は犬養首相と相談した結果、翌三一日に二上に、大体は異議がないが、㈠枢密院副議長の席次を、総理大臣礼遇者の次に特別席を設けることにするのは、枢密院副議長を二段進めることになるので、他はすべて一段進めるのみであるので、不平が出る恐れがあり、反対である、㈡そこで、枢密顧問官の大臣待遇者も副議長と同様に一段進め、大臣礼遇者と同列にしたい、㈢貴・衆両院議長、同副議長、同議員をそれぞれ一段進めることについては賛成であることを述べた。

二上の報告に対し倉富は、枢密院副議長と大臣の待遇を受けた古参の枢密顧問官を、大臣の礼遇を受けた者と同席にすると、副議長の方が顧問より下席になることがあり、不都合であるのでその点是非とも主張する必要があると答えた。(108)これは従来からの倉富の主張であった。

二上は、以前に副議長より顧問官の方が上席となったことが度々あったと、伊東巳代治が外交調査会委員として国務大臣礼遇を受けたときも副議長より上席となったこと等を述べた。しかし、倉富は枢密顧問官が副議長より上席になるべきでないとの考えにこだわった。倉富は、勲章受領者の席次を同階級中で1、2、3と上下の区別をしている様に、枢密院副議長・大臣の前官礼遇者・大臣待遇者を同一階級とし、その中で副議長を1とし、前官礼遇者・大臣待遇者を2としてもよいのではと述べた。[109]

二上は、枢密院副議長のことを（同階級で特別のものとして）主張すれば、両院議長（を特別に扱おうという類）の議論が起こるだろうと、倉富に注意を促した。すると倉富は、両院議長の問題は、現在の席次はもちろん、一つ上の親任官のなかに混ぜても十分ではないので、両院議長を親任官の上に移しても差し支えないと思うとまで述べた。[110] このように倉富は、枢密院副議長が他の枢密顧問官より上席にあり、しかも古参枢密顧問官を国務大臣待遇に処遇し、国務大臣の礼遇を受けている者が新人枢密顧問官となったときに常に古参枢密顧問官の上席になることを避けるため、政党内閣側に、両院議長（政党内閣側は特に衆議院議長の席次を上げることを求めている）が親任官より上席になる妥協までしようとした。しかし、このような妥協は、親任官という官僚の最重要ポストの地位を著しく下げることであり、枢密院内部からの反発も予想された。

そこで二上は、前田商工相に対して枢密院は初め副議長の席次は朝鮮総督と同等にすることを主張したこと（第9を第6にすること）、しかし内閣総理大臣礼遇者（第7）の下に移すまでに譲ったのであり、大譲歩であること、それでも前田は承知しないことを話し、倉富にこれ以上妥協しないようにと、暗に述べた。これに対し倉富は、先日平沼が何も意見がないと言ったが、自分に関することなので遠慮したかも知れないので、副議長の席次について平沼と十分協議し、内閣が承知するよう尽力してくれと二上に頼んだ。[111]

（3）枢密院の主張と改正案の形成

二上兵治書記官長は枢密院副議長の席次について、一九三二年四月五日の午前九時半までに平沼騏一郎枢密院副議長と会見した。四月五日に、二上が倉富勇三郎枢密院議長に伝えた平沼の意向は、次のようであった。それは、

㈠枢密院副議長の席次を二級進めるため、貴・衆両院議長の席次を二級進め、親任官の上席となすことは、枢密院の会議でも同意が取れないだろうし、平沼も不同意であり妥協の必要がないと思う、㈡枢密院としては、副議長の席次を朝鮮総督と同等とするという最初の主張を曲げるべきでなかったのに、内閣総理大臣礼遇者の次に特別席を設けるというまで譲歩したのが悪かった、㈢今後は「矢張り其通り主張する」方が宜しいこと。(112) 平沼の「其通り」は、枢密院副議長の席次を朝鮮総督と同等にせよと主張するものと解釈するのが自然であるが、内閣総理大臣礼遇者の次に特別席を設けることで、貴・衆両院議長の件で二級進めるような大幅な妥協をしないこととも解釈できる。平沼は、一月一三日の倉富・二上との密談で、枢密院副議長の地位に関し内閣総理大臣礼遇者の次に特別席を設けるのも一つのやり方であろうと、後者のレベルで妥協していた（本節(1)）。いずれにしても、倉富議長に比べ、平沼副議長の宮中席次改革問題での犬養毅内閣への強硬姿勢が目立つ。

平沼が、以前よりも犬養内閣に強硬な姿勢を取り始めたのは、平沼内閣運動と密接に関係しているように思われる。すでに、一九三一年一〇月一〇日、倉富議長と二上書記官長の密談で、世間には山本権兵衛（元首相、海軍大将）内閣や平沼内閣運動があることが話題になったように、(113) 満州事変後、平沼内閣論が出てきた。一九三二年三月二六日、元老西園寺は原田熊雄との対談の中で、平沼枢密院副議長や荒木貞夫陸相が首相候補として取沙汰されていることを話題にした。(114) 四月五日、倉富と二上の会話の中で、二上は、森恪内閣書記官長が平沼内閣を作る動きをしていること、平沼はその計画には加わっていないが平沼も森のことを好意的にみていることを述べた。倉富も、森は犬養首相等の満州問題への対応に不満を持っていることを話した。(115) このように一九三二年三月下旬から四月上旬にかけて、犬養内閣の求心力が弱まり、第二次若槻内閣末期よりも明確な形で、平沼内閣運動が生じてきた。そこで平沼は枢密院副議長の宮中席次を上昇させる件で犬養内閣と妥協することへの関心を弱めたのであろう。

二上から平沼の強硬姿勢を聞いた倉富は、次の三点を答えた。㈠次善の策として内閣総理大臣礼遇者の次に特別席を設けて枢密院副議長の席とすることは、三月三一日（倉富の勘違い。三月三〇日）に、平沼の意見を尋ねたとき、平沼は何も意見を言わなかったので、今日の話と大いに異なっている、㈡しかし、両院議長を一般親任官の上に移すことについては、枢密院でも異論があるだろうから、平沼が反対であるなら、二上が前田商工相に、それを条件にせずに副議長の席次を上昇させることを今一度交渉してほしい、㈢前田が承知しないなら、倉富が犬養首相に交渉すること。[116] 他の枢密顧問官の反対への懸念があった所に、平沼が強硬姿勢を示した結果、倉富が両院議長の席次を二級上げる（親任官の一つ上にする）という内閣への宥和策を撤回したことが注目される。

四月六日、倉富・平沼・二上は会合を持った。まず倉富は、枢密院副議長の席次を二級進めることの見返りとして、両院議長の席次を二級進めることは、平沼の反対があり、枢密院内でも異論が多いだろうということで撤回し、前田が承知しないなら犬養と交渉することを述べた。平沼はこれに同意した。次いで二上は、両院副議長の席次を（一級上げ）高等官一等と同席にし、両院議員の席次を（一級上げ）第四階の第一位より第三階の最下級とすることに異議がないかと、平沼に確認した。平沼はその位のことは差し支えないと思うと答えた。倉富もそれを差し支えないだろうと確認しつつも、第三階は勅任官の階級であり、差し支えを生じることはないだろうか等と念を押した。二上は差し支えがないことを説明した。こうして、倉富ら枢密院中枢の内閣への交渉方針がようやく固まり、まず二上が前田に強く交渉し、前田が承知しないなら、倉富が犬養に交渉することも再確認された。[117] これは貴・衆両院議長・同副議長・同議員の席次を各一級ずつ、合計三級進めることと交換に、枢密院副議長を二級、古参の枢密顧問官を実質的に一級ずつ、合計三級進めようとする案で、枢密院側からみてバランスのとれた形であった。

四月一一日、二上書記官長は前田商工相の答えを倉富に伝えた。それは枢密院側の提案にすべて同意したという内容ではなかった。前田（内閣側）は、枢密院副議長のみ二級進むことになるので、バランスを取るため、貴・衆両院議員も二級上げ、正四位と従四位の間とすることを提案した。[118] これは、第四階（奏任）から第三階（勅任）に進めることを一級進めると解釈すると、両院議員を第三階の末席の従四位の上にするので、三級進めるとも解釈できるものであった。

　倉富は二上から前田の提案を聞いて、席次令中で正と従の中間に席次を挟んだ例はないので同意できず、また正四位の上とすることは、なおさらできないと応じた[119]。もっとも、正と従の間に挟んだ席次がないと述べたのは倉富の誤解で、正二位（第23）と従二位（第29）の間には高等官二等（第24）など五つの席次があり、正六位（第50）と従六位（第53）の間にも二つ、正七位（第57）と従七位（第60）の間にも二つ、正八位（第66）と従八位（第69）の間にも二つの席次があった。また、位階の席次に他の席次を混ぜた例がないので、両院議員は従四位の下（枢密院の提案）か、正・従四位の間か（前田の提案）にするのが普通であった。

　さらに二上は、内閣が不統一のことや、軍部が山本条太郎（福井県選出代議士、当選五回、元満鉄社長）を満鉄総裁にすることを承知しないこと等を語った[120]。すでに述べたように、三月初めには、満州国承認に消極的な犬養首相・芳沢外相らを追い出そうという動きが政友会内でも生じていた。三月一五日、内相の中橋徳五郎（旧政友系）が病気で辞意を漏らした。そこで犬養首相は、政友会の最大派閥の鈴木派の頭目で、元大物司法官僚であり国粋主義者にも影響力を持つ鈴木喜三郎司法相（元内相）を、鈴木の望む内相の地位に就け、内閣を強化しようとした。三月一五日、犬養はこの人事を鈴木派に対立する旧政友派の最有力者の床次竹二郎鉄道相（元内相）に伝え、二五日に実施した。しかし、旧政友派や、政友会の新興勢力で軍部とも関係の深い久原房之助（久原財閥の創始者）を中心に鈴木の内相就任に反発が強く、内閣や党の団結は強まらなかった[121]。また、満鉄総裁に関しても、事変以降、内田康哉満鉄総裁（元外相）は関東軍と連携していたが、江口定条副総裁が犬養内閣（秦豊助拓相）に罷免されたのをきっかけに、辞意を提出した。内閣はかねてより民政党内閣で任命された内田総裁を更迭しようと考えていたので、山本を後継総裁にしようとしたが、関東軍の意向を受けた陸軍の強い反発で、内田の更迭はできなかった[122]。

　このように、内閣の主導性が弱い状況は改善しなかった。

　四月一三日、倉富・平沼・二上の三人は、すでに述べた前田からの宮中席次の提案について相談した。倉富が一一日に二上から聞いた話について、貴・衆両院議員の席次に問題があると前田はみていると平沼に話すと、平沼はそのようなことは宮内省が同意しないだろうと答えた。倉富も席次令中で、正と従の間に中間の席次を設けた例はないと、一一日の誤解を繰り返し述べた。

前田の貴・衆両院議員の席次についての新提案に関し、倉富・平沼・二上は反対であることを相互に確認し終えると、大臣待遇の宮中席次を、規定の期間や回数の妥当性や、大臣を経験していない者に与えることの問題点を検討した。三人の警戒は、内閣が政権の安定のため、閣僚ポストの不足を補う目的で大臣待遇の資格を乱発することであった。したがって、三人は宮中席次で大臣待遇を設定するには、厳格な内規を制定することが必要と考えた。枢密院側は当面大臣待遇を与えるべき古参の枢密顧問官として伊東巳代治（元農商相、枢密顧問官歴三三年）と金子堅太郎（元法相、枢密顧問官歴二六年）以外には考えていなかった（次は久保田譲元文相で枢密顧問官歴一四年と相当の開き）。

しかし、伊東や金子はあまりにも枢密顧問官歴が長すぎて、基準にするには現実的ではなかった。そのことを倉富は述べ、高等官一等を親任官待遇とするのは一七年以上であったかと尋ねた。平沼は、以前は一七年であったが、今年は一五年くらいにしているようであると答え、大阪控訴院長谷田三郎も一五年くらいで親任官待遇になったことを述べた。[123]枢密顧問官は親任官であるが宮中席次上は親任官（第11）よりも優遇され第10である。倉富は、古参の枢密顧問官を大臣待遇（第8）に上げるための基準を、高等官一等（第19）を親任官待遇（第15）とする基準を参考に作ろうとしているのであった。

倉富は、勅任官に親任官待遇を与えるのは官制に規定がなく、その始まりは一木喜徳郎が法制局長官になったとき（在任一九〇二年九月～〇六年一月）であろうと述べた。さらに、その後、法制局長官と内閣書記官長はたいてい親任官待遇となり、現在の森恪内閣書記官長や島田俊雄法制局長官も親任官待遇のようで、年数に関係ないと批判的に話した。[124]

翌一四日、前日までの条件を前田に話した二上は倉富に結果を伝えた。前田は枢密院副議長が二級進むのに、貴・衆両院議員側に二級進むものがないことにこだわった。前田は、両院議員の席次を従四位として従四位に混ぜ、地位を得た前後によって席次を定めることを、二上に提案した。また、そうしないと他よりの非難に対し弁明の途がないと述べた。これに対し二上は、譲歩をしないという前日の方針に基づき、枢密院側の案の第四階第39より第三階の従四位（第38）の下にすすむことにしても、奏任の取扱いから勅任の取扱いになり、両院議員は得るところがあること、実益の点からいえば従四位と混ぜるのと変わらないこと等を述べた。また、政府と枢密院でまとまっても宮内省との協議が容易でないこと、枢密院に諮詢された場合、伊東巳代治などが異議を言う可能性があることを述べ、内閣側に譲歩を求めた[125]。

しかし、その後の二上と前田との交渉でも両院議員の席次での妥協はならず、四月二〇日、二上は前田が両院議員を従四位と同様の席次にしたいと固執していることを倉富・平沼との相談で伝えた。倉富はそれに反対であるが、宮内省も同意するはずがないので、宮内省に反対させるのもよいと応じた。また、平沼も二上も特にそれに言及せず、倉富の意見が彼らの意見になった。その後は、大臣の「前官の礼遇」を受けた者という規定（大臣経験者で資格を満たす者）と、今回、「大臣の待遇」を受けた者という規定を作れば、宮中席次上二種類あるようにみえ、面倒が起きる可能性があることが話題になった。平沼は、そのような待遇を受ける古参枢密顧問官は大臣経験者であるので、「前官の礼遇」（日記の史料中は「前官待遇」と表記）としても差し支えないと述べ、その方向で同意ができた形になった。また、三人の会見中で、平沼は、犬養首相は責任の地位にありながら、あたかも第三者のようなことを言うと、「犬養は妙の人なり」と述べた。倉富も、「犬養は狭量の人にて人を容るること出来す《ママ》」、政友会有力者の久原房之助（元逓相）らが安達謙蔵（元内相で元民政党幹部、無所属）と連絡をとっているのではないかと応じた[126]。このように、犬養首相が政権をうまく操縦できない状況は続いた。

その後、五月四日までに二上は前田と数回面談したが、二上が貴・衆両院議員の席次を従四位に入れることに反対するという原則にこだわったため、新たな進展はなかった。五月四日、この話を二上から聞いた倉富は、その点の拒否は宮内省にやらせるように再度指示し、二上に「大臣待遇」の内規を一応立案するように命じた。倉富の意図は「大臣待遇」者の数が増えないように制約していくことであった。倉富は、㈠現在は三回大臣になった者は「礼遇」（史料上は「待遇」）を受けるが、これに大臣であった年数が七年以上という条件を加えるべきであり、㈡枢密顧問官は在官一五年以上の者は「大臣待遇」を受けることにするべきで、㈢また枢密顧問官で「大臣待遇」を受ける者は枢密顧問官の在官中に限るとの考えであった。(127) 倉富は大臣の礼遇に、大臣の通算期間七年という年数を加えることで、相対的に、枢密院副議長や古参の枢密顧問官で「大臣待遇」を受けた者の地位（宮中席次）を上げて、枢密院の権威を高めようとしたのである。

また枢密院副議長についても、在官中は総理大臣礼遇の次に特別席を設ける（第7の下）という合意事項に加え、倉富と平沼の間で退官後は「大臣待遇」（第8）を受けることに一致した。注目すべきは、倉富が、宮中席次の改正は宮内省と協議しなくてはいけないが、「大臣待遇」を受ける内規については宮内省に協議する必要がないであろうと述べたことである。二上も、現在内閣において宮内省と関係なく別に設けている内規の改正なので、宮内省と協議する必要はないであろうと、倉富に答えた。(128) このように、倉富や二上は宮中席次の改正に関してなるべく宮内省を関わらせないようにしようとした。これはすでに述べたように、満州事変以降の宮中側近の地位の低下を反映していた。

最後に、この宮中席次改正問題が、内閣側では犬養首相と前田商工相の二人限りの協議で進められているらしいことが話題となった。主管である法制局の長官の島田俊雄（島根県選出、当選六回）や森恪内閣書記官長も知らず、平沼は森らがやかましく言い出したら破れる可能性があるので、犬養の考えだけで遂行するつもりだろうとみた。(129)

その二日後、五月六日午前九時一五分頃、二上は倉富を訪れ、「宮中席次令の改正案」（正しくは皇室儀制令の改正案）および「重臣の優遇に関する内規案」を浄写中なので、終わり次第倉富に見てほしいと伝えた。(130) このように、五月六日には宮中席次の改正に関し、枢密院と内閣の間で了解した事項をもとに改正案や「重臣の優遇に関する内規案」が、二上の下で完成しつつあった。しかし、五・一五事件で犬養内閣が倒れ、この問題はこれ以上具体化しなかった。なお、宮中席次と同様に、内閣・枢密院・宮内省の力関係などを知ることができる栄典の推薦は、この時期にあまり展開しておらず、十分に分析できない。

5　五・一五事件と立憲君主制の崩壊――西園寺公望の「神通力」の限界

(1) 犬養内閣の倒閣と西園寺の上京

一九三二年五月一五日の夕方、海軍青年将校ら一九名は、首相官邸・内大臣官邸・政友会本部・三菱銀行を襲撃した。犬養毅首相はピストルで撃たれ、一六日早朝に死去した。高橋是清蔵相が臨時首相となり、一六日午前中に辞表を捧呈した。

昭和天皇は牧野伸顕内大臣を召し、辞表を内覧させ、「処置」について下問した。牧野は元老に親しく尋ねるべきであると言上した[131]。この天皇の対応は、一九二六年一〇月二八日に、元老の西園寺公望によって作られ、田中・浜口・若槻と三つの内閣で実施された後継首相推薦の手続きに基づいていた。これまでの手続きは、政変の場合に、まず内大臣に善後処置について下問があり、内大臣が元老にも下問するように奉答し、元老と内大臣の双方に後継首相推薦の下問が実質的にある形を取っていた。

同一六日、鈴木貫太郎侍従長は、天皇の命に応じ、西園寺の上京を求める手紙を書き、河井十吉（侍従職属）に伝達させた。翌一七日、西園寺は侍従長への返書を河井に持ち帰らせた。そこには、謹んで天皇の命令に従う旨が書いてあったが、上京の日時は記していなかったようである。翌一八日付の河井弥八侍従次長の日記には、西園寺は一九日午後四時五五分着にて入京すると記してある。西園寺の私設秘書の原田熊雄は、五・一五事件の翌日に情報収集のため興津から東京に行き、一八日朝の汽車で興津に戻り、西園寺と昼食を共にしながら東京の状況を報告した。[132]すなわち、五・一五事件の後、西園寺は東京の状況が把握できるのを待ってから、上京の日時を決めたのである。

この間、衆議院第一党の政友会においては、一五日夜より後任総裁をめぐり、最大会派鈴木派は頭目の鈴木喜三郎内相を推し、反鈴木の各派は高橋是清蔵相などを擁して活動したが、一七日早朝に鈴木内相を第七代総裁に推すことが決定した。こうして政友会では、かつて原敬首相が暗殺された後に、後任の高橋是清総裁に組閣の命が降りたのにならい、鈴木が後継首相として天皇に推薦されることを待った。[133]

しかし、政党内閣の継続については陸軍内に強い反発があった。五月一六日夜、近衛文麿公爵（貴族院副議長）が、小畑敏四郎少将（参謀本部第三部長）よりの話として、木戸幸一内大臣秘書官長・原田熊雄らに、㈠再び政党内閣ができるなら荒木貞夫陸相でも部内を統制することは困難になり、㈡少壮方面も含め陸軍では平沼騏一郎枢密院副議長を後継首相に推す空気ができていることを述べている。[134]平沼・倉富勇三郎枢密院議長・二上兵治枢密院書記官長らは五・一五事件が起きると、軍人は規律を守るべきと事件自体には批判的であった。[135]それにもかかわらず、以下のように、この事件は、三月頃から話題になっていた平沼内閣を実現させることや、牧野内大臣らを辞任させ宮中改革を行う機会を与えてくれるともみた。後者はロンドン条約問題以来の彼らの希望であった。

五月一六日、平沼は久保田譲枢密顧問官（元文相）に勧められたとして倉富を訪れ、枢密院議長という「重臣」の一人として、天皇に意見を奏上して責任を尽くすべきと述べた。[136]倉富議長は平沼の言の中に、平沼内閣成立促進への期待もみたと思われるが、倉富はそれをかなり困難と思い、平沼内閣については話題にしなかったと思われる。

倉富は、枢密院議長は天皇の沙汰がないと言上できないが、西園寺はいずれ来京するから、宮中側近のことについては十分に意見を述べるつもりであると答えた。これに対し平沼は、牧野内大臣・鈴木侍従長・関屋貞三郎宮内次官はどうしても更迭することになるだろうから、西園寺になるべく早く説得する方がよいと述べた[137]。約二時間後、有馬頼寧伯爵（貴族院伯爵議員）が倉富を訪れ、平沼内閣はどうであろうかと尋ねた。倉富は、平沼は軍人の間には相当の信望があるようであるが、元老西園寺が好感を有しないようであるから、望は少ないだろうし、政党が平沼を助けるか否かもわからない等と答えた[138]。

同じ一六日午前、木戸内大臣秘書官長は、牧野内大臣に、政党を基礎とする「挙国一致内閣」を策すること、内閣の首班には斎藤実子爵（元朝鮮総督、海軍大将）のような「立場の公平なる人格者」を選ぶこと等を進言した。これらについては、牧野内大臣も大体賛成した[139]。翌一七日、木戸は原田熊雄・近衛文麿とともに永田鉄山少将（参謀本部第二部長）から時局に関する意見を聞いた。永田は、自分は陸軍の中で最も妥協的な立場であるとした上で、もし政党による単独内閣が組織されようとした場合は、陸軍大臣に就任する人物がいないだろう等と述べた。また近衛の情報によると、鈴木派幹部の森恪（前犬養内閣内閣書記官長）は民政党との協力内閣の可能性を探るため、若槻礼次郎（元首相）・永井柳太郎（民政党幹事長）・三木武吉（元憲政会幹事長）らと密かに交渉をしていた[140]。

以上のように五月一七日段階で、陸軍が政党内閣を強く拒絶しており、元老西園寺が後継首相推薦に関して持っていた選択肢は大きく分けて三つあった。それは、㈠鈴木喜三郎を首相とする政友会内閣、あるいは民政党との協力内閣、㈡斎藤実らの穏健派の海軍軍人を首相とした、政党を基礎とする挙国一致内閣、㈢平沼騏一郎を首相とする、陸軍の影響を強く受けながらも政党の協力も得た内閣である。㈠は理論的には可能であるが、陸軍が陸相を出さず、大きな波乱が生じる可能性が強い。

注目すべきは、徳富蘇峰が、五月一七日夕方に発行された新聞で、政党政治の本家イギリスですら、庶民院（下院）の第一党の党首に政権を担当させなかったように「変通」の政治を行い、時局を収拾していると、言外に、日本が政党政治にこだわるべきでないと述べていることである。それは、マクドナルドの労働党内閣が閣内対立で倒れ、マクドナルドは第一党の労働党の支持を失ったにもかかわらず、ジョージ五世はマクドナルドに「国民的内閣」を組織すべく命じ、マクドナルドの新内閣が前年の一九三一年八月に誕生したことを指している[141]。

元老西園寺は、すでに述べたように一八日昼に原田熊雄から東京の状況の報告を受けた後、一九日午後一時四〇分静岡発の特急で上京することを決めた。一九日、予定通りに出発し、四時五五分に駿河台邸に入った。その五分後、鈴木侍従長が個人の資格のような形で、天皇の希望を伝えるため西園寺を訪れた。

その内容は、㈠首相は人格の立派な者、㈡協力内閣、単独内閣等は問わない、㈢「ファッショ」に近い者は「絶対に不可」であること、㈣憲法は擁護すべきで、そうしないと明治天皇に申し訳がない、㈤外交は国際平和を基礎とし、国際関係の円滑に努めること、㈥事務官と政務官との区別を明らかにし、綱紀の振粛を実行すべきこと等であった[142]。

西園寺は鈴木侍従長に、㈠両三日後に参内する、㈡「政界の重要人物」および元帥に面会する、㈢明日午前九時に高橋臨時首相、一〇時に倉富枢密院議長に面会し、牧野内大臣には一一時または午後一時に面会したいことを伝えた。また西園寺は、天皇に拝謁する前に牧野内大臣・一木宮相・鈴木侍従長に面談したいことも述べた[143]。

西園寺は、後継首相推薦の前に「政界重要人物」（「重臣」）および元帥と会うことを決めた。これは、後継首相推薦の新しい方法である。西園寺は種々の情報から判断し、一九二六年一〇月以来の後継首相推薦の方法を、自らの責任で少し修正する決意をしたのであった。この一日前の五月一八日朝には、大塚惟精貴族院議員（勅選、元内務省警保局長）が木戸内大臣秘書官長に、陸軍方面の情報を収集した結果として、「挙国一致内閣」の組織と、元老が今回は「重臣連」と会見して意見を御する（「重臣会議」を開くならさらによい）ことを勧めていた[144]。また、鈴木侍従長は、西園寺の上京直後に訪れた折に、牧野内大臣の伝言も含め、「元帥、重臣」等の意見を聞くことを具申した[145]。

すでに述べたように、元老西園寺は天皇から、「ファッショ」に近い人物は絶対にいけないと、鈴木侍従長を使いとして要請されていたので、平沼という選択は人選の始まる時点で事実上消えたといえる。西園寺も、天皇の希望を、「いづれも御尤もな思召」と原田熊雄に伝えているので、むしろ天皇の希望を聞いて、天皇や宮中側近の動向に安心したといえよう。以降、西園寺は平沼内閣を望む軍部や国粋主義者たちの人選後の批難を少なくするため、西園寺が彼らの意見も十分考慮して人選を行ったという演技が必要であると考えたはずである。西園寺が、高橋臨時首相に次いで、国粋主義者に近い倉富枢密院議長を重臣の面会者の最初に持ってきたのは、このような配慮も入っていたといえよう。

(2) 元老西園寺の後継首相人選

前項で述べたように、倉富勇三郎枢密院議長は平沼騏一郎副議長らの意も受けて、元老西園寺になるべく早く会うことを望んでいた。そこで枢密院では、興津の中川小十郎（元老西園寺公望の私設秘書、元西園寺首相秘書官）に問い合わせた。五月一八日午後三時三〇分、二上兵治書記官長の代理として武藤盛雄が、倉富議長に、西園寺は明日午後着京し、二〇日午前に面会するつもりであり、時刻は着京の上で問い合わせることを伝えてきた。[146] 西園寺は昭和天皇からの後継首相についての条件を伝えられる前に、倉富議長を形式上は優遇しようと考えていたのである。

翌一九日午前一〇時三〇分頃、興津の西園寺別邸の中川小十郎から倉富に電話で、二〇日午前一〇時に駿河台邸に来訪することを求めてきた。倉富は同意した。[147] 西園寺は興津を出発前に、倉富との会見の日程を決めたのである。

一方、一九日の朝刊には、鈴木喜三郎内閣が可能であるとの、次のような記事が掲載されていた。それは、㈠一八日の朝に至り、鈴木政友会総裁（内相）と軍部の間には組閣についての妥協の糸口が見えた、㈡鈴木は森恪書記官長と相談の上、荒木貞夫陸相に鈴木が会見を希望していることを、森に伝えさせた、㈢荒木陸相は直ちに真崎甚三郎参謀次長（参謀総長は閑院宮）と密談、金子堅太郎枢密顧問官と会見の後、夕方四時一五分から鈴木と会見、同五〇分より森も加わった、(四)この結果、鈴木に組閣の命があった場合の組閣方針および施政方針についての「諒解」が成立し、五時に会見を終え、鈴木は辞去したが、荒木は残って森と懇談の後、同三〇分に辞去したこと、等である。(148)

この報道に平沼は驚いた。午後の犬養首相の葬儀が終わると、平沼は倉富に会見を求め、二時頃から枢密院議長室で二人の密談が始まった、平沼は、(一)朝刊に荒木陸相と鈴木総裁（内相）が会見し、鈴木が首相となることに反対しない旨の記事が出ていた、(二)この記事を見て、陸軍の少壮士官らが非常に憤慨し、これは政党政治に同意するもので、彼らの素志ではないと反対した、(三)このようでは、軍人、しかも下級軍人が政治を左右することになり、一時はともかく、後に大きな禍根を残すことになり、寒心に堪えない、(四)何かこのような形でなく時局を収拾する工夫がないだろうか、等と述べた。(149) 平沼は、自らの理想を実現する組閣の実現可能性がなくなりそうになったので、倉富を通してそれを復活させようとしたのである。また平沼が、軍部の下剋上を批判的に見ていたことも注目される。

倉富は平沼に同意する形で、次のように話した。それは、(一)全体より言えば軍人が政治に干渉することは避けるべきであるが、軍の幹部なら忍ぶべきとしても、下級の多数の軍人が政治を左右することになっては見過ごすことができない、(二)私は明日午前西園寺に面会することになっているが、右のようなことになっては一定の意見を述べることはむずかしいが、ともかく、一応意見を述べ、右の話の趣旨を伝えたい、(三)また、先日来の話題である「君側の奉仕者〔宮中側近のこと〕」のことは、これまでは西園寺に明言しなかったが、もはや黙っていることはできないので、はっきりと言うつもりであること、等である。平沼は、このことは一応話しておく必要があると思って告げたといい、会話は短時間で終わった。(150)

この日に発行された夕刊には、軍部の少壮派が鈴木の政友会単独内閣に強く反対していることや、陸軍の一部には荒木を首班とした軍部中心内閣を作れと進言した者もあるようだが、鈴木総裁は連立内閣には絶対反対だと述べていること、等が報道された[151]。

五月二〇日午前八時四〇分、まず西園寺は高橋是清臨時首相と会見した。高橋は西園寺に五・一五事件から内閣総辞職、鈴木喜三郎を政友会総裁に推薦するに至った事情を詳細に報告した。次いで、財政経済の現状と将来の対策について説明、時局に対する考えと後継内閣成立後における自己の進退問題についても言及し、約一時間で辞去した。その後、倉富枢密院議長が約一時間会見した。同日の夕刊は、倉富の発言内容を伝えていないが、「けふ倉富議長園公に重大進言、高橋臨時首相も自己の所信を披瀝」と、西園寺と倉富の会見を重視して報じた[152]。これは陸軍少壮派の動向が問題となっている状況下で、陸軍や国粋主義者の考えを伝える人物として、倉富枢密院議長の言動が注目されたからである。

さて倉富の日記から会見をみると、五月二〇日、倉富は午前九時四五分頃に西園寺の駿河台邸に行き、二人の会見が始まった。西園寺は自分からぜひ面会したかったと、倉富を尊重する発言を冒頭に行った。倉富は西園寺に次のようなことを述べた。㈠軍人が規律に服しないことは、たとえその志が皇室や国家を心配する動機からであっても大きな問題である、㈡しかし、多数の軍人が反対していることを、単に威圧するだけでは収拾でき難い恐れがある、㈢したがって今回の「非行」（五・一五事件）に対しても、厳罰を加えると同時に、他面で軍人を慰諭し安心して職に服させる必要がある、㈣軍人は政党政治に反対しているが、現在の事情では政党を無視しては政治は行えない、㈤したがって、実行は困難であるが、純粋な政党内閣とはせず、政党を駆使して政治を行うだけの技量がある人が中心となって政権を作ることが急務であること等、であった[153]。

倉富は、軍部の統制を確立するため、鈴木総裁による政友会単独内閣、あるいは民政党との協力内閣を否定し、政党の協力も得た挙国一致内閣を主張した。倉富の提言は、挙国一致内閣の首相候補として話題になっている平沼枢密院副議長と、斎藤実海軍大将（元朝鮮総督）のいずれを好ましいとみているのか、明らかにしていない。しかし、軍人を安心させる強力な内閣ということで、西園寺には、倉富の人脈からも平沼内閣を期待していることが伝わったはずである。平沼は鈴木派の森恪内閣書記官長を通して、政友会（とりわけ鈴木派）や民政党の協力を得る可能性もあると見られていた。

続いて倉富は、二～三年来の希望である、牧野内大臣の更迭を通した宮中改造を訴えた。倉富は軍人が宮中側近に強い不満を持っているので、閑院宮参謀総長を内大臣にする方が、病身の閑院宮の健康上からも望ましいと述べた。また、それがどうしても不可能なら、東郷平八郎元帥を内大臣にしても一般の安心を獲得する事ができるとも提案した。またこれまで大山巌元帥（元老）・松方正義（元老）・平田東助（山県系官僚、元内相）等、高齢・病弱の人が内大臣を務めてきたことも挙げた。西園寺は閑院宮の話には触れず、内大臣として東郷平八郎がよいと思ったこともあるが、東郷では内閣更迭の時などに、一々他人が解説しないと分からないとの反対意見もあったと応じた。[154]

一九二四年一二月に平田内大臣が病気を理由に辞意を示した際、翌二五年一月、元老西園寺と牧野伸顕宮相の間で、後任内大臣の候補として東郷元帥の名があがったことは事実である（第Ⅰ部第二章3）。今回、西園寺は牧野内大臣を更迭する気がないので、倉富の出した東郷の名に一応の好意を見せ、軍部や国粋主義者からのそれなりの信頼を維持しようとしたのである。

倉富は東郷元帥が政情に疎くなっているとの批判があるという西園寺の言に対し、そのようなこともあるが、内大臣府には秘書官長の他に御用掛を置く例もあり、右のことはどのようにも取り扱うことができると答えた。会談が終りに近づくと、西園寺は今日の対談は一切他言しないようにしようと言い、倉富も承知した。倉富はさらに話を続け、昨日の新聞に、鈴木総裁と荒木陸相が会見し、荒木が鈴木を首班とする内閣でも異議がないと述べたとあったが、「少壮軍人」がその新聞を見て非常に憤慨し、このような相談は不都合で、そうした形で内閣の組織に着手すれば、「更に為す所あるへしとか」言っている等と伝えた。西園寺は軍人が政治を左右する弊害を防ぐことは今日の急を有することであろう、また宮中側近者の問題は別問題であることを答えた。その後、少し話が続き、会議は一〇時四〇分頃に終り、西園寺に送られて玄関を出ると、新聞記者が二〇人ほども待っていた[155]。

その後、午後二時頃に牧野内大臣が元老西園寺を訪れた。木戸内大臣秘書官長が見るところ、西園寺との間で大体意見の一致をみたようで、非常に機嫌がよかった[156]。また牧野内大臣は、元首相の若槻礼次郎・清浦奎吾・山本権兵衛と、東郷と上原勇作の両元帥の意見を聞くことを勧め、西園寺も同感であった[157]。前項で述べたように、斎藤実のような人格者を後継首相に選ぶようにとの木戸の提言に対し、牧野内大臣は「大体賛成」していた。西園寺と倉富の会見も考慮すると、西園寺は二〇日の牧野伸顕との会見後、斎藤を後継首相に推薦することにかなり傾き始めたと思われる。その上で、確認のため三人の元首相と、二人の元帥の意見を聞こうと考えたのである。

二〇日の西園寺と倉富や牧野との会見や、西園寺が翌日に意見を聞く予定の山本・清浦・若槻の意見を新聞記者が考慮した結果、二〇日発行の夕刊段階で、鈴木総裁は後継首相の可能性が弱まったように報じられた。そこで有力視されたのは、平沼騏一郎と斎藤実で、山本権兵衛は出馬が困難と報じられた[158]。

五月二一日、西園寺は一〇時に若槻、一一時に近衛文麿（公爵、貴族院副議長）、午後一時半に山之内一次（山本権兵衛の代理）、三時三〇分から上原元帥、七時五〇分から荒木陸相に会見した。二二日に西園寺は、午前八時四五分から大角海相、九時二五分から東郷元帥、一〇時半に再び牧野内大臣と会見した。東郷元帥は、平沼が一番適当だが、斎藤でもよく、山本権兵衛だけは困るというようなことを言った。その後、西園寺は午後一時三五分に参内し、内大臣室で、牧野内大臣・一木宮相・鈴木侍従長と会談し、午後二時五分から一五分まで昭和天皇に拝謁し、斎藤実を後継首相として推薦した[159]。こうして斎藤に組閣の命が降り、五月二六日に斎藤内閣が成立した。斎藤内閣は、斎藤が首相兼外相（のち七月六日に内田康哉満鉄総裁が就任）、蔵相が高橋是清（政友会、留任）、内相・山本達雄（民政党）、陸相・荒木貞夫（留任）、海相・岡田啓介等で、政友会と民政党の協力を得た挙国一致内閣となった。これは、軍部の台頭や満州事変の進展を抑えるため、当面を穏健派の海軍軍人である斎藤実に託そうという昭和天皇・元老西園寺、牧野内大臣ら宮中側近の意向が実現したことを意味する。また、それは世論とも大きくずれていないと思われる。しかし、斎藤内閣ができたことや、その人選の過程はいくつかの波紋を残した。

（3）波紋と当面の帰結

平沼騏一郎が後継首相に推薦されることを期待した倉富勇三郎枢密院議長は、一九三二年五月二二日に斎藤実に組閣の命が降りたが、当日の日記にはそのことについて何も叙述していない。[160] 倉富の不満と元老西園寺への失望の大きさが伺われる。同じく、平沼を首相に擁立しようとしていた加藤寛治大将（軍事参議官、元軍令部長）は、当日の日記に「朝野愕然」と、失望感を示している。[161] 翌二三日には二上兵治枢密院書記官長が倉富を訪れ、斎藤が内閣を作って政見も合わない人材を集めるので必ず不統一になるだろう等[162]と、斎藤の組閣に反感を示した。

さらに二五日、倉富・平沼・二上の三人が斎藤内閣成立後に初めて会した際、平沼は、㈠斎藤が組閣しても内閣の統一は難しく、今年末頃には政変があるかもしれない、㈡海軍では極めて不平が多いようであることを話した。倉富は平沼の発言に応じ、斎藤も岡田啓介もロンドン海軍軍縮条約に関し、「国論に反対し」条約に賛成した人で、その人が首相という要職に就いては「少壮軍人」などは喜ぶはずがないと述べた。[163] このように、後継首相候補に挙がった平沼をはじめ、倉富・二上ら枢密院中枢は斎藤の組閣に強い不満をもった。このような感情は、倉富・平沼の会話に見られるように、彼らとつながりの深い少壮軍人や彼らへの理解を示す有力軍人、国粋主義者のそれと同様であった。また、それは、倉富らが一定の「公平さ」を期待していた元老西園寺への、最終的な失望にもつながる性質のものであった。

元老西園寺は右のことが気にならないはずがない。五月二七日午後一時一〇分頃に倉富が帰宅すると、西園寺から倉富に、駿河台邸に来邸を願うとの連絡が入った。西園寺は翌日午後に興津に帰ることになっていた。倉富は早速西園寺邸を訪れたが、二人の間の会話は西園寺の八〇歳の賀帳のこと等で、政治の話は一切出なかった。[164] この会見は、西園寺が倉富らから一定の信頼をつなぎとめようとしているにもかかわらず、西園寺と倉富の二人の間が極めて儀礼的で冷ややかなものになったことを再確認させるものであった。

他方、徳富蘇峰は、二二日に刊行された夕刊で、㈠挙国一致内閣はまさしく国民の声であった、㈡西園寺には、自ら首相となって半年でも一年でも国情が安定するまで尽力してほしかった、㈢斎藤が首相になることは唯一ではないが、次善の一つに数えられること等を論じた。[165]『東京日日新聞』は二三日の朝刊で、斎藤に組閣の命が下ったことについて、陸海軍とも政党内閣でない点で、一応満足し、しばらく静観する空気となったと報じている。[166]すでに述べたように、西園寺との会見で、東郷元帥は斎藤でもかまわないと述べていた。これらを考慮すると、軍部の主流は、平沼内閣で上からの秩序ある国家改造という理想は実現できなかったものの、政党内閣の継続は妨げることができ、斎藤内閣の下で秩序ある国家改造を漸進的に進める可能性が生まれたことで、当面は斎藤内閣の活動を見守ろうとする空気になったといえる。

五・一五事件が宮中関係に及ぼしたもう一つの波紋は、一九二六年一〇月に元老西園寺と牧野との間に合意された、政変の際に天皇から元老と内大臣の両方に下問があるという、後継首相推薦様式が、危機に臨んで、「重臣」にも意見を聞くという新しい形に変わったことである。今回の政変に関し、元老西園寺が意見を聞いた人々は、「廿日高橋・倉富・牧野三重臣の意見をきいた西園寺公は、廿一日さらに若槻・清浦・山本三重臣の意見を聴取」と、ジャーナリズムから「重臣」という名称で報道された。[167]問題は、今後後継首相推薦様式をどのような形で定着させ、元老・内大臣を補佐する重臣の範囲をどのように定めるかであった。

一九三二年六月上旬になると、『日本新聞』紙上に、国粋主義者の宅野田夫による宮内省攻撃の記事が載り、[168]河井侍従次長は牧野内大臣を主に攻撃しているとみた。昭和天皇もこの記事を心配し、河井に下問をした。八月になると、明治天皇が精神病問題で好ましくないとした有栖川宮の血統が、高松宮妃となった徳川喜久子に入っていることで、田中光顕元宮相が、一木宮相や牧野内大臣の責任を追及していることが宮中の問題となり始めた。[169]このような事件も加わり、満州事変以降弱まっていた牧野内大臣の権力の正当性はさらに減退し、五・一五事件後の後継首相推薦にあたって行われた「重臣」への意見聴取を制度化する必要がさらに強まった。

八月一二日、牧野内大臣は御殿場に西園寺を訪れた。牧野によると、二人の間で次のような会話が交わされた。

〔政変の場合には〕内大臣主裁して旨を奉じ談合の上奉答相成る様に今後は御運びの程を希望する云々の内話あり。小生其場合元老を除外することの不可能なるを述べたるに、多少の反論ありたるも結論に至らず打切りたり。右に付召集せらるべき人選に付ては十分研究を要すべしと〈の〉事なりし。(170)

右の史料を文字通りに読むと、㈠西園寺は後継首相推薦の過程に関与する意欲をなくし、それは内大臣が中心となって天皇の命を受け、他の有力者と相談して奉答するようにする、㈡牧野内大臣は後継首相推薦過程に元老を除外することは不可能であると述べたが、結論には至らなかった、㈢西園寺は、後継首相推薦に関し召集される人々の人選については十分な研究が必要であると考えていること、等と理解される。しかし、西園寺の私設秘書の原田熊雄によると、西園寺と牧野の会見の前後において、西園寺の健康は悪くなく、西園寺は秩父宮を内大臣にしようとする動きや、高松宮妃選定に関し田中元宮相の一木宮相攻撃問題、高橋是清蔵相の健康などの政治問題、国際連盟の全権などの外交問題など、政治への関心や意欲を示している。(171)

また、八月二七日、木戸幸一内大臣秘書官長の訪問を受けた西園寺は、一木宮相が近い将来に辞任しようと決意しているとすれば、牧野内大臣の進退を先に考える必要があると木戸が述べると、「其の通り」と明確に答えた。(172)この西園寺の発言も、文字通り受け取ると、田中元宮相や国粋主義者らが牧野内大臣と一木宮相の辞任を要求している状況下で、二人の辞任を認めるとの解釈になる。その上で、新内相を中心に後継首相推薦の下問に答えることになる。しかし、健康状態も悪くなく、意欲的な西園寺が右のような混乱を招くことを実施するとは考えられない。したがって、先の㈠は、牧野内大臣に内大臣を続けることへの意欲を喚起しただけであり、内府・宮相の二人の辞任は、不可能な二人辞任と結びつけることで、宮相の辞任を実行させないという、西園寺流の老獪な戦術であったといえる。

いずれにしても、一九三二年八月中旬に西園寺が牧野内大臣に、後継首相推薦の手続き、特に「重臣」の範囲を検討するように指示したので、木戸内大臣秘書官長を中心に検討が始まった。こうして、一九三三年一月二七日に案が決定し、二月二八日に鈴木侍従長から伝奏し、天皇の允裁を得た。その内容は、内閣総理大臣が辞任を申し出た場合、㈠内大臣は天皇の下問に対し、元老に下問されるべき旨を奉答する、㈡元老が召され、下問される、㈢元老が必要と認めたときは、内大臣およびその他の重臣と相諮って奉答する旨を奉答する、㈣天皇は内大臣および重臣を召し、直接または侍従長を以って元老に協力すべき旨の言葉を与える、㈤奉答は元老がする、ことである。さらに備考として、㈥重臣の範囲は、枢密院議長、内閣総理大臣の前官の礼遇を受けた者とし、特に必要があると認めた場合には内大臣の奏請により特別の決定をすることがあるとされていた（非公表）[173]。

この特色は、第一に後継首相推薦における内大臣の権限に関しては、元老と内大臣がほぼ対等になった一九二六年一〇月の決定よりも後退したことである。それは一九二三年八月に山本権兵衛を後継首相に決めた際の、最初に形式的に内大臣に下問があり、内大臣は元老に下問するように奉答する様式とほぼ同じになった。内大臣は慣行として後継首相を推薦する権利があるというより、元老の判断で後継首相推薦に関わるという形になったのである。これは、軍部や国粋主義者・田中元宮相らの牧野内大臣らへの攻撃によって、内大臣の権力の正当性が低下したことに対応した処置であった。

第二の特色は、「重臣」の意見を聞いて後継首相を推薦するという、五・一五事件直後の様式が踏襲される一方で、「重臣」の範囲が枢密院議長と総理大臣の前官礼遇を受けた者に限定され、五・一五事件直後に西園寺が意見を聴取した東郷・上原の両元帥ははずされたことである。斎藤を推薦したことで西園寺も軍部・国粋主義者などへの権力の正当性を低下させていた。また、西園寺が高齢で後継首相推薦ができなくなる恐れや政党政治が倒され、後継首相選定が難しくなっていることも考慮すると、後継首相推薦に関わる者を拡大しておくことが必要であった。それでも東郷・上原の両元帥がはずされたのは、五・一五事件のようなクーデタを前提としなければ、両元帥のような軍人の意見を特に聴取しなくてもよいと判断されたのであろう。そのことは、その後の後継首相推薦の過程により傍証できる。つまり、次の岡田啓介を首相として推薦する際には、この新しい推薦様式に拠った。しかし、二・二六事件で岡田内閣が倒れ、近衛文麿公爵が組閣の命を辞退すると、西園寺は大角海相・川島陸相を招いて軍部の情勢を聴取した後に、広田弘毅外相を後継首相に推薦したのであった。このように、軍部の台頭という時代の激動の中で、後継首相推薦の制度は安定しなかった。

おわりに

本章では、以下の五点を明らかにした。それは第一に、犬養毅内閣が第二次若槻礼次郎内閣期、とりわけ満州事変勃発後に弱まった首相権力を再興し、首相が中心となって軍部や他の閣僚などの要求を調整し、事変を収拾しようとしたが、うまくいかず、組閣後三カ月余りしか経っていない一九三二年三月下旬には、内閣の求心力が大幅に低下していたことを示した。

元老西園寺公望は、衆議院第二党である政友会総裁の犬養に首相権力の再興と事変の収拾を託して、犬養を後継首相に推薦した。この点は、政友会・民政党の連立内閣（「協力内閣」）を好ましいと考えていた牧野内大臣の思惑とは少し異なった。犬養は、貴族院・枢密院・民政党などに宥和的な姿勢を示し、各勢力を結集して事変を収拾しようとした。また犬養首相は昭和天皇が事変の収拾を望んでいるので、その支援を得ようとする。元老西園寺も犬養首相の天皇の協力を求める姿勢を支持した。しかし、牧野伸顕内大臣は天皇が政府と軍部の対立に直接関わることに反対で、天皇を調停的にすら直接に政治介入させないようにすべきであるとの考えであった。このように、犬養首相・元老西園寺と牧野内大臣ら宮中側近の考えが一致せず、しかも犬養首相が天皇の協力を得ようとしていることへの軍部の反感が高まってきたので、西園寺も、一九三二年二月二〇日頃には、犬養内閣支援に天皇を直接関与させることをあきらめた。

それに加え、昭和天皇は、今回も組閣時に犬養が提出した閣僚名簿を直ちには裁可せず、天皇の主観とは別に首相権力を弱める動きをした。また、天皇は、満州事変を早く収拾したいあせりの気持ちから、錦州攻撃をしようとする陸軍を支持しているかのような不注意な発言を行い、その発言を荒木陸相に利用されるなど、内閣を窮地に陥れることもあった。このように犬養内閣は、満州国の建国宣言がなされる一九三二年三月一日までに、事変収拾への見通しをなくし、満州国承認を遅らせる方針を維持するくらいしか手がなくなった。

本章では第二に、国粋主義者たちが、牧野内大臣ら宮中側近を辞任させ、平沼騏一郎枢密院副議長（国粋主義結社の国本社社長）や閑院宮元帥など国粋主義者かその同調者を宮中の要職につける宮中改革運動を行ったが、元老西園寺の支持を得られず実現しなかったことを示した。これは、彼らが従来の宮中側近にかわって宮中や昭和天皇を掌握し、関東軍の行動を支援し満州国建国を促進しようとするものであった。国粋主義者たちの宮中改革運動は成功しなかったが、軍部は内閣や宮中側近に対して発言力を強めるため、陸軍は一九三一年一二月、閑院宮を参謀総長にし、海軍は翌年二月に伏見宮を軍令部長にした。

第三に、本章では前章までと同様に枢密顧問官の補充問題を検討し、犬養内閣は枢密院に対して宥和的姿勢を取ったので、組閣時に顧問官の欠員が六名もあったが、わずか二カ月で、枢密院がやや主導する形で五名もの補充が実現したことを明らかにした。これは、すでに述べたように、犬養内閣が満州事変を収拾するため、顧問官の補充といった相対的に重要度が低い問題で枢密院側に妥協したからであった。しかし、犬養内閣の枢密院側への妥協にもかかわらず、枢密院が満州事変の処理に関し、内閣を助けることはなかった。逆に平沼副議長は、満州国建国を促進する次期内閣の首相として、軍部・国粋主義者などから期待されるようになっていった。また、枢密院は条約批准や憲法付属の法令の審議などでは大きな権力を持つが、満州事変のような戦争と大陸政策が政治の焦点となると、相対的に権力を衰退させた。なお、加藤内閣や田中内閣で閣僚数を増加させたことに伴う顧問官の定員増加については、問題にはなったが進展しなかった。それは、昭和天皇が顧問官の増員をあまり必要と考えていなかったことに加え、枢密院側では枢密院の地位の低下を防ぐため、大物を顧問官とする改組を考えており、一丸となって定員増加を強く要求する空気がなかったからであった。

第四に、枢密院側は枢密院を強化し権威を高めるため、枢密院副議長と古参顧問官の宮中席次を上昇させようとし、犬養内閣側と貴・衆両院議長の宮中席次を上昇させる取引交渉が進んだが、一九三二年三月には停滞してしまったことである。この理由は、一つには、すでに述べたように、満州事変収拾の見通しを立てられず、犬養内閣の求心力が低下したからである。また、宮中席次を上昇させる対象者の一人である平沼枢密院副議長が、軍部や国粋主義者の間で平沼内閣擁立運動が盛んになるにつれ、枢密顧問官の宮中席次の上昇問題に強い関心を示さなくなったことも理由である。なお、宮中席次の上昇問題は、枢密院と犬養内閣の間で極秘に交渉され、宮内省はほとんど関わらなかった。交渉が進展すれば、いずれ宮内省もそれに加わったであろうが、この交渉過程をみると、満州事変以降の牧野内大臣・一木宮相ら宮中側近の地位の低下が改めて確認できる。

第五に、本章では、五・一五事件の収拾に関して、軍部や国粋主義者の動向をつかむため、「倉富勇三郎日記」などを本格的に使用して解明した。五・一五事件直後において、軍部や国粋主義者の間に、平沼枢密院副議長の組閣を求める声が強く、平沼も自らの組閣と牧野内大臣・鈴木貫太郎侍従長・関屋貞三郎宮内次官ら宮中側近の更迭を期待していた。枢密院を中心に平沼と連携して活動していた倉富勇三郎枢密院議長は、平沼には元老西園寺が好感を有していないようであるから、平沼の組閣は望みが少ないとみていたが、五・一五事件という非常事態の状況に期待した。

一九三二年五月一七日頃、元老西園寺が後継首相として推薦できる者の選択枠は、第一党政友会の最有力者の鈴木喜三郎（元司法官僚で法相）、海軍穏健派の斎藤実大将（元海相・朝鮮総督）、平沼の三人にほぼしぼられていた。西園寺はこのうちから斎藤を選んだ後に、各方面の「重臣」と会見し、その判断が妥当であるとの感触を得た後に、二一日午後に斎藤を天皇に推薦した。西園寺が斎藤を選んだのは、軍部が政党の指導者の組閣に強く反発していたので、鈴木の組閣（憲政常道の慣行による）は消え、西園寺自身平沼に好意を持っていなかった上に、天皇が「ファッショ」はだめであるとの意思を、鈴木侍従長を使いとして、西園寺に示したからである。

西園寺は五月二〇日・二一日の両日に各界の「重臣」と会見し、後継首相推薦についての意向を聞いたが、倉富枢密院議長や東郷元帥などの、平沼推薦や牧野内大臣の更迭など宮中改革への意向を基本的に無視した。これらから、西園寺の腹は「重臣」との会見の前にほぼ固まっており、この会見の目的は、西園寺が多方面の意見を取り入れて後継首相を推薦したと演技をして推薦に正当性を与えようとすることや、斎藤を推薦することで大きな混乱が起きないとの確認をするためにすぎないことがわかる。他方、西園寺の推薦で斎藤内閣が成立し、宮中改革もおこなわれなかったことで、倉富枢密院議長の例から推定できるように、軍部・国粋主義者とその共感者は、西園寺の「公平」性について失望し、西園寺への信頼感を捨てた。これは五・一五事件後の時局を、穏健派主導で収拾するため、西園寺が払わざるを得なかった代価であった。

なお、牧野内大臣ら宮中側近への軍部や国粋主義者の批判が強まる中で五・一五事件が起きたため、従来の元老・内大臣がほぼ対等の形で後継首相を推薦する様式の正当性が動揺したため、西園寺の発意で、元老を中心とし、元老が内大臣や「重臣」にも相談する後継首相推薦様式が、改めて作成、実施された。この様式では、元老の死後は内大臣が元老に代わって中心になることになっているが、当面は内大臣の後継首相推薦問題への発言力が低下した。その後、「重臣」の範囲から元帥をはずし、重臣を枢密院議長と総理大臣の前官礼遇を受けた者に限定し、一九三四年七月岡田啓介海軍大将（元海相）を後継首相に推薦する際から、この新様式が使われた。しかし、一九三六年に二・二六事件が起きると、西園寺は大角岑生海相・川島義之陸相の意見を聴取した後に広田弘毅外相を後継首相に推薦するなど、この新様式も激動の情勢の中で安定しなかった。

第II部　天皇・皇族をめぐるイメージ

第一章　大正デモクラシーと皇族イメージ

はじめに

第一次世界大戦後、欧米から日本にもデモクラシーの潮流が押し寄せ、一九一九年・二〇年には都市部を中心に普選運動が盛り上がった。また、一九一九年から二〇年にかけて、川崎造船所（神戸市）や八幡製鉄所の争議など、大きな労働争議が起こった。原敬内閣は、第四二議会を一九二〇年二月に解散し、五月の総選挙で与党政友会を圧勝に導き、普選運動を一旦鎮静化した。労働争議に対しても厳しい弾圧と労働者の待遇改善の両方を実施して、争議を鎮めた。しかしこれらは一時しのぎにしかならなかった。普選運動は一九二二年になると再び盛り上がりをみせてきた。労働運動も、一九二一年七月から八月にかけての三菱・川崎両造船所の大争議が厳しい弾圧のために終結した後も、二五年に日本共産党系の日本労働組合評議会や労働農民党が結成されるなど、左派は革命をめざした激しい政治闘争を行うようになった。

これらの状況下で、天皇や皇族、内大臣や宮内大臣など宮中勢力は、天皇や皇族のイメージを変化させ、デモクラシー潮流に影響された国民から遊離しないようにしようとした。天皇や皇族の国民の前での行動、とりわけ天皇・皇后および直宮である皇太子裕仁、その弟の秩父宮雍仁《やすひと》親王・高松宮宣仁《のぶひと》親王・三笠宮崇仁《たかひと》親王らのそれや、その報道は内大臣・宮内大臣や宮内省・内務省などにより厳しく規制されていた。

たとえば、天皇の行幸や皇后・皇太子の行啓の際の鹵簿《ろぼ》撮影などについては、内務省の一九一六年九月の秘第一九三七号照会に対する、宮内省の同年一〇月の秘第一〇号回答、宮内省の一九一七年五月の宮発第三〇九号照会によって、次のように決められていた。㈠天皇・皇后の行幸・行啓の節は馬車の場合のみ、皇太子行啓の節は馬車もしくは人力車の場合に限り「軽便写真器」により不敬に渉らざるよう、かつできる限り目立たない方法で撮影するのは差し止めなくてもよい、㈡徒歩および乗馬の場合は「縦合軽便写真器」によっても、絶対に撮影させない、㈢特に「活動写真」は、行幸・行啓又は各宮の御成りの節、どんな場合においても撮影させない、㈣万一、取締りの視線を脱し、徒歩または乗馬の場合を撮影する者があっても、新聞紙などに掲載しないように、社主もしくは主立った者に注意すること等であった。[1]

しかし、右の方針は徹底しなかった。取締りの監視をくぐりぬけて撮影されたものが、時々新聞紙上等に掲載され、これを当局は「取締上遺憾」とみていた。[2]

これに対し、皇太子裕仁親王が一九二一年三月三日から九月三日までイギリス・フランスなどへ渡欧したことを直接のきっかけとし、右の撮影規制は著しく緩和される。まず、皇太子渡欧の際の出発の模様を「活動写真」に撮影することが特に許可された。また、渡欧中の皇太子の徒歩等の写真または「活動写真」を内地に輸入し、写真を新聞紙に掲載したり、「活動写真」の映写をしたりすることも暗黙に許した。[3] 皇太子渡欧の二〇日ほど前、皇太子妃色覚異常遺伝因子問題をめぐる紛糾（宮中某重大事件）で、一九二一年二月一〇日に山県系官僚の中村雄次郎宮相と石原健三宮内次官が辞表を提出した（正式な辞任は、それぞれ、二月一九日、三月九日）。また元老の山県有朋枢密院議長も、官位爵位すべてを辞する決心をするなど、山県系官僚閥の宮中支配は崩壊した。こうして、新宮相には薩摩出身の牧野伸顕（元外相）が就任するが、当初は宮内省の掌握が不十分で、原敬首相が事態収拾の主導権を握っていった。[4] このような状況を考慮すると、皇太子の渡欧に際しての撮影規制の緩和は、原首相―床次竹二郎内相―小橋一太内務次官ラインが主導した処置と推定される。これらの結果、渡欧から帰った皇太子に従来の国内での撮影規制を継続することは、渡欧に際しての撮影規制の緩和と矛盾することになった。

そこで小橋内務次官は関屋宮内次官に、㈠執行上の矛盾に加え、㈡皇族の近況を広く一般国民に紹介することは国民が一様に希望するのみならず、一層皇族への尊敬の念を深くすることにもなることを述べ、㈢今後、徒歩または乗馬の場合といえども不敬にならない限り撮影しても問題にしないようにしたい、㈣「活動写真」に撮影する場合は、あらかじめ関係する官憲の許可を受け、その指示事項を厳守させて撮影させることを希望するので、宮内省で詮議した上で意見を回示してほしいと依頼した。[5]

撮影規制の緩和は、皇太子が欧州から帰国直後の新聞報道[6]や、本章で述べる摂政就任以降の皇太子への新聞報道から、ほぼ小橋内務次官の提案通り実施されたといえる。こうして、皇太子の渡欧以来、病気の天皇は別として、皇后・皇太子や皇族の姿の写真が数多く新聞等に登場し、皇太子や秩父宮の姿が「活動写真」に登場するようになった。

その後も一九二四年二月二二日に、摂政と同妃のお召し列車を神奈川県酒匂川第一鉄橋付近で撮影していた文部省派遣の臨時活動写真班の芹川技師が、付近を警戒中の警察官と許可の有無をめぐって衝突する事件が起きた。問題は、文部省が神奈川県に同所で「活動写真」を撮影する諒解を得たかどうかで、芹沢技師は諒解があると言い、所轄の松田署は神奈川県警察部から何の通知もないので撮影してはいけないと主張していた。[7] このように、文部省と神奈川県（内務省）という官庁の間でもお召し列車の「活動写真」の撮影をめぐって紛争が生じることもあるように、天皇・皇后・摂政（皇太子）・同妃や皇族の撮影や報道は、その後も一定の規制を受け続けた。

すなわち、ジャーナリズムで報道される天皇・皇后・摂政・皇族のイメージは、一面では彼らや内大臣・宮内省、内務省がどのようなイメージを国民に与えようとしているかの意思の現れでもある。また他面では、一定の規制の下で、ジャーナリズム側が、どのような天皇・皇族像を国民に報道すべきか、また報道したら国民から喜ばれるかと考えていることをも反映している。このように複合された天皇・皇后・摂政・皇族のイメージの変容を、大正デモクラシーの潮流等の時代の変化と関連づけて、一〇年以上にわたってたどることで、天皇や皇族、宮中・政府担当者のイメージ戦略の変化と、国民の間で形成された天皇や皇族のイメージの変遷が推定されると思われる。第II部の四つの章では、以上の視点からの考察を進めたい。

なお、本書では、天皇・皇族のイメージに関連し、彼らや彼女らの出席した行事と服装とそれらの報道のされ方を重視した。そのため、それらをできる限り多く把握して分析の土台としたが、それらのすべてを示して論じ煩雑になることを避けるため、具体例の提示は、大きな傾向を正確に理解できる範囲にとどめた。また、本書では摂政(皇太子)から天皇になる裕仁と、その一歳年下の弟の秩父宮雍仁親王(皇位継承順位では裕仁に次ぐ)に関連するイメージを特に重視した。これは、それらの報道の多さのみならず、第I部で述べたような、二人の重要な政治的位置を考慮したからである。

本書では新聞報道に関し、『東京日日新聞』を主な検討材料としている。『東京日日新聞』は、『大阪毎日新聞』と合わせて毎日系の新聞として、東京・大阪の両朝日新聞と、新聞界の勢力を二分する有力紙であった。朝日系新聞は、毎日系新聞と比べ、ややリベラルな基調を持つ一方、客観的な事実を報道するというより、起こってほしい「事実」を、願望を込めて報道するという傾向があった(8)。したがって、当時は毎日系新聞の方が、中産階級以上や教育者から、陸海軍の将校に至るまで、幅広い範囲の読者を得ていたようである。以下の天皇・皇族をめぐるイメージを扱った四つの章で、『東京日日新聞』を主要な素材としたのは右の理由による。

1　皇太子渡欧後の皇族の「平民」化・「健康」イメージと「科学」化イメージ

（1）皇族の「平民」化・「健康」イメージの形成

①摂政（皇太子）裕仁

皇太子裕仁渡欧後の、皇太子など皇族のイメージ形成の特色は、「平民」化・「健康」と「科学」化である。本項では、まず「平民」化とそれに伴って出されることの多い「健康」（スポーツ愛好）イメージの展開を検討したい。

皇族に関して、「平民」という用語が使われた早い例は、一九二三年六月四日付の『東京日日新聞』の記事である。その内容は、「飛行機の宮様」として誰もが知っている「平民的」な山階宮《やましなのみや》武彦王（横須賀海軍航空隊）が、正確な軍用航空観念の普及のため軍用機について執筆した論文を、『科学知識』（科学知識普及協会）に投稿し、七月号に掲載されるというものである。

また翌五日の同新聞にも、海軍兵学校で学んでいる高松宮が、四日、士官候補生二五〇名と共に練習艦で大阪湾に着き、大阪毎日新聞社を訪れたが、宮の意向で特別扱いではなく他の士官候補生に混じって来訪し、宮は「極めて平民的」で、今度の大阪見物でもすべて電車か徒歩で回ったので、警護の準備をしていた大阪府警察部をまごつかせたと報じられた。

ジャーナリズムが、このように、皇族が「平民」的であることを好意的に報じる記事は、後述するように、一九二四年五月の総選挙で護憲三派が勝利し、男子普通選挙法が実現する方向がほぼ確実になると、さらに増加していく。この現象は、国民のオピニオンリーダーであるジャーナリズムが、普選の実現と共に未来の天皇である皇太子も含めた皇族の「平民」化を期待していることを示している。また、皇太子・皇族や宮内省も、こうした潮流の変化に対応し、皇太子・皇族が「平民」的な行動を増加させることで、国民から遊離しないようにしていたといえる。

なお、ここでの「平民」的とは、皇太子など皇族が豊かな中産階級程度の振舞いに近い行動を生活の一部で示すことで、なるべく国民に近づきその感情を理解する姿勢を示している。以上のような「平民」的という用語がジャーナリズムに登場する以前においても、皇太子の渡欧後、ジャーナリズムは、皇太子など皇族のそれに類似した行動を好んで報道し、彼らも、それに同調する行動を増加させ始めていた。

皇太子渡欧後に、この潮流を皇族側でリードしたのは、渡欧の成功でジャーナリズムでの人気を高めた皇太子（摂政）自らであった。

図1　「陸軍始/観兵式（摂政宮行啓）」（『東京日日新聞』1922年1月9日）

皇太子は一九二一年一二月二四日の第四五議会の開院式（陸軍少佐の正装、馬車上の写真）、翌一九二二年一月四日の宮中政始式（陸軍少佐の通常装、写真なし）、五日の新年御宴（陸軍少佐の正装、写真なし）、八日の陸軍始観兵式（代々木練兵場、陸軍歩兵少佐の正装、愛馬「追風」（白馬ではない）に乗馬の写真、図1）、四月一三日の東京駅でのイギリス皇太子エドワード（後のエドワード八世）の出迎え（陸軍少佐の正装、英皇太子と並んで歩く写真）、七月の北海道行啓（海軍軍艦に乗艦の際は海軍少佐の通常装、写真あり）、一〇月中旬の陸軍演習（富士の裾野、陸軍通常装、写真あり）、一一月中旬の陸軍大演習（愛媛県、陸軍少佐の通常装、写真なし）など、[9]軍関係の公式行事や帝国議会の開院式・外国の要人を迎えるなどの外交上の公式行事には、裕仁の陸海軍での階級である少佐の軍服を着て臨み、写真でも報道された。そ

図2　「英皇儲殿下のゴルフぶり（昨日駒沢のリングにて，右は摂政宮殿下，左は大谷光明氏）」（『東京日日新聞』1922年4月20日）

の際に、冒頭で述べた撮影規制の緩和によって、歩行中や立っている裕仁の姿を撮影した写真も掲載された。

新しい特色は、右の場合以外の行事では、皇太子が、渡欧中と同様に軍服以外の姿で積極的に登場し始めたことである。一九二一年一二月一〇日には、九日に駒沢競技場でゴルフ用の服装でゴルフをする皇太子の写真が掲載された。ゴルフ服でゴルフをする皇太子の写真は、翌二二年三月二六日には、日曜版の一面を使って大きく載せられた。同年四月二〇日にも、一九日に英皇太子と、府下駒沢村の東京ゴルフ倶楽部でゴルフをしている皇太子の写真が載せられた[10]（図2）。このように、日本でゴルフをする皇太子が写真で紹介されたのは初めてのことであった。

この他、一九二一年一二月一七日に皇太子は宮城内コートで朝香宮鳩彦《あさかのみややすひこ》王・梨本宮守正《なしもとのみやもりまさ》王・賀陽宮恒憲《かやのみやつねのり》王・閑院宮載仁《かんいんのみやことひと》親王（以上は軍服着用）・久邇宮《くにのみや》邦英王（学習院の制服）らとテニスの試合を台臨した。学習院生の邦英王以外の皇族は軍服を着用していたが、皇太子はモーニングに山高帽の姿であった（写真あり）。二三年三月二六日には、皇太子は荒川河畔で、愛馬「山吹」で遠乗りをした（背広の乗馬服に黒長靴と黒中山帽、写真あり）。翌二七日、皇太子はフロックコートにシルクハットの服装で平和博覧会に行啓した（写真あり）。

一九二二年四月に来日したイギリス皇太子エドワードの動向は、日本の皇太子など皇族の「平民」化を促進する役割を果したと思われる。イギリス皇太子は、第一次世界大戦後に、アメリカ合衆国の影響を受け、イギリス皇族が大衆への接近を試みる中でも、伝統に批判的な面では突出した存在であった(11)。

一九二二年三月一六日、宮内省はイギリス皇太子エドワードが、四月一二日に横浜港に着き、東京・横浜・箱根・富士八湖・岐阜県の長良川・京都・奈良・大阪・神戸・高松・厳島・江田島・鹿児島等を巡覧して、五月九日に日本を離れるという日程を発表した。その記事が掲載された新聞は、「御気軽な英皇太子殿下」と題して、シャツに短パン姿で、初めて赤道を通過するので顔にシャボンの泡を塗ってもらっている様子の写真を載せた。四月九日には、七日に英皇太子がホンコンで日本艦隊を訪問の後、背広姿で競馬場に行き、その後中国人主催の晩餐会（大平劇院）に出席し、終わって大天幕内の舞踏会で翌日午前二時まで踊ったことが記事となった（写真なし）(12)。

四月一二日、英皇太子エドワードが横浜から東京に到着する日に、『東京日日新聞』は、次のようにエドワードが「平民」的であることを評価する社説を掲載した。

〔親王は〕あくまでも、賢く、活発に、のび〳〵とこだはりなき御性格、特に、その平民的なる御心ばせ、御行ひは、ひとり、英国人のみならず、見ず知らずの外国人をも、親みを感じ、敬慕の情を起さゝずには置かない(13)（以下略）

四月一七日に、浜離宮で摂政・英皇太子・伏見宮博恭《ひろやす》王らが参加して鴨猟が行われると、翌日の新聞に「プリンスの鴨猟」と題して、英皇太子が鳥打帽を被って運動服姿で大きな網を持っている写真が載せられた。その後も、英皇太子は二一日に日光へ行った際、茶色の霜降りの背広に鳥打帽という軽装で、ウッドロー少将他一人の供を連れただけで、ステッキを振りながら歩くような、気軽な行動を取った（写真なし）(14)。

その後、皇太子裕仁は、一九二二年七月六日から二五日まで北海道へ行啓したが、軍服以外にもモーニングや乗馬服を持参し適宜着用した。この際皇太子は、軍服にこだわらない姿勢を示したのみならず、一〇日には大沼から小樽への道中でアイヌ人の奉迎を受けるなど（写真あり）、奉迎を受ける範囲を差別されている人々にまで広げた(15)。

図3　「摂政宮殿下/お得意の立泳ぎ/活動写真も撮影され/両陛下の御覧に」（『東京日日新聞』1922年8月13日）

一九二二年八月一三日の新聞には皇太子が葉山の一色海岸で立ち泳ぎをしている写真すら掲載された（水泳帽子をかぶって水面に出た顔のみ。八月六日に甘露寺《かんろじ》受長《おさなが》侍従が撮影。[16] 図3）。この写真は皇太子の健康な姿を国民にアピールする一方で、皇太子の身体が水面下に隠れて見えないとはいえ、見る者に裸体を想像させる写真で、天皇になる皇太子の神秘性を減退させかねないものである。これは、皇太子の「平民」化の写真としての第一の到達点といえよう。この写真が宮中関係者の手で撮影されながら公開まで一週間もかかったのは、内部で公表の可否をめぐる調整に日数がかかったからであろう。

同年九月二八日に宮城で皇太子と久邇宮良子《くにのみやながこ》の婚儀の納采の儀が行われるに際し、珍田捨巳東宮大夫から皇太子の近状について談話が出た。その内容は、㈠皇太子が摂政に就任以来、赤坂仮御所から政務のため宮城に参内するのは水曜・土曜が定日で、その他の日も参内することが多い、㈡赤坂離宮にいる時や避暑も含めて旅行中でも常に政務をつかさどっている、㈢執務のため宮城に出仕しない日は一定の時間割により、憲法・皇室典範・経済・漢学・国学・外交史・フランス語・軍事学などの進講を受けている、㈣この他、時々学者、政治家、実業家など各方面の識者を召し、広く時事問題・学術・文芸等の進講を受けている、㈤このように忙しいにもかかわらず、自ら読書や休養の時間を作り、乗馬などの運動を行っている、㈥皇太子はよく「運動の本義」を理解し、身体健全のためのみならず、精神修養にも役立てていること等である。珍田は最後に、皇太子は多忙にもかかわらず、「益々ご健康にわたらせられ、またその天稟の御英資は愈々その真相を発揮しつゝある今日において、斯くの如き嘉辰を迎ふるは」実に慶賀にたえないと結んだ。[17] 珍田は皇太子関係の責任者として、真面目に執務し学び、健康にも気をつける皇太子像を提示しているが、天皇になるべき皇太子としての神秘性を創出しようとしていない。

同じ二八日の新聞には、二七日に皇太子は東京市上野で開催されている院展に行啓し（モーニングに中山帽、写真なし）、脱靴制の畳の展示場で、「秩父宮もスリッパだつたから上靴にしようか」と述べたが、責任者はそのままと申し上げて、皇太子に靴のまま入場してもらったことが記事になった。[18] 皇太子自らが「平民」化したいという気持ちを抱いていることが確認される。

その後も一〇月三日には、皇太子は河口湖方面に行啓し、河口湖上で洋傘を片手に持ち、中山帽とレインコートを着して小舟に乗り（写真あり）、四日には、精進湖方面で鳥打帽に背広という軽装でパノラマ台に立った（写真あり）。[19]

こうした、軍服にこだわらず軽装で写真に登場する皇太子の「平民」化路線の第二の到達点は、一九二三年一月一日の新聞に、モーニングの皇太子と結婚予定の良子女王（洋装）の写真が並んで掲載されたことであった。[20] 年頭のこの写真は、宮内省側も新聞社も、皇太子・皇族の「平民」化を志向していることの反映であった。

以上のような皇太子など皇族の「平民」化は、皇太子が渡欧した際、イギリスなど欧州の皇族が第一次世界大戦後の大衆化社会に適応するため、国民大衆と遊離しないようにしているのを見聞したことが、日本のデモクラシー潮流と合わせて影響している。このように、皇太子裕仁は、イギリス皇族等の影響を受けながら、日本の皇族の「平民」化と「健康」イメージをリードしてきたが、次に述べるように、一九二三年に入ると一つ年下の弟の秩父宮がそれらをリードする役割を果たすようになる。

②秩父宮雍仁親王

皇太子裕仁が欧州から帰国した後、一九二一年九月八日付の『東京日日新聞』は、皇太子（フロックコート）・淳宮（陸軍士官学校生、陸軍軍服、後の秩父宮）・高松宮（海軍兵学校生、海軍軍服）・澄宮（学習院初等科の制服、後の三笠宮）の男子四兄弟の集合写真を、三面に大きく載せた。これは日光田母沢御用邸の庭で撮影されたものである。その後一〇カ月間は、淳宮がジャーナリズムに登場することはほとんどなく、皇太子に比べてそのイメージは地味なものであった。

一九二二年六月二五日、淳宮は成年式を迎え、秩父宮家を樹立し、秩父宮（淳宮）のイメージは第一の転換点を迎えた。その前日には、陸軍士官学校の級友とじゃんけんをする姿、テニスをする姿、自らの靴を磨く姿の三葉の写真が、翌日には成年式の御童服姿の写真と陸軍軍服姿で馬の顔をなでる姿の写真が掲載された。[21]

また、秩父宮の士官学校での生活も紹介された。それは皇族舎に起居する以外は一般学生と同じで、午前五時起床、六時朝食、八時から午後四時まで学課、九時就寝で、銃の手入れから靴磨きまで自分で行う。食事も一般学生と同じで、一日四十何銭の食事を共にとる。運動の面では、馬術は一〇歳前から行っているので他の同級生と比較にならない傑出した騎手である。野球・バスケット・テニス・円盤投げ・槍投げ・砲丸投げなどの陸上競技も一通り好んで行い、なかでもテニスは得意である。冬のスキーは青山御所の庭で習得、スケートは二、三年前に御所の池が凍った際に習得、板の間でローラースケートも行った。ボートも上手で自動艇も操縦し、水泳も葉山・沼津・猪苗代湖で習得した。山登りも好きで、昨年山形県の羽黒山を一気に登ったほどの健脚である。ゴルフは以前は行ったが、今はしない。大変度量が大きくて小さな物事にこだわらない性格で、運動もなるべく動的な新しいものが好みである。趣味は玉突きや魚釣り・網打ちも行うが、今は写真のみに熱心等である。[22]このように淳宮は成年式を経て秩父宮となるに際し、スポーツ好きで健康的で度量が大きく、士官学校でも特別扱いを受けず、厳しい質素な生活に十分耐える「平民」性を持った人物として描かれた。

以上のように、秩父宮は成年式を機にジャーナリズムに大きく登場した。しかし、その後しばらくは、士官学校を卒業し東京市の第一師団第三連隊に入隊したとか（陸軍軍服、写真あり）、一〇月中旬の富士裾野での演習中の陸軍軍服を着た写真など、[23]すでにゴルフや水泳中の写真まで掲載された皇太子に比べ、ジャーナリズムでの姿は地味であった。

それは、秩父宮（淳宮）が成年式前は陸軍軍服しか持っておらず、成年式の後一、二年の間に、ようやく背広やモーニングの通常服、フロックコートや燕尾服などの儀式服を一通り揃えたにすぎなかったからであった。[24]皇太子の裕仁は直接の軍隊生活を体験しないのに対し、直宮である弟の秩父宮や高松宮は、陸軍士官学校や海軍兵学校に入校して、将校養成教育を受け、将校になっても隊付や艦隊付勤務をするなど、他の皇族男子と同様に、一般の陸軍士官学校・海軍兵学校の生徒とほぼ同様の生活を送る。[25]このため、成年式前の秩父宮が軍服以外の服を持っていなかったとしても不思議ではない。後述するように、朝鮮国王の嗣子で韓国併合後に王族として遇された李垠《イ・ウン》《りぎん》（李王世子から李王）は、成年式の後も公式な場所に出る際は基本的に陸軍軍服で通した。このことを考慮すると、以下で述べるように、秩父宮が成年式の後に軍服以外の服を揃え、軍服以外の服で度々ジャーナリズムに登場するようになるのは、秩父宮の意思とそれを容認する宮内省の方針が反映しているといえる。

一九二二年一一月六日には、東京日日新聞社の新社屋が完成したことで、秩父宮（モーニングに中折れ帽）と李王世子（軍服）・同妃方子《まさこ》《パンジャ》（洋装）が、七日には久邇宮邦彦《くによし》王（陸軍中将、背広にソフト帽）と山階宮武彦王（海軍中尉、モーニング）・同妃佐紀子（洋装）が訪れた（いずれも写真あり）。秩父宮を含め李王世子以外の軍人男性皇族はすべて軍服以外の服で来場していることが特色である。[26]これまで、軍人の皇族は軍服で出かけたり写真に撮られたりするのが通例であり、東京日日新聞社という民間の行事への出席とはいえ、この変化は注目すべきである。軍関係や伝統的で重要な公式行事以外は、軍服以外の服装で出るというのは、すでに示したように皇太子が渡欧した後に広めた慣習であった。その後、一二月二八日に秩父宮（軍服でない）・高松宮（海軍軍服）が、新潟県でスキーの練習をするため上野駅を出発する姿の写真が掲載された。[27]

翌一九二三年三月九日になると、秩父宮が歩兵第三連隊で第六中隊の初年兵の教官として勤務している様子が、兵士との行軍写真と共に大きく取り上げられた（行軍の写真あり）。その記事では、中隊長代理の長野中尉の話として、秩父宮が初年兵教育を極めて熱心に行っており、他の中隊より教育が進んでいることや、初年兵の話として、就寝中肩が毛布から出ているのを注意したり、各班に新聞を貸し下げたり、宮自らは質素な生活をしたりしていることが報じられた(28)。これらは、職務に熱心で質素で、部下思いの親しみやすいイメージを提示しており、皇族の「平民」化イメージの一環といえる。

三月一〇日には、秩父宮は帝国劇場のクラシックコンサートに台臨した（久邇宮邦久王とモーニング姿の写真(29)）。四月一五日の新聞では、秩父宮は五月二一日から大阪で開催される極東選手権競技大会（極東オリンピック）の総裁就任を四月一二日に承諾し主催団体の極東体育協会に通知したと、報じられた。この問題は前年の一一月頃から運動の好きな秩父宮を総裁にすることが話題になっていたが、宮内省が宮の修養に大切な時期であるからとの理由で握りつぶし、容易には実現しなかったようである(30)。以上から、一九二三年三月から四月にかけて、秩父宮と宮内省の間で、皇族の「平民」化の一環として、秩父宮をジャーナリズムに登場させていこうとする合意ができたといえる。これは、この時期の秩父宮のイメージ形成の第一の転換点であった。

その後秩父宮は、四月下旬の学習院ボートレース（「運動の宮さま」との用語が使われる、陸軍軍服）、五月上旬の発明博覧会への行啓、五月下旬の極東オリンピックへの行啓（モーニング姿、写真あり）などと(31)、主に軍服以外の服装で、スポーツや文化を好む宮としての存在感を強めていく。

秩父宮のイメージの第二の転換点は、一九二三年七月下旬の日本アルプス登山である。秩父宮は、七月二三日夜新宿駅発の列車で、日本アルプス踏破の登山に出発した（登山服にパナマ帽姿でピッケルを持つ写真あり）。翌日朝、秩父宮は登山家の槇有恒《まきゆうこう》（一九二一年にアイガー東山稜の初登頂に成功）らの案内で、有明駅から歩いて六時間で中房温泉に着いた。これは普通より二時間も早く、槇らも宮の健脚ぶりに驚いたと報じられた（写真なし）。二五日は、強風を冒して燕岳の頂上に登った（岩場を登る宮の写真あり）。二六日は風雨の中を槍ヶ岳に登頂した（日本アルプスの大天井露営所で夕食の用意をする宮の写真）。二七日は天候がやや回復したが風がなお強く、二九日までに帰京の予定であるので、槇らの意見により穂高岳の縦走を中止し、槍沢の大雪渓で雪滑りを楽しみ、午後三時に上高地に到着した（二六日に宮らがロープにすがって槍ヶ岳の頂上に向け岩を登る写真[32]。図4）。

皇太子や皇族の登山の報道は皇太子の渡欧帰国後に登場し始めた。すでに見たように、秩父宮は一九二一年に山形県の羽黒山に一気に登ったことを、一九二二年六月の成年式の際に報じられていた。この他、二二年七月一三日に、「登山家」朝香宮が一九日に新宿を出発して日本アルプスに一週間の予定で登り、今秋からフランスに遊学する際はいよいよ欧州アルプスに登ることが記事になった（写真なし）。八月一四日に高松宮が福島県の磐梯山を踏破したことも報じられた[33]。すでに述べた秩父宮の二三年七月の日本アルプス行き（槍ヶ岳登頂）は、詳細な報道と困難な岩登りをする宮の写真などで、「山の宮」秩父宮の強健ぶりを印象づけた。それのみならず、これまで皇族の「平民」化と「健康」イメージ路線をリードしてきた皇太子以上に、その面における秩父宮の存在感を大きくしてしまった。

図4　「ロップに縋つて『槍』御登攀（二番目は秩父宮殿下，先頭は槇氏，殿下の次は御附武官）」（『東京日日新聞』1923年7月28日）

皮肉にも、秩父宮が日本アルプスを踏破している同時期、七月二七日から二八日にかけて、皇太子は富士登山を行っている。皇太子は須走口に車で着いた姿や山頂に立つ姿が写真に撮られ、掲載されたが（背広、ヘルメット帽、巻きゲートル。図5）、秩父宮の写真や動向の描写の記事に較べ著しく迫力を欠くものになった。登山に関し、皇太子と秩父宮の間でこのようなイメージの差異が生じたのは、皇太子が摂政として事実上天皇の代行をし、天皇に万一のことがあった場合、直ちに後を継ぐ責

図5　「銀明水から（御登山の報を伝書鳩に托して両陛下に送らるゝ東宮）」（『東京日日新聞』1923年7月28日）

任があり、冒険ができないことに加え、慎重でやさしい性格の皇太子と激しい気性の秩父宮との性格上の違いが反映したのであろう。また、宮内省が以上のことを前提に、「平民」化と「健康」イメージを皇太子よりも秩父宮に担わせ、天皇を継ぐ皇太子は秩父宮よりも落ち着いたイメージを保持することが望ましいと判断したからであろう。なお、この約一年後の一九二四年一〇月に、ドイツ大使が、天皇はあまり世間に近づかず、歴史的尊厳をできるだけ保持し、国民の神秘的な崇敬心が衰退しないようにすることが必要であると述べたことに対し、牧野伸顕宮相は、「心ある外人の感想として参考するに足る」と考えた[34]。このように、一九二〇年代半ばになると、宮内省の実力者である牧野は、皇太子のイメージは直宮の秩父宮とも区別し、過度の露出や激しい活動を抑制するべきであると考え始めたのである。

③天皇・皇后その他の皇族

大正天皇の心身状態は、一九一六、一七年頃より悪化し、その病状は一九一九年一〇月末から一二月にかけて国民に伏せることが困難と思われる状況に進展し、山下源太郎軍令部長が海軍観艦式の勅語を代読し、原敬首相が帝国議会開院式の勅語を代読した。そして一九二〇年三月の第一回病状発表の後、二一年一〇月までに四回の病状発表があり、一一月二五日に皇太子を摂政とした[35]。その後、天皇の報道はほとんどなく、一九二二年三月九日に、葉山御用邸に静養中の「聖上御脳の御悩みも日に増し御快癒」し、午前中は澄宮（四番目の男子、のちの三笠宮）の相手をし、午後は浜伝いに内苑を一時間半ずつ運動していると[36]、天皇の病状はやや快方に向かっているかのようなニュアンスで報じられた。これは事実と異なっているが、宮内省が天皇について少しでも明るいイメージを提示しようとしていることがわかる。このような状況下で、天皇は皇族の「平民」化イメージとは直接関係せず、「健康」イメージとは相反する存在となった。

皇太子・秩父宮に次いで皇族の中で存在感を示したのは、皇后節子《さだこ》（貞明《ていめい》皇后）であった。皇后は一九二〇年四月二〇日の新宿御苑の観桜会には最先頭に立ち、皇太子以下閣僚などを従えて通行した。また、皇后は五月三一日の戦艦「陸奥」（三万五〇〇〇トンで、この時までに日本で製造した最大の軍艦）の進水式に皇太子と皇子を同伴し、初めて臨席した。これらは病気になった天皇の代理を、皇太子とともに務めようとする皇后の意志を示していた(37)。一九一二年七月、明治天皇が病気で倒れた際、軍務関係の裁可は皇后（美子《はるこ》、のちの昭憲《しょうけん》皇太后）に上奏して得、陸海軍関係の諸学校の卒業式に差し遣わされる武官は皇后に報告した(38)。このように、摂政が置かれていない場合は皇后が天皇の代行を行う慣行が明治期に形成されていた。したがって、大正天皇の病状が悪化すると、貞明皇后は政情を気を張って観察していたはずである。

一九二一年一一月四日に原敬首相が暗殺された際も、翌日牧野伸顕宮相は皇后に拝謁し、事件について説明し、いつもながらの「御聡明」に驚いた。元老は最終的に後継首相として高橋是清蔵相を推すことに決め、一三日、高橋に「台命」があった(39)。この時天皇の病状は悪く、摂政も置かれていないので、皇后が、元老の推薦に従い、「台命」を下し、天皇の代行を行ったことは間違いないであろう。

この皇后の存在感は、皇太子が摂政になっても継続した。一九二二年三月二三日には、皇后は門司港から軍艦「摂津」に乗り、第一艦隊の陣形運動を視察し、山下源太郎軍令部長に種々の質問をした。二四日は高松宮が兵学校で学ぶ江田島へ行啓、夜は将校集会所で砲口製作実況その他数種の活動写真を見た(40)。四月一六日の新宿御苑の観桜会では、皇后（洋装）を真ん中に、その左に英皇太子エドワード（軍服）・皇后の右に皇太子裕仁（陸軍軍服）の三人が先頭に立ち、他の臣下を従えて歩いた(41)（図6）。以上の皇后の行動は、女性の皇位継承が法的に不可能に

図 6　「お三方お揃ひで（きのふ新宿御苑にて前列右より英皇太子殿下，皇后陛下，摂政宮）」（『東京日日新聞』1922 年 4 月 17 日）

なった近代の天皇制の制度的枠となじまないものである。それはむしろ夫が病気で倒れた際に妻が中心となり息子が一人前になるまで家業を見るという、国民の間の慣行に共通するものであり、また皇后（女性）ながら天皇（男性）の行為の一部を代行している点で、皇族の「平民」化と関連するものであった。

この他、皇后は大正天皇の看病に尽力していることや、春秋二季には貧民救済のためその関連の病院・学校・工場に行啓し、東京市の本所・深川等の貧民窟には側近を派遣して実情を報告させたりし、お手許金の下賜をしていることが報じられた。また、一九二二年一〇月六日には、皇后が納采の儀の終わった良子女王を宮城に召し、良子に「あふるゝばかりの御愛情」を示したとの記事が出た。[42] 皇后は、病気の天皇を看病し、恵まれない人々をいたわり、息子の婚約者にも愛情を示す、優しくしっかりした「国母」であるとのイメージが、宮内省公認下でジャーナリズムによって提示されたのである。そこには、皇后が良子女王を皇太子妃とすることを好んでいないという事実は、わずかでもイメージ化されなかった。

貞明皇后と並び、久邇宮良子女王もジャーナリズムで存在感を示した。一九二二年九月二八日の納采の儀（皇太子との結婚の約をする儀式）に関連して、良子自作の歌「雀」の筆跡が新聞の写真で公開され、久邇宮家に参向した小早川四郎侍従次長は、「女王の崇高さ」は何とも申しようがなく、「御性質といひ御学問といひお美しさといひ、一点の申し分」がないと談じた。また、新聞通信記者写真班が、参内しようとする父の邦彦王・同妃にカメラを向けた際、王が自ら「どこがよろしいのか、こゝか、階段をくだるか」と再三妃と位置を変えた「御平民振り」を、新聞は好意的に報じた。一〇月下旬には、良子女王は、侍女を国立栄養研究所に毎週二回派遣して、栄養学・献立等を熱心に研究していることが報じられ、納采当日のトキ色の「極めて清楚な」ローブ・デコルテを着た良子の写真も掲載された。(43)

すでに述べたように、一九二三年一月一日の年頭の新聞に、モーニング姿の皇太子とローブ・デコルテ姿の良子の写真が並んで掲載されたのは、二人の婚姻が近い時期に確実に行われることをイメージさせた。

一九二三年五月一日には、良子の帽子をかぶった洋装の上半身の写真とともに、久邇宮が東京日日新聞社に秋の皇太子・良子の婚姻の記録を「活動写真」にすることを依頼したことや、撮影日の記録として良子の日常がかなり詳しく報じられた。それは、㈠ピアノの練習日に自宅のピアノ室で指導の先生の下で、ベートーベンのソナタを弾奏、妹や学友とともに「朗かなソプラノ」で合唱し、㈡「建物は日本式のわれ〳〵の住宅と少しも異ならぬ」「質素なる御学問所」でフランス語の稽古をし、㈢居間も調度はいずれも質素で、良子は日常の召し物など自分で裁縫するのであろうと思われ、㈣良子は妹を相手に玉突きを雨の日の運動としてするようで、とても上手であり、㈤大広間には美しい雛が飾られ、島津家の定紋のついた大名行列の人形もある、㈥邸内のテニスコートでテニスをした際は、良子は赤い麦藁帽にセーラー軍服に似た軽快な服を着、ラケットを軽々と握り、機会を狙って「随分強い球」を打ったこと等である。(44)

五月九日には、七日に良子が伴の者に雨傘をさしてもらって泉山御陵へ向かう写真（コートを着た洋装）が掲載された。六月一三日には、良子の笑った写真（洋装）とともに、一一日に良子が母・妹らと赤坂離宮を訪れ、婚約後初めて皇太子と対面し、皇太子の台湾行啓などを話題に打ち解けた話をしたことが、二二日には良子が久邇宮の姫として最後の記念撮影を和洋両装ですることが報じられた。八月になると、良子が久邇宮家で赤倉温泉に避暑に行ったことが、母や東伏見宮妃とともに写った写真つきで報道される。(45)

このように、皇太子・良子の納采の前後から婚姻に関連して、良子の記事が多くなるが、宮内省が皇太子妃予定者の記事をかなり抑制していたようで、後述する秩父宮妃となる前の松平節子（勢津子）と比べて記事は多くない。その内容は、質素で伝統を重んじ、栄養学・裁縫などを十分に身につけて家庭を守り、かつピアノやフランス語など西欧文化を理解し、テニスでかなり強い球を打てるように、「健康」的で「平民」的なイメージを示すものである。これも後述する松平節子の自由で自立したイメージと比べると、つつしみ深さと伝統も強調されており、明治以来の近代日本の上流階級の望ましい女性像の典型であった。

他の皇族に関しても、フランスで自動車事故死した北白川宮成久王がフランスで猟銃を持つ狩猟服姿の写真が、一九二三年五月三〇日に遺骨が東京駅に着く際に掲載され、久邇宮邦英王が故北白川宮作の「野砲兵三連隊の歌」をピアノで演奏する記事（学習院の制服姿）がある等、時折記事が出た[46]。しかし、これらは、軍人の皇族でも軍務以外では軍服以外の服装で登場するようになるという、これまで述べた特色の枠内にあり、特に強いイメージを形成するものではない。

④王公族――朝鮮の日本帝国への包摂問題

一九一〇年の韓国併合によって、独立国であった韓国の皇帝や皇族および有力政治家や国民に、どのような法的地位を与え、どのように処遇していくかということが、日本の課題となった。これらには、朝鮮人の独立運動を抑制する問題のみならず、日本人に韓国を包摂した日本帝国についての道義的な面も含めて誇りを与える問題も関連していた。旧韓国皇帝や一部の皇族は併合後、王公族として遇せられ、王族には旧韓国皇帝とその配偶者と子、公族には一部の皇族とその配偶者と子が遇せられた。その後、一九二六年の王公族軌範の成立で、最終的に、王公族は皇族に準ずるものとして位置づけられるようになった。しかし他方で、伊藤博文・明治天皇に見られたような、多元的文化の価値に寛容な日本帝国を作る可能性は一九二〇年代半ばまでになくなり、しだいに日本への強引な帰属が強調されるようになる。[47]

ここでは、皇太子渡欧後の時期に、宮内省が日本人に日本帝国の道義性への確信を与え、帝国へのより大きな忠誠心を育成するため王公族をどのようなイメージで日本国民に受け止めさせようとし、ジャーナリズムもそれに対して、どのようなイメージで王公族を報道したのかを、王公族側の意思も考慮しながら簡単にみていきたい。

一九二二年一二月五日、皇后は学習院初等科に行啓した（洋装の写真）。この日の行啓は、二三年四月から第四皇子の澄宮（後の三笠宮）が入学するので、学事奨励の意味から行われたものである。その際五年北組の教室に入り、熱心に鉛筆画を描いている李勇吉《イ・ヨンギル》（李堈《りこう》《イ・ガン》公の庶子、朝鮮名は李鍵《りけん》《イ・グン》）に特に声をかけて激励した。李勇吉は、「絵はお好きですか」と皇后に突然声をかけられて胸が一杯になり、やがて嬉しさのあまり涙がこぼれ、「東京に来て今日程嬉しかったことはありません」と話し、陸軍幼年学校から陸軍士官学校に進み、騎兵将校になる希望を述べた。[48]この記事は、皇族の子弟が数多くいる学習院初等科において、皇后が公族の正妻の子でない李勇吉に特に声をかけたことで、一面で天皇の代理的立場も果たしている皇后が、日本人と朝鮮人の融和を気にかけているイメージを示している。また、李勇吉が皇后の言動に感動し、陸軍将校になる希望を述べた記事を掲げることで、朝鮮の日本への包摂が進展しているイメージを表した。

同年一二月二七日には、王族である李王世子（陸軍大学校生、陸軍中尉）と同妃方子《まさこ》《パンジャ》（梨本宮の長女）の間に八月一八日に生まれた長男の李晋《りしん》《イ・チン》の写真が掲載された（一二月二三日に李王家に発送されたもの）。方子は宮家の多年の慣行を破り、自ら哺乳するなど愛情もひとしお等という記事も含め、[49]日本と朝鮮の融合を（朝鮮の日本への包摂）をイメージしていた。

一九二二年四月二三日から李王世子・同妃は、李晋を連れて朝鮮京城に行き、李王（純宗）と対面することになり、前日に皇后に暇乞いに参内した際の写真が、新聞に掲載された（李王世子・同妃と梨本宮妃伊都子《いつこ》の写真）。また翌日には、乳母に抱かれた李晋の写真が載った。注目すべきは、二八日に李王世子・同妃・晋が李王に対面する前に、李王世子・同妃とも朝鮮の大礼服に着替え、朝鮮の慣習によって対面の式が行われたことである。新聞は、「方子妃殿下の朝鮮大礼服姿は実にうるはしく拝せられた。李王殿下と方子妃殿下の間には別にお物語りはなかつたが、無言の裡に何ともいへぬ情味が流露した、殊に晋殿下を御覧になつた時李王殿下のおよろこびはうれし涙があふれるやうに拝された」[50]と、方子の朝鮮の慣習への配慮を好意的に見、朝鮮の日本への包摂がうまく展開しているかのようなイメージを示した。

しかし、李王世子と梨本宮方子の結婚式は、一九二〇年四月二八日、東京市で日本式に準ずる形で実施され（李王世子は陸軍中尉の正装、方子は皇族女子の結婚式には袿袴姿（十二単）の式服を着用するのが慣行であったが、ローブ・デコルテ着用という洋装）、李王（李坧《りたく》《イ・チョク》）は参列しなかった[51]。方子が朝鮮人でなく、日本人であることも含め、李王をはじめ朝鮮側の喜ぶところではなかったはずである。その状況下で、李王世子・同妃らが朝鮮から帰る直前の一九二二年五月一一日、李晋は「急性消化不良」で急死した。方子の母の梨本宮妃は、方子が李王世子と婚約すると、嫌がらせの電話、電報が後を絶たなかったことから、「毒殺以外に考えられません」と回想している[52]。

李晋の葬儀は、五月一七日に京城で実施され、晋は旧韓国親王の正装で納棺され、李王世子は陸軍中尉の軍服、方子妃は黒の喪服を着用し、葬儀・葬列は「純朝鮮式」であった。新聞は十数万の群集が集まり、「成功」であったと評価した[53]。大きな混乱がなく「成功」と評価できた第一の要因は、国葬でなく、朝鮮風に葬儀を行えたからである。第二の要因は、李太王（李熙《りき》《イ・ヒ》）の国葬が日本式で行われたことが、一九一九年に三・一運動を誘発した一つの原因となった反省から、朝鮮側を不必要に刺激したくないとの宮内省・朝鮮総督府側の慎重な姿勢があったからであろう。

なお、もう一人の公族の李鍝公は、二三年八月七日に、同日朝鮮に帰る予定として、机の前でくつろぐ写真が掲載され[54]、日本が王公族を大切にしているイメージを多少加えたが、特に存在感はない。

（2）皇族の「科学」化イメージの萌芽

すでに見たように、皇族の「平民」化イメージは皇太子の渡欧以来進展するが、「科学」化イメージの展開はそれより少し遅い。その早い表れは、一九二二年二月二七日に、毎年の御講書始は、従来は和漢洋の学をほとんど同一の顔ぶれが代わる代わる隔年に進講していたが、帝室制度審議会の岡野敬次郎博士（中央大学学長）を委員長とする特別委員会で審議の結果、来年から従来例のなかった科学も、和漢洋の三学の一つとして進講することになると報じられた[55]。

一九二三年五月には秩父宮、閑院宮、同寛子・同華子の両女王が東京市での発明展を見学した[56]。また、すでに述べたように、「飛行機の宮様」の山階宮武彦が『科学知識』という民間の雑誌に、軍用機についての原稿を執筆した。これは皇族の「平民」化のみならず、これからは科学の時代であり、皇族が国民に率先して科学に関心を持つべきであり、現に持ちつつあるという、皇族の「科学」化へのイメージを示している。

2　関東大震災と皇族イメージの再統制

（1）震災後五カ月の非常時イメージ

①震災発生

一九二三年九月一日に関東大震災が起きると、九月二日には京浜地区に戒厳令が施行され、戒厳令司令部（軍）の支配下に入った。翌三日、天皇は御手許金一〇〇〇万円を罹災者へ下賜することを命じる。一二日には、大震災に対し、速やかに帝都東京の復興に努めよとの「大詔」が天皇と摂政の名で各大臣の副署をつけて出された[57]。これは摂政（皇太子）・皇后・宮内省当局や山本権兵衛内閣の意向であろう。

皇太子と良子の婚姻は一一月下旬の予定であったが、九月六日の新聞には、皇太子から婚姻延期の意向が出され、牧野伸顕宮相以下は山本権兵衛首相ら閣僚と相談の上、天皇の判断を仰ぐことになったと報道された。こうして、九月一九日に宮内省は婚姻を一時延期し、翌二四年一月下旬から二月上旬の間に実施することに内定したと発表した。また二三日の新聞には、主馬寮車庫が全滅したため用意した儀装馬車が破損したので、婚礼の儀装馬車は明治神宮宝物館に陳列してある憲法発布当時に天皇・皇后が用いたものを使い、「万事御質素」の趣旨で行うことになるとの方針が報道された（結局、一〇月上旬に自動車を用いる方針となる）。また一〇月上旬には、皇后の強い意向で、婚姻の費用を大幅に節約して罹災者に対する社会事業奨励金に流用し、皇太子や良子の調度も新調せず、三日にわたる大饗宴も中止することになると報じられた[58]。すなわち、大正天皇の重病中に関東大震災という未曾有の困難に直面し、皇后がかなり重要な役割を果たしながら、摂政（皇太子）・宮内省・内閣の相談で、皇族の対応が決められた。それは、多額の下賜金を下して罹災民を助ける一方で、皇太子と良子の婚姻を延期し費用も節約して皇族と国民との一体感を維持しようとするものであった。

摂政である皇太子は、当然のことながら皇族の中心となって被災地を巡啓した。九月一六日には、一五日に摂政が馬に乗り東京市中の被災地の状況を視察したことが報じられ、上野公園で陸軍軍服を着て、後藤新平内相・福田雅太郎戒厳司令官・奈良武次東宮武官長・宇佐美勝夫府知事・永田秀次郎市長・湯浅倉平警視総監らと一緒にいる写真が掲載された[59]（図7）。この写真は、関東大震災以降、天皇・皇族の最も早い時期の写真で、大元帥である天皇に代わって、摂政が戒厳令下にある東京の治安と復興に尽力しているイメージを示した。

その後も摂政（皇太子）は、九月一八日（避難した多くの人が焼死した被服廠跡など）、一〇月一〇日（横浜市・横須賀市・海軍少佐の通常装の写真）、一〇月一三日米国寄贈の兵站病院（麻布の高松宮別邸建設敷地内、陸軍少佐の通常装の写真）等の視察記事で報じられた[60]。

震災当時、皇后は日光の田母沢御用邸にいた。九月一一日、新聞は皇后が宮内省や戒厳司令部からの震災の被害の情報を毎日待ち兼ねているほど気にし、罹災民の救恤等に関して色々な下問と注意をしているとの記事を載せた。また、食糧欠乏についても知り、毎日の自らの食事の数も減じるように担当の者に述べたり、罹災民中両親その他に死別した孤児や扶養者を失った老人の数を下問する等、心を悩ませているとも報じられた[61]。

九月二九日、皇后は日光から上野駅に着くと、直に上野の宮内省巡回救療班を訪れ、次いで三井慈善病院や宮城外苑一帯の罹災民のテント生活を視察、宮城に帰った。その後休む間もなく、参内した摂政・秩父宮と、罹災民・傷病者の救恤・救護並に帝都復興に関する種々の対談を行ったことが記事となった（洋装で廃墟の上野を歩く写真）。

一〇月三日には、㈠皇后が二日に伝染病研究所・済生会病院・東京帝大病院などに行啓し罹災傷病者を見舞うなど、前後三日間の巡啓で、罹災傷病者の収容されている主な病院と本所・深川・浅草をのぞく罹災各区を途上巡視し、㈡皇后の心痛いよいよ深く、当局に罹災民に対する万全の処置と帝都復興に関し官民一致協力するようにとの言葉があったことが報じられた。一一月六日には、五日に皇后が横浜へ行啓し、赤十字・済生会等の仮病院に「罹災〔傷脱ヵ〕病者」の慰問をし、廃墟の横浜を視察し、駅頭で奉迎の罹災民が一斉に「万歳」の歓呼をしたとの記事が掲載された（焦土の横浜を視察する洋装の写真[62]）。

また、一一月三〇日、皇后は「又も病院に巡啓」と罹災傷病者を病院に見舞い、被服廠跡に遭難者の霊を弔い（被服廠跡の納骨堂前の洋装の写真）、一二月七日、明治神宮へ帝都復興を祈願した。これ等も記事になった[63]。

以上のように、皇后は大震災という、天皇が病中での未曾有の

図７「災害御巡視の/摂政殿下（きのふ上野公園にて，向つて右から永田市長，湯浅総監，宇佐美知事，後藤内相，福田戒厳司令官，奈良東宮武官長）」（『東京日日新聞』1923年9月16日）

危機に直面し、積極的に罹災民を慰問し、また救恤・救護についての発言を天皇を代行する形で行い、それらが「国母陛下」が罹災民のことを非常に心配しているとのイメージで報じられた。大震災に際し、皇后の存在感は、摂政である皇太子に優るとも劣らないものであった。

他の皇族・王公族についても、大震災直後の山階宮武彦王妃佐紀子（鎌倉）など皇族の罹災死亡記事に続き、秩父宮が六日午後に約五時間にわたりトラックに乗って、東京市の本所・深川を視察したとの記事が掲載された[64]。これは皇族関係者の最も早い視察記事であり、前節でみたように、震災前から登山などで活動的なイメージで報じられている秩父宮らしい記事であった。しかし、この記事の後、秩父宮の活動は特に目立った形で報じられていない。

九月一〇日には、陸軍大尉の軍服を着て戒厳司令部を見舞う李王世子の写真が掲載された[65]。この写真や行為は大震災下の朝鮮人虐殺事件で生じた日本人と朝鮮人の亀裂を緩和しようというねらいがあったと思われる。しかし、朝鮮人への襲撃に関し、王世子・同妃にも危険が及ぶ恐れがあるとも考えられた。そこで王世子・同妃らは約一週間、宮城内の宮内省前に張られたテントで避難生活を過ごしたほどであった[66]。李王世子が国民の前に出る場合、常に日本陸軍の軍服を着用し、同妃と共に示してきた日本と朝鮮を融和させようと努力しているイメージは、関東大震災の甚大な被害と混乱の中でまったく無力であったのである。

一二日には、夏に入ってから赤倉温泉に避暑で滞在中の久邇宮良子女王が、生活を質素にし、白米など救援物資を東京に送ったり、見舞いの衣装を自ら縫っていると、一七日には一五日に各宮家が救恤金五〇万円を下賜したと、二四日には二三日に良子らが帰京したことが報じられた（和服姿の写真）[67]。

一〇月に入ると、久邇宮妃俔子《ちかこ》が東京日日新聞社の巡回病院を慰問し（和服姿の写真）、閑院宮邸で米国赤十字団の招待会が行われ（陸軍軍服姿の閑院宮を中心とした写真）、竹田宮妃・東伏見宮妃・東久邇宮妃が横浜の震災地の慰問をした（竹田宮玄関前での和服姿の写真）等が報じられた[68]。

これら摂政・皇后以外の皇族の大震災への慰問等は摂政・皇后の行為の枠を出るものでなく、それらを補完する役割を果たすが、特に強いイメージを与えるものではなかった。秩父宮が震災前と比べ強い存在感を示さないのは、大震災の危機に際し、皇后・摂政・宮内省の間で、皇后・摂政が中心となって困難を乗り切ろうとする暗黙の了解ができていたからであろう。

②皇太子裕仁・良子の結婚ムード醸成の発端

図８　「スカールを漕ぐ秩父宮（きのふ荒川にて）」（『東京日日新聞』1923年11月23日）

秩父宮に関し、注目すべきは、荒川でスカール（一人乗りボート）を漕ぐ宮の写真（一一月二二日撮影。図８）が、キャプションと共に一一月二三日に七面右上にかなり大きく掲載されたことである。キャプションの内容は、㈠運動の好きな秩父宮は「壮快なスカール」の練習を思い立ち、時折お付武官を相手に芝離宮の池で熱心に練習を積んでいた、㈡昨今漕法もひじょうに上達したので、昨日午後一時に尾久の学習院艇庫から新造のスカールを浮かべ、「オールさばきもあざやかに」荒川の上流に出て往復三時間漕いだ、㈢夕暮れ近く汗にぬれたユニフォームを背広に替え、五時頃帰邸したことである。[69]

大震災以来、秩父宮は軍人の男子皇族の中で、軍服以外で新聞の写真に登場した最初の皇族であり、自らスポーツを楽しむ皇族の報道も、震災後初めてであった。[70] 関東大震災は多大の犠牲者を出した悲惨な事件であったが、いつまでも国民にスポーツや文化・娯楽を自重するイメージを流し続けることは不可能であるばかりか、復興にとっても大きな障害となる。また翌一九二四年一月下旬から二月上旬の間には、皇太子と良子の延期された婚礼が予定されており、その慶事と矛盾しないムードを醸成するためにも、震災でのスポーツ・文化・娯楽自粛ムードを緩和することが必要であった。摂政（皇太子）がその先頭に立つことは罹災民の反発の可能性を考慮すると少し危険であった。秩父宮は、そのイメージが国民の間に摂政に優るとも劣らないほど強いインパクトを持っていた。そこで、慶事と矛盾しないムードを醸成する役割に最もふさわしいのが秩父宮と宮内官僚の間で考えられ、皇后や摂政も少なくとも暗黙の同意を与え、秩父宮はその役割を自ら承知したのであろう。

その後も、一一月二三日に女子学習院出身者の常磐会の震災救援バザーで久邇宮良子女王らが出展品を買ったり（和服姿の写真）、一二月上旬には、皇太子は罹災民を思い避寒を取り止めるので、良子女王も婚姻までに震災によって生じた学科修得の遅れを取り戻すためと罹災民に配慮し、避寒を取り止めたりした記事が掲載された。[71] このように、秩父宮がスカールを漕いで楽しむ記事が出た後も、皇太子や皇族が罹災民を気遣う記事が続いた。

しかし、それらと並行し、摂政（皇太子）等のスポーツや文化・娯楽に関する記事も登場するようになった。例えば一九二三年一二月四日には、㈠皇太子は震災後罹災民の心情を慮り、最近は日曜日だけ新宿御苑に行啓し運動する外、一切の催しを遠慮してきた、㈡しかし、宮中の側近は皇太子の健康のことを心配し、皇太子が興味を持ちかつ能力を持っているスキーを勧めることになり、明年一月一〇日前後に一週間の予定で赤倉温泉辺りへ行くことになるだろう、㈢皇太子はスキーは一昨年富士の麓で練習し大変上達し興味をもっているように思われること等の記事が出た（写真なし）。[72]

また一二月二二日には、摂政は二三日午前一〇時に赤坂離宮を出門し、新宿御苑に行啓しゴルフ等の運動をする予定との記事が載り（写真なし）、二七日の虎の門事件の後にも、午後三時から皇太子・秩父宮・高松宮の三人は、赤坂離宮内のテニスコートで、白シャツ白ズボンの運動服で西園寺八郎御用掛らを相手に四時過ぎまでテニスを行ったと報じられた（写真なし）。その前日の二六日に、高松宮が宮内省主馬寮自動車部に来て、イギリス製オープンカーで熱心に運転の練習を行ったことも、翌日の新聞の記事になった（写真なし）[73]。これらの記事には、皇太子の写真が掲載されていなかった。その理由は、罹災民を慮り、天皇となる皇太子（摂政でもある）は、秩父宮に比べ慎重に露出させようとの配慮があったからであろう。

さて、年が明けて一九二四年になると、山本権兵衛内閣が虎の門事件で倒れる政変の中でも、皇太子・良子の婚儀にむけてのムードが高められていく。

一月一日の新聞では、皇子傅育官《ふいくかん》が、皇太子は「非常に剛毅」でかつ「寛仁大度の徳」をもっており、理科・博物についての趣味があったと語った記事が出た[74]。その後の他の史料から見て皇太子は、むしろ真面目で几帳面で、他人へのきめ細かい配慮をする一方、細かいところまで気にするところがあり[75]、「剛毅」な性格とはいえない。しかし、虎の門事件の後でも「平素と変わらぬ殿下の御態度[76]」や、すでに述べたように平然とテニスをしたことが報じられた。このように、宮内当局では、皇太子について「剛毅」な性格のイメージを広めたかったのであり、そのような性格の皇太子になることを期待していたのであろう。

また皇太子裕仁は摂政として二度目の陸軍始観兵式（代々木練兵場）に、一九二四年一月八日臨んだ。皇太子は陸軍中佐の正装で、黒毛の馬に乗り、近衛師団・第一師団などの将兵一万を閲兵し、「英姿颯爽」、「観衆一同感涙にむせぶ」等と新聞に報じられた[77]。

一月五日には「良子女王の御日常」として、良子のことが報じられた。その内容は、㈠ピアノの教授を担当している東京音楽学校教授神戸絢子の話として、ピアノの天分が豊かで、ベートーベンやショパンの曲そのものをよく了解し上手に弾く、合唱をする際の声も澄み渡り音量も豊富でやわらかみがたっぷりであり、㈡スポーツが得意で特にテニスは最も得意で、テニスを指導している熊谷一弥の話として、練習振りはあくまでやさしく外にはずれた球など自ら拾い、競技でコートに立つと、まわりの者が休息を勧めるまでやめず、体力がいかに壮健かを推察できるというものであった。記事には、妹と合唱する姿と散歩をする姿、ピアノを弾く姿（いずれも振り袖）、テニスのサーブをする姿（セーラー服）の四枚の写真がついていた[78]。ここでも良子は西洋文化を理解し、テニスなどスポーツの上手な健康的でやさしい女性としてのイメージで報じられた。

一月六日には、婚儀が一月二七日になったことが報じられ（実際には二六日に実施）（良子の机に向かう着物姿の写真あり）、一〇日には婚儀の儀服や調度のことや（写真あり）、良子が種痘を受けたことが記事になるなど、一月二六日まで婚儀関連の記事が度々掲載された[79]。こうして大震災の悲惨な記憶に代わって、「各区とも質素に心をこめたお祝ひ（一月二二日）」という形ではあるが、婚儀のムードを作っていった。

なお、二六日の成婚当日の東京市民奉祝は、皇太子から大震災後のことであり質素にとの言葉があったので、東京市では四月に改めて奉祝デーをもうけ、市民こぞって祝うことにした。

（2）皇太子裕仁・良子の成婚後の非常時イメージの緩和

①皇太子裕仁・良子の「平民」化・「健康」イメージ

一九二四年一月二六日の婚姻の日、皇太子は陸軍中佐の正装で、良子は十二単を着て宮城での式に臨んだ[80]。皇太子の場合は明治天皇以来、近代天皇や皇太子は正装として陸軍軍服を着るのが普通であるので（ただし、海軍関係の儀式の場合は海軍軍服、軍事関係以外の儀式ではフロックコートを着る場合も皇太子渡欧後に増えてきている）、近代の新しい慣行に従ったものである。良子の服装は古来の伝統によっていた。

式の後、皇太子・良子妃は一緒に沼津御用邸に行き、一泊滞在し、二九日午後三時に東京駅に着き、赤坂離宮にもどった（往復の服装は、皇太子が陸軍軍服、良子が洋装[81]）。その後、二月二二日から三月一日まで、伊勢神宮・畝傍山陵ならびに伏見桃山御陵へ成婚報告の参拝のための旅に出た（服装は皇太子が陸軍中佐の正装、妃が洋装[82]）。ところで、三月六日に良子は皇太子妃として最初の誕生日を迎えたが、半年前の震災のことを考慮し、祝宴も参賀も一切取り止めることになった[83]。

一方、二月五日には、皇太子・同妃専用のテニスコートを赤坂離宮内に新設する工事に着手したとの記事が出た（写真なし）。五月四日にはこのテニスコートのコート開きが行われ、皇太子・同妃は「純白のユニフォーム」を着て、秩父宮・梨本宮規子《のりこ》女王とミックス・ダブルスの試合を行ったこと等が報じられた（写真なし）。三月一一日には、一〇日に摂政がホッケー戦を台覧したことが記事になった（ホッケー戦の写真のみで摂政の写真なし）。五月七日に、皇太子・同妃が栃木県那須野ヶ原と軽井沢に避暑に行くことを考えていると報じられ、三〇日には、夏に皇太子・同妃は、那須野ヶ原の松方公の別荘に行き、日光の天皇・皇后を訪問し、後に皇太子は奥日光の森林を踏破し、世界に二つしかない噴泉塔まで分け入ることを考えているとの記事も載った[84]。このように震災に配慮しつつも、皇太子・同妃も成婚の後は、スポーツ・文化・娯楽の面で自重するイメージを減退させていった。

この間、一九二四年三月一三日には、一二日に皇太子と同妃が宮城内の紅葉山御写真所で、それぞれモーニングとローブ・モンタントの洋装で、結婚後初めての記念撮影を行ったことが記事となった（写真なし）。これは、沼津御用邸の天皇・皇后に見せるためでもあった。五月二九日には、一五日に紅葉山御写真所で撮影された皇太子と良子の並んだ写真が掲載された。結婚後、初めて公開される写真の服装は、皇太子がモーニングの軽装で、良子が洋装であった（図9）。また二人の日常生活がそのキャプションになった。それは、㈠起床後お手水、お化粧の後、別々に御拝の間に入り、遙拝の後、食堂で朝食を取り、午前九時近く皇太子は御座所で、同妃は居間で新聞などを読み、㈡一〇時から皇太子は御政

図9　「このけだかき御姿よ」（『東京日日新聞』1924年5月29日）

務所に入り、昼食の後も午後一時から二時まで政務をみ、㈢午後二時から皇太子・同妃はそろって運動をし、日曜日ごとには晴天であれば一緒に新宿御苑に行啓するという、[85] かなりゆったりとしたものであった。

また、震災後の皇太子の写真が軍服を着たものばかりで、非常時のイメージを示していたが、宮内省で三月と五月に二回撮影された写真が、いずれもモーニング姿であったことが注目される。モーニングは、フロックコートに比べても皇太子の服装としては軽装であり、この公式写真は、皇太子・同妃に関わるスポーツ・文化・娯楽の記事と同様に震災直後の非常時が去りつつあることを意味している。それに加え、一九二四年初頭から始まった第二次護憲運動や、同年五月一〇日の総選挙で護憲三派が勝利し、陸軍も含めた官僚閥が没落し、政党内閣が復活することが確実になったことも反映している。軍服よりもモーニングが政党内閣や第二次護憲運動を象徴する「平民」的服装であったといえる。

もっとも、すでに述べた、皇太子・同妃のスポーツ・文化・娯楽に関する記事においても、皇太子や同妃がそれらを楽しんでいる写真は新聞には掲載されていない。これは、以下に述べる秩父宮の場合と異なり、皇后・皇太子・宮内省が、視覚に直接訴える影響力の強い皇太子・同妃の写真を避けようとする慎重な姿勢でいたからと思われる。

②非常時イメージの緩和役としての秩父宮雍仁とその他の皇族

すでに述べたように、関東大震災の非常時イメージが続く中でも、一九二三年一一月下旬には秩父宮が荒川でスカール（一人乗りボート）を漕ぐ様子が、写真付きで新聞に掲載された。このことは、皇太子・良子の婚儀にむけて非常時イメージを緩和するのに役立った。

成婚後、近衛師団・第一師団と学生の連合演習が、一九二四年三月一〇日の陸軍記念日に代々木練兵場で行われ、秩父宮らが強風下の砂塵をものともせず、眼鏡を真っ黄色にくもらせながら観戦したとの記事が掲載され（秩父宮と賀陽宮の陸軍軍服姿の写真[86]、秩父宮が軍務に励んでいるイメージが強調された。

その一方で、一九二四年四月一三日には、秩父宮が春雨の中でオリンピック予選大会を台覧したとの記事（レインコートを着て陸上競技を見る秩父宮の写真）が、一七日には、秩父宮は野球好きの澄宮（後の三笠宮）や賀陽宮と一緒に新宿御苑で、大阪毎日野球団と慶應義塾の試合を観覧したとの記事が載った（秩父宮・賀陽宮はレインコート姿、澄宮は学習院の制服の写真）。五月三日には、秩父宮・賀陽宮（いずれも背広姿の写真）らが、東京日日新聞社の電送写真の実験を見学したことが報じられた[87]。

また、すでに一九二四年四月二三日には、五月一一日頃に秩父宮一行が信州口から立山に登山するとの記事が出ていたが、五月六日に前日夜に立山へ上野駅から出発する秩父宮の写真が掲載された（背広姿）。五月一〇日には、足にゲートルを巻き、登山服姿でスキーを着けて登山中の宮の写真が、「スキー姿凛々しく雪を蹴って御登山の秩父宮」のキャプションと共に載り、同一四日には一三日午前九時二一分上野駅着の列車で秩父宮が帰京し、青山御殿で軍服に着替えて、麻布の三連隊に出動したとの記事が出た（写真なし）[88]。以上のように、秩父宮関係は、文化・スポーツ・娯楽の記事は震災前と同様に、写真つきで度々報じられた。皇太子と良子のそれらの記事が、写真を入れずに抑制されたものであるので、震災前の夏の登山姿で秩父宮が「スポーツの宮」としてのイメージを強めたことの延長で、そのイメージを定着させていった。

他の直宮はまだ成年式を迎えておらず、報道のされ方は地味であった。高松宮は、七月一五日に江田島の海軍兵学校を卒業すると、少尉候補生となり、ただちに練習艦隊の一員として三カ月の遠洋航海に出る予定で、摂政も卒業式に行啓することになっているとの記事が出た程度である（写真なし）[89]。澄宮は、三月下旬に、「優等」で学習院初等科二年を修了したことや、沼津御用邸で毎日のように野球の練習をし、二七日には宮の供奉員のチーム（宮が一塁手）と天皇・皇后の供奉員のチームとが試合をし、「散策中の聖上陛下にも陸橋の上から御覧相な」ったとの記事が出た（写真なし）。また、四月八日には、前日に皇后と澄宮が共に宮城にもどったとの記事が東京駅で列車ついては、すでに述べた。

同様であった。澄宮関連の記事でもみられるように、天皇の病状は特別に悪いわけではないとのイメージの記事はこの時期でもあった。それによると、一九二四年三月一六日には宮内省から、一九二三年一〇月以来初めて公式に天皇の容体の発表があった。それによると、一九二三年に「葉山御用邸に御避寒中、一般の御容体御良好にあらせられたが、初夏のころから軽微の腎臓炎にかゝらせられ、御静養の結果、同病は漸次御快方に向かはせられ、御運動その他御起居はほゞ御平常に復せられるに至つた」[91]等である。

しかし、天皇の現状を示す写真は一切発表されず、国民には天皇の病状が悪くないとは信じられなかったはずである。右の三月一六日の発表に際し、二荒芳徳《ふたらよしのり》宮内省書記官が、「特に御病勢が進ませられたから公表になつたなど早合点をしない様にしていたゞきたいと存じます」と談話を発表していることも、国民の疑惑を否定しきれないと宮内省当局も感じていることを示している。

ところで、皇太子裕仁の婚姻を境に、震災の非常時が去ったこともあり、皇后はジャーナリズムにあまり登場しなくなる。それは四月八日に女子学習院卒業式に行啓し（皇后の乗った自動車の写真）、五月一四日に日本赤十字社第三二回通常総会（憲法記念館）に行啓し（洋装の写真）、一六日の愛国婦人会第二三回通常総会に行啓（写真なし）するなどが報じられた程度である[92]。これは、皇后が皇太子の成婚を機会に表に出ることを控えて行き、天皇の代わりに国民へのイメージの中心を果たす役を皇太子と皇太子を補完する秩父宮に譲っていこうと考えたからであろう。また、皇太子や秩父宮、宮内省当局も皇后の気持ちを感得し、暗黙にそうした方針を形成したものと思われる。

その他の皇族の存在感は皇太子・良子や秩父宮と比べると弱く、それらを補完する程度であるが、秩父宮と同様に、非常時イメージを緩和する役割を果たした。たとえば、一九二四年二月には「空の宮」の山階宮武彦王（海軍軍服）らが、また久邇宮邦彦王（陸軍軍服）と息子の久邇宮邦英王（学習院の制服）が日展に行き、久邇宮が二点の絵を購入したことが写真付の記事になったり[93]、山階宮藤麿王が東京帝大に入学したことが報じられたりした[94]。

注目すべきは、すでに述べたように秩父宮・賀陽宮らが東京日日新聞社が実験している電送写真を見学した以外に、五月三日に久邇宮邦英王（学習院制服）が染めた「東京日日」の字が電送されたとの写真付の記事が掲載されたことである（三日に一一人の皇族、三日に九人の皇族が見学、秩父宮ら以外は子供）。六日には閑院宮（元帥、陸軍軍服着用）が華子女王同伴で見学に訪れた[95]。これらのことは、本章1節で述べた、皇族が科学に関心を持ち、科学を奨励しているという、皇族の「科学」化イメージをも引き続き示している。

3　震災からの復興と皇族の「平民」化・「健康」イメージと「科学」化イメージの展開

（1）皇族の「平民」化・「健康」イメージの展開

①皇太子裕仁・良子の「平民」化・「健康」イメージの限界

〈成婚奉祝デー〉震災の打撃を克服し、精神的な立ち直りを示す画期となった行事が、一九二四年五月三一日から六月四日までの皇太子裕仁・同妃良子の成婚披露の大饗宴と、六月五日の東京市民の奉祝デーであった。後者に関し、六日に皇太子（陸軍軍服着用）と良子（洋装）は二重橋前の奉祝会場に台臨し、参集市民の万歳の歓呼を受けた（写真あり）。また、東京市内には六月五日から一〇日まで花電車が運転された[96]。

これらの祝賀行事に関連して、六月五日、東京日日新聞は社説でつぎのように論じた。それは、㈠本年一月二六日の皇太子の成婚と不可分の関係にある大饗宴は、国民の感情を顧慮した宮中の判断で延期されていたが、それもとどこおりなく終わった、㈡今日は東京市民が主催の奉祝会をはじめ全国で御祝いをすることになった、㈢「人倫の大本は一夫一婦の結婚であつて、皇室と雖もその他の形式を要しないといふに一致し、もはや何等の異論をはさむものがなくなつてきた」、㈣今度妃殿下を「皇族」中より迎えたことは、「竹の園生」（皇室のこと）の繁昌を証明するもので、いよいよお目出度き次第である、㈤徳川氏にたとえれば、摂政（裕仁）の治世は三代将軍家光の時代にあたるので、新しい企画のもとに、新しい意識をもって事にあたらなければ、動揺しない宏大な事業は成就することができないこと、等である。

注目すべきは、第一に、天皇家にも一夫一婦の結婚という「平民」化を求めていることである。普通選挙運動を推進した青年の自発的政治団体である青年党の中には、金にあかせて妾を囲っている者に、畜妾税を新設して課すべきであると主張するものもあった。[97]このように、一夫一婦（一夫一妻）制の主張は、大正デモクラシー運動と関連している。

第二に、皇太子の妃が皇族から出たことに満足していることである。少なくとも、将来天皇となる皇太子には、法令（皇室典範）の許す範囲の中でも最上の身分の家から妃を求めることが潜在的な期待としてあったのである。この点で、国民が皇太子や同妃に求める「平民」化は、急進的なものでないということが推定できる。しかし、国家一般の政策では、裕仁の治世となる時代に新しいものを求めている。これは、この時期に、『東京日日新聞』や『大阪毎日新聞』などの毎日系新聞、『東京朝日新聞』・『大阪朝日新聞』などの朝日系新聞の求めている普通選挙や政党政治などの政策等が含まれると思われる。

震災に配慮した種々な自重を、このように終わらせたのは牧野宮相ら宮内当局の方針であった。たとえば、皇后は皇太子成婚の大饗宴や東京市などの奉祝行事が終わった後も、バラック生活者に配慮し、六月二五日の地久節（誕生日）の祝を見合わせる意向であったが、六月一七日、牧野は「余り永く変体を続けるも人心に影響するところ面白からず」と地久節を実施するよう皇后を説得した。[98]

もっとも、皇太子・同妃のジャーナリズムへの露出は大饗宴後も二カ月の間は以前と同様であった。たとえば、六月一日に皇太子と良子は、前日の大饗宴の疲れもなく、午前一〇時二〇分からそれぞれ背広と洋装で新宿御苑に行啓し、運動服に着替え、「お好み」のゴルフあるいはテニスを楽しみ四時半に赤坂離宮に帰ったとの記事も、スポーツ姿等の写真なしで報じられた[99]。

〈皇太子裕仁・良子〉皇太子・同妃の報道での震災後の一つの画期は一九二四年八月上旬に生じる。八月七日には、六日に皇太子が猪苗代湖畔の翁島御用邸から鳥狩ヶ原に愛馬「初緑」（白い馬ではない）で乗馬の練習をしている写真が掲載された（皇太子はパナマ帽に乗馬服の軽装）。また翌日には皇太子・良子が馬車に乗り、皇太子が手綱を握り、鳥狩ヶ原ゴルフ場へ行く姿の写真が載った（皇太子はパナマ帽子にゴルフ着の軽装、良子は洋装[100]。図10）。このように、皇太子・同妃がスポーツ等で日常を楽しむ軽装の写真は、震災以降初めてのことである。皇太子・同妃の記事がようやく秩父宮の記事レベルまで緩和されてきたのである。

図10　「東宮両殿下御揃ひで（鳥狩ヶ原ゴルフ場へ）」（『東京日日新聞』1924年8月9日夕刊）

その約半年後の一九二五年一月一日の新聞に、「政務を御親裁遊ばさるゝ摂政殿下」とのキャプションで、モーニング姿で机の前にすわっている摂政の写真（机の上には、書類の冊子と玉璽箱）と記事が掲載された[101]。これは、護憲三派（第一次加藤高明）内閣が展開する状況に、摂政や宮内省が対応しようとし、新聞も軍服姿ではない摂政を歓迎していることを反映しているといえる。

また記事には、皇太子は、㈠摂政として政務多端の上に、㈡火・木・金の憲法などの定例進講の他、月（原文は日、月の誤りか）曜日にも道徳・思想・政治などの進講があるが、㈢乗馬・テニス・ゴルフ等もおこたらず、体力の錬磨につとめていることが描かれた[102]。これは「平民」化しながらも、政務や自己の学習と修養および健康に留意している皇太子のイメージを出そうというものである。

妃の良子については、㈠月曜日には皇太子と共に進講を聴講し、火・木・金は定例の学習をし、㈡趣味の一つとして編み物等を行い、㈢体育については、御所内の畑に野菜・草花等を栽培し天皇・皇后に献上したり、皇太子や自分の食膳用にしたりする等し、㈣また、皇太子とテニス・ゴルフ等に興ずることもあるということと報じられた[103]。良子には、自己の学習と修養および健康に留意している皇太子と同様のイメージの他、天皇・皇后に野菜・草花を献上するなど、尽くしているイメージが打ち出された。それは、中産階級以上の婦人の生活と類似している点が少なくない。その点で「平民」化イメージが展開しているといえる。

この時期に、妃の良子を印象づけるもう一つのイメージは、初めての出産であった。一九二五年五月七日に、最近の良子の写真つきで、東宮職から良子が懐妊し静養することになると六日に発表されたと報道され、一八日には、懐妊を確定し、磐瀬雄一東京帝大教授（産婦人科）が準備のため、宮内省御用掛に任命されるであろうと報じられた[104]。

六月一四日には、一一月下旬が出産期と予定されることや、一三日に助産婦が内定したことが記事になった。また、これまで日課として、国文・漢文・英語・絵画・ピアノ・ヴァイオリン等を修養していたが、体にさわりがないようにと、一週二回のフランス語以外は当分見合わせることになった等の私生活も報じられた[105]。その後、七月一日には御内着帯式が実施されたことが（久邇宮〔陸軍軍服〕と同妃〔洋装〕の写真つき）、一三日には良子妃は健康であり、葉山御用邸に避暑に出掛けたことが報道された。一三日の記事には、一面右上に良子の「純白のボンネットに薄茶の」洋装の写真が掲載され、「御薄化粧も一際美しく御乗車」、「道路の震動をさけさせらるゝ為成田屋模様の羽根布団を軽く背に負はせられて」、東京駅に向かった等と、行啓の様子が詳細に描かれた[106]。

九月一三日には、明一四日に一木喜徳郎宮相・関屋貞三郎宮内次官・珍田捨己東宮大夫・井上勝之助式部長官らの「宮内大官会議」を開き、良子妃自らの「お乳」で生まれくる子供を育てるという新方針を立てる予定との記事が出た。現皇太子裕仁誕生の際は、三カ月目に裕仁を川村純義邸に移したが、今回はその慣例を破り、良子妃の下で養育し、乳人は任命するが補助程度にするとの内容である。(107) こうした方針の転換は皇族を「平民」化しようという、摂政（皇太子）や妃の意向に宮内当局が同調したものであろう。また、すでに述べた良子についての詳細な情報提供も同様の意味をもつ。

一〇月五日には、同日に良子の着帯式が行われたことや、良子は「普通以上の御健康」で、出産予定は一一月末か一二月上旬であると報じられた（洋装の良子の顔写真、同年五月七日の写真と同じ）。一一月一日になると、震災の混乱で発表されずにあった、成婚直前の洋装の良子の写真と共に、良子が健康で「御慶びの月」を迎えるとの記事が出た。一一月三〇日にも、「待たるゝ御慶事」と題して、良子妃は今日も約一時間御苑を散歩したとの記事が載った。(108) このように、良子は健康で出産に向けて順調に進んでいるとのイメージが伝えられた。

この間、一一月二六日には、二人の乳人が決定し二七日頃までに宮城内の官舎に入る予定であることが報じられ、次のように天皇家の質素さが述べられた。それは、㈠生まれてくる子供の肌着は「下々とはかはらぬ木綿ものであ」り、その上に「白綿ネルの御襦袢、それによく銀座あたりの店に見うけらるゝモスリンの袷といったきはめて御質素なもので」、布団も、「表こそ白羽二重」であるが、裏は同じ白木綿と、「承るだに感激の涙をそゝるものである」、㈡皇太子の誕生の際にも、当局では羽二重仕立ての肌着を用意したが、当時の皇太子妃（今の貞明皇后）が赤ん坊の肌には木綿のものが一番よいと述べて、さらし木綿のものに取り替えられた、㈢それで、秩父宮・高松宮・澄宮も皆等しく質素に育った等の報道がなされた。(109) これらは貞明皇后が皇太子妃時代に実施し、それが受け継がれたものであるが、皇族の「平民」化と軌を一にするものであった。

一二月六日内親王が誕生し、一二日に成子内親王（称号照宮）と命名された。二三日には、照宮は「丸々とふとり」、「御人形のやうに可愛く」、良子妃も順調であると報じられた（写真なし）。東京日日新聞社では、照宮誕生を記念して、一九二六年一月一二日からこども博覧会を開催することになった。その前日、東宮職から珍田東宮大夫の話として、照宮は「主として皇太子妃殿下の御哺乳により御成長あらせられ、その発育極めて御良好にわたらせられ」等と報じられた。一月一五日には、一両日前に松井慶四郎駐英大使から、照宮の写真は日本と同様に英国においても発表されるよう英国民は切望しているとの意味の電報が宮内当局に達し、宮内当局はその要望を容れるかどうか検討中であるとの記事が出た[110]。以上のように、男子の皇孫の誕生を望む潜在的な期待にもかかわらず、照宮の誕生までの経過は、国民の間に、皇族と国民を近づける明るい話題を提供した。また皇族の側も、従来の慣例と異なり、皇太子妃が内親王を養育することで、皇族の「平民」化イメージをさらに拡大し、国民との絆を深めた。

ところが、このような内親王の養育方針は、倉富勇三郎のような国粋主義者に近い者のみならず、元老西園寺公望にも不安を与えたようである。皇后となった良子が一九二九年に再び懐妊し、親王の誕生が期待された同年六月二〇日、倉富枢密院議長は元老の西園寺を駿河台邸へ訪ねた。西園寺は、㈠先頃天皇に拝謁したとき、皇后の懐妊は誠に目出度く、殊に親王が誕生の上はその養育について特別な配慮が必要であることを申し上げ、天皇も承知した、㈡皇室の慣例として皇子や皇女は臣下に養育を命じられることになっており、昭和天皇の皇子時代まではその慣例に拠った、㈢昭和天皇の子供の内親王が誕生してから、天皇・皇后の手許で養育することになったが、これが果たしてよいことかそうでないか、㈣先日宮内省に行き牧野内大臣・一木宮相に対し現状に満足しているかと聞いたところ、いずれも満足していないと言ったことを述べ、どうしたものかと、倉富に尋ねた。倉富は、旧来のやり方の方がよいと思うと答え、西園寺も「どーも以前の方が宜しからんと思う、然し其実行は甚た困難なり」と、親王や内親王の教育を不安に思っている気持ちを示した[111]。

〈皇太子裕仁の不十分なイメージ形成〉皇太子・良子の成婚の大饗宴や奉祝会が開催されて以降、良子は懐妊ということで、右にみたように存在感を示した。しかし後述するように、秩父宮が一九二五年五月下旬から渡欧することに関連し、「スポーツの宮」としてのイメージと合わせて、「平民」的な強い存在感を示したのに対し、皇太子は必ずしもジャーナリズムの中心となるイメージを打ち出せなかった。

すなわち一九二五年七月二四日には、葉山御用邸に避暑中の皇太子裕仁は毎日の日課として水泳を行っており、二四日も午前九時頃約一時間、御用邸裏海岸で水泳を行い、良子妃は白砂を踏んで渚に立ち楽しげにそれを眺めたとの記事が出た[112]。しかし、すでに述べたように、二三年夏には葉山の海で泳ぐ摂政の顔の写真が掲載され、生身の姿も想像できたが、今回は写真もなく、刺激のない記事であった。

皇太子は、一九二五年八月五日から一七日まで樺太に行啓した。これは日露戦争の勝利で日本が樺太の北緯五〇度以南を領有して二〇年たったことを記念しての行啓であった。八月五日、皇太子は海軍中佐の「純白の通常服」を着て御召艦である戦艦「長門」に乗り、樺太へ向かった（海軍軍服姿で御召艦に向かう写真）。樺太では海軍の白い通常服姿で各地を視察し、一七日午前一〇時に、出発の際よりも、「一層と日にやけさせたまひ、極はめて男性的のお顔もいと凛々しく」横須賀港に着いた[113]（図11）。このように新聞は、皇太子の男性的なたくましいイメージを強調しようとしたが、樺太への初めての行啓とはいえ、全国民に皇太子を特に強く印象づける記事にはならなかった。

図 11　「横須賀御上陸の摂政殿下（お次ぎは久邇若宮殿下）」（『東京日日新聞』1925 年 8 月 18 日夕刊）

この時期に皇太子のイメージに関連し、皇太子が陸軍特別大演習を統監のため、一〇月一一日朝に上野駅を出発し、山形県・秋田県・宮城県を中心とした奥羽地方を行啓し、二五日に東京に帰った旅行も重要である。

奥羽行啓では第一に、一〇月一二日の行啓二日目に山形市で、摂政は、「小姓遊郭の芸妓三百余名が各櫓主に伴はれて人かげに陰れ拝観してゐる様を目ざとく」目にとめて、会釈をしたので、「かゝる恵まれた日を持つたこともないかの女等はひとしく有がたさに袖をあげて涙をぬぐうた」と、報じられたのが注目される。[114] 一九二二年夏の北海道行啓でアイヌの集落に行ったように（本章1（1）①）、社会で差別された人々にまで平等に接する「平民」的イメージを示した。また同じ記事で、「山形特有のモンペイ姿の県民」が集まり、「見なれぬ姿に殿下の御眼を驚かした」とあるのも、同様のイメージを示している。

この行啓に際し、宮内省は二荒芳徳伯（東宮職御用掛）を派遣して、地方民がどの程度「純ぼくな」奉迎をし「赤誠」を示しているか、行啓に関し当局の取締方針や宮内官・陪観者・近衛兵ら供奉員の態度に不平がないかを慎重に調査したことも報じられた。これは、「現下国民思想変遷に鑑み、皇室と国民の接触をはかり、国体の精神をば益々発揮せしめる厚き思召によるものである」という。[115] すでに前年の七月一一日に、牧野宮相は秩父宮との会見で、「人心悪化、皇室に対する不逞の輩の根本思想の激変の状況」を述べていた。[116] 牧野宮相ら宮内当局のみならず、皇太子自らが皇族の「平民」化を促進しないといけないと心配していたことも間違いないであろう。

奥羽行啓では第二に、皇太子が体調を崩してしまったため、陸軍大演習の重要な儀式である観兵式に出席できない等、皇太子の弱いイメージが少し出たことも注目すべきである。これは、七月の樺太行啓などで健康イメージの形成への努力をしたことに打撃を与えるものである。

すなわち皇太子は一〇月一九日からの陸軍大演習の初日には愛馬「初緑」（黒毛）に乗り統監する等、元気に活動していたが、二三日の夕刊一面には摂政の病気が報じられた。その内容は、摂政は、(一)二、三日来感冒の気味であったが二二日夜発熱し、体温が三八度二分になり、鼻咽喉のカタル並に軽度の胃腸症にかかった、(二)そこで二三日の観兵式並に賜宴には閑院宮に名代となるよう命じた、(三)二四日の金華山への行啓も取り止める筈である。同じ夕刊の一面には、「馬上の摂政殿下、大演習統監」のキャプションで、軍服を着た摂政が白馬に乗る姿の写真が掲載された。[117] これは白馬に乗る摂政の写真の最も早いものの一つであるが、木下道雄宮内事務官の「軍務に御熱心の余りからの御微恙」との談話にもかかわらず、大演習の重要な局面での摂政の風邪での休養により、颯爽としたイメージを形成しようとする努力が傷つけられたといえる。

皇太子の病気は長引き、予定を切り上げ二五日に東京に帰った。一〇月二六日の新聞は、陸軍通常装で帰京した皇太子と、「御元気にて東京御帰京」と題した記事を載せ[118]、皇太子の回復ぶりを印象づけようとしている。

しかし皇太子は帰京後も病気がよくならず、二七日午前に予定された日本青年館開館式への行啓も中止となった。そこで、全国各府県の青年団代表らは同日午前一一時に赤坂離宮の広場に整列し、モーニングに茶の中折れ帽の軽装でバルコニーに出た皇太子に、拝謁した。その後も、皇太子は回復せず、一〇月三一日の天長節の陸軍観兵式への行啓も中止となった[119]。摂政は前年秋の金沢など北陸地方での陸軍大演習でも風邪を引き、一日だけ野外演習戦線の巡視を中止している[120]。しかし今回は、若くて元気な摂政に国民の期待が高まっていたにもかかわらず、病気があまりにも長引いたため、陸軍大演習の観兵式や天長節の観兵式という重要儀式への行啓を取り止めたのである。このことは皇太子の健康を気遣った宮内当局の方針であったと思われるが、明治天皇のように[121]やせ我慢をすることのない皇太子は、心身ともに強いというイメージをつくることに成功しなかった。

②秩父宮の「平民」化の徹底と強健イメージ

〈渡欧と妃選定問題〉すでに述べたように、秩父宮は一九二三年一一月から、スポーツ・文化・娯楽なども楽しみ、軍務や特別の公式行事以外は軍服にこだわらない服装をするというイメージでジャーナリズムにも登場するようになった。これは震災前までに形成されたイメージの延長であった。

皇太子の成婚を祝う大饗宴と同時期の一九二四年六月二日午後二時（二日の大饗宴は午餐会で午後一時頃に終了）、秩父宮は上野の現代フランス美術展覧会に行啓した。この展覧会はロダン作の「接吻」の展示が問題となり、それに麻布が被せられ、フランス大使が抗議するなど、話題となっているものであった。秩父宮が「接吻」を見たいと言えば警官も麻布を取らざるを得ないので宮の行動は注目されたが、案内のデルスニスのこうした「醜体」を見せる理由の言上に対し、宮は「苦笑」しながらしばらくじっと立ち止まったのみで、静かに立ち去った（背広姿の軽装で、覆いのかけられた「接吻」の前に立つ秩父宮の写真）。また七月二〇日には首相官邸に行啓し、裏庭に設けられた山岳用のテントや閣議室・大臣事務室を視察した（白い背広を着た宮の写真）[122]。このように、秩父宮は軽装で話題の美術展に行く等、自由な態度を示したが、警視庁の判断を覆すような過激な行動は取らなかった。

この時期の秩父宮の動向やイメージに関する新しい特色は、一九二四年八月九日に宮の妃の選定と宮の渡欧についての記事が初めて出たことである。これは、皇太子の成婚と大饗宴が済み、一段落したからである。その内容は、(一)一昨年六月に成年式を挙げた秩父宮の妃の選定に関し、このほど貞明皇后の内意を受けた牧野宮相は、関屋次官・大森鍾一皇后宮大夫・徳川頼倫宗秩寮総裁その他高官と選定の範囲について審議を重ねた、(二)その結果、従来は直宮の妃は、特別な場合を除く他、皇族もしくは五摂家の名門と限られていたが、これでは小範囲に局限されるので、皇后の内意に副う妃を詮衡するため、皇族および華族中の公侯伯子爵の姫君より選ぶことに決定した、(三)発表は多分明春早々で、成婚は二、三年後と拝聞する、(四)秩父宮は妃決定の後、明春五月頃約一年間の予定で「欧米各国」を見学、帰国の後に成婚、続いて陸軍大学校に入学するようにとの内議中であること等である[123]。

次に秩父宮の婚姻の記事が出るのは、五カ月後の一九二五年一月二一日である。それは、(一)五月に「渡欧」の途につく秩父宮が一月二〇日夕方参内し、皇后と晩餐を共にし一〇時まで「ゆるゆると」初春の一夜を歓談した、(二)皇后は近日沼津御用邸に行啓し、五月頃まで滞在するので秩父宮の洋行問題、妃の選定等について話されたと伝えられる、(三)妃については、「某女王殿下を初め、華族の姫方二十数名の候補者名簿を皇后のお手許に捧呈してあるから遠からず」選定があるだろう等との内容であった[124]。

この二つの記事の特色は、第一に秩父宮妃の選定を、従来の慣行である皇族・五摂家という狭い範囲から行うのでなく、華族の公侯伯子爵の娘まで広げて行うことである。これは皇族の「平民」化イメージを強めるものである。皇太子妃選定の際にこのような方針が記事になることなく、宮中で皇族（久邇宮）の娘を「内定」し、色覚異常遺伝因子問題で「宮中某重大事件」として、大問題となり表沙汰になったのに比べると、皇族の「平民」化を求める時代の潮流もあり、皇太子でない秩父宮で「平民」化がより徹底されたといえる。第二の特色は、皇后が中心となり、その内意を受けた牧野宮相が主導していると報じられたことである。第三の特色は、宮の妃選定が順調に進んでいるとのイメージを提示していることである。また第四の特色として、宮の妃選定は宮の渡欧と微妙に関係しているとのイメージが示されたことである。

秩父宮の渡欧の話は、一九二三年一一月一五日、パーレット駐日イギリス臨時代理大使が牧野宮相に宮のイギリス留学について質問したことが具体的な始まりである。牧野は秩父宮のイギリス留学を好意的にみていたが、一、三関係者の間に希望があるが、皇后や摂政・秩父宮等（「上つ方」との表現）には意向を尋ねたことがなく、今は未定という他ないと答えた。それはイギリス皇太子エドワードの希望でもあった。[125] すでに述べたように、エドワードは一九二二年四月中旬から五月上旬に日本を訪問しており、秩父宮のイギリス留学はその答礼の意味もあった。この話は、その後必ずしも速やかには進展しなかった。関東大震災や、そのため皇太子の婚儀が延期されていることを考慮すると止むを得ないことであった。

牧野宮相は一九二四年四月一八日に元老西園寺と会合し、「秩父宮御縁談」（史料中で内容不明）等の話をした。また翌日には、皇后に拝謁し「秩父宮御縁談」（内容不明）等の話を言上した。これは皇后の意向を知ることが目的で、皇后には異存がなかった。六月三〇日には、松平慶民宮内事務官（兼式部官・宗秩寮宗親課長）が、牧野宮相に秩父宮洋行問題の経過を内話した。牧野はこれまで多少心配をした点があったが、すべて問題がないというこ とがわかった。この件は松平が最初から熱心に尽力し、関係各方面の諒解を取り付けたのであった。牧野はこれ以上の進行については「取締り」と婚約のことを十分考慮して内定することが必要と考えた。[126]

七月一一日、牧野宮相は秩父宮の召しによって拝謁した。宮は洋行について牧野宮相の意見を問うたので、牧野はそのうちに実行して頂きたいと答えた。また、婚約は陸軍大学校に入る以前でも可能であるが、できるなら洋行に出発する前に済ましておくことが希望であると言上した。また、この件については摂政・皇后にも申し上げてい

ないので、単に宮の内意を伺っただけであることを承知してほしいとお願いした。(127)

秩父宮の洋行前に婚約内定というのは、次に示すように牧野宮相の考えであった。この一カ月余り後、牧野は皇后に拝謁した際、同様のことを皇后に言上し、了承を得た。しかし牧野は皇后の態度や言葉の上に、牧野などが感じていたほどの必要性を認めているかどうか判断がつかなかったので、二、三年後には人選の範囲が更に縮小され、適当な相手を見つけるのが一層困難となるので、洋行に出発する前に是非とも内定したいという意向を詳細に述べた。こうして牧野は、皇后がおおむね諒解したと受け取った。(128)

また牧野は、この会見で皇后に秩父宮の洋行についても提議したが、皇后は特に意見がなかった。この他、皇后から「閑院姫宮に付ては云々」の話と、牧野宮相は知らないのかとの下問があった。皇后は秩父宮妃の人選について種々の障害があるので、相当心配している様子であった。皇后は「多少条件を緩和しては」等の意向も漏らしたが、牧野は、「何と申しても摂政殿下に次ぐ御方様なれば、却々国民の期待もある事とて軽々には為し難き」ことを申し上げた。二日後、牧野は「閑院宮云々」について、松平慶民宮内事務官に取調べを命じた。(129)

牧野は皇后に会う三日前の八月一五日に摂政に会っている。摂政は牧野から秩父宮の洋行問題を内々に伝えられ、正式には手続きを尽くした上で伺いたいと言上され、洋行の際に妃殿下が同行すれば一層好ましい等の言葉を述べたのみで、洋行問題については特に意見を述べなかった。牧野は洋行までに秩父宮の婚姻を済まして同伴することは極めて困難であることを述べた。(130)

八月三一日にも、摂政は日光からの帰りの汽車で供奉していた牧野宮相を召し、秩父宮の結婚問題の成行について下問した。九月一二日には、牧野は薩摩の先輩でもある山本権兵衛（元首相）を訪れ、秩父宮の結婚問題の成り行きを説明し、最終的に行き詰まった場合の対応策を示した（内容不明）。山本は「大体同意」し、事が極めて重大問題となるので、「極力宮家にも累の及ばざる様注意尽力あり度」などと述べた。牧野は大変もっともな意見と納得した。(131)

以上を整理すると、㈠秩父宮の妃選定問題は、牧野宮相の強い責任感と思惑――渡欧の前に宮の婚姻を内定しておき、婚姻の対象となる姫が次々と結婚して宮にふさわしい相手がいなくなることを避けること――によって渡欧問題と結びつき、新聞でも妃内定後に渡欧すると、正しく伝えられていたこと、㈡しかし、ジャーナリズムでは妃の選定範囲を公侯伯子爵まで広げる「平民」化イメージの報道がなされたが、牧野は皇族・五摂家から選定することにあくまでもこだわっていたこと、㈢閑院宮家の娘が一時期期待されていたが、牧野は皇后から問題を指摘され、彼女は候補者から外れつつあったこと、である。

その後、一九二四年一〇月八日、牧野宮相は幣原喜重郎外相に秩父宮の留学の件を内示して意見を求めた。幣原外相は大いに賛成し、国交上の効果を考慮して路順に米国を経由することを提案した。同一四日、牧野は秩父宮を訪れ、洋行について関係方面の了解を得たこと、特に外相は国交の点から英国留学が好影響をもたらすと賛成したこと、お付きの人として相当識見と経歴のある人を連れて行く必要があること、出発の時期は明一九二五年五月頃としたく、期間は一般の見学ということで一年半位が適当と思うことを申し上げた。翌一五日、牧野は秩父宮の洋行の件を摂政に申し上げた。その後、一二月半ばまでに、秩父宮が皇族としてイギリスの上流家庭に滞在し、次いで大学に寄宿し、陸軍の方とはしばらく関係を離れるという計画ができ、牧野は渡英のための御付武官が必要ないことを宇垣一成陸相に諒解を求めた。一二月一六日には、牧野は皇后に拝謁し、秩父宮の滞英期限のこと等を申し上げ、翌一七日の新聞には宮内省が翌一九二五年五月一一日神戸出帆の日本郵船「伏見丸」に秩父宮渡英用として三船室を予約したとの記事が出た(132)。

このように秩父宮の渡英問題は、着々と進展していったが、渡英までに妃を内定しておくという牧野の計画は順調には展開しなかった。

そこで牧野宮相は松平恒雄外務次官の長女節子《せつこ》(次章3(2))にまで範囲を拡大し、松平が駐米大使として渡米する前に節子を同伴して皇后に拝謁させた(133)。その結果、皇后に与えた節子の印象がよかったのであろう。エリート外交官とはいえ、爵位も有していない者の娘でありながら、節子が秩父宮妃の候補に浮上した（ただし節子の母は鍋島侯爵家の出で、恒雄も松平容保の四男で華族の家の出身である。松平子爵家は、長男が、次いで五男の保男が継いでいる）。大正天皇（当時皇太子）の妃選びでも、明治天皇のみならず皇后（昭憲皇太后）も影響力を持っており[134]、今回は大正天皇が病気であったので、貞明皇后が最も影響力を有していた。

そこで一九二五年一月二二日に、牧野は赤坂御所に摂政を訪れ、次のように、秩父宮の縁談について言上し、午後一時半に同様の件で皇后に拝謁した。これらの会見は、秩父宮の妃の選定を人選難のため皇族や五摂家から爵位すらない松平恒雄駐米大使の長女節子にまで拡大する方向付けをするものであった。

午前赤坂御所出頭。拝謁の上秩父宮御縁談に付言上、殿下〔摂政〕は身分に懸隔ある時は当人余程難儀せずやとの御心配あり。仍て御尤もの事なるも此れは本人の性質才幹等に依る事にて身分丈けの関係にあらざる事を言上、且つ人選難の一と通りならざる事御説明申し上げたるに御聞置ありたり。今日の言上は未だ御内意伺の段にも至らず、明日後数日間拝謁叶はざるに付、為念形行だけ申上ぐる意味を念入れ言上し置きたり。……

（中略）……

午後一時半皇后宮拝謁。御結婚の件也。山川〈健次郎・枢密顧問官〉男へ内々申聞け、尚不明の点を同人より聞糺す事も拝陳せり[135]。

山川健次郎は旧会津藩士の家に生まれ、その縁で以後、秩父宮と松平節子の婚姻に関し、牧野宮相（三月三〇日から内大臣）と松平恒雄の媒介をする人物であり、この時点から節子の縁談が具体化したことは間違いない。すでにみたように、同日の会談で、摂政は身分が違いすぎることを心配したが、牧野は人選難等の内情を申し上げた。皇后は節子についての不明の点を山川から聞くよう牧野に命じた。このように、一月二二日の時点で、秩父宮の妃候補として浮上した松平節子について、皇后はさらに調査するように命じ、摂政も心配しつつも拒絶はしていなかった。こうして、節子は妃候補の最有力者となっていった。すでにイギリスにおいても、一年九カ月前の一九二三年四月、王子のヨーク公バーティ（後のジョージ六世）が、それまでの慣例を破って、王侯の娘でないエリザベス・ボーズライアン（スコットランドの名門ストラスモア伯爵家の娘）と結婚式を挙げていた。[136]

さて、一九二五年一月二三日、牧野宮相は山川健次郎を宮相官舎に呼び「極秘に内話」をした。松平恒雄家は大体異存が無いようであった。しかし、節子が秩父宮妃となってその責任に耐えられるかどうかが心配であった。結局、できるだけ聞き合わせることで一致した。また、この件について、「山川男及鍋島〈禎子〉夫人の手に依り信頼すべき事実を聞知」した。[137] 鍋島夫人とは節子の母方の鍋島公爵家の夫人である。

また、牧野は「其事実に依れば問題の中止を決するの外なきを以て、二、三関係者には極秘に内意を示し」たとも、同日の日記に記した。[138] 節子の縁談を中止しなければならない事実について牧野宮相の日記には何も具体的に書かれてはいない。一九二七年に問題となったことから類推すると、松平恒雄が容保の正妻の子ではなく、側室の子であった事実を問題とした可能性が強い（次章3（2））。節子に関して、右のように問題もないわけではないので、牧野宮相は秩父宮には節子のことはまだ知らせずにいたらしい。

二月一三日になると、早く渡英したい秩父宮は牧野宮相を召し、日取りや船の決定について頻りに催促した。牧野は、一旦発表したら簡単には変更できないことと、結婚内定の件と関連しているので渡英の日取りの確定が困難であることを言上した。秩父宮は、結婚問題は渡英後に決定しても差し支えないだろうと反問した。牧野は、人間は初対面で相手に対する感情の好悪がわかるので、一回も会わずに、書面、写真等で決定することは宮相として勧められないと申し上げ、宮は諒解したようであったが渡英を急ぐ気持ちを断念するとの言葉はなかった。[139]

その後も牧野宮相は、三月一八日、摂政に拝謁、二〇日に元老西園寺を訪問、[140] 二一日には沼津の皇后の召しで拝謁した。皇后は、最近秩父宮が沼津に来た際、閑院宮云々の新聞記事を見て宮内省官吏が妃候補として運動云々のことを話し、「頗る御不満の御様子」であること、皇后が御縁につき結局適当の娘がいない場合は或は閑院宮家の娘に帰着する事も止むを得ないだろうと感想を漏らしたところ、秩父宮は強硬に反対し緩和の気分が顕れず、相変わらず従来通りの態度で、無理に勧めても将来的には円満にいかないだろうと心配していた。そこで皇后は松平節子のことを秩父宮に話したところ、意外に受けがよく、秩父宮は写真も手元に留めた。牧野は皇后に節子の欠点も申し上げたが、皇后は、完全の人は得がたく、今後の教育の仕方や、責任の自覚と次第で余程改まるものと信じている、自分も困ったが経験等によって得るところがあり、ようやくこうして居られるなどの話をした。また皇后は、節子の背丈の低いことは秩父宮に我慢してもらうより仕方がないとも述べた。[141] このように三月二一日までに、皇后から松平節子のことを秩父宮に話し、秩父宮はかなり気に入ったようなので、皇后も節子でよいとの考えを強め始めた。

その後、牧野の依頼を受けて三月二八日に山川が松平節子に面会し、性質などを伺える十分な談話をすることができなかったが、「品は悪しからず、容貌は並以上、色白く穏和の性質と見受けたり」等と、感想を伝えた。[142]

ところが、一九二五年四月一六日付の『報知新聞』に、松平保男子爵（旧会津藩主の家、海軍大佐）の長女芳子が秩父宮妃として内定したという、誤った記事が掲載された。記事は芳子の日常の様子を描写し、芳子の振り袖姿の写真も付け、公式の勅許は秩父宮が帰国の上でとの記述も含んでおり、一一面の上半分を占めるかなり目立つものであった。[143] 牧野内大臣は『報知新聞』に取消しを求めたが、一八日、山川は松平家における記事の影響について話しにきた。[144] 結局、牧野内大臣は秩父宮の渡欧までに、妃を内定することができず、異なった松平家の長女が秩父宮妃候補に内定したと報道されるハプニングまで生じた。

〈欧州への出発〉すでに述べたように、秩父宮の渡英や結婚に向けての準備が進む中で、秩父宮を国民に親しみ深く印象づける報道が渡英の前年の秋頃から続いた。一九二四年一〇月一五日には、一四日に埼玉県で行われた近衛師団の機動演習の予行演習に参加した秩父宮の様子が報じられた。それによると、近衛師団第三連隊第二大隊に所属する秩父宮は、第六中隊第一小隊長として、終始攻撃軍の第一戦線に立った。午後一時には白子村で兵卒と共に芋畑に腰を下ろして昼食を共にしたこと、宮は進軍追撃中にも「なるべく畑の作物を荒らさぬやうに進め」と注意したこと、宮は休戦中には汗みどろの兵卒に宮自身の水筒の水を分け与え、残りをラッパ飲みしたので部下は「感激の涙に暮れた」こと等が報じられた。[145] この記事は秩父宮の兵士や農民などを思いやる庶民的（広い意味で「平民的」）性格を強調するものであった。

一二月一七日には、コートを着て中折れ帽を被った秩父宮の写真と共に、前田事務官の言として、日常生活が紹介された。それによると、朝は必ず六時に起床し、食事が済むと天候にかかわらず御殿から徒歩で第三連隊に通勤すること、昨今は初年兵が古参兵になった関係上、新しい初年兵が入隊するまでは比較的暇になったので、午後は少し早く帰り、午後五時半から一時間、または夕食後一時間、御学問所で進講を聴いていること、進講の学課は、一木喜徳郎博士（宮相、元東京帝大法科教授、美濃部達吉の師で、君主機関説の憲法学者）の法律、筧克彦博士（東京帝大法学部教授）の古典、姉崎正治博士（東京帝大文学部教授）の宗教、加藤虎之助の漢文、フランス人ガヴルターのフランス語などであったが、一二月七日から英語の練習を始めたこと、このように宮は毎日軍務と日課が多忙であるが、「至極丈夫な殿下」は「少しの御倦怠」の色もなく、側近者は日曜だけでも色々運動をすることを勧めていること、運動はテニス・野球、何でも得意だが、夏は「豪壮な山登り」、冬は「痛快なスキー」などを特に好み、近く年末休暇を利用し四、五日の予定で赤倉温泉にスキーの練習に出かける予定であること等であった。[146] このように、秩父宮が華族や上流階級の常であった車を使わず、徒歩で通勤することで「平民」性イメージが強調され、隊付将校としての勤務と進講の聴講など多忙な日課をこなす真面目さに加え、「豪壮な山登り」などスポーツ万能の強健さがイメージされた。

この他、すでに述べたように、秩父宮が一九二五年五月一日に神戸港を出航して渡英し、最初の約一年間は「上流家庭」に寄宿し、翌年にはオックスフォード大学に入学し、一般学生と同じ寄宿舎に入り社会学を専攻するとして、摂政はじめ皇族が「社会政策方面」にいかに深く留意しているかが拝察できると、「平民」的生活を送る秩父宮は、庶民の生活改善に関心が強いとのイメージを示した。

一九二五年になると、一月下旬には、秩父宮の渡英について、イギリス王ジョージ五世から摂政にあてて、秩父宮を歓迎するとの親電が来たことが報じられ、一月二七日に宮内省は公式に秩父宮の渡欧米を本年四、五月頃から二カ年間位の見込みと公表した。さらに、三一日には、イギリスでは、秩父宮は「私的性格においてはデモクラチツクの御慣習あることがよく知られてゐるため」、宮の接待には大げさな儀式ばったことはできるだけ避ける筈であること、宮がテニス・野球等を愛好していることは当地でも知られており、当地の運動家たちは宮の到着後、宮を案内して「屋外生活を楽まんと」手ぐすね引いて待っていること等が、電通のロンドン発電として報じられた。[147]これらも秩父宮の「平民」的性格がイギリスにまで伝わり好意的に見られていると、これまでの記事同様に、宮の「平民」性を強調するとともに、スポーツの宮としての強健性をイメージするものである。また三月一七日には、「平民的にあらせらるゝところから国民と最も親みの深い」秩父宮は、渡英の日も近づいてきたので、実社会を親しく見学する思し召しから、近く予告なしで帝国議会を見学する予定であるとの記事が出た。その翌日、三月一八日午後に宮は両院を「お忍びで」見学するとの記事が出、背広と中折れ帽の写真が掲載された。ところが秩父宮は、同日予定より三時間早く、午前一〇時二〇分に出門し、貴・衆両院を見学した。宮は「モーニングに茶の中折帽という至つて御軽装」（写真あり）で、「けふは宮様の御資格でなく一貴族院議員といふのですべてが至つてお手軽で平民的な殿下の御気質が拝されて畏いきはみであつた」等と新聞は評した。[148]

次いで三月二〇日には、秩父宮は「鳥打帽モーニングといふ御軽装」で、午前八時二〇分から巣鴨刑務所を、一〇時半頃から裁判所（地方裁判所から大審院まで）を見学した。ここでは証人の宣誓に宮もまた起立した。[149]議会・裁判所いずれの見学でも、秩父宮の「平民」的姿勢が国民に親しみを持たれていると好意的に報じられたことが特色である。

また秩父宮が、軍事関係の行事を除いて、軍服以外の服装で登場することを原則にするようになったことも大きな特色である。[150]護憲三派（加藤高明）内閣で普選法案とともに軍縮が問題になり、政党内閣に対し軍の権威が低下した当時、ジャーナリズムも年頭にモーニングを着た摂政の写真を掲載することや、軍服以外の服を着た秩父宮を記事にすることを好み、秩父宮側も軍務に励む一方で、それらに積極的に応じたのである。また、この秩父宮の姿勢は、すでに述べたように陸軍軍人たちに全体として好意をもって見られ、彼らの期待を集めた。もっとも、荒木貞夫中将ら軍人も含めた国粋主義者や保守主義者の間には、秩父宮のストライキを容認さえする言動や軽装に対しては、批判的にみる者もあった。（第Ⅰ部第三章４）。

一九二五年五月二四日、秩父宮は東京駅を出て横浜港でお召艦「出雲」に乗り、イギリスに向けて出発した。五月一四日に宮城の豊明殿で開かれた秩父宮の送別宴では、秩父宮は陸軍中尉の通常礼装を着用した（秩父宮は「大奥」で天皇・皇后・摂政に対面したが、天皇は宴には出席せず）。秩父宮はまず軍艦「出雲」に乗り、香港に行くことになっていた。その待遇も、「出雲の質素な御居室」の見出しで、「陸軍の一士官として艦内生活の御視察のため乗りこまれる」ようなもてなしをし、「御居間になる艦長室をいさゝか改修したのみで、ほとんど平常とは変りなく」と報じられた。また香港から乗る日本郵船の「筥崎《はこざき》丸」は一等船室の三室を改造して宮の部屋とした[151]。

秩父宮は二四日の出発の日は陸軍中尉の通常装であった（横浜に見送る摂政は海軍の礼装、高松宮は海軍通常装、いずれも写真あり）[152]。このように秩父宮は海軍軍艦で欧州へ出発するという重要な行事には自分の所属する陸軍の軍服を着用するなど、軍への配慮をみせた。また、乗船する船に関して、宮の「平民」化にもつながる質素なイメージが強調された。秩父宮の出発に関し、同様の質素なイメージは、出発の数日前に、「洋服の御新調もなく、いと御質素な御支度」と報じられたことも同様である[153]。

秩父宮の出発と関係し、渡欧に直接関連しない秩父宮関連の報道が増えたことも秩父宮の存在感をさらに強める働きをした。

それは第一に、「スポーツの宮様」として秩父宮をさらに印象づける四回連載の特集記事であった。五月二〇日には、「『スポーツの祖国』ともいふべき」イギリスと関連させ、一九二三年一二月二九日に宮が二荒芳徳伯爵らをお供に、初めて赤倉の東京帝大スキー練習場で本格的なスキーの練習をし、急斜面でジャンプをして転倒し、谷へ落ちるほどの勇敢さを示したと報じた。二一日には、宮は登山に際しては「山は自給自足が本則だ」と、自分の持ち物は自分のリュックに入れて自分で処理する「自力本位」の「独行の精神」を持っていることや、二四年五月に宮が立山へのスキー登山を行った際に、宮の残したウサギの「スキー焼」をお供の者が食べてしまったことに対し、ウイットを利かせた応対をしたこと、二三年五月に宮がスポーツの催しで大阪府へ行った際、府知事との会話で、宮が「ゴルフは少し貴族的すぎるのでね」と答えたらしいこと等の記事を掲載した（スキー姿で登山する秩父宮の写真）。二二、二三日には、宮が登山の他、スケート・ラグビー・野球・競漕・テニスなどあらゆるスポーツに興味と専門知識を持っていること（二回とも登山をする宮の写真）が記事になった。(154)

また第二に、秩父宮の新御殿の設計ができ、その「経費は約六十万円（現在の二〇億円以上）で極はめて平民的な殿下の御性質そのままの建て物であるとうけたまはる」と、秩父宮の「平民」性と関連させて報じられたことである。新御殿は青山御所内に作られ、建坪は約五〇〇坪、鉄筋コンクリートの耐震耐火の「実用向き」で、宮の渡欧出発後まもなく着工し、帰国までに完成する予定とされた。(155)

なお、約一年半後の一九二六年一一月下旬に岩波武信宮内事務官が倉富勇三郎枢密院議長にした密談によると、秩父宮のイギリスへの出発前、宮と貞明皇后との間に、大正天皇に万一のことがあっても宮は帰らなくてもよい、というような話し合いがあったようであった。この話は宮と皇后だけに留められたようで、一木宮相にすら知らされていなかった。大正天皇の病状が悪化していくので、一九二六年一一月に一木宮相から帰国の要請が出されたが、宮相の意に反して、オックスフォード大での勉学を理由に宮は帰国しなかった。宮が直ちに帰国しないことを皇后も容認し、皇后の手前、一木宮相は帰国を求める電信を宮に再度発することも、摂政に相談することもできなかった。これらから、気が強く勉学に熱心で個性的な秩父宮像が確認されるとともに、若い裕仁が摂政であっても、皇室内部のことを中心に貞明皇后の影響力が強いことがうかがわれる。(156)

〈人間性と親しみイメージの深まり〉秩父宮は軍艦「出雲」で沖縄・台湾を経て、六月五日香港に到着、翌六日香港を日本郵船「宮崎丸」で出発、シンガポール・コロンボ・カイロを経て、七月六日にマルセイユに着き、そこから列車でパリを経由して、七日にロンドンに着いた。

この間の秩父宮イメージの第一の特色は、一九二五年六月二九日に、香港とシンガポールの間を航海する宮崎丸の船中でプールに入っている水着姿の上半身の写真（図12）が掲載されたように、[157]摂政（皇太子）の一つ年下の弟である宮を生身の健康な人間として視角に訴える報道がなされたことである。皇太子に関しては、すでに述べたように、一九二二年八月に葉山の海岸で立泳ぎをしている写真（水泳帽子を被り水面に出た顔のみ）が掲載されたが、その後は水泳の記事が出ても写真は伴わず（本章1（1）①、3（1）①）、秩父宮の渡英と同時期の一九二五年夏の摂政の水泳の報道においても、写真は載せられなかった。[158]このことから、牧野内大臣や宮内省が、摂政（皇太子）と秩父宮に、明らかに異なったイメージを与えようとし、摂政には、すでに述べたドイツ大使の牧野への助言にもつながるように、過度の露出を避けるようにしようとしていたことがわかる。[159]

図12　「水にお親しみの秩父宮様（香港シンガポール間の宮崎丸船中にて）」（『東京日日新聞』1925年6月30日夕刊）

秩父宮に関し右に類する記事は、七月二一日に「宮崎丸」がアラビア海を航行中、波浪を物ともせず秩父宮が船首に立って激浪を撮影していたところ、「いたづら者の浪めに秩父宮様ズブ濡れ」というものである。[160]この記事は秩父宮の勇敢さとともにズブ濡れの失敗を示すことで、国民に宮への親しみを一層増させる性格を持っている。

以上の報道により、秩父宮は摂政以上に国民に対して強い印象を与え、親しみをもって見られるようになっていったといえる。

第二の特色は、これまでと同様に「スポーツの宮」として、強健で勇気があり、また形にはまらない自由な服装など、「平民」的で親しみやすいイメージである。

六月一〇日に記事では、秩父宮が六日に筥崎丸に移乗第一日目からデッキゴルフに興じ、第一回は関根船長の「蛮勇」に悩まされて成績が振るわなかったが、第二回目から大いに技量を発揮したと伝えられた（写真なし）。また一八日には、船中の秩父宮の生活が紹介された。それによると、㈠船中で宮は「非常な御元気」で、インド洋の船の動揺も何らの御障りもなく、㈡午前中は主として英語の勉強をし、デビットソン（英国領事）や松平慶民事務官を相手に会話をし、㈢午後には甲板上に設けられたプールで水泳をしたり、ゴルフの競技に興じ、晩餐後は船客中の青年を相手に歓談したり、喫煙室で船客の囲碁・将棋に関心を持ったりした（写真なし）。また二〇日には宮はカナディアン・ロッキー登山の壮挙を知り、登山隊の六名は知った名であるので、激励の電報を打った。七月三日には、二日に秩父宮はカイロでピラミッドの内部に入って見学した後、ピラミッドに登りたいと希望したが、熱射病の恐れがあると供の者が止めたという記事が出た。[161]

また、秩父宮が香港を出発する前について、六月七日、宮は「各地の御見学でお顔の色は黒く陽に焼け、全身にお元気が満ち〳〵この上もなく御健かに拝され」、「殿下が万事に平民的に渡らせれ、しかも規律たゞしく周囲ののになるべく心配を掛けまいとなされるのは誠に恐懼の外なく」等と報じられた。翌八日には、秩父宮が台湾で白い背広とヘルメット帽姿でトロ（人が後から押し線路の上を走る二人乗りの車）に乗っている写真が掲載された。一三日には、香港総領事官邸で秩父宮が白い背広を着て椅子に座り、レモンスカッシュを飲みながらテニスの試合を見る写真と、シンガポールで宮が「暑さに御疲労の色もなく」、日本人の事業などを終日見学した記事が載った。[162]

六月三〇日には、ロンドンでの秩父宮の宿舎として予定されているケンリー・ハウスの写真と、宮と一緒に数カ月間過ごすことになっているローレンス・ドラモンド将軍夫妻の写真入りの記事が掲載された。そこでも、ケンリー・ハウスは庭内が広いので、宮が戸外の運動を楽しめ、数分のドライブでいくつものゴルフ場へ行くことができ、五分のドライブでポロ試合を見に行くこともできると、[163]秩父宮のスポーツ好きのイメージから宿舎が紹介された。

七月一日には、秩父宮が六月三〇日にスエズ（エジプト）に到着したという記事と、シンガポールの日本人小学校を訪問した際の、白い背広にヘルメット帽子の写真が、七月三日にはすでに述べた秩父宮がピラミッドを見学した記事と、白い背広とヘルメット帽で現地人が担ぐ輿に乗り、ピナン・ヒル頂上に登った写真が掲載された。[164]

〈「平民」性と日英友好のイギリス滞在〉　一九二五年七月八日の新聞は、七日に秩父宮はロンドンのヴィクトリア駅に着き、国王ジョージ五世の名代として第二皇子ヨーク公（バーティ、後のジョージ六世）など多数の名士の出迎えを受けたことを報じた。また七月八日になると、秩父宮がマルセイユからロンドンに旅行の途中で、ロイターの通信員に、次のように述べたとの記事も載った。それは、父の天皇が秩父宮の教養を完成させるため、「ヨーロッパの島帝国」である英国に遣わし、英国が「世界最大の国家」となった「その理想」を学ばせようとしたことから、両国間の友情がいかに親密であるかを知ることができる、等の内容である。同一紙面に、英国での秩父宮の世話役であるドラモンド将軍は国際通信員に、秩父宮は最初社会的見地より英国史の大綱を研究し、次いで英国憲法政治の発達史に英文学、というように研究の歩を進めていく予定であること等を語ったと、報じられた。[165]このように、秩父宮の訪英は、宮の親英的イメージのみならず、日本人に向けて日英の友好のイメージを強化した。

その後、第一に秩父宮はスポーツ等を中心に、イギリスの文化を理解していき、イギリス側も宮を大歓迎しており、日本は伝統ある大国イギリスに尊重される国であるというイメージの報道がなされた。新聞の読者は、一九二四年五月にアメリカ合衆国で成立した排日移民法等での屈辱感を、イギリスが秩父宮を大切に扱っているとの報道から、日本や日本人がイギリスに尊重されているとのイメージを増幅して癒したと思われる。

秩父宮は八日に、バッキンガム宮殿にジョージ五世とメアリ皇后を訪問し、九日はロンドンの名所とウェンブリ博覧会を見学した。博覧会側は車馬通行禁止の構内に、特に秩父宮の乗った自動車の出入りを許し、便宜を図ったことが報じられた。一〇日に、秩父宮はイギリス国王・皇后の招待を受け、バッキンガム宮殿での午餐会に出席した。その後、宮はイギリスのスポーツ界の呼び物になっているイートンとハロー校の対抗クリケット試合を見学するために、ロンドンのローズ・グラウンドを訪れた。多くの見物人が「なつかしげに殿下をお見上げ申し」、宮は「係官から非常な御歓待を受け」、新しく設けられたボックスから競技を見物した。競技後に宮は、「自分は今まで野球の方がクリケットより面白いと思つてゐたが、今日この試合を見て全く意見を変更せざるを得ない」等の感想を述べたことも記事になった[166]。

八月三〇日には、秩父宮が八月一五日からスコットランドを訪れ、主な都市や名所・古跡を巡遊し、一九日から輔導役のオースト博士の英国史の進講を受け、その余暇に、この地方の森林・湖沼・河川などを歩き回り、愉快に過ごしていると報じられた。一一月一一日には、秩父宮は一〇日にロンドンの中央刑事裁判所を訪問し、「陪審官」が被告に対して有罪の判決を下す間、傍聴席で熱心に見学したとの記事が掲載された。これは一九二三年に日本で陪審法が成立し、二八年から施行されることになっているため、秩父宮が関心を持ったのであった[167]。

第二に、これまでも示してきた秩父宮の「平民」的でスポーツを愛する強健なイメージと、デモクラシーの先進地のイギリスイメージが合体し、秩父宮が新時代にふさわしい宮になると共に、イギリス人にも愛され日英関係にも好影響を及ぼすというイメージの報道がなされた。

八月三日には、秩父宮が背広姿で同じ服装のドラモンド将軍と屋外で椅子に座ってくつろぐ姿の写真と、ロンドンのヴィクトリア駅に着いた背広姿の軽装の秩父宮を林権助大使とヨーク公が出迎える写真が掲載された。また、同日夜には、日本に朝届いた、秩父宮のシンガポール着の光景から、ペナンやインド洋の波浪と戦いつつエジプトに到着した光景、さらにマルセイユ・パリ・ロンドン着の光景等の映画を、東京日日新聞社が、日比谷公園運動場で無料公開した。当夜はあいにくの雨であったが、群衆は雨傘で広い運動場が立錐の余地がないほど集まり、三〇分の映写を楽しんだ。同じ催しが四日夜にも行われた。このように秩父宮の人気は高く、その「平民」的姿は一部の人々にではあるが映像を通しても伝えられたのである。このようなイギリス生活を通し、秩父宮は随行員である松平慶民や副島道正伯爵と同年秋の深夜に談話していた際、「(金権階級)は速に打破せさるへからす」との発言をするようになった[168]。秩父宮の「平民」的イメージは、特権的地位を嫌う秩父宮の感覚を背景としていたのである。

八月二五日の「秩父宮さま英京の御日常」と、九月七日の「スポーツの宮様を拝するの記」という記事は、スポーツを愛する強健な、しかも「平民」的な秩父宮が英国に溶け込んでいるというイメージを示している[169]。前者では、テニス着姿の秩父宮が背広姿のケンブリッジ大の日本人学生(中島祥一)とつかみ合いの遊びをしている写真と共に、宮が英語の勉強に励んでいることや、すでに数回の午餐会や晩餐会に列席し、ヨーク公夫婦など英国の貴顕紳士と歓談したこと、去る日曜日には横浜正金銀行所有のロンドンのテニスコートで、「非常な御元気で」数回競技し、「全く高貴の人にしてはめづらしく形式を離れた御振舞で」あったと好意をこめて報じた。

後者では、テニス着でラケットを構える秩父宮の写真とともに、宮を「お脊の高い立派な御体格、日にやけたお丈夫さうなお顔色。無帽の御頭には漆黒の御髪がゆたかで、それを特にうるささうにうしろへおふり上げになる。颯爽たる御英姿は誠に理想的なスポーツマンである」と描写し、「また殿下の平民的な御態度等といふ事も今更いふだけ野暮だが、全くそのお気軽な御性質とウヰツトに富んだお言葉は常に周囲の人に親みと快感とをお与へになる」と報じた。また、秩父宮の「二ヶ年の御滞英中、われ〳〵にはどんなに心丈夫だらう。スポーツの国にスポーツの宮様『プリンス・チヽブ』の御名は必ず英人中にもポピユラーになるにちがひない」とも論じた。

もっとも、ドラモンド将軍夫妻については、同年秋に宮中内部で問題になっていた。スコットランドで秩父宮と同席した副島道正伯爵（ケンブリッジ大歴史学科卒）は、宮の英語は熟達せず「ブロークン」が多いことや、ドラモンド夫妻は注意もせず、インドの王族の子が留学に来たような取扱いをしていると、一木宮相や仙石宗秩寮総裁に訴えた。これは倉富枢密顧問官（帝室会計審査局長官を兼任）も知るところとなった[170]。

第三に、秩父宮と陸軍の軍務との関連を強調する記事はほとんどなく、九月二三日に英国陸軍の大演習を参観することが報じられたくらいである。その記事は、陸軍の軍服を着て背嚢を背負った秩父宮の写真とともに、九月二二日から西部イングランドで挙行され、将兵四万四〇〇〇名が参加する演習に加わるというものであった[171]。

これらの秩父宮に関する報道で注目すべきは、すでに述べてきたように、宮の渡欧出発前の五月頃から件数が増加し、八月上旬まで頻繁に報じられてきたものが、九月以降激減していくことである。この要因として、国民が宮の報道に多少飽きてきたので新聞社側があまり取り上げなくなったという要素も考えられる。しかし、むしろ秩父宮の報道で摂政（皇太子）のイメージが弱まってしまったので、牧野内大臣や宮内省が秩父宮の報道を抑制すべく、秩父宮に関する情報の管理を強めたためではないかと思われる。その理由は一つには、秩父宮の人気が急に落ちるのは不自然であり、秩父宮のパーソナリティから、彼のイギリス国内の旅行や種々の人々との接触を具体的な記事にすれば、国民がかなりの関心を寄せたに違いないからである。二つめの理由は、すでに述べたように、一九二五年一〇月、宮内省は摂政の陸軍大演習統監のための奥羽地方の旅行を、かなり力を入れて報道させ、自らも二荒芳徳伯爵を派遣して地方民の行啓に対する不満などを調査させたように、摂政への関心を集めさせようとしているからである。

③天皇・皇后や高松宮とその他の皇族

〈天皇・皇后〉震災から九カ月経ち、一九二五年六月上旬に、皇太子（摂政）裕仁と良子の婚姻を奉祝する東京市民等の催しが開かれた後も、天皇の報道への変化はない。それは、病気で摂政を立てているが、特別に病状の変化はみられないとするイメージを提示するものである。たとえば、一九二五年八月一三日には、㈠天皇は日光田母沢御用邸に避暑以来早くも一カ月になり、体重も増加して供奉員なども密かに喜んでいる、㈡天皇は晴れた日には午前一〇時頃から御苑内を散歩し、この頃は三町余も隔てた大学植物園から含満ヶ淵の付近まで運動し、澄宮御殿にも立ち寄るほどであり、秋に向かいいよ〳〵御健勝である、㈢樺太巡遊中の摂政や、高松宮、欧州に行った秩父宮の動静については、昼夜となく御用邸のラジオや無線電信で伝えられるので、その度ごとに侍従から言上している等が報じられた[172]。

また、一九二五年五月一〇日の天皇・皇后成婚二五周年に際しては、大正天皇は「梅檀は双葉から」というように、「明治大典の御血を受け」て、一八九四年八月に学習院を退くまでは「御成績実に抜群の御優秀」で、「語学にかけては天才的」であった等[173]、事実と異なる報道をし、少しでも大正天皇のイメージを回復しようとした。

すでに述べたように、皇后は皇太子の結婚後、ジャーナリズムに登場することも控え、「国母」として天皇の役割の一部を果たすというイメージを少し薄れさせていったが（本章2（2）②）、母としての秩父宮の婚姻問題には大きな影響力を持っており、そのイメージも報じられていた。

この時期の皇后のイメージで同様に重要なのは、夫である天皇の病気を看病しその平癒を祈る妻としてのものである。

一九二五年一月二七日には、皇后は天皇の平癒を一日も早かれと日夜祈念しており「昨冬」（一九二四年一一月末から一二月にかけて）西下の際にも、京都市の下鴨・上賀茂両神社をはじめ、大徳寺・瑞龍寺等に天皇の平癒を祈り、今度瑞龍寺に平癒祈願のため青銅の大香炉を奉納したと報じられた。二月一日には、皇后は昨秋に牧野宮相を通して、沼津御用邸の天皇の居間は、日当たりが悪く看護をするにも狭いと思うので、別に居間を作ってほしいと要望を出したので、宮内省では直ちに設計の上、居間を新築完成し、一両日前より天皇は転居したとの記事が掲載された[174]。すでに述べたように万事に質素な皇后が、自ら部屋の新築を要望するのは、天皇の病状と病室の環境についてよほど思いつめたものと思われる。同じ記事で、新聞は「一般時流の婦女子が虚栄虚飾にあこがれる傾向の著るしい今日、国母陛下には斯く御賢徳の範を示させらるゝことたゞ〳〵感銘の外ない」と論じた。

また、天皇・皇后が一九〇〇年五月一〇日に結婚して二五年にあたる一九二五年五月一〇日には、成婚二五周年として天皇・皇后の写真（束帯と十二単）が掲載され、㈠皇后は食事を天皇とともに取り、一汁一菜の質素な主義で、㈡着る物もパリやロンドンの流行は知っているが、流行は気にかけず、㈢外国使節の謁見や臣下の御機嫌伺いなどにも十分対応し、㈣摂政や他の皇子についても心づかいをし、㈤古書の研究の他、新聞や雑誌を精読し、国政上の各種の報告書も精細に読み、㈥多忙のため、ピアノや琴は長い間やっていないらしい等と報じられた。記事は皇后を、「偉大なる貞女」、「偉大なる母」として理想化したイメージを示している。[175]この記事には、皇后が国政上の各種の報告書も精読しているともあるが、これは皇后がそのことで政治に介入しているイメージを示すというより、政情を理解し、病気の天皇に代わり摂政として政治に関与している皇太子の置かれた状況を理解しようとする、母としてのイメージであった。

それらに加え、皇太子妃となった良子が妊娠したため、良子のことを心配し指導する賢い義母としてのイメージも示された。すでに述べたように、一九二五年七月一日に良子の御内著帯式が行われた。この際、皇后は島津ハル女官長を使いとして帯の御衣管（純白絹長さ一丈二尺のものを幅半より折り、二重に畳んで白の鳥の子紙で二重につつんだもの）を、吉見常侍を使いとして祝いの鮮魚一台を贈った。また二日に皇后は、皇太子・同妃のいる赤坂御所に行啓し、三人で四カ月ぶりの団欒を楽しんだ。特に妃に対しては「御母性として御安産に至るまでの種々な御注意ありしとは、今更ながら御親子の情こそ拝察するだに畏い」と、報じられた。[176]

その後、良子妃は七月一三日から葉山御用邸に避暑に行き、静養した。七月二一日、良子の使いとして本多侍従が日光御用邸に伺候し、天皇・皇后に「暑中のおうかゞひ」を言上した。これに対し、皇后は良子に、避暑地におけ「御身大切に関し、御母宮として種々と有難き御注意の御言葉を」、岡本侍従を遣わして葉山御用邸の良子に伝えたことが、「お情け籠る……母宮様として、皇后宮、御避暑中の妃殿下を思はせらる」という題で記事になった。[177]

一〇月二一日にも、皇后は竹屋津根子権典侍を遣わして、陸軍大演習で摂政が奥羽方面に行って留守の赤坂御所にいる良子に、「お目出度近い妃の宮に対し最も大切な御体についてなにくれとなく深い御配慮を」したことが、「御母君としての皇后宮、何くれと東宮妃へ御心遣ひ」と、夕刊一面上部右の見出しとして掲載された。

皇后は従来と同様に摂政や天皇を補完するための女性団体の施設や催しに行啓したり、社会事業を奨励したりもした。一九二四年一〇月二五日に、日本女子大学校の国産奨励展覧会に行啓し、家政科の大食堂で昼食を食べ、二七日に東京女子高等師範学校に行啓、女高師の授業や高等女学部等の体操を見学、昼食の後、高等女学部や小学部・幼稚園等の授業も視察したことが報じられた。また二四年一二月一〇日からは、皇后の命で宮内省の臨時診療班が年末の東京市に出向き、無料で診療したことが報じられた（二五年の一二月も同様）。二五年五月八日には、愛国婦人会総会に出席したことが（洋装の写真）、一一月一三日には女子学習院記念日祝賀式に行啓したことが報じられた。[178]

また皇后は、関東大震災直後と同様に、一年経った一九二四年秋以降も、その復興状況を気にかけていること等が、皇后の数度の視察の記事[179]でイメージづけられた。

この他、皇后は東京帝大法学部の筧克彦教授の唱える「神ながらの道」に共鳴したことも、一九二五年夏から秋にかけて二度も報じられた。[180] 六月二四日には、皇后は、㈠「神人合体」の道を進み、昨年初夏頃、東京帝大から筧博士を召し、「神ながらの道」について、前後八回にわたり聴講した、㈡その時、身近に仕える者に速記させたものを『神ながらの道』と命名し、それが二五日の地久節（皇后の誕生日）に官国幣社および国務大臣親任官その他官内関係者に下賜されることになっている、㈢皇后職からこのような「有意義な」本が刊行されることはこれが初めてで、本は上・下二巻で各菊判六八〇頁、表紙は皇后が宮中養蚕所で自ら製造した羽二重を使用した「美事なものである」こと、等の記事が出た。

一〇月一三日には、㈠さきに報じた『神ながらの道』の配布は側近者のみという狭い範囲であったので、「有識者地方の人々」から熱心な申込みがあった、㈡そこで宮内省は皇后の内意を伺ったところ、皇后は、「敬神思想の涵養には勿論なるであらうが、殊に現下の国民思想善導の一端ともならば幸甚の至りである」と述べ、国民の希望を容れたという、㈢そこで宮内省は費用の関係からこれを内務省に移し、内容は同一ながら表紙や紙の質を変え、菊版約八〇〇頁の本を実費二円七〇〜八〇銭（現在の一万円ほど）で、明春二月頃から売り出すことにし、各府県知事が予約をまとめることにしたことが報じられた[181]。

これらの記事は夕刊の二面で、写真もなく特別に目立つものではないが、皇后は伝統的な神道を重んじ、当時の政治指導者同様に新しい思想の流入による国民思想の動揺に不安を持ち、「国民思想善導」に心を砕いているイメージを伝えている。すでに述べたように、皇后は、質素で控えめながら、「国母」としての自らの役割を誠実に果たしているイメージで国民に受け止められてきていた。その皇后が「神ながらの道」を評価したことは、国民に伝統にも配慮することを再認識させた。それと共に、大正天皇のイメージが薄弱な中で、皇后の姿勢は、秩父宮や摂政（皇太子）・良子妃らが西欧化に加え「平民」化や「科学」化という新しいイメージを提示してきたことに対し、バランスを取る役割を果たしたと思われる。

〈高松宮〉高松宮は一九〇五年一月三日生まれで、秩父宮渡欧時に二〇歳で、海軍兵学校を卒業した少尉候補生であった。すでに述べたように、それまで、四歳上の摂政（皇太子裕仁）や、三歳上の秩父宮雍仁の陰であまり目立たない存在であった。

秩父宮が渡欧する以前においては、一九二四年七月に海軍兵学校を卒業し、練習艦「浅間」で練習航海に出ることや、九月に急性腹膜炎に罹ったことが記事になったり（写真なし）、一九二五年一月一五日には高松宮が初めて、有栖川宮《ありすがわのみや》熾仁《たるひと》親王三〇年祭と威仁《たけひと》親王一〇年祭（一九二二年七月に執行するはずであった）の祭祀を同時に行うことが報じられたりした[182]。高松宮は一九一三年七月に有栖川宮威仁が死去し有栖川宮家が断絶した際に、大正天皇から有栖川家の祭祀を行うため、八歳で高松宮家を創設することを命じられ、高松宮となった。しかし、成年に達するまで、代理者が祭祀を行っていた。

すでに述べたように、高松宮は海軍兵学校に在学中の一九二三年六月に、士官候補生二五〇名と共に大阪市を訪れた際に、特別扱いされることを好まず、「極めて平民的」と報じられた（本章1（1）①）。

一九二五年一月八日には、高松宮が東京放送局からラジオ放送が開始されるので、「無電聴取機」（ラジオ）を官邸にすえつける手続きを逓信省と放送局に申し込むことを、ラジオ製作所に命じたことが報じられた。新聞は、この無電法による取締りを宮家に適用することなど逓信省でも放送局でも思い及ばなかったもので、「頗る平民的におはせらるゝ殿下には、他家に先んじて普通人同様の取締を受くべく御沙汰になつた」ことは、宮の心情がしのばれて「ゆかしきかぎりである」等と論じた[183]。このように高松宮も「平民」化への志向をもっていたことがわかるが、秩父宮のように存在感をもっては報じられなかった。

その後、一九二五年五月一〇日に、天皇・皇后の成婚二五年を記念する新聞の特集の中で、摂政も含め四皇子と良子妃の写真が掲載された際にも、摂政（フロックコートに中折れ帽・ステッキ）は左に、秩父宮（背広）は右に、高松宮（海軍軍服）・澄宮（学習院制服）・良子（洋装に帽子）らは秩父宮の下から摂政の間にかけて少し小さく載せられた[184]。このため写真の大きさや位置、服装からも高松宮の存在感は摂政・秩父宮に比べ弱かった。

ところが、秩父宮が渡欧して後は、それまで国内で秩父宮が果たしていた役割を高松宮がかなり受け継ぐ形で高松宮の存在感が増す。一九二五年九月一五日にイギリス国王の第四皇子ジョージ（海軍少尉）がイギリス東洋艦隊と共に来日することになると、九月六日、主に高松宮が接待の任に当たると報じられた。これには鳥打帽に背広の軽装のジョージの少し大きな写真と海軍軍服姿の高松宮の顔写真がつけられ、目立つ記事になった[185]。

九月一四日にも、ジョージの人柄が、「快濶な平民的な態度にも海の軍人らしい明るさをもたれ」、「若き一個のスポーツマンとしても気の勝つた冒険性に富まれた方」等と紹介される中で、「〔横浜の〕埠頭に交さるゝわが高松宮殿下との海の若人同士の御握手も親愛深い意味がこもる」と、高松宮の接待への期待が示された（ケーキを切るジョージのフロックコートの写真付）。また同日夕方に、一五日に摂政がジョージに謁見し、一六日に皇后・摂政主体のジョージのための午餐会が催され、高松宮ら四宮が陪食する予定であると報じられた。[186]

このように、ジョージを「平民」的でスポーツマンで冒険心に富むと、秩父宮に類似したイメージで報じた後、九月一五日には、高松宮が、㈠槇有恒《まきゆうこう》ら東京日日新聞のカナディアン・ロッキー探検隊のうち、槇・岡部長量の二人を自邸に招き、「殆んど専門家も驚くばかりの」質問をし、㈡槇は退出後、「私はこれほど光栄に感じたことはありません」、「実は昨日（一三日）にわざ〳〵殿下から〔探検隊員〕六人揃つて午餐に来るやうにと御招き下さつたのですが」、帰国早々で取り込んでいるので辞退したところ、槇だけでもとの「厚い御言葉」があり今日伺候した等と語ったことが報じられた。[187] この記事は、高松宮についてスポーツに関心の深い、また午餐への招きを辞退されても、気さくに槇だけでも招くという「平民」的なイメージを強調し、ジョージのイメージと増幅し合ったといえる。

九月一五日には、横浜に到着したジョージ（白い海軍軍服姿）と乗艦のホーキンス号の各写真とジョージの艦内生活が一般士官と同様である等の記事が出、一六日には、出迎えの高松宮とジョージが肩を並べて歩く写真（いずれも白い海軍軍服）と一五日夜までの行事の記事が掲載された。[188]

その後、九月一六日にはジョージが宮城で午餐会に臨んだこと（ジョージの海軍軍服姿の写真）、一七日には、ジョージが背広の軽装で骨董屋の店先を訪れ、次いで高島屋から帝国劇場など東京見物を行ったことが報じられた（背広姿でわずかの伴の者と京橋区の裏通りを散歩するジョージの写真。[189] 図13）。この日のジョージの記事は、日本がモデルとするイギリスの王室の「平民」性を強く印象づけた。

さらに一七日夜にジョージは日英協会の招待で、芝紅葉館で純日本風のもてなしを受け、座布団にくつろぎ、日本料理を「めづらしげに」食べ、一八日昼に高松宮邸の午餐会に出席し（摂政や閑院宮らも出席）、同日横浜港を出発して中国に向かった[190]。このように、ジョージの接待を通して、スポーツを愛好する高松宮の「平民」的なイメージが強められた。

九月二七日には、二六日午後に霞ヶ関離宮でアルバータ探検隊の槇有恒ら六人他を召して、皇族講話会が開かれ（主催は伏見宮博恭王）、高松宮・閑院宮ら一二人の皇族・王族が参加し、槇の講演が行われたことが報じられた。一一月二日には高松宮が神宮競技大会六日目をコート姿で台覧している写真が載り[191]、高松宮のスポーツイメージが強まった。

一一月六日には、背広の軽装で帝展を見る高松宮の写真が掲載された。一九二六年一月になると、二二回目の誕生日を迎えた高松宮が海軍軍服にコートを着、参内のためオープンカーに乗ろうとする写真が載ったが、六日には、代々木練兵場での観兵式の予行を、高松宮が背広に中折れ帽の軽装で馬に乗り、多数の参観者と共に見学する写真が掲載された（観兵式は八日に同所で実施の予定）[192]。このように、高松宮も海軍兵学校を卒業した後、海軍軍服を着て軍務に励む将校生徒としての硬いイメージから、背広などの軽装を楽しむ「平民」化イメージを強めた。

図 13 「骨董屋の店先に/皇子の御姿（京橋，日本橋から帝国劇場へ/ジョージ殿下きのふ/東京の御見物）」（『東京日日新聞』1925 年 9 月 17 日）

なお、同じ直宮でも一九一五年生まれの澄宮（後の三笠宮）は、学習院初等科生でまだ幼く、学習院の制服を着て東京聯合少年団の運動会や誕生日などで記事になる程度で[193]（写真あり）、摂政・秩父宮・高松宮の兄三人と比べ、強いイメージを形成していなかった。ただ注目すべきは、一九二五年七月二八日に、澄宮を応援団長格として宮内省野球団が宇都宮市に初遠征したように、(194)当時中等学校野球など野球の人気が高まっており、野球好きの澄宮を、この時勢に同調させる形で、スポーツ好きで健康で、「平民」的なイメージを彼に付与していったことである。これは一九二五年一二月六日に、澄宮が同二日で一〇歳の誕生日を迎えたことが、学習院の制服を着た澄宮の写真と共に記事になった際も同様であった。その中では、㈠「御発育は極めて優良」で、本年四月学習院初等科三学年を「優良」の成績で修了し、㈡「平素極めて御強健」で、今夏の沼津の学習院生徒の遊泳演習でも一期間に二級の進級をみたことなどが報じられた。(195)

〈その他の皇族〉その他の皇族の中で、最も新聞に登場し存在感を示したのは、良子妃との関係で、久邇宮邦彦王ら久邇宮家の人々であった。

一九二四年一〇月二一日には、一九日夜の久邇宮妃俔子の誕生祝賀宴の席上で、余興として浪曲の講演が催され、終わって浪曲師に陪食を許したことが報じられた。これは、在東京の浪花節各派が大同団結して関東浪花節技芸協会を組織し、「位置」と「気品」の向上につとめていたことに、久邇宮家が応じたためであった。また、翌一九二五年一月一五日には、久邇宮家では、同月二六日に結婚することになっている久邇宮朝融《あさあきら》王（久邇宮の嗣子）と伏見宮知子女王と、久邇宮・同妃に奉仕する侍女を広く一般から求める方針を立て、「全く従来の型を破られ」、東京日日新聞社の「日日案内」に一三・一四日の両日「侍女入用」の広告を出したとの記事が載った。直接の応募者だけでも両日で百余名に達し、選者係の者は約一〇名の候補者を選んだという。(196)

一九二六年一月一二日から東京日日新聞社主催により不忍池畔で開催された、こども博覧会（東伏見宮妃が総裁）へも、二六日に久邇宮は妃同伴でこげ茶のソフト帽に黒毛襟のオーバーを着て訪れた。二七日の新聞は、「大将宮は、いつものお似合ひのいかめしい軍服とはちがひ、またなくなつかしい、うす紫の鳥毛房々と浅い春風になびいて」、入場の人達があいさつするのを「一々帽子をとられておこたへになつた」り、「館内のところぐ〵に控へる入場者や売店の女売子にも、宮さまが先に帽子をとられてお通りになるなど、そのうち解けられたさまの心よさ」等と報じた（久邇宮と同妃がこども博覧会の健康相談所を訪れた写真）[197]。

以上のように、久邇宮は「平民」化イメージを示す行動をした。これは良子と皇太子の結婚内定継続問題をめぐって、久邇宮家がジャーナリズムを意識した行動を取って[198]以来の久邇宮の姿勢といえる。

なお、久邇宮朝融は酒井伯爵家に酒井菊子との婚約破棄を求め、結局、酒井菊子の辞退という形で処理する合意ができ、すでに実施されていた（第Ⅰ部第二章3）。この真相は公表されなかったが、一九二四年一〇月と一一月の二回にわたり、この縁談が酒井伯爵家の辞退で取り消されることが記事になり[199]、久邇宮家にとってもあまり良くないイメージが付与されたはずである。しかし、それから二カ月も経たない一九二五年一月五日に朝融と伏見宮知子が結婚するとの記事が出、すでに述べた両人の結婚後に奉仕する侍女を新聞広告で募集するなどの話題や、一月二六日の婚儀の記事（二人の写真）等[200]で、久邇宮家は一般のイメージとしては挽回したといえる（宮中内部では、邦彦が皇太子妃良子の父として「無遠慮」に行動することや、朝融が侍女に妊娠・出産させ、その養育費や慰謝料などを宮内省が出した事件〔第Ⅰ部第三章4（2）〕などが久邇宮家への反感・批判を醸成した）。

皇族の長老の閑院宮載仁《かんいんのみやことひと》親王（元帥、軍事参議官）も、一九二五年四月三〇日に、雨が降る同日の朝、自らは軍服ではなくモーニングを着て傘を差し、春仁王ならびに華子女王を同伴で銀座を歩く写真が掲載された（ただし春仁王は写真に入っていない）。春仁王については、一九二六年一月一一日、近衛騎兵連隊の少尉で初年兵係として二年目の春仁王は、「万年床のもぐり方まで新兵さんに御伝授」、「平民的な春仁王」（傍点は伊藤）、「父宮そつくりに御快活で」、「御謹厳」と報じられた（陸軍軍服を着た写真）。また一九二五年九月八日には、梨本宮妃（和服）が娘の規子女王（洋装）と銀座へ買い物に出ている写真が載せられ、キャプションに、資生堂・亀屋・松坂屋から松屋へ侍女一人を連れたのみで買い物をしたとも報じられた[201]。

朝香宮鳩彦《あさかのみややすひこ》王は一九二二年四月にパリ郊外で自動車事故で重傷を負い、一九二五年一〇月末にようやくパリを出発して日本に向かった。一一月二一日には、一九日に途中で立ち寄ったハリウッドの活動写真の撮影所で、有名女優と握手したことが報じられた[202]。当時、活動写真の俳優は、特に日本では社会的地位が低かったことを考慮すると、これも宮の「平民」化を意識した行動といえる。この他、一九二四年一一月二五日には、「空の宮様」山階宮武彦王が梨本宮規子女王（李王世子妃の方子の妹）と婚約したとの記事が出た（武彦王は海軍軍人ながら背広、規子女王は洋装の写真）[203]。このように、閑院宮家をはじめ皇族は「平民」化の波に影響され、そのように報じられた。

愛国婦人会総裁の東伏見宮大妃など、皇后を補い、皇族女性が社会事業に関心を持つイメージも、従来と同様に提示された[204]。これは、皇族女性が細民など社会のめぐまれない人々の生活している場に出かけ、彼らの福祉を助成するという意味で、皇族の「平民」化にも関連する要素があった。

このような「平民」化への動きは、宮内省自体にもみられた。一九二四年一〇月一五日には、皇太子の結婚に際し洋楽管弦楽を公開した宮内省雅楽部では、今度は東京市の願いを容れ、一〇月三一日の天長節に、日比谷公園の奏楽堂で、まだ一度も公開されていない和楽の管弦楽並びに舞楽を演奏演舞することになったと報じられた[205]。また一九二五年九月三〇日には、近年「国民思想は著しく悪化の傾向にあり」、「労働運動の頻発、その他各種の社会運動は階級的争闘の現れとして熾烈の度を加へつつある」ので、「宮内省部内有力方面」では、華族制度を改善しようとする議が起きたとの記事が出た[206]。

この他、皇族の青少年がスキーや登山などのスポーツで身心を鍛えているという報道がなされ、秩父宮の強健イメージを、高松宮から皇族の青少年へと裾野を広げた。たとえば、一九二四年一二月二七日には、少年の朝香宮孚《たか》彦《ひこ》王と同正彦王（いずれも学習院初等科）が供の者と妙高の馬場スキー場でスキーを履いてポーズをとっている写真が掲載された[207]。

一九二五年七月中旬には、竹田宮恒徳《たけだのみやつねよし》王・北白川宮永久《きたしらかわのみやながひさ》王（いずれも陸軍東京幼年学校在学中）の二人は、北海道の蝦夷富士登山に向かい、久邇宮邦英王（良子妃の弟、学習院中等科三年）・朝香宮孚彦《あさかのみやたかひこ》王（同中等科一年）と同正彦王（同初等科六年）の三人は富士登山の後、二二日に沼津の学習院水泳場に行く予定と報じられた。後者の三人は、一八日午後に東京を発ち、一九日朝から富士登山を始めた。「三若宮の御健脚」のため、「御案内役を置き去りに」しかねないほどで、予定通り元気に八合目の富士ホテルに入り、「簡素な晩餐を終わらせ木製の寝台に」入ったとの記事が掲載された(208)。

一九二五年冬には、一二月二五日に、久邇宮邦英王・朝香宮孚彦王・同正彦王と李勇吉は、二四日夜赤倉にスキーの練習のため出発したと報じられた（列車の窓から外を見る四人の写真）。その後、二六日に邦英王が妙高温泉藤沢スキー場で直滑降している姿の写真が載った(209)。

④王公族と日本・朝鮮の「融和」

一九二四年六月六日の新聞は、摂政（皇太子）裕仁と良子の結婚の東京市民による大奉祝会が催されたことを報じた。その同じ紙面に、天皇が李王（李坧《りたく》《イ・チョク》）の上京の際の邸宅地として、元北白川宮邸であった麹町紀尾井町の御料地の内約一万余坪を下賜したとの記事が出た(210)。この記事は特に大きなものではないが、東京市の高級邸宅地に一万坪もの土地を下賜することで、日・朝の融和とそのイメージの拡大を目指したものである。一九二五年三月二八日には、李王の第一王女徳恵《ドクヘ》（京城の日の出小学校五年修了、一四歳）が東京に来て、女子学習院三年に入学することが報じられた。また新聞は姫について、「稀に見る頭脳明晰な方であるが、たゞ健康の点に遺憾がある由である」と言及した。三一日には、学習院女子部に入学のため三〇日夜に東京駅に到着した徳恵を、黒のアストラカンのコートを着た写真と共に、「美しい徳恵姫、長旅のお疲れもなく」との見出しで報じた(211)。

また五月七日には、「李堈《りこう》《イ・ガン》公殿下の御入京」と題し、五月一〇日に催される天皇・皇后の銀婚祝賀式のために六日に李堈公が東京駅に着いて、李王世子（李垠）が出迎えた写真が掲載された（いずれも陸軍軍服を着用）(212)。

王公族を直接対象とする報道は必ずしも多くはないが、すでに述べた李勇吉少年が皇族の三人の少年と共に赤倉にスキーに行く写真も含め、いずれも日本の天皇・皇后や皇族と王公族の融和が進展しているイメージを示している。なかでも、ほとんど陸軍軍服を着て日本国民の前に登場する李王世子は、日朝融和のモデルのような役割を果たし、他の王公族は世子を補完していた。

これらの日朝の「融和」イメージを象徴するものが、一九二六年一月一八日の宮中歌会始の記事である。そこには皇后・摂政や皇族に加えて、李王世子・同妃（梨本宮家出身の方子）も出席した。皇后、摂政や同妃、高松宮（秩父宮は渡欧中）や他の皇族と共に、李王世子の妃方子も歌を提示した[213]。この二つのことから、第一に、宮中の伝統文化の行事にまで王族が参加したという意味で、王公族が日本に包摂されたイメージと共に、朝鮮が日本に包摂されていくイメージが示されている。また第二に、方子の歌の順は皇族の王妃や内親王の後であり、旧韓国皇帝一家である王族の地位が皇族の下で皇族に準じて扱われるということから、朝鮮人が日本人の下で日本人に準じて扱われるというイメージを再確認していた。

一九二六年一二月一日に王公家規範が皇室令として公布され、王公族の位置が、日本の皇族の下で皇族に準ずること（日本の華族の上）が最終的に確定した。一九二六年一月の歌会始の問題は、宮内省が王公族の地位をそれに先取りして位置づけていた事例であるともいえる。

（2）皇族の「科学」化イメージの展開

すでに述べたように、一九二二～二三年頃には皇族の「科学」化イメージの萌芽が見られた（本章1（2））。摂政の結婚祝賀を終えた一九二四年六月以降の時期において、皇族の「科学」化を示す注目すべき話題は、二四年九月二〇日に、摂政が赤坂仮御所内に生物学研究所を建設することが報じられたことである。

その内容は、㈠皇太子は学習院初等科在学中から生物学に興味を持ち、東宮御学問所開設以来益々研究を積み、自ら採集した昆虫その他動植物の標本は山をなすほどであった、㈡これらの標本は高輪の元東宮御所に全部保存陳列してあったが、昨年の関東大震災で全焼した、㈢今度、摂政の意向で、自ら設計に関与し、一万五〇〇〇余円で赤坂仮御所内に設備の完全な生物学研究所を建設することになり、年内に起工する予定であること等である。[214]

この研究所が一九二五年九月一九日に、完成したことも記事になった。摂政はそれまでの進講に加え、九月一九日に同研究所で初めて服部広太郎博士から生物の進化などに関して進講を受け、今後も毎週土曜日を生物学科の日と定めた。摂政は自ら動植物の解剖などにメスを取り実験をするので、同所には、解剖分析の諸器具や顕微鏡に至るまで備えられ、他に一千坪の植物畑に動物飼育舎などが付属していると報じられた。[215]

また摂政や高松宮も含め、皇族がラジオ放送が始まるとすぐにそれを導入したと報じられたことも、皇族の「科学」化イメージを示す。一九二五年一月八日には、高松宮は江田島の海軍兵学校在学中から機械類、特に無線電信電話について興味を持ち、「その研究は専門家を凌ぐ有様で」あり、今回東京放送局が放送を始めるのでラジオの製作を電機製作所に命じたと報じられた。[216]三月一日のラジオ初放送の予定日になると、一日前に摂政・同妃の居間隣室にラジオを備え、高松宮は昨夕ラジオを聴くために本邸に帰宅し、久邇宮家・伏見宮家や天皇・皇后のいる沼津の御用邸、山階宮・竹田宮や李王世子邸でもラジオを備えて放送を待っていると、「宮様方のラジオ熱」の記事が載せられた。[217]

この他、一九二五年三月二四日に、「カメラにお親しみの澄宮様」という題で、田内御養育係長と共にカメラを扱っている澄宮（学習院初等科）の写真が掲載されたように、[218]当時において極めて高価で、操作も難しいカメラも、皇族の「科学」化イメージを示していた。すでに述べたように、同年七月下旬に、渡欧途上の秩父宮がセイロン島で「土人踊り」をカメラで自ら撮影する写真が報じられたことも、同様のイメージを形成した。

おわりに

本章では第一次世界大戦後、欧米から日本にデモクラシーの潮流が押し寄せ、日本でも大正デモクラシー運動が高まる中で、皇太子裕仁の渡欧後、㈠牧野伸顕宮内大臣ら宮内当局が天皇・皇族イメージをどのように提示しようとしたか、㈡またジャーナリズムは彼らに規制されながらも、国民の求める像にも影響されながら、どのようなイメージを国民に示し、国民のイメージを形作っていったのかを、当時の代表的な全国紙の一つで、最も幅広い範囲の読者層を得ていたと思われる『東京日日新聞』を素材に考察した。その主な論点は以下の四つである。

第一に、皇太子裕仁渡欧後の、皇太子など皇族のイメージ形成の特色は、「平民」化・「健康」（スポーツ愛好）と「科学」化として整理できる。なかでも「平民」化イメージは、多くの場合、スポーツを愛好する「健康」イメージを伴って最も重要なイメージであった。「平民」化イメージとは、皇族が豊かな中産階級程度の振舞いに近い行動をしていることを生活の一部で示すことで、国民の生活や感情を理解し、国民から遊離しないようにしているイメージを提示し、大正デモクラシー潮流に対応しようというものである。

一九二〇年代は国民の、「健康」増進とスポーツが関連づけられ、また娯楽ともなり、高等教育のみならず、中等教育から高等小学校や尋常小学校などの初等教育、青年団にまで急速に広がる時代である。この時代はスポーツの大衆化とスポーツに関連して「健康」を求める時代ともいえる。この中で皇族がスポーツをすることは、皇族の「健康」イメージを提示するのみならず、皇族の「平民」化イメージを補充することができる。

また皇族が科学に関心を持ったり、ラジオ・カメラなど、当時の最先端の器械を自ら使用したりして、皇族が科学に理解があるとする、皇族の「科学」化イメージも進展していった。

第二に、皇族イメージの中心となる潮流である「平民」化・「健康」イメージをまずリードしたのは、一九二一年三月から九月の半年間渡欧した皇太子裕仁であったが、震災からの一応の復興がなる一九二四年夏頃から、秩父宮がリードしたことである。この理由は、牧野宮内大臣（のち内大臣）ら宮内省当局が、天皇となる皇太子は他の皇族に比べ危険を避け、過度の露出や激しい活動を避けるべきであると考えたからと推定される。また、秩父宮が激しい冒険心に富む性格であったのに対し、皇太子裕仁が秩父宮に比べ慎重な性格であったからでもある。一九二五年五月から秩父宮が渡英したこと（大正天皇の死で予定を早め一九二七年一月に帰国）もそれらを促進する要因となった。

一九二四年夏以降、皇太子裕仁も、その年に結婚した妃の良子とのリラックスした仲むつまじいイメージを示すなど、印象を強めた。しかし、それは、険しい山に挑み、また渡英の途中やイギリスでスポーツを楽しんだり、「平民」的で自由な態度で人々に交わったりする、秩父宮からの「平民」化と「強健」イメージの強いインパクトにはかなわなかった。秩父宮に関する報道が渡英前の一九二五年五月頃から増加し、八月上旬まで頻繁であったが、九月以降激減していくのは、牧野内大臣ら宮内省当局が、皇太子のイメージがあまりに弱まってしまうことを防ぐため、秩父宮の報道を抑制すべく情報管理を強めたものと思われる。

もっとも、摂政（皇太子）裕仁は、一九二五年秋の奥羽方面の陸軍特別大演習の際、風邪にかかり、予定を早く切り上げて東京に帰らざるをえなくなった上に、その後も病気は回復せず、行事出席を取りやめるなど、「健康」イメージの形成に必ずしも成功していない。

なお、高松宮や澄宮などの直宮、皇太子妃良子、久邇宮・閑院宮など他の皇族も、皇太子や秩父宮に見られる「平民」化・「健康」イメージを補完した。

これらと少し異なるのが、心身ともに病気で弱っている大正天皇、その天皇を支える貞明皇后である。皇后は質素な生活を心がけ、年末などに他の皇族の女性の先頭に立ち、恵まれない人々に慈善社会事業をすることを常としていたが、天皇・皇后ともに「平民」化イメージとはかけ隔たっていた。

また皇后は特に病気をもっていなかったが、スポーツや「健康」イメージが強調されることはなく、天皇は皇族の「健康」イメージの障害となる存在でもあった。天皇に関しては、病気回復のきざしも見え、散歩など軽い運動も行っていると、病気が深刻でないイメージで報道された。皇后は病気の天皇（夫）を看病する姿と、儀式など必要な場合に摂政を支え、また自らは質素で震災の被害からの復興や恵まれない人々を気にかける姿など、「国母」としてのイメージが示された。これは質素で謙虚ながらしっかり者の皇后の性格と、皇后が女性のモデルとなり社会の秩序の安定に寄与してほしいという、牧野宮相（のち内大臣）ら宮内当局の思いを反映したものといえよう。

第三に、皇族イメージが、皇太子の渡欧以後から関東大震災の直前までと（第一段階）、関東大震災から一九二五年五月末の大饗宴前まで（第二段階）、大饗宴や結婚祝賀会の後（第三段階）の三つに大きく区分できることである。

第一段階では、皇太子がリードする形で「平民」化・「健康」イメージが広まり、秩父宮などの皇族が補完していた。第二段階は、関東大震災の非常時の中で、スポーツや娯楽を自重する非常時イメージが形成され、「平民」化・「健康」イメージは抑制されるが、ボートなどスポーツをする秩父宮を報じるなどし、それをリード役として抑制が緩和されていく。第三段階では、第一段階をさらに徹底させる形で「平民」化・「健康」イメージや「科学」化イメージが展開し、「平民」化・「健康」イメージでは、すでに述べたように、インパクトの強い秩父宮がリードし始めた。

第四に、新聞では旧韓国皇帝一族であった王公族の動静を時折報じ、日本・朝鮮の「融和」と朝鮮の日本への包摂イメージが示されたことである。王公族の地位は、一九二六年一二月一日に王公家規範が皇室令として公布され、日本の皇族の下で皇族に準ずること（日本の華族の上）が最終的に確定する。しかし、それ以前の同年一月一八日の歌会始などの王族の処遇を見ると、宮内省の方針としてその方向が定められていたといえる。これは、朝鮮人が日本人の下で日本人に準じて扱われるというイメージを公然と示すものであった。なお、王公族の中でも、李王の後継者である李王世子（李垠）は、一九一七年に日本の陸軍士官学校を卒業して陸軍将校となり、日本内地での公式な場にはほとんどの場合陸軍軍服を着用するなど、日本と朝鮮の「融和」イメージのモデル的な人物として登場していた。彼は、一九二六年四月に李王（李坧）が死去して李王となり、日本人にとって、「融和」イメージの具現者であり続けた。

第二章　明治天皇の理想化と昭和天皇・皇族イメージ

はじめに

前章で述べたように、第一次世界大戦以降、欧米から日本にデモクラシー潮流が入ってきたことに対応し、牧野伸顕宮内大臣（一九二一年二月就任、のち内大臣）ら宮内当局は、それに適応する天皇・皇族イメージを創出しようとした。それは、一九二一年三月の皇太子裕仁渡欧以降に具体化し、「平民」化・「健康」（スポーツ愛好）と「科学」化イメージを中心としたものである。なかでも、皇族がスポーツを愛好する豊かな中産階級程度の振舞いをする「平民」化イメージが、「健康」イメージを包含して最も重視された。

このイメージは、まず渡欧した皇太子裕仁がリードしたが、一応の震災復興がなる一九二四年夏頃から、秩父宮がリードするようになった。しかし、一九二五年夏以降、秩父宮のジャーナリズムへの登場が抑制されていく。高松宮や澄宮（のちの三笠宮）などの直宮、皇太子妃良子、久邇宮・閑院宮など他の皇族は、皇太子や秩父宮に見られる「平民」化・「健康」イメージを補完した。この他、旧韓国皇帝一族であった王公族の動静が時折報じられ、日本・朝鮮の「融和」と朝鮮の日本への包摂イメージが示された。

ところで、一九二〇年一一月の明治神宮鎮座の前後より、明治時代への回顧が一九二〇年代に盛んになっていった。一九二六年一一月の戦艦「三笠」（日本海海戦の連合艦隊の旗艦）の保存式あたりから、その風潮は強まり、一九二八年一一月の昭和天皇の即位の大礼でピークに達する。本章は、一九二六年一月末の第一次若槻礼次郎内閣期から田中義一内閣が倒れる一九二九年七月までを対象に、明治天皇や明治時代を理想化する明治ブームが起きるなかで、天皇や皇族イメージがどのように変化していくかを検討したい。その中で、「平民」化イメージは引き続き中心であるが、保守主義者や国粋主義者の間で、内々にではあるが、これらのイメージに強い反発が出てくることがわかるであろう。

1　明治への回顧

すでに述べたように、一九二四年一〇月にドイツ大使が、天皇があまり世間に近づかず、歴史的尊厳をできるだけ保持し、国民の神秘的な崇敬心が衰退しないようにすることが必要である、と述べたことに対し、当時の牧野伸顕宮相は、「心ある外人の感想として参考するに足る」と記した。また牧野は、同年一月に三上参次東京帝大教授（日本近世史）が、征韓論政変に関し、明治天皇の若い頃に存在しなかったリーダーシップを美化した進講をした際にも、「君徳御大成上多大の効果あるべく」と、高く評価した。このように、高橋内閣期以来、宮中改革の中心であった牧野には、摂政（皇太子）裕仁を、自ら理想化した明治天皇のような天皇に教育し、裕仁の過度な露出や激しい活動を抑制していこうとする志向があった。また、牧野自身、明治天皇の晩年以外直接の接触がほとんどないにもかかわらず、三上の度々の明治天皇についての進講に共鳴しつつ、その理想化された像を信じようとした。一九二七年三月三日に詔書により明治節を設置し、明治天皇の誕生日である一一月三日を祝日にし、紀元節・天長節と同様の祭礼を行うようにしたことは、このような脈絡の中で理解できる（第I部第二章1）[1]。

その最初の明治節である一九二七年一一月三日付の『東京日日新聞』は、「明治節」と題した社説を掲載した。その主旨は、㈠明治神宮鎮座（一九二〇年一一月一日）の前後から明治時代についての懐古的研究が、徐々に盛んになり、年々各方面に拡大した、㈡はじめは、東西文化が混合した明治初年の混乱の時代の研究に止まったが、後には明治の各時代に及び、明治末期の出来事や、徳川末期を扱った大衆的読み物まで、流行するようになった、㈢その最大の原因は、多難な時代に直面している日本が、年若く活力ある天皇の下で、若々しい覚悟で「明治大帝の偉業をうけて」その進むべき道を拓こうとしているこの時期に、弱小日本を世界の大国にする基礎を築いた明治時代の思い出が、国民の胸によみがえってきたからであると指摘したこと等である[2]。

同じ日の『大阪朝日新聞』は、明治節が制定されたのを大正天皇の時代以来の要求運動の成果であると評価する社説を掲げた。そしてその下に、明治天皇紀を編纂する責任者である、臨時帝室編修官長となった三上参次（東京帝大名誉教授）が、明治天皇のリーダーシップを強調する次のような記事を、明治天皇の写真と共に一面の中心に書いていた。

〔明治天皇は〕いふところの垂拱の天子でなかつたのは勿論、重大なる政務は適当に御判断あらせられ、御裁可あらせられるのみならず、時には天皇より進んで御注意を大臣に与へ給ふことなどもある、さういふことを一々実例について窺ふことが出来て、真に不世出の明天子であらせられたことを、今さらのやうに承知するのである[3]。

すなわち日本国民は、第一次世界大戦後に米英に並んで世界の三大国の一つに数えられるようになった日本に対し自己満足を覚える一方で、大戦後の戦後不況や列強間の経済競争、中国でのナショナリズムの高まり等で日本の先行きへの不安を感じ始めた。この中で、一九二〇年頃から明治時代に対する関心が年ごとに高まってきたのであった。それは、『東京日日新聞』の同じ社説の中で、「明治大帝の偉業を景仰するの念」がさかんになってきているとの表現が見られるように、明治期の歴史を事実に即して、明治天皇の不安や失敗も含めて天皇とその時代を考察するというより、理想化して再解釈しようという傾向を持つものであった。一九二〇年代における明治や明治天皇の再解釈と理想化という現象は、満足と不安という複雑な感情にかられた日本国民の自然な心情の成り行きであって、牧野ら宮中側近や三上参次教授たちも影響を受けていたといえる。また一方で、三上教授らは、裕仁への進講や明治天皇紀の編纂を通し宮中に関わるものとして、最有力者の牧野らの願望に迎合する形で明治天皇像を形成し、牧野ら宮中側近は、理想化した明治時代や明治天皇の姿を、同時代や昭和天皇の中にも見いだそうと、右の傾向を促進した中心人物でもあった。

明治神宮の鎮座（一九二〇年一一月一日）の頃から最初の明治節（一九二七年一一月三日）の前まで、皇太子裕仁による大正天皇の名代としての明治神宮の参拝により、明治天皇や明治時代への関心が高められた。これは、一九二〇年一一月二日に始まり、二一年から毎年一一月三日となった（なお、一九二四年のみ摂政は陸軍大演習を統監するため金沢に行っており、参拝がなかった）[4]。

また、すでに述べた一九二四年一月に始まる三上参次の明治天皇についての裕仁（摂政から天皇）への進講以外に、一九二三年から明治についての進講や言上が何度もなされるようになった。一九二三年六月二九日には平田東助内大臣が明治天皇の事蹟（帝国議会開設の由来・条約改正の顚末・韓国併合の顚末）を言上した。また松川敏胤陸軍大将（予備役、元朝鮮駐屯軍司令官・軍事参議官、日露戦争中は満州軍参謀〔大佐〜少将〕）は、日露戦争について、同年一〇月四日、八日、一一日、一一月一日、一九日、二七日と進講を行った。海軍においても、佐藤鉄太郎海軍中将（予備役、元舞鶴鎮守府司令官、日露戦争中は中佐で第二艦隊参謀、朝日副長）が同年一〇月一八日、二四日、一一月七日、一二月五日と進講した。佐藤中将の進講で、テーマのわかっている一一月七日のものが、「日露戦役に於て陸海協同作戦の能く行はれたる」ことであるから、これも日露戦争関係のものが多いと推定される[5]。

このような進講については、一九二四年一〇月になると、㈠九日に山本権兵衛（海軍大将）が日露戦争その他明治天皇の遺業に関する講話を摂政に言上した後、参列の各宮や元老西園寺公望・牧野伸顕宮相・加藤高明首相・浜尾新枢密院議長は茶菓を下賜された、(二)これは「牧野宮相が予てより摂政殿下の御意を体し」、明治天皇の遺業を偲ぶために、明治以来の老臣が摂政の御前で親しく講話をする計画をしており、その一環としてなされたものであると、新聞でも報じられた。[6]

この他、奈良武次侍従武官長の発議で、高島秋帆の紀功碑建設下賜金（二〇〇円）が出たり、一九二五年一一月一〇日から宮中で勝海舟遺墨展（五四点出品）が開かれ、一一日には「両陛下」ならびに裕仁（摂政）が見学した。また、一九二六年春の中国地方への行啓では、摂政裕仁は五月三〇日に萩市で、明倫館跡・吉田松陰史蹟・伊藤博文旧居・御展望所（吉田松陰誕生地）を、三一日に長府町で前田砲台跡・日清談判所址（春帆楼）をという形で、明治維新関係の史蹟を訪れた。[7]

2　践祚前の摂政裕仁・皇族イメージ

摂政裕仁は大正天皇の代理として、陸・海軍関係の公式行事に出席する必要があり、そのためには、それぞれの軍服を着る。例えば、一九二六年を例とすれば、三月三〇日（陸軍自動車学校卒業式）、七月一七日（陸軍士官学校卒業式、黒または栗毛の馬に乗る）、一一月一二日（軍艦「三笠」保存記念式）、一一月二五日（海軍大学校並びに海軍軍医学校卒業式）等である。[8]これ以外に、陸・海軍関係の公式行事でなくても軍服を着ることもあった。三月一三日（大日本聯合青年団第二回大会、陸軍大佐の通常服）、一二月一四日（大正天皇の病気見舞い、陸軍軍服）等である。[9]したがって、国民の間に摂政の大元帥代理としてのイメージは、自然に形成された。

しかし、摂政時代の裕仁は、大正天皇が死去して天皇に践祚した後と比べて、一九二〇年代前半の「平民」化イメージの延長で、軍服以外の服で公衆の前に登場することも何度かあった。一九二六年五月一〇日に東京市上野の化学工芸博、聖徳太子奉賛展覧会（東京府美術館）をフロックコートで見学し、二八日に山口県岩国町で軍服を着ないで（フロックコートか）、駅前での南条踊りを観覧した。また那須御用邸に避暑中の裕仁は、八月二九日、パナマ帽に乗馬服姿で那須ヶ岳に登ったり（馬は白馬の「吹雪」）、九月九日に軍服を着ないで（フロックコートか）、東京に帰った。(10)

摂政裕仁と対照的に、自由な服装をしてジャーナリズムに登場したのは、一九二五年五月から渡欧中であった弟の秩父宮雍仁《やすひと》親王（陸軍中尉）であった（二七年一月帰国）。二六年二月にはスイスでスキー練習中の姿、コートを着て旅行中の姿、三月にはテニス着姿（ニースでスウェーデン国王グスタフ五世と試合）で登場し、四月にはローマ上空を北極探検機に乗って飛行したこと（「科学」化イメージ）が報道された。五月になると秩父宮が、アイガー山やアルプス連峰に登っている登山姿が、八月にも「スポーツの宮」としてアルプス登山が報道された。(11)

この他、一一月に入ると、背広の上にオックスフォード大のガウンを纏った姿やオックスフォード大での生活の様子、ボート練習をする姿も報道された。軍服姿の写真（陸軍中尉）は、五月中旬にポーツマス軍港でヴィクトリア号を見物する姿くらいであった。大正天皇の病状が悪化してイギリスから帰国の途につく記事の写真も軍服ではない。(12)すなわち秩父宮は、渡欧中という事情もあり、軍人というよりもスポーツ好きの青年皇族というイメージで登場した。こうして秩父宮は、皇族の「平民」化イメージ・「健康」イメージや「科学」化イメージを促進した。

秩父宮の弟の高松宮宣仁《のぶひと》親王は、一九二四年七月に海軍兵学校を卒業し、二五年一二月に少尉に任官して、戦艦「扶桑」（日本海軍の代表的軍艦の一つ）に乗り組み軍務に就いており、あまり存在感のある形では報道されなかった。一九二六年四月に台湾先住民を海軍少尉の軍服で引見した姿、六月に巡洋艦に乗って遠洋航海に出るという記事に付された海軍少尉の写真、一二月に大正天皇を見舞う海軍軍服姿の写真、荒川堤の学習院ボートレースを見学に来て、ボート着でボートの練習をする写真等が新聞に掲載された。(13)高松宮は戦艦「扶桑」の中で、直宮ということで一人前の少尉としての仕事を与えられず不満であったが(14)、報道されるイメージは、熱心に軍務をこなしているというものであった。

他の皇族の場合、一九二六年三月一〇日、閑院宮載仁《かんいんのみやことひと》親王（元帥）が陸軍記念演習を観戦したり、五月八日に伏見宮大将が海軍軍服姿で東京の復興状態を視察に行くこともあったが、二六年二月一日に閑院宮が軍服ではなく黒の中山帽・黒オーバーで、夫人等と共に子供博覧会を見学したり、三月二〇日、欧州の洪水水害義金のための帝国劇場の慈善音楽会に朝香宮鳩彦《あさかのみややすひこ》王・久邇宮朝融《くにのみやあさあきら》王・李王世子（李垠《りぎん》《イ・ウン》）らが洋装の夫人同伴で、フロックコート姿で出席、八月五日に賀陽宮恒憲《かやのみやつねのり》王が背広姿で東京の復興事業を視察する等、軍服以外の服装で新聞に登場することの方がはるかに多かった(15)。ただ、王族である李王世子は、二六年四月六日、父の李王が病気のため東京から朝鮮に向かい、六月二八日に東京に帰る際の服装は陸軍軍服であり（京城での国葬の場では朝鮮服(16)）、少ない例であるが、皇族に比べ日本陸軍の服でジャーナリズムに登場した割合が高かった。

皇族・王族の女性の場合、すでに述べた帝劇の慈善音楽会のように、洋装で夫に同伴する姿が一つの典型である。一二月に摂政妃の良子《ながこ》が、皇后節子《さだこ》と一緒に大正天皇の看護をする記事が載り、同時に洋装の良子の写真が掲載されたように(17)、夫についていくか、看護といった補助的なことを洋装で行うというイメージが中心であった。この中で、大正天皇の実母である二位局（柳原愛子《なるこ》）が、日蓮宗のお題目を唱えたり、清浄の白衣をまとい水ごりを取って天皇の平癒を祈願する姿(18)は、少し異質であった。

以上のように、一九二六年の摂政（裕仁）・秩父宮・高松宮や他の皇族・王族の報道上のイメージは、全体としては軍人としてのものよりも、スポーツを愛好する上流階級の人々というもので、皇族の「平民」化・「健康」イメージを促進した。その中で、摂政（裕仁）は、陸海軍関係の公務に出る関係上、軍人としてのイメージが他の皇族よりも強く、そのことが、未来の天皇（裕仁）のイメージを他の皇族と別格のものとする効果を上げていた。

なお、一九二六年一〇月二三日に、一九一七年以来、工費八三五万余円をもって建設中であった明治神宮外苑が竣工し、摂政を迎えて外苑奉献式が行われ、「明治大帝の聖徳を慕ふ」一大モニュメントとなった。また、日本海海戦での日本側の旗艦「三笠」を永久保存する工事が完成し、一一月一二日に摂政が出席して保存記念式が行われた[19]。これらは、明治天皇や明治時代を理想化していく流れの中のそれぞれ特に重要な潮流といえる。

3　践祚後の昭和天皇・皇族イメージ

(1) 昭和天皇・皇后・皇太后

一九二六年一二月二五日未明、大正天皇が死去し、践祚して天皇となった裕仁（昭和天皇）は、摂政時代以上に大元帥の軍服姿で国民の前に、直接にあるいは新聞の写真を通して間接に登場することが多くなった[20]。それは第一に、天皇として種々な公式行事に出席したからである。公式な行事に軍服で出席するのは、イギリス等ヨーロッパの君主と同様であった。

昭和天皇は践祚後三日たった一九二六年一二月二八日、有力文武官を召し、宮中で朝見の儀を行った。このため天皇は、初めての陸軍様式大元帥の正装で、赤坂離宮から皇居に出向いた。また、一九二七年二月九日と四月三日には、同様の服装で多摩御陵（大正天皇の陵墓）に行き、拝礼した。その後、一二月二五日に、同様の服装で大正天皇一周年祭（大正天皇の命日）を行うまで、四月二九日（初の天長節）・九月一九日（陸軍富士裾野攻防演習）、一一月（陸軍大演習）、一二月二一日（近衛師団行幸、愛馬の「吹雪」に乗る）等に、陸軍様式大元帥正装又は通常礼装で出席した[21]。

海軍の行事に対しては、一九二七年四月一六日（巡洋戦艦「妙高」の進水式）、七月三一日（小笠原諸島行幸で母島上陸）、一〇月下旬（海軍大演習）、一〇月三一日（観艦式）、一一月二五日（海軍大学校卒業式）等に、海軍様式大

図14　「今上両陛下の御尊影」（『東京日日新聞』1927年3月1日）

元帥の正装又は通常礼装で出席した[22]。

天皇が国民の前に、軍服以外で登場するのは、一一月一九日に陸軍大演習が終わって、名古屋方面を視察した際、二一日、木曽川の犬山橋畔を背広に乗馬ブーツ姿の軽装で同様の服装の賀陽宮《かやのみや》と遠乗りした時くらいであった（馬は「錦鶏」）[23]。

大正天皇の死後一年間、諒闇が明けるまで、昭和天皇と皇后は避暑・避寒などの旅行はすべて遠慮し、天皇は軍事関係の公務は平常通りに遂行する意向であった[24]。したがって、昭和天皇のイメージは大元帥としてのものに偏っていった（諒闇が一九二七年一二月二四日に明けるまでは、儀式には喪章を付けて出席することになっていた。ただし、宮内省では翌二五日の一周年祭も、参列者は喪章を付すことに決めた）。これは、天皇としての公式行事の負担の問題だけでなく、以下に述べるように、宮中側近が一時的に天皇のイメージとして大元帥的な要素を強めようとしたからでもあった。また、ジャーナリズムもその方向に同調していたといえる。

すなわち、昭和天皇の践祚を伝える新聞の写真は、陸軍様式大元帥の正装の天皇と、洋装の皇后良子を別々に写したものであった[25]。その後、一九二七年三月六日の皇后の誕生日（地久節）に向けて、宮内省は新聞社に、陸軍様式大元帥の通常礼装を着た天皇と洋装の皇后とが並んで写っている写真（図14）を「御貸下げ」した[26]。これまで天皇・皇后が一緒に写った写真として「御貸下げ」になったのは、モーニングコートの天皇と洋装の皇后のもののみであった。このことは、宮中側近が摂政（皇太子）から天皇になった裕仁に大元帥としてのイメージを強めることを期待していたことを示している。

また、『東京日日新聞』（一九二六年一二月二五日）は、大正天皇の死去を報じて六枚の写真を「大行天皇をお偲び奉りて」として掲載している。そのうち五枚が、陸軍様式大元帥の通常礼装（福岡地方陸軍大演習、一九一六年一一月一三日）、陸海軍少尉任官当時の陸軍少尉の通常軍服（八歳）、陸軍少尉の正装、陸軍中尉の通常服、陸軍大尉の正装と軍関係のもので、一枚のみが一九〇三年の皇太子時代に青山御所で背広を着て幼少の裕仁（後の昭和天皇）の手を引いている姿であった（幼少の雍仁〔後の秩父宮〕も写っている）。一九二七年二月七日の大正天皇の御大喪の日の大正天皇の写真も、陸軍様式大元帥の正装のものであった。[27] 報道の自由が比較的あったジャーナリズムも、建前として、軍人（大元帥）としての大正天皇イメージにこだわろうとしていたのである。このように、昭和天皇のイメージは、大元帥としての側面を強める形で、宮中側近とジャーナリズムの双方から形成され始めたといえる。そのため、二七年五月九日、昭和天皇が赤坂離宮御苑内で自ら稲の種まきをし、六月一四日に麦わら帽にねずみ色の運動服姿で自ら田植えを行ったことや、小笠原諸島や大島で海底生物の採取をし、生物学研究を行うとの記事には、写真が掲載されなかった。[28]

天皇が田植えをし、あまりにも熱心に生物学研究を行うことについても批判があった。一九二八年一〇月二〇日、倉富勇三郎枢密院議長は元老西園寺公望に、㈠天皇は生物学について専門的知識があるので、天皇が生物学上のことについて下問し、下問された者が奉答できないこともある、㈡それを天皇の「叡明」として吹聴する者もいる、㈢しかし、それはかえって天皇を「小にする様の嫌ある」と思うと述べた。これに対し西園寺は、天皇が自ら「聖なり」という考えを起こすようなことがあったら、天皇のためにもよくなく、臣下にとっても面目を失うことになるのでよくないと応じた。翌年六月一三日にも、普選運動のリーダーの一人でもあった花井卓蔵貴族院議員（勅選、弁護士、元衆議院議員で七回当選）も、倉富枢密院議長に、天皇が農事に心を開くのはよいが、何でも自ら行う必要はなく、農事を自ら行うことはかえってよくないと述べた。倉富もそれに同感し、天皇が生物学に熱く没頭することはなお好ましくないと思うと答えた。倉富はさらに、天皇が生物学を楽しみとして行うならば差し支えがないが、側近者が大げさにこれを吹聴し、天皇を一個の生物学者のようにすることは、「陛下を小ならしむもの」であり、憂うべきことであると続けた。[29]国粋主義者に近い倉富のみならず、元老西園寺や花井卓蔵までが若い天皇の行動を危惧していたのである。

さて大正天皇の死後一年経ち、喪が明けても、一九二八年一一月に天皇即位の式典である大礼を京都で行うことになっており、昭和最初の陸軍始の観兵式（二八年一月八日、代々木練兵場、「吹雪」に乗馬）、昭和最初の歌会始（一月二八日、皇后と共に）、帝国議会に親臨（四月二三日）、昭和最初の天長節観兵式（四月二九日、「初緑」に乗馬）、築地水交社の海軍記念日祝賀会（五月二七日）、陸軍士官学校行幸（七月一七日、「初緑」に乗馬）、陸軍大演習（一〇月上旬）等に、昭和天皇は引き続き、陸・海軍様式大元帥の正装又は通常礼装という軍服で登場し、その写真が報道された。海軍関係の行事でないかぎり、陸軍大元帥の軍服を着用することも同様であった。[30]

一一月、昭和天皇は、天皇の即位を神々に奉告するという即位の大礼の儀式に際しては、「帛の御服と申す清浄な御束帯で、御抱その他すべて無文の白平絹で作り参らせ唯御表袴襟の裏ばかりが極めて淡い紅色を帯びてゐる御服を召させ給ひ、同じ無文の御冠を戴かせ給ふ」という、古い時代とのつながりをイメージさせる服装をし、「神代さながら」をイメージさせる儀式を行った（皇后は「御唐衣御五衣御裳の御服を召させ給ひ」との姿）。また、他の皇族も類似した古式にのっとった服装をした。[31]

しかし、こうした「神代」や古代とのつながりを強調するイメージの展開は、あくまで大礼の儀式を中心に十数日ほどであり、昭和天皇が一一月六日、大礼を行うため皇后と東京を出発する際の服装は、陸軍様式大元帥の正装という、[32]近代的なものであった。また大礼の儀式の一環として、「神武天皇陵」に参拝する際の服装や、すべて終了して、二七日に東京にもどる際や、二九日に多摩御陵（大正天皇陵）に参拝した際の服装等も、陸軍様式大元帥の正装であった[33]。

また忘れてならないのは、大礼という大行事を控えながらも、喪の明けた天皇は、葉山御用邸へ行く際の東京駅（フロックコート、皇后とともに、二八年二月二六日）、葉山御用邸静養中に逗子町まで遠乗り（三月三〇日、「吹雪」に乗馬、乗馬服に中折れ帽）、東京博とフランス美術展（五月九日、モーニングと山高帽、皇后とともに）等[34]と、軍服を着用しないイメージを復活させる兆しを見せたことである。新聞に写真は掲載されなかったものの、大礼の儀式の合間に、一一月一六日、ねずみ色の背広に中折れ帽という姿で「吹雪」に乗り、京都御所の馬場で一時間程くつろいだとの報道も、かなり大きな記事となっている[35]。

このような、かなり慎重な天皇の行動に対しても、国粋主義者や保守主義者の中には批判をする者が現れた。一九二八年三月二二日、平沼騏一郎枢密院副議長は、倉富議長や二上兵治書記官長との会合で、国粋主義者の橋本徹馬（紫雲荘を主宰）は、しばしば一木喜徳郎宮相や関屋貞三郎宮内次官に面会し、天皇の行動が「軽きに過ぐる」ことを説いていることを話した。一木が新聞では好評であると答えるのを橋本が聞いて嘆いていたとも、平沼は続けた[36]。

国粋主義者の批判が一部に出ているにもかかわらず、通説とは異なり、即位の大礼が終わると天皇が軍服以外の服装で国民の前に登場するという傾向は、さらに強まる。すなわち、一九二八年一二月二三日、天皇は皇后とともに新宿御苑のゴルフリンクスで、運動服と鳥打帽でゴルフを行ったことが報道された（写真なし）。翌一九二九年一月一四日には、葉山御用邸から乗馬服姿で「初緑」に乗り、逗子まで遠乗りしている。また、三月二九日には天皇が数年前から毎週土曜日を生物学研究の日と定め、生物研究に打ち込んでいることが記事になり（天皇の写真なし）、五月二八日には、照宮を中心にモーニング姿の天皇と洋装の皇后が写った写真が掲載された。五月末から六月上旬にかけての大島から関西方面の行幸に際しては、天皇は背広やゲートル・背広の登山姿（大島と同島三原山）、フロックコート（白浜、京大臨海研究所）、背広にヘルメット帽（写真なし）等の姿で国民の前に登場した[37]。天皇裕仁は、摂政時代とほぼ同じようなレベルの「平民」化イメージを提供するようになった。このような状況下で、四月一七日、倉富枢密院議長・平沼副議長・二上書記官長の内談で、倉富は、『明徳論壇』が一木宮相・関屋宮内次官が尽力して「宮内省を民衆化する」という趣旨のことを論じていたと、[38]宮中側近らの動向を批判した。

もちろん、大礼後から田中内閣の倒閣までの半年余りの間においても、天皇は一九二八年一二月三日の在郷軍人親閲（二万二〇〇〇名参加、陸軍様式大元帥の通常礼装、「初緑」に乗馬）、同四日の大礼観艦式（海軍様式大元帥の正装）、同一三日の東京市民の奉祝（天皇・皇后出席、天皇は陸軍様式大元帥の通常礼装）、同一五日の宮場前親閲（八万三〇〇〇余人参加、天皇は陸軍様式大元帥の通常礼装）等、先に述べた二九年六月の関西行幸の際に海軍および陸軍様式大元帥の軍服で何度も国民の前に現れるまで、国民の間に軍服姿で大元帥としてたびたび登場していた。[39]

他方、皇后独自の報道には、いずれも洋装の写真とともに、一九二七年一月と二九年三月の懐妊の記事と一九二八年五月五日に初めての日本赤十字総会への出席、等がある程度であった。[40]この時期の皇后は、天皇に洋装で同伴し、子どもを産み、時として女性が関係する行事の中心となることもある、というイメージで報じられ、強い存在感のあるイメージを示してはいなかった。

報道では特に強調されなかったが、一九二九年六月二〇日の元老西園寺公望と倉富枢密院議長の内談にみられるように、宮中の中枢に近いあたりでは、一九二九年には良子皇后に内親王ではなく親王を産んでほしいという期待が強まり始めた。[41]

この皇后良子についても、小原駩吉《おばらせんきち》貴族院議員（元宮内省内匠頭）が倉富枢密院議長に話したところによると、国粋主義者や保守主義者の間で批判があった。それは、皇后が風邪を引いた際、皇后がいつも天皇・皇后が利用している大奥の寝室で寝て、天皇が表御座所の部屋で寝たことをめぐってであった。このため、侍従などの間でも、「皇后陛下は御強くして、天皇陛下は御気の毒なり」との声を聞くようになったという。また、賀陽宮大妃は、皇后は幼年の頃より「勝気の方」であったが、その性質は変わらないと話していたとも、小原は倉富に述べた。[42]

また、元来良子を皇太子妃にすることを望んでいなかった貞明《ていめい》皇太后と昭和天皇の関係にも微妙な状況が続いたようである。一九二八年一〇月二〇日、元老西園寺はこの日彼を訪れた倉富枢密院議長に、「敬神の念熱烈」な皇太后が昭和天皇の祭典を行う態度を「形式的の敬神」とみなし、必ず「神罰ある」とまで言ったと、話した。西園寺はこのことが皇太后と天皇の母子間の「親和」にまで影響しないかと心配であった。宮中のことに詳しい倉富もこの話を聞くのは初めてであった。西園寺はこれまでこの話を牧野内大臣・一木宮相と秩父宮に少し述べただけと倉富に話した(43)。

(2) 秩父宮・松平節子（勢津子）

①「山の宮様」妃に松平節子の内定

昭和天皇の弟である秩父宮は、大正天皇の死後、喪が明けるまでの間にも、渡英時代と同様に陸軍中尉の身分や軍服姿に限定されない、比較的自由なイメージで、国民の前に登場する。

その特色は、『東京日日新聞』紙上で、大正天皇の死去後しばらくは陸軍中尉の軍服で登場していたが、四カ月ほどするとフロックコート・モーニング・背広・登山服など、軍服以外で登場する方が多くなったことである(44)（約六割強）。これは、喪の期間中、軍服イメージにならざるを得なかった天皇に対し、国民に皇族にたいする親しみを抱かせる補完作用をなしていたといえる。

すなわち、大正天皇の重態の連絡で一九二六年一二月二二日にロンドンから帰国の途についた秩父宮は、米国経由で二七年一月一七日に横浜に到着した（陸軍中尉の軍服）。一月二〇日には、体調を崩した昭和天皇の名代として宮中の殯宮で、「大正天皇」の追号を奉告した（陸軍中尉の正装）。また、三月二四日に第三連隊に久々の出勤をし（軍服で将校たちと食事をする写真）、六月には習志野原で陸軍中尉として演習に参加したこと等も報じられた（写真なし）(45)。このように、秩父宮は帰国後まず軍服イメージで登場する。

ところで、秩父宮は大正天皇の病気が重くなりあわただしく日本に戻ってきたが、葬儀が一段落すれば再び渡英したいと思っていた。しかし、一木宮相は、大正天皇が重病なのに英国での修学にこだわって、すぐに帰国しようとしなかった秩父宮の態度に憤慨したほどで、秩父宮を再渡英させようとの強い熱意も胆力もなかったようである。結局、一木も含め宮中側近は再渡英を中止すべきと考え、一九二七年三月に、そのことが決定した。この決定については、宮中側近に批判的な倉富枢密院議長や平沼枢密院副議長も賛成であった。なお、平沼らは、秩父宮が帰国の途次に米国を通過した際、普通の人の旅行のようであったことも不満であった[46]。

その後、秩父宮は四月二九日に高松宮と箱根へ旅行し、五月一〇日に震災から復興する東京の視察を、一六日に早稲田大水泳部の視察を、フロックコートや背広で行った。また夏になると、上高地や北穂高での登山服姿の秩父宮が「山の宮様」と報じられた。一〇月には、新御殿に引っ越しする秩父宮として、背広の写真が掲載され、また東久邇宮稔彦王ら他の宮と共に、背広で千葉の下総牧場に初茸狩りを楽しむ姿も報じられた。また、一〇月に外国人の有力テニスプレーヤーを招いた新聞社主催の模範試合や（背広）、一〇月末から一一月上旬の神宮スポーツ大会等に行啓した（フロックコートか）[47]。このように秩父宮は、軍服以外で登場し、登山を始めとするスポーツを愛好するイメージの方が強く、天皇・皇族の「平民」化・「健康」イメージをリードしていたといえる。

これらに加え、一九二七年三月末に秩父宮の婚儀は明春かと報じられ、九月下旬には妃の第一候補として一条正子の名が報道された[48]。牧野内大臣は、一九二五年五月の秩父宮の渡欧までに秩父宮妃を内定しようと尽力したが、実現できなかった（前章3（1）②）。秩父宮が帰国すると、その結婚問題が再び一般の注目も集めるようになった。

秩父妃選定に関し、一九二七年一〇月、宮内省は記事の自主規制を各新聞社に示達し[49]、その報道はなくなった。大正天皇の喪が明けてまもなくの一九二八年一月七日、その自主規制は『東京朝日新聞』のスクープによって破られた。同新聞は同日付の朝刊で、秩父宮と洋装の松平節子の写真を載せ、松平恒雄駐米大使の長女節子が秩父宮妃に選ばれたことを報じた。

その主旨は、㈠節子の父松平恒雄の親友であり、渡米して内々で交渉していた樺山愛輔伯爵は、一九二八年一月三日に帰国し、一木宮相に復命し、四日に秩父宮、五日に貞明皇太后に伺候した、㈡節子は女子学習院ではフランス語を習っただけであるが、松平大使の赴任に伴い、渡米してたちまち英語を習得し、ワシントンのフレンド・スクールという学校に通っている、㈢琴や三味線など日本音楽にも達者で、「淑やかさ、殊に見るからに気高く上品な容姿風格を備」え、「少しも西洋かぶれのところなく、あくまで日本の典型的婦人の美質を」持っている、㈣節子はスポーツにも秀で、昨年のフレンド・スクールのテニストーナメントでも優勝した、㈤節子は、一九二四年春の女子学習院の卒業式で三人の生徒とともに皇后（現皇太后）の前で講演をした際に、皇后の目に留まったようである、㈥一九二五年二月、松平夫妻が大使としてワシントンに赴任する前、皇后のために宮内省御用掛としてフランス語など外国語の通訳をしていた節子の母が、暇乞いに参上することになった時、皇后から「子供も連れて来よ」という言葉を受け、節子と妹の正子を連れて参上した、㈦その際、皇后は秩父宮と一緒に一同を引見し、とても打ち解けた様子で茶菓などを与え、さまざまの言葉をかけた、㈧その拝謁の中で、皇后は節子に「この頃はアメリカでは女が髪を切るのが一般の流行になってゐるさうであるが、日本の女はどこまでも日本の女らしくするやうに……」と親しく注意した、㈨秩父宮は一九二五年二月に皇后と共に節子に会った他に、一九二六年末にイギリスより帰国途次にワシントンの日本大使館に宿泊し、節子も含め松平大使一家と打ち解けて話をした、㈩秩父宮は松平大使夫人の調理した日本料理の味に感動したのみならず、節子は縁談の話をまったく知らないまま、「無邪気に」、「つゝましやかな見事な態度」で応対した、⑪松平大使は会津の松平子爵家という名家の出であるが、分家して「平民」であるので、節子が皇族の妃となるためには、本家の松平子爵家か、母方の実家の鍋島家に転籍しなければならぬこと等であった[50]。

『東京朝日新聞』は一九二八年一月八日付の夕刊に、最近アメリカで撮影した松平大使一家（節子、大使、夫人、節子の妹の正子）の写真（いずれも洋装）を載せ、「秩父宮の御結婚式は赤坂離宮で御盛大に」と、秩父宮やその住

図 15　「松平節子姫」（『東京日日新聞』1928 年 1 月 8 日）

居の青山御所の様子を報じた。また、節子の女子学習院時代について、「成績はいつも級中一頭地を抜いて」いて、「友人との折合も非常に円満で師友の敬愛の的」となった等と、節子を称えた。[51]

『東京朝日新聞』のスクープがきっかけになり、七日午後四時半（夕刊の記事締切後）に秩父宮の妃選定に関する記事が解禁になった。『東京日日新聞』も一月八日、秩父宮妃が松平駐米大使の長女節子に決まったことを、節子の洋装の写真（図15）とともに次のように報じた。㈠節子は、「才色兼備」で、二〇歳の今日まで病気を知らぬ程の「健康」であり、一木宮相や牧野内大臣ともに節子を最適任とみなした、㈡しかし松平が宮内省の内意を拝辞したので、松平と親しい樺山愛輔伯を渡米させて説得し、二八年一月三日に樺山が帰国して奉告した、㈢この婚姻を成立させるため、節子が母方の鍋島侯爵家か父の生家の松平子爵家の養女となることが考えられている。[52]

②松平節子内定までの波乱

前章で述べたように、一九二五年三月には松平節子は秩父宮妃の有力候補になっていたが（第II部第一章3（1）②）、節子を妃候補として正式に決定するまでには、報じられた以上に波乱があった。それは、節子の父の松平恒雄が側室の子で、松平の母系が問題になり、牧野内大臣がそれを気にして、節子を妃候補とすることを一旦中止したことである。牧野がこのように慎重になったのは、秩父宮は天皇に万一のことがあった場合天皇に、妃は皇后になるからであった[53]。その後一九二六年四月、『東京日日新聞』は、松平節子が秩父宮妃の有力候補になっているとの記事を掲載した。そこでは、松平駐米大使の娘であることや、「音楽も語学も何んでもお得意」で、「桜の国の女王」といわれてワシントンの社交界でも評判の女性として紹介された[54]。

すでにふれたように、大正天皇重態の連絡で、一九二六年一二月、秩父宮はアメリカ経由で帰国した。その途中で秩父宮がワシントンに立ち寄り、日本大使館に宿泊すると、節子と妹はお茶と寿司や汁粉を運ぶ等、秩父宮の相手をした[55]。秩父宮と節子のこの接触が、渡欧前から節子を気に入っていた宮の意志によるものかどうかは、今のところ断定できない。

一九二七年五月下旬までに、秩父宮妃の適当な候補者が見つからず、宮内省当局は再び松平節子を検討することにした。五月二一日に、岩波武信宮内事務官が倉富枢密院議長に語ったところによると、㈠松平恒雄の生母の姪が嫁いだ家は東京市神田で八百屋を営業しており、これが節子が不都合だという主な理由であった、㈡その店は、三兼という名で、間口も奥行きも二間（一間は約一・八メートル）位の小さな構えで、今はバラックであるが、以前から小さい八百屋であったようである、㈢それから興信所で取り調べさせ、とても詳細な取調書が提出されたが、別に問題のあることもなく、系統なども悪いことはない、㈣一木宮相はそれを見て、心配するような所はないという、調査は牧野内大臣に渡っているはずである、㈤岩波が興信所に取り調べさせたのは約二カ月前であるが、一カ月半位前の『中央新聞』が節子が妃になる様な記事を出したので、諒闇中ということで各新聞社に注意を与え、他の新聞にはその記事は出なかったこと、等である[56]。このことから、一九二七年三月頃に、松平節子が秩父宮妃候補として問題がないかの調査が再び始まったといえる。

五月二五日、倉富枢密院議長が平沼副議長に岩波の右の話をすると、平沼は、父の松平恒雄自身にも何か欠点があると聞いていると述べた[57]。松平自身の問題とは、のちに平沼が秋月左都夫（元オーストリア大使）に聞いて、八月末に倉富に話したことによると、松平恒雄が稲垣満次郎（元スペイン・ポルトガル公使）の未亡人と関係を結んでいるとのことであった。その未亡人は、山口尚芳（岩倉使節団の特命全権副使で、のち貴族院勅選議員）の娘で、松平恒雄との関係は「有名なるものなり」という。[58]

松平節子を秩父宮妃候補とすることについては、一九二七年七月上旬までにアメリカ駐在の父松平恒雄に問い合わせるまでに進展した。七月六日に岩波武信宮内事務官が倉富枢密院議長に話したところによると、㈠松平慶民宮内事務官（宗秩寮宗親課長、元越前藩主松平慶永の五男）が秩父宮に妃候補について伺ったところ、宮は宮内省が山川健次郎枢密顧問官（物理学者で元東京帝大総長、会津藩家老の次男）を仲介役とし、松平恒雄に節子を妃とすることに異存がないか問い合わせさせることを依頼し、山川は米国在住の松平に書状を出した、㈡宮内省より山川に依頼する以上は、昭和天皇や貞明皇太后の意向を伺った上でのことに間違いないであろうこと等であった。この岩波との会見で、節子を妃候補にすることへの反対論を気にする岩波に、倉富は反対するとすれば「国粋論者」であろうと述べた。[59]松平慶民は秩父宮の渡英に随員として同行した宮内官僚で、秩父宮は松平に気を許しており、秩父宮が節子を気に入っていることが再確認できる。

ところが、翌七月七日午後五時頃、岩波は倉富に電話で、松平恒雄が節子を妃候補にすることを辞退してきたと伝えた。その理由は、㈠「地位が卑く」てふさわしくない、㈡本人の教育も不十分で、そのような地位に応ずる教育を受けていない、㈢父親も今後どのような境遇になるかも分からないこと等であった。岩波は、一応辞退して再度の交渉を受けるつもりか、絶対に辞退するつもりかわからないと述べた。倉富は再度交渉すれば必ず応じるだろうとみた。岩波は、松平恒雄からの答えは昨日か今日あったと松平慶民宮内事務官から聞いていた。[60]

七月一六日、岩波は、松平恒雄よりの辞退の趣意が「非常に強く断然辞退す」というような語気であったことを、倉富に伝えた。これに対し、一木宮相や仙石政敬宮内省宗秩寮総裁は、松平の真意を測りかねていた。しかし、松平の語気があまりにも強いので、あるいは、松平が他から「反対の論あること」を聞いて辞退したのではとも思っているようでもある、と岩波は述べた。[61]この真相は、松平恒雄の親友である樺山愛輔伯爵が宮内省の依頼で渡米し、一九二八年一月三日に帰国して、宮内省側に理解された。樺山によると、ワシントン在勤の松平大使のもとに、「随分激烈なる書状」も届き、婚約は決してするべきではなく、是非辞退せよと要求しているものもあった。そこで松平は事情もわからず、このようなことならば辞退する方がよいと考え、辞退したとのことであった。[62]

また続けて、一九二七年七月一六日の倉富との会談で、岩波は次のような注目すべき事実を述べた。それは、(一)一木宮相が松平の辞退について貞明皇太后に言上する前に、松平宮内事務官が皇太后に拝謁したところ、皇太后は、「此こと〔節子を妃候補とすること〕に付ては反対の人もありとのことなり、反対の人がありとて躊躇し居りては決定出来さるへし」と述べた、(二)松平事務官が松平恒雄の生母が「妾」(側室)であること云々を言上したところ、皇太后は「妾」であっても左程嫌うにも及ばない、自分(皇太后)も「妾腹の子」であると言った、(三)皇太后より「反対の人」と言及されたのは、牧野内大臣のことを指したのか、世間に反対論があることを聞いてのことなのか分からなかった、(四)また、皇太后が反対論があっても躊躇していては云々と述べたのは、このことを早く決定せよとの意味か、それほどまでの意味ではないのか分からない、(五)このことについては、仙石宗秩寮総裁から一木宮相に相談し、その上で松平恒雄に交渉するとすれば書状くらいでは用をなさず、宮内省の人には限らず誰かを米国に派遣して交渉する必要がある、(六)松平恒雄は駐米大使として赴任する前に「皇太后」(当時の皇后)に拝謁し、その時娘も同伴しているので、このことについて「内情」のある位のことは気づいていたはずで、これまで辞退する機会があったのにそれをせず、今回強硬に辞退してきたのは世間に反対があることを聞いて反対してきたのではないかと思われる、(七)この上に更に松平恒雄と交渉した上で世間に反対論を生じて面倒なことになるなら、松平が辞退してきたままにしておけば無事に済むので、一木宮相・仙石総裁は倉富が聞いている反対論の内実を聞きたいと考えていること等であった。

岩波と倉富との会談から、第一に、貞明皇太后が秩父宮妃候補選定について大きな影響力を持っており、節子を気に入っていることが注目される。皇太后は九条道孝(公爵、維新の際に奥羽鎮撫総督)の四女であるが、母は側室の野間幾子であった。

第二に、一木宮相ら宮中側近は、松平恒雄の辞退の真相は反対者がいることと見ているが、一木宮相らも反対運動が広まることを警戒し、それなら節子の件は中止して他の候補者を探す方がよいと考えていることである。牧野内大臣の反対で一旦中止になっていることを考慮し、皇太子妃選定をめぐる宮中某重大事件のような混乱を避けたいと考えたためであろう。この九カ月後であるが、倉富枢密院議長と松平慶民宮内事務官の間で、一木宮相は秩父宮妃問題のときも一回反対にあうと重ねて主張する勇気がなく、秩父宮も一木宮相は誠意がないと思っているようである（松平）、秩父宮の再渡英の問題でも、一木宮相は自分の責任でそのように取り計らうと秩父宮に述べておきながら、その後他からの反対があって再遊しないことになったようである（倉富）、等の会話がなされている。[63]以上のように、一木宮相は胆力のある人物ではなく、それが宮中側近の秩父宮妃問題での弱気の姿勢になったのである。

七月二〇日、倉富枢密院議長は松平節子を秩父宮妃の候補にすることに反対する者を平沼副議長に尋ねた。平沼は、秋月左都夫（前オーストリア大使）の名前を出した。平沼は秋月一人のことか他にも反対者がいるのか秋月に問い合わせて、倉富に伝えることを約束した。また倉富も、「此ことは成るへく之を止むる方か適当ならんと思はるる」と、松平節子を秩父宮妃候補とすることにあまり賛成していなかった。[64]しかし秋月は先頃より神戸に行っており、平沼は八月二日より北海道に行き、中旬頃より下関に行く予定があるので、平沼が秋月に面会できるのは八月二〇日以降になる見込になった。そこで倉富は一木宮相に平沼らの名前を出さず、松平節子を秩父宮妃にすることに反対する人を確認するのは八月末頃になると伝え、一木は承知した。[65]

八月二九日、平沼は秋月の名を宮内省の者に出さないという条件で、秋月から聞いたことを倉富に伝えた。それによると、㈠松平節子に反対している者は秋月のみではないが、秋月は他と連絡を取り共同で運動するような考えは持っていない、㈡松平恒雄は稲垣満次郎の未亡人と関係を持つなど、「品行甚た不良」である、㈢松平恒雄の妻は鍋島家より嫁して宮中の模様も知っているので、娘の節子には到底勤まらぬと思い、むしろ辞退することを望むようなことを漏らしていること等であった。倉富はこのことは牧野内大臣が直接の責任者であると思われるので、十分進言すると平沼に述べた(66)。

九月七日、倉富枢密院議長は宮内省宗秩寮に行き、岩波武信事務官に面会し、節子を秩父宮妃にすることへの反対者の話を伝えた。それは秋月の名を出さないことを除けば、反対者の状況は、八月二九日に平沼が倉富に伝えたものと同様であった。異なっているところは、㈠倉富は、松平恒雄が稲垣満次郎の未亡人と関係を持っていたという噂に直接言及せず、未亡人が「不品行と有名」で、松平恒雄の娘の節子はその従姉妹にあたることや、㈡松平自身も「品行に付ては相当不良なる評判ある」こと等を述べるに止まったことであった(67)。

これに答えて岩波は、節子の件は断念されたかどうかは分からないが、秩父宮妃候補として新たに三人が調査されており、節子の方は中止の形となっていることを述べた。また、節子については竹田宮妃（明治天皇の娘）が反対のようであると、岩波は続けた。岩波は竹田宮妃の反対の事情はよくつかんでいなかったが、関屋貞三郎宮内次官は、同妃の娘が一七歳になるので、それを秩父宮の妃とする望みがあるからと憶測していると話した。倉富は、その説は聞いたことがあるが、秩父宮と従兄妹の関係であるのでよくないとの説であると応じた(68)。

その後、秩父宮妃候補として松平節子説が再燃した。それは第一に、すでに述べたように、貞明皇太后が節子を気に入っていたからであった。岩波宮内事務官が倉富議長に一二月二六日に述べたところによると、松平宮内事務官が皇太后に拝謁した際に、皇太后は㈠「縁談の事」は宮内大臣から何の報告もなく様子が分からず、秩父宮もどのようにしているのか全くわからない、㈡高松宮の縁談は止めるなら止める事にして、秩父宮の縁談は何とか処置しないといけない等の話をした。その後、松平は秩父宮に妃についての意向を直接聞いたところ、秩父宮は松平節子を「御好みある模様」であった。そこで松平は、一木宮相に話して松平恒雄の意向を再度確かめることになった。しかし書状などでは事情を十分に説明できないので、一一月二五日、樺山愛輔伯爵を米国に派遣した。樺山からは松平恒雄は事情を了解し見込みがあるので、絶対に秘密にするようにとの電信が宮内省に届き、樺山は一二月三一日に帰国する予定とのことであった。(69)

このように、松平節子が秩父宮妃候補として再び登場したのは、第二に、秩父宮自身が節子を好んだからであった。すでに示したように、秩父宮は節子の渡米前に会っているのみならず、一年前にイギリスから米国経由で帰国する途中で、ワシントンの日本大使館に宿泊した際にも会っていた。

同じ一二月二六日の倉富と岩波の内談では、牧野内大臣が松平節子に反対であるが（倉富）、同じ薩摩系でも樺山は「熱心なる賛成家」（岩波）であることが確認された。(70)なお、貞明皇太后が言及していたように、弟の高松宮宣仁親王の縁談も、この頃に始まっていた。翌一九二八年一月一一日、倉富枢密院議長・平沼副議長・二上枢密院書記官長の内談でも、高松宮妃の候補者は定まっていないが、故有栖川宮威仁親王《ありすがわのみやたけひと》（宣仁親王は高松宮となり、有栖川宮家〔元高松宮と称す〕の祭祀を引き継ぐ）は徳川慶久の娘を宣仁親王の妃とすることを望んでいたが、このことには障害があるらしい（倉富）等の話がなされている。(71)

さて、一九二八年一月五日、倉富は年が明けて初めて岩波と会談した。岩波は新年の三日にアメリカから帰国した樺山愛輔からの話を含めて秩父宮妃問題の新しい展開を倉富に説明した。岩波によると、(一)松平恒雄は、ワシントンまできた婚約辞退を求める激烈な手紙に驚き、事情が分からないままに節子への縁談を辞退したが、樺山から内情を聞いて承諾した、(二)節子を秩父宮妃として話を進めるには、松平が平民の籍にあるので、節子を本家の松平子爵家か、母方の鍋島侯爵家に養女として入籍して華族の籍に入れなければならないこと等であった。(72)

倉富はこの親族入籍は皇室典範の主旨と合わず、物議が生じる恐れがあると反対であった。岩波も倉富と同じ考えを持っていたので、一木宮相に話したが、一木はその問題を重視していないようであった。岩波はこのような心配のあるところから選ばなくても、他に適当な人から選ぶ方がよいと思うと倉富に述べた。しかし倉富も岩波も、樺山を米国に派遣する前ならともかく、今となっては止めることができないと考えていた。また両者は、これを実行すれば松平恒雄に書状を送ったような人々は騒ぐ可能性があり、危うい問題であるともみていた(73)。

次いで一月一一日、倉富議長は平沼副議長・二上書記官長と、秩父宮妃問題について話し合った。倉富は、秩父宮妃問題は新聞に掲載されている通りであろうと述べた(74)。すでに述べたように『東京日日新聞』や『東京朝日新聞』には、秩父宮妃の候補者となった松平節子の系統や家庭をめぐり反対の動きがあり、中止になりかかったことや、牧野内大臣自身もあまり賛成していないこと等には、全く触れていない。また貞明皇太后が節子との縁談を推進したことにも言及がない。しかし、倉富は大筋の流れは新聞通りとみたのである。

倉富はまた、関屋宮内次官が、松平は今は平民であるが元は華族で立派なものであり、その娘節子を華族籍に入れることは真に形式のことであると述べていたのに対し、「皇家」より法規を無視する手本を出すようになるのは困ったことであると述べた。しかし、倉富は反対運動をする気持ちもなかった。そこで、節子を華族籍にすることについて、節子が母方の鍋島侯爵籍に入るか、松平恒雄ごと宗家の松平子爵籍に復帰するか二つの方法があるとし、前者では父・母が平民のままであるので、多分後者になるだろうと続けた。これに対し、平沼は第三の方法として、松平恒雄を華族にすることもできるとし、二上は男爵を授けたらよいと賛同した。倉富は男爵家では秩父宮妃となるに不足であるので、侯爵くらいを授けてもよろしいだろうと応じた(75)。

いずれにしても、倉富・二上らは皇室典範を守るという意味で、子爵以上の華族出身でない松平節子に不満であった。翌一月一二日も倉富と二上の談話の中で、秩父宮妃問題に話が及び、倉富は宮内省の考えが無責任であると言い、二上は、仙石政敬宗秩寮総裁などはまったく法規に関する考えがないと批判した(76)。

他方、一九二八年一月五日、秩父宮の弟の高松宮は、一木宮相が「お兄様の妃殿下のこと」で来談し、「之でスラ〳〵とゆくことだらう」と日記に記しているように、松平節子が秩父宮妃となることを支持していた。また、その九日後に高松宮が貞明皇太后の住まいである青山東御所に行くと、皇太后は「秩父宮妃のことで御満足の様だつた(77)」。

このように、秩父宮妃として節子が決まっていったのは、すでに述べたように、貞明皇太后と秩父宮の意志が大きく影響していた。二人の意志や、それに従った宮中側近の判断の背後には、大正天皇が病弱であったことや、昭和天皇妃（久邇宮良子）が色覚異常の遺伝子を持っているか否かが大政治問題となったことに鑑み、まず「健康」で「才色兼備」な女性を選ぶという観点があったといえる。皇太子妃（のちに皇后）や、皇太子のすぐ下の直宮の妃になる女性にとって「健康」な男子を産むことは、天皇家の存続にとって何より重要と考えられていた。たとえば、秩父宮妃の候補としての松平節子にあまり賛成でない倉富・二上らも、貞明皇太后については、九条家の側室の子でありながら、四人の男子を産んだことを挙げて、高く評価している。例えば、一九二八年一月一一日の平沼を含めた三人の内談で、倉富は皇太子嘉仁（のちの大正天皇）の妃を決める際、橋本綱常（元陸軍軍医総監）の功績は大きく、もし伏見宮の女王が妃となったなら、今のように四人の皇子（昭和天皇・秩父宮・高松宮・崇仁親王）の誕生はなかったであろうと述べたことである。これに対し、二上は、現に山内侯爵夫人には子がないというと応じ、倉富は、それは夫人か侯爵いずれに原因があるかわからないが、貞明皇太后のように「強健なり」とは思われずと発言した。(78) それに加え、大正デモクラシーの潮流の中で、天皇・皇族の「平民」化という観点から、皇太后・秩父宮や摂政・宮中側近にとって、身分の問題が少し緩和されていったからであった。

③秩父宮と節子ブーム

自ら好む松平節子を妃として内定した秩父宮のイメージは、大正天皇の喪が明けたこともあり、フロックコート・燕尾服・モーニング・背広・登山服を着た姿が多くなり、陸軍中尉の軍服を着た軍人としてのイメージはさらに退いた（軍服は二割強に過ぎず、それ以外が八割弱）。秩父宮は一九二八年一月一三日に、スキー帽に背広姿で上野駅から青森県のスキー場へ行くことが報じられ、一月一七日の節子との婚約に関する記事も背広姿で登場した。また、二月一六日には英国協会総裁に推戴され、燕尾服姿で英国大使代理等と写真に収まった。二月二四日には札幌郊外三角山でスキーをする姿が報じられ、四月一一日には前年夏の槍ヶ岳登山の写真と「山の旅」と題した手記が掲載された。五月一一日には、秩父宮の新御殿を記念して、天皇・皇后から秩父宮の登山姿の銅像（朝倉文夫作。図16）が贈られたことが記事となり[79]、昭和天皇の生物学に対して登山を一つの柱とする秩父宮というイメージは、宮中で公認されていった。

その後、五月二七日、秩父宮は神宮競技場のインターカレッジ陸上競技大会に台臨し（背広姿）、また六月二一日には、自らの登山姿の銅像が置かれた秩父宮の新御殿の写真が掲載された。ようやく六月二二日には、富士裾野での中隊対抗演習での陸軍中尉の軍服姿が報じられた[80]が、その後も軍服姿の秩父宮の報道は多くない。このような行動から秩父宮は、すでに述べたように、一九二八年一二月に陸軍大学校に入学する頃に、国粋主義者の荒木貞夫中将（陸軍大学校長）から内々の批判を受けることになる（第Ⅰ部第三章4（1））。なお、九月二八日の秩父宮と勢津子（節子）の婚儀は、秩父宮が冠・袍・束帯、勢津子が五衣・打衣・唐衣・袴という古典的な服装で行われた[81]。一一月に行われた昭和天皇の即位の大礼の後は、一九二九年二月一〇日に高松宮妃に徳川喜久子が決定したことが報じられたこと（後述）もあり、秩父宮と妃関連の記事は、それ以前に比べ著しく減少していく。

図16　「雄々しき御登山姿（新御殿に秩父宮さまの御銅像）」（『東京日日新聞』1928年5月11日）

すなわち一九二九年二月一八日に秩父宮夫妻がリンカーン誕生記念晩餐会に台臨し（燕尾服の宮と洋装の妃）、四月一〇日に陸軍大学校生の資格で演習に参加（陸軍中尉の軍服）、一七日、上野の府立美術館の展覧会を夫妻で巡覧（宮はフロックコートか、妃は洋装）、二九日の天長節観兵式に天皇に従い（陸軍中尉の正装)、五月六日と二一日にイギリスのグロスター公爵（ジョージ五世の三男、天皇にガーター勲章を授与する英国王ジョージ五世の使節として来日）の案内と見送りを行った（陸軍中尉の軍服）との報道くらいであった[82]。この期間においては、前年の大礼までの時期と異なり、軍服姿が七割弱と軍人のイメージの報道が多いが、全体の数が少ない中で、たまたま入ったグロスター公爵案内と見送りという公式行事の二件（軍服）が加わっていることが影響しており、秩父宮の、軍服イメージに限定されない登山などスポーツを重んじるイメージに本質的な変化が生じたわけではない。次に秩父宮妃に内定した後の節子（勢津子）のイメージについて、内定の頃に時期をもどしてその後のイメージを検討したい。

すでに述べたように、節子が秩父宮妃に内定したとの記事が一九二八年一月七日に『東京朝日新聞』にスクープされ、同日の夕方四時半に記事解禁となった。こうして一月八日から各新聞が報じるようになった。その後、『東京朝日新聞』は、節子がゴルフをしている写真とともに、アメリカ式ダンスもすぐに習得したことや、英語やテニスでも卓越した能力を持っていることを報じた[83]。一月一六日に、節子が伯父の松平保男子爵家に入籍手続きを完了し、近く勅許を仰ぎ婚約が公表されるとの報道と共に、さらに節子の具体的なイメージを伝える記事が『東京日日新聞』に掲載された。そこでは、「家柄よりも人格本位」との、宮内省の方針が示され、宮内省の使者として渡米した樺山愛輔伯の話として、㈠米国における節子の人気は大したもので、フレンド・スクールでも成績は常に優等である、㈡スポーツではテニスが最も得意であるらしく、昨今はホッケーに熱中しているようである、㈢責任観念が強く、学校から与えられた課題などは夜を徹しても果たすようなところがあること等が伝えられた（洋装の写真)。また、ニューヨークの鈴木特派員がワシントンの松平家を訪問して節子と話した記事として、㈠音楽が好きで、声楽は先生について勉強中である、㈡文学は学校で読ませられる英国の古典作品を読んでいる、㈢スポーツはテニス・ホッケー・バスケットボールをやり、洋映画の愛好者であること、等を報じた（洋装で母・妹・弟との写真[84])。また一月一八日には、「お嬢様の足の強さに弱りぬいた女中さん」と題した、節子の健康や成績優良で質素な生活ぶりを伝える記事とともに、振り袖姿の節子の写真が掲載された。その後は、洋装の写真が続き、二二日には侍女の話として、ワシントンで学校の弁当は自分で買い、西洋料理が大好きであること（特に肉）、社交界には出ていないことが報じられた。[85]

昭和天皇の皇后である良子は、皇族の出身であり、結婚前に、国粋主義者の杉浦重剛に倫理教育を受け、渡欧中の皇太子が無事帰国することを祈り、皇太子関係の新聞記事を切り抜いて待つ、というしとやかで愛らしいイメージで報じられた。[86] 良子の日本の伝統に沿った古風なイメージに対し、節子は、英語を使いこなし、西欧のスポーツや映画・文学や料理を愛好する、意志が強く努力家で健康な女性という、近代的なイメージを示していた。このイメージは、明治維新後に、日本が富国強兵に努めて西欧列強に対抗し、独立を維持するために、まず名望家層以上の男性がそうなることを求められたものである。華族籍にない節子が秩父宮妃に選定されたということは、大正デモクラシーの潮流の中で、上流階級を中心に中産階級まで含めて、新しい形の理想の女性像が形成され、彼らの間にまで身分観念が弱まりつつあったことを示している。

これは、牧野内大臣ら宮中側近や、天皇裕仁・秩父宮などが進めてきた天皇・皇族の「平民」化イメージの創出に連なるもので、ジャーナリズムは好意的に報じた。たとえば、『東京朝日新聞』の社説は、秩父宮が松平節子と婚約したことについて、「平民」化イメージの創出を評価する形で、次のように報じた。その主旨は、㈠皇室典範によれば、皇族の配偶者は皇族又は華族のうちから選ぶことになっているが、「華族の名家の出とはいへ、今は一庶民たる使臣の家より」妃を選んだことは、「徒らに形式になづまず、あくまで人格を本位とし、人生結婚の根本義が尊重せられ」たことで、秩父宮自身をはじめ、「畏きあたりの御英断によるものと」いえよう、㈡「松平大使と夫人の人格、才能が卓越せる定評あること」は改めて述べるまでもなく、「その家族の家系はまれに見る、高く清らかなものである」ので、皇室典範の「真精神」によく合致しているといえる、㈢現在の日本の社会は「金権万能」の風が強く、民間の婚姻においても、人物・人格や「真の家系」に重きを置かず、家門と権勢の結合をなそうとし、一面識もない男女を結婚させようとするが、秩父宮と節子は秩父宮が外遊前から知っている間柄で、二人の性格と趣味がこの上なく似ているように思われ、国民に「尊き範」を示したものといえる等である[87]。

もっとも、すでに述べたように、牧野内大臣は家系の問題で節子を秩父宮妃とすることに一時期否定的であった。なお、さりげなく報道されたが、節子は松平保男子爵家に入籍したものの、父の松平恒雄ら節子の家族は入籍せず、「平民」のままであった。これも「平民」化イメージの創出に関連するものであった。

この入籍問題は、節子が秩父宮妃になることを好まなかった倉富枢密院議長らも注目する所となる。節子の婚約が大々的に報じられる中、一九二八年一月二三日、倉富は宗秩寮を訪れ宮内事務官の岩波武彦と松平慶民に面会した。岩波は今回の婚約をめぐって「別に反対の声は聞かす」と、宮内省側の情報を倉富に伝えた。節子の籍について、岩波は、㈠岩波と松平は、松平恒雄一家が宗家の保男子爵家（史料中には「松平容保」家と誤記）に入籍するのがよいと一木宮相に提言し、その意見が採用された。㈡このことを宮内省からワシントンにいる松平恒雄に電信で要請したが、恒雄からは、「自分（恒雄）はどこまでも平民にて立ち度、本人（節子）丈の入籍を望む」との返電をしてきた。㈢宮内省参事官たちも、この方法では皇室典範の精神に反するとの意見を出した、と述べた。それに対し倉富も、恒雄一家が宗家に復帰して華族となる方が、都合がよいと応じた[88]。さらに、二月一一日にも、小原駩吉（貴族院男爵議員、元宮内省内匠頭）が倉富に、仙石政敬宗秩寮総裁や関屋貞三郎宮内次官が、秩父宮と節子の件について、「此上もなき良縁なりとか、入籍は形式丈のことなりとか云ひ、法規も何もメチヤ〳〵なり」と、宮中側近や宮内官僚を批判している[89]。このように、節子が秩父宮妃に決まったことに関し、ジャーナリズムでの「平民」化イメージによる好意的な報道の裏に、そうしたイメージと、節子自身の系統や妃の資格を得る手続きをめぐって、保守主義者や国粋主義者方面から批判が出ていた。

その後も節子に関し、妹と通学する姿（洋装・コート）、三月三〇日のニューヨーク婦人会主催の節子を送る会（洋装）、五月三一日に発表されたフレンド・スクール卒業試験の成績が幾何一〇〇点、英文学九〇点、歴史九〇点、フランス語八九点と、非常に優秀であったこと、日本に帰国する途中、サンフランシスコで熱狂的歓迎を受けたこと（洋装）等、同様のイメージを伝える報道が続く[90]。しかし、節子は六月六日に横浜へ向かう船に乗った後、八日に記者と会見し、「私は余り雄大とか奇勝とかいつた風な景色よりは、例へば京都のやうな静かな自然に心を惹かれます」[91]と、自らの洋風イメージを少し修正する発言を行った。この段階になっても、六月二二日に倉富枢密院議長は小原駩吉に、近頃宮内省の規律が乱れ、松平節子を秩父宮妃とするについても、「ずいぶん乱妄なる取計」があったと述べている[92]。このように、保守主義者や国粋主義者の間で、節子への反感は根強かった。六月二二日、節子は横浜に着き、三〇〇〇名の人々の歓迎を受け、東京市渋谷の新邸に入ると、妹とともに洋装から和装に着替え、夕食は会津旧藩士から贈られた鯉こく・鮎の塩焼き・赤腹魚と「きつすゐのお国料理」を楽しんだ[93]。このことも、松平夫妻らがあまりにも西欧風に広まった節子のイメージを日本風に少し修正して、反発を避けようとしたからであろう。

その後も節子は、皇后への拝謁、秩父宮の対面、会津への帰郷等、多くの日程を洋装でこなした[94]。節子《せっこ》は皇太后節子《さだこ》と字が同じであるので、九月一七日に勢津子《せっこ》と改名し、すでに述べたように、九月二八日、秩父宮と婚儀を行った。こうして、秩父宮が松平節子（勢津子）と結婚したことで、秩父宮は軍服に限定されない、先述の「平民」的イメージをより強めたといえる。

（3）高松宮・徳川喜久子

昭和天皇・秩父宮の弟の高松宮は、あいかわらず両者に比べて国民向けの皇族のイメージの中で、ほとんど存在感がなかった。大正天皇の死の直後の一九二七年一月一三日、昭和天皇が体調不良で、秩父宮がイギリスから帰国の途中であったため、天皇の名代として殯宮二〇日祭を行った。また同下旬に、遅くとも来秋には高松宮は渡英する予定であるという見込みが報道され（実際の渡欧は一九三〇年四月から三一年六月まで）、五月下旬に、「海の宮様

図 17　「高松宮親しく/航空学を御研究（空高く飛行機にも召されて/きのふ霞ヶ浦御入隊）」（1927 年 7 月 4 日）

御精進」として海軍での軍艦生活を全部体験しているとの記事があり（海軍少尉の軍服）、七月から海軍の霞ヶ浦航空隊で航空術を研究する予定であることや七月三日に入隊したこと（海軍軍服の写真。図17）が報じられた程度であった。その後は、二七年一二月二五日に大正天皇一周年祭に、昭和天皇や秩父宮や他の皇族とともに参列したことが伝えられたくらいである。[95] この間、二七年八月六日から戦艦「比叡」乗り組みとなるが、皇族ということで一人前の仕事を与えられず、自らを「比叡の油虫」と日記に書いたように、一〇月上旬までの日記は不平に満ちていた。[96] このように、高松宮の軍務に励むイメージと実態は、かなり異なっていた。

一九二八年一一月の大礼までのイメージにも大きな変化がない。高松宮は二七年一二月に海軍中尉に昇進し、二八年四月二三日より練習艦隊旗艦「八雲」に乗り組み、オーストラリア方面に遠洋航海に行く予定を前にして、海軍中尉の正装の写真が東京日日新聞社に貸し下げになったと、二八年三月一八日に報じられ、一〇月三日に練習艦隊が帰国して、「海の宮様」めでたく帰京と、海軍中尉の軍服姿で報じられた程度である。[97] この練習艦隊所属中は、高松宮は特に不満を日記に書いておらず、実態とイメージが近づいたといえる。[98]

すなわち、高松宮の国民に対するイメージは、海軍少尉（のち中尉）として真面目に軍務に就いている「海の宮」であった。立憲君主であるとともに陸海の大元帥でもあり、公式行事を中心に全体を総覧している昭和天皇や、陸軍中尉であるとともに登山を中心にスポーツ活動や文化振興に尽力している秩父宮（「山の宮」）に比べ、彼はその活動がほとんど軍務に限定された地味な存在であった。

高松宮は大礼の行事に昭和天皇や秩父宮および他の皇族・王公族とともに参加した。また一一月一四日、その合間を利用して、秩父宮夫妻とともに恩賜京都博物館に行き（背広の写真）、いつもの海軍軍服とは異なる姿を国民に見せた[99]。

大礼後の高松宮は、久邇宮邦彦の死後を受け継いで、二九年二月、日本美術協会総裁になることを承諾した他は、四月に旅順郊外で、五月にグロスター公爵を水交社に迎えて、海軍軍服姿の写真で登場した程度である[100]。なお、一九二八、二九年頃になると、保守主義者や国粋主義者の批判もあって、宮内省が皇族のイメージがあまりにも「平民」化しすぎることを気にし始めた。二八年一月に、高松宮は仙石宗秩寮総裁から芝居見物をやめるように求められた。高松宮は二九年二月には、宮内省が世間の皇族への批難を皇族に具体的に知らせず、皇族に自制を求めることを批判している[101]。

彼のイメージにとってより注目すべきは、一九二九年二月一〇日の新聞に、彼の結婚相手として故徳川慶久公爵の娘の喜久子が期待されており、彼女の女子学習院後期三年の卒業を待って、四月以降に宮家から正式に内約の交渉をする予定として報じられたことである。また、その際に、この縁談は「数年前から伝へられ、すでに世上周知のこと」とされたが、少なくとも『東京日日新聞』に大々的に報じられたのは、これが最初であった（喜久子は振り袖姿の写真で登場）。高松宮は新聞に結婚のことが報じられる一週間ほど前から、結婚とその後の外遊について、時期・費用などの検討に入った。新聞では報道されないが、秩父宮の時と同様に、母の貞明皇太后が重要な役割を果たした。四月二日、喜久子は初めて日本髪を結い、着物姿でピアノに向かう姿が報じられた[102]。

高松宮・喜久子の婚姻は、一九二九年四月一二日に勅許を得た。それに関連して四月九日、一〇日両日になされた報道では、喜久子の幼い頃の写真（いずれも着物姿）が掲載された。また、一三日には洋装の写真が公開され、二五日には、神奈川県一色海岸の徳川家の別荘の台所で、喜久子が着物の上に白いエプロンという姿でフライパンを手に料理をしている写真が「ゆかしい御修養」の記事とともに紹介された。そこでは、家庭教師を勤めた吉村千鶴子（元学習院教授）に、おいしい手料理をご馳走した話や、弓術・テニス等の健康のための趣味も開拓しようとしていることが報じられた[103]。

この喜久子のイメージは、着物の写真が中心であり、料理が強調され、それらに加えて、スポーツが健康のためとして、言及される程度であった。このように、その約一年前、秩父宮の相手の節子が、スポーツや健康とともに英語等の外国語の能力や学校の成績の優秀なこと、洋装や西欧文明への理解があること等が強調されていたことと大きく異なっていた。むしろ、当時においてあまりにも最先端の女性イメージであった節子に比べると、皇后となった良子のイメージに近かった。

また節子の時と異なり、日常生活の細部にわたる形での報道が行われなかったことも注目される。この点でも良子のケースに類似している。その後、田中内閣期の喜久子の報道は、婚儀を一九三〇年三月に行うことに内定し、五月頃に高松宮と渡英することに決定していると、一九二九年六月に報じられたくらいであった。[104]

以上のことは、良子・節子・喜久子という女性や彼女らの育った家庭の個性を示しているのみならず、宮中側近および宮内省がどのような女性を天皇やその兄弟である皇族の夫人として適当と考えているかが、揺れていたことの反映であるともいえる。それは既に検討したように、節子と喜久子の差異のみならず、節子の西欧的で自立した女性のイメージが、日本に帰国した後にやや弱められたことから、節子個人のイメージをめぐっても揺れていた。

（4）その他の皇族と王公族

その他の皇族も高松宮と同様に、それほどたびたびジャーナリズムに登場せず、また大正天皇の喪中や大礼までは天皇や高松宮と同様に軍服姿で登場することが多かった。

すなわち、閑院宮は一九二六年一二月末に大正天皇の御陵墓地を検分し（陸軍元帥の服）、一九二七年一月末に東久邇宮はヨーロッパから帰国し（陸軍大佐の服）、閑院宮・伏見宮・久邇宮らもいずれも軍服姿で出迎えた。また、一九二七年二月二〇日に東久邇宮の臣籍降下問題が報じられた際も写真は軍服であった。軍服以外では、六月に東久邇宮の生活を紹介する記事でフロックコート姿の写真が掲載され、一〇月の秩父宮らとの初茸狩り（先述）

で、東久邇宮・東伏見宮・北白川宮・朝香宮・竹田宮らが背広姿で登場した程度である。喪が明けても、一九二八年二月に東久邇宮が市立第二中学の軍事教練を見学し、四月に閑院宮が大礼使総裁として検分のため京都へ行ったこと、五月と九月に東久邇宮が陸軍軍用機に乗ったこと、七月一七日、昭和天皇の士官学校行幸に閑院宮・梨本宮・賀陽宮らが同行したことは、いずれも軍服を着用した行動であった(105)。

昭和天皇の場合と同様に、軍服イメージのその他の皇族にも、一九二七年一一月の大礼の後は変化が生じる。一九二八年一二月二九日に、東久邇宮が細民街を視察し（背広にオーバーコート）、二九年四月に、東久邇宮がタキシードで帝国ホテルの清浦中尉の送別会に出席、五月に朝香宮が東京ゴルフクラブでグロスター公爵とゴルフをする（ゴルフ服）等は軍服を着ない例である(106)。一方、軍服を着た例は、一九二九年一月二七日に久邇宮が死去すると、陸軍正装の写真が、また、四月、東久邇宮は自ら連隊長をつとめる近衛歩兵三連隊の観桜会で胴上げされる写真が記事と共に掲載された(107)。

すでに述べた昭和天皇の例、それとは異なるが軍服姿が必ずしも中心でない秩父宮の例と共に、右の例は大礼を境に、天皇の神格化が強まっていったという通説とは異なり、大正天皇の大喪や大礼が一段落すると、再び「平民」化イメージに戻ったのである。

朝鮮の王族である李王（李垠）は、一九二七年五月の渡欧に関する記事（陸軍軍服）、二八年四月の帰国の記事（陸軍大尉の軍服）、先述の天皇の士官学校への七月一七日の行幸に同行した記事（同前）、二九年一月の大隊長の姿（陸軍少佐の軍服）など(108)、あまり登場例が多くないが、従来と同様に陸軍軍服を着用した姿が多い。

また、一九二八年一一月の大礼に関連して、『東京日日新聞』が「皇室及び皇族御略歴系譜」を新聞の一つの面全部を使って掲載した中に、王公族の略系譜も含められていた(109)。すでに一九一八年一一月に公布された『皇室典範増補』で、王公族は皇族でないということになった。しかし波多野敬直宮相は、王公族を準皇族待遇とする趣旨の発言をし、帝室制度審議会総裁の伊東巳代治らの反発を緩和していた。また前章で述べたように、一九二六年一二月の王公家規範で、王公族は皇族の下で皇族に準ずることが規定された。大礼に関する『東京日日新聞』の記事は、検閲を受けて公的に認められたものであるので、王公族は法的には皇族ではないが、事実上その中に組み込まれてしまったことを、公然と一般に示している。この略系譜では王公族は最後に記してあるように、王公族の皇族の中での位置は、皇族に準ずる存在として、皇族の下と確定されていたといえる。このことは大嘗宮の儀式の後、帰る順が、秩父宮・同妃、高松宮、閑院宮、伏見宮、同若宮、賀陽宮・同妃、久邇大宮、梨本宮、朝香宮、東久邇宮、閑院若宮の続きに、李王・同妃、李堈公の順になることからも確認できる。(110)

ところで、これらの皇族についての報道は、いずれも皇族が協力して天皇を支えているイメージを示していた。しかし、それは当時の皇族の実情からかなり隔たったものであった。たとえば、元老西園寺公望が東久邇宮の要望で同宮邸を訪れようとしたが、宮内省から同宮だけを訪れるのは望ましくないと差し止められた事件がある。一九二八年一〇月二〇日、西園寺は倉富勇三郎枢密院議長に、「此の一事を見ても皇族間の不融和か相当甚しき様に思はる。困りたることなり」と述べている。(111) このように、践祚後二年にも満たない二七歳の若い天皇は、皇族に関しても一丸となった協力を期待できないという困難な状況を抱えていたのである。

4　大礼前後の明治への回顧気運の強まり

すでに述べたように、一九二〇年頃から明治時代への関心が年ごとに高まっていき、一九二七年三月三日に明治節を設置し、同年の一一月三日に最初の祝日が実施された（本章1）。この最初の明治節に向けて、明治天皇と明治時代への回顧とさらなる評価の動きが高まっていく。帝展審査委員で東京美術学校教授の松岡映丘《えいきゅう》が明治天皇の「御神像」を明治神宮に奉献するために描いたものが一〇月に完成した（東帯姿。図18）。松岡が、「御真影とは

図 18　「映丘画伯が神宮に奉献する明治大帝の御神像」（『東京日日新聞』1927 年 10 月 15 日夕刊）

多少相違してをります」が、「日清・日露の両戦役当時、明治大帝の最も御盛んな時代で、大帝の御偉業と御聖徳とを表現したいと努力しました[112]」と述べているように、この像は、一流の日本画家が明治天皇を理想化すべく描いたものであった。明治天皇は肥満であったが[113]、この「御神像」は、きりっと引き締まった顔で肥満の雰囲気はまったくなかった。明治神宮では、この絵を社宝として永久に保管し、毎年の明治節には社殿に掲げてその前で祭式を行うことや、民間に流布している「如何はしい明治天皇の御尊像」を防ぐため、この「御神像」を模写複製して一般の敬神家に配布することを予定していた[114]。

　また一九一五年に元宮相の田中光顕伯が、昭憲《しょうけん》皇太后（美子《はるこ》、明治天皇の皇后）に奉献し、宮中の奥の宝庫に「奉安」してあった「明治大帝御尊像」を、宮内省が一般国民に公開する意向であることが、一九二七年一〇月二〇日の新聞で報じられた。これは、陸軍様式大元帥の正装をした明治天皇の等身大の銅像で、鋳造家岡崎雪声の門弟の彫刻家の渡辺長男が制作し、岡崎が鋳造したものである。田中は一九一二年八月にその議をおこし、九月二日に岡崎に銅像作成を依頼し、皇太后の許可を得て献納した。この「御尊像」の写真は宮内省から各新聞社に貸し下げられ、一九二七年一一月三日の紙面を飾った[115]（図19）。一一月四日、『大阪朝日新聞』は、この銅像が明治神宮の絵画館に奉安されることが検討されていることや、昭憲皇太后の銅像も制作して相対して安置する構想もあるとも報じた[116]。

　ところが田中光顕は宮相を引退した後に、収賄疑惑に関係している。これは、西本願寺武庫別荘を時価より非常に高い値段で宮内省が買い上げたことに関する

図19 「明治大帝の御尊像」（『東京日日新聞』1927年11月3日）

収賄の疑いで、一九一四年四月九日に渡辺千秋宮相が突然辞任した問題である。[117] 別荘が買い上げられた一九〇六年から七年の時点で、田中は宮相、渡辺は宮内省の財政と土地の管理を担当する内蔵頭兼御料局長であった。収賄疑惑が問題化した当時から司法次官をしていた司法官僚の鈴木喜三郎（在任一九一四年四月一八日〜二一年一〇月五日）が、五年後の一九一九年一月に原敬首相に内密に話したところによると、宮内省は時価一〇万円の別荘を二六万円で買い上げ、渡辺は一万円、田中は一万円と色紙、伊東巳代治（枢密顧問官、買い上げの時点で帝室制度調査局副総裁を兼任し、宮中関係の実力者の一人）は一万円等を受け取ったという[118]（小学校教員の初任給で比較すると、買い上げ当時の一万円は、現在の約一億三〇〇〇万円）。一九三一年一〇月に、平沼騏一郎枢密院副議長（収賄事件が表面化した一九一四年当時に検事総長）も、親しい倉富勇三郎枢密院議長に、かつて渡辺千秋や田中光顕らの非行を摘発したと、密談の中で述べている。[119] したがって、この収賄の事実は間違いないと思われる。先の田中の奉献した明治天皇の「御尊像」を一般に公開する予定であるとの記事の中で、宮内省は「目下のところでは内務省方面に異論さへなければ」いつでも公開する意向である、との文がさりげなく加えられているのも、この一九二七年一〇月時点の内務大臣が先述の鈴木喜三郎であることを考えると、右の事実を傍証するものといえる。田中元宮相が製作させた明治天皇の銅像は、皇太后の許可を得て献納されたものの、武庫別荘買い上げが田中も関係した収賄事件として表面化したため、国民に公開されないまま十数年経過したのであった。

　田中は、一九二七年九月一日に関屋貞三郎宮内次官を訪れ、「昭憲皇太后御銅像計画」をそのままにしていることとはよくないと、昭憲皇太后の銅像も制作して明治天皇の銅像と合わせて国民に公開することを迫った。また田中は、一九二七年一一月三日の第一回の明治節が済んだ一二月頃にも関屋を訪れ、再度それを求めた。[120]その後、翌一九二八年二月三日には、一木宮相・奈良侍従武官長・関屋宮内次官・河井侍従次長・木下道雄侍従（兼侍従職事務官・宮内省大臣官房庶務課書記官）らが宮中で明治天皇の銅像を拝謁した。[121]明治天皇の銅像を国民に公開する問題は、田中元宮相にとっては、自らの復権につながるものである。関屋次官ら宮内省側がそれを検討したことを考慮すると、この問題はもっと一般的に明治天皇や明治への回顧気運の高まりが、過去への浄化を伴っていたことを示している。しかし後述するように、この銅像は公開されなかった。これは、牧野内大臣・一木宮相らの宮中側近が、彼らに反感を持つ倉富枢密院議長・平沼枢密院副議長や鈴木内相らと国粋主義者が田中光顕の収賄の問題を取り上げて大きな政治問題となる危険を避けたのであろう。一九二六年夏から翌年三月まで続いた宮内省怪文書事件（北海道宮内省御料林払い下げ疑惑）は、牧野ら宮中側近にとって記憶になまなましい事件であった（第Ⅰ部第二章4）。

しかし、宮中内部では田中の「復権」は秘かに進んだ。それを示すものが、一九二八年二月九日、昭和天皇と皇后が高橋是清（元首相・蔵相）献上の禅月十六羅漢と共に田中元宮相が献上した維新志士遺墨を観覧し、工藤荘平宮内省御用掛（兼内大臣府御用掛）と三上参次臨時帝室編修官長（東京帝大名誉教授）が説明したことである。[122]

第一回明治節に向けた明治への回顧の強まりを示す他の例として、植民地のハルビンでは伊藤博文の「遭難十八周年」を記念して、一九二七年一〇月二六日に、伊藤の銅像の除幕式が行われたことがある。[123]一一月三日には、先に述べた最初の明治節を「明治大帝の御偉業」を回顧し、昭和天皇に次を託して祝う社説が掲載された他、ジャーナリストの竹越与三郎（貴族院議員）の、明治天皇を「不世出の英帝」と評価した記事も載った。竹越は、ヨーロッパが現在の国勢を作りなすまでに約二四〇～五〇年を費やしたが、日本は明治天皇の四五年の治世においてほぼ同一の大事業をなし遂げ、小国民をして「世界の大国」たらしめたと論じ、明治維新を評価した。また、一九一四年に臨時帝室編修局が設けられて始まった『明治天皇紀』の編纂が七分通り進み、一九三一年に完成の予定であることも報じられた。明治神宮には、昼約五〇万人、夜約三〇万人、合計約八〇万人と当時としては記録的な参拝者があり、東京日日新聞社主催の明治節記念展も、開会以来好評で、特にこの日は朝から大入り満員となった。(124)

その他、明治節を記念して、東京・大阪・京都・神戸など各地で以下のような催しが行われることになっており、実施されたようである。それは、記念大講演会（一一月三日、上野自治会館で、「明治天皇の御聖徳に関して」金子堅太郎・三上参次・江見清風〔明治神宮宮司〕）、明治文化資料展覧会（一一月一日から一四日まで、上野自治会館で）、記念ラジオ放送（ＪＯＡＫ、「明治節の真義について」田中智学、「明治天皇の御聖徳について」尾崎省吾〔宮中顧問官〕等）（以上東京）、明治節記念会（一一月三日、天王寺市民博物館で、講師堀居市民博物館長、宮内省貸下げ品の覧示）、明治節制定記念講演会（朝日会館、「大化改新と明治維新」黒正《こくしょう》巌《いわお》京都帝大教授、「明治大帝と昭和の聖代」堀内文次郎陸軍中将、明治天皇の参謀本部行幸・観兵式と観艦式・旅順開城と乃木大将の活動写真）、記念放送（ＪＯＢＫ、君が代合唱、勅語奉読等）等（以上大阪）、自治功労者表彰式（一一月三日、府庁で）、一六師団や在郷軍人会・京都府教化団体の桃山御陵参拝等（以上京都）、記念講演会（一一月三日、神戸小学校、「明治節を迎へて」奥村拓治陸軍少将、「明治文化の回顧」藤井健治京都帝大教授）、全市青年訓練所生徒の遙拝式（以上神戸）(125)等である。

右に述べたような、明治天皇や明治という時代の現実を、実態と遊離するまでに美化し国民に分かりやすい形で再構成し、自らの精神的な活力の源にしようという上下の動きは、単なる復古ではない。それは明治天皇の時代に定められた諸制度やその運用を、第一次世界大戦後の大衆化がかなり進んだ時代に対応するように修正する動きと並んで進行した。すでに述べた、宮内省改革もこの動きの一つである。また、天皇即位の礼及び大嘗祭（大礼）の儀式を規定した登極令（一九〇九年明治天皇下で制定、大正天皇の大礼に適用）も、宮内省側は簡易化と経費節減を目的としてかなり改正しようとし、改正に批判的な枢密院と対立した。その結果、妥協がなされ、一九二七年一二月三〇日、昭和天皇が枢密院本会議に親臨する中で改正案を可決した。改正の主な点は、大饗第二日の儀及び大饗夜宴の儀の場所を、二条離宮に限らないこと、悠紀殿供饌《ゆきでんきょうせん》の儀の供奉諸員中、侍従長および御前侍従は帯剣しないことや、皇太子・親王・王は本殿に参進しないこと、等であった[126]。

こうした形で最初の明治節が終わると、翌年一一月の大礼までは明治天皇や明治を回顧する催しは特に目立っては行われなかった。大礼の準備が大変な上、大礼そのものが世間の関心の中心になっていったためであるが、大礼は明治天皇や明治を中心とした過去を回顧する最大の行事であったといえる。

この間、一九二八年九月一四日、昭和天皇はそれまでの赤坂御所から宮城に移転した。宮城もそれまでに修繕工事が実施された。その際、旧来は皇后の他に天皇の寝所に侍る女性がいたので皇后の寝所が設けられていたが、現在はそうした女性は絶対にないとのことで、天皇と皇后の共同の寝所だけが設けられた。このことを、小原駩吉（元宮内省内匠頭）は、倉富枢密院議長に、両陛下が同室できない場合に、天皇が学問所のそばの寝所を利用するようであるが、適当でないと批判した[127]。一夫一妻の思想のもとで、宮城の奥向きの構造も変わったことに、国粋主義者や保守主義者はなじめなかったのであろう。大礼が終わると、明治天皇や明治を回顧する催しも再び登場し始める。

一九二九年三月二六日には、栃木県日光町では昨年来、維新の東国平定時の板垣退助の銅像を建設する動きが起こり、望月圭介内相を会長に後援会を起こし、最近銅像の原型ができ、本年一一月中に除幕式を行うことが報じられた[128]。四月一日には、明治維新を扱った『復古記』（東京帝大所蔵）の公刊に関連して、臨時帝室編修官長三上参次（東京帝大名誉教授）は、明治維新のような大改革を犠牲少なくして行った成功は、他の国の歴史にはなく、その根本原因は人々の「国体観念の自覚」であったと、明治維新を評価した[129]。四月一四日には、すでに述べた田中光顕元宮相が昭憲皇太后と大正天皇に奉献した明治天皇の銅像と同じものが、茨城県大洗常陽明治記念館で公開される除幕式が行われた。これは、奉献した銅像が公開されないため、田中がその原型を利用して新たに制作して常陽明治記念館で公開したのである[130]。

六月一三日には、普選運動の指導者の一人であった花井卓蔵貴族院議員（勅選、弁護士、元衆議院議員で当選七回）は、倉富枢密院議長との内談で、明治維新の際の五カ条の御誓文や一八八二年の軍人勅諭を、明治天皇自らの意思の表れであると述べている[131]（実際には藩閥官僚の意思が中心）。

なお、日本における明治天皇や明治を実態とは離れて評価するような上下の動きは、日本特有のものではない。たとえばアメリカ合衆国においても、一九世紀後半における西部開拓の「神話」（白人が野蛮で好戦的な先住民を退けて、自由と民主主義と文明を西部に広げたという話。実際は先住民は開拓民に対し友好的なことが多く、先住民に殺された開拓民よりも銃の暴発で死んだ開拓民の方がはるかに多い）が、二〇世紀になり形成され、一九二〇年代以降、ハリウッド映画を通して急速に広まっていった。また、それらはアメリカ合衆国民の精神的支柱となり、アメリカ合衆国の影響力を全世界へ拡大していこうとする政策をヴェトナム戦争までは支えたのである。

5　徳富蘇峰のイギリスの立憲君主制イメージ

明治天皇や明治を回顧し、明治天皇の政治関与やリーダーシップを実態以上に強調し美化する潮流の中で、一九二九年四月一六日の『東京日日新聞』夕刊で、徳富蘇峰はイギリスの立憲君主の政治関与を中心に明治天皇にも言及する注目すべき論述をした。その骨子は、㈠「国王は統治す、施政せず」とは、「英国憲法」の「法語」として、誰しも承知のことであるが、日本ではこの「法語」があまりにその言葉通りに諒解されて、「英国における君主の実際の働きが軽視せられ、若しくは無視せられ」、「政務に関する一切万事は、たゞ当局の宰相に一任せらるるものと受取られてゐる」、㈡吾人は現英国に君臨しているジョージ五世については、かれこれ申すのは畏れ多くて避けたい、㈢そこでヴィクトリア女王を例にとると、女王は内治外交に関する見識は必ずしも閣員以上でなかったようであるが、それにもかかわらず、女王は決して「閣臣の施設を、黙認し、甘受することはなかつた。少くとも互いにその意見を戦はしめ、しかして後立憲君主として、帰着すべき所に帰着せしめられた」、(四)女王に手こずった宰相にはパーマストンやグラッドストンがあり、それはバックルの手で刊行された「女王書翰集が、最も雄弁に語りてゐる」、(五)ヴィクトリア女王を継いだエドワード七世に至っては、少なくとも外交の大局については、「むしろ閣臣指導の位置」にいた。サー・シドニー・リーのエドワード七世伝を読めば、「立憲君主として、如何に陛下が、重要なる役目を働き給ふたるかを知る」ことができる、(六)明治史の心ある研究者は、「明治天皇が、如何に明治の政局において、或時は審判的に、或時は指導的に、或時は調停的に、あらゆる宸慮を廻らし遊ばされたるを知るであらう」こと等である。[132]

近年に至るまで、日米の日本史研究者の間ですら、(一)のように誤解する者が多かったことに鑑みると、徳富蘇峰のイギリスの君主制理解は、当時として卓越したものであったといえる。蘇峰以外の当時の日本のジャーナリストは、イギリスの政治・外交を論ずる場合にも、国王の役割に言及することはほとんどない。[133]しかし蘇峰の考察の限界は、ジョージ五世は政治関与を抑制して、主に調停権力としてイギリスの立憲君主制を発展させ政治を安定させてきたことを十分に理解していないことと、(六)に見られるように、明治天皇も冒頭で述べたように調停的な権力として、積極的な権力行使を抑制して明治国家の発展と安定を図ってきたことをとらえきれていないことである。

この蘇峰の考え方は、単なる一般国民への誤った情報としてのみならず、皇太子時代の渡欧でイギリスの立憲君主制に親近感を感じ、張作霖爆殺事件で田中首相への最終的な対応を考慮していた昭和天皇に、三上参次の進講と共に大きな影響を及ぼしたと思われる。それは、蘇峰が有名なジャーナリストであったのみならず、それまでに二度昭和天皇に進講し、蘇峰の考え方が直接に天皇に伝わっている可能性が高いからである。

すなわち、一九二七年五月一四日、河井弥八侍従次長は、蘇峰の「大久保甲東〔利通〕」の講話を聴いて感銘を受け、早速、昭和天皇への進講を蘇峰に依頼した。五月二三日、蘇峰は「維新史考察の前提」という進講を行い、閑院宮らも陪聴した。蘇峰はさらに、翌二八年一月二〇日に、神皇正統記について進講している。[134]

また、昭和天皇は非常な新聞好きであったので、一九二九年六月二七日の天皇の田中首相への問責（第I部第三章3（2））の約二カ月前に、『東京日日新聞』という、『東京朝日新聞』と並ぶ東京の二大紙に掲載された蘇峰の記事を読んだ可能性が強いことである。昭和天皇の新聞好きは、一九二八年一二月の、「聖上陛下には毎朝東京の全新聞、各地の主なる新聞、外国の新聞など親しく御覧にな」りとの記事や、天皇は一八日の大礼職員慰労の午餐会で望月圭介内相に対し、「新聞を見ないと電燈が消えたようだ」と話したとの記事等[135]からも確認できる。

これまで述べたような、明治天皇や明治時代を回顧し、実態から遊離するまでに過度に理想化する傾向が強まったことや、その中でイギリスの君主制をよく理解している徳富蘇峰ですら、イギリスの君主や明治天皇の政治上のリーダーシップを、実態以上に強調したことにより、牧野内大臣や三上参次らの言動と合わせて、すでに述べた昭和天皇の田中首相に対する問責という、先例にない行動が促進された可能性が強い。

おわりに

本章では、昭和天皇や皇族のイメージを、昭和天皇の摂政時代の一九二六年から田中内閣が倒れる一九二九年七月初めまで、初めて系統的に検討した。その結果、裕仁は摂政時代に、フロックコートや乗馬服など軍服以外の姿で国民の前に登場することもかなりあったのに比べ、天皇に践祚した後は公式行事に大元帥の軍服で登場するか、大礼の行事に古式にならった服装で登場するようになった。このように、一見通説にあるように、大礼に向けて天皇の神格化が進むように見える。しかしこの現象は、昭和天皇が大正天皇の死後一年間、諒闇が明けるまで避暑・避寒などの旅行をすべて遠慮し、軍事関係の公務に専念したからであった。また一九二七年一二月二四日に諒闇が明けても、翌一九二八年一一月の京都での即位の大礼の行事の膨大な準備があり、天皇の参加行事は軍関係の公式行事に限定された。宮内省においても、摂政（陸・海軍大佐）から天皇（大元帥）になったイメージをはっきりさせようという意図もあった。

しかし大礼がすむと、天皇はフロックコート・乗馬服・モーニング姿等、摂政時代と同様に軽装も含めて再び軍服以外の姿でも国民の前に登場するようになった。すなわち、即位の大礼を経て天皇が神格化されたという解釈は、大礼という儀式を過大評価したものである。天皇裕仁の「平民」化イメージは復活したといえよう。

皇族においては、裕仁（摂政から天皇）の弟の秩父宮は裕仁とは対照的に、登山姿・テニス姿・フロックコートなど比較的自由な姿で登場し、むしろ軍服姿（陸軍中尉）での登場回数は少なかった。秩父宮は「山の宮」・「スポーツの宮」などと報じられ、皇室の「平民」化・「健康」化イメージの形成という点で裕仁を補完していたといえる。秩父宮の弟の高松宮は、一九二四年七月に海軍兵学校を卒業し、軍艦に乗り組み、艦隊勤務をしていることが多く、裕仁や秩父宮に比べ、あまり存在感のある形では報道されなかった。高松宮は直宮であるため軍艦の中で一人前の将校としての仕事を与えられず、不満に思うこともあった。しかし、そのようなイメージは表に出ず、ほとんど海軍の軍服姿（海軍少尉から中尉）で登場し、真面目に軍務に就いている「海の宮」として、裕仁や秩父宮を補完していた。秩父宮やその他の男性皇族は、昭和天皇の場合と同様に、大礼の後は軍服イメージから軽装も含め軍服以外の服装で軍の行事以外の場所に再び登場し、「平民」化イメージを促進するようになる。

皇族の女性に関しては、宮内省や宮中は二つのイメージの間で揺れ動いていたようである。一つは、皇后の良子や高松宮妃となる徳川喜久子の示したイメージである。一応健康のためのスポーツへの関心は払われるものの、英語等の外国語能力や西欧文化理解・学校の成績の優秀さはあまり強調されず、料理の腕などの家庭的なものが強調され、あまり自立した女性像を示していない。また、彼女たちの日常の細かいところまではそれほど報道されなかった。他の一つは、秩父宮妃となった松平節子（勢津子）のイメージである。節子は、テニス・ホッケー・バスケットボール等スポーツが得意で、学校の成績が優秀で、英語を使いこなし、西欧の映画・文学・料理を愛好するという西欧文明の理解者であり、意志が強く努力家であって、単に気立てがやさしく家庭的で健康な女性というより、近代的な自立した女性イメージを示していた。また節子の場合は、日常生活のかなり細かいレベルまでたびたび報道され、一時的に、より国民に身近な存在となった。これらの二つのイメージの間での揺らぎは、男性である天皇や皇族の間にもあり、「平民」化と神秘性、西欧化による富国強兵と日本文化の維持との間の揺れであったといえる。

なお、昭和天皇を皇族や皇太后・皇后などが支えているイメージの報道がなされた。しかし、実際は皇族間の仲は良くなく、皇后となる良子を元来好んでいなかった貞明皇太后と昭和天皇の間も微妙な関係になった。また、節子に関しても、秩父宮妃となるまでには、身分や家系をめぐって、牧野内大臣や保守主義者や国粋主義者の間で、表に出ない形でかなりの反対意見があり、一時縁談は中止になりかけた。しかし、再び進展したのは貞明皇后（のち皇太后）や秩父宮本人の意志があったからである。しかしそのような報道は一切なされず、「平民」化・「健康」イメージを体現する理想のプリンセスとして彼女は国民の前に登場したのであった。

この他、一九二八年一一月、昭和天皇即位の大礼の行事を通し、王公族の地位は皇族の下で皇族に準ずるという、二年前に王公家規範で決められたことが、公然と一般に示されたことも注目される。これは、韓国が一九一〇年に日本に併合された後に、朝鮮人が日本人の下で、かつ日本人に準ずる形で、日本に包摂されたイメージを示している。李王（李垠）は陸軍軍服を着用し、日本人にとり、引き続き、日本と朝鮮の「融和」イメージの具現者であった。

第三章　浜口雄幸内閣期の天皇・皇族イメージ
——昭和天皇の軍紀回復への努力——

はじめに

張作霖爆殺事件の処理に対する昭和天皇の関与の失敗によって、陸軍・政友会・枢密院の中枢等の国粋主義者や保守主義者の昭和天皇に対する不信が形成され始めた（第I部第三章3）。この問題は、浜口雄幸内閣期のロンドン海軍軍縮条約問題での加藤寛治軍令部長の上奏を拒否した事件への反発と合わせ、昭和天皇や牧野内大臣ら宮中側近に危機意識を及ぼす。また、同内閣期には、昭和天皇や皇族のイメージにも変化が生じ始める。これは、天皇や宮中側近等の意図的なイメージ修正の結果と思われる。本章では、それらについて検討したい。

1　昭和天皇・皇后と皇太后

浜口雄幸内閣が成立しても、昭和天皇は引き続き、軍関係の行事に大元帥として登場した。その例は、一九二九年七月一〇日の天覧馬術（宮城本丸の新馬場、陸軍様式大元帥通常礼装で「吹雪」〔白い馬〕に乗る、写真は宮内省貸下げ）、茨城県方面の陸軍特別大演習（一九二九年一一月一五日から三日間、陸軍様式大元帥通常礼装、「初緑」〔黒鹿毛〕に乗馬）、一一月一九日の霞ヶ浦航空隊行幸（海軍通常礼装）、一一月二七日の海軍大学校・海軍軍医学校卒業式への行幸（海軍通常礼装）、一一月二九日の陸軍大学校卒業式への行幸（写真・服装の記述はないが、陸軍様式大元帥服と断定できる）、一九三〇年一月八日の観兵式（代々木練兵場、近衛師団・第一師団・陸軍様式大元帥正装で「初緑」に乗馬）、三月一〇日の陸軍記念日の戸山学校での式典への行幸（海軍通常礼装）等である。(1)

その他、昭和天皇は、定例の公式行事や神社参拝等にも、古くからの儀式に関連のあるものの他は、これまでと同様に大元帥の服装で出席した。それは、一九二九年一〇月二日伊勢神宮の遷宮の神社遙拝の儀（黄櫨染御袍）、一一月一九日の海軍霞ヶ浦航空隊へ行幸の後の鹿島神宮参拝（海軍通常礼装）、二一日の常磐神社参拝（陸軍通常礼装）、一二月二五日の多摩御陵親拝（大正天皇の陵墓、天皇の乗った自動車の写真のみで服装は不明）、一九三〇年二月一一日の紀元節での宮中の式（黄櫨染御袍）と祝宴（陸軍様式大元帥の正装）（いずれも写真なし）、三月二八日の学習院卒業式への行幸（陸軍様式大元帥の通常礼装）、四月二三日の第五八回特別議会開院式（陸軍様式大元帥の正装、馬車の写真のみ）、四月二九日の天長節の観兵式（陸軍様式大元帥の正装の予定、実際は雨天泥濘のため中止）等である。(2)

また、従来、軍服を着用しないこともあった軍関係以外の行幸にも、原則的に軍服を着用するようになった。例えば、一一月一日、天皇はスポーツ奨励の意味で神宮体育大会（第五回）を初めて観覧した。その際の服装は、陸軍様式大元帥の通常礼装であった。天皇の説明役となった秩父宮雍仁《やすひと》親王は軍服ではなくモーニングを着用した。(3)また秩父宮が一九二七年に神宮体育大会に行啓した時も軍服ではない（フロックコートか）（第II部第二章3（2））。この他、一九三〇年三月二四日の帝都復興視察の巡幸（陸軍様式大元帥通常礼装）、二六日の帝都復興完成祝典（陸軍様式大元帥通常礼装）、五月末～六月初の静岡県方面の地方産業視察の行幸（陸軍様式通常礼装）も大元帥の軍服であった（ただし後述するように天城登山の際は軍服でない）[4]。なかでも、一九三〇年四月二九日の天長節に、宮城内で、大日本相撲協会の大相撲を招き、初めて天覧相撲を催した際の昭和天皇の服装が、陸軍様式大元帥の通常礼装であったのは[5]、相撲が日本の伝統文化であると共に庶民の娯楽であることを考えると異常であり、昭和天皇は（あるいは宮中側近も含め）、自ら（天皇）が大元帥であることを示すことにこだわっているといえる。なお、翌一九三一年四月二九日の天長節にも、宮城内で天覧相撲が行われたように（天皇は陸軍様式大元帥の通常礼装）、この行事は慣例となっていった[6]。

昭和天皇が軍服にこだわっていることを示す他の好例は、一九三〇年四月一三日に宮中で開かれた、高松宮宣仁《のぶひと》親王と同妃喜久子が渡欧するにあたっての送別宴に、天皇が陸軍様式通常礼装で出席し（皇后はローブ・モンタントの洋装）、秩父宮・同妃、高松宮・同妃等在京の皇族も同様の服装で出席したことである（送別宴の写真は掲載されず）。その他の出席者は、牧野伸顕内大臣・幣原喜重郎外相・奈良武次侍従武官長・鈴木貫太郎侍従長およびイギリス大使ティリー、スペイン臨時代理公使ウィティエラ、宮内省部局長らである（奈良侍従武官長を除けば、特に軍関係者の出席が予定されていない）[7]。

裕仁は摂政時代も天皇になってからも、かつて文化的な催し物等へは、軍服以外の服装で行幸（行啓）していた。この時期になると、そのような催し物への出席が減るとともに、たとえ天皇が関わっても、服装が写真入りで報道されることが少なくなった。その理由は、文化的な催し物は秩父宮が代行することが多くなったことに加え、宮内省が少ない機会における軍服以外の写真撮影を制約したこと以外に考えられない。

たとえば、一九二九年九月三〇日、昭和天皇と皇后の間に内親王が生まれると（孝宮和子）、天皇はモーニング姿で対面した（天皇の写真なし）。一一月一八日、天皇は陸軍大演習が終わったので、ねずみ色の運動服に中折れ帽という軽装で、愛馬「吹雪」（白色）に乗り、那珂川の河畔等を乗馬した（写真なし）。浜口内閣が成立してから一年のうちで、天皇が軍服以外の姿で活動している写真が『東京日日新聞』に掲載されたのは、一九二九年一〇月一五日、上野の帝展にモーニングにシルクハット・ステッキ姿で行った記事と、一九三〇年六月二日、静岡県巡幸六日目に、中折れ帽に半ズボン・長靴下・赤の登山靴という軽装で天城山に登った記事くらいであった。[8] 天皇は軍服以外の服装で、種々のスポーツ等を行っていなかったわけではない。一九三一年四月二九日の三〇回目の裕仁（天皇）の誕生日に際し、天皇は規律正しい日常生活の上に、夏の水泳、冬のスキー、乗馬、ゴルフ等のスポーツで、いやが上にも健康な体になっていると紹介された。[9] このように、天皇は種々のスポーツに親しんでいた。しかしこれらは、国民の前に直接画像イメージとして強調して紹介されなかったのである。

以上のように、浜口内閣が成立して以来、昭和天皇は大元帥というイメージをジャーナリズムや行幸を通して、国民に振りまいていった。この理由は、天皇が張作霖爆殺事件の処理への政治関与に失敗し、陸軍・政友会・枢密院の中枢など国粋主義者や保守主義者の信頼を減退させたため、昭和恐慌が深刻化する中で、信頼の回復のための一手段として、昭和天皇や宮中側近は、国民に親しみやすい天皇像よりも軍務を中心とした国務に精励する天皇像を打ち出そうとしたからと推定される。このことは、一九三〇年四月一日にロンドン海軍軍縮条約問題で、加藤寛治軍令部長の上奏が阻止され、海軍の条約反対派を中心に先のグループも含め、天皇や宮中側近への不満や批判が強まったことで促進された。それは、昭和天皇や宮中側近が昭和天皇の「平民」化イメージを抑制し、昭和天皇を理想とする明治天皇のイメージに近づけて、軍部のコントロールを回復しようと努力していることを示している。また一部には、昭和天皇よりも優れているとさえ噂されている秩父宮（第I部第三章4、第II部第一章3）への無意識の対抗意識も含まれていた可能性がある。

なお、昭和天皇のイメージに関し、常に白馬に乗り、陸軍大演習等を親閲したとの通俗的な理解が根強い。[10] しかし、浜口内閣期の陸軍大演習を例にとっても、一九二九年一一月（「初緑」〔黒鹿毛〕に乗り閲兵）（前述）、一九三〇年一一月（「吹雪」〔白毛〕で雨中戦況巡視、「初緑」〔黒鹿毛〕で親閲）[11] と、白馬にのみこだわっていたわけではない。一九三〇年一二月段階で、毎週月・水・金曜日の天皇の乗馬には、「初緑」・「吹雪」・「千本松」・「白雪」〔白毛〕・

「香薫」の五頭が使われた。「吹雪」は一九二五年八月から裕仁（摂政）の乗馬に使われ、一九三〇年一二月で、引退した。その際、陸軍様式大元帥の服で乗馬する天皇との記念写真がとられ、新聞にも公表されたように[12]（図20）、天皇にとって思い出深い馬であったが、天皇が常に白い馬を使用していたわけではない。

この間、皇后良子《ながこ》は天皇に比べると存在感はそれほど強くない。それは、昭和天皇が軍関係を中心とした公式行事に出席し、あまり文化的行事に出席しないため、皇后として同伴することが少なかったことや、一九二九年九月三〇日に内親王（孝宮和子）が生まれたため、皇后の外出が制約されたことが関係している（内親王誕生を報ずる記事には皇后の写真[13]）。皇后はこのような子供を産む母親としてのイメージでジャーナリズムに登場する他、一九三〇年四月一三日の高松宮・同妃の渡欧送別会や四月二九日の天覧相撲の陪観に出るなど（いずれも洋装、写真なし）、天皇の同伴者として時折登場した[14]。

しかしそれら以上に、一九三〇年三月二九日の女子学習院卒業式に行啓（写真なし）、五月五日の日本赤十字社総会（総裁は閑院宮《かんいんのみや》元帥）に行啓（洋装の写真）、七日に愛国婦人会総会（会長は東伏見宮妃）に行啓（洋装の写真）、七月二日に東京聾唖学校と東京盲学校に行啓（洋装の写真[15]）など、女性の学校・会合や身体障害者の学校へ行啓して、天皇を補完した。皇太后節子《さだこ》も、この面では同様で、一九三〇年五月一〇日に明治神宮に行啓し、東京の社会事業団体四八に五万円の御手許金を下賜したり、六月二一日に東京音楽学校に行啓した[16]（いずれも皇太后の写真なし）。

図 20「聖上・『吹雪』に召された御英姿」（1930 年 12 月 31 日）

また、皇后良子は、天皇として裕仁がいるにもかかわらず、五月一二日に横須賀海軍工廠で行われた一等巡洋艦（重巡洋艦）「高雄」の進水式に出席した（皇后の写真なし）。六月一六日の呉海軍工廠での一等巡洋艦愛宕の進水式には海軍兵学校在学中の伏見宮博英が参列したにすぎず(17)、皇后が行啓するのは天皇に準ずる価値があるとみなされたのであろう。

ところで、一九二九年一二月九日の高松宮（海軍中尉）の日記には、貞明《ていめい》皇太后と昭和天皇・皇后良子の関係に関し、注目すべき記述を、左のようにしている。

午前、鈴木侍従長、贈答のことにつき来談。東御所と宮城との折合、融和につきつとむべき旨話す。かゝることと侍従長のなすべきことならざるが如きも、今としては侍従職の仕事拡大せる以上、又侍従長としてつとめざるべからざることとなりとはむづかしきことなり(18)

貞明皇太后（「東御所」）と昭和天皇・皇后良子（「宮城」）の折合いが悪く、高松宮が鈴木侍従長に融和するように尽力すべきであると話したのである。すでに述べたように、「宮中某重大事件」の結果、皇太子裕仁と良子女王の婚約内定に変更がないことを中村雄次郎宮相が公言して辞任し、元老山県有朋が失脚した後も、貞明皇太后（当時は皇后）は、良子を皇太子妃にすることに賛成でなかった。良子の父の久邇宮邦彦《くにのみやくにひこ》王が勝ったという態度であることにも批判的であった(19)。また、秩父宮と松平節子の婚姻の過程でみられたように、貞明皇太后は謙虚でしっかりとした性格であり、自らが皇族出身でなく、しかも側室の子であったことも関係し、血統の問題に寛容で、節子を妃とすることを推進した（前章3（2））。一方、久邇宮家は皇族であることを自慢し、皇后の家ということで、皇族の中でも強引に行動する傾向があった（第I部第三章4（2））。また、皇太后は「敬神の念」が熱烈で、昭和天皇の態度を「形式的」とみており、元老西園寺公望は、母子間の「親和」に影響しないかと心配していた（前章3（1））。この時期のジャーナリズムでは、一九二〇年代半ばまでと異なり、皇太后（以前の皇后）と昭和天皇・皇后（以前の皇太子妃）の良好な関係を特に強調する報道はなされていない。これは裏面で進展している事態を少し反映していたともいえる。

2　秩父宮と勢津子妃

昭和天皇のすぐ下の弟の秩父宮は、田中義一内閣期にも、欧米旅行中と同様に陸軍中尉の身分や軍服に限定されない、フロックコート・モーニング・背広・登山服などの比較的自由な姿で国民の前に登場していた。秩父宮は「山の宮」・「スポーツの宮」などと報じられ、皇室の「平民」化・「健康」イメージの点で、裕仁（天皇）を補完するのみならず、リードしていた。秩父宮は、妃に内定した松平節子（のち勢津子と改名）がジャーナリズムの人気者になり、彼女と結婚することで、皇室の「平民」化の面での彼の役割をさらに進めた（第II部第二章3（2））。それのみならず、すでに述べたように、秩父宮の方が昭和天皇よりもあらゆる面ですぐれているとの噂が内々にあった。昭和天皇にもこの噂の雰囲気が伝わった可能性がある。

浜口内閣期においても、秩父宮は以下のように、モーニング・シルクハット・背広などの、軍服ではない服装で、文化やスポーツの行事に出席し、「平民」化・「健康」イメージの点で昭和天皇を補完、リードした。しかし、その裏面では、軍服着用にこだわる生真面目な昭和天皇と、天皇に比べて自由な考えや立場をみせる秩父宮との溝が生じていたように思われる（その帰着が、満州事変後の天皇「親政」をめぐる激論、第I部第六章3（2））。

一九二九年一〇月三一日には、秩父宮は万国工業・世界動力両会議に、総裁として出席した（貴・衆両院議事堂、服装はモーニングとシルクハット）[20]。すでに述べたように、一一月一日に天皇が神宮体育大会（第五回）を初めて観覧し、秩父宮が説明役になった際に、天皇は陸軍様式大元帥の通常礼装であったにもかかわらず、秩父宮はモーニングという略装であった（本章1）。

秩父宮のこの行動を、国粋主義者と親しい小原駩吉《おばらせんきち》貴族院議員（元宮内省内匠頭）は、「陛下に対する御敬意を御欠きなされたる」と、倉富枢密院議長に批判した。小原は倉富にさらに話を続ける。彼が白根松介（宮内省大臣官房秘書課長兼庶務課長）に聞いたところによると、秩父宮はこれらのことを何度言われても聞き入れないとのことであった。小原は白根に、それは宮内省職員の「不行届」として秩父宮家別当と事務官に「懲戒」すれば、秩父宮も改めるであろうと述べた[21]。

秩父宮の軍服着用にこだわらない姿勢は、この後も続く。翌一九三〇年三月二八日には、関東大震災と一九二五年の火災にあった聖路加国際病院（東京市築地）の定礎式に、自らはモーニングを着、ローブ・モンタントを着用した妃とともに出席した。一九三〇年四月一三日も、秩父宮と妃は、日比谷市政会館のラジオ展覧会に出席した。そこでは、秩父宮はテレビの実験やスキーの大家のシュナイダーの写真を観覧、日比谷公園広場で、陸軍から特別出品した戦車のラジオ操縦を自ら行った（写真なし、服装不明）。これは、皇族の「科学」化イメージを示している。五月二七日は、天皇が第二五回海軍記念日の祝賀会のために水交社に行ったのに代わり、秩父宮は自らが総裁である極東選手権競技大会（於明治神宮外苑、四回目）を妃と共に見学した。同大会の最終日の五月三一日は、秩父宮は妃を同伴し、夕方から新宿御苑で代表選手を茶菓で慰労し（いずれも宮はシルクハットにモーニング、妃は洋装）、夜は閉会式に出席し、天皇杯を優勝した日本の代表に授けた（燕尾服）[22]。

七月二二日、秩父宮は八月一日から陸軍大学校生として大刀洗《たちあらい》飛行第四連隊に入隊するため、妃と共に東京駅から九州に向かった（服装は宮が背広、妃が洋装[23]）。軍務に就くための九州行きに際し、軍服を着ず、あえて背広を選んだことが注目される。これは、秩父宮が私服にこだわっていることと、高松宮・同妃の送別宴に、大元帥の軍服を着用した昭和天皇（間接的に他の宮にも軍服着用を強要することになる）の形式主義に対する反発の現れとも解釈できる。

さらに九月一五日、秩父宮は衆議院議事堂での第一九回国際統計協会会議（東洋初の会議）の開会式に臨席した（服装はモーニングか）。一一月二日には、全国の青年団の令旨奉戴十周年記念式典に、秩父宮・同妃が出席した

(於東京日比谷公会堂、宮の服装はモーニングか、妃は洋装)[24]。これも、翌三日、昭和天皇が大元帥の陸軍通常礼装で二重橋前で、全国青年団等の代表者を親謁したことと好対照を示していた（秩父宮も親謁には同席、軍服着用と思われる)。

服装の問題のみならず、一九二五年の渡英の頃には社会問題への強い関心を示していた秩父宮は、この時期にも公然と社会問題や社会主義的な思潮を含んだものにも関心を寄せ、他の皇族をそれらに誘うこともあった。一九三〇年一〇月に秩父宮がソ連映画「アジアの嵐」を観覧したことは、これを示す。秩父宮は「アジアの嵐」が一〇月三一日に封切り上映されることを知って、観覧したいことを同宮付事務官を通じて、映画輸入元の代表に伝えた。代表は、「同映画は多分のプロ・イデオロギーを含んでいる」として辞退したが、秩父宮は、「内務省で検閲し民衆に観せるものなら差支ない」と沙汰した。そこで、一〇月二六日午後二時から、赤坂の秩父宮の御殿で、在京の各皇族も参集の上、同映画を観覧することになった[25]。また秩父宮は、一九三一年二月二四日、労働組合法案の審議された衆議院を約六時間半も傍聴した（服装未詳)[26]。

浜口内閣期の秩父宮のもう一つのイメージは、軍服を着て軍務に就くもので、前内閣期と同様であった。一九三〇年一月八日、秩父宮は陸軍観兵式に参加し、天皇を奉迎した。八月二日、陸軍の大刀洗飛行第四連隊で無線実験用の飛行機に搭乗し（陸軍大尉の軍服)、四日には、偵察機に搭乗して、偵察任務を行った。また、一一日、第一二師団管下の陸士第三四期生と久留米偕行社でクラス会を開いた。秩父宮の飛行第四連隊での日程は、一三日にすべて終わった[27]。

また秩父宮は、一九二九年一二月二五日、昭和天皇の名代として大正天皇の三年式年祭を宮中皇霊殿で行い（昭和天皇は多摩御陵に行幸）（服装不明)、一九三一年四月七日、シャム皇帝・皇后を東京駅に出迎えた（陸軍通常礼装）ように、田中内閣期同様に天皇の名代として行動した[28]。

以上のような、浜口内閣期の秩父宮のイメージで注目されることは、前の内閣期と異なり、ジャーナリズムで

「山の宮」・「スポーツの宮」といった形で報道されず、秩父宮が登山等のスポーツをする写真も登場しなかったことである。これは、昭和恐慌が深刻となる中で、秩父宮は昭和天皇と異なる感覚で活動を行いつつも、昭和天皇にみられた変化と同様に、宮内省の意向もあり、画像付きの記事として、登山等のスポーツを楽しむ姿を国民に示すことを自粛する形になったのであろう。

勢津子妃は、すでに述べたように、田中内閣期に秩父宮妃に内定して以来、スポーツが得意で、成績が優秀で、英語を使いこなし、西欧文明の理解者で、意志が強く努力家であるという、近代的な自立した女性のイメージで、たびたびジャーナリズムに登場していた。しかし、一九二八年九月二八日に秩父宮と結婚すると、妃関連の記事は著しく減少した（第II部第二章3（2））。

浜口内閣期も同様で、すでに述べたように秩父宮に同伴する他は、一九二九年一一月一八日に、勢津子妃のみが、三田普連土《ふれんど》女学校を訪問し、生徒らの英語劇や合唱・スポーツ等を見学し、女子青年会を訪れたことが報じられた（洋装）。また、一九三〇年八月、秩父宮が九州の飛行第四連隊で勤務している間に、二〇日、筥崎《はこさき》・香椎《かしい》両宮（いずれも福岡県）に参拝した記事が出た（洋装）[29]。このように、以前のような自立した近代的な女性のイメージを強調する報道はまったくなくなっていた。

3　高松宮と喜久子妃

昭和天皇・秩父宮の弟の高松宮は、海軍少尉（のち中尉）として真面目に軍務に就いている「海の宮」であった。田中内閣期においても、天皇や秩父宮に比べ国民向けの皇族イメージの中で、あまり存在感がなかった（前章3（3））。前章で述べたように、一九二九年四月一二日に勅許を得た高松宮と徳川喜久子の婚姻は、一九三〇年二月四日に実施された。その際の服装は、昭和天皇・秩父宮と同様に、冠・袍・束帯で、喜久子が唐衣・裳の古典的なものであった。また朝見の儀では、高松宮は海軍中尉の正装で妃は洋装であった。[30]

この婚姻の前において、高松宮は海軍将校というより、文化的・生活的行事に関するイメージで、比較的存在感を増した。たとえば、一九二九年一一月四日、安政大獄関係志士遺墨展覧会の巡覧をした（東京日日新聞社主催、於東京市青山会館。宮はフロックコートを着用か）。また一一月二五日・二六日と愛知県碧海郡の農業を視察した（「日本のデンマーク」といわれている。宮の服装は不明）。翌一九三〇年一月八日、東京市四谷区の二葉保育園・府職業紹介所・市外巣鴨の廃兵院・市養育院巣鴨分院を（服装は背広）、九日、東京市宿泊所・公衆食堂・公設質屋・東京市託児所・同愛病院・細民住宅をと（服装は不明）、二日にわたって、東京の社会施設を見学、一月一五日には東京帝大を見学した。[31]

徳川喜久子は秩父宮妃となった節子とは異なり、婚約が決まって以来、着物姿の写真、料理や健康のためのスポーツへの関心という、日本的・家庭的イメージで報じられた。また日常生活の細部まで報道されることはなかった（前章3（3））。浜口内閣成立後も同様で、一九三〇年一月一日に、文金高島田の写真が掲載され、一月一七日の納采の日は、洋装（ローブ・デコルテ）の写真が載せられた程度である。[32]

高松宮・同妃の婚姻後、二人は一九三〇年二月六日から伊勢神宮に奉告のため旅行をした（服装は宮が海軍中尉の通常服、妃が洋装）。また、二月二七日には、両人は日土協会主催の結婚奉祝晩餐会に出席した（宮は燕尾服、妃は洋装）[33]。日本的イメージであった喜久子も、旅行や宴会は、若い皇族の女性同様、洋装でこなすことが普通であった。

高松宮と喜久子妃は、一九三〇年四月二一日に欧米への旅行に出発し、翌一九三一年六月一一日に帰国するまで、約一年二カ月にわたり、イタリア・フランス・スイス・イギリス・ベルギー・オランダ・スウェーデン・ノルウェー・デンマーク・ポーランド・スペイン・ポルトガル・ハンガリー・アメリカ合衆国・カナダ等、欧米の二二カ国を訪れた。また欧州へ行く途中で、上海（中国）・コロンボ（英領セイロン）・カイロ（英領エジプト）等にも上陸した。

この間のイメージの特色は、第一に日本出発の際や訪問先の公式行事には、高松宮は海軍中尉（一九三〇年一二月一日から大尉）の軍服、喜久子妃は洋装であったが、その他は宮はモーニング・背広など日本にいるときより、軍服にとらわれない服装になったことである。これは、秩父宮の渡欧の際とやや似ている。

たとえば、一九三〇年四月二一日、東京駅を出発する際は、高松宮は海軍中尉の通常礼装で、喜久子は洋装であった。六月二六日、高松宮らがイギリス入りする際は、前年日本を訪れ、高松宮にも会ったグロスター公爵（ジョージ五世の三男、第十フザー騎兵連隊大尉の正装）がドーバーまで迎え、同行してロンドンに着いた（高松宮は海軍中尉の正装）。六月二七日のロンドン市長の午餐会では、ヨーク公爵・高松宮とも軍服の正装で、一〇日のバッキンガム宮殿でのジョージ五世・メアリ皇后との謁見でも高松宮は海軍中尉の正装をした[34]。

しかし、一九三〇年五月一五日、コロンボ日本領事官邸でセイロンの先住民の蛇使いを観覧したときは、高松宮が背広、喜久子妃が洋装で、マルセイユに上陸したときや、パリのギャール・ド・リヨンに列車で着いたときも、同様の服装であった。また六月九日、アルプスのシャモニに行った時は、高松宮・同妃とともにコートを着用した洋装で、七月二日、オックスフォード大学を見学したときは、高松宮がモーニングにシルクハット、同妃が洋装であった（写真あり）[35]。

高松宮・喜久子妃の欧米訪問のイメージの第二の特色は、秩父宮がスイスでスキー練習中の姿やアルプスに登っている登山姿が写真付きで報道されたような（前章2）自由さは伴っておらず、また新聞記事も、写真のない小さな枠のものが多かったことである。

以上、秩父宮と勢津子妃、高松宮と喜久子妃のイメージは、前者の方が軍人イメージから自由な要素がやや強いといえる。また重要なことは、同時代で比較すると、秩父宮・高松宮両者ともに、昭和天皇に比べ、軍事的イメージから自由であったことである。

4　その他の皇族と王公族

浜口雄幸内閣期になると、高松宮のすぐ下の弟である澄宮（一九一五年一二月二日生、のち一九三五年三笠宮家を創設）が、何度か『東京日日新聞』に登場するようになる。まず、一九二九年七月一四日に、学習院の制服を着て、鞭を持ち、愛馬の前に立つ宮内省貸下げの写真が掲載された[36]。これは数えで一五歳になったことと関係していると思われる。翌一九三〇年の歳末には、五色スキー場（山形県）でスキーの練習をする写真が載った。また一九三一年二月七日、学習院中等部生徒三〇〇名とともに、埼玉県所沢町付近の野外発火演習や、所沢飛行学校見学に行ったことも記事になった（写真なし）[37]。澄宮のイメージは、上流家庭の中学生のもので、特異なものではなかった。

注目すべきは、東久邇宮《ひがしくにのみや》稔彦《なるひこ》王のイメージである。すでに述べたように、彼は一九二〇年にフランスに渡って以来、三回にわたって帰国を延期して七年近く滞在したり、裕仁（後の昭和天皇）と久邇宮良子女王の結婚を、当時の牧野伸顕宮相が東久邇宮に相談せずに勝手に遂行したと、牧野を批判する覚書を書いたり、一九二六年一二月には皇族をやめる臣籍降下の意向を公式に示したり、陸軍軍縮を進めて陸軍主流となっていく宇垣一成大将系と対立する上原勇作元帥系と親しいなど、個性的な性格であった（第Ⅰ部第三章4）。東久邇宮の行動は、昭和天皇・牧野伸顕内大臣・一木喜徳郎宮相・浜口首相と民政党・宇垣陸相・財部《たからべ》海相（岡田啓介海相）らの、天皇・宮中側近・浜口内閣というロンドン海軍軍縮条約を推進した政界や宮中の主流に対する反感として理解できる。もっとも、元老西園寺公望は、裏面でロンドン海軍軍縮条約を推進したが、田中義一内閣時代から「公平」な元老として東久邇

図 21「おしる粉を召される東久邇宮さま（きのふ麻布三連隊の軍旗祭で）」（1929 年 10 月 28 日）

宮にも信頼されていた（前章3（4））。

東久邇宮は浜口内閣期に基本的に陸軍軍服姿（大佐から少将に昇進）で登場するようになることが特色である。またそれは、昭和天皇のように公式行事を通しての厳しい姿の写真のみならず、軍人としての日々の生活も含まれた親しみやすい姿であった。まず連隊長を勤める近衛歩兵第三連隊の軍旗祭（一九二九年一〇月二七日）で、汁粉を食べる写真がかなり大きく載せられた（図21）。翌一九三〇年三月九日には、鈴木孝雄大将（軍事参議官）ら老将軍たちと民間の愛馬家四〇名が、東久邇宮の少将昇進祝賀遠乗会を開き、東京から小田原まで七八キロの距離を騎乗した（宮が先頭で、白い馬に軍服姿で乗る写真）。同年八月一四日、東久邇宮は東京駅から名古屋へ歩兵第五旅団長として赴任した（軍服姿で、一木宮相・阿部信行陸軍大臣代理ら軍人四〇〇人、スポーツ関係・乗馬関係・日本新聞協会の総裁として新聞関係者ら約二〇〇名の見送りを受ける写真[38]）。

東久邇宮は軍関係以外の所へも軍服姿で登場することが多くなった。一九二九年一二月五日、宮は国士館に台臨し、生徒の兵式訓練や剣道の試合などを見学した（宮が軍服姿で、兵式訓練服姿で整列する生徒を観閲する写真）。翌一九三〇年三月四日に明治大学へ台臨し、バスケットの試合・剣道・柔道・相撲の各試合や、競泳を見学したときも軍服姿であった（写真あり）。宮はその一カ月半前の一月一五日に、東京市松坂屋で開催中の、東京日日新聞社主催の議会展覧会を、軍服姿で見学した。宮用の特別な時間設定はせず、「大衆とご一緒に」見学し、その写真が報道されたことが重要である。また宮は、同年四月八日、日本新聞協会の総裁就任の奉戴式には、モーニング姿

(写真あり)で、同夜の奉戴晩餐会には燕尾服で出席する(写真なし)等、軍服を着用しないこともあった。もっとも、東久邇宮は皇族中で経済的に「大衆」に近づいた生活を送っていたわけではなかった。宮はフランス留学中に宮内省から一年に一三万円(現在の四億円以上)もの金額を送金され、宮家には一〇〇万円以上もの預金があるなど、かなり豊かな生活を送っていた。(39)

昭和天皇は神秘性を維持し軍のコントロールを確保するため、イメージの面で国民からの距離を取るようになっていたが、以上のように東久邇宮は天皇・皇族の「平民」化イメージの展開を推進し、昭和天皇を補完していたといえる。しかし一方で、東久邇宮は、昭和天皇のように軍服を着て国民の前に登場しているものの、秩父宮と同様に昭和天皇や牧野ら宮中側近に批判的であり、軍人や国民に親しみのある皇族として批判勢力の拠り所となる可能性を有していた。たとえば、満州事変を引き起こす石原莞爾陸軍中佐(関東軍参謀、作戦主任)は、一九三一年一月二日、東久邇宮に私的に仕えている安田銕之助《てつのすけ》陸軍中佐(予備役、元東久邇宮付武官)に書状を送り、宮に参謀本部第一部長(作戦担当の部の責任者)に就いて、満蒙問題を解決してほしいとの意を示している。(40)

皇族中の長老の閑院宮載仁親王《かんいんのみやことひと》(元帥)は、政治的に重要である。張作霖爆殺事件の対応に関しては、昭和天皇や牧野ら宮中側近・元老西園寺・田中首相の意とは異なり、日本軍人の関与は確認されないとして早い時期から行政処分で済ませる方向に賛成した(第Ⅰ部第三章3(1))。このため、橋本欣五郎中佐ら陸軍中堅将校らのクーデタ計画である一九三一年の三月事件、十月事件などでは、クーデタ・グループから新内閣組織のための天皇への橋渡し役として期待されていた。(41)しかし閑院宮は、一九三〇年一月八日の新年の観兵式に、昭和天皇に従い秩父宮・高松宮らと参列するなど、天皇に陪従して『東京日日新聞』に登場した以外には、ジャーナリズムにほとんど登場しなかった。同年一〇月一五日、日露戦争当時の部下を召して記念の午餐会で、元帥の陸軍軍服の閑院宮と、陸軍軍服・モーニング姿などの部下が一緒に記念写真に収まっているのが報じられたくらいである。(42)

この他、成年に達し軍人となった皇族男子は、軍服姿で登場することが普通となる。たとえば、北白川宮(永久王）が成年式を迎えたこと（士官候補生の軍服、一九三〇年二月二〇日）、賀陽宮《かやのみや》恒憲《つねのり》王が貴衆両院傍聴のため議会に出かけたこと（陸軍大尉の軍服、一九三一年二月一七日）、皇后良子が内親王を産み、実家の久邇宮家より、久邇宮《くにのみや》朝融《あさあきら》王と同妃知子が参内したこと（海軍軍服、一九三一年三月七日）等である。[43] これは、昭和天皇の軍服着用が多くなったことの影響であろう。

元来、軍服着用が多かった李王（李垠《りぎん》《イ・ウン》、朝鮮の王族（第II部第一章1（1）④・2（1）①・3（1）④、第二章3（4））は、紀尾井町の新邸に引き移った際の写真（王はモーニング、妃は和服、一九三〇年三月三日）、東京日日新聞社主催の肥前古窯発掘展（王は陸軍少佐軍服、一九三〇年一二月一二日）等で新聞に登場した。[44]

皇族の女性に関しては、一九二九年一〇月一九日から一一月三日まで、東伏見宮周子《かねこ》が愛国婦人会総裁として台湾に行き、台北で開催された第二回支部総会（一〇月二五日）に出席すること（東京駅で洋装の写真）、一九三〇年二月八日、朝香宮紀久子（女子学習院高等科に在学中、明治天皇の孫）が、同高等科一、二年生五〇名と一緒に東京地方裁判所を見学したこと（羽織と袴姿の写真）、同年六月、朝香宮紀久子が鍋島侯爵家の嗣子尚泰（東京帝大文学部三年）と結婚することが内約されたこと（紀久子は、和歌に秀で、ピアノ・生け花・お茶などにも堪能、「気立き天成の御麗質」と表現された。着物姿の写真）等の報道があった程度で、あまり存在感はない。[45]

その他、一九三〇年三月には李王妃方子《まさこ》《パンジャ》の妊娠の兆候の報がなされたり（洋装）、同年一〇月末に李王（李垠）の妹の徳恵《ドクヘ》の結婚相手として、宗伯爵家嗣子の宗武志（東京帝大文学部英文科三年生）が内定したとの記事（宗武志の和服姿の写真）が掲載された。[46]

おわりに

浜口雄幸内閣期になると、昭和天皇が主に大元帥の服装で登場するようになり、天皇の「平民」化イメージ路線は、大きく修正された。また男子の皇族も軍服姿が多くなった。しかし浜口内閣期の天皇や男子皇族のイメージは、必ずしも軍人に偏ったものとはならなかった。この理由は、秩父宮が必ずしも陸軍軍服にこだわらず、従来は海軍軍服が多かった高松宮も、欧米旅行をしている関係で、軍服以外の服装での行動も多く、それらが報道されたからである。もっとも、秩父宮ですら登山などのスポーツを楽しんでいる写真報道は抑制され、天皇の「平民」化イメージの修正の影響は、彼らにも及んだ。

昭和天皇が原則的に大元帥の服装で登場するようになるのは、天皇が張作霖爆殺事件の処理で田中内閣を倒す強い政治関与をしたことによって生じた陸軍等からの不信感を挽回しようとしたためであろう。しかし、ロンドン条約問題でも、鈴木侍従長の上奏阻止事件が生じ、陸・海軍や国粋主義者・保守主義者等の天皇への信頼はさらに動揺した。荒木貞夫中将ら国粋主義者に期待される秩父宮が、陸軍軍服にこだわらない服装を続けたのは、昭和天皇が服装等で陸軍の信頼を回復しようとしているのを、形式的すぎると見たからと思われる。この他、東久邇宮も、軍服姿で登場するが、宮としての特権に甘んじないという、「平民」化イメージの展開を進めたことが注目される。東久邇宮も、満州事変を引き起こす石原莞爾中佐に期待されるなど、昭和天皇や宮中側近に批判的な勢力の拠り所となる可能性を有していた。

なお、皇后・秩父宮妃・高松宮妃や他の皇族の女性も含め、彼女たちの強い存在感はなく、基本的に女性に関する教育・文化・団体等との関わりを通し、天皇を補完する役割を果たしていたといえる。

第四章　満州事変と天皇・皇族イメージの神秘化

はじめに

前章で述べたように、浜口雄幸内閣期に、昭和天皇の信頼を回復するため、天皇や宮中側近が天皇の大元帥としてのイメージを強め、「平民」化イメージは著しく減退した。一九三一年九月に満州事変が起きると、天皇の大元帥としてのイメージがさらに強まっていく。とりわけ、一九三二年四月以降、天皇は陸軍の観兵式に登場する場合に常に白い馬に乗って登場し、他の皇族と比べて、国民に対して神秘的イメージがさらに強まるようになる。本章では、これらの天皇イメージの変化を、皇后や皇族イメージと比較して論じたい。

1　天皇の大元帥としてのイメージの強まり

ロンドン海軍軍縮条約批准後から満州事変の直前までの、天皇と皇族イメージの特色は、昭和天皇は、前章で述べたように、ロンドン条約批准までの浜口雄幸内閣期と同様に、軍関係の行事以外には大元帥の軍服で登場するというものであった。しかし、この時期になると、以前の時期にはわずかにあった、天皇が軍服以外の服装で、新聞に写真入りで報道されるということがなくなった。天皇が軍服以外の服装で行動したという記事も少しはあるが、(1)その写真が掲載されなくなったのは、昭和天皇や宮中側近らが、大元帥としての天皇の権威を高めたいという意向を、以前よりも強く有するようになったからであろう。

天皇は軍関係の行事に出席することを中心としているので、皇后良子《ながこ》が天皇に同伴して注目されることはほとんどなく、皇后の存在感は以前と同様に、あまりない。一九三〇年一一月二二日に、皇后は貞明《ていめい》皇太后とともに、東京市の冬季失業救済バザーで、女官を遣わして買い上げ、一二月九日に東京府・市連合の無料診療所に一万円下賜し、一九三一年五月五日、日本赤十字総会に令旨を下し、五月七日に愛国婦人会総会に、五月二八日に東京慈恵会に行啓、七月一日に製糸作業を見学したりした。(2)このように皇后は、皇太后も含め、皇室の社会福祉や女性の活動を振興するイメージを表現した。また服装は引き続き洋装で、日本の西欧化を象徴していた。また、一九三一年三月七日には内親王を生み、(3)これまでと同様に生む母親としてのイメージを提示した。

また、秩父宮や高松宮は、ひき続き昭和天皇と異なり、軍関係の行事以外には、軍服以外の服装で洋装の妃とともに登場した（高松宮と妃は一九三〇年四月二一日から三一年六月一一日まで渡欧米、高松宮は軍服以外に背広等で、妃は洋装で登場）。(4)その他の皇族の記事はそれほど多くなく、比較的軍服が多いのは、以前と同様であった。(5)

以上のように、この時期の天皇・皇族イメージは、ロンドン条約批准前よりも、天皇は大元帥としてのイメージを少し強めたが、他は大きな変化がない。もっとも全体として、国民の前での露出度が減退気味であった。

この傾向は、一九三一年七月から九月の満州事変の直前になっても同じであった。また、九月一八日に事変が起こっても、一〇月半ばまでは同様の傾向が続く。

すなわち、一九三一年七月二二日、天皇は東京市市ヶ谷の陸軍士官学校の卒業式に行幸し、霧雨の中を陸軍軍服で愛馬「初緑」（白馬ではない）に乗って閲兵をした。『東京日日新聞』は乗馬して閲兵する天皇の写真を一面上部左に、眼鏡をかけた天皇の顔がわかる大きさで掲載した。(6) しかしその後、一〇月二〇日に天皇が新築落成した警視庁に行幸し、宮城にもどる途中のオープンカー上の写真（陸軍通常礼装に大勲位副章を佩用、眼鏡をかけた顔が識別できる）が掲載されるまで、(7)『東京日日新聞』には天皇の写真が登場しなかった。

この間に天皇の記事があるにもかかわらず、写真が掲載されなかったのは、天皇が出席する軍事に関係する行事がなかったことも影響している。天皇・皇后は七月になると例年通り那須御用邸に避暑に出掛け、二カ月後の九月上旬に宮城に戻ってきた。那須では、天皇が愛馬「吹雪」に乗ったり、生物採集やゴルフをしたりしていることが記事になったが、写真は載らず、服装の描写もなかった。(8) この間、天皇が長江の水害に対して日本人に一万円、中国人に一〇万円贈与し、九月一日の震災記念日に那須で黙禱する等、日本や中国国民との接点を強めるイメージの記事も搭載された。(9) 注目すべきは、天皇が八月二六日の枢密院本会議に出席するために、二五日に那須から東京に戻り、二七日に再び那須に行くことや、近年は避暑中の枢密院本会議に親臨したことはないと報じられたことである。(10) これは、この時期に満州情勢が緊迫し、軍制改革問題などをめぐり、陸軍が内閣から自立する動きを示したこと等（第I部第五章1（4））に対抗しようとする天皇・宮中側近の動きである。天皇は避暑中にもかかわらず保守主義者や国粋主義者に近い枢密院会議に親臨することで、国政への関心を持っていることをアピールし、軍部や国粋主義者にたいする威信を少しでも増そうとしたのである。

満州事変が起きると一週間後には、連日若槻礼次郎首相・南次郎陸相・金谷範三参謀総長らの拝謁や上奏等があり、天皇は多忙なため、運動はもとより学科の聴講も見合わせ、多くの国務を「御親裁」しているとの記事が掲載された。(11) こうして、宮中側近らは天皇が統治能力や職務への熱意があるというイメージを形成しようとした。

しかし、満州事変が始まっても、天皇や宮中側近は、天皇自らの行動やイメージ形成への意図をすぐに変えたわけではない。一〇月一一日、新聞には一五日午後に天皇・皇后が東京府立美術館で開かれる院展に行幸することが報じられた。帝展には一九二九年に天皇の行幸があったが、皇后の行啓は今回が初めてであった。また、一三日の新聞には、天皇が生物研究の資料として宮城吹上御苑内で育成している各種の稲を、一二日に天皇が自ら運動服を着て鎌を手に数株ずつ刈り取り、「農民の辛苦」を体験したとの記事が登場している（写真なし）[12]。

このように、昭和天皇の大元帥としてのイメージを作る写真以外は掲載されず、日常生活の記事もやや少なくし、国民に対する露出度が抑制された。この昭和天皇イメージを補完し、皇室への親近感を保持させたものが、皇后や皇族・王公族を題材にした、従来同様の親しみ易いイメージであった。

一九三一年七月一日に皇后良子が、宮城内の紅葉山御養蚕所に東京高等養蚕学校の校長・教婦・生徒を召し、製糸を見学したことが翌日報じられた。また、同四日に皇后が震災から復興した東京市の江東一帯を巡啓し、貧しい子供の多い大富尋常小学校で欠食児童用の給食見本や一週間の献立表を見学し、給食費として五〇〇〇円（現在の約二〇〇〇万円ほど）を下賜した（いずれも写真なし）。皇后は七月中旬にも、長雨で悩む東京府の貧困者に五〇〇〇円下賜したと報じられた。また、九月一日の震災記念日には、記念堂に天皇から下賜された花瓶とともに、皇后からの香炉が備えられた（香炉の写真）[13]。

満州事変が起きると、九月二六日に皇后が事変で負傷した兵士のため、包帯一五〇人分を下賜したことが翌日付で記事になった[14]。一〇月一四日には皇后は八年ぶりに明治神宮に行啓し、照宮成子《しげ》（長女）とともに参拝し、その後多摩御陵にも参拝したと報じられた（皇后・照宮の乗った自動車の写真。顔は判明せず）[15]。

以上のように皇后のイメージは養蚕・小学校の欠食児童・包帯などに関わる慈母としてのもので、父としてのイメージの天皇を補完した。皇后も天皇と同様にあまり露出度は高くなく、「白の軽い御帽子、濃い水色の御洋装――清楚そのものゝやうなるうるはしい御姿」（震災復興の行啓の際）、「純白の清々しい御洋装」（明治神宮・多摩御陵参拝の際）等との描写にあるように、すっきりとして清らかなイメージが強調された。天皇・皇后の活動している写真の掲載を抑制する、このような報道のあり方は、すでに述べた皇太子裕仁の渡欧前までの状況に逆戻りしたようであった。渡欧前は、天皇・皇后の行幸啓の際は馬車中の場合のみ、皇太子の行啓は馬車もしくは人力車の場合に限り、写真機で不敬とならない限り撮影することが可能であった（徒歩および乗馬の場合は撮影禁止）（第II部第一章）。

秩父宮と同妃は、一九三一年八月一〇日に大阪府の浜寺公園内に開催された第八回女子中等学校庭球大会に台臨し決勝戦を観戦し、その様子が翌一一日に報じられた。同じ新聞には、高松宮が自らハンドルを握って同妃とともに東京から新那須温泉に行き、那須御用邸の天皇・皇后らに会った記事も、掲載されていた（写真なし）[16]。このように、天皇の弟である直宮は、自動車の運転を自分で行うような活発なイメージが従来同様に示されていた。これは、旧来、秩父宮が「山の宮」・「スポーツの宮」、高松宮が「海の宮」と称されたイメージを継続させるものであった。

他の皇族のイメージとして注目されるのは、東久邇宮が九月二五日に警視庁の新庁舎を見学したという記事である。当時東久邇宮は歩兵第五旅団長（陸軍少将）であったが、「背広の軽装」で見学し、その様子の写真が掲載された[17]。昭和天皇が軍服以外の姿で活動している様子が『東京日日新聞』に掲載された最後の写真は、一九三〇年六月の天城登山のものであった（前章1）。満州事変が始まっても、天皇は別として皇族のイメージには、かなりの自由があった。

この他、旧韓国皇室の一族として公族となった李鍵《り けん イ・グン》公（李堈は一九三〇年六月一二日に隠居）が、一〇月五日に広橋誠子（本名松平佳子、広橋伯爵の家に入籍）と結婚するのに伴う記事がある。李鍵公は近衛騎兵連隊付であるので、陸軍将校の正装で、誠子は薄いとき色の洋装を着てと、新聞に描写され、写真が掲載された[18]。これも、李王家を継いだ李垠《り ぎん イ・ウン》が多くの場合陸軍軍服で登場する伝統に沿ったものである。日本の軍服を着ることが、韓国（王公族）が日本に包摂されたイメージを表現することを考慮すると、天皇や宮中側近に配慮した李王職の官吏等の意向も反映したものであろう。

2　満州事変の展開と天皇の神秘化の始まり

満州事変が始まって一カ月近くになると、昭和天皇の国民へのイメージを形成する公式行事に変化がみられるようになる。その発端は、一九三一年一〇月一五日に天皇・皇后二人が帝展に行幸啓することになっていたものが、「政務多端」であるとの理由で、前日の午後七時に、天皇の行幸が取りやめられ、皇后のみの行啓となったことである。[19]これは、牧野伸顕内大臣が「憂慮」して天皇に中止を願い出て勅許を得たものであった。一〇月一〇日すぎからクーデタの噂が政界上層部や新聞社に流れ出ていたことを牧野は心配したのであろう。[20]一五日、皇后は一木喜徳郎宮相等を従え、一人で帝展に行き、二時間にわたって作品を鑑賞した。[21]

その後、一一月二日、天皇・皇后は東京科学博物館に行幸啓した。天皇はモーニングにシルクハットの「御軽装」で、皇后は「コバルトのボンネツトに同じ色の清楚な御洋装に薄茶色」のコートを着ていた。また、モーニング・シルクハットの天皇が皇后と展示を見る様子が、新聞上部中央に掲載された。[22]

これは、浜口雄幸内閣期以後、軍服（大元帥）イメージが少しずつ強まってきた天皇の写真の中では珍しく、あくまでも例外的なものであった。むしろ、一〇月一五日に天皇が帝展への行幸を中止して以降、天皇はほとんど軍関係の行事のみに軍服を来て出席するというイメージが強まっていく。

たとえば、天皇は、新たに完成した海軍技術研究所に一九三一年一〇月二一日に行幸した（海軍通常礼装、写真なし）。また、一一月一二日からの熊本県での陸軍大演習を統監するために、八日宮城を出発し、横須賀から戦艦「榛名」で一一日に佐世保に上陸、佐世保から陸路熊本に入り、一二日から三日間陸軍大演習を統監し、鹿児島に行幸し、鹿児島港から再び「榛名」で二一日に横須賀港に戻り、宮城に帰った（この間、天皇は海軍関係の場所では

図 22　「阿蘇御登山の聖上陛下（17 日四合目御展望所にて）」（『東京日日新聞』1931 年 11 月 18 日）

海軍軍服、「榛名」に向かう写真と、大演習中の野立所（天皇が大演習を統監する所）での写真がそれぞれ掲載）。一一月二七日には海軍大学校卒業式に（海軍通常礼装、写真なし）、同二八日には陸軍大学校卒業式に（陸軍通常礼装、写真なし）出席した後、参謀本部に行き、満州事変関係の軍事絵画を見て、秩父宮・閑院宮や金谷参謀総長らと昼食をとった。年が明け一九三二年になると、一月八日に代々木練兵場で陸軍恒例の観兵式があり、天皇は大元帥の陸軍様式正装で愛馬「慶賞」（白馬でない）に乗って閲兵した。[23]

この他、天皇は一九三一年一一月三日の明治節の祭典（陸軍様式正装、写真なし）、二六日の観菊会（陸軍通常礼装、写真なし、皇后と共に）、一二月二一日の閣僚との陪食会（陸軍通常礼装、写真なし）、一二月二六日の第六十通常議会閉院式（陸軍様式正装、鹵簿の写真）、一九三二年一月五日の宮中の新年宴（陸軍様式正装、写真なし）など、[24] 軍関係以外の行事でも、満州事変までの慣例に従い、陸軍軍服を着て出席した。

注目すべきは、一九三一年一〇月三〇日、東京高等師範学校創立六十周年記念式への行幸や（陸軍軍服、写真あり）、一一月一七日の阿蘇山登山（山上測候所までは陸軍軍服、その後に登山服に着替えて溶岩の上を登る、四合目付近の展望所で陸軍軍服姿の写真。図22）などである。[25] 従来ならモーニング・シルクハットや登山服の写真が載るのが普通である場合にも、陸軍軍服の姿で、しかも遠くから撮影した写真となった。満州事変という準戦時下で、ジャーナリズム上で天皇の大元帥としてのイメージが強められていった。また、天皇の記事は比較的多いが写真が掲載されることは少なく、天皇の国民への露出度はさらに低下したといえる。

もう一つ注目すべきは、満州事変に伴い天皇が戦地の将兵を励まし、常に戦地に関心を持っているとの報道が登場するようになったことである。一〇月下旬には天皇は侍従武官を満州に派遣し各部隊に聖旨を伝達させたことが報道され（ただし小さい記事）、三二年一月八日には関東軍将兵に、事変は「自衛の必要上」のものであり、警備の任を全うしたことを「朕深く其忠烈を嘉す」、将兵は益々堅忍自重して「東洋平和の基礎を確立」するように等の勅語（第Ⅰ部第七章1）を下賜したことが、九日に比較的大きく掲載された（七面右上部）。同年一月一九日には、事変に伴い満州に追加派遣された警官六〇〇名に天皇は皇后と共に真綿を下賜したことが、二月五日には、天皇・皇后が、東京日日新聞社が撮影した上海・満州の戦いのフィルムを見たことが報じられた(26)。

こうして、一九二〇年代から始まった裕仁（皇太子から天皇）の「平民」化・「健康」イメージを形成していく路線は終わりを告げた。もっとも、天皇の国民への露出度を著しく低下させることは、生身の人間の形での「健康」イメージを不可能にするが、神秘性によって、一般国民に強健であるとのイメージを形成することを目指すことができる。しかし、それには天皇の行動と報道への十分な管理が必要となる。それらの管理に失敗し、天皇や宮中側近によるこのようなイメージ形成の努力に大きな打撃を与えたと思われるものが、一九三一年秋の「〔陸軍〕大演習行幸のお取止め」問題の記事である。

『東京日日新聞』によると、一木喜徳郎宮相・牧野伸顕内大臣・鈴木貫太郎侍従長ら宮中側近らは、天皇は大演習統監のため一一月八日に宮城を出て熊本県下に向かうことになっているが、一一月一六日には国際連盟理事会が再開され、満州問題が論議され緊急の対応が必要なこともあるので、行幸を取り止めることを、木下道雄宮内省総務課長を使い一〇月二九日に川崎卓吉内閣書記官長に伝えた。しかし、天皇が病気でもないのに特別大演習の統監のための行幸を取り止めるのは前例のない重大問題であるので、若槻礼次郎内閣側は陸軍側の意見を聞き、三〇日の定例閣議で政府の方針を決定し、さらに牧野内大臣と協議を行って、何らかの奏請をするものと見られた。また、万一行幸が取止めになる場合も大演習は予定通りに挙行され、勅命によって、秩父宮もしくは閑院宮《かんいんのみや》元帥が統監するとみられているとも報じられた[27]。

若槻首相は三〇日の閣議に先立ち、安達謙蔵内相・南次郎陸相・幣原喜重郎外相を招いて、宮内省側の意向を伝え、意見を聴取したが、この問題は閣議の話題にならなかった。南陸相は、大演習の行幸取止めの件は直接自分の関係でないからと、金谷範三参謀総長にその旨を伝え、対応を協議した。この結果、参謀本部は、第一次世界大戦やシベリア出兵の戦時下でも大演習への行幸は実施し、天皇の病気以外の理由での取止めは先例にないことであり、陸軍の士気が落ちる恐れがあること、「対外的にも帝国の悠々たる態度を示威する意味合」においても取止めの奏請には同意できないと、南陸相に回答した。三〇日夜、南はそれを若槻首相に答えた。三一日、陸軍側の希望を含めた政府の意向が、宮内省に伝えられ、同日、木下宮内省総務課長は、熊本その他の関係各県に、「新聞紙上聖上陛下の行幸につき種々伝へられつゝあるも、御予定通り行幸あらせられるにつき念のため通知す」と電報で通告し[28]、行幸取止め問題は決着した。

河井弥八皇后大夫兼侍従次長は、一〇月三〇日の日記で、宮内省から行幸取止めの話が出たことを否定している[29]。しかし、新聞報道でみる限り、河井はこの問題に直接関与しておらず、日記での否定も「事実無根にして甚しき恨事なり。側近には斯かる順序顚倒のことを考ふる者なし」と、推測の域を出ていない。

河井の推定と異なり、三〇日付の奈良武次侍従武官長（陸軍大将）の日記は、次のように、行幸取止めの話は婉曲な形ではあるが、宮内省から内閣に持ち出したことを一木宮相自らの弁明の形で証言している。

宮内大臣より前日宮内省より内閣に向ひ大演習行幸御取止めを願ふ様なことありやと質問したるに、参謀本部は驚愕し居る云々の話しあり、暗に弁明を希望する様なりしも直ちには応ぜざりし[30]。

また、宮中関係問題への厳しい検閲の常識から考えても、陸軍大演習への天皇の行幸取止めというような重要な問題の記事が、宮内省がまったく持ち出していないにもかかわらず、三日間も新聞紙上で話題になることは考えられない。

すでに述べたように、新聞紙上では行幸中止を考えたのは、一木宮相・牧野内大臣・鈴木侍従長らの宮中側近ということになっている。しかし、宮中側近が、このような決定を天皇の意向をまったく考慮せずに独自の判断で行うとは、本書の第Ⅰ部で述べてきた、この時期の昭和天皇と宮中側近の関係から判断して考えられない。

満州事変に関し、国際連盟（とりわけ、中心となる列強）との関係を最も深く思い悩んでいたのは昭和天皇である。それをよく示すものは、行幸中止問題の起きる直前の一九三一年一〇月二七日に、奈良侍従武官長が、牧野内大臣から、経済封鎖を受けた時の覚悟、もし列強を相手に開戦したときの覚悟、その準備などについて、天皇が陸・海相に問わせたいと考えていることを聞いたことである[31]。また、一〇月二〇日に河井皇后宮大夫兼侍従次長は、皇后から内親王教育に関連して、「〔内親王は〕聖上の御精神御状態より、宮城外の御住居を不可と」の話を聞いている[32]。このように天皇は、満州事変や一〇月事件などの種々のストレスの中で、精神的にも不安定になっていた。

すなわち、陸軍大演習のための行幸を取り止める件は、天皇の意向を察した、牧野内大臣・一木宮相・鈴木侍従長という宮中側近の実力者のみで話し合い、彼らの責任で、内閣に意向を打診したのであろう。したがって、この問題は天皇の意向の反映として生じたものといえ、すでに述べた、張作霖爆殺事件の処理（第Ⅰ部第三章3）やロンドン海軍軍縮条約の回訓（第Ⅰ部第四章2(2)）、林銑十郎朝鮮軍司令官の独断越境問題の処理（第Ⅰ部第六章1(3)）と類似している。今回は政治的には直接重大な結果をもたらさなかったが、牧野ら宮中側近の助言の下で、天皇は自らの意志を発露し、困難の中でも堂々としているという自らのイメージ形成することに関して、かなりの失策をしたのである。

さらに、天皇は事変によって生活を大きく変化させているとの報道も、引き続きなされた。一九三一年一〇月二六日には、天皇は満州事変およびそれに関する国際連盟理事会の重要事項等の奏上によって多忙で、昼食を始めるのも午後一時近くになったり、運動も最近はほとんど見合せたりして、軍務・政務に励んでいると報じられた。一二月二八日には、「時局を御軫念《しんねん》遊ばされ、聖上陛下御避寒御取止め」等と、夕刊の一面右上部に、かなり目立つ形で掲載された(33)。これは天皇が関東軍による錦州攻撃が対外的に与える影響について、深く心配していたからであると思われる。

天皇は、翌一九三二年一月一五日の御講書始の儀は予定通り行ったが、二月八日には、天皇が「重大な時局について深く御軫念」しており、参謀総長・軍令部長や首相等の参内も多く、運動はもとより、生物学研究も見合せることがしばしばあると報じられた。また、同一八日には、天皇が上海事変と国際連盟理事会の成行について心配し、一八日午後二時に予定されていた芳沢謙吉外相の「仏国の近状と国際関係」の進講を延期して政務にあたるよう、同日午前十時に通知されたことも掲載された(35)。

以上のような天皇の態度は、自らの快楽を削り、軍務・政務に精励する昭和天皇というイメージを形成することに機能したと思われる。しかし、すでに第I部で述べたように、軍部や国粋主義者や保守主義者の中枢には、昭和天皇が牧野内大臣ら宮中側近に影響され軍部の意向や伝統への理解が不充分で、しかも細かいことも気になる性格であると、天皇への不信を有している者も少なくない。彼らは以上に述べた天皇の言動に、昭和天皇は物事に動じない明治天皇と異なり、精神的に頼りない天皇であると思ったことであろう。その意味で、浜口内閣以来の昭和天皇や宮中側近たちによる、軍部の統制のための天皇のイメージ形成は、天皇の言動が不適切であったり、報道管制が中途半端で、必ずしも成功していないと思われる。

皇后良子は、引き続き国母として天皇を補完するイメージで報じられた。たとえば、一九三一年一一月二六日の新宿御苑の観菊会に天皇と共に行幸啓したと報じられる(36)など、従来と同様に文化的行事に天皇と参加した。しかし、満州事変以来、天皇が文化的行事に参加することが急減したので、その機会はほとんどなかった。その代わりに、一二月一日に、皇后が北満州に出動し負傷した将兵に対し、自ら制作した包帯を再度まで下賜したことや、北満州の将兵や警察官に真綿を下賜することが報じられ、翌三二年二月四日にも包帯を下賜することが掲載された。また皇后は、事変下ということで、三二年三月六日の地久節（皇后の誕生日、二九歳になる）の催しを行わないことにする等、[37] 昭和天皇の節制イメージと調和した行動を取った。この他、従来と同様に、一一月二〇日女子学習院に行啓したり、一二月一〇日歳末診療に一万円下賜したり[38]などして、女性や国民との接点で天皇を補った。

秩父宮（陸軍大尉）については、事変下で主に軍事と関連したイメージで報道された。また澄宮（後の三笠宮）が、学習院中等科四年を終了して一九三二年四月一日から陸軍士官学校に入学したので、秩父宮・高松宮・澄宮の直宮三人が全体として軍事的イメージで報じられるようになる。すなわち、秩父宮は一九三一年一〇月二八日に陸軍大学校参謀演習で馬が崖下に転落したが難を逃れたこと、一一月二〇日に千葉市の陸軍歩兵学校を巡覧したこと（写真なし）、陸軍大学校を優秀な成績で卒業し一一月三〇日に麻布第三連隊に入隊し、第六中隊長に命ぜられたこと等が報じられた（軍服の写真）。また、一二月一〇日には、秩父宮・高松宮はじめ各宮家が満州出征の軍人軍属に、裏菊紋付の巻煙草一箱ずつ、菓子一折ずつを下賜することが報道された。同月一七日、一九日にも、第三連隊の満州派遣、兵士の別離の宴や軍旗祭と関連させ、秩父宮の軍服姿の写真や動向が報じられた。この他、秩父宮は一二月二二日に東京衛戍刑務所（陸軍の刑務所）を視察している。[39]

高松宮（海軍大尉）は、一九三一年一一月二〇日に東京市街の豊島師範学校を、二八日に、同妃と共に服部時計工場を巡覧したと報じられた（服装不明、写真なし）。澄宮は一九三二年四月一日に陸軍士官学校に入学し、同日の夕刊に軍服を着た写真が二面右上部に掲載された。[40]

他の皇族による皇族のイメージに関し最も重要なのは、一九三一年一二月二三日に参謀総長に就任した閑院宮《かんいんのみや》載仁《ことひと》親王（元帥）と、一九三二年二月二日に軍令部長になった伏見宮博恭《ふしみのみやひろやす》王（大将）である。三二年一月三〇日には、『東京日日新聞』の九面（ラジオ欄）の上部中央に、三〇日午後に神宮外苑競技場で、閑院宮が参謀総長に就任したことを記念する国民感謝大会が開催され、ラジオ中継もなされると報じられ、軍服姿の伏見宮の写真も掲載された。また、二月三日には軍令部長に就任した伏見宮の軍服の写真が載せられ、朝六時起床から夜九時半就寝までの日常生活が紹介された[41]。その他、一九三二年二月、大磯町で墜落し重傷を負った陸軍戦闘機のパイロットを、同町の別邸にいた梨本宮守正王《なしもとのみやもりまさ》（陸軍大将、軍事参議官）と同妃伊都子《いつこ》が介抱したとの記事が、王と同妃の顔写真入りで掲載された（ただし、七面左上部でそれほど大きくない[42]）。また、一九三一年一二月二九日、李王妃方子《まさこ》《パンジャ》が男子を出産し（一九二一年八月に李晋が誕生したが翌年五月死去し、それ以来の男子）、同月の号外記事の中で、梨本宮（陸軍軍服姿、方子の父）・同妃・李王（陸軍少佐の軍服姿）の三人が並んだ写真が二面上部右半分にかなり大きく載った[43]。従来から軍服姿で登場する李王垠《ぎん》《ウン》を含め、皇族・王公族も事変下に軍服姿で報道されることが増えたといえる。

このような中で、一九三二年一月一五日、朝香宮鳩彦《あさかのみややすひこ》（陸軍少将）・同妃允子《のぶこ》と若宮の孚彦《たかひこ》の三人が、松坂屋で行われているハンガリー展を背広で（妃は洋装）巡覧している写真が新聞に掲載されたの[44]は、むしろ異例のことである。同年三月八日、東久邇宮《ひがしくにのみや》（歩兵第五旅団長、陸軍少将）は、歌舞伎座で上演の「肉弾三勇士」を、宮の身分を明かさない非公式な形で観劇した。その際の宮の服装は、灰色の背広と報じられ、写真は掲載されなかった[45]。朝香宮一行の背広姿の写真が『東京日日新聞』に掲載されたのは、ハンガリー展が同社主催であったからで、小さな文化行事に背広を着て軽い気持ちで行く朝香宮側との感覚のギャップが生じたのであろう。

事変下で、天皇や皇族の報道記事はイメージ形成を意識して、軍服に代表されるような戦時色的に変わっていった。これに対し、彼らの子供の記事には変化がなく、国民に親しまれるイメージを、従来同様に形成しようとの意図がみえる。すなわち、一九三一年一〇月三一日には、照宮成子内親王が来春小学校（女子学習院）に入学すること、その養育方針を宮内省で協議した結果、宮城内本丸に新御殿を造営し、そこから通学することになったこと、従来は皇子の養育は「徳望高き方」に依頼するか、又は宮城外の御殿で養育したが、今回から新例を開き天皇・皇后のいる宮城内で養育するようになった等が報じられた[46]。一一月四日には照宮・孝宮両内親王が三人の女官と共に上野動物園へ行ったことが、洋服を着た両内親王の動物園での写真と共に掲載された[47]。

一九三二年一月一日には、前年三月七日に誕生した順宮の大きな写真（宮内省貸下げ）と共に、三内親王の様子が報じられ、二月二七日には、葉山御用邸に避寒中であった照宮・孝宮が一カ月半ぶりにもどってきたことが、東京駅で下車する写真つきで記事になった。三月四日には、照宮が四月から女子学習院初等科に入学することが再び言及され、かつて、朝香宮妃・東久邇宮妃・北白川宮妃・竹田宮大妃が内親王であった時は、学習院に入学せず、麻布御殿の御学問所で勉強したので、学習院への入学は今回が初めてであることなどが、照宮の写真を付けて報じられた。四月八日には照宮の洋装で登校しようとする姿の写真と共に、女子学習院初等科の入学式当日の様子が掲載された[48]。

3　天皇神秘化への努力と不毛な成果

満州事変が起きてから七カ月、すでに前月に満州国も建国されて一段落した一九三二年四月下旬は、昭和天皇や宮中側近らの天皇のイメージ形成にとって大きな転換点であった。

それは第一に、四月二四日に宮城二重橋前で開かれた軍人勅諭下賜五十年記念式典で昭和天皇が、白馬「白雪」に乗って登場したことである。その写真は新聞にも掲載された[49]（図23）。昭和天皇は一九三一年一二月段階で、「初緑」・「吹雪」（白毛）・「千本松」・「白雪」（白毛）・「香薫」の五頭の馬を愛用しており、すでに述べたように、陸軍の観兵式などの重要行事においても、意図的に白い馬で登場することはなかった[50]。ところが、一九三二年四月二四日の軍人勅諭記念の式典以降、四月二九日の天長節陸軍観兵式（於代々木練兵場、新聞に「白雪」に乗る天皇の写真）、一一月三日の明治節（明治天皇の誕生日）を前にして一日に公開された「聖上陛下御近影」（一〇月に吹上御苑

図23 「祝典の盛観（御乗馬「白雪」に召される大元帥陛下）」（『東京日日新聞』1932年4月25日）

において撮影された軍服を着て「白雪」に乗る天皇）、陸軍大演習第一日目の一一月一一日の記事（天皇が「白雪」に乗って巡閲している写真）、一四日の大演習観兵式（於大阪城東練兵場、天皇が「白雪」に乗って雨中に閲兵する写真）、三三年一月八日の陸軍始観兵式（於代々木練兵場、天皇が「白雪」に乗り閲兵する写真）など、(51) 陸軍関係の重要なすべての行事に天皇は白い馬（「白雪」）に乗って登場し、それが写真付で新聞に報道されるようになった。これは天皇や宮中側近が白い馬に乗る天皇として天皇を際立たせ神秘的に見せようとする演出を始め、ジャーナリズムもそれに共鳴して報道するようになったことを意味する。従来から一般にいわれている太平洋戦争の敗戦まで、昭和天皇は「常に白い馬に乗って」大元帥としての神秘的なイメージを創成していた等の俗説は、この時に始まる事実を、一般化させたものである。

昭和天皇を白によって神秘化しようという意図と関連し、天皇が夏に氷柱はもとより扇風機もない部屋で「清楚な白い海軍の制服」を着て仕事をする等という報道もなされた。(52) 明治天皇以来、天皇は海軍関係の行事に関わるのでないなら、軍服を着る場合夏でも陸軍軍服を着るのが慣行となっているので、日常において、海軍の夏用の白い軍服を着るのは、新しいイメージ形成の試みを反映したものといえよう。

もっとも、この行動は海軍からは好意的にみられる反面、陸軍からは多少の不快感をもって受けとめられる可能性がある。海軍の夏用の白い軍服を着た天皇の写真が新聞に掲載されなかったのもその辺を配慮したのであろう。海軍関係の行事でなくとも白い軍服を着るという天皇の行動は、満州事変以降とりわけ陸軍に対し、内閣や天皇の統制が弱まっている問題の解決にどれほど機能したかは疑問といえる。

第二に、昭和天皇の右のようなイメージ転換に、徳富蘇峰が積極的に応じる形で昭和天皇と明治天皇を結びつけ、神秘化する評論を発表したことが注目される。

四月二九日の天長節の日の夕刊に、蘇峰は「天長節に際して」（「日日だより」）という評論の中で、「今上天皇は、遠くは神武天皇、近くは明治天皇の遺猷に則り玉ひ」、「万機御親裁」をしている等と論じた。(53) これは、新しい傾向である。同日の『東京日日新聞』の社説は、昭和天皇は、「明治天皇、大正天皇の御善政を十二分に継がせられて、わが皇室の尊厳をいやが上にも高めさせられ」、「さらに時代の進運に副ひ、なほまた新時代を指導創造あらせられる種々の聖徳を積ませられる」等と、従来の建前に則り、大正天皇も明治天皇に対等に近い形で論じている。(54) その後、蘇峰は、七月二九日の「明治天皇御二十年祭記念講演」（当日夕方、東京〔ＪＯＡＫ〕でラジオ放送）で、明治天皇は歴代の天皇の中でも最も特別なる位置を占め、天性の才能が特別であり、輔弼にあたる名臣にもめぐまれたこと、明治天皇は「容易に決断し給はなかつたが、一度決し給うたことは、如何なる場合でも動き給はなかつた」等(55)と、明治天皇の才能や意志の強さを理想化して論じた。

しかし、これら昭和天皇の新しいイメージを形成しようとする努力は、満州事変直後と同様に充分に成功しなかったようである。その一つの例として、一九三二年夏の天皇の避暑問題がある。この問題も前年の天皇の陸軍大演習の行幸取止め問題と同じで、天皇と宮中側近が関係している。その発端は六月中旬に新聞に天皇・皇后が避暑を行わないとの記事が出たことである。関屋貞三郎宮内次官は河井弥八皇后宮大夫兼侍従次長にこの記事の出所を問い合せた。その頃、鈴木貫太郎侍従長は、「宮廷を軍隊、国民より離隔するの計画実行せられんことの証左挙れり」と、国粋主義者の宮中側近批判に端を発した天皇・宮中側近と軍部や国民との遊離を警戒していた。(56)

このような中で六月二九日、一木喜徳郎宮相・関屋次官・鈴木侍従長・河井皇后宮大夫兼侍従次長が会合し、天皇・皇后が夏の避暑を行うかどうか検討した。その結論は、㈠内外の状勢から判断し、今夏に限り避暑を中止すれば、天皇が自ら国民を率いる実を示すのに最も有効であること、㈡しかし、昨秋以来多難の時局の中で、天皇が心身の慰安がないのは心配すべきことであるので、七月下旬の国務の状況によって、時期を短くして臨機に避暑をお勧めするのがよく、㈢その場合、政府よりも申し出があるのがよく、㈣避暑については両陛下が同行動を取り、場所はその時に決めること等であった。そしてこのことは、七月一日に、一木宮相から天皇に奏上、河井皇后宮大夫から皇后に言上され、二日の侍従会議でも確認された[57]。

すでに述べたように、摂政（皇太子）裕仁は良子と結婚後の夏、一九二四年八月上旬に猪苗代湖畔の翁島御用邸で、二人で馬車に乗ったり、スポーツを楽しみ、その写真つきの記事が報じられた（第II部第一章3（1）①）。それ以来、二人が夏に避暑をすることは当然のようなイメージとなっていた。ところが、明治天皇は、いかなる厳寒酷暑の際であっても、「国家のための御仕事」を休むことはなく、侍医などが健康を心配して避暑や避寒を勧めても決して実行しなかった（有馬良橘《りょうきつ》海軍大将〔元侍従武官〕談、元掌侍の藪嘉根子談）など[58]、政務熱心で質素で避暑や避寒をしたことがないとのイメージが一九二〇年代後半には広まっていた。このイメージは、一四〇万部という、当時としては記録的な発行部数の『明治大帝』（『キング』一九二七年一一月号付録）などによって一般に普及した。また、元侍従武官の上田兵吉少将が秘密の談話の中で、明治天皇は在世中唯の一回も避暑・避寒をしなかったと証言しているように[59]、これは権力中枢にも広く受けとられている事実であった。しかし、明治天皇は二〇歳の夏である一八七三年八月に、皇后と共にほぼ一カ月の間、箱根宮ノ下に避暑の行幸をしているように、避暑をしたこともあったが[60]、その後行うことがなかったので、このような強いイメージが残ったのであった。一九二〇年代後半にかけて明治天皇を理想化する潮流が強まっていく中で、満州事変が起きたので、準戦時下ということも考慮し、宮中側近たちは天皇の避暑の中止か短縮を決めたのである。

このことは、一九三二年七月一三日発行の夕刊一面上部右に、例年天皇・皇后は七月中旬頃から葉山御用邸に、続いて那須御用邸に避暑に行くが、今夏は内外の政務多端ということで、「御避暑お取止」と、かなり目立つ形で記事が出た[61]。これは、六月二九日の一木宮相・鈴木侍従長らの結論と異なり、避暑を短くして実施するニュアンスはなかった。ところが、その夏は七月一九日から末まで「頗暑」い日が続いた[62]。

そこで、七月二六日、鈴木侍従長は近来の酷暑は天皇・皇后の健康に有害であるので、短期間でも避暑を行うことを天皇にお願いし直裁を得たいと河井皇后宮大夫に相談した。すでに、伏見宮や斎藤実首相からも鈴木に同様の申し出があった。河井は、皇后関係の部門の最高責任者である皇后宮大夫の立場からも賛成した。その日のうちに、一木宮相から天皇・皇后が避暑に行くことについて、天皇の允許（許可）を得たようである。同日午後に葉山に行った河井に、鈴木からその予定は八月一日から一四日まで那須に行幸啓することになったと電話で連絡があった[63]。

天皇・皇后が避暑を行うとの報道は、一九三二年七月二八日の朝刊二面右上部に、避暑中止の報道に比べて、やや小さく掲載された。その趣旨は、㈠天皇・皇后は内外の政務多端であるので今夏は避暑を取り止める「御模様」であった、㈡しかし、連日酷暑の東京で過ごすことは両陛下の健康によくないので、一木宮相は、七月二四日に元老西園寺公望とも相談し、そのことを天皇に進言して「漸く御允許」を得た、㈢両陛下は八月一日から二週間、那須御用邸に避暑することに決定した等である[64]。

こうして、昭和天皇のイメージアップのために避暑を中止するか、短くするという一木宮相ら宮中側近が画策した路線は、天皇が避暑を中止するという形で報道され、わずか半月後に酷暑が続くので避暑に行くと公表されることになった。このため、張作霖爆殺問題の処理をめぐる田中内閣の総辞職以来軍部や国粋主義者・保守主義者等の間に生じた、昭和天皇は意志が弱いので、牧野内大臣ら宮中側近に影響されるとのイメージが（第Ⅰ部第三〜第七章）、彼らに定着してゆくとともに、天皇の「意志の弱さ」を弱い形ではあれ、国民のさらに幅広い層に印象づけるようになった。その意味で、避暑中止という問題は、前節で述べた、前年秋の陸軍大演習の行幸中止問題と同様に、天皇や宮中側近の当初の意図とは異なり、昭和天皇の権威を傷つけていったといえよう。

皮肉なことに、昭和天皇が避暑に行くことが報道された翌日、すでに述べた、「明治天皇御二十年祭記念講演」

で、徳富蘇峰は、明治天皇は簡単には決断しなかったが、一度決断したらどんな場合でも動かなかったと、明治天皇の意志の強さを称え、それは大きく報じられた。こうして、昭和天皇が白い馬（「白雪」）に乗って登場する等、天皇・宮中側近らが試みた、天皇に神秘的イメージを増し、軍部等への統制を回復しようとする努力は、実を結ばなかった。

なお、この時期は皇后・直宮・皇族などのイメージには大きな変化が生じていない。前節と同様に引き続き、宮中側近や彼らは、天皇を神秘的な大元帥として際立たせようとする一方で、天皇に比べ国民に親しまれるイメージを提示しようとしていた。

おわりに

本章では、昭和天皇や宮中側近は天皇の軍部への統制を回復するため、満州事変後まもなく、天皇を神秘的な大元帥で、軍務や政務に精励し、国家を統率しているイメージを形成しようとした。他の皇族についても、宮中側近や皇族は天皇に準じた変化を生じさせようとした。こうして、一九二一年からの天皇・皇太子・皇族に「平民」化・「健康」イメージを形成していこうとする路線は終了した。天皇を大元帥として神秘化していく試みは、一九三二年四月下旬からの常に白い馬に乗り登場するイメージの提示でさらに強まる。しかし、一九三一年秋の陸軍大演習行幸中止問題、満州事変の先行きを思い悩み動揺している姿が、断片的であるが報道されたこと、一九三二年夏の避暑中止問題などで、その試みは必ずしも成功しなかった。

このため、軍部や国粋主義者・保守主義者などで中枢にいる者は、宮中側近に影響され続ける昭和天皇に不信を持ち続け、一般国民は建前としての神格化された天皇像と、明治天皇に比べると少し頼りない天皇像という矛盾するイメージを混在させた。こうして昭和天皇のイメージの面で、軍部が昭和天皇や宮中側近らの意向を尊重せず昭和天皇らの意図を越え、現状追随させる形で、中国戦線を拡大し、三国同盟から太平洋戦争へと進んで行く構図が形成されたのであった。

結　論

これまでの近代日本の君主制（天皇制）研究は、大日本帝国憲法の条文解釈や天皇の政治関与の限られた事例から、日本の近代天皇はイギリスに類似した立憲君主ではなく、専制君主であるとの結論を導き出すのが有力な潮流であった。また一方で、前者の潮流への反発から、近代天皇はイギリスと同様の立憲君主であり、日常は政治関与をせず、臣下の決定を自動的に裁可（許可）し、臣下の意見が二つに分かれ意思決定ができない時のみ政治関与したと理解する潮流も残っている。

日本の天皇を専制君主とする前者の立場の研究者は、とりわけ昭和天皇の動向に関する近年の史料状況がよくなったことを利用し、昭和天皇の政治関与の事例を発掘することで、日本の近代天皇は専制君主であったことを証明しようとしてきた。しかし、それらの研究はいずれも憲法の条文解釈からの天皇の権力や動向を類推し、その枠の中に断片的な政治関与の事例をあてはめようとする傾向が強い。それらの研究は、政治過程の分析を踏まえ、天皇の意思がどの程度政策や人事に反映したかや、憲法や他の法令の運用慣行とその変化にまで立ち入って、天皇の行動が慣行の枠内の事実上判断を伴わないものなのか、慣行の枠を超えた自覚的なものなのか、十分な考察をしていない。同様の意味で、それらの研究は明治天皇期の慣行形成とその展開を踏まえ、明治・大正・昭和の三天皇が、それぞれどのような個性を発揮して憲法や法令の運用に関わったかも本格的に考察していない。

さらに、ヴィクトリア女王からジョージ六世までの近代のイギリスの君主が、「君臨すれども統治せず」という建前とは別に、種々の政治関与を行ってきたことすら理解せずに、日本の近代天皇が政治関与を行った事実を挙げて、イギリスの君主（国王）と日本の君主（天皇）のあり方は大きく異なっていたと論を立てる傾向すらある。

本書の第I部では、以上の問題点を克服して、日本の近代君主と君主制の実態を政治や制度の面から明らかにした。まず、原敬内閣期までは、筆者の既存の研究を基礎に、本書の導入部として近代日本の立憲君主制の形成を考察した。それに続けて、一九二一年一一月の高橋是清内閣の成立から一九三二年五月の五・一五事件による政党政治を前提とした立憲君主制の崩壊までを、本論として、国内外の状況の変化の中での、昭和天皇の動向と立憲君主制（政党政治）の崩壊過程を検討した。また第II部では、近代日本の君主権力や君主制を支えるため、天皇・皇族や牧野伸顕内大臣（前宮内大臣）ら宮中側近、政府が、どのようなイメージを国民に伝えようとしたのか、また国民はどのようなイメージで天皇・皇族をとらえたのかを考察した。その分析対象とする時期は、第一次世界大戦中にジャーナリズムが発達し、イメージコントロールが必要となり、宮内省や政府が国民に親しまれる天皇・皇族イメージを形成しようと積極的に乗り出す時期から、その戦略が終了するまでとした。それは第I部の本論の時期とほぼ重なる。それらの主な論点は、以下の四つである。

第一に、睦仁（明治天皇）・嘉仁（大正天皇）・裕仁（昭和天皇）の個性や時代状況に影響されながら、一九二〇年代後半までに、日本は立憲国家を確立し、政党政治を形成し、イギリスより一歩遅れながらも、イギリスと類似した立憲君主制を発達させていったことである。明治期において、右に大きく貢献したのは、伊藤博文と明治天皇であった。伊藤は行政権・君主権・議会の権限の三つの緊張関係の下で国家が発展するというシュタインの教えを受け、大日本帝国憲法制定の中心となるとともに、一九世紀の欧州の憲法の傾向と同様に、君主権の制約を目指した。これは、一四歳で即位した明治天皇が、まもなく明治維新の大活劇に巻き込まれながら、二〇年近く政治関与を抑制してきた日本の現実にも合致していた。また、伊藤は初期議会以降の政党勢力の台頭に対応して、事実上の憲法停止の危機を避けるために、しだいに政党（議会）に権限を委譲していった。伊藤による一九〇〇年の立憲政友会の創立は、伊藤が当初のドイツモデルからイギリスモデルへの転換をしていく大きな画期であった。

一方、明治天皇は第一議会が始まる一八九〇年頃には三八歳となり、明治維新以降種々の政争や事件を見聞することを通し、政治のバランス感覚と、近代化・西欧化は必至で日本の発展のためには必要なものであるとの自覚を身につけていった。天皇は伊藤博文を最も信頼した。天皇は、一八八四年の甲申事変の際に初めて本格的な調停的政治関与をして以来、一八九〇年代以降の藩閥内の伊藤ら改革派と山県有朋ら保守派の対立、および彼らのグループと民党系政党の対立に際しては、伊藤の立場を支持しつつも、三者の間で微妙なバランスを取り、調停者としての役割を果たした。

この明治天皇の行動は、アイルランド問題など国論を二分する深刻な問題において、調停者としての役割を果たして立憲君主制を発達させたイギリスのジョージ五世（在位一九一〇～三六年）にも類似しているといえる。もっとも一七世紀の二つの革命を経て、二〇〇年かけて政党や議会を発達させ立憲君主制を形成していったイギリスに対し、日本は議会政治の発展途上国であった。日本はその遅れを克服すべく、一八九〇年以降、急速に議会政治を発達させ、当時のイギリスを二〇年ほど後から追いかける形で、イギリスに類似した立憲君主制を一九二〇年代後半にかけて定着させていった。

なお、日露戦争の勝利の後に権威を増した明治天皇が、政治関与を抑制し、伊藤とともに、イギリス風の立憲君主制を発展させる方向をさらに促進したのは、天皇や元老が老境に入ったにもかかわらず、二〇歳代の後半になった皇太子嘉仁親王が心身ともに弱いことが大きく影響していたと思われる。伊藤と明治天皇の二人は明治国家の将来を危ぶみ、これを永続させるため、天皇や元老が政治に関与しなくてもよい制度を作ることを考えたのであった。一九一二年七月に明治天皇が死去し、皇太子であった大正天皇が即位すると、心身ともに弱い大正天皇は事実上政治関与できなかった。この偶然も加わり、ジャーナリズムのイギリス風の立憲君主制（政党内閣）を求める声を背景とし、大隈重信や原敬らの政治力のおかげで、政党の力が伸びていった。

こうして最初の本格的政党内閣である原敬内閣が一九一八年に成立した。原首相は、とりわけ宮中某重大事件で山県や山県系官僚閥が大打撃を受けた一九二一年二月以降、個人的な政治力を使い府中の政治のみならず、宮中や陸軍にすら影響力を及ぼし、日本にイギリス風の立憲君主制が形成されることを促進した。原首相は一九二一年一一月に暗殺されるが、この不幸な事件がなかったら、原は、個人的力量でより確実にした立憲君主制の慣行を、憲法以外の法令でさらに定着させたことであろう。また、いずれ元老又は内大臣となり、昭和初期の立憲君主制の危機に際し、若い昭和天皇を支え、天皇がより適切な判断ができるように助言し、立憲君主制の崩壊が起きなかった可能性もある。

近代日本の立憲君主制の形成に関連して留意すべきは、明治・大正両天皇ともに首相の人事は元老の助言に従い、閣僚の人事は首相の助言に従い、自ら積極的に人事に介入しなかったことである。明治天皇の場合、後継首相をめぐって元老間の意見がまとまらない場合、調停的に介入することはあった。また、初期の頃は閣僚人事への関与もあり、陸奥宗光は明治天皇の拒否で一年ほど外相になれなかった（一八九一年から九二年）。しかし、これらは例外であった。陸奥の入閣拒否も、イギリスのヴィクトリア女王が一八八〇年に第二次グラッドストン内閣にディルクが入閣することを拒否し、ディルクの入閣が三年近く遅れたことよりも短い期間である。

また天皇が勅選することになっている枢密顧問官や貴族院勅選議員も、元老山県有朋が死去する一九二二年二月までは、その実質的人事権は、有力元老や首相が有していた。とりわけ最有力元老の山県は、最有力元老であった伊藤博文が日露戦争後に韓国統監となって宮中への影響力を弱めて以降、これらの実質的人事権を主に掌握していったようである。また爵位や上級の位階・勲章などの栄典の天皇への推薦も同様であった。これらは、原内閣末期になると首相の実質的決定権がかなり強くなるが、枢密顧問官に関しては引き続き元老山県（山県の死後は旧山県系官僚の清浦奎吾枢密院議長）が天皇への推薦の実権を握った。

しかし、枢密顧問官の天皇への推薦の権限も、一九二〇年代半ばの加藤高明内閣以降、枢密院議長と首相が対等になるまでに枢密院議長の権限が後退した。これは、ジャーナリズム等にみられる世論の政党内閣への期待と枢密院批判の強まりを背景としていた。また、枢密顧問官は高齢であり、死去による欠員を毎年補充しないと欠員が増加することや、政党政治の時代になり、有力な政治家はほとんど政党関係者となってしまったという、枢密院側の弱みもあった。浜口雄幸内閣期に、ロンドン海軍軍縮条約批准で内閣と枢密院が対立したため、その後、同じ民政党の第二次若槻礼次郎内閣期まで顧問官の補充が行われなかった。こうして、顧問官の欠員は六名という前例にない数となった。この中で枢密院側は、内閣側に対し弱気になった。そして一九三一年三月には、政党関係者であっても、顧問官になった後に「政略的」に動かない人物ならかまわないというまでに宥和的になった。このように、枢密院は政党内閣を背景とした首相に対し、しだいに自立性を減退させていった。

また、まとまった数の陸軍将兵の海外派兵に関しても、一九〇〇年の北清事変の前までは首相（内閣）主導であり、北清事変以降は、内閣と参謀本部の合意によるものとなるが、いずれにしても首相（内閣）の承認がなければ、天皇の允裁（許可）は出ない慣行が形成されていった。これは、海外出兵という天皇の統帥権を参謀部局のみが担当するのでなく、首相（内閣）も関与できることを示している。また同時に、既存の慣行にもとづく手続きで出兵要請が行われたら、天皇は原則として裁可せざるを得なくなることも意味している。

本書では第二に、一九三一年の満州事変から一九三二年の犬養毅内閣の倒閣に至るなかで、日本の立憲君主制（政党政治）が崩壊していった重要な要因の一つは、厳しい時代に直面した中での、とりわけ陸海軍に対する、昭和天皇の揺れる政治指導にあったことを明らかにした。明治天皇は、一八八五年前後から巧妙な調停を行う政治関与を始め、一八九〇年代には藩閥官僚や政党側のいずれにも「公平」に裁決する君主としての威信を確立した。日清・日露の両戦争に勝利したことも、それをさらに強固にした。大正天皇は心身ともに弱く、不注意な政治関与をしようとして、政治能力や「公平」性への疑問が持たれた。このため、大隈重信のように、大正天皇を取り込んで立憲君主制（政党政治）の確立に利用しようという政治家が現れたが、天皇自身の判断が政治に影響を及ぼすことはあまりなかった。唯一ともいえる例外は、大隈首相が辞任する時に、大隈は後継に同志会総裁の加藤高明を推薦し、山県ら元老は山県系官僚の寺内正毅元帥（政友会も支持）を推薦して意見が分かれた際、大正天皇は従来の慣行に従い元老の意見を聞くという消極的な選択を行ったことであった。

昭和天皇も大正天皇と同様に、明治天皇のような「公平」なイメージを権力者層の間に確立することに失敗した。昭和天皇は、一九二六年一二月に二五歳で践祚したが、倉富勇三郎枢密院議長・平沼騏一郎枢密院副議長・二上兵治枢密院書記官長らは密談の中で天皇の動向についてかなり批判的に語ったように、天皇は保守主義者や国粋主義者の間で威信を十分に形成できなかった。それにもかかわらず、昭和天皇は張作霖爆殺事件の処理をめぐって、一九二九年六月に田中義一首相を事実上厳しく問責する形で辞任に追い込んだ。これは明治天皇ですら行わなかった強い政治関与であった。事件の処理方針は、田中首相を中心に衆議院第一党の政友会を背景とする田中内閣や当事者の陸軍の合意で決められていた。それを正面から否定する昭和天皇の行動により、田中内閣と政友会・陸軍・国粋主義者や保守主義者を中心に海軍強硬派の将校も含め、天皇と彼を支える牧野内大臣ら宮中側近への強い不信感が生じた。

この昭和天皇への強い不信感は、ロンドン海軍軍縮条約締結問題をめぐる天皇の行動によって、さらに増幅された。浜口雄幸内閣や岡田啓介軍事参議官（元海相）・財部彪《たからべたけし》海相ら海軍省側と、加藤寛治軍令部長ら海軍軍令部側の条約締結をめぐる対立を、昭和天皇は明治天皇のように調停することはなかった。その上、秘密裏にではあるが浜口首相の条約締結方針を肯定し、両者の対立を事実上傍観し、一九三〇年三月三一日と四月一日の二日にわたって、鈴木貫太郎侍従長（海軍大将）が加藤軍令部長の上奏を阻止するのを黙認した。条約成立に関しては、鈴木侍従長のみならず、元老西園寺公望や、牧野内大臣ら宮中側近もその成立を支援した。

このような天皇や宮中側近の行動は、海軍軍令部を中心とした海軍強硬派や国粋主義者・保守主義者等のさらに強い反発を引き起こした。また陸軍も統帥権の問題に関連して、同様に強い反発を浜口内閣側に醸成していったと推定される。こうして、一九三〇年一〇月二日に天皇が条約を裁可し、その批准が終わる前後には、昭和天皇は意志が弱く、牧野内大臣ら宮中側近のような「君側の奸」に影響されやすい君主であるとのイメージが、条約反対派の間で定着した。後に第三の論点として言及するように、元老西園寺は牧野ら宮中側近と異なり、巧妙な政治行動と見識で軍部や国粋主義者らからの直接の批難をほぼ免れていた。

その後、一九三一年九月の満州事変の勃発と林銑十郎朝鮮軍司令官らによる、混成旅団の独断越境という、統帥権干犯に対しては、従来の出兵慣行を陸軍出先が破ったということで、軍中央がかなり弱気になっていた。それにもかかわらず、昭和天皇・牧野内大臣・若槻礼次郎首相らは毅然とした態度が取れなかった。こうして昭和天皇ら三人は、内閣や元老西園寺公望・他の宮中側近などから孤立気味の環境の中で、混成旅団（朝鮮軍）の独断越境をあっさりと事後承認してしまった。また、その後の処分も実施されなかった。後にまとめるように、元老西園寺の助言はまったく生かされなかったのである。この結果、満州事変の拡大阻止への重要な機会を失い、軍部の台頭や軍部内での下剋上の動きに火がつき、一九三二年の五・一五事件による立憲君主制（政党政治）崩壊の道を開いたのであった。

このような事態に至った昭和天皇側の原因は、昭和天皇や宮中側近が、明治天皇が形成した明治中期以来の国家運営の慣行を十分に理解せず、政治関与する際に一貫性のない揺れの大きい動きをしたことである。すなわち、張作霖爆殺事件の処理に関しては、昭和天皇や宮中側近は過度の政治関与をする一方で、ロンドン海軍軍縮条約問題や満州事変の処理に関しては、張作霖爆殺事件処理をめぐる軍部や国粋主義者・保守主義者の強い反発がトラウマとなり、積極的な行動を取らなかったのである。

三〇歳前後の若い昭和天皇が、一時的に強い政治関与をする行動をとった背景には、一九二〇年一一月の明治神宮の鎮座の頃から日本の国民の上下に始まった明治天皇や明治時代を美化し理想化しようとした時代潮流がある。この動きは、一九二八年一一月の昭和天皇の即位の大礼前後にピークを迎え、日本国民の中に理想化された明治天皇や明治時代像が定着していった。宮中某重大事件によって山県系官僚の中村雄次郎宮相（陸軍中将）が辞任した後に、宮相に就任した牧野伸顕は、一九二五年三月には内大臣に就任し、若い裕仁（一九二一年一一月から摂政、二六年一二月から天皇）の信頼を得、裕仁を理想化した明治天皇に近づけるべく熱心に教育し、助言をした。

牧野は明治天皇の政治との関わりを直接見聞する機会はほとんどなかった。それにもかかわらず、一九二〇年代の明治天皇を理想化する潮流の中で、日本近世史を専門とする三上参次東京帝大教授（定年退官後、『明治天皇紀』を編纂する臨時帝室編修官長）らの、決断力があって強いリーダーシップを示したという明治天皇像を信じ込み、裕仁にもそれらを伝えた。また、皇太子裕仁が真面目で几帳面な性格であり、その教育が選ばれた限られた者を学友とし、閉鎖された空間で、観念的に行われたことで問題がより悪化した。裕仁は天皇に即位して大元帥になる身でありながら、イギリスの皇太子と異なり、軍隊生活の経験すら与えられなかった。これらが張作霖爆殺事件の処理をめぐる異様な問責の原因となったのであった。すなわち、一面では大正天皇が心身ともに弱かったということで、大隈や原というカリスマ的政党指導者らの力もあって、日本へのデモクラシー潮流の流入や、立憲君主制（政党政治）への道が開け易くなった。しかし他面では、明治天皇の慎重な政治手法の伝統が昭和天皇や天皇を支える牧野ら宮中側近に正しく伝わらなかったことで、立憲君主制を危うくすることになった。

もっとも、軍部のコントロールに失敗し立憲君主制が崩壊した責任を、昭和天皇や牧野内大臣ら宮中側近にすべて帰するのは、正当な評価とはいえない。まず、大日本帝国憲法は天皇の統治権を輔弼する最高責任者が誰であるかがあいまいであるという大きな欠陥を持った憲法であった。そのため、危機の場合は、天皇か元老がつねに全体を調整せざるを得ない仕組みになっていた。また一九二〇年代に経済が停滞していた日本を、一九二九年一〇月に始まった世界恐慌が、一九三〇年に入ると直撃したことも立憲君主制崩壊の重要な背景である。しかも中国のナショナリズムが高揚し、満州権益回収への動きが強まっていた。これは明治天皇ですら体験したことのない危機ともいえる。しかも昭和天皇は兄弟である直宮を含め皇族たちとの仲はあまり良くなく、貞明《ていめい》皇太后ともうまくいっていなかった。これらも若い天皇の負担になったはずである。以上のように、大久保利通・木戸孝允・西郷隆盛や伊藤博文・岩倉具視・大隈重信・山県有朋らの維新の元勲がいない状況で、三〇歳前後の若い昭和天皇は、極めて困難な問題に直面していたのであった。

本書の第三の論点は、このような昭和初期の危機にあって、唯一の元老となった西園寺公望の判断は、最も妥当であったことである。西園寺は、幕末から明治・大正・昭和と激動の時代を生き抜き、八〇歳前後の年齢に達した経験から、円熟したバランスの良い見識を示していた。しかし昭和天皇は、高齢で身近にいない西園寺よりも、西園寺より一三歳若い牧野内大臣の助言を重視した。

張作霖爆殺事件の処理の際、西園寺は、若くて威信の形成されていない昭和天皇が田中首相の進退に関わるような言葉を使用して問責することに反対であった。そのようなことは明治天皇以来先例がないことを、西園寺はよく知っており、その波紋を恐れたのである。しかし、牧野内大臣ら宮中側近は、西園寺の意向を知った後でも既定の方針を変えなかった。しかも、天皇の田中問責の前日、牧野内大臣が、翌日の言上のリハーサルとして同文を朗読した田中首相をとがめなかったので、西園寺は牧野内大臣らが意見を変えたものと錯覚した。こうして一九二九年六月二七日、田中に対し昭和天皇の異例の問責が行われてしまった。

また、ロンドン海軍軍縮条約締結をめぐり、一九三〇年三月三一日、四月一日と鈴木侍従長が加藤軍令部長の上奏を阻止した際に、元老西園寺は三月二九日から興津で高熱を出していた。そのため西園寺は鈴木の異常な行動を知ることも防ぐこともできなかった。

一九三一年九月、満州事変が始まり、林銑十郎朝鮮軍司令官が命じて、混成旅団の独断越境が行われた際に、西園寺は京都にいた。このことを知った西園寺は、天皇の裁可なしに軍隊を動かした時に天皇は許してはならず、上奏があっても一度考えておくと保留しておいて、「後に何らかの処置」をすることが必要であると考えた。これは妥当な判断である。張作霖爆殺事件の処理では、若い天皇が立憲君主制の慣行を破り威信を傷つけたが、今回は陸軍が明治以来の出兵慣行を破ったのである。陸軍は巨大な官僚組織で、「下剋上」も起きていない段階では、とりわけ慣行や先例に支配されている。そのため、天皇がそれなりの強気の処置を取っても陸軍は納得せざるを得ない。現に陸軍中枢では、陸相や参謀総長らが責任を取って辞任するなど、弱気の対応策が考えられていた。西園寺は自らの考えを、私設秘書の原田熊雄を通して、牧野内大臣から天皇に伝えようとした。

原田が伝えた西園寺の意向は、二一日夜に木戸幸一内大臣秘書官長に届き、木戸は夜七時半に牧野内大臣を訪問して伝達した。しかし、同日の夕方六時以前に牧野内大臣は昭和天皇に拝謁し、両者の間には、事件を厳しくとがめず事後承認する合意ができていた。したがって、夕方六時から参謀総長が天皇に拝謁した際に、西園寺の天皇への助言は届いておらず、生かされなかった。また牧野内大臣は、右に述べたように夜七時半に木戸から西園寺の意向を聞いた後も、その方針を変えなかった。こうして独断越境は翌二二日の閣議で承認され、首相と参謀総長（陸相）の上奏があり、天皇が裁可して事後承認され、後に処分もなかった。こうした宥和的すぎる対応は、以降の軍の統制に深刻な影響を及ぼした。

このように、若い昭和天皇は一九三〇年前後の極めて重要な三つの局面で、西園寺の助言を生かしたバランスある行動をとることができず、「公平」な天皇としてのイメージを軍部や政友会、国粋主義者・保守主義者などに植え付けることに失敗した。それのみならず、牧野ら宮中側近に影響されて「公平」でなくなっている天皇や、宮中側近に配慮しすぎる軍中央に制約されずに、独断専行することは容認されるとの観念を、軍のエリート将校に植え付けてしまった。昭和天皇が西園寺よりも牧野に影響されたのは、昭和天皇の考えに合わせて助言しがちな牧野に対し、天皇を未熟とみている西園寺は若い天皇にとって少し煙たい存在であったからであろう。このため昭和天皇は牧野に傾倒し、他方、西園寺は高齢であり病気がちでもあったため、危機に際して直接天皇に意見を伝えようという熱意にやや欠け、せっかくの円熟した考えを生かすことができなかった。

他方、張作霖爆殺事件の処理をめぐり田中内閣が倒れ、昭和天皇の威信が揺らぐと、西園寺は巧妙な政治行動で、「公平」性のイメージを振りまき、彼なりに調停者として昭和天皇を補完しようとした。しかし、西園寺がロンドン海軍軍縮条約の締結や批准に関し、浜口内閣を支えていることはしだいに伝わっていった。こうして条約が批准される一九三〇年一〇月初頭には、条約反対派に西園寺の「公平」性に対する疑念が生じてしまった。それにもかかわらず、政友会や軍部、保守主義者や国粋主義者ですら、西園寺への一定度の信頼は残しており、彼の元老としての天皇や宮中への影響力や後継首相推薦への実力を利用しようとした。こうして、血盟団などを除いて、まだ西園寺は直接の攻撃対象とはならなかった。

平沼騏一郎枢密院副議長や倉富勇三郎枢密院議長らの有力国粋主義者や保守主義者も、西園寺への期待を一定度存続させていた。平沼など国粋主義者らは、牧野ら宮中側近に対して不満を抱き、自らの宮中入りを含む宮中改革運動を試みた。その一方で、倉富枢密院議長・平沼副議長らは、枢密院の国政に対する影響力を強めるため、大物政治家を枢密顧問官とし審議事項も国政の重要事項に限ろうとする枢密院改革運動を行った。これらは西園寺からの何がしかの好意（協力）を期待したものであったが、西園寺は動かず、いずれの運動も立ち消えになっていった。しかし、西園寺の元老としての権力と、老獪な言動を使った保守主義者や国粋主義者への神通力も、五・一五事件の後、穏健派の斎藤実を後継首相に推したことで、すっかり色あせてしまった。

なお、高齢の元老西園寺がどうして元老を充実させなかったかについても本書で言及した。それは、有力な政治経歴を持ち、バランスの取れた判断ができる人材がいなかったからである。原敬が暗殺され、一九二六年一月に加藤高明が病死した後、西園寺は元老を補充することを断念した。こうして、西園寺は同年一〇月から一一月にかけて、元老と内大臣が対等の立場で協議して後継首相を推薦する新しい慣行を形成した。もっとも、この慣行は五・一五事件で動揺し、変化していく。

第四に本書では、天皇（その代わりとしての皇太子）や皇族のイメージについて、主に『東京日日新聞』を中心に一九二一年から三二年までを系統的に検討し、天皇をめぐる政治権力やその正当性と関連させて考察したことである。『東京日日新聞』は、姉妹紙の『大阪毎日新聞』と合わせ、毎日系新聞として現在の『毎日新聞』の前身で、当時は『大阪朝日新聞』・『東京朝日新聞』の朝日系新聞と並んで、日本を代表的する有力紙であった。また朝日系新聞は、反軍部・反枢密院などを主張して改革的色彩を強く打ち出し、記事の内容も事実というよりあるべき姿への期待を込めて書かれたものが多いのに対し、毎日系新聞はその色彩が朝日系新聞よりも弱いので、本書の目的に適当な素材と推定される。なお、天皇や皇族のイメージを形作っていたのは、天皇・皇族自らと、牧野内大臣（前宮内大臣）・一木喜徳郎宮内大臣ら宮中側近や、一般の宮内官僚であり、またその情報をある程度選択した新聞記者であると推定している。新聞の読者である国民は、新聞購読や天皇・皇族を遠くから拝した稀な体験を通じて、右のイメージ形成者に間接的に影響を与えるとともに、新聞に現れたイメージの選択的受容者である。本書では、新聞上のイメージと国民の受容するイメージがそれほど異なっていないとの仮説に立ち、議論を進めてきた。その結論は、以下の通りである。

すなわち、大正天皇が心身ともに弱かったため、一九二一年の皇太子裕仁の渡欧を機に、牧野宮相ら宮内省幹部は皇太子を日本の中心として国民の前にさらに積極的に登場させる路線を取った。その打ち出すイメージは、従来の軍服中心のものから、フロックコートなど文官の服装を併用する新しいものであった。皇太子も、渡欧中に開放的な雰囲気を味わい、その路線に積極的に応え、国民の間での人気は沸騰した。このような新しいイメージは、原敬首相が目指していた政党政治とも合致しており、原も支持していた。その後、二一年一一月に皇太子が摂政に就任しても、この方針は継続した。そこで打ち出されたイメージは、「平民」化・「健康」（スポーツ愛好）と「科学」化として整理できる。なかでも「平民」化イメージは、多くの場合、スポーツを愛好する「健康」イメージを伴って最も重要なイメージであった。「平民」化イメージとは、天皇や皇族が豊かな中産階級程度の振舞いに近い行動をしていることを生活の一部で示すことで、国民の生活や感情を理解し、国民から遊離しないようにしているイメージを提示するものである。「健康」イメージには、スポーツにより肉体とともに精神面も強くなり、意志の強い堂々とした人格を形成することも含まれる。もっとも、大正天皇は心身の状態から、皇后はその人柄から、こうしたイメージ戦略とは隔絶した存在であった。

一九二六年一二月に大正天皇が死去し、裕仁が践祚して天皇になると、一年間は諒闇中（喪に服する期間）であり、その後一九二八年一一月の即位の大礼に向けての準備のため、昭和天皇（裕仁）は、軍関係の行事など最小限の公務以外の行事を差し控えた。そのため、天皇のイメージは軍服中心の、神秘的なものに変わったようにも見える。しかし、一九二九年から、天皇は再び旧来のイメージに類似したものに戻る。このことから、その間のイメージは、皇太子から天皇になることによって裕仁の自由への制約が加わったことや、即位の大礼をピークに高まっていく一九二〇年代初頭からの明治天皇や明治を理想化する潮流を考慮に入れても、決定的な変化をしていないということができる。

皇族中で特に注目されるイメージを示していたのが、昭和天皇の一歳年下の弟である秩父宮である。「平民」化・「健康」イメージは、まず皇太子裕仁が一九二一年の渡欧以来リードしたが、関東大震災後は、秩父宮がリードし始めた。秩父宮は、大正天皇の死後から昭和天皇の即位大礼の間も、登山姿・テニス姿・フロックコートなど、比較的自由な服装で登場し、むしろ軍服姿（陸軍中尉）での登場回数は少なかった。秩父宮は、「山の宮」・「スポーツの宮」などと引き続き報じられ、天皇・皇族が「平民」化・「健康」イメージを獲得していくという点で、裕仁を補完していたといえる。なお、秩父宮の国民に対する明朗なイメージとは別に、荒木貞夫中将ら国粋主義者たちは秩父宮に大きな期待を寄せていた。また、昭和天皇の践祚の頃から、国粋主義者や保守主義者の中には、天皇・皇族の「平民」化イメージに、裏面で強い反発を示す者も出るようになった。

浜口内閣期になると、昭和天皇は主に大元帥の服装でジャーナリズムも含め国民の前に登場するようになり、男子の皇族も軍服姿が多くなった。すでに述べたように、昭和天皇が張作霖爆殺事件の処理で田中内閣を倒すような強い政治関与を行ったり、ロンドン海軍軍縮条約の回訓問題で調停を放棄し、鈴木侍従長による上奏阻止が行われたりした。このため、軍部や保守主義者・国粋主義者などは、昭和天皇に不信感を強めていった。そこで天皇は大元帥服で登場することにより、威信を回復しようとしたのである。他方、秩父宮は、必ずしも陸軍軍服にこだわらなかった。これは、秩父宮が昭和天皇の形式主義に反発していたからであろう。また、従来は海軍軍服が多かった高松宮（昭和天皇の二番目の弟）も、欧米に旅行していた関係で、軍服以外での行動も多くなった。このため、天皇や男子皇族のイメージは必ずしも軍人に偏ったものにはならず、「平民」化・「健康」イメージ路線は一応存続していたといえる。

その後、ロンドン海軍軍縮条約批准後から満州事変の直前までの、天皇と皇族のイメージも、浜口内閣期と基本的に同じである。しかし、ロンドン条約の批准以降になると、天皇が軍服以外の服装をした写真が新聞に報道されることもなくなった。昭和天皇が軍服以外の服装で行動したという記事も少しはあるが、その写真が掲載されなくなったのは、昭和天皇や宮中側近らが、軍部をコントロールするため、大元帥としての天皇の権威を高めたいという意向を、以前よりも強く有するようになったからであろう。

満州事変後まもなく、昭和天皇や宮中側近は、陸軍のコントロールに危機感を強め、天皇を神秘的な大元帥で、軍務や政務に精励し、国家を統率しているというイメージを形成することで対応の一助にしようとした。他の皇族についても、天皇に準じた変化が生じた。こうして、一九二一年からの天皇・皇族に「平民」化・「健康」イメージを形成していこうとする路線は終了した。天皇を大元帥として神秘化していく試みは、一九三二年四月下旬からの常に白い馬に乗り登場するイメージの提示でさらに強まった。

ところで、本書でイメージ問題を扱った一九二一年から三二年の期間を通し、昭和天皇裕仁の統治権を支えることに関連しての裕仁や宮中側近たちのイメージ戦略は必ずしも成功していない。「平民」化イメージに関しては、昭和天皇の践祚後から、国粋主義者や保守主義者から裏面での反発があり、政治上の失敗もあって修正せざるを得なくなった。「健康」イメージに関しても、裕仁は、一九二五年秋の陸軍大演習の際の風邪が長引き、重要な行事を次々と中止したこと、満州事変下で、一九三一年秋の陸軍大演習行幸中止問題や一九三二年夏に避暑中止問題を起こしたことなど、天皇（摂政）の肉体や精神の強さを疑わせる状況が生じてしまった。これは、裕仁が明治天皇に比べ体が頑健というほどではないにもかかわらず、マスコミニュケーションの新しい時代にさらされたため、生真面目な性格から無理をしすぎたからである。また、牧野ら宮中側近が裕仁の行動やジャーナリズムの管理に失敗したからである。もっとも、一九二一年から三二年までの経験は、裕仁やその側近が、敗戦後にマッカーサー元帥の指導の下に新しい天皇像を形成する際には大いに役立ったはずである。

なお、本書の時期を通して、皇后や女性皇族の存在感はそれほど強くない。彼女たちは子どもを生む母親としてのイメージと、社会福祉や愛国婦人会などの女性の活動を促進するイメージの両方を体現する存在であった。服装は洋装が一般的で、日本の西欧化を象徴していた。

この中で一九二〇年代前半を中心に、比較的存在感のあったのが、貞明皇后と皇太子妃となった久邇宮良子《くにのみやながこ》である。貞明皇后は、病気の大正天皇（夫）を看病する姿と、儀式など必要な場合に摂政を支え、また自らは質素で震災の被害からの復興や恵まれない人々を気にかける姿など、「国母」としてのイメージを示した。これらは、「平民」化・「健康」イメージなどの影響をあまり受けていないもので、質素で謙虚ながらしっかり者の皇后の性格を反映したものである。牧野宮相（のち内大臣）ら宮内当局も、貞明皇后がはっきりとした意思を示した場合、その行動に意見を挟むことはあまりできないようであった。また、皇后のイメージは、夫の死後は息子が成長するまでは家を支えるという近世以来の女性モデルとも合致し、牧野らの新しいイメージ戦略と相互補完的であった。しかも貞明皇后（皇太后）は、昭和天皇をはじめ四人の男子を産んだことや、その謙虚な生き方から、保守主義者や国粋主義者の間でも評判が良かった。大正天皇が死去し裕仁が天皇となると、貞明皇后は皇太后となり、ジャーナリズムへの登場頻度を減少させるが、秩父宮や高松宮の妃の選定には主要な役割を果たした。

久邇宮良子は皇太子との結婚前から、皇太子の「平民」化・「健康」イメージを補完するかのように登場し、結婚した一九二四年には、夏に皇太子とのリラックスした仲睦まじいイメージすら示した。しかし、邦彦王をはじめ久邇宮家の人々は、邦彦王が「平民」化イメージをジャーナリズムに振りまき、そのように報道されつつも、内実は「皇族風」を吹かせたり、良子の実家の皇族としての特権意識を顕わにしたりするような行動をした（良子の父邦彦の宮城奥への自由な出入り、良子の兄朝融《あさあきら》の一方的な婚約破棄事件、別荘の資金や朝融の侍女出産事件の処理の金を宮内省から払わせたこと等）。このため、昭和天皇・良子皇后と貞明皇太后の折り合いが悪くなったと思われる。もちろん、これらの事件はまったく報道されず、国民が抱くイメージには影響を及ぼさなかった。

また、一九二八年九月に秩父宮妃となった松平節子（皇太后節子《さだこ》と同じ字であることを避けるため、勢津子と改名）も一時的にはかなりの存在感を示す。エリート外交官の娘ではあるが華族の出身ではない節子は、テニス・ホッケー・バスケットボールなどスポーツが得意で、学校の成績が優秀で、英語を使いこなし、西欧の映画・文学・料理を愛好するという西欧文明の理解者というイメージであった。さらに、意志が強く努力家であり、天皇・皇族の「平民」化・「健康」イメージを女性として最も具現したといえる。また、皇后良子らのように単に気立てが優しく家庭的で健康な女性というイメージよりも、近代的な自立した女性イメージを示していた。しかし松平節子も秩父宮妃となって後は、細部にわたる言動があまり報道されなくなり、皇后良子のようなイメージの中に埋没させられていったのであった。

これらの他、新聞は旧韓国皇帝一族であった王公族の動静を時折報じ、日本・朝鮮の「融和」と朝鮮の日本への包摂イメージを示した。王公族の地位は、一九二六年一二月に王公家規範が皇室令として公布され、日本の皇族の下で皇族に準ずることが最終的に確定する。その地位が、一九二八年一一月、昭和天皇即位の大礼の行事を通し、公然と一般に示された。これは一九一〇年に日本に併合された朝鮮が、朝鮮人が日本人の下で日本人に準ずる形で、日本に包摂されたイメージを示している。その象徴であったのが、李王世子（李王の後継ぎ）の李垠《りぎん》《イ・ウン》である。彼は日本陸軍の将校として陸軍軍服を着用することが多かった。彼は一九二六年四月に李王（李坧《りたく》《イ・チョク》）が死去したことにより、李王となり、日本人にとり、日本と朝鮮の「融和」イメージの具現者であり続けた。

以上のように、本書では五・一五事件でイギリスに類似した立憲君主制が崩壊するまでの、摂政から天皇となった裕仁を中心とした天皇・皇族をめぐる政治と制度やイメージの問題を考察した。

その後、昭和天皇は、日中戦争から太平洋戦争に戦火が拡大していく中で、立憲君主制が崩壊してしまったにもかかわらず、政治への関与を抑制する立憲君主であろうと努めたが、列強との関係など自らを取り巻く状況が悪化する不安から、政治関与を強めたり、現状を追認したりして、必ずしも一貫した行動を取らなかった。この結果として、太平洋戦争の敗戦に至る大きな惨禍を引き起こした。このことは敗戦後も、彼の記憶に生々しかったはずである。彼はその悔悟の念の代償として、敗戦後はマッカーサーや日本の保守政治家によって創出された新しい天皇像を、ひたすらに演じ続けたのであった(1)。昭和天皇は、一九八九年一月七日に八七歳で没した。第二次世界大戦後の天皇が権力の中枢からはずれたことは周知のことであるが、戦後の皇室においても、その実態とイメージの問題は今もって重要である。また、本書で述べたような、政治権力と、その正当性およびイメージの問題は首相や閣僚・知事などを取り巻く現代の問題として、日本政治にとって益々大きくなっていくことであろう。

注

序論

(1) 永井和「張作霖爆殺事件と田中義一首相の上奏」(『日本歴史』五一〇号、一九九〇年一一月)、同「昭和天皇は統帥権の運用を誤ったか」(『立命館史学』一一号、一九九〇年一一月)(いずれも、のちに、同『青年君主昭和天皇と元老西園寺』京都大学学術出版会、二〇〇三年、に所収)、伊香俊哉「昭和天皇・宮中グループの田中内閣倒閣運動」(『歴史評論』四九六号、一九九一年八月)、中園裕「政党内閣期に於ける昭和天皇及び側近の政治的行動と役割——田中内閣期を中心に」(『日本史研究』三八二号、一九九四年六月)、安田浩『天皇の政治史——睦仁・嘉仁・裕仁の時代』(青木書店、一九九八年)二〇五〜二〇九頁、升味準之輔『昭和天皇とその時代』(山川出版社、一九九八年)九三〜一一二頁。中園氏は、元老西園寺が最終段階で、天皇による田中首相への叱責という強硬な事件の処理をするべきでないと考えるようになったが、牧野らが強行したと、西園寺と牧野らの違いを積極的に打ち出し、安田・升味両氏らも踏襲している。なお、田中内閣期の昭和天皇を分析した中園氏は、昭和天皇を専制君主ではないが、輔弼者に政治のすべてを委任してそれに「黙従する」『機関説』的な君主」ではないと評価しているが、「機関説的立憲君主」が輔弼者に政治のすべてを委任して、それに「黙従する」という理解は誤りである。そのような立憲君主制理解は、イギリスにおいてすらなされていない(注6、7参照)。美濃部達吉の主著である『憲法撮要』(有斐閣、一九二三年)にも、そのような理解はない。美濃部は、中等学校の教員向けの憲法の講話の中で、天皇が輔弼者である国務大臣の意見を裁可しない場合も想定している。そうした場合、辞職を通して諫めるしか手段がないとしている(美濃部達吉『憲法講話』有斐閣、一九一八年、一三一〜一三二頁、初版は一九一二年)。イギリスの場合は、国王退位という最後の手段も国制(慣習法としての憲法)に含まれているが、それは極めて異例である。通常は相互の妥協がなされるか、国王が全く譲歩しない場合、国務大臣は辞職によって抗議することになる。

(2) 増田知子「政党内閣と枢密院」(『年報近代日本研究6 政党内閣の成立と崩壊』山川出版社、一九八四年)(のちに、同『天皇制と国家——近代日本の立憲君主制』青木書店、一九九九年、に所収)、前掲、安田浩『天皇の政治史』二一一〜二一九頁。この他、満州事変と天皇や宮中勢力に関し、波多野澄雄「満州事変と『宮中』勢力」(『栃木史学』五号、一九九一年三月)は、まだ公刊されていなかった『奈良武次日記』を使った先駆的な分析である。

(3) これらの研究に対する批判と私の昭和天皇論については、拙稿「昭和天皇と立憲君主制——近代日本の政治慣行と天皇の決断」(伊藤之雄・川田稔編『二〇世紀日本の天皇と君主制——国際比較の視点から 一八六七〜一九四七』吉川弘文館、二〇〇四年)参照。

(4) この慣行の代表例として、憲法上の機関ではないが、一八九八年以降の日本の政治に定着して天皇に後継首相を推薦した元老が挙げられる。天皇は元老間の意見が一致している限り、その推薦者に組閣を命ずることは慣行化し、慣習法的に天皇をも拘束したといえる(拙稿「元老の形成と変遷に関する若干の考察」『史林』六〇巻二号、一九七七年三月、同「元老制度再考——伊藤博文・明治天皇・桂太郎」『史林』七七巻一号、一九九四年一月)。一八五〇年代のイギリスにおいても、日本の元老に類似した「長老政治家」が活動していた(君塚直隆『イギリス二大政党制への道——後継首相決定と「長老政治家」』有斐閣、一九九八年)。このように、慣行を重視する近代社会は、日本のみならず西欧諸国にもみられる。慣習法に基づくイギリス社会は、日本と同様に慣行を重視する典型的な社会ともいえる。

(5) 田中義一内閣期は二六ヵ月以上あるにもかかわらず、前掲、永井和『青年君主昭和天皇と元老西園寺』に使われている部分は、一九二八年五月、六月、一〇月、一九二九年二月、四月、六月くらいである。なお、永井氏の著書は、裕仁の摂政就任問題(第一章)、久邇宮朝融王の婚約解消問題(第二章)についての分析で「倉富勇三郎日記」を使用したことが特色である。しかし、裕仁の摂政就任の分析は、拙稿「原内閣と立憲君主制——近代君主制の日英比較」㈠〜㈣(『法学論叢』一四三巻四・五・六号、一四四巻一号、一九九八年七〜一〇月)など、既存の研究の枠に対し、何が新しいのかという点で説得的な見解を提示し得ておらず、「倉富勇三郎日記」は枠組形成に有効な史料となっていない。

(6) 安田氏は、「天皇親裁をもって国家意思決定とする近代天皇制のシステムは、一貫して専制君主制であった」(前掲、安田浩『天皇の政治史』二七三頁)とし、増田氏は、政党内閣期を、「君主専制主義における君主の独裁(直接命令)を可能にした大権政治は、ついに政党内閣制との共存を選択した」(前掲、増田知子『天皇制と国家』一七一頁)等と表現している。

なお、前掲、永井和『青年君主昭和天皇と元老西園寺』は、安田氏ほど日本の近代天皇制システムの専制君主制的性格を強調していない。しかし、永井氏は、日本とイギリスの君主制を比較した一連の拙著・拙稿に対し、㈠「私は伊藤のように日本の君主制をイギリス型君主制と同じものだと誤解する人が出てくるのを防止するために、『輔弼親裁構造』とか『受動的君主』『能動的君主』の区別などを提唱したのだが、そのことは伊藤からはまったく理解されなかったようである」と批判し、㈡「一口に政治関与といっても、君主の発揮しうる影響力の重みが日本とイギリスではまったくちがう。日本の天皇の発す言葉はきわめて重い。なぜなら天皇は神格化されていたから」等と主張している(三七二〜三七三頁)。

㈠に関し、私は日本の君主制がイギリスと類似している(点が多い)と主張してきたが、「イギリス型立憲君主制と同じものだ」と述べたことはない。私の見解の根幹に関わるだけに、批判は、相手の見解をフェアにとらえた上で行ってほしい。永井氏は、近代イギリスの君主の政治関与を大系的に論じたフランク・ハーディー氏の研究（一九六九年出版）などを知らず、一九九〇年頃から発表し始めた論文で、近代イギリスの君主を「君臨すれども統治せず」との建前で理解し、日本の近代天皇と大きく異なるとの前提で、「輔弼親裁構造」・「受動的君主」等の用語を作った。また、永井氏は最新の著作においても、君塚氏の研究をよく理解せず、イギリスと日本の君主制が大きく異なっている根拠として、①イギリスでは「政党の首領である首相が辞職する際に、国王に対してやはり政党の党首である人物を自分の後継に奏薦する慣行が確立・定着していった」、②「イギリスの首相は国王から行政権のほぼすべてを委任されるにとどまらず、後継首相の指名権までをも掌握する強大な存在なのである」、③日本は一九二〇年代に「元老・内大臣協議方式」で後継首相を天皇に推薦する方式が定着したこと等をあげている（前掲、永井和『青年君主昭和天皇と元老西園寺』一九二～一九三頁、二三二～二三三頁）。しかし、日本に政党政治の慣行が形成されていく一九二〇年代のイギリスにおいてすら、一九二三年五月の第一次ボールドウィン内閣成立の際には、国王ジョージ五世はバルフォア元首相の助言を生かし同内閣を成立させ、一二月に同内閣（保守党）が選挙で過半数を取れない時も、バルフォア元首相の助言で、国王はボールドウィン首相の続投を決めた。その後、一九三一年八月に労働党のマクドナルド内閣が党内対立で辞職すると、国王ジョージ五世は、保守党党首ボールドウィンと自由党幹部サミュエルと相談し、自らのリーダーシップでマクドナルド、サミュエル、ボールドウィンの三党の指導者との御前会議を開き、マクドナルドを首相とする挙国一致内閣を成立させた（前掲、君塚直隆『イギリス二大政党制への道』一九一～一九七頁）。このように、一九二〇年代のイギリスにおいても、引退する首相が国王に政党の党首である人物を後継に奏薦する慣行が確立、定着しているとはいえず、危機に際しての国王の役割も重要である。私は、前提となる実態認識を変えるべきであるのに、永井氏のように古い造語をめぐり、いつまでも観念的な議論をすることはあまり意味がないのでは、と述べているのである。近代日本の君主制の研究を進展させるためには、明治以来の日本の近代君主の意向および政治関与の実態と効果を、近代日本の政治慣行や法令の形成と関連づけて、一次史料に基づいて明らかにし、イギリス・ドイツ等と比較することが重要である。私はそれらを試み、日本の君主制の実態と関連づけてイギリスにおけるイギリス君主制研究も初めて日本に紹介した。その中で、イギリスの君主も、ヴィクトリア女王以降でもかなり政治に関与しており、ジョージ五世は、明治天皇の調停的政治関与と類似した行動を取っていること、とはいえ日本は、政治関与の程度や君主権の強さでは、政党内閣に制約されたイギリスと、第一次世界大戦前の君主権の強いドイツ・オーストリアの中間程度で、イギリスにやや近いといえること、等を述べてきた。

㈡に関し、永井氏の主張は、前掲書の第四章「昭和天皇、田中内閣を倒す」くらいでは実証されたことにならない。田中内閣の倒壊後、ロンドン海軍軍縮条約問題を経て、軍部等の間で昭和天皇や宮中側近不信が高まり、天皇は軍部の統制を十分にできないまま、天皇の意に反して日米開戦に向けて政治が展開していく等の問題も含め（前掲、拙稿「昭和天皇と立憲君主制」）、永井氏が自らの実証の上で再論されることを期待している。

(7) 拙稿「山県系官僚閥と天皇・元老・宮中――近代君主制の日英比較」(『法学論叢』一四〇巻一・二号、一九九六年一一月)、前掲、拙稿「原敬内閣と立憲君主制――近代日本君主制の日英比較」、拙著『立憲国家の確立と伊藤博文――内政と外交 一八八九～一八九八』(吉川弘文館、一九九九年)、拙稿「立憲君主制の形成と展開――明治天皇から昭和天皇へ」(伊藤之雄・川田稔編著『環太平洋の国際秩序の模索と日本――第一次世界大戦後から五五年体制成立』山川出版社、一九九九年)、拙著『立憲国家と日露戦争――外交と内政 一八九八～一九〇五』(木鐸社、二〇〇〇年)、拙著『政党政治と天皇 日本の歴史22』(講談社、二〇〇二年)など。イギリスの君主制の最新の研究として、Vernon Bogdaner, *The Monarchy and the Constitution*, Oxford University Press, 1995を参照。

(8) 大阪・東京の両『朝日新聞』や『東京日日新聞』・『大阪毎日新聞』は、一九二〇年代前半に普選即行のキャンペーンを張るなど、当時の国民の主流の要望を反映している。しかも『東京日日新聞』は、両『朝日新聞』に比べ穏健であるので、将校など幅広い読者を得ており、五大紙の中で国民の天皇・皇族イメージを検討するのに最もふさわしいと思われる。

(9) 高橋紘「神格化のきざし――昭和の大礼」(前掲、高橋紘他編『昭和初期の天皇と宮中』第一巻、解説)など。

第Ⅰ部第一章

(1) 本章は以下の拙論をもとにまとめたものである。拙著『立憲国家の確立と伊藤博文――内政と外交 一八八九～一八九八』(吉川弘文館、一九九九年)、同『立憲国家と日露戦争――外交と内政 一八九八～一九〇五』(木鐸社、二〇〇〇年)、拙稿「元老制度再考――伊藤博文・明治天皇・桂太郎」(『史林』七七巻一号、一九九四年一月)、同「山県系官僚閥と天皇・元老・宮中――近代君主制の日英比較」(『法学論叢』一四〇巻一・二号、一九九六年一一月)、同「原敬内閣と立憲君主制――近代君主制の日英比較」(『法学論叢』一四三巻四・五・六号、一四四巻一号、一九九八年七～一〇月)、同「立憲君主制の形成と展開――明治天皇から昭和天皇へ」(伊藤之雄・川田稔編著『環太平洋の国際秩序の模索と日本――第一次世界大戦から五五年体制成立』(山川出版社、一九九九年)、拙著『政党政治と天皇 日本の歴史22』(講談社、二〇〇二年)、拙稿「近代日本の議会制の発展と立憲君主制の形成――イギリス・ドイツ・オーストリアとの比較の観点から」(『法生活と文明史 比較法史研究11』未来社、二〇〇三年)、この他、同「元老の形成と変遷に関する若干の考察」(『史林』六〇巻二号、一九七七年三月)。イギリスの君主の政治関与については、Frank Hardie, *The Political Influence of the British Monarchy*, 1868-1952, Harper & Row, 1969, Vernon Bogdanor, *The Monarchy and the Constitution*, Oxford University Press, 1995などを参考にした。なお、本書第Ⅰ部は、一九九八年五月一四日、京都大学法学会春季講演会で報告した内容の主要部分を基礎にしている。

(2) 井上勝生「幕末における御前会議と『有司』――日本的絶対主義形成の特質について」(『史林』六六巻五号、一九八三年九月)。井上氏は、この長州藩の「藩主親政」を、プロイセンのウィルヘルム一世の「厳格な親政の体制」とは異なる、「日本的な親政の体制」としている。しかし、この形式は、むしろ、プロシアよりも藩主（君主）権力が弱い近代のイギリスに近いものとみるべきで（日本はプロシアとイギリスの中間）、特に「日本的」であることを強調する必要はない。

（3）明治元年冬から春にかけて維新のリーダーたちによって計画された大坂遷都は、一五歳の明治天皇の拒否などで失敗した（高橋秀直「二都物語——首都大坂と離宮都市京都」『京都市政史編さん通信』一九号、二〇〇四年九月）。これは天皇の政治関与というより、少年天皇が京都を離れることに抵抗し、説得できなかったということにすぎない。天皇を大坂に無理に連れていって押し込めることは問題外の選択である。

（4）飛鳥井雅道『明治大帝』（筑摩書房、一九八九年）一四一～一五四頁。

（5）高橋秀直「征韓論政変と朝鮮政策」（『史林』七五巻二号、一九九二年三月）。

（6）「男爵西辻文仲談話速記」一九二六年一一月八日（堀口修監修・編集『「明治天皇紀」談話記録集成』第三巻、ゆまに書房、二〇〇三年、一六四～一六六頁）（以下、『談話記録集成』と略す）。これらの「談話速記」は、臨時帝室編修局が『明治天皇紀』の編さんのために、三上参次編修官長（前東京帝大教授）など限られた者が関係者に談話を求めて作成したもので、雑誌や新聞などに公表された関係者の談話に比べて脚色が少なく信頼度が高い。

（7）宮内庁『明治天皇紀』第四（吉川弘文館、一九七〇年）一九～一三一頁。前謁、飛鳥井雅道『明治大帝』は、この天皇の行動を、大久保・木戸らの政府への「天皇の反抗」としている（一五六～一六三頁）。しかし、天皇は「頃来の鬱」であったが、木戸の助言で、三月二五日に京都市内を巡幸したり、三月三一日に大阪鎮台に行幸したりしている。また、四月一六・一七の両日は、京都皇宮守衛の名古屋鎮台兵の操練を見学し、四月二八日には戦地より帰還した黒田清隆中将（前征討参軍）に拝謁を許し、戦況を奏させ、五月五日にも黒田を召し、戦地での労をねぎらう勅語を与えるなど政府に協力的な事項は多く、飛鳥井氏の「反抗」を裏づける事実は根拠に乏しい（前掲、宮内庁『明治天皇紀』第四、一三四～二二四頁）。

（8）笠原英彦『天皇親政』（中公新書、一九九五年）など。なお、太政官文書の様式に関し、一八七七年九月以降、天皇がすべてを「親裁」するという形式ができ（中野目徹「明治十二年の太政官制改革」『日本歴史』五八六号、一九九七年三月）（のちに、同『近代史料学の射程——明治太政官文書研究序説』弘文堂、二〇〇〇年、に所収）、一八七九年には、太政官制改革に伴う文書式の改定の適用範囲が内閣上奏に限定されるようになり、帷幄上奏には及ばなくなる。このように、「内閣と軍部」の「両方に屹立する天皇というものが確立された」（永井和「太政官文書にみる天皇万機親裁の成立——統帥権独立制度成立の理由をめぐって」『京都大学文学部紀要』四一号、二〇〇二年三月）。しかし、これらはあくまで文書様式上のものであり、以下に略述するように、藩閥官僚勢力（行政権）が国政を主導する体制が続き、日清戦争までは、伊藤博文や井上馨のような藩閥官僚中の有力な文官も軍事問題や軍内の人事に関与することもあった。

（9）「維新後親政体制」（「牧野伸顕文書」書類九一一、国立国会図書館憲政資料室所蔵）。

(10) 宮内庁『明治天皇紀』第五（吉川弘文館、一九七一年）二五五〜二五六頁。

(11) 同右、三五五頁、六〇〇頁。同第六（同、一九七一年）二頁、一五七頁、三四五頁、五二八頁、六七六頁、同第七（同、一九七二年）三頁、一七八頁、四五六頁、七三一頁など。天皇が内閣に臨御するのは、一八八九年一〇月一五日の大隈重信外相の条約改正案を決定しようとする閣議や、その問題で黒田清隆内閣が倒れ、藩閥勢力内の亀裂が深まった後、同年一二月二五日の山県有朋内閣の最初の閣議など（同第七、三八三〜三八五頁、四四五頁）、重要なものに限られた。この臨御閣議でも、天皇の発言はなかった。

(12) 瀧井一博「伊藤博文渡欧憲法調査の考察」（『人文学報』八〇号、一九九七年三月）（のちに、同『ドイツ国家学と明治国制』ミネルヴァ書房、一九九九年、に所収）。また同氏は、『文明史のなかの明治憲法――この国のかたちと西洋体験』（講談社、二〇〇三年）で、その観点をさらに深めた。

(13) 「倉富勇三郎日記」一九三〇年六月二九日（「倉富勇三郎文書」国立国会図書館憲政資料室所蔵）。

(14) 平塚篤編『続伊藤博文秘録』（原書房、一九八二年、原本は春秋社より一九二九年刊）四八頁。この書状は、一八八二年一一月か一二月頃のものか。

(15) 前掲、宮内庁『明治天皇紀』第六、八四〇〜八四一頁。堀口修「侍従藤波言忠とシュタイン講義――明治天皇への進講に関連して」（『書陵部紀要』四六号、一九九四年）。

(16) 「金子総裁談話」（前掲、堀口修監修・編集『談話記録集成』第四巻、二七七〜二七九頁）。

(17) 永井和『近代日本の軍部と政治』（思文閣出版、一九九三年）三七三頁。

(18) 山県有朋宛岩倉具視書状〔一八八二年ヵ〕一二月一六日（「山県有朋文書」国立国会図書館憲政資料室寄託）。

(19) 高橋秀直「形成期明治国家と朝鮮問題――甲申事変期の朝鮮政策の政治外交史的検討」（『史学雑誌』九八編三号、一九八九年三月）（のちに、同『日清戦争への道』東京創元社、一九九五年、に所収）。坂本一登『伊藤博文と明治国家の形成』（吉川弘文館、一九九一年）も、一八八〇年代の天皇と政治の関わりについて述べている。

(20) 前掲、拙稿「元老制度再考」、宮内庁『明治天皇紀』第八（吉川弘文館、一九七三年）八七〇〜八七一頁、八八二頁。

(21) 前掲、拙稿「元老制度再考」、同「山県系官僚閥と天皇・元老・宮中」。イギリスにおいてもヴィクトリア女王までの君主は、爵位授与への拒否権を有していた（君塚直隆氏の御教示による）。ヴィクトリア女王は、グラッドストン首相やディズレイリ首相に対して政治関与を行ったが、必ずしも女王の意向が実現するわけではなかった。しかし女王は、宮中関係の問題への強い影響力を持っていた。この点で、日英両国の君主制は類似している。

(22) 前掲、拙稿「元老制度再考」。

(23) 前掲、拙著『立憲国家の確立と伊藤博文』第一部、前掲、拙著『立憲国家と日露戦争』第一部。

(24) 同右。

(25) 前掲、拙著『立憲国家の確立と伊藤博文』、拙稿「元老制度再考」、同「山県系官僚閥と天皇・元老・宮中」。一八八五年一一月、藩閥官僚勢力の最高実力者の伊藤博文参議（長州）・三条実美太政大臣は、薩摩の最高実力者黒田清隆（元参議）の政府に対する不満を考慮し、黒田を右大臣にすることを明治天皇に求めた。これに対し天皇は、伊藤と黒田を参議の上班にしようとしたが、三条と伊藤が参議の意見として黒田を右大臣にすることを更に求めたので、天皇は黒田に右大臣に就任するようにと三条に伝えさせた。しかし黒田は固辞した。そこで、同年一二月、参議たちは内閣制度を創設し伊藤を首相にすることを提案し、天皇はそれを命じた（前掲、宮内庁『明治天皇紀』第六、四九八〜五一三頁）。このように、明治天皇は、太政大臣や参議（閣僚）たちの意見をそのまま受け入れるわけではないが、彼らが強いて主張すると天皇は従った。また、第一次伊藤内閣の発足の際に、伊藤は森有礼を文相に推薦したが、天皇は森がキリスト教の信者で（「外教に偏し」との表現）、物議があるので、谷干城（陸軍中将、学習院長）を適任とみて、森を文相にする決断をしなかった。そこで伊藤は更にそのことを強く求め、天皇はようやく森を文相にすることに同意した（同前、第六、五一六〜五一七頁）。これも天皇の政治関与が必ずしも強いものではない一例である。その後、一八九一年五月、大津事件で青木周蔵外相が辞任した後、松方首相は陸奥宗光農商相を後任にしようとしたが、「天皇怡びたまはず」、榎本武揚を外相に奏薦して、榎本が親任された（同前、第七、一九七二年、八五一頁）。これは天皇が閣僚人事を拒絶した数少ない例である。しかし天皇は翌年八月に陸奥が第二次伊藤内閣の外相になることを裁可したので、好まない陸奥でも徹底的に外相の地位から排除する気はなかったといえる。軍の人事について、天皇が関与した例が日清戦争中にある。それは、㈠一八九五年二月、伊東祐亨中将を、戦争中の花形ポストである常備艦隊司令長官から他に転任させ、横須賀鎮守府司令長官井上良馨中将をその後任にする案を許可しなかったこと（同前第八、六七七〜六七八頁）、㈡一八九五年三月、樺山資紀海軍中将を大将にすることを許可しなかったこと（同前、第八、七一四〜七一五頁）、㈢一八九五年四月、児玉源太郎陸軍少将を中将に昇進させようとしたことを許可しなかったこと（同前、第八、七六三頁）である。㈠は、樺山海軍軍令部長（中将）の発案であったが、西郷従道海相（大将）の下で海軍省官房主事として実権をふるった山本権兵衛大佐が反対意見書を提出したこと（海軍省編『山本権兵衛と海軍』原書房、一九六六年、九二〜九三頁）等、これらは天皇の調停機能の一環として理解できる。

(26) 増田知子「立憲政友会への道」（井上光貞他編『日本歴史大系4』山川出版社、一九八七年）九〇〇〜九〇一頁（同『天皇制と国家――近代日本の立憲君主制』青木書店、一九九九年でも、同様の結論を繰り返す）、坂野潤治『大系日本の歴史13　近代日本の出発』（小学館、一九八九年）。増田氏は、板垣退助が組閣の命を大隈重信と同時に受けた、首相と同格の存在であることに気づかず、明治天皇が首相の閣僚任免奏請権を無視したと、センセーショナルな叙述をしている。増田氏らの研究は、明治天皇の動向に関し、当時の政治家の書状など、近年使用することが通例となっている一次史料を使おうとせず、「明治天皇の親政」の建前で編修されている『明治天皇紀』など二次的文献のみで、明治天皇の「専制君主」的性格を証明しようとしている。

(27) 前掲、拙著『立憲国家の確立と伊藤博文』第一部第四章四節3。
(28) 前掲、拙稿「元老制度再考」、同「山県系官僚閥と天皇・元老・宮中」、同「元老の形成と変遷に関する若干の考察」。
(29) 前掲、拙著『立憲国家の確立と伊藤博文』、拙稿「山県系官僚閥と天皇・元老・宮中」、坂野潤治『明治憲法体制の確立』(東京大学出版会、一九七一年)、高橋秀直「山県閥貴族院支配の構造」(『史学雑誌』九四巻二号、一九八五年二月)。
(30) 前掲、拙稿「山県系官僚閥と天皇・元老・宮中」。
(31) 前掲、拙著『立憲国家と日露戦争』。
(32) 前掲、拙稿「山県系官僚閥と天皇・元老・宮中」。
(33) 前掲、拙稿「元老制度再考」。
(34) 徳大寺実則「徳大寺実則日記」(写)一八九九年三月二五日(「渡辺文庫」早稲田大学図書館所蔵)。
(35) 前掲、拙稿「山県系官僚閥と天皇・元老・宮中」。
(36) 同右。前掲、拙稿「元老制度再考」。
(37) 渡辺千秋宛山県有朋書状、一九一〇年二月一〇日(尚友倶楽部・長井純市編『渡辺千秋関係文書』山川出版社、一九九四年、二六一〜二六二頁)。一八九九年から一九〇三年まで侍従武官として天皇に仕えた松村龍雄は、日露戦争後に第三艦隊参謀長に任ぜられた後、海軍当局が松村の身分を「海軍省出仕」から「軍令部出仕」に替える上奏をしたところ、天皇が四、五日たっても裁可しなかったことを回想している。軍当局からの人事は直ちに裁可されるのが通例であった。この事件は海軍が松村を第三艦隊参謀長に任じてすぐに「軍令部出仕」に転じさせたと天皇が誤解したので起きた。人事は天皇の誤解が解けるとすぐに裁可された(「松村龍雄第一回談話速記」一九二八年四月一一日、前掲、堀口修監修・編集『談話記録集成』第五巻、二一四〜二一七頁)。この事件は、天皇が海軍の佐官級の人事にまで関与しているように見える。しかし、むしろ、松村は初めての海軍大学校甲種学生で首席であり、侍従武官として天皇の印象に残っていたので、第三艦隊参謀長に任じられた松村を、直後に左遷する不可解な人事と天皇が誤解し、裁可させずに止め置いたと理解すべきである。これは、天皇の意識では元侍従武官に対する宮中関係の人事に準ずるものであるといえよう。
(38) 山県の原への談(原奎一郎編『原敬日記』一九二〇年八月九日、福村出版、一九六五年)。
(39) 前掲、拙稿「山県系官僚閥と天皇・元老・宮中」。
(40) 高久嶺之介「一九〇七年公式令の制定意図について」(『キリスト教社会問題研究』三七号、一九八九年)、大石眞『日本憲法史の周辺』(成文堂、一九九五年)一五五〜一六二頁。
(41) 前掲、拙稿「原敬内閣と立憲君主制」。西園寺公望首相は山県から相談された東久世通禧伯爵の陞爵について、他との権衡上の差し支えがないと、山県に了承した(山県有朋宛西園寺公望書状、一九一一年一二月一一日、「山県有朋文書」(ただし東久世は翌年一月四日に死去し、陞爵は実現せず）。北海道長官や農商務省山林局長を歴任し、貴族院議員となった原保太郎（京都府出身）は、受爵しようとして、親任待遇を受けている宮内省高官香川敬三皇后宮大夫に一九一〇年代初頭に働きかけた。これに対し香川は、授爵・陞爵の事務を担当する宗秩寮の小原主事が、いまの宮相（渡辺千秋）は山県有朋次第であるので、有力なる人を介して山県へ申し込むのがよいと述べていたこと、媒介する人は、船越衛（山県直系、息子光之丞の夫人松子は山県の二女、貴族院議員から一九一〇年一〇月に枢密顧問官）がよいこと、もっとも原が桂太郎や井上馨に親しいのなら、彼らに話してもよいこと等を返答した（原保太郎宛香川敬三書状、〔一九一一年か一九一二年〕一〇月二八日、「原保太郎文書」一七の二六、国立国会図書館憲政資料室所蔵）。右のことから、伊藤死去後の山県の宮中への強い影響力が推定できる。なお、山県に強いつながりがなかったこともあり、原は受爵できなかった。

(42) 山県有朋宛寺内正毅書状、一九一一年二月四日、五月六日（「山県有朋文書」）。

(43) 山県有朋宛徳大寺実則書状、一九一一年一〇月一一日、一三日、一四日、山県有朋宛桂太郎書状、一九一一年一二月一一日（「山県有朋文書」）。

(44) 前掲、拙稿「元老制度再考」、同「山県系官僚閥と天皇・元老・宮中」、前掲、拙著『政党政治と天皇』第一章。小林道彦『日本の大陸政策　一八九五～一九一四――桂太郎と後藤新平』（南窓社、一九九六年）第三章第三節、櫻井良樹『大正政治史の出発――立憲同志会の成立とその周辺』（山川出版社、一九九七年）第一部第五章。

(45) 前掲、拙稿「山県系官僚閥と天皇・元老・宮中」第四章。

(46) 拙稿「近代日本の君主制の形成と朝鮮――韓国皇帝・皇族等の日本帝国への包摂」（『法学論叢』一五四巻四・五・六号、二〇〇四年三月）。

(47) 前掲、拙稿「山県系官僚閥と天皇・元老・宮中」。第一次山本権兵衛内閣の改革姿勢については、山本四郎『山本内閣の基礎的研究』（京都女子大学、一九八二年）。

(48) 前掲、拙稿「山県系官僚閥と天皇・元老・宮中」。

(49) 同右、同「原敬内閣と立憲君主制」。

(50) 前掲、拙稿「山県系官僚閥と天皇・元老・宮中」。憲法学者の上杉慎吉東京帝大教授も、天皇の親政は政治組織の基礎と論じながら、寺内内閣期に、大正天皇の親政という思想の現実性を否定した（長尾龍一『日本憲法思想史』講談社学術文庫、一九九六年、八八～九一頁）。

(51) 前掲、拙稿「原敬内閣と立憲君主制」。

(52) 拙著『大正デモクラシーと政党政治』（山川出版社、一九八七年）。

(53) 前掲、拙稿「原敬内閣と立憲君主制」。なお、イギリスの議会は決議によって、君主の有する権利を奪い、新しい君主に贈与することが慣例的にできる。この点で天皇は神聖にして侵すべからずと憲法に規定されている日本とは原理的に異なる。しかし、議会による君主権の奪取は異常な事態であり、ヴィクトリア朝以降においては、起きるとはほとんど考えられていない（しいて考えれば、一九三六年のエドワード八世とシンプソン夫人の結婚問題をめぐる危機）。
(54)「子爵小笠原長生談話速記」（前掲、堀口修監修・編集『談話記録集成』第五巻、四二八〜四三一頁）。
(55) ハーバート・ビックス、吉田裕監修・岡部牧夫・川島高峰訳『昭和天皇』上巻（講談社、二〇〇二年）第一章・第二章。
(56) 拙稿「昭和天皇と立憲君主制」（伊藤之雄・川田稔編『二〇世紀日本の天皇と君主制』吉川弘文館、二〇〇四年）。
(57) 永積寅彦『昭和天皇と私』（学習研究社、一九九二年）。
(58) 高松宮宣仁親王『高松宮日記』（中央公論社、一九九八年）一九四四年七月八日。
(59) 君塚直隆氏の御教示による。
(60) 木戸日記研究会校訂『木戸幸一日記』（東京大学出版会、一九六六年）一九三五年一一月一五日、二〇日、二一日、二七日。

第I部第二章

(1) なお、永井和『青年君主昭和天皇と元老西園寺』（京都大学学術出版会、二〇〇三年）は、本章と同様の時期の後継首相推薦の様式の変化を論じている（第三章）。本章は、それらを含んだ幅広い現実の文脈から分析を試みる。その結果、元老西園寺公望は牧野伸顕宮相と後継首相推薦様式をめぐっては意見を異にすることもあったが、西園寺は、政党政治を前提とするイギリスに類似した立憲君主制を形成し定着させるため、牧野と連携し、一九二五年に牧野を内大臣に就任させたり、二六年に北一輝ら国粋主義者の攻撃から、牧野を守ったりしたことがわかる。本章の元になった拙稿「立憲君主制の形成と展開」（伊藤之雄・川田稔編『環太平洋の国際秩序の模索と日本――第一次世界大戦後から五五年体制成立』山川出版社、一九九九年、に所収）でも述べたように、永井氏は、西園寺・平田東助と牧野の対立を過度に強調しすぎている。
(2) 原奎一郎編『原敬日記』第五巻（福村出版社、一九六五年）一九二一年一〇月五日。関屋貞三郎は栃木県生まれで、東京帝大法科を卒業して、台湾総督府参事官・朝鮮総督府学務局長・静岡県知事などを歴任した後、四五歳で宮内次官となり約一二年在職した（関屋友彦『使命感に燃えた三人男』紀尾井出版、二〇〇一年、一四六〜一九七頁）。宮相になった牧野伸顕（大久保利通の次男）に関屋を推薦したのは、大久保利武（大久保利通の三男、元大阪府知事）であった（大久保利謙『日本近代史学事始め――歴史家の回想』岩波新書、一九九六年）。
(3) 拙稿「原敬内閣と立憲君主制――近代君主制の日英比較」(一)〜(四)（『法学論叢』一四三巻四・五・六号、一四四巻一号、一九九八年七〜一〇月）。「皇族外遊費用について」（「牧野伸顕文書」書類六一一、国立国会図書館憲政資料室所蔵）。『東京日日新聞』一九二二年七月一三日。

(4) 岡義武・林茂校訂『大正デモクラシー期の政治――松本剛吉政治日誌』（岩波書店、一九五九年）（以下、『松本剛吉政治日誌』と略す）一九二二年六月六日。『東京日日新聞』一九二二年六月一六日。
(5) 伊藤隆・広瀬順晧編『牧野伸顕日記』（中央公論社、一九九〇年）一九二三年一一月一二日。
(6) 『東京日日新聞』一九二三年一二月一四日。
(7) 四竈孝輔『侍従武官日記』（芙蓉書房、一九八〇年）一九二三年一〇月一五日。
(8) 『東京日日新聞』一九二三年一二月一八日、一九日。
(9) 同右、一九二四年一月九日。
(10) 前掲、『牧野伸顕日記』一九二四年三月二八日。旧山県系官僚で、牧野宮相よりも平田内大臣や西園寺に近い入江貫一内大臣秘書官長も、虎の門事件について、鹵簿従員の過失による事故でないとして、宮相の職務上の責任はないと、牧野の下命に答えている（牧野伸顕宛入江貫一書状、一九二三年一二月三〇日、「牧野伸顕文書」書状一二五―一）。
(11) 『東京日日新聞』一九二四年四月九日。前掲、『牧野伸顕日記』一九二三年六月一四日、二四年四月四日。小原は、宮中某重大事件で中村宮相・石原宮内次官が辞任した際、倉富帝室会計審査局長官を次官に擁して、皇太子と久邇宮良子女王の婚約を破棄し、大規模な宮内省の官制改革を実施しようと構想していた人物である（前掲、永井和『青年君主昭和天皇と元老西園寺』四二～四六頁）。
(12) 前掲、『牧野伸顕日記』一九二四年三月二八日、四月九日。牧野はこの人事異動について、四月九日に皇后にも了解を得ている。
(13) 『東京日日新聞』一九二五年三月五日、六日夕刊。この結果、李王職の総人員一八〇〇名のうち、約二割の二百余名が罷めさせられることになった（同前、一九二五年三月六日）。
(14) 『東京日日新聞』一九二六年一月一九日夕刊。
(15) 前掲、『牧野伸顕日記』一九二二年一月二八日。
(16) 『東京日日新聞』一九二三年七月二六日。
(17) 前掲、『牧野伸顕日記』一九二三年七月一一日、二七日、三〇日、八月三日、一〇月一八日、一一月一四日。
(18) 『東京日日新聞』一九二三年八月二八日、一二月六日。『宮内省省報』第一五六号（一九二三年九月二〇日）、第一六〇号（一九二三年一月二〇日）。
(19) 「伯爵万里小路通房談話筆記」（一九二八年七月二〇～二二日）（堀口修監修・編集『「明治天皇紀」談話記録集成』第一巻、ゆまに書房、二〇〇三年）。同様の談話は、前掲の『談話記録集成』第二～六巻にも多い。
(20) 『東京日日新聞』一九二二年一月九日、三月二六日、二七日、二八日、一九二三年一月一日。

(21) 同右、一九二二年七月四日、二二日、一九二三年四月二〇日、二二年一〇月一八日。摂政と牧野も台湾先住民の踊りを内地の盆踊りに酷似していると、祖先の共通性を感じた（前掲、『牧野伸顕日記』一九二三年四月一八日）。
(22) 「行幸啓の節鹵簿撮影其の他に関する件」（一九二一年七月八日）「牧野伸顕文書」書類四―七。前掲、拙稿「原敬内閣と立憲君主制」の少し後に刊行された、坂本一登「新しい皇室像を求めて――大正後期の親王と宮中」（『年報近代日本研究20　宮中・皇室と政治』山川出版社、一九九八年一一月）も、皇太子渡欧を契機として皇室像が「平民」的に変わっていったことを指摘している。
(23) 前掲、『牧野伸顕日記』一九二四年一〇月九日。
(24) 『東京日日新聞』一九二二年八月三〇日。
(25) 同右、一九二四年四月二五日。
(26) 前掲、『牧野伸顕日記』一九二四年一月一四日。
(27) 高橋紘他編『昭和初期の天皇と宮中――侍従次長河井弥八日記』第一巻（岩波書店、一九九三年）（以下、『河井弥八日記』と略す）一九二七年一月一七日、一八日、二六日、三一日、二月二日。明治節について宮内省では、㈠明治節を宮内省で小祭として行い、㈡明治天皇祭なるものは設けず、㈢饗宴は行わないことで一致した（「関屋貞三郎日記」一九二七年二月二日、「関屋貞三郎文書」九六六、国立国会図書館憲政資料室寄託）。
(28) 拙著『大正デモクラシーと政党政治』（山川出版社、一九八七年）第一部第二章。
(29) 前掲、『牧野伸顕日記』一九二三年五月三日、五日、六月四日、六日。
(30) 前掲、『松本剛吉政治日誌』一九二二年六月四日、五日、六日。『牧野伸顕日記』は西園寺公望の発病を六月四日としているが、『松本剛吉政治日誌』の記述の方が具体的で信用できる。牧野が日記をまとめる際に、誤ったのであろう。
(31) 前掲、『牧野伸顕日記』一九二二年六月六～九日。
(32) 前掲、拙稿「原敬内閣と立憲君主制」第三章1。
(33) 前掲、『松本剛吉政治日誌』一九二二年六月八日、九日。
(34) 前掲、『牧野伸顕日記』一九二二年二月二五日、七月二四日、八月四日、一八日、九月一日、一八日、一九日。牧野伸顕宛松方正義書状、一九二二年八月二二日（「牧野伸顕文書」書状二三九―二八）。西園寺公望は、牧野が東郷平八郎元帥という薩派の人物を内大臣に推すことを警戒していた（『松本剛吉政治日誌』一九二二年八月六日）。
(35) 前掲、『牧野伸顕日記』一九二三年八月一二日、一四日、一七日、二四日、二六日、二七日、二八日。『松本剛吉政治日誌』一九二三年八月一五日、一六日、一八日、二六日、三一日。この時期から内閣辞表提出後の最初の下問が内大臣にあるとの指摘は、拙稿「元老の形成と変遷に関する若干の考察」（『史林』六〇巻二号、一九七七年三月、九一頁、九三頁）で行った。それを永井和

「西園寺公望はいかにして最後の元老になったのか――「一人元老制」と「元老・内大臣協議方式」」（『京都大学文学部研究紀要』三六号、一九九七年三月）（のちに、前掲、同『青年君主昭和天皇と元老西園寺』に所収）は、新たに公刊された『牧野伸顕日記』も史料として具体的に分析し、西園寺・平田東助の主導する「元老・内大臣協議方式」と名付けた。私は、平田内大臣時代は、後の牧野の内大臣時代と比べて平田は後継首相推薦に特に大きな役割を果たしていないこと（摂政から内大臣への善後処置に関する最初の下問は、高齢の両元老が下問に応じられなくなる可能性に備えた形式的なもの）、牧野が宮内省を掌握し、摂政の信頼を得て宮中掌握を強めていくこと（逆に元老は病床にあり、直接摂政に会うことはほとんどないこと）、牧野は露骨な薩派的行動を取らず、西園寺・平田とも協調しようとしていることから、西園寺・平田の主導や彼らと牧野との対立を過度に強調すべきでないと考える。

(36) 木戸日記研究会校訂『木戸幸一日記』上巻（東京大学出版会、一九六六年）一九三二年五月一九日。

(37) 鳥海靖「原内閣崩壊後における『挙国一致内閣』路線の展開と挫折」（『東京大学教養学部人文科学紀要・歴史と文化』X、一九七二年三月）。

(38) 前掲、『松本剛吉政治日誌』一九二四年一月七日、『大阪朝日新聞』一九二三年一二月三〇日。

(39) 前掲、『牧野伸顕日記』一九二四年四月一八日、五月一〇日。

(40) 前掲、『牧野伸顕日記』一九二四年五月一四日、二一日、六月二日、六日。前掲、『松本剛吉政治日誌』一九二四年六月二日、三日。

(41) 前掲、『牧野伸顕日記』一九二四年六月九日。前掲、『松本剛吉政治日誌』一九二四年六月八日、九日。『大阪朝日新聞』一九二四年六月八日。

(42) 前掲、『松本剛吉政治日誌』一九二四年六月三日。山本の（準）元老擁立運動については、小宮一夫「山本権兵衛（準）元老擁立運動と薩派」（前掲、『年報近代日本研究20』）。

(43) 前掲、『松本剛吉政治日誌』一九二四年六月二五日、三〇日。前掲、『牧野伸顕日記』一九二四年五月二一日。

(44) 前掲、『牧野伸顕日記』一九二四年六月一六日。

(45) 前掲、永井和「西園寺公望はいかにして最後の元老になったのか」。

(46) 前掲、『松本剛吉政治日誌』一九二四年八月三〇日。西園寺は内輪で米寿の祝いをした際（一九三六、七年頃か）、「今にして思へば、木戸、大久保、伊藤、或は加藤高明、やゝ落ちるが、原敬など、いづれもひとかどの人物だったが」と人材の払底を慨嘆していた（原田熊雄編『陶庵公清話』岩波書店、一九四三年、九八頁）。西園寺の原評はその実態を示したというより、政友会総裁となった一九〇三年七月以降、一九一二年一二月に第二次内閣の首相を辞任するまで、原に事実上の主導権を奪われていた屈折感が混じっていると思われる。いずれにしても、西園寺が原・加藤を評価していることは間違いない。

(47)前掲、『松本剛吉政治日誌』一九二四年六月二五日。
(48)前掲、永井和『青年君主昭和天皇と元老西園寺』二〇二～二〇四頁。
(49)平田東助宛入江貫一書状、(一九二四年)七月三日(「平田東助文書」六六―一、国立国会図書館憲政資料室所蔵)。
(50)「内輔府官制案・内大臣府官制改正案」(「牧野伸顕文書」書類一二―二)。
(51)平田東助宛入江貫一書状、(一九二四年)九月八日(「平田東助文書」六六―三)。このころ、牧野宮相が辞任するという噂が流れ、二、三の新聞紙にも掲載されたが事実ではなかった(平田東助宛松本剛吉書状、(一九二四年)九月一二日、「平田東助文書」一一四四、前掲、『松本剛吉政治日誌』一九二四年九月一二日)。
(52)平田東助宛入江貫一書状、(一九二四年)九月二七日(「平田東助文書六六―一」)。
(53)同右。
(54)同右。
(55)同右。
(56)注(52)に同じ。
(57)永井和「久邇宮朝融王婚約破棄事件と元老西園寺」(『立命館文学』五四二号、一九九五年一二月)(のちに、前掲、同『青年君主昭和天皇と元老西園寺』に所収)。
(58)前掲、『牧野伸顕日記』一九二四年七月二日、一一月一四日。
(59)同右、一九二四年一一月一四日。
(60)同右、一九二四年一二月二五日。
(61)前掲、『松本剛吉政治日誌』一九二五年一月二日。牧野が一九二一年に宮相になった後、牧野宮相・関屋宮内次官らの主流に対し、倉富勇三郎枢密顧問官(帝室会計審査局長官等を兼任)・小原駩吉内匠頭(旧山県系)などの倉富グループが反発した際に、西園寺は介入を避け牧野が宮中を掌握していくことを黙認した(西川誠「大正後期皇室制度整備と宮内省」前掲、『年報近代日本研究20』)。このように西園寺は、個人的感情を越えて、好ましい大状況の形成を目指して巧みに行動した。
(62)牧野伸顕宛入江貫一書状、(一九二四年一二月)一五日(「牧野伸顕文書」書状一二五―二)。前掲、『松本剛吉政治日誌』一九二四年一一月一六日、一八日、二六日、一二月一四日、一六日。
(63)前掲、『牧野伸顕日記』一九二五年一月一日。
(64)同右、一九二五年一月一〇日。
(65)前掲、『松本剛吉政治日誌』一九二五年一月一四日。
(66)『東京日日新聞』一九二五年一月一三日。

(67) 前掲、拙稿「原敬内閣と立憲君主制」第三章1。
(68) 前掲、『松本剛吉政治日誌』一九二五年三月三〇日、二六年八月九日。
(69) 『東京日日新聞』一九二五年一月一四日夕刊（一月一三日夕方発行）。
(70) 前掲、拙稿「原敬内閣と立憲君主制」第三章1。
(71) 前掲、『松本剛吉政治日誌』一九二五年一月一六日。
(72) 前掲、『牧野伸顕日記』一九二五年一月三一日。牧野は辞去に際し、西園寺・牧野間の連絡役として、珍田東宮大夫と入江為守東宮侍従長を挙げ、二人は内大臣問題に関しその役割を果たした。またその半年以上前から西園寺と牧野の連絡役には中川小十郎台湾銀行頭取兼立命館長があたっていた（同前、一九二四年五月一七日、六月一一日、八月二三日、一九二五年二月九日、一六日、五月六日、一九二六年一月二九日等）。松本剛吉は牧野を訪れても、「凡て不得要領の話に終れり」と記すほど（前掲、『松本剛吉政治日誌』一九二六年一月六日）、牧野に信頼されておらず、西園寺と牧野の連絡役には不適切であった。松本は西園寺と平田の連絡役を務めていたが、平田が内大臣辞任後にまもなく死去すると、西園寺は松本に牧野内大臣関係の重要事項をあまり話さなくなった。こうして松本の役割は、薩派や政党の動向を西園寺に伝えることが中心となっていく（前掲、『松本剛吉政治日誌』参照）。
(73) 牧野伸顕宛入江為守書状、〔一九二五年〕二月二日（「牧野伸顕文書」書状一二六―四）。西園寺と入江の内大臣に関する会話の内容は書状では不明。
(74) 前掲、『牧野伸顕日記』一九三五年二月五日、九日、一〇日、一二日、一六日。
(75) 『東京日日新聞』一九二五年二月二一日夕刊（二〇日夕方発行）。
(76) 同右、一九二五年二月二一日。
(77) 前掲、『牧野伸顕日記』一九二五年三月二日、三日、二〇日、二六日、三〇日。
(78) 「倉富勇三郎日記」一九二九年六月一九日（「倉富勇三郎文書」国立国会図書館憲政資料室所蔵）。枢密院議長になっている倉富は、その話を日記と同日に、渡辺直達（元宮内省式部次長）にした。
(79) 『東京日日新聞』一九二五年四月九日。
(80) 前掲、『牧野伸顕日記』一九二五年五月六日。
(81) 同右、一九二五年七月一九日。
(82) 前掲、拙著『大正デモクラシーと政党政治』第一部第四章。
(83) 前掲、『松本剛吉政治日誌』一九二五年六月二一日、七月二五日、三一日。
(84) 前掲、『牧野伸顕日記』一九二五年七月二二日。松本剛吉は牧野に不信感を持っており、大木遠吉貴族院議員（政友会系、政・

本合同に尽力）等の考えである、牧野が薩派と連動しているイメージをこの時期でも日記に記している（前掲、『松本剛吉政治日誌』一九二五年五月三一日、八月一一日）。しかし西園寺は情報収集屋としてリップサービスの必要な松本にさえ、牧野が薩派と連動することを警戒する気持ちがあるのを示すことはあるが、この時期に牧野が薩派と連動して動いているとみる考えを松本に表すことはなかった（前掲、『松本剛吉政治日誌』一九二五年九月二六日、一九二六年九月八日）。加藤高明内閣については、奈良岡聰智「加藤高明内閣の政治過程――加藤高明の政治指導と二大政党制の成立」(一)・(二)（『法学論叢』一五二巻三号、一五三巻一号、二〇〇二年一二月、二〇〇三年四月）参照。

(85) 前掲、『牧野伸顕日記』一九二五年七月三〇日、三一日、八月一日、二日。前掲、『松本剛吉政治日誌』一九二五年八月三日。

(86) 前掲、『牧野伸顕日記』一九二六年一月二八日、二九日、三〇日。前掲、『松本剛吉政治日誌』一九二六年二月一日。

(87) 『東京日日新聞』一九二六年四月一四日。

(88) 一九二六年五月一九日、関屋宮内次官は、牧野・一木・東久世・関屋らが、土地と山林の払い下げで批判する西田らの書面を受け取ったことを記した（「関屋貞三郎日記」一九二六年五月一九日、「関屋貞三郎文書」九〇五）。『東京日日新聞』一九二六年八月四日夕刊、五日夕刊、五日、六日夕刊、七日夕刊、七日、八日夕刊、八日。前掲、『松本剛吉政治日誌』一九二六年七月三一日。前掲、『牧野伸顕日記』は、一九二六年六月二八日を最後に一〇月二八日まで記事がない。

(89) 前掲、「関屋貞三郎日記」一九二六年六月三〇日。

(90) 前掲、「倉富勇三郎日記」一九二六年八月五日。

(91) 前掲、『松本剛吉政治日誌』一九二六年八月九日。

(92) 同右、一九二六年七月三一日、八月一二日。

(93) 同右、一九二六年八月一五日、一六日。

(94) 同右、一九二六年五月六日、七月二九日。その後も西園寺は、松本が野田卯太郎の遺言として聞いてきた、平沼を宮中に入れ内大臣とする話等にも、「一々首肯」して（同前、一九二七年二月一五日）、間接的に平沼へのリップサービスに努めた。

(95) 前掲、「関屋貞三郎日記」一九二六年八月二七日。『東京日日新聞』一九二六年八月一六日、二二日。

(96) 前掲、「関屋貞三郎日記」一九二六年九月一二日。

(97) 前掲、「倉富勇三郎日記」一九二六年九月一二日、一三日、二四日、二八日、一〇月一一日、二〇日。なお、一〇月一一日、二上兵治枢密院書記官長は、同年夏に宮内省より、横田秀雄大審院長・小山松吉検事総長に恩賜金が与えられるようになったのは、宮内省怪文書事件の処理のためであろうかと、牧野内大臣らへの不信感を倉富枢密院議長に話している。東久邇宮の動向については、拙稿「東久邇宮稔彦王の迷走と宮中・陸軍――宮中某重大事件後の宮中と政治　一九二一〜一九二六」（『法学論叢』一五六巻三・四号、二〇〇五年一月）を参照されたい。

(98) 前掲、『牧野伸顕日記』一九二六年一〇月二八日、一一月三日。西園寺は一〇月一四日に摂政に拝謁しているので、上奏はその日であろう（前掲、永井和「西園寺公望はいかにして最後の元老となったのか」）。この二カ月半前、西園寺は平田東助が在世中、政変の場合は「元老と内大臣が御下問に奉答すること丶し」、平田よりは特に摂政にこの事を上奏し、西園寺もその後参内した時にこの件を伏奏したと、松本に話したという（前掲、『松本剛吉政治日誌』一九二六年八月三〇日）。しかし、平田の内大臣時代、例えば一九二四年六月の第一次加藤内閣成立の際は、平田は善後処置についての下問は受けたが、後継首相推薦の直接の下問があったとは考えず、元老西園寺の意向で、西園寺の奉答の後に平田への下問があったのみである（『大阪朝日新聞』一九二四年六月八日、前掲、『松本剛吉政治日誌』一九二四年六月八日、九日）。本章で検討してきたように、牧野内大臣時代も、政変の際の善後処置について内大臣への下問を、元老・内大臣を含め宮中中枢は元老と対等に直接後継首相推薦についての下問があったとみなしていなかった。一九二六年八月二六日の『松本剛吉政治日誌』の記述は、松本の記憶の誤りか、西園寺が牧野に好意を持たない情報屋の松本や彼が接するであろう有力者の気持ちを、後継首相推薦についての牧野内大臣への権限委譲を平田との合意事項で上奏済のことであったと述べることで緩和しようとしたものであったといえよう。前掲の永井論文は、内大臣にも元老と同様に後継首相推薦の下問があるようにするという、西園寺の提言の新しさを見落とし、「現行の『元老・内大臣協議方式』を再確認したまでといえる」と評価している。本章の元になった、前掲、拙稿「立憲君主制の形成と展開」での永井氏の研究への言及に対し、同氏は、「誤解を避けるためにも、第一次加藤高明奏薦より前の第二次山本奏薦と清浦奏薦の手続きを『非公式の元老・内大臣協議方式』、第一次加藤高明奏薦以降のそれを『（公式の）元老・内大臣協議方式』とよんで区別」するとしている（前掲、永井和『青年君主昭和天皇と元老西園寺』二一二～二一三頁）。後継首相推薦様式は慣行であり、慣行の成立を「非公式」「公式」と区別すること自体が議論の本質を混乱させる。慣行は定着したとき成立するのであり、私は、本章のように、加藤高明という元老候補になる可能性のある有力政治家が一九二六年一月に死去した後、同年一〇～一一月に新しい慣行が形成されたとみるのである。

(99) 前掲、『牧野伸顕日記』一九二六年一〇月二八日。

(100) 前掲、永井和「西園寺公望はいかにして最後の元老となったのか」。

(101) 前掲、『河井弥八日記』一九二六年九月四日、二三日、二九日、三〇日。特に河井がイギリスの内閣組織の方法について研究しているのが注目される。

(102) 『東京日日新聞』一九二六年一〇月九日夕刊、一二日夕刊、二二日、二六日、一一月三日。前掲、『河井弥八日記』一九二六年一〇月一七日、二五日、二七日、一九二七年一月二日、二月二一日、三月一日。前掲、「関屋貞三郎日記」一九二七年一月二五日。

(103) 前掲、『松本剛吉政治日誌』一九二六年一一月一日。『松本剛吉政治日誌』からは牧野が西園寺を訪れた日は確認できないが、『牧野伸顕日記』により一〇月二八日とわかる。しかし『牧野伸顕日記』には、先述の西園寺の提言の叙述のみで、宮内省怪文書事件の記述が一切ないのは、牧野がそのことを記すのを避けたか、その部分を破棄したかのいずれかであろう。なお、『松本剛吉政治日誌』には、一〇月二八日に西園寺の提言の叙述がない。これは、注(94)で述べた、西園寺が松本らへの人心誘導を行うため、このことを秘したためであるといえよう。
(104) 前掲、『河井弥八日記』一九二七年四月一七日。前掲、『松本剛吉政治日誌』一九二七年四月一七日の記事に続く、「若槻内閣の瓦解並に田中内閣成立の顚末」。
(105) 前掲、『牧野伸顕日記』一九二九年七月二日、一九三一年四月一三日、一四日、一二月一二日。『木戸幸一日記』一九三一年四月一三日、一四日、一二月一一日、一二日。
(106) 『東京日日新聞』一九二七年四月一八日、一九日、一九二九年七月三日夕刊、一九三一年四月一〇日夕刊、一二月一二日、一三日、一九三二年五月一七日、二一日夕刊、二二日、二三日夕刊、二三日号外。『大阪朝日新聞』一九二七年四月一八日、一九日夕刊、一九日、二〇日、一九二九年七月三日夕刊、一九三一年四月一四日夕刊、一四日、一五日、一二月一二日、一二月一三日、一九三二年五月一七日夕刊、二一日夕刊、二二日、二三日号外。
(107) 前掲、『牧野伸顕日記』一九二四年六月二二日。
(108) 同右、一九二四年六月一四日、八月一七日。前掲、『侍従武官日記』一九二三年六月一八日、二五日、一〇月四日。日記の著者の四竈は侍従武官(海軍少将)で、天皇の運動に交代で付き従った。
(109) 前掲、『牧野伸顕日記』一九二四年一一月一六日、一二月一四日。
(110) 同右、一九二五年三月二一日。
(111) 同右、一九二五年七月二二日、一九二六年二月一〇日。
(112) 前掲、「倉富勇三郎日記」一九二六年八月六日。
(113) 前掲、『牧野伸顕日記』一九二五年四月一一日、七月二〇日、一二月二三日、一九二六年一月三一日。
(114) 西川誠「大正期の宮中席次」(『日本歴史』六四八号、二〇〇二年五月)。
(115) 前掲、『牧野伸顕日記』一九二四年五月一日、三日、一〇日、八月二三日。
(116) 前掲、『松本剛吉政治日誌』一九二五年一月三〇日。
(117) 前掲、『牧野伸顕日記』一九二六年三月三日、九日、一一日。前掲、『河井弥八日記』一九二六年九月二二日。
(118) 前掲、『松本剛吉政治日誌』一九二四年一〇月三日、七日、八日、九日、一一日、一一月一日、二日、一九二五年八月三日。
(119) 同右、一九二五年九月二六日。
(120) 前掲、『牧野伸顕日記』一九二五年九月二五日、二六日、二八日、二九日。前掲、『松本剛吉政治日誌』一九二五年九月二六日、三〇日、一〇月二日。
(121) 『東京日日新聞』一九二六年四月一一日、一二日。なお、「倉富勇三郎日記」の一九二六年三月二八日から四月三〇日の部分は、国立国会図書館憲政資料室には所蔵されていないので、倉富が枢密院議長に就任する経過は同日記ではわからない。

(122) 前掲、「倉富勇三郎日記」一九二八年九月二五日、二六日。

(123) 同右、一九二八年一〇月二日。

(124) 同右、一九二六年一月二八日。同年一月二九日に、岩波武信宗秩寮事務官は、倉富勇三郎枢密院副議長に、加藤高明の陞爵については、一木宮相や仙石政敬宗秩寮総裁はあまり賛成しなかったようであるが、内閣の方から牧野内大臣を説得して決定したようで、岡本愛祐内大臣秘書官は前もって陞爵のことを知っていた等と話している（前掲、「倉富勇三郎日記」一九二六年一月二九日）。

(125) 前掲、『松本剛吉政治日誌』一九二七年二月一五日。

(126) 前掲、「関屋貞三郎日記」一九二六年四月七日、八日。

第Ⅰ部第三章

(1) 本書序論注(1)。

(2) 高橋紘・粟屋憲太郎・小田部雄次編『昭和初期の天皇と宮中——侍従次長河井弥八日記』第一巻（岩波書店、一九九三年）一九二七年一月二〇日（以下、『河井弥八日記』と略す）。

(3) 前掲、『河井弥八日記』一九二七年四月一四日。

(4) 前掲、「倉富勇三郎日記」一九二七年四月一六日、一七日。

(5) 拙著『大正デモクラシーと政党政治』（山川出版社、一九八七年）第Ⅰ部第四章・第五章、同『立憲国家と日露戦争』（木鐸社、二〇〇〇年）第Ⅱ部第一章。

(6) 拙稿「立憲君主制の形成と展開」（伊藤之雄・川田稔編著『環太平洋の国際秩序の模索と日本——第一次世界大戦後から五五年体制成立』山川出版社、一九九九年、に所収）。

(7) 「事務官更迭に関する御宸念に就て」（案）（一九二七年九月頃）（「牧野伸顕文書」三三、国立国会図書館憲政資料室所蔵）。前掲、『牧野伸顕日記』（一九二七年六月一五日）にも同様のことが確認できるが、本章では天皇・牧野・田中の行動を、牧野の側近がのちに日記風に整理したと思われる覚書（宮内省用箋）を、日記と合わせて使用する。この覚書は、前掲、『牧野伸顕日記』よりも詳しい。

(8) 拙著『立憲国家の確立と伊藤博文——内政と外交　一八八九～一八九八』（吉川弘文館、一九九九年）、前掲、同『立憲国家と日露戦争』、拙稿「山県系官僚閥と天皇・元老・宮中——近代君主制の日英比較」（『法学論叢』一四〇巻一・二号、一九九六年一一月）。

(9) 前掲、「事務官更迭に関する御宸念に就て」(案)。
(10) 前掲、『牧野伸顕日記』一九二七年六月一五日。
(11) 前掲、「事務官更迭に関する御宸念に就て」(案)。
(12) 前掲、『牧野伸顕日記』一九二七年八月八日。
(13) 前掲、「事務官更迭に関する御宸念に就て」(案)、前掲、『牧野伸顕日記』一九二七年八月二二日、二九日、三一日。
(14) 前掲、「倉富勇三郎日記」一九二七年一〇月一二日。
(15) 同右、一九二七年一一月一五日。
(16) 前掲、『牧野伸顕日記』一九二八年四月六日。
(17) 同右、一九二八年四月二〇日、二一日。
(18) 同右、一九二八年四月二〇日、二三日、二五日、二八日。
(19) 同右、一九二八年五月一～四日。
(20) 前掲、『河井弥八日記』一九二八年五月四日。
(21) 前掲、『牧野伸顕日記』一九二八年五月五日。
(22) Vernon Bogdanor, *The Monarchy and the Constitution*, Oxford University Press, 1995, pp. 79-83.
(23) 前掲、『牧野伸顕日記』一九二八年五月五日、六日。
(24) 同右、一九二八年五月一五日。
(25) 前掲、『河井弥八日記』一九二八年五月一五日、一九日。『東京日日新聞』一九二八年五月二二日。
(26) 前掲、『牧野伸顕日記』一九二八年五月二二日。
(27) 前掲、拙稿「立憲君主制の形成と展開」、宮内庁『明治天皇紀』第九(吉川弘文館、一九七三年)四七二～四七三頁。もっとも、明治天皇は翌年八月に陸奥が第二次伊藤内閣の外相になることを裁可している。また、近衛の場合は、彼が五摂家出身という特別な立場であるので、明治天皇は宮中側近の人事に近い感覚で関与した側面と、勅任官ポストである法制局長官を親任官にするという無理な制度運用を天皇が承認するか否かという側面がある。このように、通例の閣僚人事への関与と異なるといえる。
(28) 前掲、『牧野伸顕日記』一九二八年五月二三日。
(29) 前掲、『河井弥八日記』一九二八年五月二三日、二四日。前掲、『牧野伸顕日記』一九二八年五月二五日。
(30) 前掲、『河井弥八日記』一九二八年五月二五日。
(31) 前掲、『牧野伸顕日記』一九二八年五月二六日、二八日、二九日。前掲、『河井弥八日記』一九二八年五月二八日、二九日。
(32) 前掲、「倉富勇三郎日記」一九二八年五月一二日。

(33) 同右、一九二八年五月三〇日。
(34) 同右。
(35) 同右。その約一年後も、平沼は「陛下は全体は保守の御考を有したまふも、側近の者か新しくすると云ふ嫌あり」と、倉富議長や二上書記官長に話したように（同前、一九二九年四月一七日）、宮中側近が一番問題であり、天皇が影響されているとの考えを示している。
(36) 同右。
(37) 同右、一九二九年六月一三日。
(38) 同右。
(39) 同右、一九三〇年一〇月二九日。
(40) 同右、一九三一年二月一五日。
(41) 同右、一九二六年一月一九日、五月一三日、一五日。
(42) 原奎一郎編『原敬日記』第五巻（福村出版、一九六五年）一九一九年三月一一日。
(43) 同右、一九一九年一〇月二五日。
(44) 拙稿「原敬内閣と立憲君主制――近代君主制の日英比較」㈣（『法学論叢』一四四巻一号、一九九八年一〇月）。
(45) 前掲、『原敬日記』一九二〇年二月八日。
(46) 前掲、「倉富勇三郎日記」一九三〇年一〇月一八日。
(47) 前掲、拙稿「原敬内閣と立憲君主制」㈣。
(48) 前掲、「倉富勇三郎日記」一九二六年一月一九日。
(49) 同右、一九二六年五月一日。二上兵治書記官長の倉富議長への回想的談話。
(50) 同右、一九二六年一月一九日。二上書記官長の倉富副議長への話。
(51) 前掲、拙稿「立憲君主制の形成と展開」。伊藤正徳編『加藤高明』下巻（加藤伯伝記編纂委員会、一九二九年）六五五〜六六〇頁。
(52) 前掲、「倉富勇三郎日記」一九二六年一月一一日、一六日、一九日。
(53) 同右、一九二六年一月一九日。枢密顧問官推薦の慣例について、「倉富勇三郎日記」中では他に、一九二六年五月一日（倉富と二上の談話）、一九二九年七月一六日（倉富と浜口雄幸首相の談話）、七月二〇日（倉富と俵孫一商工相の談話）に記述がある。この記述は、枢密院の書記官長として枢機に関わった経歴の最も長い二上の一九二六年一月一九日の談話が最も正確である（倉富の浜口雄幸への話は二上から聞いた話を、少し荒っぽく簡略化したもの）。しかし、増田知子『天皇制と国家――近代日本の立憲君主制』（青木書店、一九九九年）は、一九二六年の「倉富勇三郎日記」を見ていないため、正確でない一九二九年七月一六日の記述のみを引用して、山県議長時代は議長単独にて顧問官候補者を内奏し、その後は双方より内奏する例を生じたりと（一二八頁）、一九二二年の清浦議長時代から大きな変化が生じたかのような誤ったイメージを提起している。これでは、第二次護憲運動を背景としてできた加藤高明内閣の画期性があいまいになる。

(54) 前掲、「倉富勇三郎日記」一九二六年五月一日、四日、一三日。
(55) 同右、一九二六年九月一三日、一六日、一七日、一八日、二一日、一〇月一日、二日。
(56) 同右、一九二七年三月三〇日。
(57) 同右、一九二七年一月一二日、四月一日、二日、四日、一一日。
(58) 同右、一九二七年四月二九日、五月一一日。
(59) 同右、一九二七年四月二九日、五月一一日、一二日。
(60) 奈良武次「奈良武次回想案」（波多野澄雄・黒沢文貴他編『侍従武官長奈良武次日記・回顧録』第四巻、柏書房、二〇〇〇年、に所収）（以下、『奈良武次日記』と略す）一四八頁。
(61) 前掲、「倉富勇三郎日記」一九二七年一〇月八日。
(62) 同右。
(63) 同右、一九二七年一〇月一二日。
(64) 同右。
(65) 同右、一九二七年一一月一日。
(66) 同右、一九二七年一一月一三日。
(67) 同右、一九二七年一一月二四日。
(68) 同右、一九二七年一一月二八日。
(69) 同右、一九二七年一一月二九日、三〇日。
(70) 同右、一九二九年一月一九日。
(71) 同右、一九二九年一月二三日、二四日。
(72) 同右、一九二九年一月三〇日、二月一日。大島健一については倉富議長も顧問官に推薦してもよいとみていたが、平沼副議長との「不和」が懸念されると、二上書記官長に話していた（前掲、「倉富勇三郎日記」一九二九年一月一一日）。大島は顧問官になれなかった。田中首相が強く押したわけでなく、平沼の拒否権が働いていたからである。
(73) 同右、一九二九年二月三日。

(74) 同右、一九二九年二月五日、六日。
(75) 同右、一九二八年四月四日。
(76) 同右、一九二九年五月七日。
(77) 同右、一九二九年五月八日。
(78) 同右、一九二九年五月九日。
(79) 同右、一九二九年五月一一日。
(80) 同右、一九二九年五月一八日。
(81) 前掲、拙著『大正デモクラシーと政党政治』第Ⅰ部第五章第二節。
(82) 前掲、「倉富勇三郎日記」一九二九年五月二二日。
(83) 同右、一九二九年五月二三日、二九日。
(84) 前掲、拙稿「原敬内閣と立憲君主制」㈣。
(85) 前掲、拙稿「立憲君主制の形成と展開」。
(86) 前掲、『牧野伸顕日記』一九二七年九月二七日。
(87) 前掲、「倉富勇三郎日記」一九二七年七月一二日。宮内省による西本願寺武庫別荘買い上げをめぐる贈収賄問題とその政治的意味については、前掲、拙稿「山県系官僚閥と天皇・元老・宮中」第五章1を参照のこと。
(88) 前掲、『牧野伸顕日記』一九二七年一〇月三日。なお、同一九二七年九月下旬に、枢密顧問官の山県伊三郎（山県有朋の養嗣子、元逓相）が死去した。倉富枢密院議長は、勲章は勲一等を与えられて年数が経過しているので、桐花大綬章を加授し、位は従二位から正二位に進めるよう二上書記官長に命じ、枢密院から申し立てた通り発表された（前掲、「倉富勇三郎日記」一九二七年九月二四日、二五日）。この経過は枢密院（各部門）から上申された加授や位の上昇を、宮内省が承認したことを示しているのみで、宮内省の審査権が弱いわけではない。
(89) 前掲、『牧野伸顕日記』一九二七年一二月二日。
(90) 同右、一九二八年一〇月一九日。
(91) 『東京日日新聞』一九二八年一一月一日夕刊、一一月一日、二日夕刊。清浦（元首相）の陞爵について、一九二八年一〇月一一日段階で、牧野内大臣が倉富枢密院議長に異議がないと述べていた。その際、牧野は倉富に、この件は宮内省では「受身になるもの」で、内閣の方よりも陞爵の主張がなければ実現しないとも説明していた（前掲、「倉富勇三郎日記」一九二八年一〇月一一日）。このように、宮内官としての功績で陞爵するのでない場合、内閣の方から発議するのが慣行であった。その後、一〇月二四日までに倉富は田中首相に二回ほど清浦の陞爵について話したところ、田中はそれを提出することを検討したという（同前、一九二八年一〇月二四日）。

(92)「財部彪日記」一九二八年五月三日、九月二〇日、二三日、一一月四日、一一日（「財部彪文書」国立国会図書館憲政資料室所蔵）。

(93) 前掲、『牧野伸顕日記』一九二九年一月一六日。

(94) 前掲、「倉富勇三郎日記」一九二九年一月一六日。

(95) 同右。

(96) 前掲、拙稿「原敬内閣と立憲君主制」㈣。

(97) 小川平吉「満州問題秘録・秘」（岡義武他編『小川平吉関係文書』1、みすず書房、一九七三年、六二六頁）。この小川の回想は西園寺公望の点検も受けており（小川平吉宛西園寺公望書状、年不詳、一二月一三日）、信頼できる。この手記が書かれた時期として、田中内閣が倒れた一九二九年一二月は小川が鉄道疑獄事件に関係しているので考えられない。おそらく、一九三〇年一二月か一九三一年一二月頃に完成したのであろう。この手記には、一九三〇年四月以降に多く使われる「軍部」という用語が使われており、この用語も右の推定の傍証となる。

(98) 同右、二六二頁、六二六～六二八頁。

(99) 前掲、『牧野伸顕日記』一九二八年六月二五日。

(100) 前掲、小川平吉「満州問題秘録・秘」六二八～六二九頁。

(101) 原田熊雄口述『西園寺公と政局』第一巻（岩波書店、一九五〇年）三～五頁（一九三〇年四月七日の原田の口述）。一九二九年一月一七日、小原駩吉宮中顧問官（元宮内省内匠頭）は、倉富勇三郎枢密院議長に、野党の江木翼（民政党幹部、元加藤高明内閣書記官長と法相、第一次若槻内閣法相）も事件は日本人の行ったものであることを知っていることや、西園寺が田中首相にどこまでも事実を明らかにするように要請したと伝えている（前掲、「倉富勇三郎日記」一九二九年一月一七日）。

(102) 前掲、『河井弥八日記』一九二八年一二月二四日。

(103) 前掲、『西園寺公と政局』第一巻、一〇～一一頁（一九三〇年四月一〇日口述）。前掲、『牧野伸顕日記』一九二九年三月二八日、四月三日、五月九日。

(104) 前掲、『河井弥八日記』一九二八年一二月二五日。

(105) 前掲、小川平吉「満州問題秘録・秘」六二九頁。

(106) 前掲、『牧野伸顕日記』一九二九年一月一九日、二月二日、二月二七日。

(107) 永井和『青年君主昭和天皇と元老西園寺』（京都大学学術出版会、二〇〇三年）三〇九～三一〇頁。

(108) 前掲、拙著『大正デモクラシーと政党政治』第Ⅰ部第五章。

(109) 前掲、『牧野伸顕日記』一九二九年三月二七日、二八日、四月三日。
(110) 同右、一九二九年五月六日、九日、一一日。
(111) 同右、一九二九年五月一三日、一四日。
(112) 『東京日日新聞』一九二九年五月三一日、六月一日。すでに三月二七日には、田中内閣は「満州某重大事件」を「遺憾」の声明により始末をつけると報じられていた（同前）。
(113) 前掲、『牧野伸顕日記』一九二九年六月八日、一三日、二一日。
(114) 同右、一九二九年六月二五日。
(115) 同右。
(116) 前掲、拙稿「立憲君主制の形成と展開」。
(117) 前掲、『牧野伸顕日記』一九二九年六月二五日。
(118) 同右、一九二九年六月二五日、二六日。
(119) 同右、一九二九年六月二六日。
(120) 同右。
(121) 前掲、『河井弥八日記』一九二九年六月二六日、二七日。
(122) 前掲、『牧野伸顕日記』一九二九年六月二八日。前掲、小川平吉「満州問題秘録・秘」六三一～六三二頁。
(123) 前掲、小川平吉「満州問題秘録・秘」六三二頁。
(124) 同右、六三三頁。
(125) 前掲、『奈良武次日記』一九二九年六月二八日。
(126) 前掲、小川平吉「満州問題秘録・秘」六三三頁。
(127) 同右、六三三～六三四頁。
(128) 同右、六三四頁。
(129) 同右。
(130) 同右、六三四～六三五頁。
(131) 寺崎英成、マリコ・テラサキ・ミラー編著『昭和天皇独白録　寺崎英成・御用掛日記』（文芸春秋、一九九一年）二二一～二二三頁。
(132) 前掲、小川平吉「満州問題秘録・秘」六三六～六三八頁。
(133) 前掲、「倉富勇三郎日記」一九二九年七月八日。

(134) 同右、一九二九年七月九日。
(135) 同右。
(136) 同右。
(137) 同右。
(138) 同右。
(139) 同右、一九二九年七月一八日。
(140) 高松宮宣仁親王『高松宮日記』(中央公論社、一九九六年)一九二九年九月二九日。
(141) 松尾尊兊「政友会と民政党」(『岩波講座日本歴史〈新版〉』近代6、一九七六年)。
(142) 前掲、「倉富勇三郎日記」一九二七年一〇月一一日。
(143) 同右、一九二八年一〇月二〇日。
(144) 前掲、『奈良武次日記』一九二七年一一月二五日。
(145) 前掲、「倉富勇三郎日記」一九二八年二月二二日、三月一四日。秩父宮の演説自体は、イギリスの労働者がストライキをしても粗暴なことをせず、秩序ある態度を取ったことを賞賛するものであった。
(146) 前掲、「倉富勇三郎日記」一九二八年五月三〇日。
(147) 「秩父宮殿下御事蹟執筆関係書類」(極秘)(「荒木貞夫文書」三六三、国立国会図書館憲政資料室所蔵)。荒木は、平沼騏一郎が会長となって始めた国粋主義団体の国本社(一九二四年五月発会)の発会当時の一九人の理事の一人である(伊藤隆『昭和初期政治史研究』東京大学出版会、一九六九年、三五三〜三五四頁)。この他、秩父宮は陸大入学前に、入試をするなら入学しないといって陸軍当局者を心配させていると、平沼副議長は倉富議長に述べ、二人は秩父宮への輔導がよくないと批判した(前掲、「倉富勇三郎日記」一九二八年九月四日)。これは秩父宮が入学させるつもりなのに入試を行う形式主義を批判したことに対するものである。陸軍や国粋主義者は、秩父宮の潜在的な資質に大きな期待をする一方で、輔弼が不十分で宮の言動によって問題が生じるとも見ていた。
(148) 前掲、「倉富勇三郎日記」一九二九年一月二六日。
(149) 同右。
(150) 同右。一九二八年四月、倉富枢密院議長と松平慶民宮内事務官は密談の中で、秩父宮は、結婚後も秩父宮妃も同行させて夫妻でイギリスに再遊することを望んでいるが、一木宮相は反対が出ることを恐れてそれを主張する勇気がないと思っていると、秩父宮の一木宮相に対する信頼の弱さを話した(同前、一九二八年四月二五日)。
(151) 前掲、「倉富勇三郎日記」一九二九年一月二六日。

(152) 同右、一九二九年三月一日、二日。
(153) 同右、一九二九年三月一三日。
(154) 同右、一九二九年四月二三日。
(155) 拙稿「原敬内閣と立憲君主制——近代君主制の日英比較」㈢（『法学論叢』一四三巻六号、一九九八年九月）一九〜二〇頁。
(156) 拙稿「東久邇宮稔彦王の迷走と宮中・陸軍——宮中某重大事件後の皇族と宮中政治　一九二一〜一九二六」（『法学論叢』一五六巻三・四号、二〇〇五年一月）。
(157) 前掲、拙稿「立憲君主制の形成と展開」、前掲、拙稿「東久邇宮稔彦王の迷走と宮中・陸軍」。
(158) 前掲、「倉富勇三郎日記」一九二六年五月一一日。
(159) 同右、一九二七年五月一九日。
(160) 同右、一九二七年二月二〇日、三月三〇日、四月一日、一二日、一三日、二三日、二六日、二九日、五月三日、四日、一八日、一二月三日、八日、一〇日、一七日。
(161) 前掲、『牧野伸顕日記』一九二九年一月一三日。
(162) 前掲、「倉富勇三郎日記」一九二五年七月二三日。
(163) 同右、一九二五年九月一四日。
(164) 同右、一九二五年一一月九日。
(165) 同右、一九二五年九月七日。
(166) 同右、一九二七年一月一九日。
(167) 同右、一九二七年三月一六日。
(168) 同右、一九二八年六月二九日。
(169) 同右。
(170) 同右。
(171) 同右。
(172) 同右、一九二八年七月二五日。
(173) 『東京朝日新聞』一九二八年九月二二日。
(174) 前掲、「倉富勇三郎日記」一九二九年三月二四日。
(175) 同右。仙石政敬宗秩寮総裁が倉富枢密顧問官（宮内省帝室会計審査局長官）に話したところによると、一九二五年七月、久邇宮邦彦王の不信ということで、久邇宮家の宮務監督・事務官両名が更迭された（同前、一九二五年七月二三日）。その後任の事務官である山田はこのことを知っているはずであり、山田の邦彦王への接し方はこのような状況から出たといえる。

(176) なお、前掲、『牧野伸顕日記』などの残存部分には、このことは一切記載されていない。日記に書くことを避けたのであろう。

(177) 同右、一九二八年七月二五日。

(178) 『東京日日新聞』一九二八年三月二六日。久邇宮家の存続のためには、朝融王に庶子であっても男子が必要であるという事情と、知子女王との結婚の行き掛りを配慮すると、妊娠している知子女王の子が男か女か判明してから、侍女の産んだ男子の処置を決定するのが、久邇宮家にとって最も都合が良い。当時の日本は、実際の出産日と届け出られた「出産日」が種々の理由で異なっていても寛容な社会であった。知子女王に男子が誕生する「前日」に侍女の子供を認知する方針が消えたことの「真相」は、これらの事情を考慮すると、文字通り受け取れない疑問も残る。

第Ⅰ部第四章

(1) 増田知子「政党内閣と枢密院」(『年報近代日本研究6　政党内閣の成立と崩壊』山川出版社、一九八四年)(のちに、同『天皇制と国家――近代日本の立憲君主制』青木書店、一九九九年、に所収)、波多野勝『浜口雄幸』(中公新書、一九九三年)、永井和「二大政党時代の元老」(立命館大学編『西園寺公望伝』第四巻、岩波書店、一九九六年)、安田浩『天皇の昭和史――睦仁・嘉仁・裕仁の時代』(青木書店、一九九八年)二一二～二一九頁、加藤陽子「ロンドン海軍軍縮条約問題の論理――常備兵額と所要兵力のあいだ」(『年報近代日本研究20　宮中・皇室と政治』山川出版社、一九九八年)、升味準之輔『昭和天皇とその時代』(山川出版社、一九九八年)。

(2) 前掲、安田浩『天皇の政治史』、前掲、増田知子『天皇制と国家』。

(3) 長尾龍一『日本憲法思想史』(講談社学術文庫、一九九六年)三六～一四一頁。

(4) 本章は、すでに発表した拙稿「浜口雄幸内閣と立憲君主制の動揺――昭和天皇をめぐる政治とイメージ」(一)～(四)(『法学論叢』一四九巻六号、一五〇巻一号、二号、四号、二〇〇一年九～一一月、二〇〇二年一月)を加筆、修正したものである。

(5) 伊藤隆・広瀬順晧編『牧野伸顕日記』(中央公論社、一九九〇年)一九二九年七月二日。

(6) 拙著『大正デモクラシーと政党政治』(山川出版社、一九八七年)二四一～二四二頁、二四六～二四七頁。

(7) 浜口雄幸の国家構想については、川田稔「解説　浜口雄幸の国家構想」(同編『浜口雄幸集――議会演説篇』未来社、二〇〇四年)参照。川田氏も、浜口内閣と同様に原内閣の政党政治確立への志向を評価している(川田稔「立憲制的君主制から議会制的君主制へ」伊藤之雄・川田稔編著『環太平洋の国際秩序の模索と日本――第一次世界大戦から五五年体制成立』山川出版社、一九九九年)。筆者は、本章で示すように、原・加藤・浜口とも政党政治確立への志向は明確であったが、原に比べ、浜口は反政党勢力との対決に少し性急でありすぎ、世界恐慌下の厳しい状況も加わり、政党が国政のコントロールを失っていったとみている。すでに述べたように、田中内閣は内政・外交に行き詰まった上に、張作霖爆殺事件の処理をめぐり昭和天皇の不信を買って総辞職したが、その田中総裁（元首相）の将来について、一九二九年九月一日、倉富枢密院議長と平沼枢密院副議長は、次のような内容の興味深い密談をしている。㈠倉富は、次の通常議会が解散され政友会が衆議院の多数となったら、元老西園寺の方針に従えば、田中に組閣の命が天皇より下りるはずであるが、果たしてその通りになるかと言い、㈡平沼は先頃のことがあるので、田中には組閣の命は下らないだろうと応じ、㈢倉富は、しかし政友会が多数の場合、「政友会の他の人」に内閣組織を命じることはできないだろうと述べ、㈣平沼は、それはできないので、「他の人」に組閣の命を下すだろうと言い、㈤倉富は、「中間内閣」のようなものは「絶対に」できないだろうとし、できたら「夫れこそ大変なることになる」と述べ、㈥平沼は、今でこそ政友会は静かにしているが、牧野内大臣に対する反感は余程烈しいようで、事情が一変したら大変面倒な事を引き起こすかもしれないと応じた（前掲、「倉富勇三郎日記」一九二九年九月一日）。二人の会話からわかることは、平沼は政党内閣以外の内閣ができる可能性があるとみているが、国粋主義者の平沼と連携している倉富までが、政党政治の慣行の定着を認め、総選挙で政友会が多数を占めれば、天皇の不信を買って辞任した田中義一でも組閣ができると見ていることである。政党政治の慣行が定着する中で、天皇の首相任命の権限がかなり形式的なものになっているのが再確認される。もう一つ注目されるのは、政友会が田中内閣の倒閣を牧野内大臣の「策略」であるとみて、牧野内大臣に強い反感を持っていることである。

(8) 前掲、『牧野伸顕日記』一九二九年七月一一日、一二日。
(9) 池井優・波多野勝・黒沢文貴編『浜口雄幸日記・随感録』（みすず書房、一九九一年）（以下、『浜口雄幸日記』と略す）一九二九年七月三〇日、三一日。
(10) 同右、一九二九年八月一三日、一五日。
(11) 前掲、「倉富勇三郎日記」一九二九年八月一六日。
(12) 同右、一九二九年八月一二日。
(13) 同右。
(14) 同右。同じ倉富・宇佐美の会見で、宇佐美は新任の台湾総督の石塚英蔵が、すでに局長を替えたと述べ、倉富は、今後は地方官までも替えるであろうと答えた（同前）。
(15) 同右、一九二九年八月一二日。
(16) 同右。
(17) 前掲、『浜口雄幸日記』一九二九年八月一五日、一六日、一七日。前掲、「倉富勇三郎日記」一九二九年八月一七日。
(18) 前掲、『浜口雄幸日記』一九二九年八月二日、一二日、一四日。
(19) 前掲、「倉富勇三郎日記」一九二九年七月八日、一〇日。

(20) 同右、一九二九年七月一六日、一七日。
(21) 同右、一九二九年七月二四日。
(22) 同右。
(23) 同右、一九二九年七月一八日。
(24) 同右、一九二九年七月二〇日。
(25) 同右、一九二九年七月二四日。
(26) 同右、一九二九年八月一日。その後も、倉富枢密院議長は、久保田譲枢密顧問官（元文相）との密談で、天皇は「親断」しても政治責任を負うことは至難であるので、枢密院の奉答はもとより、なるべく「独裁」は「避け遊はさるる様にあり度ものなり」と述べた。さらに、倉富枢密院議長は、一九二九年一〇月一一日にも、二上枢密院書記官長との密談で、天皇が全権案の講説を聞いたということであるが、「是は言ふを憚ることなから」、政府より願って実施したことであろう、現在の宮内当局の牧野内大臣も現内閣には「善き方」なるべく、一木宮相は第二次大隈内閣以来の関係があるので他から邪推されると発言している（同前、一九二九年九月二〇日、一〇月一一日）。このように、倉富は昭和天皇を牧野内大臣らに影響されるとして、天皇の当事者能力をあまり認めないようになった。
(27) 前掲、「倉富勇三郎日記」一九二九年一〇月二〇日。
(28) 同右、一九二九年一二月一一日、一九三〇年一月九日。
(29)『東京日日新聞』一九二九年一一月二六日、前掲、「倉富勇三郎日記」一九二九年一一月二一日。この他に、田中義一内閣の天岡賞勲局総裁らの売勲事件（『東京日日新聞』一九二九年一〇月八日、一一日、一一月二六日号外）や、山林疑獄事件（同前、一九二九年一〇月一〇日）、釜山米穀取引所と東萊温泉土地払下問題（同前、一九二九年一一月一九日）、五私鉄疑獄事件（北海道鉄道、東大阪電気鉄道、伊勢電気鉄道、博多湾鉄道、奈良電鉄）に加えて前記の越後鉄道の疑獄等があった。五私鉄事件では、九月二六日に政友会の大物小川平吉（前鉄相）が拘束され、同日起訴されている（同前、一九二九年一一月二六日号外）。九月二一日、渡辺千冬法相が牧野内大臣にもらしたところによると、小川の収賄は一口四七万円のものがあり、世間では総額三〇〇万円と伝わっているが、二〇〇万円以内に止まる見込みであった。その外、秋田清（政友会代議士）・前田米蔵（田中内閣の法制局長官）等にも犯罪の事実が挙がっているという（前掲、『牧野伸顕日記』一九二九年九月二二日）。もっとも、検察官僚に隠然たる影響力を持っている平沼枢密院副議長が、九月二八日に、倉富枢密院議長・二上枢密院書記官長らとの密談で話したところによると、小川が収受した額は数万から十幾万位で、「格別多額」ではない。また、収受した金は政友会のために使ったのではなく、自己の負債のために使用した。平沼は、「会の費用に充たるものなれば尚幾分宜しきも、全く自己の用に充たるものなり」と評した（前掲、「倉富勇三郎日記」一九二九年九月二八日）。このように疑獄事件は、民政党だけの問題ではないが、以下で述べるように、倉富・

平沼らは、若槻礼次郎元首相ら超大物が関係していた疑いが生じたのに、浜口内閣の政治力で起訴に向けての拘束すらできなかったと、浜口（民政党）内閣への反感を強めていくのである。
(30) 前掲、「倉富勇三郎日記」一九二九年一一月二〇日。
(31) 同右。
(32) 同右、一九二九年一一月二一日。
(33) 同右。また、賞勲疑獄事件で、召喚された大物実業家藤田謙一（東京商工会議所会頭、貴族院勅選議員）は、自らを刑事被告人とするなら、鈴木商店の管理人として、台湾銀行問題のときに浜口雄幸へも金が流れたことを、暴露すると脅したという（同前、一九二九年一一月一六日、一八日、二三日）。
(34) 『東京日日新聞』一九二九年一一月二二日夕刊（二二日付夕刊は、二一日夕方に発行される）。
(35) 前掲、『浜口雄幸日記』一九二九年一一月二一日。
(36) 『東京日日新聞』一九二九年一一月二三日夕刊。
(37) 前掲、『浜口雄幸日記』一九二九年一一月二三日。
(38) 前掲、「倉富勇三郎日記」一九二九年一一月二三日。
(39) 同右。倉富は二上に、伊東の情報源は鈴木喜三郎（元司法官僚、一九二一年一二月から検事総長、二四年一月から六月まで法相）とも考えられるが、鈴木なら伊東と話さずに直接平沼と話すはずであると、鈴木ではないだろうと述べた。
(40) 前掲、「倉富勇三郎日記」一九二九年一一月二四日。
(41) 同右、一九二九年一一月二五日。
(42) 同右。
(43) 『東京日日新聞』一九二九年一一月二六日号外、二七日、三〇日夕刊。前掲、『浜口雄幸日記』一九二九年一一月二五日、二九日。
(44) 前掲、「倉富勇三郎日記」一九二九年一一月二七日。
(45) 同右。
(46) 同右、一九二九年一一月二九日。
(47) 前掲、『牧野伸顕日記』一九二九年一〇月一九日。
(48) 高橋紘他編『昭和初期の天皇と宮中――侍従次長河井弥八日記』第三巻（岩波書店、一九九三年）（以下、『河井弥八日記』と略す）一九二九年一〇月一九日。
(49) 前掲、『牧野伸顕日記』一九二九年一〇月二〇日。

(50) 前掲、『河井弥八日記』一九二九年一〇月二二日、二三日、二六日。前掲、『牧野伸顕日記』一九二九年一〇月二三日。
(51) 前掲、『牧野伸顕日記』一九二九年一月二二日。
(52) 鈴木は日清戦争では水雷艇長として威海衛で、日露戦争では駆逐隊司令として対馬沖で戦い、勇名を馳せた。侍従長に就任して後も、葉山御用邸で侍従たちが、荒れ模様の海に天皇の海洋生物採集船「葉山丸」を出すのをためらっていると、鈴木は「こんなのは波じゃない」と一喝した（岸田英夫『侍従長の昭和史』朝日新聞社、一九八二年、四七〜六〇頁）。
(53) 波多野澄雄・黒沢文貴他編『侍従武官長奈良武次日記・回顧録』第三巻（柏書房、二〇〇〇年）（以下、『奈良武次日記』と略す）一九三〇年二月一日、一三日、一四日、一九日。
(54) 前掲、『奈良武次日記』一九三〇年二月一九日。陸海軍の主要人事で裕仁が直ちに承認しなかった例がないわけではない。一九二三年三月、裕仁の摂政時代に、山梨半造陸相が、上原勇作参謀総長・秋山好古教育総監以下の更迭の人事を内奏した際に（上原は三月九日に辞意を内奏済）、裕仁は参謀総長・教育総監の分は留保、その他は裁可し、翌日両人事を裁可した（裕仁の他への下問はなかった）（前掲、『奈良武次日記』一九二三年三月五日、九日、一一日、一二日）。
(55) 前掲、「倉富勇三郎日記」一九二九年一〇月七日。
(56) 同右、一九二九年一二月一一日。
(57) 小林龍夫「海軍軍縮条約（一九二一年〜一九三六年）」（日本国際政治学会太平洋戦争原因研究部編『太平洋戦争への道』第一巻、朝日新聞社、一九六三年）。
(58) 前掲、「倉富勇三郎日記」一九二九年一〇月九日、一一日。
(59) 前掲、小林龍夫「海軍軍縮条約（一九二一年〜一九三六年）」。
(60) 同右。
(61) 前掲、『浜口雄幸日記』一九三〇年三月一九日。
(62) 前掲、小林龍夫「海軍軍縮条約（一九二一年〜一九三六年）」。
(63) 前掲、『牧野伸顕日記』一九三〇年一月二一日、二二日。
(64) 原田熊雄述『西園寺公と政局』第一巻（岩波書店、一九五〇年）一七〜一九、二七〜三〇頁（一九三〇年三月六日、三月二五日口述）。
(65) 前掲、「加藤寛治日記」一九三〇年三月二三日。
(66) 前掲、『浜口雄幸日記』一九三〇年三月二七日。
(67) 前掲、『西園寺公と政局』第一巻、三四〜三五頁（一九三〇年三月三一日口述）。
(68) 一九〇三年七月、徳大寺実則侍従長は元老の山県有朋や桂太郎首相・内閣の強い要請を受け、山県が元老の伊藤博文を枢密院議長に就任させる上奏を行った後、決断を渋る明治天皇に、決断を促し同意を得た。こうして、明治天皇の依頼で、伊藤は自らの意に反して政友会総裁を辞め、枢密院議長に就任した（拙著『立憲国家と日露戦争　外交と内政　一八九八～一九〇五』木鐸社、二〇〇〇年、一八〇～一八二頁）。しかし徳大寺は、元老山県や桂首相から強い要請があって動いたのであり、鈴木のように自発的に動いたのとは性格が異なる。

(69) 前掲、『西園寺公と政局』第一巻、三四～三五頁（一九三〇年三月三一日口述）。

(70) 前掲、小林龍夫「海軍軍縮条約（一九二一年～一九三六年）」。小林氏は「旧海軍記録文書」を史料に、三月二五日に山梨が浜口を訪れたとしているが、前掲、『浜口雄幸日記』では、山梨が浜口を訪れ、「軍縮問題に付重要協議をなす」との記述があるのは、三月二四日である。

(71) 岡田啓介「岡田啓介日記」一九三〇年三月二五日（小林龍夫他編『現代史資料7　満州事変』みすず書房、一九六四年）。

(72) 堀悌吉「倫敦海軍条約締結経緯」（前掲、小林龍夫他編『現代史資料7』）。会合の日付は注(71)の「岡田啓介日記」による。

(73) 同右。

(74) 前掲、「岡田啓介日記」一九三〇年三月二七日。

(75) 前掲、「加藤寛治日記」一九三〇年三月二七日。

(76) 前掲、『浜口雄幸日記』一九三〇年三月二七日。

(77) 前掲、小林龍夫「海軍軍縮条約（一九二一年～一九三六年）」八一～九一頁。この論文は、「加藤寛治日記」や『浜口雄幸日記』等が公開されていない段階の史料的制約を受けている。

(78) 前掲、『浜口雄幸日記』一九三〇年三月二八～三一日。

(79) 前掲、「加藤寛治日記」一九三〇年三月二八～三〇日。

(80) 同右、一九三〇年三月三一日。

(81) 前掲、『河井弥八日記』一九三〇年三月三一日。

(82) 前掲、『奈良武次日記』一九三〇年三月三一日。

(83) 寺崎英成、マリコ・テラサキ・ミラー『昭和天皇独白録　寺崎英成・御用掛日記』（文芸春秋、一九九一年）二六頁。

(84) 前掲、小林龍夫「海軍軍縮条約（一九二一年～一九三六年）」。

(85) 前掲、「岡田啓介日記」一九三〇年四月一日。閣議の始まりを、前掲、『河井弥八日記』は一〇時よりとし、『東京日日新聞』（一九三〇年四月二日夕刊）は、一〇時三〇分よりとしている。

(86) 前掲、「加藤寛治日記」一九三〇年四月一日。

(87) 前掲、『奈良武次日記』一九三〇年四月一日。

(88) 前掲、『河井弥八日記』一九三〇年四月一日。
(89) 前掲、「岡田啓介日記」一九三〇年四月一日。
(90) 前掲、『浜口雄幸日記』一九三〇年四月一日（回訓案は、天皇の「御許可を得」と表現）、前掲、『河井弥八日記』一九三〇年四月一日（「御裁可を経たり」と表現）、前掲、『奈良武次日記』一九三〇年四月一日（「御裁可の上」と表現）。
(91) 『東京日日新聞』一九三〇年四月二日夕刊（四月一日の夕方発行）。
(92) 前掲、「加藤寛治日記」一九三〇年四月四日。
(93) 前掲、「倉富勇三郎日記」一九三〇年五月三一日など。
(94) 前掲、「岡田啓介日記」一九三〇年四月二日。
(95) 前掲、「加藤寛治日記」一九三〇年四月二日。
(96) 前掲、『奈良武次日記』一九三〇年四月二日。ロンドン条約を締結しようとする牧野内大臣や鈴木侍従長に近い河井侍従次長も、加藤の上奏を、「何故に上奏せしか解し難し」と、とらえている（前掲、『河井弥八日記』一九三〇年四月二日）。
(97) 前掲、「倉富勇三郎日記」一九三〇年六月八日。
(98) 前掲、『浜口雄幸日記』一九三〇年四月二日。
(99) 前掲、小林龍夫「海軍軍縮条約（一九二一年〜一九三六年）」。
(100) 一九三〇年一〇月一二日の西園寺公望の原田熊雄への話（前掲、『西園寺公と政局』第一巻、一九六〜一九七頁、一九三〇年、口述月日不明）。
(101) 司法省刑事局「右翼思想犯罪事件の綜合的研究」（今井清一他編『現代史資料4　国家主義運動1』みすず書房、一九六三年、五二〜五三頁）。この他、一九三〇年五月一〇日、南郷次郎予備役少将と小笠原長成予備役中将が加藤軍令部長を訪れ、鈴木侍従長が伏見宮大将に対し、軍事参議院へのロンドン条約の諮詢がある場合でも必ず鈴木に下問があるので、西園寺・牧野の合意の下に諮詢を実行させない事となっているので、同意しないようにと申し上げた由を述べた（前掲、「加藤寛治日記」一九三〇年五月一〇日）。このように、海軍の予備役将軍中の強硬派の軍人の中には、鈴木の言とはいえ、西園寺も鈴木・牧野とともに浜口内閣を助け、条約推進を行う人物として疑い始めていた。国粋主義者の橋本徹馬も、一九三〇年五月二四日に倉富枢密院議長に面会し、憲法十二条の解釈（第十二条にいう軍の編成大権が第十一条の統帥大権に含まれるか、国務事項かという問題）や時事問題で牧野内大臣・鈴木侍従長は政府の説に賛成との噂があり、重大な問題であり、また、西園寺公望や牧野は新聞の所説を重んじ、不当の論を与論となしていると（前掲、「倉富勇三郎日記」一九三〇年五月二四日）、牧野ら宮中側近と同様に西園寺を批判した。
(102) 前掲、『河井弥八日記』一九三〇年四月一二日。河井侍従次長は、上奏阻止との認識がなく、「奇怪の風聞なり」と感想を記している。

(103) 前掲、「倉富勇三郎日記」一九三〇年四月二三日。
(104) 前掲、『西園寺公と政局』第一巻、三九～四一頁（一九三〇年四月二八日口述）。
(105) 前掲、「倉富勇三郎日記」一九三〇年四月三〇日。
(106) 同右、一九三〇年五月一九日、二一日。
(107) 同右、一九三〇年六月八日。なお、この頃になっても、国粋主義者の橋本徹馬が、上奏阻止は鈴木侍従長が中心になって行ったのではなく、必ず牧野等が計画したことであると倉富に述べたように（同前、一九三〇年六月一〇日）、ロンドン条約の反対派は牧野内大臣が主犯であると見ていた。
(108) 前掲、『河井弥八日記』一九三〇年六月一八日。『中央新聞』は、東京を中心とした政友会系の新聞。
(109) 前掲、「倉富勇三郎日記」一九三〇年四月一〇日（伊東巳代治枢密顧問官と二上兵治枢密院書記官長の話）、四月一四日（倉富勇三郎枢密院議長の加藤軍令部長への話）、四月二二日（小原駩吉〔元宮内省内匠頭〕の倉富議長への話）等。一九三〇年三月以前の「軍部」という用語の使用例としては、一九二九年三月二二日に、宇垣一成軍事参議官（大将）は田中義一首相から、「満州某重大事件」（張作霖爆殺事件）に関し、「軍部」の意向を田中の望むようにまとめることを希望されたが、「軍部」の意向が確立した後であるから手遅れであると体よく断ったとの記述がある（宇垣一成、角田順校訂『宇垣一成日記』みすず書房、一九六八年、〔以下、『宇垣一成日記』と略す〕一九二九年三月下旬）。一九二八年六月の張作霖爆殺事件直後の西園寺公望の田中首相との話の中に「軍部」の用語が用いられているが、この話を聞いた原田熊雄が口述したのは、一九三〇年四月七日であるので、一九三〇年四月頃に本格的に使われ始めた「軍部」という用語が、口述の中で入ったにすぎないと見ることができる（前掲、『西園寺公と政局』第一巻、三～四頁）。なお、『宇垣一成日記』には、それ以前の時期においても、「軍部」という用語が比較的多く使われる時期がある。『宇垣一成日記』の記述の密度は薄いが、「軍部」という用語が散見されるようになるのは、一九〇七年に帝国国防方針が定められて以後で、一九一三年に陸・海軍大臣現役規定が削除されるまで、「軍部」という用語がいくつか登場する。（前掲、『宇垣一成日記』一九〇七年八～一二月、一九一三年初夏）。その次は、原敬内閣が成立して、政党側から軍部大臣文官制の議論が出されたり、ロシア革命や中国情勢の流動化という中で、軍の役割を再考慮した際である（同前、一九二〇年二月、六～七月〔宇垣の日記は日付が不明確な所が多い〕）。次いで、一九二二年五月から二六年三月の間は、一九二二年三月に衆議院が陸軍軍備縮小建議案を可決し、陸軍軍縮が具体化していったことや、同年二月一日に山県有朋が死去し、陸軍を統制していた山県系官僚閥が解体していくこと等から、「軍部」という用語が頻出するようになった（同前、一九二二年五月一〇日、七月、八月、一一月二五日、一二月末、一九二三年一月下旬、三月中旬、三月末～四月上旬、五月初頭、九月、一〇月、一九二四年七～一〇月、一九二五年一月、四月、一〇月、一一月、一九二六年一月二九日、二月二八日、三月七日、八日、二四日、二五日）。その後も、以上で挙げた他に、いくつかの「軍部」の使用例があるが（一九二六年九月、一九二七年七月七日、一二月一日、七日、一九二八年四月八日）、この時期に日記の執筆頻度が増大していることを考慮すると、「軍部」の使用が特に多いとはいえない。
(110) 尚友倶楽部編『岡部長景日記——昭和初期華族官僚の記録』(柏書房、一九九三年)一九三〇年五月一三日。
(111) 前掲、「倉富勇三郎日記」一九三〇年五月三一日。
(112) 同右、一九三〇年六月八日。
(113) 同右。
(114) 同右、一九三〇年七月八日。
(115)『東京日日新聞』一九三〇年四月二九日。
(116) 前掲、小林龍夫「海軍軍縮条約(一九二一年〜一九三六年)」。
(117) 伊藤孝夫『大正デモクラシー期の法と社会』(京都大学出版会、二〇〇〇年)二八一〜二八九頁。大石眞「あとがき——解説にかえて」(佐々木惣一著、大石眞編『憲政時論集』II、信山社、一九九八年)。
(118) 前掲、「倉富勇三郎日記」一九三〇年五月一二日。
(119) 同右、一九三〇年五月二一日。
(120) 同右。
(121) 前掲、小林龍夫「海軍軍縮条約(一九二一年〜一九三六年)」。
(122) 前掲、『河井弥八日記』一九三〇年六月一〇日。
(123) 前掲、「岡田啓介日記」一九三〇年五月七日(加藤の岡田大将への話)。前掲、『西園寺公と政局』第一巻、六五頁(岡田大将の原田熊雄への話、原田は一九三〇年五月二六日に口述)。
(124) 前掲、『西園寺公と政局』第一巻、八五頁(財部海相の原田熊雄への話、原田は一九三〇年六月一三日口述)。
(125) 前掲、『河井弥八日記』一九三〇年六月一〇日。前掲、『奈良武次日記』一九三〇年六月一〇日。
(126) 前掲、『奈良武次日記』一九三〇年六月一〇日。
(127) 同右。
(128) 同右。
(129) 一九三〇年六月二二日に、原田熊雄が、大角岑生中将(二四期、横須賀鎮守府長官)・野村吉三郎中将・小林躋造中将(二六期、海軍次官)・左近司政三中将(二八期、元軍務局長)らから聞いたところによると、「各艦隊や鎮守府などの若い将校等は非常に加藤前軍令部長に同情をもつてゐて」、長官等も困っているようであった(前掲、『西園寺公と政局』第一巻、一〇三〜一〇四頁、一九三〇年六月二三日口述)。一九三〇年七月になると、財部海相・浜口首相・鈴木侍従長らは、条約批准に反対の東郷元帥を説得するため、天皇の「特旨」を利用することを考えた。しかし、牧野内大臣らは反対であった(茶谷誠一「一九三〇年代初期における輔弼体制再編の動向――天皇の権威利用論の展開」『年報日本現代史』五号、一九九九年八月）。いずれにしても、天皇が東郷を直接説得することはなく、天皇の意思の間接伝達様式の枠で問題が処理された。
(130) 前掲、『奈良武次日記』一九三〇年七月二七日。奈良は同年七月三〇日に阿部信行臨時陸相代理に、宇垣一成陸相および臨時陸相代理に限定した話として、天皇の軍縮への意思を伝えた（同前、一九三〇年七月三〇日）。
(131) 堀悌吉「倫敦海軍条約締結経緯」（前掲、小林龍夫他編『現代史資料7』九六頁）。
(132) 前掲、「倉富勇三郎日記」一九三〇年四月二二日。
(133) 同右、一九三〇年七月一〇日。
(134) 前掲、小林龍夫「海軍軍縮条約（一九二一年〜一九三六年）」。ただし、小林論文は倉富勇三郎日記が公開されていない時期に執筆されたものであり、議長の倉富勇三郎がロボットにすぎず、実権は副議長の平沼騏一郎・顧問官伊東巳代治・書記官長の二上兵治にあったとしているのは、事実と異なる。すでに第Ⅰ部第三章2節でも触れているように、枢密顧問官を天皇に推薦するに際しての、枢密院側の実権は倉富議長・平沼副議長を中心に、二上も含めた三人にあった。また、条約・法律の審査等に関しては、倉富・平沼に二上も加えた三人および、法律通で古株の伊東巳代治も隠然たる力を有していた。
(135) 前掲、「倉富勇三郎日記」一九三〇年八月一日、三日。
(136) 同右、一九三〇年八月一日。橋本徹馬らの紫雲荘は、一九三〇年七月中旬より、牧野内大臣を本格的に攻撃し始め、その論は『国民新聞』に広告として掲載された（前掲、『河井弥八日記』一九三〇年七月一四日、一五日、一六日、一九日、二〇日）。
(137) 前掲、「倉富勇三郎日記」一九三〇年八月二九日、三〇日。
(138) 前掲、小林龍夫「海軍軍縮条約（一九二一年〜一九三六年）」。
(139) 前掲、「倉富勇三郎日記」一九三〇年八月四日、六日、七日。一九三〇年八月三日、倉富議長と平沼副議長は奉答書の閲覧を内閣に申し込む相談をしている。この中で倉富議長は、内閣が要求に応じないなら議長より上奏することもできると述べるが、平沼はもし勅許がなければ議長の立場は困難になると（同前、一九三〇年八月三日）、天皇や宮中側近に対する不信の念を示した。ロンドン海軍軍縮問題における海軍補充をめぐる政治過程については、大前信也「ロンドン海軍軍縮問題における財政と軍備――海軍補充問題をめぐる政治過程」（『鈴鹿国際大学紀要』七号、二〇〇一年三月）がある。
(140) 前掲、『奈良武次日記』一九三〇年七月二三日。
(141) 前掲、「倉富勇三郎日記」一九三〇年八月八日、九日。
(142) 前掲、小林龍夫「海軍軍縮条約（一九二一年〜一九三六年）」。伊藤隆『昭和初期政治史研究』（東京大学出版会、一九六九年）三四三〜三四五頁。前掲、増田知子『天皇制と国家』一六三〜一六四頁。
(143) 前掲、「倉富勇三郎日記」一九三〇年九月五日。

(144) 同右、一九三〇年九月八日。
(145) 同右、一九三〇年九月九日、一一日。
(146) 同右、一九三〇年五月二一日。
(147) 同右、一九三〇年九月一三日。増田氏も「倉富勇三郎日記」を利用しながら、一九三〇年九月三日から八日にかけて審査委員の間に動揺が広がり、伊東審査委員長も影響を受け、条約の「反対派は、議長団〔倉富・平沼・二上〕のほかには河合と山川の二人だけとなっていた」（前掲、増田知子『天皇制と国家』一六四頁）と、枢密院の動揺をより早く設定している。しかし、「倉富勇三郎日記」を注意深く読むと、田健治郎は九月一四日段階で、伊東や二上から怪しまれるようになっていた（同前、一九三〇年九月一四日）が、倉富・平沼・二上は九月一六日段階でも、審査委員中で条約に賛成であるのは富井政章だけで（伊東は富井の変節を知らず）、水町袈裟六の動向は疑問とみていた（前掲、「倉富勇三郎日記」一九三〇年九月一六日）ほどである。このように三日から八日という早い段階での顧問官の動揺は確定できない。
(148) 前掲、「倉富勇三郎日記」一九三〇年九月一四日。
(149) 同右。
(150) 同右、一九三〇年九月一六日。
(151)「御批准賛否」（前掲、『続現代史資料5』）。この情報は、国粋主義者の杉山茂丸が加藤寛治のところへ持参したもの。
(152) すでに前掲、伊藤隆『昭和初期政治史研究』（三四八〜三五一頁）が指摘している。
(153) 前掲、「倉富勇三郎日記」一九三〇年九月一七日。
(154) 同右。
(155) 同右。前掲、小林龍夫「海軍軍縮条約（一九二一年〜一九三六年）」。
(156) 前掲、「倉富勇三郎日記」一九三〇年九月一七日。
(157) 前掲、「倉富勇三郎日記」一九三〇年九月二三日。
(158) 同右。
(159) 前掲、『西園寺公と政局』第一巻、一四四〜一四五頁（口述年月日不明）。一九三〇年一月二〇日、西園寺は牧野内大臣に、若槻内閣のときに倉富と平沼を枢密院の議長と副議長にしたのは手違いの結果であったと後悔している様子を示した（前掲、『牧野伸顕日記』一九三〇年一月二〇日）。なお、この頃には、西園寺が条約を支持しているとのイメージは、ジャーナリズムでも公然のものになっていた（『東京日日新聞』一九三〇年七月六日夕刊、一四日、九月一八日夕刊など）。
(160) 前掲、『牧野伸顕日記』一九三〇年九月一三日。この姿勢は、九月一六日に昭和天皇が、「侍従長より聞き取りたるが、若し枢府に更任を視る如き場合出現せば人選は大切なり」等と牧野内大臣に述べたように（同前、一九三〇年九月一六日）、天皇にまで支持された。

(161) 前掲、司法省刑事局「右翼思想犯罪事件の綜合的研究」（前掲、今井清一他編『現代史資料4』五九頁）。三月事件・一〇月事件の中核となる陸軍将校の結社である桜会の第一回会合は、一九三〇年一〇月一日であり、その会合で特にロンドン条約問題を批判する趣意書が採択されたことから、ロンドン条約問題の衝撃が確認できる。これら三月事件・一〇月事件については、刈田徹『昭和初期政治・外交史研究』（人間の科学社、一九七八年）を参照されたい。

(162) 前掲、司法省刑事局「右翼思想犯罪の綜合的研究」（前掲、今井清一他編『現代史資料4』六一頁、六六頁）。ただし、一〇月事件においても、後に血盟団事件を起こす井上日召一派は西園寺公望を暗殺対象の一人に加えた（前掲、刈田徹『昭和初期政治・外交史研究』二一二〜二一三頁）。

(163) 前掲、「倉富勇三郎日記」一九三〇年八月四日（倉富議長と浜口首相の会見で倉富の談話）、八月六日（倉富議長と平沼副議長の会見で倉富・平沼両者の談話）、八月一三日（倉富議長と有馬良橘大将〔予備役〕の会見、倉富・有馬両者の談話）、九月一五日（第一一回審査委員会、金子堅太郎顧問官の発言）、九月一七日（第一二回審査委員会、伊東巳代治審査委員長と倉富議長の発言）、九月二三日（倉富議長と二上書記官長の会見、倉富・二上両者の発言）、九月二六日（第一三回審査委員会、審査報告書案と金子堅太郎顧問官の発言）、九月三〇日（倉富議長と二上書記官長の会見、倉富の発言）等。前掲、『河井弥八日記』一九三〇年九月一八日。前掲、『宇垣一成日記』一九三〇年九月一五日、他に、ロンドン条約の枢密院での審議の少し前であるが、一九三〇年七月二三日、海軍の軍事参議官会議で岡田啓介軍事参議官（大将）と加藤寛治軍事参議官（大将）は、軍部という用語を使っている（前掲、「岡田啓介日記」一九三〇年七月二三日）等である。

(164) 前掲、「倉富勇三郎日記」一九三一年一〇月二七日。

(165) 拙著『立憲国家の確立と伊藤博文』（吉川弘文館、一九九九年）一〇九〜一一三頁。

(166) 拙稿「原敬内閣と立憲君主制」(三)（『法学論叢』一四三巻六号、一九九八年九月）。

(167) 『東京日日新聞』一九三〇年二月二八日、三月二日、四日、五日。一九二九年七月二九日、関屋宮内次官が河井侍従次長を訪れ、「省内整理」について内談しているので（前掲、『河井弥八日記』一九二九年七月二九日）、宮内省改革の動きは、一九二九年七月に始まっていたといえる。前掲、「倉富勇三郎日記」（一九二九年一一月一日）では、西園寺八郎（宮内省主馬頭、元老西園寺公望の養子であるが、牧野内大臣・一木宮相・関屋次官と対立している）が、宮内省改革草案を出しても骨抜きにされたと、倉富に話している。

(168) 前掲、「倉富勇三郎日記」一九三〇年六月二〇日。

(169) 『東京日日新聞』一九三〇年二月二八日、三月四日。

(170) 同右、一九三〇年三月四日、五日。
(171) 前掲、『河井弥八日記』一九三〇年二月二一日、二六日。たとえば、山岡淑子女官は問題があったらしく、一九三〇年四月一日付で辞任した（同前、一九三〇年三月二一～二九日）。昭和初期を含めた宮中の女官の実態については、小田部雄次『ミカドと女官――菊のカーテンの向こう側』（恒文社21、二〇〇一年）が論じている。
(172) 前掲、『河井弥八日記』一九二九年一〇月一七日、一八日、二三日、二八日。『東京日日新聞』一九二九年一〇月二九日。神奈川県知事は、初声御用邸の敷地の取り調べの結果を、一九二九年一月には一木宮相・河井侍従次長に伝えた。その後二月には土地所有者の売却承諾書もそろった（前掲、『河井弥八日記』一九二九年一月九日、二月九日）。初声御用邸の建築問題については、すでに高橋紘「幻の御用邸と皇子教育」（解説）（前掲、『河井弥八日記』第四巻、二三九～二四四頁）が論じている。
(173) 『東京日日新聞』一九三〇年八月二三日夕刊、二四日夕刊。
(174) 前掲、「倉富勇三郎日記」一九二九年八月一六日、九月七日。
(175) 『東京日日新聞』一九三〇年六月二一日夕刊、二四日。
(176) 前掲、『河井弥八日記』一九三〇年三月三日、四日、六日。
(177) 同右、一九二九年六月一日、四日、一九三〇年一〇月二三日。
(178) 前掲、「加藤寛治日記」一九三〇年四月八日、五月一四日、二八日、二九日、三〇日、六月三日。
(179) 前掲、『西園寺公と政局』第一巻、一〇九～一一〇頁（一九三〇年七月三日口述）。前掲、『河井弥八日記』一九三〇年六月七日、九日。
(180) 前掲、「岡田啓介日記」一九三〇年六月二七日。ただし、倉富議長・平沼副議長・二上書記官長や国粋主義者の橋本徹馬らは、伏見宮博恭王も東郷元帥も条約に強く反対し続けているとみ、前記三人は浜口内閣は条約を枢密院に諮詢することを奏請できないとまで、伏見宮らの条約反対を過大評価した（前掲、「倉富勇三郎日記」一九三〇年七月四日、九日）。
(181) 前掲、「倉富勇三郎日記」一九三〇年六月八日。
(182) 同右、一九三〇年六月一一日。
(183) 同右、一九三〇年六月二〇日。
(184) 同右、一九三〇年七月六日。
(185) 同右、一九三〇年七月一〇日、一一日。同年七月一〇日に倉富に面会した国粋主義者の橋本徹馬は、内大臣に閑院宮を就けたらと提言している（同前、一九三〇年七月一〇日）。
(186) 同右、一九三〇年七月一六日。同年八月三〇日の倉富と小原の密談では、このような状況下で関屋宮内次官は「神経衰弱」になり、夏期休暇を休めるだけ取って軽井沢へ行き、養生と称してゴルフをしているとの話が出た（同前、一九三〇年八月三〇日）。

(187) 前掲、「倉富勇三郎日記」一九三〇年八月八日、三〇日。
(188) 同右、一九三〇年八月三〇日。
(189) 同右、一九三〇年一〇月二日。
(190) 同右。
(191) 同右。実際、秩父宮は大正天皇の重病に際し、英国での修学にこだわりすぐに帰国しようとしなかった（第Ⅱ部第二章3（2）①）。
(192) 前掲、「右翼思想犯罪事件の綜合的研究」（前掲、『現代史資料4』六〇頁、六六頁）。
(193) 前掲、「倉富勇三郎日記」一九三一年一〇月二七日。
(194) 本庄繁『本庄日記』（原書房、一九七六年）一六三頁。
(195) 前掲、『牧野伸顕日記』一九三〇年一二月一一日。
(196) 前掲、「倉富勇三郎日記」一九二九年七月一二日。
(197) 同右、一九二六年一〇月六日。
(198) 同右、一九二九年七月一六日。
(199) 同右、一九二九年七月二〇日。
(200) 同右、一九二九年七月二四日。
(201) 同右。
(202) この反感はロンドン条約の批准についての枢密院での審議過程で民政党の議会中心主義はスローガンのように思っていたが具体化されてきた（倉富）等と（前掲、「倉富勇三郎日記」一九三〇年八月三〇日）、噴出した。
(203) 前掲、「倉富勇三郎日記」一九二九年八月一六日。
(204) 同右、一九二九年八月二八日。
(205) 同右、一九二九年九月一日。
(206) 同右。
(207) 同右、一九二九年九月七日。
(208) 同右、一九二九年九月二〇日、二一日、二三日。なお、顧問官の欠員が四名になるかも知れない状況で、九月二〇日、久保田譲顧問官が二上書記官長を顧問官にすることを倉富枢密院議長に提案するが、倉富は時期尚早として賛成しなかった（同前、一九二九年九月二〇日）。
(209) 前掲、「倉富勇三郎日記」一九二九年九月二三日。

(210) 同右、一九二九年一〇月九日。
(211) 同右、一九二九年一〇月一四日、一六日。
(212) 同右、一九二九年一〇月二三日、二四日、二五日、二七日、三〇日。浜口首相は倉富議長に、岡田は文部省のことで浜口に面会したのであり、自ら岡田や記者に顧問官候補として話していないと弁明している（同前、一九二九年一一月四日）。
(213) 前掲、「倉富勇三郎日記」一九二九年一一月四日。
(214) 同右、一九二九年一一月七日、八日。
(215) 同右、一九二九年一一月九日。
(216) 同右、一九二九年一二月二日、四日。同じころ、高田早苗の品行に疑惑を持っている平沼副議長の女性関係についても、倉富議長と二上書記官長の密談で言及された。まず倉富は二上に、平沼が独身の理由は聞いたことはないが、正妻がなくても「事務取扱」はあるだろうと尋ねた。二上は、「夫れはある模様にて、いつそや伊東（巳代治）・金子（堅太郎）・平沼の事務取扱の氏名をも抱〔掲〕け居りたり」と答えた。また倉富は、平沼の妻は妻の方が平沼に背いたのではないかとき、二上はそうであろうと応答した（同前、一九二九年一二月一五日）。
(217) 同右、一九三〇年二月二四日、三月一七日、一九日、二一日。なお、倉富枢密院議長は二月二四日の平沼との同じ会見で、福田については、二上書記官長も賛成しないようであるが、「是は致方なし」と（同前、一九三〇年二月二四日）、二上が反対でも福田を推薦する姿勢を示している。すでにみたように、倉富議長・平沼副議長・二上書記官長は、三人が集まるか、三人の連携の下で枢密院の重要事項を決定している。しかし、福田の顧問官への推薦問題から、二上は倉富や平沼に対して決して対等の存在ではなく、情報収集・調査や連絡役にすぎず、意思決定の実権は倉富・平沼の二人にあったことがわかる。もっとも二上は、顧問官より格下の書記官長でありながら、倉富・平沼との会合に加わることや、情報収集・調査などを通し、一般の顧問官以上に枢密院の意思決定に影響力を有していた。
(218) 同右、一九三〇年三月二一日。
(219) 同右。本書第I部第三章2（1）。倉富は、この日の浜口との会見で、武富を顧問官の候補者として推薦することに賛成したと述べているが、事実と異なる。これは倉富が憲政会・民政党に対しても枢密院は公平であるとのポーズを示し、浜口の信頼を増し、元田の推薦を実現しようとする戦術である。なお、高田の「素行」については、浜口首相が調査の上、一九三〇年四月一四日に倉富議長に話したところによると、二〇年程前に紅葉館の酌婦を妾となし、今尚、面倒を見ているということであった（同前、一九三〇年四月一四日）。
(220) 前掲、「倉富勇三郎日記」一九三〇年三月二五日。
(221) 倉富も四月一四日の平沼・二上との相談で、「差向き海軍問題もあり、外交上相当に権威ある人を得度と思ひ」と述べている

（前掲、「倉富勇三郎日記」一九三〇年四月一四日）。

(222) 前掲、「倉富勇三郎日記」一九三〇年四月一四日。古在は第一次若槻内閣期の一九二六年四月三〇日にも内閣側の顧問官候補の一人として枢密院側に提示されたが実現していなかった（第Ⅰ部第三章2（1））。

(223) 前掲、「倉富勇三郎日記」一九三〇年四月一四日。

(224) 同右、一九三〇年四月一五日、一六日、一七日。

(225) 同右、一九三〇年六月二五日。

(226) 前掲、拙稿「原敬内閣と立憲君主制」第四章3、本書第Ⅰ部第二章5、同第三章2（4）。

(227) 『東京日日新聞』一九三〇年二月一五日。

(228) 前掲、『牧野伸顕日記』一九三〇年一二月二九日。前掲、『河井弥八日記』一九三一年四月一一日。

(229) 前掲、「倉富勇三郎日記」一九二九年九月二〇日、二一日。

(230) 同右、一九二九年九月二三日。

(231) 同右。

(232) 同右、一九二九年九月二五日、二六日、一一月三日。なお、井上勝之助も、宮内省宗秩寮総裁（一九一七年一二月〜一九二一年一〇月）、同式部長官（一九二一年一〇月〜二六年一一月）と、宮内省の要職を約九年間も歴任している。これは、珍田が宮内省御用掛（皇太子の欧州巡遊の供奉長）（一九二一年三〜九月）、東宮大夫（一九二一年一一月〜、一九二六年一二月から皇后宮大夫兼任）、侍従長（一九二七年三月〜二九年一月）と、約八年間宮内省関係の要職を歴任したこととさほど見劣りしない。栄典に関し、宮内省からの奏請で従来の慣行を越えて有利に扱われたのは、牧野内大臣に近い人物であったことも関係していると思われる。その後、一九三〇年六月三〇日、八代六郎枢密顧問官（予備役海軍大将、元海相）が死去した。倉富枢密院議長は八代の死去の前から、位を正三位から従二位に進めること（規定の年数の五年に半年不足しているのみ）、勲一等桐花大綬章を受けられるようにすること（一九一五年に勲一等旭日大綬章を受けてから在官年数は九年ばかりで、「幾分の議論あることならんと思ふ」）を、二上書記官長・堀江季雄枢密院書記官に指示して内閣と交渉させた。その際、場合によっては海軍側の応援も得ることが必要と、倉富は述べ、堀江は内閣側に海軍とも協議するべきと申し出た。こうして、八代は倉富らの望んだ通りの勲章と位階を得た（同前、一九三〇年六月三〇日、七月一日）。八代の場合、規定の在官年数に少し不足していたが、先の平山や井上に比べ、珍田のような宮内省から特に好意的に奏上された者を先例として要求するほど無理をしなくてもよかったので、海軍の応援を得たこともあり、倉富議長ら枢密院側の要望通りの叙勲叙位が実現した。

(233) 前掲、『牧野伸顕日記』一九二九年七月一二日。

(234) 拙稿「原敬内閣と立憲君主制」㈠〜㈣（『法学論叢』一四三巻四号〜一四四巻一号、一九九八年七〜一〇月）。

第Ⅰ部第五章

(1) 浜口雄幸「随感録」(一九三一年)(池井優・波多野勝・黒沢文貴編『浜口雄幸日記・随感録』みすず書房、一九九一年、五六一～五六六頁)。高橋紘他編『昭和初期の天皇と宮中——侍従次長河井弥八日記』第五巻(岩波書店、一九九四年)(以下、『河井弥八日記』と略す)一九三一年三月九日、四月四日。

(2) 前掲、『河井弥八日記』一九三一年四月四日、五日。伊藤隆・広瀬順晧編『牧野伸顕日記』(中央公論社、一九九〇年)一九三一年四月五日。

(3) 木戸日記研究会校訂『木戸幸一日記』上巻(東京大学出版会、一九六六年)一九三一年四月七日。

(4) 前掲、『木戸幸一日記』一九三〇年二月一〇日、一六日、一七日、三月二二日、四月七日、一四日、五月五日、七日、六月九日、二三日、三〇日、七月一日、一四日、九月二九日、一〇月六日、一五日、二七日、三一日、一一月一日、一七日、一二月一七日、一八日、二二日、二四日、一九三一日一月一九日、二月二日、九日、一六日、一七日、三月五日、一一日、三〇日。以上の接触には、近衛の主催する十一会(大正一一年に始まったことによる名称)のものも含めた。このようなつながりを背景に、岡部長景が貴族院子爵議員補欠選挙に出馬するのに伴い、岡部の内大臣秘書官長辞任後の後任について、近衛と岡部が木戸を牧野内大臣に推薦した。牧野内大臣と木戸は年が離れており、それほど親しくなかったが、牧野の父(大久保利通)と木戸の祖父(木戸孝允)が明治維新のリーダーとして知り合いであった(前掲、『牧野伸顕日記』一九三〇年八月一一日、九月二九日、三〇日、前掲、『木戸幸一日記』一九三〇年八月一七日、九月三〇日、「木戸幸一第二回尋問」一九四六年一月一五日、「同第六回尋問」一九四六年一月二四日、粟屋憲太郎他編『東京裁判資料・木戸幸一尋問調書』大月書店、一九八七年、二五頁、九〇～九一頁)。

(5) 前掲、『牧野伸顕日記』一九三一年四月八日、九日。前掲、『木戸幸一日記』一九三一年四月八日、九日。

(6) 前掲、『牧野伸顕日記』一九三一年四月一〇日。

(7) 同右、一九三一年四月一一日。

(8) 前掲、『木戸幸一日記』一九三一年四月一一日。

(9) 前掲、『牧野伸顕日記』一九三一年四月一一日。

(10) 同右、一九三一年四月一三日、一四日。

(11) 前掲、『木戸幸一日記』一九三一年四月一四日、前掲、『河井弥八日記』一九三一年四月一四日。

(12) 第Ⅰ部第三章3。木戸は第二次世界大戦後の国際検察局の尋問に対し、内大臣・宮内大臣・侍従長は、天皇と同様に政治問題に関与しないのが慣行であると答えた(「木戸幸一第二回尋問」一九四六年一月一五日、「同第五回尋問」一九四六年一月二三日、「同第六回尋問」一九四六年一月二四日、「同第九回尋問」一九四六年一月三一日、前掲、『東京裁判資料・木戸幸一尋問調書』三二～三八頁、八五頁、一〇〇～一〇一頁、一四六頁、一五〇～一五一頁)。これは、田中義一内閣期以降の事件に関し、昭和天皇や宮中側近が戦争犯罪人となる可能性を低くすることを意図した答えであった。
(13) 前掲、『牧野伸顕日記』一九三一年四月一四日。前掲、『木戸幸一日記』一九三一年四月一四日。
(14) 前掲、『河井弥八日記』一九三一年四月一四日。
(15) 拙稿「立憲君主制の形成と展開――明治天皇から昭和天皇へ」(伊藤之雄・川田稔編著『環太平洋の国際秩序の模索と日本――第一次世界大戦後から五五年体制成立』山川出版社、一九九九年)、拙著『政党政治と天皇　日本の歴史22』(講談社、二〇〇二年) 一八七頁。もっとも、明治天皇は大隈首相が近衛篤麿貴族院議長を親任官の法制局長官とし、班列大臣として入閣させようとしたのを、近衛の家柄とポストのつり合いが取れないと拒否した例外もある（第Ⅰ部第三章1(2))。
(16) 前掲、『河井弥八日記』一九三一年九月一〇日。
(17) 同右、一九三一年六月一〇日。
(18)『東京日日新聞』一九三一年四月一八日、五月一二日、一四日夕刊、一七日夕刊。
(19) 同右、一九三一年六月二三日夕刊。
(20)『東京日日新聞』一九三一年五月二〇日夕刊、二一日夕刊、二二日夕刊。前掲、『河井弥八日記』一九三一年五月二五日。前掲『木戸幸一日記』一九三一年五月二三日。
(21) 前掲、『河井弥八日記』一九三一年五月一五～二五日。
(22)『東京日日新聞』一九三一年五月一六日夕刊。
(23) 前掲、『木戸幸一日記』一九三一年五月二六日。
(24)『東京日日新聞』一九三一年五月二三日夕刊（二二日夕方発行）。
(25) 前掲、『牧野伸顕日記』一九三一年五月二六日、前掲、『河井弥八日記』一九三一年五月二五日、二六日。
(26) 前掲、『木戸幸一日記』一九三一年五月二七日。
(27) 前掲、『牧野伸顕日記』一九三一年五月二六日。なお、この日の『牧野伸顕日記』に、「今日午前首相拝謁の際」(牧野家所蔵の原本も同様）とあるが、これは「午後」の誤記である。若槻首相の参内は、「四時過」(前掲、『河井弥八日記』)、「総理は既に参入し居り、五時半頃拝謁し」(前掲、『木戸幸一日記』)、「廿六日午後四時五十分参内、同五時天皇陛下に拝謁仰せられ」(『東京日日新聞』一九三一年五月二七日）等と、他の史料は夕方としている。
(28) 前掲、『牧野伸顕日記』一九三一年五月二六日。
(29)『東京日日新聞』一九三一年五月二七日。前掲、『木戸幸一日記』(一九三一年五月二六日）にも、減俸案は、一〇〇円以上の俸給を受ける行政官に適用し、司法官は法律で減俸することのようであるとの記述がある。
(30) 前掲、『牧野伸顕日記』一九三一年五月二六日。首相の内奏についての牧野内大臣への下問は、前掲、『河井弥八日記』(一九三一年五月二六日）で確認できる。
(31) 前掲、『牧野伸顕日記』一九三一年、五月二六日。
(32) 前掲、『木戸幸一日記』一九三一年五月二七日。前掲、『牧野伸顕日記』一九三一年五月二七日。
(33) 『東京日日新聞』一九三一年五月二八日夕刊、六月一日。
(34) 前掲、『河井弥八日記』一九三一年五月二七日、前掲、『牧野伸顕日記』一九三一年六月三日。
(35) 前掲、『河井弥八日記』一九三一年五月二九日。
(36) 前掲、『牧野伸顕日記』一九三一年六月三日。
(37) 前掲、『河井弥八日記』一九三一年六月一二日。
(38) 同右、一九三一年六月一五日。
(39) 前掲、『牧野伸顕日記』一九三一年八月一九日、二二日、二五日、二六日。
(40) 同右、一九三一年八月二五日、二六日。
(41) 照沼康孝「宇垣陸相と軍制改革案――浜口内閣と陸軍」（『史学雑誌』八九編一二号、一九八〇年一二月）、同「南陸相と軍制改革案」（原朗編『近代日本の経済と政治』山川出版社、一九八六年）、纐纈厚「浜口・若槻内閣期の軍制改革問題と陸軍」（上）（下）（『軍事史学』一九巻一号、二号、一九八三年六月、九月）、小林道彦「浜口雄幸内閣期の政党と陸軍」（『北九州市立大学法政論集』三〇巻三・四号、二〇〇三年一月）、同「第二次若槻礼次郎内閣期の政党と陸軍」（『北九州市立大学法政論集』三一巻二・三・四号、二〇〇四年一月）。
(42) 高橋秀直「陸軍軍縮の財政と政治」（『年報近代日本研究8　官僚制の形成と展開』山川出版社、一九八六年）。
(43) 前掲、『木戸幸一日記』一九三一年七月一一日。
(44) 波多野澄雄・黒沢文貴他編『侍従武官長奈良武次日記・回顧録』第三巻（柏書房、二〇〇〇年）（以下、『奈良武次日記』と略す）一九三一年七月三日、九日、一三日。
(45) 原田熊雄『西園寺公と政局』第二巻（岩波書店、一九五〇年）六～七頁（一九三一年七月一六日口述）。
(46) 前掲、『木戸幸一日記』一九三一年七月一三日、前掲、『牧野伸顕日記』一九三一年七月一三日。
(47) 前掲、『奈良武次日記』一九三一年七月一四日。
(48) 同右、一九三一年七月一五日。前掲、『牧野伸顕日記』一九三一年七月一六日。
(49) 前掲、『奈良武次日記』一九三一年九月一一日。
(50) 纐纈厚「満州事変前後期の軍制改革問題と陸軍」（『日本歴史』四二九号、一九八四年二月）。
(51) 第Ⅰ部第四章2（4）。宮中側近の中で、牧野内大臣が全般的に最も権力を持っているので、「牧野内大臣らの宮中側近」という表現を使ってきた。しかし栄典に関しては、公式令の副署規定から、一木宮相の方が牧野内大臣よりもやや強い権力を持ったと考えられるので、「一木宮相・牧野内大臣らの宮中側近」という表現を用いた。すでに述べたように、明治天皇は一般政務や人事と、栄典の授与や宮中関係の人事を区別していた。両者とも原則的に関与を抑制したが、前者に比べ後者については、やや自由に自らの好みを背景に関与する事もあった。これは後者を、国家の政務であるが、より身近な天皇家のものとしてとらえていたからである（第Ⅰ部第一章1・2）。一方、イギリスにおいては、一九世紀半ばには内閣の交代と共に宮廷内の人事を一新する慣行になっていた。しかし、一八三九年、組閣の命を下されたピールが、ヴィクトリア女王付き寝室女官の人事を一新しようとし、女王から拒否されて組閣を断念した（君塚直隆「ヴィクトリア女王の政治権力」伊藤之雄・川田稔編『二十世紀日本の天皇と君主制』吉川弘文館、二〇〇四年）。このように、イギリスの方が内閣の宮中（宮廷）人事への関与の度合いが強いが、女王（国王）が寝室女官の更迭を拒否したため組閣が断念されたように、国王の関与の度合いが、政府の普通の人事に比べ強いことは、日本の場合と類似している。

(52)「倉富勇三郎日記」（国立国会図書館憲政資料室所蔵）一九三〇年一〇月二二日。第Ⅰ部第四章4(2)。

(53) 前掲、「倉富勇三郎日記」一九三〇年一一月一六日、一七日。

(54) 同右、一九三一年二月一六日。

(55) 同右、一九三一年二月一八日。

(56)『官報』第一二四一号（一九三一年二月二〇日）。前掲、「倉富勇三郎日記」一九三一年二月一九日。

(57) 前掲、「倉富勇三郎日記」一九三一年二月二一日。

(58) 同右、一九三一年二月一八日、一九日。

(59) 同右、一九三一年二月一九日、二一日。

(60) 同右、一九三一年六月二六日。六月二七日、堀江季雄書記官も倉富に同様の話をした（同前、一九三一年六月二七日）。

(61)『官報』第一三四九号（一九三一年六月三〇日）。

(62) 前掲、「倉富勇三郎日記」一九三一年八月一一日。

(63) 同右、一九三一年八月一三日。

(64) 同右。一九〇四年八月二九日に裁可された「華族叙位進階内則」によると、男爵の九鬼（正二位）が一つ上の従一位に上がるには、相当年齢とされる九六歳に達することが必要であった。九鬼が枢密顧問官という官僚（親任官）として、正二位から従一位に進もうとして、「文武官叙位進階内則」（一九〇〇年三月施行、一九一五年八月四日一部改正）によると、従二位までは進階の規定があるが、それ以降は特旨によるしかない。九鬼は三六年間も枢密顧問官を務めており、従二位に達する進階内規の一七年を優に越え、正二位に進められている（「平沼騏一郎関係文書」二三九―一、国立国会図書館憲政資料室所蔵）。九鬼はロンドン海軍軍縮条約批准問題の際、重病で枢密院本会議に出席することを期待されていなかったが、条約支持（浜口内閣寄り）とは思われていなかった（「御批准賛否」一九三〇年、伊藤隆他編『続・現代史資料5　海軍』みすず書房、一九九四年）。
(65) 前掲、「倉富勇三郎日記」一九三一年八月一四日。
(66) 同右、一九三一年八月一五日。
(67) 同右、一九三一年八月一八日。
(68) 同右、一九三一年四月一一日の欄外。
(69) 前掲、『牧野伸顕日記』一九三一年四月一一日、前掲、『木戸幸一日記』一九三一年四月一一日。
(70) 『官報』一二八四号（一九三一年四月一四日）。若槻の行賞は、財部彪元海相に桐花大綬章、安保清種海相と松平恒雄駐英大使に旭日大綬章が与えられる等の、他のロンドン条約関係の行賞と同時に行われた。
(71) 「財部彪日記」一九三一年六月二六日（「財部彪文書」国立国会図書館憲政資料室所蔵）。
(72) 『東京朝日新聞』一九三〇年一〇月三日。本章の元になった、拙稿「立憲君主制の空洞化と満州事変への道――第二次若槻内閣と昭和天皇をめぐる政治」（『法学論叢』一五二巻五・六号、二〇〇三年三月）とほぼ同時期に、本章の3節「枢密院の改革問題」と関りの深い論文、茶谷誠一「枢密院事務規程改正問題」（『歴史学研究』七七一号、二〇〇三年一月）も発表されている。
(73) 『東京朝日新聞』。同新聞は倉富議長を、「一部の有力顧問官の意向のまゝに動き、全く一のかいらいの観を呈して、他の顧問官の間に対する権威は全くない」と報じているが、倉富は、実権を持った議長である（第I部第三章・第四章）。
(74) 「倉富勇三郎日記」一九三〇年一〇月五日。
(75) 前掲、「倉富勇三郎日記」一九三〇年一〇月七日。ロンドン条約問題のときの顧問官の態度については、前掲、「御批准賛否」一九三〇年。
(76) 前掲、「倉富勇三郎日記」一九三〇年一〇月八日。
(77) 同右。
(78) 同右。
(79) 同右。
(80) 同右。
(81) 同右。
(82) 『東京朝日新聞』一九三〇年一〇月九日夕刊、『東京日日新聞』一九三〇年一〇月九日夕刊。当時の夕刊は、九日夕刊なら前日の八日の夕方に発行された。枢密院改革の記事は、『東京朝日新聞』が一面のトップに、『東京日日新聞』が一面中段で扱ったように、『東京朝日新聞』の方が枢密院改革の可能性への期待が強い。

(83) 前掲、「倉富勇三郎日記」一九三〇年一〇月九日。
(84)『東京朝日新聞』一九三一年一〇月九日、『東京日日新聞』一九三一年一〇月九日。
(85)『東京朝日新聞』一九三一年一〇月九日夕刊、同一九三一年一〇月九日「改革は枢府に止むべからず」（社説）。
(86)『東京日日新聞』一九三〇年一〇月九日、一〇日。『東京朝日新聞』も一九三〇年一〇月一〇日夕刊（九日夕方発行）になると、枢密院首脳が、「改革問題を利用して政府いじめに転換か」と、伊東巳代治顧問官・倉富議長らの巻き返しを報じるようになった。
(87) 前掲、「倉富勇三郎日記」一九三〇年一〇月一〇日。
(88) 同右。
(89) 同右。
(90) 同右、一九三〇年一〇月一三日。二上は一二日に伊東に会い、一三日にその話を倉富に伝えた。
(91) 同右、一九三〇年一〇月一四日。
(92) 同右、一九三〇年一〇月一五日（協議会を傍聴した二上兵治枢密院書記官長の倉富議長への報告）、『東京日日新聞』一九三〇年一〇月一六日夕刊（一五日夕方発行）、『東京朝日新聞』一九三〇年一〇月一六日。
(93) 前掲、「倉富勇三郎日記」一九三〇年一〇月一八日。二上書記官長によると、伊東巳代治顧問官は、かつて審査委員会に委員外の傍聴を許したことがあるといっているが、書類を調べたところ、伊東の記憶は少し誤っていた。真相は、日露戦争のポーツマス講和条約の批准に際し、伊藤博文枢密院議長が審査委員を指名したところ、その委員は非常に強硬な意見を持ち、条約批准を否決しようとする傾向があった。そこで伊藤議長は、都筑馨六書記官長の誤りということで、指名を無効とし、伊藤議長が自ら審査報告を行った。その際、私設の審査委員会のようなものを作り、そこに委員以外の顧問官の傍聴を認めた。しかし、正式の審査委員会に委員以外の傍聴を許した例はない（同前、一九三〇年一〇月一九日）。
(94)『東京日日新聞』一九三〇年一〇月三〇日夕刊「枢府内規改正結局立消か」、『東京朝日新聞』一九三〇年一一月六日夕刊「枢府改革立消え」。
(95) 前掲、「倉富勇三郎日記」一九三〇年一一月七日。
(96) 同右、一九三一年一月二一日、二五日、二七日、二八日、二月二日、四日。
(97) 同右、一九三二年七月一五日、一七日。
(98) 同右。
(99) 同右、一九三〇年一〇月二九日。
(100) 同右、一九三一年一月一二日。

(101) 同右、一九三一年二月一五日。
(102) 同右、一九三一年三月四日。
(103) 同右、一九三一年二月一八日。倉富議長・平沼副議長・二上書記官長の会話中での、二上の談話。
(104) 同右、一九三一年二月一八日。第Ⅰ部第四章4(1)。
(105) 前掲、「倉富勇三郎日記」一九三一年三月四日。
(106) 『東京日日新聞』一九三一年三月三〇日「顧問官の補充まづ二名だけ」、前掲、『木戸幸一日記』(一九三一年三月五日)や前掲、「倉富勇三郎日記」(一九三一年三月三一日)では宇垣一成陸相後任説の噂が記された。なお、『東京日日新聞』(一九三一年三月二三日)は、浜口首相の健康が不安であった際には、後継総裁をめぐって、党内に宇垣一成陸相対安達謙蔵内相の対立がみられたと回顧している。
(107) 前掲、「倉富勇三郎日記」一九三一年四月一日。一九三一年三月一六日、平沼枢密院副議長と小笠原長生中将(予備役)・加藤寛治大将が会見した。次いで、三月二〇日、東郷平八郎元帥と小笠原の会談で、枢密顧問官の海軍側の補充候補者として、財部ではなく、有馬良橘を推すことに決めた(田中宏巳「昭和七年前後における東郷グループの活動」『防衛大学校紀要(人文科学)』第五一冊、一九八五年九月)。このように、倉富枢密院議長ら枢密院側が有馬を推薦しようとしている動きは、海軍側のロンドン条約に反対するような強硬派の動向を反映していた。
(108) 前掲、「倉富勇三郎日記」一九三一年四月六日。高橋内閣期の政治過程については、前掲、拙著『大正デモクラシーと政党政治』第Ⅰ部第二章。
(109) 前掲、「倉富勇三郎日記」一九三一年四月一日。倉富ら三人は民政党よりも政友会に好意を示していた。しかし、同日の会話で、まず二上が政友会の内部対立も激しいと口火を切ると、倉富は、鈴木喜三郎も床次竹次郎も競争することは党の不利益になることは知っているが、そうせざるを得ないと述べた。平沼は、政友会の役員選挙では鈴木派の方が多数を占めたこと等を話した(同前)。このように、党内抗争の点から、倉富らは政友会にも消極的な支持を寄せるのみであった。
(110) 同右、一九三一年四月九日。
(111) 同右。
(112) 同右。
(113) 同右。
(114) 同右、一九三一年四月一〇日。
(115) 『東京朝日新聞』一九三一年四月一一日。
(116) 前掲、「倉富勇三郎日記」一九三一年四月一五日。

(117) 同右、一九三一年四月一八日、五月九日、五月一三日。また五月九日、二上が、平沼が岡田啓介（元海相、ロンドン条約締結を推進）の名を出したと述べると、倉富は岡田は好ましくないと否定した（同前、一九三一年五月九日）。
(118) 前掲、「倉富勇三郎日記」一九三一年四月一八日。
(119) 同右、一九三一年五月九日。
(120) 同右、一九三一年五月二一日。
(121) 同右、一九三一年五月二四日。
(122) 同右。
(123) 同右。
(124) 同右。
(125) 同右、一九三一年五月二九日。
(126) 同右、一九三一年六月三日。
(127) 『東京朝日新聞』一九三一年五月一〇日、六月三日。
(128) 前掲、「倉富勇三郎日記」一九三一年六月二二日。
(129) 斎藤総督の辞任の主要原因は、若槻内閣の意志であった。六月二六日、同じ薩派で海軍の後輩の財部彪軍事参議官（海軍大将）は、斎藤に会い、「頗る健勝の様子」とみた。また財部は同日、斎藤の下で政務総監をしていた児玉秀雄伯爵から、不行き届きで今回の始末となり申し訳なく謝りに来たとして、新内閣ができた時に総督就任継続の辞退を再三申し出たが、民政党内閣からその必要はないと言われ、そのまま過ごしてきたこと等を聞いた（前掲、「財部彪日記」一九三一年六月二六日）。
(130) 前掲、「倉富勇三郎日記」一九三一年六月二二日。ここで若槻首相が出してきた補充候補者は、二日前の『東京朝日新聞』（一九三一年六月二〇日）の報道と、斎藤実は一致しているが、安広伴一郎が伊沢多喜男になっており、かなり異なっていた。安広は、元山県系官僚（第二次山県有朋内閣の内閣書記官長、第二次桂太郎内閣の法制局長官）であるが、護憲三派内閣で満鉄社長となり、加藤高明・若槻礼次郎内閣（憲政会）と務め、田中義一内閣（政友会）成立後、三カ月で更迭されているので、やや民政党（憲政会の後身）色のある人物といえる。これに対し伊沢は、民政党色のきわめて強い人物である。これは、若槻内閣側が枢密院側を油断させるため偽りの情報を朝日新聞の記者に流したか、朝日の記者の予想以上に、若槻内閣が顧問官補充について強気の姿勢になっているかのいずれかである。
(131) 井原頼明『増補皇室事典』（冨山書房、一九三八年）三二〇頁。
(132) 前掲、「倉富勇三郎日記」一九三一年六月二二日。斎藤は国務大臣の前官礼遇を受けているため、宮中席次は第一階第八であるが（第一階第九の枢密副議長の上）、枢密顧問官に就任すると第一階第十に落ちてしまう（皇室儀制令第二十九条、第三十一条、一九二六年制定）。宮中席次については、西川誠「大正期の宮中席次」（『日本歴史』六四八号、二〇〇二年五月号）がある。
(133) この会見の二日後、倉富・平沼・二上の相談で、倉富と平沼は、顧問官になっても前官礼遇を失わないことにするなどして、顧問官に大物を採用し、民政党内閣の枢密院弱体化の方針に対抗することで一致した（前掲、「倉富勇三郎日記」一九三一年六月二四日）。一九三一年七月五日には、枢密院側は枢密顧問官の候補者として、山本達雄・高橋是清らを非公式に挙げているとの報道がなされている（『東京朝日新聞』一九三一年七月五日）。なお、山本・高橋は、倉富・平沼・二上の相談の中で、まだ具体化した候補ではない。
(134) 前掲、「倉富勇三郎日記」一九三一年六月二三日。
(135) 一九三一年六月三日、倉富議長は平沼副議長に、顧問官に四人の欠員があるので、政府が顧問官定員を減らそうとするのではないかと、警戒する話をしている（前掲、「倉富勇三郎日記」一九三一年六月三日）。
(136) 前掲、「倉富勇三郎日記」一九三一年六月二三日。
(137)『東京朝日新聞』一九三一年六月二三日夕刊（二二日夕方発行）、六月二四日。
(138) 前掲、「倉富勇三郎日記」一九三一年七月一日。
(139)『東京朝日新聞』一九三一年七月二日夕刊（一日夕方発行）、七月五日。
(140) 同右、一九三一年七月七日夕刊、九日夕刊（それぞれ、六日夕方、八日夕方発行）。
(141) 前掲、「倉富勇三郎日記」一九三一年七月八日。
(142) 同日夕方、倉富は二上に、斎藤に前官礼遇を存するなら、伊東・金子にも前官礼遇を与えるのみならず、天皇の特旨で平沼副議長を院内では伊東・金子等の次席に着かせることが穏当であること、しかし院外では、平沼が前官礼遇者の下席になっても仕方がないことを述べた（同右、一九三一年七月八日）。
(143) 同右、一九三一年七月八日。同日夕方、川崎・関屋と会見してきた二上の倉富議長への話。
(144)『東京朝日新聞』一九三一年七月一一日、一二日。『東京朝日新聞』は、斎藤の就任拒否の理由として、前官礼遇の問題と、朝鮮総督辞職前後における感情の問題を挙げているように、真相はかなり正確に報道された。
(145) 前掲、「倉富勇三郎日記」一九三一年七月一一日。
(146) 同右（二上への談話）。
(147)『東京朝日新聞』一九三一年七月一七日夕刊（一六日夕方発行）。
(148) 前掲、「倉富勇三郎日記」一九三一年七月一七日。
(149) 同右。
(150) 同右。

(151) 同右。

(152) 前掲、「倉富勇三郎日記」一九三一年七月二〇日。当日は、平沼から山本達雄が、二上から財部彪の名が出されたが、両人とも前官礼遇の問題があるとみられた。また、倉富は、伊沢と一木宮相が非常に懇意であるとの噂を話し、平沼は、伊沢が河井弥八を侍従次長として一木宮相に推薦したと言う人がいると応じた。

(153) 同右、一九三一年七月二一日。

(154) 同右。なお、武富は一九二六年四月に若槻内閣が顧問官として推薦し、枢密院側（倉富・平沼・二上）の反対で実現せず、同年九月に、若槻首相は武富を再び推薦した。そのときは倉富は妥協的で、倉富は平沼も異議がないと見ていた。しかし、二上書記官長や他の顧問官の反対があり、武富は辞退した。田中内閣期になると、一九二七年一月、田中首相が推薦した元田肇（政友会、元逓相・鉄相）を倉富は拒否し、大物の政党政治家犬養毅ならば同意すると、条件付きで政党へのアレルギーを減退させる姿勢を示した（第Ⅰ部第三章）。その後、一九三〇年三月、浜口首相が高田早苗（民政党系、早稲田大総長）を推薦したのに対し、倉富は、「素行」の問題があるとして拒否し、元田（政友会）を代わりの人物として提案した（第Ⅰ部第四章）。このように、一九三〇年三月までに枢密院側は民政党系を嫌うあまり、大物でなくても政友会系ならかまわないというところまで、妥協的になっていた。

(155) 前掲、「倉富勇三郎日記」一九三一年七月二一日。

(156) 同右、一九三一年七月二三日、八月一一日。

(157) 同右、一九三一年八月一四日。

(158) 同右。

(159) 『東京朝日新聞』一九三一年八月一九日夕刊（一八日夕方発行）。

(160) 同右、一九三一年九月一日夕刊（八月三一日夕方発行）。

(161) 前掲、「倉富勇三郎日記」一九三一年九月一〇日。

(162) 同右、一九三一年九月一六日。

(163) 若槻内閣成立後も、一九三一年五月に宮中側近は東郷平八郎元帥を疎外し、拝謁を妨害したとの新聞記事が出た。また六月には、「宮内省要部」に対する組織的攻撃計画が噂にのぼり、河井侍従次長は一木宮相と話し合った（前掲、『河井弥八日記』一九三一年五月八日、六月一六日）。

(164) 前掲、「倉富勇三郎日記」一九三〇年一〇月六日。

(165) 同右。すでに一九二八年九月一七日の倉富枢密院議長と小原の会談で、小原は、平沼は宮内大臣になりたいのかと問い、倉富は、平沼が国本社に尽力しているのは枢密院で終わりたくないからかと、二人で平沼の野心を話題にしていた（同前、一九二八年九月一七日）。なお、元老西園寺が平沼の宮中入りを望んでいないことは、一九三〇年四月二五日の、西園寺と私設秘書原田熊雄の会見でわかる。原田は、薩派の樺山資英などが、西園寺の亡き後は、内大臣府に山本権兵衛（薩派、元首相、海軍大将）・平沼枢密院副議長（元法相）・一条実孝貴族院議員の三人の御用掛を置いて実質的に内大臣の顧問格のようにして、政権の授受の場合の下問奉答のため内大臣を助けるような組織にしようとして運動していることを、西園寺に話した。これに対し、西園寺は「そりやあ堪らない話だね」と答えた（前掲、原田熊雄述『西園寺公と政局』第一巻、四四頁、一九三〇年五月一日口述）。

(166) 前掲、「倉富勇三郎日記」一九三〇年一二月二三日。
(167) 前掲、拙稿「原敬内閣と立憲君主制」第三章、本書第Ⅰ部第二章1。
(168) 前掲、「倉富勇三郎日記」一九三〇年一二月二三日。
(169) 同右、一九三一年二月一七日。
(170) 前掲、『西園寺公と政局』第二巻、七〜八頁（一九三一年七月一六日口述）。
(171) 前掲、「倉富勇三郎日記」一九三一年七月五日。
(172) 同右。
(173) 前掲、『牧野伸顕日記』一九三一年七月三日。
(174) 同右。
(175) 同右、一九三一年七月一一日。
(176) 前掲、原田熊雄述『西園寺公と政局』第二巻、二八〜三〇頁（一九三一年八月一七、二一日口述）。日付が確定できないのは、原田の談話（『西園寺公と政局』の該当部分）が混乱しているためである。以下同様。
(177) 同右、三〇〜三二頁（一九三一年八月二一日口述）。
(178) 前掲、『牧野伸顕日記』一九三一年八月一九日。
(179) 小林龍夫・島田俊彦編『現代史資料7　満州事変』（みすず書房、一九六四年）一六二〜一六三頁。
(180) 「国家諸機構改革案大綱」（「片倉衷関係文書」書類の部九三三、国立国会図書館憲政資料室所蔵）。

第Ⅰ部第六章

（1）原田熊雄述『西園寺公と政局』第二巻（岩波書店、一九五〇年）三九頁（原田が一九三一年八月二二日に西園寺から聞いた話。一九三一年八月二七日口述）。
（2）伊藤隆・広瀬順晧編『牧野伸顕日記』（中央公論社、一九九〇年）一九三一年九月七日。奈良武次侍従武官長（陸軍大将）は、陸軍の出兵要請と天皇の拒否を承知していなかったと思われるので（波多野澄雄・黒沢文貴他編『侍従武官長奈良武次日記・回顧録』第三巻、柏書房、二〇〇〇年（以下、『奈良武次日記』と略す）一九三一年六月二八〜九月七日）、この問題は内々のものと推定される。

(3) 前掲、『牧野伸顕日記』一九三一年九月八日、高橋紘・粟屋憲太郎・小田部雄次編『昭和初期の天皇と宮中――侍従次長河井弥八日記』第五巻（岩波書店、一九九四年）（以下、『河井弥八日記』と略す）一九三一年九月八日。

(4) 前掲、『奈良武次日記』一九三一年九月八日、前掲、『河井弥八日記』一九三一年九月八日。

(5) 「倉富勇三郎日記」（「倉富勇三郎文書」国立国会図書館憲政資料室所蔵）一九三一年九月一六日。第九師団で飛行機からビラを撒いたことについては、『東京朝日新聞』（一九三一年九月八日）に報道された（臼井勝美『満州事変――戦争と外交と』中公新書、一九七四年、三三〜三四頁）。

(6) 前掲、『奈良武次日記』一九三一年九月一〇日、前掲、『河井弥八日記』一九三一年九月一〇日。

(7) 前掲、『西園寺公と政局』第二巻、四七頁（一九三一年九月一四日口述）。

(8) 前掲、『奈良武次日記』一九三一年九月一一日。前掲、『河井弥八日記』（一九三一年九月一一日）によると、南陸相は天皇の下問に先立ち、近頃若い陸軍将校が外交を軟弱として攻撃することを、軍紀上許し難いので、十分取締りをすると奏上していた。

(9) 前掲、『牧野伸顕日記』一九三一年九月一四日。関屋はこのことを一九三一年九月一四日に牧野に漏らした。

(10) 前掲、『奈良武次日記』一九三一年九月一一日。

(11) 朝鮮軍参謀部「満州事変に於ける混成旅団独断派遣の経緯」（極秘）一九三一年九月二八日（陸軍省「満密大日記」一九三二年一四冊の内其六所収、防衛庁防衛研究所図書室所蔵）。

(12) 神田正種「鴨緑江」（小林龍夫・島田俊彦編『現代史資料7　満州事変』みすず書房、一九六四年、四六四〜四六五頁）。この文章は、神田が戦犯として収監された巣鴨刑務所で一九五〇年四月八日から回想し記したものであるが、客観的に史実を伝える筆致である。

(13) 参謀本部「朝鮮軍司令官の独断出兵と中央部の之に対して執れる処置に就て」（前掲、『現代史資料7』四二八〜四二九頁）。

(14) 前掲、参謀本部「朝鮮軍司令官の独断出兵と中央部の之に対して執れる処置に就て」、前掲、朝鮮軍参謀部「満州事変に於ける混成旅団独断派遣の経緯」。

(15) 前掲、『奈良武次日記』一九三一年九月一九日。前掲、『河井弥八日記』（一九三一年九月一九日）にも同様の記述がある。

(16) 前掲、参謀本部「朝鮮軍司令官の独断出兵と中央部の之に対して執れる処置に就て」。

(17) 前掲、『河井弥八日記』一九三一年九月一九日、前掲、『牧野伸顕日記』一九三一年九月一九日、木戸日記研究会校訂『木戸幸一日記』上巻（東京大学出版会、一九六六年）一九三一年九月一九日、前掲、『奈良武次日記』（一九三一年九月一九日）にも同趣旨の記述がある。

(18) 前掲、『奈良武次日記』一九三一年九月一九日。

(19) 前掲、参謀本部「朝鮮軍司令官の独断出兵と中央部の之に対して執れる処置に就て」。前掲、『奈良武次日記』一九三一年九月一九日には、金谷は、「恐懼」の意を示したことは記してあるが、「事情を審議」する云々の記述はない。
(20) 前掲、『西園寺公と政局』第二巻、六三〜六四頁(一九三一年九月二三日口述)。
(21) 同右。
(22) 前掲、『木戸幸一日記』一九三一年九月一九日、前掲、『西園寺公と政局』第二巻、六五〜六六頁(一九三一年九月二三日口述)。
(23) 前掲、『牧野伸顕日記』一九三一年九月一九日、二〇日、前掲、『河井弥八日記』一九三一年九月一九日、二〇日、前掲、『木戸幸一日記』一九三一年九月一九日。
(24) 前掲、『牧野伸顕日記』一九三一年九月二一日、前掲、『奈良武次日記』一九三一年九月二一日、前掲、『河井弥八日記』一九三一年九月二一日、前掲、『木戸幸一日記』一九三一年九月二一日。
(25) 前掲、『河井弥八日記』一九三一年九月二一日。
(26) 前掲、『牧野伸顕日記』一九三一年九月二二日。
(27) 前掲、『西園寺公と政局』第二巻、六八〜六九頁(一九三一年九月二三日口述)。
(28) 前掲、『木戸幸一日記』一九三一年九月二二日。
(29) 前掲、『西園寺公と政局』第二巻、六九頁。原田は二一日朝一〇時に西園寺を訪れた際に、西園寺がこの話をしたかのように、九月二三日に口述している。しかし、混成旅団の満州への越境は、二一日一時二〇分以降であり、次の『木戸幸一日記』にあるように、原田は朝と夜の二回西園寺を訪問して、木戸に二度電話したという記述の方が正しい。
(30) 前掲、『木戸幸一日記』一九三一年九月二一日。
(31) 前掲、『奈良武次日記』一九三一年九月二一日、前掲、『河井弥八日記』一九三一年九月二一日。
(32) 前掲、『西園寺公と政局』第二巻、前掲、『木戸幸一日記』、前掲、『牧野伸顕日記』。
(33) 前掲、『牧野伸顕日記』一九三一年九月二一日。
(34) 前掲、『西園寺公と政局』第二巻、六六〜六七頁(一九三一年九月二三日口述)。
(35) 前掲、『牧野伸顕日記』一九三一年九月二二日。
(36) 前掲、『木戸幸一日記』一九三一年九月二〇日。
(37) 前掲、『奈良武次日記』一九三一年九月二一日。
(38) 片倉衷「満州事変機密政略日誌」一九三一年九月二〇日(前掲、『現代資料7』)。この日誌の原本は石原大佐の点検を受け、「多少独断偏見の所もあるが概ね肯綮を得たり」との付箋を付され、参謀本部戦史課安井藤治大佐に提出された。

(39)前掲、片倉衷「満州事変機密政略日誌」一九三一年九月一九日。
(40)同右、一九三一年九月二〇日。
(41)同右、一九三一年九月二一日。
(42)前掲、朝鮮軍参謀部「満州事変に於ける混成旅団独断派遣の経緯」一九三一年九月二八日。
(43)同右。
(44)前掲、参謀本部「朝鮮軍司令官の独断出兵と中央部の之に対して執れる処置に就て」。
(45)注(42)、(44)に同じ。
(46)前掲、参謀本部「朝鮮軍司令官の独断出兵と中央部の之に対して執れる処置に就て」。
(47)前掲、『奈良武次日記』一九三一年九月二一日。
(48)同右。
(49)前掲、参謀本部「朝鮮軍司令官の独断出兵と中央部の之に対して執れる処置に就て」。
(50)同右。
(51)同右。
(52)他に前掲、『西園寺公と政局』第二巻、七〇〜七四頁も、二二日のことを、若槻首相から原田熊雄が聞いた話として記述してある（一九三一年九月二八日口述）。しかし、混成旅団の独断越境を閣議で承認した日付の二二日を二三日と記述してあるように、数日後の口述に際して原田の記憶が混乱しており、この部分は根本史料としての信憑性に欠ける。
(53)幣原喜重郎『外交五十年』（原書房復刻版、一九七四年、原本は一九五一年刊）一八四〜一八五頁。
(54)前掲、参謀本部「朝鮮軍司令官の独断出兵と中央部の之に対して執れる処置に就て」、前掲、『奈良武次日記』一九三一年九月二二日。
(55)宮内庁『明治天皇紀』第三（吉川弘文館、一九六九年）二〇六頁、二三三頁、二四四〜四五頁、二五〇頁、二五四〜二五五頁。
(56)同右、三六〇〜三六一頁。
(57)前掲、『明治天皇紀』第五、七四八〜七五一頁。
(58)高橋秀直「形成期明治国家と朝鮮問題――甲申事変期の朝鮮政策の政治・外交史的検討」（『史学雑誌』九八編三号、一九八九年三月）、のちに、同『日清戦争への道』（東京創元社、一九九五年、に所収）、前掲、『明治天皇紀』第六、三三〇頁。
(59)前掲、高橋秀直『日清戦争への道』第Ⅱ篇第二章、前掲、『明治天皇紀』第八、四二九頁、四三〇〜四三一頁、四三七頁。
(60)前掲、高橋秀直『日清戦争への道』第Ⅱ篇第二章、前掲、『明治天皇紀』第八、四六一〜四六六頁。
(61)ヴィクトリア女王宛メルバーン首相書状、一八四一年五月三日（A. C. Benson & Viscount Fisher, eds., *The Letters of Queen*

Victoria, 1st series, 3vols., Vol. 1, London, 1907, pp. 333-334)、ヴィクトリア女王宛ディズレーリ首相書状、一八七八年三月二六日 (W. F. Monypenny & G. E. Buckel, *The Life of Benjamin Disraeli : Earl of Beaconfield*, 2vols., Vol. 2, London, 1929, p. 1134)、ヴィクトリア女王宛ソールズベリ首相書状、一八九九年九月八日 (G. E. Buckel, ed., *The Letters of Queen Victoria*, 3rd series, 3vols., Vol. 3, London, 1932, pp. 395-396)。なお、日本の天皇と異なり、イギリスでは君主（ヴィクトリア女王）の側から派兵を働きかける場合もあった。一八八四年、スーダンの反乱でゴードンに危機が迫ったとみると、三月二四日、ヴィクトリア女王はハーティントン陸相に当てた書状で、ゴードンを救うように命じた。しかし閣議ではすぐには派兵しないことが決まった。その後も女王はゴードン救出を求めるが、ようやく八月に派兵が決定した (G. E. Buckle, ed., *The Letters of Queen Victoria*, 2nd series, 3 vols., London, 1928, pp. 485-491)。以上の史料については、君塚直隆氏の御教示を得た。

(62) 前掲、『明治天皇紀』第九、八二八頁。参謀本部編纂『明治三十三年清国事変史』巻一（秘）（防衛庁防衛研究所図書室所蔵）によると、「我政府」は二九日笠置艦長に必要に応じて日本公使館又は領事館を保護する任務を与へ大沽に急航させた（一八頁）。

(63) 海軍大臣官房『山本権兵衛と海軍』（原書房復刻版、原本は、一九〇四～二七年の完成）一一八～一二〇頁。

(64) 同右、第九、八三五～八三七頁。参謀本部の派兵計画は、歩兵二大隊、砲兵一大隊、騎兵一中隊、工兵一中隊と輜重隊であったが、閣議決定後は、歩兵一大隊、騎兵一小隊、工兵一小隊およびそれに伴う輜重隊で、参謀本部決定の半数以下であった。

(65) 同右、第九、八八二～八八三頁。

(66) 山本四郎「厦門事件について」（赤松俊秀教授退官記念事業会編『赤松俊秀教授退官記念国史論集』同記念事業会、一九七二年）、斎藤聖二「厦門事件再考」（『日本史研究』第三〇五号、一九八八年一月）、小林道彦『日本の大陸政策　一八九五～一九一四　桂太郎と後藤新平』（南窓社、一九九六年）三八頁。

(67) 拙著『立憲国家と日露戦争――外交と内政　一八九八～一九〇五』（木鐸社、二〇〇〇年）第I部第一章1（2）。

(68) 前掲、『明治天皇紀』第十、五九三～五九八頁。

(69) 参謀本部『大正七年乃至十一年西伯利出兵史』第一巻（秘）（防衛庁防衛研究所図書室所蔵）三一～三五頁。

(70) 同右、三五～四九頁。

(71) 同右、四九～五五頁。

(72) 同右、五五～六八頁。

(73) 拙著『政党政治と天皇　日本の歴史22』（講談社、二〇〇二年）九三～一〇一頁。

(74) 参謀本部『昭和三年度支那事変出兵史・本篇』（軍事極秘）（一九三〇年二月一日調製）（防衛庁防衛研究所図書室所蔵）二〇～二一頁。この冊子は、陸軍参謀本部の当局者が後に出兵業務をする際の参考のために編纂したもので、外部への公表は意図しておらず、事実に信頼性が高い。

(75) 同右、二一〜二四頁。
(76) 同右、二七〜三二頁、前掲、『奈良武次日記』一九二七年七月五日、八日。
(77) 前掲、参謀本部『昭和三年支那事変出兵史・本篇』（軍事極秘）三〇〜三一頁。
(78) 同右、四一〜四四頁、前掲、『奈良武次日記』一九二八年四月一八日、一九日。
(79) 前掲、参謀本部『昭和三年支那事変出兵史・本篇』（軍事極秘）八八〜九〇頁。
(80) 前掲、『奈良武次日記』一九二八年五月四日。
(81) 前掲、参謀本部『昭和三年支那事変出兵史・本篇』（軍事極秘）九〇〜九一頁。
(82) 同右、九三〜九四頁、一〇〇〜一〇二頁。
(83) 前掲、『奈良武次日記』一九二八年五月九日。前掲、参謀本部『昭和三年支那事変出兵史・本篇』（軍事極秘）一〇三頁には、参謀総長の上奏のことしか記載されておらず、後に陸軍関係者がこの本で派兵の先例を調べた場合、誤解が生じる可能性がある。
(84) 小林龍夫・島田俊彦・稲葉正夫編『現代史資料11　続・満州事変』（みすず書房、一九六五年）二八六頁。
(85) 前掲、片倉衷「満州事変機密政略日誌」一九三一年九月二一日。
(86) 前掲、片倉衷「満州事変機密政略日誌」一九三一年九月二〇日、二一日。
(87) 同右、一九三一年九月二六日。
(88) 同右、一九三一年九月二八日。
(89) 前掲、『西園寺公と政局』第二巻、七八〜八〇頁（一九三一年一〇月二日口述）。ただし、原田は九月二九日のことと口述しているが、前掲『牧野伸顕日記』、『木戸幸一日記』の記述から九月二八日が正しい。
(90) 前掲、『西園寺公と政局』第二巻、八〇頁（一九三一年一〇月一日口述）、前掲、『牧野伸顕日記』一九三一年九月二九日、前掲、『木戸幸一日記』一九三一年九月二九日。
(91) 前掲、『牧野伸顕日記』一九三一年九月二九日。
(92) 前掲、「倉富勇三郎日記」一九三一年九月三〇日。九月三〇日に、石井顧問官が朝鮮軍の独断越境を統帥権干犯ではないかと質問したとの指摘は、加藤聖文「枢密院と外交――『大政諮詢の府』の限界」（由井正臣編『枢密院の研究』吉川弘文館、二〇〇三年）でもなされている。
(93) 前掲、「倉富勇三郎日記」一九三一年九月三〇日。
(94) 同右。
(95) 同右、一九三一年九月二九日。ただし、古参顧問官の伊東巳代治は枢密院で満州事変について政府の報告を聞くことに反対したが、平沼らは報告を聞かないのは宜しくないと考えていた。

(96)前掲、『奈良武次日記』一九三一年九月三〇日。
(97)同右。
(98)同右。
(99)前掲、「倉富勇三郎日記」一九三一年一〇月七日、一〇日。また同じ会話の中で、牧野も「大権干犯」と述べたとされた。しかしすでに示したように、牧野内大臣は独断越境の問題を昭和天皇と連携して穏便に処理しようとしている。このことから、牧野は「大権干犯」とまで言っていないか、言ったとしても、元老西園寺・鈴木侍従長・石井顧問官らとやや立場が異なる。
(100)前掲、『奈良武次日記』一九三一年一〇月一日。
(101)前掲、「倉富勇三郎日記」一九三一年一〇月七日。翌日、天皇は奈良侍従武官長に、昨日の枢密院会議の石井顧問官の質問には「南陸相より適当の答弁をなせる模様なり」と話した（前掲、『奈良武次日記』一九三一年一〇月八日）。このように、天皇は独断出兵問題の穏便な処理に満足であった。
(102)前掲、『奈良武次日記』一九三一年一〇月一二日。
(103)同右、一九三一年一〇月九日。
(104)前掲、『西園寺公と政局』第二巻、八七～八八頁（一九三一年一〇月一一日口述）。前掲、『木戸幸一日記』一九三一年一〇月七日、八日、前掲、『河井弥八日記』一九三一年一〇月七日。
(105)前掲、『西園寺公と政局』第二巻、九〇頁（一九三一年一〇月一一日口述）、前掲、『木戸幸一日記』一九三一年一〇月八日、九日。
(106)前掲、『西園寺公と政局』第二巻、八八頁（一九三一年一〇月一一日口述）。
(107)刈田徹『昭和初期政治・外交史研究』（創文社、一九七八年）二〇八～二五九頁。
(108)同右、二五九～二六六頁。「関東軍独立」の噂を広めていたのは、河本大作大佐（予備役、元関東軍高級参謀）と長勇少佐（参謀本部付、北平駐在）であり、その噂は憲兵隊より陸軍中央に提供された（緒方貞子『満州事変と政策の形成過程』原書房、一九六六年、一五六～一五七頁）。
(109)前掲、『河井弥八日記』一九三一年一〇月一四日。
(110)前掲、刈田徹『昭和初期政治・外交史研究』三四一～三四五頁。
(111)前掲、『木戸幸一日記』一九三一年一〇月一七日。
(112)前掲、『奈良武次日記』一九三一年一〇月一九日。
(113)前掲、『河井弥八日記』一九三一年一〇月一八日。
(114)前掲、『奈良武次日記』一九三一年一〇月一九日。

(115) 前掲、臼井勝美『満州事変』九六頁、前掲、『河井弥八日記』一九三一年一〇月一八日、一九日。
(116) 前掲、『河井弥八日記』一九三一年一〇月二〇日。これに対し河井は、昨日の拝謁では天皇の精神状態についてそのように感じなかったと皇后に奉答したように（同前）、河井には変調は感じられなかった。
(117) 前掲、『奈良武次日記』一九三一年一〇月二七日。
(118) 同右、一九三一年一〇月三一日、一一月二日、二四日。
(119) 前掲、刈田徹『昭和初期政治・外交史研究』二六七〜二七九頁。結局、検束された将校たちはほぼ半年以内に外国や地方に転任させられた程度の、微温的な処分がなされただけであった（同前、二七四頁）。
(120) 前掲、『西園寺公と政局』第二巻、八七〜九〇頁（一九三一年一〇月一一日口述）、九一〜九二頁、九八頁、一〇〇頁、一〇五〜一〇六頁（一九三一年一〇月二四日、一一月五日口述）。
(121) 前掲、『木戸幸一日記』一九三一年九月三〇日。
(122) 同右、一九三一年一〇月七日、八日、前掲、『西園寺公と政局』第二巻、八八〜九〇頁（一九三一年一〇月一一日口述）。
(123) 前掲、『西園寺公と政局』第二巻、九〇頁（一九三一年一〇月一一日口述）。
(124) 同右、九〇〜九一頁（一九三一年一〇月一一日、二四日、一一月五日口述）。
(125) 本庄繁「至秘鈔」（一九三三年九月七日と九月二五日の間に記述されている）（成瀬恭編『本庄日記』原書房、一九六七年、一六三頁）。
(126) 坂野潤治「『憲政常道』と『協力内閣』」（『年報近代日本研究6　政党内閣の成立と崩壊』一九八四年一〇月）（のち、同『近代日本の外交と政治』研文出版、一九八五年、に所収）、小山俊樹「『協力内閣』構想と元老西園寺公望――犬養毅内閣の成立をめぐって」（『史林』第八四巻第六号、二〇〇一年一一月）など。本節では立憲君主制の崩壊との関連で、昭和天皇や元老西園寺、牧野内大臣ら宮中側近の「協力内閣」運動への対応を、政局の動向に大きな影響を及ぼす力を維持していた元老西園寺に焦点をあて、陸軍の統制と国際連盟との関係や「公平」な権力イメージを獲得して権力の正当性を得るという観点から、政治過程の中に位置づけたい。
(127) 前掲、「倉富勇三郎日記」一九三一年八月二五日。
(128) 前掲、『西園寺公と政局』第二巻、一〇二頁（一九三一年一〇月二四日、一一月五日口述）。
(129) 前掲、『河井弥八日記』一九三一年一〇月二三日。
(130) 前掲、『西園寺公と政局』第二巻、一一三〜一一四頁（一九三一年一一月五日口述）。
(131) 前掲、坂野潤治『近代日本の外交と政治』は、宮中関係の一次史料を利用していないので、満州事変後、本章で述べるように、牧野内大臣ら宮中側近の権力がさらに衰退したことをとらえきれていず、牧野内大臣らの権力を過大視している。そのため「協力内閣」を望ましいとする牧野内大臣らと、それに消極的な元老西園寺の対立を強調しすぎている。
(132) 前掲、『木戸幸一日記』一九三一年一一月七日、一六日、一七日。
(133) 前掲、『西園寺公と政局』第二巻、九九頁(一九三一年一〇月二四日、一一月五日口述)。
(134) 同右、第二巻、一〇六頁(同右)。
(135) 同右、第二巻、一一二頁(同右)。元老西園寺が幣原外交に期待していた例として、幣原は二つのことを回想している。一つは、別荘の名の揮毫である。幣原が第一次若槻内閣の外相を辞めた後、一九二八、二九年頃に逗子の別荘で盲腸炎を患って寝ていると、西園寺が頼まれないのに「幾分の慰めのため」と別荘名の揮毫を行い、原田に届けさせたことである。病後にお礼に訪れた幣原に対し、西園寺は、その名の「聚遠」の「遠というのは世界という意味で、世界の望みをあなたが集めているという事」であると述べた。もう一つは、幣原外交への評価の問題である。政友会の一政客が西園寺の所に行って、幣原のような軟弱外交では国威が進展しないというと、西園寺は、「君、一たい軟弱外交とはどんな事か知っているか。幣原のやっているのは強硬外交だ。自分はあれほど強硬外交をやっているのを見て、うまく成功すればよいと祈っている」と突っぱねた。西園寺はこのことを、死去する少し前に幣原に述べた(幣原喜重郎『外交五十年』原書房復刻版、一九七四年、原本は一九五一年刊、二六九〜二七一頁)。
(136) 前掲、『西園寺公と政局』第二巻、一〇八〜一〇九頁(一九三一年一一月五日口述)、前掲、『河井弥八日記』一九三一年一〇月二六日。
(137) 前掲、『西園寺公と政局』第二巻、一〇八頁(一九三一年一一月五日口述)、前掲、『河井弥八日記』一九三一年一〇月二九日。
(138) 前掲、『河井弥八日記』一九三一年一〇月三〇日、三一日。
(139) 前掲、『西園寺公と政局』第二巻、一〇九〜一一〇頁(一九三一年一〇月二四日、一一月五日口述)。
(140) 同右、一一三〜一一四頁(同前)。安達内相は一〇月二七・二八日頃に若槻首相に犬養を首相にする協力内閣を作ることを持ちかけた(同前、一三九〜一四〇頁、一九三一年一一月三〇日口述)。
(141) 前掲、『河井弥八日記』一九三一年一一月二日。
(142) 前掲、『西園寺公と政局』第二巻、一一三〜一一四頁(一九三一年一〇月二四日、一一月五日口述)。
(143) 前掲、『河井弥八日記』一九三一年一一月二日、前掲、『奈良武次日記』一九三一年一一月二日。
(144) 前掲、『西園寺公と政局』第二巻、一一五〜一一六頁(一九三一年一〇月二四日、一一月五日口述)。
(145) 前掲、『河井弥八日記』一九三一年一一月二日。
(146) 前掲、『西園寺公と政局』第二巻、一一六頁(一九三一年一〇月二四日、一一月五日口述)。
(147) 前掲、「倉富勇三郎日記」一九三一年一一月四日。
(148) 同右。

(149)前掲、『奈良武次日記』一九三一年一一月四日、五日、前掲、片倉衷「満州事変機密政略日誌」一九三一年一一月五日。
(150)西田敏宏「ワシントン体制の変容と幣原外交——一九二九～一九三一年」(一)・(二)（『法学論叢』一四九巻三号・一五〇巻二号、二〇〇一年六月・一一月）。
(151)前掲、緒方貞子『満州事変と政策の形成過程』一九七～一九八頁。西田敏宏「ワシントン体制と幣原外交」（川田稔・伊藤之雄編『二〇世紀日米関係と東アジア』風媒社、二〇〇二年）。
(152)前掲、『西園寺公と政局』第二巻、一一六～一一七頁（一九三一年一一月四日の安達内相の原田への話に対し、原田の推定）（一九三一年一〇月二四日、一一月五日口述）、一二四頁（一九三一年一一月七日の近衛文麿・木戸幸一・原田・伊藤文吉の会合、首相候補は犬養か宇垣か結論出ず）（一九三一年一一月一〇日口述）、前掲、『木戸幸一日記』一九三一年一一月七日（同前の会談）。前掲、『西園寺公と政局』第二巻、一二七頁（一一月八日に天皇が大演習総監のため東京を離れて以降、安達一派を中心とする協力内閣運動が盛んになる）（一九三一年一一月四日口述）。
(153)前掲、『西園寺公と政局』第二巻、一一九～一二〇頁（一九三一年一一月四日の伊藤文吉貴族院議員の原田への政友会の内情についての話）（一九三一年一〇月二四日、一一月五日口述）、一二四頁（注(152)と同じ）、前掲、『木戸幸一日記』一九三一年一一月七日（注(152)と同じ）、前掲、『西園寺公と政局』第二巻、一二九頁（一九三一年一一月一二日の原田の西園寺への情報で、安達内相と床次竹二郎の上に宇垣を持ってくるという民・政の一部の協力で宇垣内閣）（一九三一年一一月一四日口述）。
(154)前掲、『西園寺公と政局』第二巻、一二九頁（一九三一年一一月一二日の原田の西園寺への情報）（一九三一年一一月一四日口述）。平沼内閣をつくろうとする動きについては、堀田慎一郎「平沼内閣運動と斎藤内閣の政治」（『史林』七七巻三号、一九九四年五月）、また、平沼を中心とした枢密院と思想問題については、松井慎一郎「枢密院と思想問題——平沼騏一郎を中心に」（前掲、由井正臣編『枢密院の研究』）、平沼の皇室観を中心とした政治問題については、クリストファー・W・A・スピルマン「平沼騏一郎の政治思想と国本社——皇室観を中心として」（伊藤之雄・川田稔編『二〇世紀日本の天皇と君主制——国際比較の視点から一八六七～一九四七』吉川弘文館、二〇〇四年）がある。
(155)同右。
(156)前掲、「倉富勇三郎日記」一九三一年一〇月五日。
(157)同右、一九三一年一一月一六日。
(158)同右、一九三一年一一月一一日、一二七日。
(159)前掲、『西園寺公と政局』第二巻、一二七～一二八頁（一九三一年一一月一四日口述）。
(160)同右、一二九頁（同前）。
(161)同右、一三〇頁（同前）。西園寺は陸軍を抑えるため、政・民両党総裁による自発的な連携を前提とした協力内閣構想を支持していたとの指摘は、前掲、小山俊樹「『協力内閣』構想と元老西園寺」でなされている。本節は、協力内閣運動への元老西園寺や牧野内大臣ら宮中勢力の動きを立憲君主制の研究の観点から政治過程の中に位置づけることを意図している。その中で、㈠西園寺は幣原外交を維持し列強との協調を守るため協力内閣には消極的であったが、犬養が幣原外交を支持するようになったので、政・民連立の協力内閣を容認するようになった、㈡しかし、それは、両党の団結が不十分であったので積極的な支持でなかった、㈢このような西園寺に比べ、牧野内大臣は西園寺よりも協力内閣に好意を持っていた、㈣西園寺、牧野のいずれも安達内相を中心とする協力内閣運動を支持していたわけでなく、また、牧野が満州事変後、さらに権力を衰退させ、政治に自信をなくしていたので対立的関係にはならず、政局の収拾は西園寺の主導で動いていたこと等の新しい見解を示すものである。

(162) 前掲、『西園寺公と政局』第二巻、一三〇頁（同前）。

(163) 角田順校訂『宇垣一成日記2』（みすず書房、一九七〇年）一九三一年一一月一九日。

(164) 同右。

(165) 同右、一九三一年九月二三日、二六日、一〇月五日、二四日。宇垣は、満州国建国を祝福し歓迎し、日本の承認がなるべく早いことを望むと述べている（同前、一九三二年三月九日、一〇日）。次章で述べるように、犬養は組閣した後、満州国の承認に抵抗するなど、宇垣に比べ、列強や中国との関係に配慮し、関東軍や陸軍の暴走を抑えようとする意識がはるかに強い。これが、政党内閣という形の問題と共に、西園寺が宇垣よりも犬養を後継首相として望ましいとした理由である。

(166) 前掲、『西園寺公と政局』第二巻、一四五頁（一九三一年一一月三〇日口述）。

(167) 同右、第二巻、一五一〜一五五頁（一九三一年一二月二一日口述）。前掲、『木戸幸一日記』一九三一年一二月一一日、前掲、『河井弥八日記』一九三一年一二月一一日。

(168) 前掲、『西園寺公と政局』第二巻、一五五〜一五六頁（一九三一年一二月二一日口述）。

第Ⅰ部第七章

(1) 原田熊雄述『西園寺公と政局』第二巻（岩波書店、一九五〇年）一五七〜一五八頁（一九三一年一二月二一日口述）。

(2) 同右。

(3) 同右、第二巻、一五九頁（同右）、伊藤隆・広瀬順晧編『牧野伸顕日記』（中央公論社、一九九〇年）一九三一年一二月一二日、木戸日記研究会校訂『木戸幸一日記』上巻（東京大学出版会、一九六六年）一九三一年一二月一二日、高橋紘・粟屋憲太郎・小田部雄次編『昭和初期の天皇と宮中――侍従次長河井弥八日記』第五巻（岩波書店、一九九四年）（以下、『河井弥八日記』と略す）一九三一年一二月一二日。

(4) 前掲、『河井弥八日記』一九三一年一二月一二日、前掲、『西園寺公と政局』第二巻、一五九〜一六一頁（一九三一年一二月二四日口述）。

（5）前掲、『西園寺公と政局』第二巻、一六一～一六二頁（一九三二年一二月二〇日口述）、前掲、『木戸幸一日記』一九三一年一二月一三日。田中義一内閣期に、鈴木喜三郎らの新興勢力に対抗して、旧来の政友会員が結集した。床次・岡崎邦輔（元農林相）・望月圭介（元内相）ら旧政友会員のグループは、田中が死去した後の総裁後任問題前後から旧政友派とよばれるようになった。旧政友派は、鈴木派などの新興勢力に比べ、大陸政策よりも内政面に関心が強く、陸海軍との結びつきも弱かった。旧革新クラブ出身で派閥の頭目でもない犬養毅が政友会総裁となったのは、党の弱体化や分裂を避けるため、対立する有力派閥に対して中立で、政界の長老で国民に人気のある点が期待されたのである。犬養は最大派閥の鈴木派に推され、旧政友派なども犬養の総裁就任に合意した（拙著『大正デモクラシーと政党政治』山川出版社、一九八七年、二五五～二五七頁）。

（6）前掲、『河井弥八日記』一九三一年一二月一三日。

（7）古島一雄『一老政治家の回想』（中央公論社、一九七五年復刻）二四四～二四六頁。

（8）首相が政治権限を集中させ、天皇が政治関与しなくてもよい体制を作る方向をめざしながらも、困難な状況の中で適宜天皇の政治関与を利用した例としては、伊藤博文と明治天皇の関係（拙著『立憲国家の確立と伊藤博文――内政と外交　一八八九～一八九八』吉川弘文館、一九九九年）に類似している。西園寺は伊藤系官僚として、一八九〇年代に貴族院議員と兼任して、賞勲局総裁・文相などを歴任しながら伊藤の手法を見聞していたのであろう。

（9）前掲、『西園寺公と政局』第二巻、二〇六～二〇七頁（一九三二年二月一六日口述）。

（10）同右、第二巻、二〇八頁（同右）。

（11）同右、第二巻、二〇一～二〇五頁（口述日不明、一九三二年二月一六日口述）。

（12）同右、第二巻、二一五～二一七頁（一九三二年二月二三日・二四日口述）。

（13）同右、第二巻、二一八頁（同右）。

（14）同右、第二巻、二二〇頁（同右）。

（15）前掲、『牧野伸顕日記』一九三二年一月四日。

（16）同右。牧野は犬養が「能く納得せられたりと」見受けた（同前）。

（17）波多野澄雄・黒沢文貴他編『侍従武官長奈良武次日記・回顧録』（柏書房、二〇〇〇年）（以下、『奈良武次日記』と略す）一九三一年一一月四日、五日。

（18）日露戦争も末期に近づいた一九〇五年四月一二日、満州軍に与えられるべき大本営の訓令案が裁可され、一五日、その訓令と将来の軍事行動並びに外交方針に関する政府の決議書が満州軍総司令官大山巌元帥に与えられた。訓令では、「今後に於ける戦略は外交政略と最も密接の関係を保たさるへからす、故に満州軍将来の行動は外交の情況に応するを要す」と、満州軍の作戦行動に枠をはめていた（宮内庁『明治天皇紀』第十一、吉川弘文館、一九七五年、一二三〜一二四頁）。しかし、これは「訓令」であり、統帥命令権の大本営への委譲ではなかった。

(19) 片倉衷「満州事変機密政略日誌」一九三一年一一月五日、六日（小林龍夫・島田俊彦編『現代史資料7　満州事変』みすず書房、一九六四年、二四四〜二四五頁）。

(20) 同右。

(21) 同右、一九三一年一一月七日。

(22) 同右。

(23) 前掲、『西園寺公と政局』第二巻、一二八〜一二九頁（一九三一年一一月一四日口述）。

(24) 同右。

(25)「関東軍司令官隷下諸部隊の作戦行動に関し其一部を参謀総長に於て決定命令御委任之件記録」（前掲、『現代史資料7』四四七〜四五〇頁）。

(26) 前掲、片倉衷「満州事変機密政略日誌」一九三一年一一月二五日。

(27) 同右、一九三一年一一月二六日。

(28) 同右。参謀本部「満州事変に於ける軍の統帥（案）」（小林龍夫・島田俊夫・稲葉正夫編『現代史資料11　続・満州事変』みすず書房、一九六五年、四二二頁）。関東軍の錦州攻撃の噂に対し、参謀本部から、奉天に派遣された二宮参謀次長に、一一月二一日、錦州方面の方策は大局に鑑み中央部で近く確立するので、関東軍の行動や各種の策動は、それに基礎を置くように、関東軍司令官以下に徹底するように命があった（同前、四二一頁）。

(29) 前掲、参謀本部「満州事変に於ける軍の統帥」（案）（前掲、『現代史資料11』四二四〜四二五頁）。上記史料中には「臨参命第七号」とあるが、「臨参委命第七号」の誤り。

(30) 前掲、片倉衷「満州事変機密政略日誌」一九三一年一一月二八日。

(31) 同右。

(32) 同右、一九三一年一二月一日、前掲、参謀本部「満州事変に於ける軍の統帥」（案）（前掲、『現代史資料11』四二八頁）。

(33) 前掲、『奈良武次日記』一九三一年一〇月九日。

(34) 前掲、『河井弥八日記』一九三一年一二月二四日、二七日。

(35)「倉富勇三郎日記」（「倉富勇三郎文書」国立国会図書館憲政資料室所蔵）一九三二年一月一三日。平沼枢密院副議長から倉富議長への密談。

(36) 前掲、『木戸幸一日記』一九三一年一二月二八日、前掲、『奈良武次日記』一九三一年一二月二九日。

(37) 前掲、『奈良武次日記』一九三二年一月四～七日。
(38) 山田朗『昭和天皇の軍事思想と戦略』（校倉書房、二〇〇二年）六一～六三頁など。
(39) 宮内庁『明治天皇紀』第十（吉川弘文館、一九六五年）六四四頁など。
(40) 前掲、『西園寺公と政局』第二巻、二三五頁（一九三二年三月一〇日口述）。
(41) 前掲、『河井弥八日記』一九三二年三月一二日。
(42) 前掲、『西園寺公と政局』第二巻、二三一頁（一九三二年三月三日口述）。
(43) 前掲、「倉富勇三郎日記」一九三二年三月三〇日。
(44) 緒方貞子『満州事変と政策の形成過程』（原書房、一九六六年）二五二～二五三頁。
(45) 前掲、「倉富勇三郎日記」一九三一年一二月一七日。
(46) 同右、一九三一年一二月一九日。
(47) 同右。
(48) 同右。
(49) 同右、一九三一年一二月二四日。また、無任所大臣を設置することは撤回し、かわりに内閣のみで対応できる親任待遇の委員で代用することも話した（同前）。
(50) 前掲、「倉富勇三郎日記」一九三一年一二月二四日。
(51) 同右、一九三一年一二月二五日。
(52) 同右、一九三一年一二月二五日、二六日。
(53) 同右、一九三一年一二月二八日。
(54) 同右、一九三二年一月二日。
(55) 同右、一九三二年一月五日、六日。
(56) 同右、一九三二年一月一三日。
(57) 同右。
(58) 同右、一九三二年一月一五日、一六日、一八日、二〇日、二五日、二七日。
(59) 『国民新聞』一九三二年一月二八日。
(60) 前掲、「倉富勇三郎日記」一九三二年一月二九日。
(61) 同右、一九三二年三月一〇日。
(62) 同右、一九三二年三月二八日。

(63) 同右、一九三二年三月三〇日。
(64) 同右。
(65) 同右。
(66) 同右、一九三一年一一月一六日。倉富と小原のこの会談では、彼らが侍従長の候補として期待している西園寺八郎主馬頭が、天皇・皇后、皇族、宮内官僚の間で、「不遜」であると、さらに評判が悪くなっていることが話題になった。倉富は、八郎が態度に気をつけると共に、退官せず、少なくとも現地位を保つべきであるとの意見を述べ、小原も同意した（同前）。このように、八郎の問題で、八郎と小原らの宮中改革運動は停滞気味となった。
(67) 同右、一九三一年一二月一二日。
(68) 同右、一九三二年一月一五日。
(69) 同右。
(70) 同右、一九三一年一〇月二一日。
(71) 田中宏巳「昭和七年前後における東郷グループの活動(一)」（『防衛大学校紀要　人文科学分冊』五一輯、一九八五年九月）。
(72) 前掲、『西園寺公と政局』第二巻、一九七〜一九九頁（一九三二年一月二六日まで三回にわたり口述）。東郷平八郎元帥の側近である小笠原長生中将（後備役）の一九三一年六月一八日付の日記によると、小笠原は一九三〇年に伏見宮に軍令部長に就任するように申し出て内諾を得ていた。このことは東郷の了解の上で行われた行動であった。小笠原が伏見宮の内諾を取り付けた頃、陸軍の一部でも参謀総長に皇族を就任させることを切望する動きがあった。一九三一年六月一六日、東郷元帥は加藤寛治大将（元軍令部長）に、加藤の意見として安保清種海相（大将）に伏見宮を軍令部長にする件を加藤の意見として座談的に打診することを要請した。同年一〇月二九日、東郷は小笠原に皇族を軍令部長にする理由として、「側近には徳望の人か大切」で、「其の徳望により軍部は必ず静謐になる」と思うと述べている（前掲、田中宏巳「昭和七年前後における東郷グループの活動(一)」）。また、一九三二年一月二七、二八日頃、岡田啓介大将は、ロンドン海軍軍縮条約以来、伏見宮博恭王を軍令部長にしようという運動が、東郷元帥を担いで予備・後備役の軍人から起こったことを、原田熊雄に述べている（前掲、『西園寺公と政局』第二巻、一九八〜一九九頁、一九三二年一月二六日まで三回にわたり口述）。
(73) 前掲、「倉富勇三郎日記」一九三二年二月八日。
(74) 同右。
(75) 同右。
(76) 同右、一九三二年二月二九日。
(77) 前掲、『西園寺公と政局』第二巻、二三四〜二四三頁（一九三二年三月一〇日、一六日、二五日口述）。

(78) 前掲、「倉富勇三郎日記」一九三二年三月一一日。
(79) 同右。
(80) 同右。
(81) 同右。荒木が満州国を急には承認しないといったことが西園寺の気に入ったようで、原田熊雄に「荒木といふ人は非常に能弁な人で、話すこともちやんと筋が立ってゐる」、「落第どころか、満点だよ」等と話した（前掲、『西園寺公と政局』第二巻、二三六〜二三七頁、一九三二年三月一〇日口述）。
(82) 前掲、「倉富勇三郎日記」一九三二年三月一一日。
(83) 同右、一九三二年三月一四日。
(84) 前掲、『西園寺公と政局』第二巻、二三四〜二四一頁（一九三二年三月一〇日、一六日口述）。
(85) 前掲、「倉富勇三郎日記」一九三二年三月一六日。
(86) 前掲、『西園寺公と政局』第二巻、二四七〜二四九頁（一九三二年四月三日口述）。
(87) 同右、二五一頁（一九三二年四月三日口述）。
(88) 前掲、「倉富勇三郎日記」一九三二年三月二八日。
(89) 同右、一九三二年三月三〇日。ただし、二上が西園寺は元来無事を好む人と西園寺への失望感を最も示したように、三人のニュアンスは異なっている。
(90) 前掲、「倉富勇三郎日記」一九三二年四月二九日。
(91) 同右、一九三一年一二月二五日。
(92) 西川誠「大正期の宮中席次」（『日本歴史』六四八号、二〇〇二年五月）。
(93) 前掲、「倉富勇三郎日記」一九二七年三月一〇日。
(94) 同右、一九二七年六月一日、二日、七日、一五日、二九日。
(95) 同右、一九二七年七月一二日。
(96) 同右、一九三一年一二月二八日。
(97) 同右、一九三二年一月一三日。
(98) 同右。
(99) 同右。
(100) 同右。倉富は、以前に両院議長の席次を決める際に、金子堅太郎枢密顧問官が議長は「官」ではないとの理由で親任官の次席としたとも述べている（同前）。

(101) 前掲、「倉富勇三郎日記」一九三二年一月一三日。
(102) 同右、一九三二年三月二八日。
(103) 同右。
(104) 同右、一九三二年三月二三日。
(105) 前掲、『西園寺公と政局』第二巻、二三四頁（一九三二年三月三日口述）。
(106) 前掲、「倉富勇三郎日記」一九三二年三月三〇日。
(107) 同右、一九三二年三月三〇日。
(108) 同右、一九三二年三月三一日。
(109) 同右。たとえば、宮中席次第一階第18は勲一等であるが、その中で、1旭日大綬章、2宝冠章、3瑞宝章の三つの序列に分かれていた（第3表）。
(110) 前掲、「倉富勇三郎日記」一九三二年三月三一日。
(111) 同右。
(112) 同右、一九三二年四月三日、四月五日。
(113) 同右、一九三一年一〇月一〇日。一九三一年一〇月二九日、政友会の森恪（政友会総務、田中内閣の外務政務次官）は平沼内閣運動のため、民政党系の伊沢多喜男（元台湾総督）に会見したという（伊沢多喜男伝記編纂委員会編『伊沢多喜男』羽田書房、一九五一年、二〇五～二〇六頁）。
(114) 前掲、『西園寺公と政局』第二巻、二四九頁（一九三二年四月三日口述）。
(115) 前掲、「倉富勇三郎日記」一九三二年四月五日。森恪（犬養内閣書記官長）は、満州事変を解決するため、民政党の三木武吉に、政友会と民政党が協力し、平沼騏一郎を首相に、鈴木喜三郎を副首相とする構想を提案したが、三木は同意しなかった。また森は伊沢多喜男にも同様の話をしたが伊沢も同意しなかったという（山浦貫一編『森恪』非売品、一九四〇年、七九一～七九二頁）。
(116) 前掲、「倉富勇三郎日記」一九三二年四月五日。
(117) 同右、一九三二年四月六日。
(118) 同右、一九三二年四月一一日。
(119) 同右。
(120) 同右。
(121) 前掲、『西園寺公と政局』第二巻、二四一～二五二頁（一九三二年三月一六日、二五日、四月三日口述）。
(122) 同右、二六三～二七二頁（一九三二年四月二四日口述）。

(123) 前掲、「倉富勇三郎日記」一九三二年四月一三日。
(124) 同右。
(125) 同右、一九三二年四月一四日。倉富も伊東を大臣待遇にしても、両院議員の席次をあげすぎると伊東が異議を唱える可能性があると見ていた。また平沼も諮詢前に伊東と内交渉をする必要を認めていた（同前）。
(126) 前掲、「倉富勇三郎日記」一九三二年四月二〇日。
(127) 同右、一九三二年五月四日。
(128) 同右。もっとも平沼は、内規を作る結果、「宮中席次令」（正確には皇室儀式令）を改正せざるを得なくなるので、その点については宮内省と協議する必要を生じると述べた（同前）。
(129) 前掲、「倉富勇三郎日記」一九三二年五月四日。
(130) 同右、一九三二年五月六日。
(131) 前掲、『牧野伸顕日記』一九三二年五月一六日。犬養内閣の倒壊から斎藤実内閣の組閣過程をめぐる先駆的研究として、山本四郎「斎藤内閣の成立をめぐって」（『史林』五九巻五号、一九七七年九月）がある。
(132) 前掲、『河井弥八日記』一九三二年五月一七日、一八日。前掲、『西園寺公と政局』第二巻、二八三～二八七頁（一九三二年六月二二日まで三回にわたり口述）。前掲、『牧野伸顕日記』（一九三二年五月一七日）には、その日に西園寺が一九日に上京するとの確答があったと記しているが、他の史料からは確認されず、牧野が日記を後にまとめて書いた際の記憶違いと思われる。
なお、伊沢多喜男（元台湾総督）が斎藤実内閣を実現するため、元老西園寺の上京を遅らせたとの見方がある（前掲、『伊沢多喜男』二一〇頁）。しかし、これは伊沢の権力を過大視した見方である。伊沢は、一九三二年五月一八日昼頃に近衛文麿に電話をして、西園寺の上京はなるべく遅らせ、後継内閣の首相には若槻礼次郎を推薦するのがよいとの意見を述べた（前掲、『木戸幸一日記』一九三二年五月一八日）。しかし木戸は、若槻を首相にという伊沢の意見を理解できないと（同前）、伊沢に対し突き放した見方をしている。また、西園寺は原田に東京の状況を調べさせ、一八日の昼食時に報告を聞いて、一八日午後三時三〇分までには、一九日午後に上京することを倉富枢密院議長に伝えている（次の二節）。このように、西園寺は、それ以降、伊沢の助言と関係なしに、上京を遅らせずに行動している。また、五・一五事件後の後継首相推薦に絡み、前掲、『西園寺公と政局』には、伊沢の名はまったく出てこない。これらから、これまでの伊沢に対する言及には、伊沢の伝記等に引きずられて、伊沢の影響力を過大評価しているものが少なくないといえる。
(133) 『東京日日新聞』一九三二年五月一七日夕刊（一六日夕方発行）、五月一七日。
(134) 前掲、『木戸幸一日記』一九三二年五月一六日。
(135) 前掲、「倉富勇三郎日記」一九三二年五月一五日。

(136)同右、一九三二年五月一六日。
(137)同右。
(138)同右。
(139)前掲、『木戸幸一日記』一九三二年五月一六日。
(140)前掲、「倉富勇三郎日記」一九三二年五月一七日。
(141)蘇峰生「政党政治の本家本元を見よ」(日日だより)(『東京日日新聞』一九三二年五月一八日夕刊、一七日夕方発行)。
(142)前掲、『西園寺公と政局』第二巻、二八七〜二八九頁(一九三二年六月二二日まで三回にわたり口述)。前掲、『河井弥八日記』一九三二年五月一九日。
(143)前掲、『河井弥八日記』一九三二年五月一九日。
(144)前掲、『木戸幸一日記』一九三二年五月一八日。
(145)前掲、『牧野伸顕日記』一九三二年五月一八日、一九日。『河井弥八日記』一九三二年五月一九日。
(146)前掲、「倉富勇三郎日記」一九三二年五月一八日。
(147)同右、一九三二年五月一九日。
(148)『東京日日新聞』一九三二年五月一九日。
(149)前掲、「倉富勇三郎日記」一九三二年五月一九日。
(150)同右。
(151)『東京日日新聞』一九三二年五月二〇日夕刊(一九日夕方発行)。
(152)同右、一九三二年五月二一日夕刊(二〇日夕方発行)。
(153)前掲、「倉富勇三郎日記」一九三二年五月二〇日。
(154)同右。
(155)前掲、「倉富勇三郎日記」一九三二年五月二〇日。
(156)前掲、『木戸幸一日記』一九三二年五月二〇日。
(157)前掲、『西園寺公と政局』第二巻、二八八〜二八九頁(一九三二年六月二二日まで三回にわたり口述)。
(158)『東京日日新聞』一九三二年五月二一日夕刊(二〇日夕方発行)。
(159)前掲、『西園寺公と政局』第二巻、二八九〜二九三頁(一九三二年六月二二日まで三回にわたり口述)。前掲、『木戸幸一日記』一九三二年五月二二日、前掲、『河井弥八日記』一九三二年五月二一〜二二日。東郷の側近小笠原長生中将(後備役)の日記によると、五月二二日、東郷は西園寺に、まず西園寺自身が組閣することを勧め、次いで平沼を推すと力説したが西園寺は同意せず、斎藤が組閣することになったとしている（田中宏巳「昭和七年前後における東郷グループの活動」(二)『防衛大学校紀要（人文科学）』五二輯、一九八六年三月）。田中氏は東郷が平沼に固執せず斎藤でも結構といったという原田の回想を信じがたいとしている。しかし、東郷元帥はロンドン海軍軍縮条約問題の前までは、山本権兵衛や岡田啓介（福井）・財部彪らの薩摩を中心とした海軍主流と協調し（「財部彪日記」国立国会図書館憲政資料室所蔵）、またロンドン海軍軍縮条約問題でも軍事参議官会議が補充を前提に条約批准を可と奉答するのを強く妨害しなかった（第Ⅰ部第四章2）。このように、東郷は小笠原と異なり自らの主張よりも、時勢の流れの中での権力内部のバランスを考慮し、自らの影響力を保持することを重視した行動を取る傾向があり、原田の回想は信じられると思われる。

(160) 前掲、「倉富勇三郎日記」一九三二年五月二二日。
(161)「加藤寛治日記」一九三二年五月二二日（伊藤隆他編『続・現代史資料5　海軍――加藤寛治日記』みすず書房、一九九四年）。
(162) 同右、一九三二年五月二三日。
(163) 同右、一九三二年五月二五日。
(164) 同右、一九三二年五月二七日。
(165) 蘇峰生「次善内閣乎、否乎」（日日だより）（『東京日日新聞』一九三二年五月二三日夕刊、二二日夕方に発行）。
(166)『東京日日新聞』一九三二年五月二三日。『大阪朝日新聞』・『国民新聞』・『時事新報』など、他の有力紙の同日付の社説も、「非常時」において斎藤に組閣の命があったことは止むを得ないこととして、好意的に論じている。
(167) 同右、一九三二年五月二一日。
(168) 前掲、『河井弥八日記』一九三二年六月七日、八日。
(169) 前掲、『木戸幸一日記』一九三二年八月一〇日、一四日、一五日、一六日、二五日。前掲、『西園寺公と政局』第二巻三四五～三五一頁（一九三二年九月七日口述）。
(170) 前掲、『牧野伸顕日記』一九三二年八月一二日。
(171) 前掲、『西園寺公と政局』第二巻、三四〇～三六七頁（一九三二年九月四日、七日、一二日口述と、一七日まで二回にわたり口述）。
(172) 前掲、『木戸幸一日記』一九三二年八月二七日。
(173)「内閣更迭手続関係」(イ) 昭和八年（木戸日記研究会『木戸幸一関係文書』東京大学出版会、一九六六年、一四三～一四四頁）。

第II部第一章

(1) 小橋一太内務次官から関屋貞三郎宮内次官宛「行幸啓の節鹵簿撮影其の他に関する件照会」一九二一年七月八日（「牧野伸顕文書」四―七、国立国会図書館憲政資料室所蔵）。
(2) 同右。
(3) 同右。
(4) 拙稿、「原敬内閣と立憲君主制――近代君主制の日英比較」第三章（『法学論叢』一四三巻五号、一九九八年八月）。
(5) 注(1)に同じ。
(6) 拙稿「原敬内閣と立憲君主制――近代君主制の日英比較」第四章1（『法学論叢』一四三巻六号、一九九八年九月）。
(7) 『東京日日新聞』一九二四年二月二三日。
(8) たとえば、第I部第五章3参照。
(9) 『東京日日新聞』一九二一年一二月二六日、二七日、一九二三年一月五日、六日、九日、四月一三日、七月九日、二六日、一〇月一六日、一一月一六日。
(10) 同右、一九二一年一二月一〇日、二二年三月二六日（日曜版、「東京日日マガジン」）、四月二〇日。
(11) 水谷三公『イギリス王室とメディア――エドワード大衆王とその時代』（筑摩書房、一九九五年）第三章。
(12) 『東京日日新聞』一九二三年三月一七日、四月九日。
(13) 「英皇太子御入京」（『東京日日新聞』一九二二年四月一二日）。
(14) 『東京日日新聞』一九二二年四月一八日、四月二二日。
(15) 同右、一九二一年一二月一八日、二二年三月二七日、二八日、七月四～二六日。
(16) 同右、一九二三年八月一三日。
(17) 同右、一九二三年九月二八日。
(18) 同右、一九二三年九月二八日。
(19) 同右、一九二三年一〇月四日、五日。
(20) 同右、一九二三年一月一日。
(21) 同右、一九二三年六月二四日、二五日、『東京日日マガジン』一九二二年六月二五日。秩父宮の行動の日記体の記録として、秩父宮家『雍仁親王実紀』（吉川弘文館、一九七二年）が参考になるが、服装については言及していない。
(22) 同右。
(23) 同右、一九二三年七月二九日、一〇月一四日、一七日。

(24)『東京日日新聞』一九二五年五月一九日。秩父宮の渡欧を前にしての同家職員の一人の談話。
(25)近代イギリスでは、皇位継承が期待されている者も、軍の将校養成学校で教育を受けた（第I部第一章3（3）、君塚直隆氏の御教示による）。近代日本の天皇の場合、明治天皇は近衛兵で操練を行った他は、明治・大正・昭和の三天皇とも、イギリスのような実際の軍事訓練を受けないまま、軍人としての階級のみ上昇させて、皇位に就くとともに「大元帥」になることが特色である。これは㈠奈良時代以降、天皇が軍事の直接の指導者として期待されなくなっていったことや、㈡明治天皇は少年時代に即位し、それ以前は軍事は江戸幕府など武家方が独占していたことや、㈢大正天皇は病弱で軍隊生活に耐えられなかったことから形成された慣行である。
(26)『東京日日新聞』一九二二年一一月七日、八日。
(27)同右、一九二二年一二月二九日。
(28)同右、一九二三年三月九日。すでに宮が新兵教育の係になったことが、軍服を着た誓文式の写真で報じられた（同前、一九二三年一月一一日）。
(29)同右、一九二三年三月一一日。
(30)同右、一九二三年一一月三日、一九二三年一月八日、四月一五日。
(31)同右、一九二三年四月二三日、五月七日、二〇日、二二日、二四日。
(32)同右、一九二三年七月二四日、二五日、二六日、二七日、二八日。
(33)同右、一九二二年七月一三日、八月一五日。
(34)伊藤隆・広瀬順晧編『牧野伸顕日記』（中央公論社、一九九〇年）一九二四年一〇月九日。
(35)拙稿「原敬内閣と立憲君主制——近代日本の君主制の日英比較」㈠（『法学論叢』一四三巻四号、一九九八年七月）。
(36)『東京日日新聞』一九二二年三月九日。
(37)前掲、拙稿「原敬内閣と立憲君主制」㈢（『法学論叢』一四三巻六号、一九九八年九月）。
(38)「男爵上田兵吉談話速記」（一九二八年七月一一日）（堀口修監修・編集『「明治天皇紀」談話記録集成』ゆまに書房、二〇〇三年）七一〜七二頁。上田は一九〇八年から明治天皇の死去まで侍従武官として天皇に仕え、のちに陸軍少将に昇進し、歩兵第二四旅団長となる。
(39)前掲、『牧野伸顕日記』一九二一年一一月四日、五日、一二日、一三日。
(40)『東京日日新聞』一九二三年三月二四日、二五日。
(41)同右、一九二三年四月一七日。
(42)同右、一九二三年三月九日、一〇月八日、一八日。すでに述べたように、一九二一年二月一〇日に、裕仁と良子の婚約内定を遂月）。

行することが宮内省から発表された後も、皇后は、色覚異常遺伝子の問題や、良子の父久邇宮邦彦王の結婚は確定だという態度への反感もあり、婚約には賛成していなかった（前掲、拙稿「原敬内閣と立憲君主制」㈡『法学論叢』一四三巻五号、一九九八年八月）。

(43)『東京日日新聞』一九二二年九月二八日、二九日、一〇月二四日、二五日。同年四月三〇日にも、皇太子の誕生祝に出かける良子と母の写真（洋装）が掲載されている（同前、一九二二年四月三〇日）。

(44) 同右、一九二三年五月一日。

(45) 同右、一九二三年五月九日、六月一三日、二二日、八月一一日。

(46) 同右、一九二三年五月三〇日、六月二六日。

(47) 拙稿「近代日本の君主制の形成と朝鮮――韓国皇帝・皇族等の日本帝国への包摂」（『法学論叢』一五四巻五・六号、二〇〇四年三月）。

(48)『東京日日新聞』一九二一年一二月六日。

(49) 同右、一九二一年一二月二七日。

(50) 同右、一九二二年四月二三日、二四日、二九日。李王世子・方子の京城行きは、朝鮮側からみれば、覲見の儀という朝鮮での結婚式であった（渡辺みどり『日韓皇室秘話　李方子妃』読売新聞社、一九九八年、一〇〇〜一〇四頁）。

(51) 李王垠伝記刊行会『英親王李垠伝』（共栄書房、一九七八年、新版は一九八八年）一七八〜一八一頁。

(52) 梨本宮伊都子『三代の天皇と私』（講談社、一九七五年）一六三〜一六六頁。

(53)『東京日日新聞』一九二三年五月一二〜二二日。

(54) 同右、一九二三年八月七日。

(55) 同右、一九二三年二月二七日。

(56) 同右、一九二三年五月七日。

(57) 同右、一九二三年九月四日、一三日。

(58) 同右、一九二三年九月六日、二〇日、二三日、一〇月四日。

(59) 同右、一九二三年九月一六日。

(60) 同右、一九二三年九月一九日、一〇月一一日、一〇月一四日。

(61) 同右、一九二三年九月一一日。

(62) 同右、一九二三年九月三〇日、一〇月三日、一一月六日。

(63) 同右、一九二三年一二月一日、一二月八日。

(64) 同右、一九二三年九月四日、五日、六日、八日、九日。
(65) 同右、一九二三年九月一〇日。
(66) 前掲、李王垠伝記刊行会『英親王李垠伝』二〇三頁。
(67)『東京日日新聞』一九二三年九月一二日、一七日。
(68) 同右、一九二三年一〇月八日、一〇日、一三日。
(69) 同右、一九二三年一一月二三日。
(70) この前に一一月四日にあった鶴見庭球トーナメントを久邇宮邦英王が台覧したとの記事（学習院の制服姿での写真）が掲載されている（『東京日日新聞』一九二三年一一月五日）。一九二四年一月に入ると、一三日に秩父宮が長野県上諏訪の高島城跡スケートリンクで三時間程滑走し、駒沢スケートリンクに開催中の第四回スケート大会に臨席、再び上諏訪で夕方まで滑走し、夕食後に帰京したとの記事も掲載された（同前、一九二四年一月一四日）。
(71)『東京日日新聞』一九二三年一一月二四日、一二月七日。
(72) 同右、一九二三年一二月四日。
(73) 同右、一九二三年一二月二三日夕刊、二七日、二八日。
(74) 同右、一九二四年一月一日。
(75) 拙稿「昭和天皇と立憲君主制」（伊藤之雄・川田稔編『二〇世紀日本の天皇と君主制』吉川弘文館、二〇〇四年）。
(76)『東京日日新聞』一九二三年一二月二八日。
(77) 同右、一九二四年一月九日夕刊（八日夕方発行）。
(78) 同右、一九二四年一月五日。
(79) 同右、一九二四年一月七日夕刊（六日夕方発行）、一一日夕刊、一二日、一三日、一四日、一五日、一七日、一九日、二〇日、二一日、二二日、二三日、二四日、二五日、二六日、二七日夕刊、二七日。
(80) 同右、一九二四年一月二七日夕刊（二六日夕方発行）、二七日。
(81) 同右、一九二四年一月二八日夕刊（二七日夕方発行）、二八日、二九日夕刊（二八日夕方発行）。
(82) 同右、一九二四年二月二三日、二八日、二九日、三月一日。
(83) 同右、一九二四年三月五日。
(84) 同右、一九二四年二月五日、三月一一日、五月五日、五月三一日夕刊（三〇日夕方発行）。
(85) 同右、一九二四年三月一三日、五月二九日。
(86) 同右、一九二四年三月一一日。

(87) 同右、一九二四年四月一四日夕刊（一三日夕方発行）、四月一七日、五月三日。
(88) 同右、一九二四年四月二三日、五月六日、一四日。
(89) 同右、一九二四年四月二三日。
(90) 同右、一九二四年三月二六日、二八日、四月八日。
(91) 同右、一九二四年三月一七日。
(92) 同右、一九二四年四月八日、九日夕刊（八日夕方発行）、五月一五日、一七日夕刊（一六日夕方発行）。
(93) 同右、一九二四年二月四日、一五日、一六日。
(94) 同右、一九二四年四月五日、一六日。
(95) 同右、一九二四年五月四日、七日。
(96) 同右、一九二四年五月三一日、六月一～七日。
(97) 拙著『大正デモクラシーと政党政治』（山川出版社、一九八七年）三一六頁。
(98) 前掲、『牧野伸顕日記』一九二四年六月一七日。
(99) 『東京日日新聞』一九二四年六月二日夕刊（一日夕方発行）。
(100) 同右、一九二四年八月八日夕刊（七日夕方発行）、九日夕刊（八日夕方発行）。
(101) 同右、一九二五年一月一日。
(102) 同右。
(103) 同右。
(104) 同右、一九二五年五月七日、一八日。
(105) 同右、一九二五年六月一四日。
(106) 同右、一九二五年七月二日夕刊（一日夕方発行）、一四日夕刊（一三日夕方発行）。
(107) 同右、一九二五年九月一三日。
(108) 同右、一九二五年一〇月五日、六日夕刊（五日夕方発行）、一一月一日、一二月一日夕刊（一一月三〇日夕方発行）。
(109) 同右、一九二五年一一月二六日。
(110) 同右、一九二五年一二月六日号外、一二日号外、二四日夕刊（二三日夕方発行）、一九二六年一月一二日夕刊（一一日夕方発行）、一五日。
(111) 「倉富勇三郎日記」一九二九年六月二〇日（「倉富勇三郎文書」国立国会図書館憲政資料室所蔵）。
(112) 『東京日日新聞』一九二五年七月二五日夕刊（二四日夕方発行）。

(113) 同右、一九二五年八月六日夕刊（五日夕方発行）～一八日夕刊（一七日夕方発行）。
(114) 同右、一九二五年一〇月一三日。
(115) 同右、一九二五年一〇月二四日。
(116) 前掲『牧野伸顕日記』一九二四年七月一一日。
(117) 『東京日日新聞』一九二五年一〇月二〇日夕刊（一九日夕方発行）、二一日夕刊、二四日夕刊（二三日夕方発行）。
(118) 同右、一九二五年一〇月二六日。
(119) 同右、一九二五年一〇月二七日夕刊（二六日夕方発行）、二八日夕刊（二七日夕方発行）、一〇月三〇日。なお、大正天皇の誕生日は八月三一日であるが、夏休みと重なるので、天長節の式は一〇月三一日に行っていた。
(120) 同右、一九二四年一一月五日夕刊（四日夕方発行）。
(121) 明治天皇も五〇歳前後になると体が衰え、一九〇一年一〇月一七日の近衛師団の小機動演習や同年一一月三日の天長節観兵式への行幸を病気のため取り止める（宮内庁『明治天皇紀』第一〇巻、吉川弘文館、一九七四年、一二五頁、一二八頁）等のこともあるが、普通はかなり無理をしても行幸している。
(122) 『東京日日新聞』一九二四年六月三日、七月二一日。
(123) 同右、一九二四年八月九日。
(124) 同右、一九二五年一月二一日。
(125) 前掲、『牧野伸顕日記』一九二三年一一月一五日。
(126) 同右、一九二四年四月一八日、一九日、六月三〇日。
(127) 同右、一九二四年七月一一日。
(128) 同右、一九二四年八月一八日。
(129) 同右、一九二四年八月一八日、二〇日。閑院宮家の取調べとは、閑院宮載仁親王の妻智恵子が三条実美の次女であり、載仁親王・智恵子の娘の華子を秩父宮妃の候補にする場合、華子は三条の孫として、三条が征韓論政変で示したような、精神的な問題をかかえていないかとの心配に関するものである。また他に伏見宮敦子女王・同知子女王も候補に挙がっていた（永井和『青年君主昭和天皇と元老西園寺』京都大学学術出版会、二〇〇三年）。
(130) 前掲、『牧野伸顕日記』一九二四年八月一五日。
(131) 同右、一九二四年八月三一日、九月一二日。
(132) 同右、一九二四年一〇月八日、一四日、一五日、一二月一五日、一六日。『東京日日新聞』一九二四年一二月一七日。
(133) 前掲、「倉富勇三郎日記」一九二七年七月一六日。倉富勇三郎枢密院議長と親しい岩波武信（元宮内事務官）は、倉富に、松平が米国に赴任する前に娘同伴で「皇太后」（当時の皇后）に拝謁しており、松平は節子の縁談に関連していることは気づいていたはずと述べている。松平節子は、父恒雄が一九二五年「二月」に駐米大使としてアメリカに赴任する前に、母と妹と共に皇后の召しで拝謁した際、秩父宮にも拝謁した。その後、出発前に節子は母ともう一度皇后に拝謁した。節子はそれが秩父宮の妃選びに関係していたとは夢にも思っていなかったと回想している（秩父宮勢津子『銀のボンボニエール――親王の妃として』講談社、一九九四年、七九〜八四頁、原本は一九九一年主婦の友社刊）。松平は、幣原喜重郎が全権委員の一人として参加したワシントン会議に全権委員随員として加わり、幣原外相の下で、駐米大使に栄転した（西田敏宏「幣原喜重郎と一九二〇年代の日本外交」〔京都大学博士論文〕第二章第二節）。牧野が節子を秩父宮妃の有力候補に選定するにあたり、このことは直接影響していないと思われるが、松平が、幣原外交を支える外交官であることは、華族でないという身分の問題を補塡する要素となったであろう。

(134) 前掲、拙稿「原敬内閣と立憲君主制」（二）第三章1。
(135) 前掲、『牧野伸顕日記』一九二五年一月二二日。
(136) 前掲、水谷三公『イギリス王室とメディア』五八〜五九頁。
(137) 前掲『牧野伸顕日記』一九二五年一月二三日。
(138) 同右。
(139) 同右、一九二五年二月一三日。
(140) 同右、一九二五年三月一八日。
(141) 同右、一九二五年三月二一日。
(142) 同右、一九二五年三月二九日。
(143) 『報知新聞』一九二五年四月一六日（国立国会図書館新聞閲覧室所蔵マイクロフィルム）。
(144) 前掲、『牧野伸顕日記』一九二五年四月一八日。
(145) 『東京日日新聞』一九二四年一〇月一五日。
(146) 同右、一九二四年一二月一七日。
(147) 同右、一九二五年一月二四日、二八日、三一日。
(148) 同右、一九二五年三月一七日、一八日、一九日夕刊（一八日夕方発行）。
(149) 同右、一九二五年三月二〇日、二一日夕刊（二〇日夕方発行）。
(150) 一九二五年二月九日には秩父宮が賀陽宮と陸軍通常装で乗馬し、学生大演習を観戦する写真が掲載されたが、二月一七日には、秩父宮がコートに中折れ帽で東京駅を出て、三週間の予定で中国・九州方面に向かう写真が載り、三月二六日には、雲行きが険悪な最終日の帝国議会に、秩父宮が「軽快なモーニング姿」で再び台臨したとの記事が（写真なし）、四月一四日には、一三日の日米テニス大会を観る秩父宮の背広姿の写真が掲載され、四月一七日には、前日に秩父宮が英国協会に招かれ、権威ある社交団体であるので、オールバックに燕尾服姿で台臨したとの記事が（写真なし）、五月四日には、秩父宮が外遊を前に伊勢神宮、伏見・桃山御陵に参拝のため東京駅を出発する写真（軍服ではない）が、五月一二日には秩父宮が上野駅から初夏の秩父へ向かう背広姿の写真が載った（いずれも『東京日日新聞』）。

(151)『東京日日新聞』一九二五年五月一五日夕刊（一四日発行）、一七日。『大阪朝日新聞』一九二五年五月一五日夕刊（一四日発行）。

(152)『東京日日新聞』一九二五年五月二五日。

(153)同右、一九二五年五月一九日。

(154)同右、一九二五年五月二一日夕刊（二〇日夕方発行）、二二日夕刊（二一日夕方発行）、二三日夕刊（二二日夕方発行）、二四日夕刊（二三日夕方発行）。

(155)同右、一九二五年五月二一日夕刊（二〇日夕方発行）。秩父宮の新御殿は、東久世秀雄内匠頭・高橋技師が設計図を作り、皇后の許可を経て、一九二五年九月二五日に起工式を挙行した。地下室とも三階の定礎式建坪は五五五坪であった（同前、一九二五年九月二五日）。

(156)拙稿「東久邇宮稔彦王の迷走と宮中・陸軍――宮中某重大事件後の皇族と宮中政治・一九二一～一九二六」（『法学論叢』一五六巻三・四号、二〇〇五年一月）。

(157)『東京日日新聞』一九二五年六月三〇日夕刊（二九日夕方発行）。

(158)同右、一九二五年七月二五日夕刊（二四日夕方発行）。

(159)同じ夏に、摂政の一番下の弟の澄宮（後の三笠宮）が、沼津御用邸の静浦海岸で初めて水泳したとの記事が、褌姿の裸体の写真とともに掲載された（『東京日日新聞』一九二五年七月一九日）。これは、澄宮が少年であるだけ、秩父宮以上に裸体の写真へのタブーが少ないといえる。

(160)『東京日日新聞』一九二五年六月二三日。

(161)同右、一九二五年六月一〇日、一九日夕刊（一八日夕方発行）、二二日、七月四日夕刊（三日夕方発行）。

(162)同右、一九二五年六月七日、八日、一四日夕刊（一三日夕方発行）。

(163)同右、一九二五年七月一日夕刊（六月三〇日夕方発行）。

(164)同右、一九二五年七月二日夕刊（一日夕方発行）、四日夕刊（三日夕方発行）。

(165)同右、一九二五年七月九日夕刊（八日夕方発行）。

(166)同右、一九二五年七月一〇日、一一日、一二日。

(167) 同右、一九二五年八月三〇日、一一月二二日夕刊（二一日夕方発行）。近代日本における陪審法の成立に関しては、三谷太一郎『近代日本の司法権と政党――陪審制成立の政治史』（塙書房、一九八〇年）参照。
(168) 『東京日日新聞』一九二五年八月四日夕刊（三日夕方発行）四日、五日、前掲、「倉富勇三郎日記」一九二五年一〇月一五日。
(169) 『東京日日新聞』一九二五年八月二六日夕刊（二五日夕方発行）、九月七日（在ロンドン・柳沢保馬「スポーツの宮様を拝するの記」）。
(170) 前掲、「倉富勇三郎日記」一九二五年一一月一八日。
(171) 『東京日日新聞』一九二五年九月二四日夕刊（二三日夕方発行）。
(172) 同右、一九二五年八月一四日夕刊（一三日夕方発行）。侍従武官の四竈孝輔少将によると大正天皇は、一九二三年一〇月頃でも、宮城の「坂路の御昇降には殊の外御難儀覚えさせらる。仰せにより、右側御扶助に任ず」と、かなり歩行に困難であった。同年一一月二五日、六年一〇カ月勤めてきた侍従武官をやめるにあたり天皇にお礼を述べたが、わかったとかどうか判然としなかった（四竈孝輔『侍従武官日記』芙蓉書房、一九八〇年、一九二三年一〇月四日、一一月二五日）。
(173) 同右、一九二五年五月一〇日。大正天皇の皇太子時代の教育の遅れについては、拙稿「山県系官僚閥と天皇・元老・宮中」第三章3（『法学論叢』一四〇巻一・二号、一九九六年一一月）。
(174) 『東京日日新聞』一九二五年一月二七日、二月一日。同年九月三日にも、皇后は二荒神社や東照宮輪王寺に参拝し、天皇の平癒を祈念した模様であるとの記事が出た（同前、一九二五年九月四日）。
(175) 同右、一九二五年五月一〇日。
(176) 同右、一九二五年七月二日夕刊（一日夕方発行）、三日夕刊（二日夕方発行）。
(177) 同右、一九二五年七月二三日。
(178) 同右、一九二四年一〇月二二日夕刊（二一日夕方発行）、一〇月二六日夕刊（二五日夕方発行）、一〇月二八日、一二月一〇日、一九二五年五月九日夕刊（八日夕方発行）、一一月一四日夕刊（一三日夕方発行）、一七日夕刊（一六日夕方発行）。
(179) 同右、一九二四年一一月一三日夕刊（一二日夕方発行）、一九二五年六月一四日等。
(180) 同右、一九二五年六月二五日夕刊（二四日夕方発行）、一〇月一四日夕刊（一三日夕方発行）。『神ながらの道』は、一九二五年六月二五日付で皇后宮職から発行された。
(181) 同右、一九二五年一〇月一四日夕刊（一三日夕方発行）。
(182) 同右、一九二四年七月二四日、九月一一日、一二日夕刊（一一日夕方発行）、一二日、一五日、一九二五年一月一五日。
(183) 同右、一九二五年一月八日。
(184) 同右、一九二五年五月一〇日。

(185) 同右、一九二五年九月三日、六日。
(186) 同右、一九二五年九月一四日、一五日夕刊（一四日夕方発行）。
(187) 同右、一九二五年九月一五日。
(188) 同右、一九二五年九月一六日夕刊（一五日夕方発行）、一六日。
(189) 同右、一九二五年九月一七日夕刊（一六日夕方発行）。
(190) 同右、一九二五年九月一八日、一九日夕刊（一八日夕方発行）。
(191) 同右、一九二五年九月二七日、一一月三日夕刊（二日夕方発行）。
(192) 同右、一九二五年一一月七日夕刊（六日夕方発行）、一九二六年一月七日夕刊（六日夕方発行）。
(193) 同右、一九二四年一一月一六日、一二月三日。
(194) 同右、一九二五年七月二八日。
(195) 同右、一九二五年一二月六日。この他、一九二六年一月二〇日に「こども博」へ行ったことなど、子供の催しに参加する可愛いイメージを示した（同前、一九二六年一月二一日）。
(196) 同右、一九二四年一〇月二一日、一九二五年一月一五日。
(197) 同右、一九二六年一月二七日。
(198) 前掲、拙稿「原敬内閣と立憲君主制」(二)第三章3。
(199) 『東京日日新聞』一九二四年一〇月二八日、一一月一八日。同年一一月七日に、朝融王は、東京日日新聞社主催の全日本陸上選手権大会に台臨した（海軍少尉であるが、軍服ではなく、オーバーコートを着用の写真）との記事が出たように、軍服にこだわらない他の皇族と類似したイメージを示した（同前、一九二四年一一月七日）。
(200) 同右、一九二五年一月五日、一五日、二七日夕刊（二六日夕方発行）、二月三日。
(201) 同右、一九二四年一一月二五日、一九二五年五月一日夕刊（四月三〇日夕方発行）、九月九日夕刊（八日夕方発行）一九二六年一月一一日。
(202) 同右、一九二五年一〇月二八日、一一月二二日夕刊（二一日夕方発行）。
(203) 同右、一九二四年一一月二五日。山階宮は関東大震災で妃をなくしたので、梨本宮規子女王との婚約を成立させた。しかし、仙石政敬宗秩寮総裁や倉富枢密顧問官（帝室会計審査局長官を兼任）ら宮内省幹部によると、山階宮が規子女王を好まなくなり、婚姻は進展せず、一九二五年秋にはどちらから辞退するかが問題になった（前掲、「倉富勇三郎日記」一九二五年一一月三日、四日）。結局、翌二六年七月一四日、「山階宮の病気」を理由に婚約が破棄された（小田部雄次『梨本宮伊都子妃の日記』小学館、一九九一年、一四二〜一四三頁）。こうした内実は報道されることはなかった。

(204)『東京日日新聞』一九二四年一〇月二九日、一一月一四日等。
(205) 同右、一九二四年一〇月一五日。
(206) 同右、一九二五年一〇月一日夕刊（九月三〇日夕方発行）。
(207) 同右、一九二四年一二月二七日。
(208) 同右、一九二五年七月一六日、一九日夕刊（一八日夕方発行）、二〇日。
(209) 同右、一九二五年一二月二五日、二七日。
(210) 同右、一九二四年六月六日。
(211) 同右、一九二五年三月二八日、三一日。一九二五年一〇月三日に検査の結果、李徳恵は糖尿病と診断された（前掲、「倉富勇三郎日記」一九二五年一〇月五日）。徳恵に万一のことがあると、日本政府の責任を朝鮮人から追及される恐れがあるので、彼女の健康に不安がある点は、少しぼかしながらも報道されたのであろう。
(212)『東京日日新聞』一九二五年五月七日。
(213) 同右、一九二六年一月一九日夕刊（一八日夕方発行）。
(214) 同右、一九二四年九月二〇日。
(215) 同右、一九二五年九月二〇日夕刊（一九日夕方発行）。
(216) 同右、一九二五年一月八日。
(217) 同右、一九二五年三月一日。
(218) 同右、一九二五年三月二四日。

第II部第二章

（1）三上はその後も次のように、摂政（のち天皇）に進講した。一九二四年三月一〇日（明治維新の大号令に就て）、二五年三月九日（岩倉公及島津公神道碑に就き）、二六年一一月一九日（君徳涵養に関する維新元勲の事蹟）（三上は二六年三月停年により退職し、東京帝大名誉教授、五月に臨時帝室編修官長に就任）、二七年三月七日（大正天皇御教育に関する明治天皇の御深憂）、同五月一六日（君徳涵養に関する維新元勲の事蹟〔佐々木高行の侍補時代〕）、同六月六日（明治天皇の御倹徳に付て）、同一〇月一〇日（明治天皇の御修養に就て）、同一二月五日（聖徳涵養に関する維新元勲の事績〔原文通り〕〔三条実美の慫慂に基き岩倉具視のなした建白六箇条、一八八五年に伊藤博文の三条内大臣に送った手紙、一八九七年頃の山県有朋が大演習統監として九州に出発前に拝謁できなかったこと等で、「何れも大元帥として軍事に一層熱心になるべきを進言せるものなりと云ふ」〕）、同一二月一九日（明治天皇の国民教育に就ての宸憂）、一九二八年六月二五日（明治天皇の御聖徳に付て）、同一〇月二二日（明治天皇の御聖徳〔天皇の人物観」）、二九年五月一三日（明治天皇の御聖徳に付て〔主として行幸の趣旨・規模〕）、同一二月二三日（明治天皇の御倹徳と明治一二・一三年頃の財政）（波多野澄雄・黒沢文貴他編『侍従武官長奈良武次日記・回顧録』第二巻・第三巻、柏書房、二〇〇〇年）（以下、『奈良武次日記』と略す、年月日は進講の日に同じ）。その特色は、践祚（事実上の即位）して大礼を控えた二七年には六回も集中し、天皇が張作霖爆殺事件の処理をめぐって大きく政治関与する一九二九年六月二七日までに、三上によって一三回もの進講が行われていることである。三上の度々の進講により、昭和天皇は、毅然と決断した、あるべき明治天皇像を形作り、田中内閣辞職を導く強い政治介入を生み出した重要な背景となった。

(2)『東京日日新聞』一九二七年一一月三日「明治節」（社説）。

(3)『大阪朝日新聞』一九二七年一一月三日「明治節」（社説）、三上参次「明治天皇の御事蹟を偲びてけふ新たなる感激」。

(4) 前掲、『奈良武次日記』一九二〇年一一月二日、一九二二年一一月三日、一九二三年一一月三日、一九二四年一一月三日、一九二五年一一月三日、一九二六年一一月三日。

(5) 同右、一九二三年六月二九日、一〇月四日、八日、一一日、一八日、二四日、一一月一日、七日、一九日、二七日、一二月五日。

(6)『東京日日新聞』一九二四年一〇月一〇日。

(7) 前掲、『奈良武次日記』一九二二年一二月一五日、二二日、二三日、一九二六年五月三〇日、三一日、『東京日日新聞』一九二五年一一月一二日夕刊。天皇も勝海舟遺墨展を見学したとの報道は、宮内省が天皇が引き続き比較的元気であるとのイメージを示そうとしたものを、そのまま記事にしたものであろう。

(8)『東京日日新聞』一九二六年三月三一日夕刊、七月一七日夕刊、一一月一三日夕刊、二六日夕刊。

(9) 同右、一九二六年四月一四日夕刊、一二月一四日夕刊。

(10) 同右、一九二六年五月一一日夕刊、二九日、八月三〇日、九月一〇日。

(11) 同右、一九二六年二月一五日、一八日、三月一〇日夕刊、四月五日、五月二二日夕刊、五月二九日、八月一日、三日、六日。

(12) 同右、一九二六年五月一六日夕刊、一一月一八日、二〇日、二一日、一二月二三日。

(13) 同右、一九二六年四月一六日夕刊、七月一一日、一二月二〇日。

(14) 高松宮宣仁親王『高松宮日記』第一巻（中央公論社、一九九六年）一九二六年二月三日など。

(15)『東京日日新聞』一九二六年二月一日、三月一一日、二二日、五月五日、八日夕刊、八月五日夕刊、一〇日、二五日、一〇月一七日。

(16) 同右、一九二六年四月七日夕刊、六月一二日、六月二九日。

(17) 同右、一九二六年一二月一九日。

(18) 同右、一九二六年一一月二四日。
(19) 同右、一九二六年一〇月二三日夕刊、一一月一二日、一三日。
(20) イギリスにおいても、女性君主のヴィクトリア女王（在位一八三七〜一九〇一年）ですら乗馬用の軍服を着て観兵したり、軍服のデザインに関与したりと、軍服に強い関心を示した。また、一八五〇年に参謀総長のウェリントン公爵は、統帥権は庶民院（下院）ではなく君主の手にあるべきだと指摘している（Walter L. Arnstein, *The Warrior Queen: Reflections on Victoria and Her World*, Albion 30, 1, Spring 1998: pp. 3-7）。
(21)『東京日日新聞』一九二六年一二月二九日、一九二七年二月一〇日夕刊、四月四日、二九日、九月二〇日、一一月一六日、一七日夕刊、一二月二二日夕刊、一二月二五日。
(22) 同右、一九二七年四月一七日夕刊、八月五日、一〇月二一日夕刊、一〇月三一日、一一月二六日夕刊。
(23) 同右、一九二七年一一月二二日夕刊。
(24) 奈良武次「奈良武次回顧録草案」（前掲、『奈良武次日記』第四巻、一四八頁）。
(25)『東京日日新聞』一九二六年一二月二五日。
(26) 同右、一九二七年三月一日。
(27) 同右、一九二六年一二月二五日、一九二七年二月七日。
(28) 同右、一九二七年六月一五日、八月九日、一六日。
(29)「倉富勇三郎日記」一九二八年一〇月二〇日、一九二九年六月一三日（「倉富勇三郎文書」国立国会図書館憲政資料室所蔵）。もっとも、元老西園寺は、一九二八年一〇月二〇日の倉富との会見で、㈠天皇の生物学研究は相当考慮した上で決定されたものである、㈡文学をやっても「惰弱」に流れる恐れがあり、和歌のみ作っても面白くなく、カルタ遊びのようなことも面白くない、㈢生物学は別に害もない等と述べているように、天皇が生物学研究をすること自体には批判的でなかった。
(30)『東京日日新聞』一九二八年一月九日、二九日夕刊、四月二四日、三〇日、五月二八日、一〇月八日、九日夕刊。
(31) 同右、一九二八年一一月七〜二一日。
(32) 同右、一九二八年一一月七日夕刊。
(33) 同右、一九二八年二月二四日、二五日、二八日夕刊、三〇日。
(34) 同右、一九二八年二月二七日、三月三一日夕刊、五月一〇日夕刊。
(35) 同右、一九二八年一一月一七日。
(36) 前掲、「倉富勇三郎日記」一九二八年三月二二日。
(37)『東京日日新聞』一九二八年一二月二四日、一九二九年一月一五日夕刊、三月二九日、五月二八日夕刊、三一日夕刊、六月二日。

(38) 前掲、「倉富勇三郎日記」一九二九年四月一七日。ここでの話題は、昭和天皇の服装よりも、観桜会の服装に、従来のフロックコートに加え、一般の参園者の便宜を図り、一般参園者を増加させるため、モーニングコートを着用することも認めたことを批判するなど、宮内省の一般の人への服装規制緩和に向けられた。平沼は、そのうち天皇に召されて背広で天皇の前に出るようになるだろうとか、関屋宮内次官がかなり以前からモーニングコートで天皇の前に出ているとのことである等と批判した（同前）。

(39)『東京日日新聞』一九二八年二月四日夕刊、五日、一四日、一六日、一九二九年一月九日夕刊、二月一二日、四月一九日夕刊、二四日、二七日、三〇日、五月三日夕刊、四日夕刊、三一日夕刊、六月二日、三日、五日夕刊、五日、八日。

(40) 同右、一九二七年一月二二日、一九二八年五月六日、一九二九年三月三〇日。

(41) 前掲、「倉富勇三郎日記」一九二九年六月二〇日。

(42) 同右、一九二八年一〇月二六日。

(43) 同右、一九二八年一〇月二〇日。

(44)『東京日日新聞』一九二六年一二月三一日、一九二七年一月一〇日、一八日、二一日、二月一八日、四月三〇日、五月一三日、一七日、六月一五日、八月二三日、二七日、一〇月六日夕刊、一〇日、二三日、二四日、一一月一日夕刊、一六日、一九日、一二月二五日。

(45) 同右、一九二七年一月一八日、二一日、三月二四日夕刊、六月一五日等。

(46) 前掲、「倉富勇三郎日記」一九二六年一一月二〇日、一九二七年三月七日、九日、一九二八年四月二五日。前掲、『高松宮日記』一九二七年一月二二日、三月一日。拙稿「東久邇宮稔彦王の迷走と宮中・陸軍――宮中某重大事件後の皇族と宮中政治・一九二二〜一九二六」（『法学論叢』一五六巻三・四号、二〇〇五年一月）。

(47)『東京日日新聞』一九二七年四月三〇日、五月一三日、一四日、八月二三日、二七日、一〇月六日夕刊、一〇日、二四日、一一月一日夕刊等。

(48) 同右、一九二七年三月二九日、九月二一日。

(49) 同右、一九二八年一月八日。

(50)『東京朝日新聞』一九二八年一月七日（東京市内版）。節子はフレンド・スクールに入学した頃について、「英語ができないための苦労は、漠然といだいていた不安を超える深刻なものでした。とにかく英語の国へきて英語がわからないのですから、言葉が通じないことがどんなに辛いものかを、骨身にしみて知らされました」と回想している（秩父宮勢津子『銀のボンボニエール――親王の妃として』講談社、一九九四年、九二〜九三頁、原本は一九九一年に主婦の友社より刊行）。新聞記事の渡米してたちまち英語を習得したというのは、節子の能力を理想化した報道である。

(51)同右、一九二八年一月八日夕刊(七日夕方発行)。
(52)『東京日日新聞』一九二八年一月八日。
(53)前掲、「倉富勇三郎日記」一九二七年五月二一日。これは、倉富枢密院議長と宮内事務官(宗秩寮)の岩波武信との密談で出た話。
(54)『東京日日新聞』一九二六年四月三日。
(55)「前田秩父宮事務官の話」(『東京日日新聞』一九二八年一月一九日)、『東京朝日新聞』一九二八年一月七日(市内版)。秩父宮の米国での旅程については、同前新聞の一九二六年一二月三〇日から二七年一月三日の記事で確認できる。前掲、秩父宮勢津子『銀のボンボニエール』一〇八～一一三頁。
(56)前掲、「倉富勇三郎日記」一九二七年五月二一日。
(57)同右、一九二七年五月二五日。
(58)同右、一九二七年八月二九日。
(59)同右、一九二七年七月六日。
(60)同右、一九二七年七月七日。
(61)同右、一九二七年七月一六日。
(62)同右、一九二八年一月五日。岩波武信宮内事務官(宗秩寮)の倉富枢密院議長への話。
(63)同右、一九二八年四月二五日。
(64)同右、一九二七年七月二〇日。
(65)同右、一九二七年七月二八日。
(66)同右、一九二七年八月二九日。
(67)同右、一九二七年九月七日。
(68)同右。また同じ倉富・岩波の会見で、岩波は、報知新聞記者が軽井沢で北白川宮王と竹田宮女王が睦まじく話しているところを写真撮影しており、同記者は、㈠竹田宮女王は北白川宮王と結婚するのではないかと思っている、㈡この写真を新聞に掲載しようとしたが、同社から見合わせることを命じられた、等と述べた。倉富は、この方は、父方も母方も従兄従妹の関係にあるので、なおさらよくないだろうと答えた(同前)。このように、天皇家や皇族の結婚に関し、身分等を気にする一方で、近代遺伝学の普及で血縁者を避ける空気や、大正天皇の皇太子時代以来、側室を持たない潮流が広まると、男子の跡継ぎを確保して家を存続させることはますます困難になっていった。また、この時期になると、皇族の写真撮影がかなり自由になったが、掲載については新聞社で自主規制していたようである。

(69) 前掲、「倉富勇三郎日記」一九二七年一二月二六日。
(70) 同右。
(71) 同右、一九二八年一月一一日。徳川慶久は慶喜の七男でその跡を継いだ。慶久の妻は有栖川宮家の出身で、その縁から娘の喜久子が有栖川宮家の祭祀を継いだ高松宮の妃とすることが、喜久子が二つの時から決まっていたという（高松宮妃喜久子『菊と葵のものがたり』中央公論社、一九九八年、一七～二〇頁）。
(72) 前掲、「倉富勇三郎日記」一九二八年一月五日。
(73) 同右。
(74) 同右、一九二八年一月一一日。
(75) 同右。
(76) 同右、一九二八年一月一二日。
(77) 前掲、『高松宮日記』一九二八年一月五日、一四日。
(78) 前掲、「倉富勇三郎日記」一九二八年一月一一日。
(79) 『東京日日新聞』一九二八年一月一四日夕刊、二月一七日、二月二五日、四月一一日、五月一一日。
(80) 同右、一九二八年五月二八日、六月二二日、二三日夕刊（二二日夕方発行）。
(81) 同右、一九二八年九月二九日夕刊。
(82) 同右、一九二九年二月一九日、四月一一日、一八日夕刊、三〇日、五月七日夕刊、二四日。
(83) 『東京朝日新聞』一九二八年一月九日。
(84) 『東京日日新聞』一九二八年一月一七日夕刊（一六日夕方発行）。
(85) 同右、一九二八年一月一九日夕刊（一八日夕方発行）、二〇日夕刊、二〇日、二二日夕刊。この他、「謙譲は節子姫の美点の一つ」、「玄人はだしの得意の長唄」等も記事となった。なお、『東京朝日新聞』（一九二八年一月一九日）は、「純日本婦人として典型的な節子姫」との記事の見出しをつけ、節子の「純日本婦人」性を『東京日日新聞』よりも強調しようとするが、数学やテニスが得意などと報じるが、「純日本婦人の典型」に関する具体的内容は必ずしも示していない。
(86) 拙稿「原敬内閣と立憲君主制——近代君主制の日英比較」(二)（『法学論叢』一四三巻五号、一九九八年八月）。
(87) 『東京朝日新聞』一九二八年一月一九日「秩父宮御婚約」（社説）。
(88) 前掲、「倉富勇三郎日記」一九二八年一月二三日。
(89) 同右、一九二八年二月一一日。
(90) 『東京日日新聞』一九二八年二月八日、三月三一日夕刊、四月二二日夕刊、六月二日夕刊、三日、七日、一九日夕刊。

(91) 同右、一九二八年六月一一日。
(92) 前掲、「倉富勇三郎日記」一九二八年六月二二日。なお、宮内省から婚姻に関連し、松平保男に五万円、恒雄に五万円下賜され、その後、二〇万円を下賜されることになっているという(同前、一九二八年七月二七日、岩波宮内事務官の倉富枢密院議長への話)。
(93)『東京日日新聞』一九二八年六月二三日夕刊、二三日。
(94) 同右、一九二八年七月二日、一〇日夕刊、一三日、二七日夕刊、九月一五日。なお、この間、節子が皇太后節子《さだこ》の要望で、振袖姿で文金高島田に髪を結った姿の写真も報じられている(同前、一九二八年七月二六日)。
(95) 同右、一九二七年一月一四日、二二日、五月二二日、二四日、七月四日、一二月二五日。
(96) 前掲、『高松宮日記』一九二七年八月六日、七日、一〇日、一二日、一三日、一五日、一九日、二八日、九月一日、三日、四日、九日、二〇日、一〇月五日、八日、九日、一〇月日付不明、一〇月一〇日頃。
(97)『東京日日新聞』一九二八年三月一八日、一〇月三日、四日。なお、高松宮は、一九二八年一月四日には青山御所でスケートをし、七日・八日には鉢森でスキーを楽しんでいるが(前掲、『高松宮日記』)、特に報じられなかった。
(98) 前掲、『高松宮日記』一九二八年四〜八月。
(99)『東京日日新聞』一九二八年一一月一五日夕刊。
(100) 同右、一九二九年二月二三日、四月九日、五月五日。
(101) 前掲、『高松宮日記』一九二八年一月一二日、一九二九年二月一四日。
(102)『東京日日新聞』一九二九年二月一〇日、四月二日。前掲、『高松宮日記』一九二九年二月三日、一一日、二五日、五月八日、一八日、六月二日、九月二三日。なお、宮内省は高松宮の結婚に一五万円、外遊に二〇万円出すことになった。
(103) 同右、一九二九年四月九日、一〇日、一三日、二五日夕刊。
(104) 同右、一九二九年六月六日。
(105) 同右、一九二六年一二月三〇日、一九二七年一月三〇日、二月二〇日、六月一一日、一〇月一〇日、一九二八年二月三日夕刊、四月一〇日、五月六日、七月一八日夕刊、九月二七日。東久邇宮の臣籍降下の意向は、皇太子妃選定やフランスからの帰国問題等をめぐって牧野伸顕内大臣ら宮中側近や久邇宮邦彦と対立し、東久邇宮が妄想を抱くようになったことが原因であるが(前掲、拙稿「東久邇宮稔彦王の迷走と宮中・陸軍」)、結局一九二七年一二月に臣籍降下しないことになった。以上については別稿に譲りたい。
(106)『東京日日新聞』一九二八年一二月三〇日、一九二九年四月五日、五月九日。
(107) 同右、一九二九年一月二八日、四月一四日。

(108) 同右、一九二七年五月一四日、一九二八年四月一〇日夕刊、一〇日、七月一八日夕刊、一九二九年一月二四日夕刊。
(109) 同右、一九二八年一一月一〇日。高久嶺之介「大正期皇室法令をめぐる紛争──皇室裁判令案・王公家軌範案・皇室典範増補」下（『社会科学』三四号、一九八四年三月）、川田敬一『近代日本の国家形成と皇室財産』（原書房、二〇〇一年）三〇四～三〇五頁。
(110) 『東京日日新聞』一九二八年一一月一五日。
(111) 前掲、「倉富勇三郎日記」一九二八年一〇月二〇日。皇族間の仲が良くないことと東久邇宮のフランスからの帰国問題の関連は、前掲、拙稿「東久邇宮稔彦王の迷走と宮中・陸軍」で詳述した。
(112) 『東京日日新聞』一九二七年一〇月一五日夕刊。
(113) 「子爵藪篤麿談話速記」（一九二八年五月二二日）（堀口修監修・編集『「明治天皇紀」談話記録集成』〔以下、『談話記録集成』と略す〕第三巻、ゆまに書房、二〇〇三年）六〇頁。藪は一八九〇年から一八九八年まで側近として天皇に奉仕し、後に貴族院議員・明治神宮大宮司などを歴任した。
(114) 『東京日日新聞』一九二七年一〇月一五日夕刊。
(115) 同右、一九二七年一〇月二〇日、一一月三日。『報知新聞』一九一三年一二月二九日。田中は、銅像の原型を作るにあたり、明治天皇が写真嫌いでほとんど写真がないので、藤波言忠（宮内省主馬頭）に相談した。藤波は、皇后（のちの昭憲皇太后）の許可を得て、明治天皇の遺骸を棺に収める前に、天皇の体の寸法を測った。それを基に作った原型を天皇の身近に仕えていた侍従や女官たちに見せて意見を取り入れ、最後に皇太后に提示して修正して、原型を完成させたという（『東京日日新聞』一九二九年四月一五日）。
(116) 『大阪朝日新聞』一九二七年一一月四日。この報道では、内務省神社局は明治天皇の霊の移った銅像に万一不敬があっては恐れ多いと心配していると、後述する田中光顕問題以外の理由を、慎重論の根拠にしていた。
(117) 拙稿「山県系官僚閥と天皇・元老・宮中──近代君主制の日英比較」（『法学論叢』一四〇巻一・二号、一九九六年一一月）。
(118) 原奎一郎編『原敬日記』第五巻（福村出版、一九六五年）一九一九年一月一五日。
(119) 前掲、「倉富勇三郎日記」一九三一年一〇月二七日。
(120) 関屋貞三郎「関屋貞三郎日記」一九二七年九月一日、「〔一九二七年〕当用日記補遺」中の九月一九日（「関屋貞三郎文書」国立国会図書館憲政資料室寄託）。
(121) 前掲、『奈良武次日記』一九二八年二月三日。なおこの銅像は三体製作された。一つが宮中へ、もう一つが田中光顕の手元に残された。他の一つが、山本条太郎が満鉄総裁の時に総裁応接室に安置された。その後、満鉄にあったものは大連神社に移され、敗戦後、苦労して日本に運ばれ、宮崎神社を経て下関神社に安置されている（水野久直『明治天皇御尊像奉還記』昭和出版文化社、一九六六年）。
(122) 前掲、『奈良武次日記』一九二八年二月九日。
(123) 『大阪朝日新聞』一九二七年一一月一日夕刊。
(124) 『東京日日新聞』一九二七年一一月三日、四日夕刊、四日。
(125) 『大阪朝日新聞』一九二七年一一月二日。
(126) 前掲、「倉富勇三郎日記」一九二七年一二月一八〜三〇日。『東京日日新聞』一九二七年一二月一九日、二〇日、二一日、二三日、二五日、二七日夕刊、二七日、三一日。
(127) 前掲、「倉富勇三郎日記」一九二八年九月一七日。
(128) 『東京日日新聞』一九二九年三月二六日夕刊。
(129) 同右、一九二九年四月一日。
(130) 同右、一九二九年四月一五日。
(131) 前掲、「倉富勇三郎日記」一九二九年六月一三日。
(132) 蘇峰生「立憲君主としての英国皇帝」（『東京日日新聞』一九二九年四月一六日夕刊、「日日だより」）。
(133) 数少ない例外は、『報知新聞』の一九一〇年四月一八日付の社説「英国の政局」で、アスキス首相が上院を改革するため上院議員を増加しようとすることに、国王エドワード七世が賛成であるか反対であるかが今後の政局に大きな影響を及ぼすと、国王の政治関与の可能性に言及している。
(134) 前掲、『河井弥八日記』一九二七年五月一四日、一七日、二三日、一九二八年一月二〇日。
(135) 『東京日日新聞』一九二八年一二月二〇日夕刊。明治天皇も若い一時期は新聞に強い関心を持っていた。天皇が二一歳の五月には、外国の新聞を読みたいとの天皇の意向に応じ、外国の新聞二冊が翻訳されるようになった。同年一二月には、天皇はイギリスとアメリカ合衆国の新聞のうち最も信頼できるものを選んで読みたいとの意を示したので、徳大寺実則宮内卿は上野景範駐英公使と吉田清成駐米公使に新聞を選ぶように命じた。天皇が二五歳の一八七八年二月には、それまで東京府・神奈川県で発刊している新聞数種を読んでいたのに対し、その他の各府県の新聞も読みたいとの意向を示した。そこで宮内省では東京府を除く各府県の新聞を調べ、三月から宮内省に郵送させることになった。ただし、一府県に二種以上発刊されている場合は、「優秀」なもの一種が選択された（宮内庁『明治天皇紀』第三、吉川弘文館、一九六九年、三四八頁、同第四、同一九七〇年、三七五〜三七八頁）。ところが、明治天皇が三三歳の一八八六年一〇月から死去まで試補侍従・侍従として侍従職に勤めて天皇に身近に接した日野西資博によると、天皇は一八九四、九五年頃までは新聞の見出しをざっと見る程度であったが、その七、八年後には新聞を全く見ないようになったという。そのきっかけは、『中央新聞』が天皇の体重について事実と異なることを書いたことで、天皇は「新聞は嘘を書くからいかぬ」といって新聞を手にとらなくなった（「子爵日野西資博第一回談話速記」一九二九年五月二二日、前掲、『談話記録集成』第一巻、吉川弘文館、二〇〇三年、二四一、二八七～二八八頁）。すなわち、明治天皇は日清戦争までは見出しをざっと読む程度に新聞に目を通していたが、五〇歳になった日露戦争前にはほとんど新聞を手にしなくなったらしい。それでは、二〇歳代半ばまで新聞に強い関心を示した明治天皇がいつ頃それを減退させるのであろうか。一八八二年から侍従として天皇の身近に仕えた万里小路通房は、天皇は新聞を見なかったが、多くの新聞紙のうち一つを失ってもやかましかったと証言し、一八九〇年から出仕（天皇の身近に仕える子供）として仕えた藪篤麿は、天皇はそれほど新聞を見ていたという記憶がないと述べ、侍従長はじめ他の人が日々のことを天皇に知らせるので、天皇は日常のことは新聞を読まなくともよく知っていたと回想している（「伯爵万里小路通房談話筆記」一九二八年七月下旬、「子爵藪篤麿談話速記」一九二八年五月二二日、前掲、『談話記録集成』第一巻、八〇頁、第三巻、三四～三五頁）。これらの証言から、明治天皇は遅くとも三〇歳頃の一八八二年には新聞を熱心に読む習慣がなかったことがわかる。明治天皇は二〇歳代初頭に身近な情報のみならず、新聞を通して幅広い情報を集めて判断の材料にしようとしたが、三〇歳前後にはその熱意をやや失った。五〇歳頃から、ほとんど新聞を手にしなくなった。これは明治天皇が、侍従長や各政治家・軍人等の情報のゆがみを新聞で修正する二〇歳代の段階をへて、五〇歳頃から新聞を手に取らなくとも判断に困らない段階に達したからである。この段階の昭和天皇は、まだ二七歳であり、明治天皇もその年代で熱心に新聞を読んでいた可能性もあり、二人の差異を過度には強調できない。しかし、昭和天皇は明治天皇に比べ几帳面すぎ、その後も熱心に新聞を読むものの、自らの透徹した時代観や政治観を背景とした大局観を身につけることに十分には成功しなかった。

第II部第三章

（1）『東京日日新聞』一九二九年七月一一日夕刊、一一月一五日夕刊、一六日夕刊、一七日夕刊、一九日夕刊、二〇日夕刊、二八日夕刊、三〇日夕刊、一九三〇年一月九日夕刊、三月一一日夕刊、五月二八日夕刊。

（2）同右、一九二九年一〇月三日夕刊、一一月二〇日夕刊、二二日夕刊、一二月二六日夕刊、一九三〇年二月一二日夕刊、三月二九日夕刊、四月二四日夕刊、二九日、三〇日夕刊。

（3）同右、一九二九年一一月一日夕刊、二日夕刊。「倉富勇三郎日記」（「倉富勇三郎文書」国立国会図書館憲政資料室所蔵）一九三〇年一月九日。

（4）『東京日日新聞』一九三〇年三月六日夕刊、二五日夕刊、二七日夕刊、五月二九日夕刊、二九日、三〇日、六月二日。

（5）同右、一九三〇年四月一〇日、三〇日夕刊。天覧相撲の陪観者は、皇后・皇太后・閑院宮など皇族、浜口首相ら閣僚、鈴木貫太郎侍従長・一木喜徳郎宮相ら宮中側近、倉富勇三郎枢密院議長・平沼騏一郎副議長、元帥・奈良武次侍従武官長・近衛師団長・金谷範三参謀総長・武藤信義教育総監・加藤寛治海軍軍令部長らの軍人等であった（同前、一九三〇年四月三〇日夕刊）。牧野伸顕

内大臣や宇垣一成陸相の名がないのは、病気等の都合で辞退したものと思われる。天覧の相撲は、一八八四年三月一〇日に明治天皇が浜離宮で催して以来であった。しかし裕仁は相撲好きで、皇太子時代から誕生日には相撲を台臨していた（同前、一九三〇年四月一〇日）。

（6）『東京日日新聞』一九三一年四月三〇日。

（7）同右、一九三〇年四月一四日。波多野澄雄・黒沢文貴他編『侍従武官長奈良武次日記・回顧録』第三巻（柏書房、二〇〇〇年）一九三〇年四月一三日。一九二五年五月一四日、秩父宮が渡欧する際の皇室の正式の送別宴には、閑院宮以下成年の皇族と妃、加藤高明首相以下各大臣、前官礼遇、一木宮相以下宮内省の各部局長、松平慶民子爵以下随員、英国大使館のエリオット大使・パーレット参事官・武官ビゴット陸軍大佐・同レール海軍大佐ら百余名で、これらの人々はすべて、フロックコートにシルクハットの通常礼装であった。主賓の秩父宮は、陸軍中尉の通常礼装であった。秩父宮は大奥で、大正天皇・皇后に対面したが、宴席には天皇は出ず、皇后（水色の洋装）と摂政裕仁（服装不明）が主催の中心となる形で出席した（送別宴の写真は掲載されず）（『大阪朝日新聞』一九二五年五月一五日夕刊、『東京日日新聞』には詳しい記事がない）。このように、一九二五年の秩父宮送別宴の軍人である皇族の服装は、高松宮・同妃の渡欧の送別宴よりも、軍服に対するこだわりが小さい。

（8）『東京日日新聞』一九二九年一〇月一日夕刊、一六日夕刊、一一月一九日、一九三〇年六月三日夕刊、三日。浜口内閣の残りの約一〇カ月間において、天皇の動向が軍服や古式の服以外の写真入りで報じられることはなかった。それは、一九三〇年一一月一八日、岡山方面の陸軍大演習終了後、中折れ帽・背広・皮ゲートルの姿で愛馬「初緑」に乗り、一九一〇年の大演習の際の明治天皇の野立所を訪れたとの記事や、一九三一年四月八日夜、シャム皇帝を歓迎する宮中での宴で、天皇はシャム皇帝とともに燕尾服を着用したとの記事（いずれも写真なし）がある程度であった（同前、一九三〇年一一月一九日、一九三一年四月九日）。

（9）同右、一九三一年四月二九日。写真はない。

（10）たとえば、武市銀治郎『富国強馬――ウマからみた近代日本』（講談社、一九九九年）一九六～一九七頁、原武史『大正天皇』（朝日新聞社、二〇〇〇年）二六六頁など。原氏の著書が事実に関して多くの誤解にもとづいて枠組みが形成されていることについては、拙稿「書評・原武史著『大正天皇』」（『日本歴史』六四一号、二〇〇一年一〇月）。

（11）『東京日日新聞』一九三〇年一一月一七日、一八日夕刊。

（12）同右、一九三〇年一二月三一日。

（13）同右、一九二九年一〇月一日夕刊。一九二九年一〇月一五日の天皇の帝展行幸にも、出産直後の皇后は同伴していない（同前、一九二九年一〇月一六日夕刊）。

（14）同右、一九三〇年四月一四日、三〇日夕刊。

（15）同右、一九三〇年三月三〇日夕刊、五月六日夕刊、七月三日夕刊。

(16) 同右、一九三〇年五月一一日夕刊、六月二二日夕刊。東京音楽学校（第二次世界大戦後に東京芸大音学学部となる）は、官立の専門学校で、当時の音楽教育に関する日本の最高学府である。男女共学であるが、皇后の行啓の写真に女子学生が並んでいる姿が示されている様に、この行啓は女子教育を意識したものであった。
(17) 同右、一九三〇年四月二五日、五月一三日、六月一七日夕刊。大正天皇の皇后（節子）も、一九二〇年五月三一日、戦艦「陸奥」の進水式に、皇太子と皇子を同伴して臨御した（大正天皇は病気）（拙稿「原敬内閣と立憲君主制――近代君主制の日英比較」『法学論叢』一四三巻六号、一九九八年九月、第四章2）（本章第II部第一章2(1)③）。
(18) 高松宮宣仁親王『高松宮日記』第一巻（中央公論社、一九九六年）一九二九年一二月九日。なお、皇太后は四年の間東御所に住み、一九三〇年五月六日、青山御所内に新築された大宮御所へ移った（『東京日日新聞』一九三〇年五月七日夕刊）。
(19) 拙稿「原敬内閣と立憲君主制――近代君主制の日英比較」(二)（『法学論叢』一四三巻五号、一九九八年三月）第三章2・3。
(20) 『東京日日新聞』一九二九年一一月一日夕刊。
(21) 前掲、「倉富勇三郎日記」一九三〇年一月九日。
(22) 『東京日日新聞』一九三〇年四月一四日、五月二八日夕刊、六月一日。
(23) 同右、一九三〇年七月二三日。
(24) 同右、一九三〇年九月一六日夕刊、一一月三日。
(25) 同右、一九三〇年一〇月二四日。同じ頃、宮中側近の河井弥八皇后宮大夫兼侍従次長は、河上肇の『第二貧乏物語』を読んでいる（高橋紘他編『昭和初期の天皇と宮中――侍従次長河井弥八日記』第四巻〔岩波書店、一九九四年〕一九三〇年一〇月二三日）。しかし、秩父宮自らが社会主義的な思潮を含んだ映画を観ようとし、それが新聞記事にまでなることの方が、はるかに重い意味を持つ。
(26) 『東京日日新聞』一九三一年二月二五日。
(27) 同右、一九三〇年一月九日、八月三日、五日夕刊、五日、一二日、二一日。
(28) 同右、一九二九年一二月二六日夕刊、一九三一年四月八日。
(29) 同右、一九二九年一一月一九日夕刊、一九三〇年八月二一日。
(30) 『東京日日新聞』一九三〇年二月五日夕刊、二月五日。
(31) 同右、一九二九年一一月五日夕刊、二八日、一九三〇年一月八日夕刊、九日夕刊、一〇日夕刊、一六日夕刊。
(32) 同右、一九三〇年一月一日、一八日夕刊。
(33) 同右、一九三〇年二月七日、八日夕刊、二八日。
(34) 同右、一九三〇年四月二二日夕刊、六月二七日、七月一一日、一二日。

(35) 同右、一九三〇年六月一三日夕刊、一八日夕刊、二七日夕刊、七月三日、一九日夕刊。
(36) 同右、一九二九年七月一四日。
(37) 同右、一九三〇年一二月二九日、一九三一年二月八日。
(38) 同右、一九二九年一〇月二八日、一九三〇年三月一〇日、八月一五日。
(39) 同右、一九二九年一二月六日夕刊、一九三〇年一月一六日、三月五日夕刊、四月九日。拙稿「東久邇宮稔彦王の迷走と宮中・陸軍——宮中某重大事件後の皇族と宮中政治・一九二二〜一九二六」(『法学論叢』一五六巻三・四号、二〇〇五年一月)。
(40) 安田鋲之助宛石原莞爾書状、一九三一年一月二日(「安田鋲之助文書」学習院大学資料館所蔵)。
(41) 司法省刑事局「右翼思想犯罪事件の綜合的研究」(今井清一・高橋正衛編『現代史資料4 国家主義運動1』みすず書房、一九六三年)六一頁、六六頁。
(42)『東京日日新聞』一九三〇年一月九日、一〇月一四日、一六日夕刊、一六日。
(43) 同右、一九三〇年二月二〇日夕刊、一九三一年二月一八日夕刊、一九三一年三月八日夕刊。一九三〇年五月、朝融王の弟で軍人でない久邇宮邦英王は成年式に大礼服を着用し(写真あり)、六月、学習院音楽部の春季演奏会でベートーベンのピアノコンチェルトを演奏する(学習院高等科の制服の写真あり)(同前、一九三〇年五月一四日夕刊、一七日夕刊、六月一一日夕刊)等、軍服以外の西欧文化の深い消化者としての皇族イメージを加えた。もっとも、彼は中等科三年の時に、「皇族風を吹かせ」ていることで、学習院の学生に帽子・書籍を隠されるいたずらを受けた人物である(第I部第三章4)。
(44)『東京日日新聞』一九三〇年三月四日夕刊、一二月一三日夕刊。
(45) 同右、一九二九年一〇月二〇日夕刊、一九三〇年二月九日夕刊、六月七日。
(46) 同右、一九三〇年三月一五日、一〇月三一日。

第II部第四章

(1)『東京日日新聞』一九三〇年一一月一九日(一八日、天皇は一九一〇年陸軍大演習の明治天皇の野立所に行幸、中折れ帽・背広・ゲートル、愛馬「初緑」、写真なし)、一九三一年二月一一日(一〇日、天皇は宮城内でスキー、写真や服装の報道なし)、四月九日(八日夜、天皇は宮中でシャム皇帝歓迎の宴、天皇・シャム皇帝は燕尾服、写真なし)、六月一四日夕刊(一三日、天皇は宮城の水田で田植え、運動服とゴム長、写真なし)、八月一六日、九月二日(天皇は那須御用邸で避暑、乗馬・生物研究・ゴルフ、写真なし)等。
(2)『東京日日新聞』一九三〇年一一月二三日、一二月一〇日夕刊、一九三一年五月六日夕刊、八日夕刊、二九日夕刊、七月二日夕刊。

（3）同右、一九三一年三月八日夕刊。
（4）同右、一九三〇年一一月三日（秩父宮と妃は東京日比谷の青年団記念式典）、一二月一三日（一二日、秩父宮と妃は肥前古窯発掘展）、一九三一年二月二五日（二四日、秩父宮は衆議院の労働組合法案の審議へ行啓）、八月一一日（一〇日、秩父宮と同妃は大阪毎日新聞社主催の第八回女子中等学校庭球大会に台臨）など。高松宮の軍服以外の服装や同妃については、『東京日日新聞』一九三一年四月一八日、二四日、五月一六日、三〇日、六月一〇日など。
（5）たとえば、肥前古窯発掘展に行った李王は、秩父宮は軍服でないのに、相変わらず軍服姿であった（『東京日日新聞』一九三〇年一二月一三日）。
（6）『東京日日新聞』一九三一年七月二三日夕刊（七月二二日夕方発行）。
（7）同右、一九三一年一〇月一〇日、二一日夕刊（一〇月二〇日夕方発行）。写真は二面右上部に掲載。なお、この行幸は、若槻礼次郎内閣や天皇・宮中側近にとって、十月事件になるような軍人の不穏な状況に対抗して、首都の警察官の士気を鼓舞する狙いがあった。
（8）同右、一九三一年八月一六日、九月二日、八日。
（9）同右、一九三一年八月二二日、九月二日夕刊（一日夕方発行）。
（10）同右、一九三一年八月二〇日夕刊、二六日夕刊。
（11）同右、一九三一年九月二五日。
（12）同右、一九三一年一〇月一一日、一三日夕刊。
（13）同右、一九三一年七月二日、五日夕刊、七月一六日、九月一日夕刊。
（14）同右、一九三一年九月二七日夕刊、一〇月五日。
（15）同右、一九三一年一〇月一四日、一五日夕刊。
（16）同右、一九三一年八月一一日。
（17）同右、一九三一年九月二六日夕刊。
（18）同右、一九三一年一〇月六日夕刊。
（19）同右、一九三一年一〇月一五日。
（20）高橋紘他編『昭和初期の天皇と宮中・侍従次長河井弥八日記』第五巻（岩波書店、一九九四年）（以下、『河井弥八日記』と略す）一九三一年一〇月一四日。
（21）『東京日日新聞』一九三一年一〇月一五日夕刊。
（22）同右、一九三一年一一月三日夕刊（二日夕方発行）。

(23)同右、一九三一年一〇月二一日、二三日夕刊、一一月八日〜二三日夕刊、二八日夕刊、二九日、一九三二年一月九日。
(24)同右、一九三一年一一月四日夕刊、二六日夕刊、一二月二三日夕刊、二七日夕刊、一九三二年一月六日夕刊。
(25)同右、一九三一年一〇月三一日、一一月一八日。
(26)同右、一九三一年一〇月二五日、二八日、一九三二年一月八日、九日、二〇日夕刊、二月五日。
(27)同右、一九三一年一〇月三〇日。
(28)同右、一九三一年一〇月三一日夕刊、三一日、一一月一日夕刊、一一月一日。なお、日清戦争中や日露戦争中は陸軍大演習は実施されなかった。
(29)前掲、『河井弥八日記』一九三一年一〇月三〇日。
(30)波多野澄雄・黒沢文貴他編『侍従武官長奈良武次日記・回顧録』第三巻(柏書房、二〇〇〇年)一九三一年一〇月三一日。
(31)同右、一九三一年一〇月二七日。
(32)前掲、『河井弥八日記』一九三一年一〇月二〇日。河井は天皇の「御心理状態に付、昨日左様に感ぜざりし旨」を皇后に奉答している(同前)。しかし、身近に長く天皇に接している皇后の方が宮内官僚の河井よりも天皇の心理状態をよく知っていると思われる。
(33)同右、一九三一年一〇月二七日夕刊、一二月二九日夕刊。
(34)前掲、『河井弥八日記』一九三一年一二月二四日、二七日。
(35)『東京日日新聞』一九三二年一月一六日夕刊、二月九日夕刊、一九日夕刊。
(36)同右、一九三一年一一月二七日夕刊。
(37)同右、一九三一年一二月一日、一九三二年二月四日、三月一日、六日。
(38)同右、一九三一年一一月二一日夕刊、一二月一一日。
(39)同右、一九三一年一〇月三〇日、一一月二一日夕刊、一二月一日夕刊、一〇日夕刊、一七日、二〇日夕刊、二三日。
(40)同右、一九三一年一一月二一日夕刊、二九日、一九三二年三月一三日夕刊、四月一日夕刊、二日夕刊。
(41)同右、一九三二年一月三〇日、二月三日夕刊、三日。
(42)同右、一九三二年一月二二日。
(43)同右、一九三一年一二月二九日号外。
(44)同右、一九三二年一月一六日夕刊(一五日夕方発行)。
(45)同右、一九三二年三月九日。
(46)同右、一九三一年一〇月三一日。

(47) 同右、一九三一年一一月五日夕刊。
(48) 同右、一九三二年一月一日、二月二八日夕刊、三月五日夕刊、四月九日夕刊。
(49) 同右、一九三二年四月二五日。
(50) 拙著『政党政治と天皇　日本の歴史22』（講談社、二〇〇二年）三一八頁。裕仁がこれ以前に白い馬で登場した早い例として、摂政時代の一九二五年一〇月に宮城県で行われた陸軍大演習があり、同年一〇月二三日の新聞に報じられた（『東京日日新聞』一九二五年一〇月二四日夕刊）。この他、一九二九年七月一〇日の展覧馬術（「吹雪」）、同年一一月の陸軍大演習後の乗馬（第II部第三章1）、一九三〇年一一月一六日の陸軍大演習の巡視などがある。「吹雪」は、馬術名人遊佐少佐が欧州から「初雪」と共に買い入れてきたもので、摂政であった裕仁自らが前記のように命名した（同前、一九二五年三月七日）。
(51) 『東京日日新聞』一九三二年四月三〇日夕刊（二九日夕方発行）、一一月二日夕刊（一日夕方発行、同じ記事で奈良、大阪方面の陸軍大演習用用に、「白雪」以外に、「香薫」・「華初」が輸送されたとある）、一一月一二日、一五日、一九三三年一月九日。
(52) 同右、一九三二年七月二一日、八月二日。
(53) 同右、一九三二年四月三〇日夕刊（二九日夕方発行）。
(54) 同右、一九三二年四月二九日「天長節」（社説）。
(55) 同右、一九三二年七月二九日。
(56) 前掲、『河井弥八日記』一九三二年六月一六日、二一日。
(57) 同右、一九三二年六月二九日、七月一日、二日。
(58) 長谷川卓郎編『明治大帝』（『キング』一九二七年一一月号付録）（大日本雄弁会講談社、一九二七年一一月）七五〜七六頁、四一二頁。
(59) 「男爵上田兵吉談話速記」（一九二八年七月一一日）（堀口修監修・編集『「明治天皇紀」談話記録集成』第六巻、ゆまに書房、二〇〇三年）一二〇頁。
(60) 宮内庁『明治天皇紀』第三（吉川弘文館、一九六九年）一一一〜一一二頁。
(61) 『東京日日新聞』一九三二年七月一四日夕刊。
(62) 前掲、『河井弥八日記』一九三二年七月一九〜七月三一日。
(63) 同右、一九三二年七月二六日。
(64) 『東京日日新聞』一九三二年七月二八日。

結論

（1）拙稿「昭和天皇と立憲君主制——近代日本の政治慣行と天皇の決断」（伊藤之雄・川田稔編『二〇世紀日本の天皇と君主制——国際比較の視点から 一八六七～一九四七』吉川弘文館、二〇〇四年）。もっとも、昭和天皇は、首相や閣僚との宮中での非公開の拝謁の折に、時どき政治意見を述べるなど、新しく制定された日本国憲法とはなじまない行動を取ることもあった。これは、昭和天皇が、敗戦以前の立憲君主意識を完全にはぬぐいさることができなかったからである（升味準之輔『昭和天皇とその時代』山川出版社、一九九八年、第四章・第五章、ケネス・ルオフ『国民の天皇——戦後日本の民主主義と天皇制』共同通信社、二〇〇三年、第三章〔英語の原著は二〇〇一年出版〕、後藤致人『昭和天皇と近現代日本』吉川弘文館、二〇〇三年、Ⅲ部三章、等）。

あとがき

近代の天皇の役割について私が関心を持ち始めたのは、京都大学文学部史学科国史学専攻の卒業論文として、元老制度の形成から展開・消滅過程を研究している頃であった。卒論試問の場では、国史学研究室の故岸俊男先生・朝尾直弘先生・大山喬平先生、現代史研究室の松尾尊兊先生といった文学部の錚々たる教授陣から、元老制度はもとより近代日本の天皇制に関する厳しい質問を浴びせかけられた。当時の私には、それらすべてに正面からお答えする学力が備わっていなかった。卒論を三分の一に圧縮して「元老の形成と変遷に関する若干の考察――後継首相推薦機能を中心として」（『史林』六〇巻二号、一九七七年三月）として発表した後、しだいに研究の重心を政党政治や外交史に移動させてからも、このテーマは三〇年近くの間、常に私の胸の中にあった。

その後、『牧野伸顕日記』等が刊行され史料状況がよくなり、私の「倉富勇三郎日記」等国立国会図書館憲政資料室の文書の解読も蓄積されてきた。私は本書のテーマで、一九九七年度の広島大学文学部の集中講義を行い、一九九八年五月の京都大学法学会春季講演会で講演を行った。また、本書の元になった論文が、次のように少しずつ形になってきた。

「立憲君主制の形成と展開――明治天皇から昭和天皇へ」（伊藤之雄・川田稔編『環太平洋の国際秩序の模索と日本――第一次世界大戦後から五五年体制成立』山川出版社、一九九九年）

「田中義一内閣と立憲君主制の混迷――昭和天皇をめぐる政治とイメージ」（『法学論叢』一四八巻三・四号、二〇〇一年一月）

「浜口雄幸内閣と立憲君主制の動揺――昭和天皇をめぐる政治とイメージ」（『法学論叢』一四九巻六号、一五〇巻

一・二・四・六号、二〇〇一年九・一〇・一一月、二〇〇二年一・三月）

「立憲君主制の空洞化と満州事変への道――第二次若槻内閣と昭和天皇をめぐる政治」（『法学論叢』一五二巻五・六号、二〇〇三年三月）

本書を執筆するにあたり、これらの論文を文字通り解体して編成し直すとともに、新たな史料を加え、大幅な加筆・修正を行った。序論、第Ⅰ部第六章・第七章、第Ⅱ部第一章・第四章、結論は書き下ろしである。その結果、原稿は元の論文の約二倍の分量になった。なお、本書執筆の最終段階で、平成一四〜一六年度文部科学省科学研究費補助金（基盤研究C２課題番号一四五一〇三五七「イギリス等の君主制と比較した近代日本の君主制の政治史的研究」）を受けた。難産の末に予想外の大部の本として完成した本書を前にすると、これまでの諸作品とは些か違った感懐を覚える。

本書を書くにあたって、第Ⅰ部に関し多大な刺激を受け目標ともなったのは、歴史の本場イギリスの君主制を現代まで論じたヴァーナン・バグダナの著作 *The Monarchy and Constitution*, Oxford University Press, 1995 である。残念ながら、近代日本の君主制研究は、イギリスの近代君主制研究ほど実証面での蓄積がなく、それが、本書が意に反して大部なものになった一因である。とりわけ、本書の中で、枢密顧問官や栄典の選定過程についての記述などが煩瑣に映る読者もおられよう。その場合は、考証部分を読み飛ばして結論部分のみを読んでいただきたい。しかし、事実の考証の積み重ねの上に論理を立てたい著者としては、欠くことのできない過程であった。この部分や、君主をめぐる政治権力と、その正当性およびイメージの問題を総合的に論じた本書の手法において、イギリス史の水準を越えられたのではないかと自負さえしている。

本書の原稿が完成に至るまでは、仕事や家事の傍ら私を手伝った妻幸恵にとっても、とりわけ大変な日々であった。この間、私の両親博・よしのと妻の父村井良一が相次いで世を去った。二〇〇三年一二月初旬、私は重態の父に妻や妹と交代で付き添い、病院から毎朝四時に帰宅すると、そのまま寝る気になれず、リーダープリンターで複写した史料の山で床が埋め尽くされた書斎に入った。現像液のにおいでむせるので、開け放った窓から入り込む冷気を浴びながら、史料を読み本書の原稿を作成した日々が思い出される。私の研究や教育・校務等に奔走する生活を尊重してくれた両親に、本書を捧げたい。本書に予想外の時間を取られたため、長州出身であることを誇りにしていた妻の父に、私が執筆を予定している長州人山県有朋や伊藤博文等の伝記を読ませることができなかったのは、残念である。しかし、祖父母の愛を受けて大きくなった娘遥は、歴史好きの中学生になり、希望に向かい歩んでいる。

本年は、私の研究室にとっても一つの区切りとなる成果が出た。研究助手であった西田敏宏君（現、人間環境大学歴史・文化専攻助教授）の「幣原喜重郎と一九二〇年代の日本外交」と、大学院生であった奈良岡聰智君（現、京都大学大学院法学研究科助教授）の「加藤高明と政党政治――二大政党制への道」という、二つの課程博士論文が誕生したのである。二人の力作は、近い将来それぞれの研究書にまとめられる。日本政治外交史専攻で研鑽した二人の若者が、研究者として立派に巣立ったことは、この上ない喜びである。

本来ならば本書は二〇〇二年度中に出版されるはずであった。辛抱強く本書の完成を見守り、かつ驚くほどの緻密さで編集作業を行って下さった名古屋大学出版会の橘宗吾氏と長畑節子氏に、心より感謝の言葉を申し上げたい。

二〇〇四年晩秋

落ち葉の絨毯の糺の森に愛犬俊輔と遊んだ日に

伊藤之雄

人名索引

あ　行

か　行

さ　行

た　行

な　行

は　行

ま　行

や　行

ら　行

わ　行

《著者略歴》

伊《い》藤《とう》之《ゆき》雄《お》

1952年生
京都大学大学院文学研究科修了
名古屋大学文学部助教授などを経て
現　在　京都大学大学院法学研究科教授
著　書　『大正デモクラシーと政党政治』（山川出版社，1987）
『立憲国家の確立と伊藤博文』（吉川弘文館，1999）
『立憲国家と日露戦争』（木鐸社，2000）
『政党政治と天皇』（講談社，2002）
『明治天皇』（ミネルヴァ書房，2006）
『元老西園寺公望』（文藝春秋，2007）他

昭和天皇と立憲君主制の崩壊

2005年5月10日　初版第1刷発行
2008年4月10日　初版第2刷発行

定価はカバーに
表示しています

著　者　伊　藤　之　雄
発行者　金　井　雄　一

発行所　財団法人　名古屋大学出版会
〒464-0814　名古屋市千種区不老町1名古屋大学構内
電話(052)781-5027/FAX(052)781-0697

印刷・製本　㈱クイックス　ISBN978-4-8158-0514-2